文 / 白 / 对 / 照

綱鑑易知錄

七

〔清〕吳乘權 編撰

張宏儒 主編

團結出版社

目 录

纲鉴易知录卷八三
南宋纪 孝宗皇帝 ·········· 3794

纲鉴易知录卷八四
南宋纪 光宗皇帝 ·········· 3842
　　　　宁宗皇帝 ·········· 3866

纲鉴易知录卷八五
南宋纪 宁宗皇帝 ·········· 3890

纲鉴易知录卷八六
南宋纪 理宗皇帝 ·········· 3940

纲鉴易知录卷八七
南宋纪 理宗皇帝 ·········· 3982

纲鉴易知录卷八八

南宋纪 理宗皇帝 ··· *4028*
　　　　　度宗皇帝 ··· *4038*

纲鉴易知录卷八九

南宋纪 恭宗皇帝 ··· *4070*

纲鉴易知录卷九十

南宋纪 端宗皇帝 ··· *4120*
　　　　　帝昺 ··· *4128*
元纪 世祖文武皇帝 ··· *4136*

纲鉴易知录卷九一

元纪 成宗皇帝 ·· *4162*
　　　　武宗皇帝 ·· *4176*
　　　　仁宗皇帝 ·· *4186*
　　　　英宗皇帝 ·· *4202*
　　　　泰定皇帝 ·· *4208*
　　　　明宗皇帝 ·· *4212*

纲鉴易知录卷九二

元纪 文宗皇帝 ·· *4218*
　　　　顺帝 ··· *4220*

明鉴易知录卷一

明纪 太祖高皇帝 ·················· *4282*

明鉴易知录卷二

明纪 太祖高皇帝 ·················· *4330*

明鉴易知录卷三

明纪 建文皇帝 ·················· *4380*

纲鉴易知录卷八三

南宋纪

孝宗皇帝

【纲】甲申,二年,春正月,金人执胡昉,寻遣还。 【目】昉至金,金人以失信执之。帝闻昉被执,谓浚曰:"和议不成,天也。自此事当归一矣。"诏王之望以币还。既而仆散忠义以书进金主,金主览之,曰:"行人何罪?即遣还。边事令元帅府从宜措画。"

【纲】三月,张浚视师江淮,金军退。 【目】汤思退阴谋去浚,令王之望等驿奏:"兵少粮乏,楼橹器械未备。"又言"委四万众以守泗州,非计。"帝惑之。会户部侍郎钱端礼言:"兵者凶器,愿以符离之溃为戒,早决国是,为社稷至计。"乃诏浚行视江、淮。时浚所招徕山东、淮北忠义之士以实建康、镇江两军,凡万二千人,万弩营所招淮南壮士及江西群盗,又万余人,陈敏统之以守泗州。凡要害之地,皆筑城堡。增置江、淮战舰,诸军弓矢器械悉备。金人方屯重兵为虚声胁和,有"克日决战"之语,及闻浚复视师,亟撤兵归。于是淮北之来归者日不绝,山东豪杰悉愿受节度。浚以萧琦契丹望族,沉勇有谋,欲令尽领降众,且以檄谕契丹,约为应援金人益惧。

【纲】夏四月,罢张浚判福州。 【目】汤思退讽右正言尹穑论浚跋扈,且费国不赀。浚乃请解督府,凡八上疏乞致仕。帝察浚之忠,欲全其去,乃命以少师、保信节度使判福州。左司谏陈良翰、侍御史周操言"浚忠勤,人望所属,不当使去国,"皆坐罢。

孝宗皇帝

【纲】隆兴二年（甲申，1164）春正月，金人扣留胡昉，不久放回。
【目】胡昉到金国，金人以宋朝失信为由扣留他。宋孝宗听说后对张浚说："和议不成，是天意。从此以后，应当只讲用兵一途了。"就下诏命王之望带着岁币回来。随后仆散忠义将胡昉带来的书信进呈给金国主，金国主看了之后说："使者有什么罪？立刻放他回去，边境上的事令元帅府合理筹划。"

【纲】三月，张浚到江淮视察军队，金军撤退。【目】汤思退阴谋排挤走张浚，令王之望等通过驿站呈上奏疏说："边境上兵力不足，粮草缺乏，了望台和军械等都没备齐。"又说："派四万人守泗州（治临淮县，今安徽泗县东南）不是良策。"宋孝宗有些动摇了。正值户部侍郎钱端礼说："武器是凶器，希望以符离之败为戒，及早确定国策，才是国家最重要的事。"于是下诏命张浚巡视江淮，当时张浚招集了一万二千名山东、淮北忠义之士充实建康、镇江两地军队；万弩营招募淮南壮士及江西群盗又有一万多人，由陈敏统领，驻守泗州。凡是要害地方，都修筑城堡。增添江、淮战舰，诸军弓箭等武器齐备。金人刚驻扎了大量军队，虚张声势，胁迫议和，扬言"确定日期决一死战"，当他们听说张浚又出来巡视江淮军队后，马上撤兵回去了。于是淮北来归附的人每日不断。山东的豪杰之士也都乐于接受张浚节制。张浚认为萧琦是契丹望族，沉着勇敢有谋略，想委派他统领所有来投降的队伍，同时用文书通知契丹，约定互相支援，金人更加畏惧了。

【纲】夏四月，免去张浚官职，改判福州。【目】汤思退暗示右正言尹穑论劾张浚飞扬跋扈，耗费国家资财不计其数。张浚于是请求免除都督之职，上奏疏八次要求退休。宋高宗明知张浚忠心耿耿，想在他去职时保全他，就命以少师、保信节度使的官衔，判福州，担任知州的职务。左司谏陈良翰、侍御史周操说："张浚忠诚，勤劳为国，众望所归，不应当使他离开朝廷。"他们都为此受处分而罢官。

【纲】秋七月,洪遵罢。

【纲】撤两淮边备。

【纲】八月,少师、保信节度使、魏公张浚卒。 【目】浚既去,朝廷遂决弃地求和之议。浚犹上疏言尹穑奸邪,必误国事,且劝帝务学亲贤。或劝浚勿以时事为言,浚曰:"君臣之义,无所逃于天地间。吾荷两朝厚恩,久居重任,今虽去国,惟日望上心感悟,苟有所见,安忍弗言!上如欲复用浚,浚当即日就道,不敢以老疾为辞;如若等言,是诚何心哉!"闻者耸然。行次余干,得疾,手书付二子栻、枸曰:"吾尝相国,不能恢复中原,雪祖宗之耻,即死,不当葬我先人墓左,葬我衡山足矣!"数日而薨。赠太保。后帝思浚忠,加赠太师,谥忠献。

【纲】以贺允中知枢密院事。

【纲】遣宗正少卿魏杞使金。 【目】汤思退奏遣杞如金议和,书称:"侄大宋皇帝某,再拜奉于叔大金皇帝岁币二十万。"帝面谕杞曰:"今遣使,一正名,二退师,三减岁币,四不发归附人。"杞陛辞,奏曰:"臣将旨出疆,岂敢不勉!万一无厌,愿速加兵。"帝善之。兵部侍郎胡铨言:"虏不可和。臣恐再拜不已,必至称臣;称臣不已,必至请降;请降不已,必至纳土;纳土不已,必至舆榇;舆榇不已,必至如晋帝青衣行酒而后为快。今日举朝之士,皆妇人也!"不听。

【纲】九月,以王之望参知政事。

【纲】诏汤思退都督江、淮军马,思退辞不行。

【纲】冬十月,贺允中罢。

【纲】诏辅臣晚对便殿。 【目】诏曰:"朕每听朝议政,顷刻之际,意有未尽。自今执政大臣,或有奏陈,宜于申未间入对便殿,

【纲】秋七月，洪遵罢官。

【纲】撤除两淮地区的边方军备。

【纲】八月，少师、保信节度使、魏公张浚去世。　【目】张浚离朝后，朝廷就确定了弃地求和之策。张浚还向皇帝上疏，指出尹穑是奸佞之人，必定贻误国事，而且劝皇帝勤于学习，亲近贤臣。有人劝张浚不必再谈论政事，张浚说："君臣之义充塞于天地之间，我受两朝厚恩，长期担负要职，现在虽然离开朝廷，仍每天都希望皇上心意感悟，若有所见，怎忍心不说呢！皇上如果想再起用我，我当天就起程赴朝，不敢以年老有病而推辞。如你所说的话，这实在是安的什么心呢！"听他这么说的人竦然起敬。张浚走到余干（今江西余干），得了病，亲自写信给儿子张栻、张枸道："我曾身为宰相，却不能恢复中原，为祖宗雪耻，即使死了，也不该埋葬在先人灵墓之旁，把我葬在衡山（在今湖南衡山县西北）就够了。病数日而去世，赠太保。后来宋孝宗念及张浚忠诚，加赠太师，谥忠献。

【纲】任命贺允中为知枢密院事。

【纲】派宗正少卿魏杞出使金国。　【目】汤思退奏请派遣魏杞往金国议和。求和书写道："侄大宋皇帝某，再拜向叔父大金皇帝奉上岁币二十万。"宋孝宗当面指示魏杞："这次出使，一为正名，二为退兵，三要减少岁币，四不送还已归附的人。"魏杞在辞行时启奏道："臣奉旨出国，怎敢不努力！万一金人贪得无厌，希望快出兵备战。"宋孝宗认为他说得好。兵部侍郎胡铨说："不能与金虏议和。臣恐怕对他们再拜也不行，必到称臣的地步；称臣也不行，必得向他们请降；请降还不行，必须向他们献纳国土；献纳国土仍不行，必至载棺表示受死；载棺受死还不行，必定要象晋愍帝青衣行酒而后他们才会满意。现在满朝之臣，都是妇人啊！"但宋孝宗不听从劝说。

【纲】九月，任命王之望为参知政事。

【纲】下诏命汤思退都督江淮军马，汤思退推辞不启程。

【纲】冬十月，贺允中罢官。

【纲】下诏命辅臣每晚在便殿奏对。　【目】诏书说："朕每天听朝议政，时间很短，意有未尽。从今天起，执政大臣如有上奏陈说，可

庶可坐论,得尽所闻,期跻于治。"

【纲】金兵复渡淮。十一月,魏胜拒战于淮阳,败绩,死之,楚州陷。　【目】汤思退以帝悔悟,恐事不成,阴遣孙造谕敌以重兵胁和。金仆散忠义等遂议渡淮,与纥石烈志宁分兵自清河口以犯楚州,都统制刘宝弃城遁。时胜奉诏专一措置清河口。金兵诈称欲运粮往泗州,由清河口入淮,胜欲御之,刘宝戒以方议和,不可。金兵轶境,胜帅诸兵拒于淮阳,自卯至申,胜负未决。金徒单克宁帅生兵至,胜与力战,矢尽,依土阜为阵,谓士卒曰:"我当死此,得脱者归报天子。"乃令步卒居前,骑兵为殿,至淮阴东十八里,中矢坠马死,楚州遂陷。

【纲】以杨存中都督江、淮军马。

【纲】汤思退以罪窜永州。　【目】言者论其主和误国之罪,遂落职,永州居住。大学生张观等七十二人伏阙上书,论思退及王之望、尹穑奸邪误国,钩致敌人之罪,乞斩三人以谢天下,并窜其党洪适等,而用陈康伯、胡铨、陈良翰、王十朋、虞允文等以济大计。思退行至信州,闻之,忧悸而死。

【纲】复以陈康伯为尚书左仆射、同平章事、兼枢密使,钱端礼签书枢密院事,虞允文同签书院事。

【纲】周葵罢。十二月,以钱端礼参知政事,虞允文同知枢密院事,王刚中签书院事。

【纲】乙酉,乾道元年,春正月,召杨存中还。

【纲】二月,陈康伯卒。

【纲】三月,以虞允文参知政事,王刚中同知枢密院事。

在申未之间到便殿奏对,这样可以坐下来细谈,能畅所欲言,以期达到国治。"

【纲】金兵又渡过淮河。十一月,魏胜在淮阳军(治下邳县,今江苏邳县东北)拒战,兵败战死。楚州(治山阳县,今江苏淮安)陷入敌手。 【目】汤思退察觉宋孝宗有所悔悟,担心求和的事不成功,秘密派孙造传话让金国出重兵胁迫宋朝议和。金将仆散忠义等于是决议渡淮,与纥石烈志宁分兵从清河口(即清口,泗水入淮处,在今江苏淮阴西南)进犯楚州,都统制刘宝弃城逃走。当时魏胜奉诏专一守护清河口,金兵诈称要往泗州运粮,由清河口入淮河,魏胜计划在此御敌,刘宝告诫魏胜,刚要议和,不可交战。金兵突然入侵,魏胜率领军队在淮阳拒战,从卯时打到申时,胜负未决。金徒单克宁率领生力军到来,魏胜拼死力战,最后箭用完了,依依土丘为阵,他对士兵说:"我应当战死于此,能脱身的回去向天子报告。"他命步兵在前,骑兵殿后。到了淮阴县(今江苏淮阴东南)东面十八里处,他中箭落马而死,楚州于是陷落。

【纲】任命杨存中都督江淮军马。

【纲】汤思退因有罪被流放到永州(治零陵县,今湖南零陵)。【目】进言者论劾汤思退主张议和、贻误国家之罪,因此撤职,发往永州居住。太学生张观等七十二人拜伏于宫阙之下向皇帝上书,指责汤思退和王之望、尹穑奸邪误国,勾结引致敌人之罪,要求将三人斩首以谢天下,同时将其党羽洪适等流放,而任用陈康伯、胡铨、陈良翰、王十朋、虞允文等人以利国家大计。汤思退走到信州(治上饶县,今江西上饶西北),听说张观等上书的事,忧惧交加而死。

【纲】任命陈康伯为尚书左仆射、同平章事,兼枢密使,钱端礼为签书枢密院,虞允文为同签书枢密院事。

【纲】周葵罢官。十二月,任命钱端礼为参知政事,虞允文为同知枢密院事,王刚中为签书枢密院事。

【纲】乾道元年(乙酉,1165),春正月,召杨存中还朝。

【纲】二月,陈康伯去世。

【纲】三月,任命虞允文为参知政事,王刚中为同知枢密院事。

【纲】魏杞还自金，始正敌国礼。【目】金馆伴张恭愈以国书称"大宋"，胁杞去"大"字。杞拒之，具言："天子神圣，才杰奋起，人人有敌忾意，北朝用兵能保必胜乎？"金君臣环听拱竦。金主许损岁币，不发归正人，命元帅府罢兵分戍。杞卒正敌国礼而还，帝慰藉甚厚。

【纲】夏六月，王刚中卒，以洪适签书枢密院事。

【纲】秋八月，立邓王愭为皇太子，大赦。

【纲】虞允文罢，以洪适参知政事，叶颙签书枢密院事。

【纲】钱端礼罢。

【纲】九月，以汪澈知枢密院事。

【纲】冬十二月，以洪适为尚书右仆射、同平章事兼枢密使，汪澈为枢密使，叶颙参知政事。

【纲】丙戌，二年，春三月，洪适罢。

【纲】以魏杞同知枢密院。夏四月，汪澈罢。

【纲】五月，叶颙罢，以魏把参知政事，林安宅同知枢密院事，蒋芾签书院事。

【纲】秋八月，林安宅免。

【纲】冬十一月，宁远、昭庆节度使杨存中卒。

【纲】十二月，以叶颙知枢密院事。

【纲】以叶颙、魏杞为尚书左、右仆射，并同平章事，兼枢密使。蒋芾参知政事，陈俊卿同知枢密院事。【目】先是帝犹鞠戏，又将游猎白石。俊卿上疏力谏，至引汉桓、灵、唐敬、穆以为戒。后数日入对，帝迎谓曰："前日之奏，备见忠说，朕决意用卿矣。"遂有是命。

【纲】置制国用司，以宰相领之。【目】议者言："近以宰相兼枢密使，盖欲使知兵也，而不知财谷出入之源，可乎？且唐制宰相兼领三司使。"于是诏："自今宰相可带制国用使，参知政事带同知。"

【纲】魏杞从金国返回,开始确定宋金为对等国的礼仪。 【目】金国馆伴张恭胁迫魏杞将国书中"大宋"的"大"字去掉。魏杞加以拒绝,并且说:"天子神圣,才士豪杰奋起,人人有同仇敌忾之意,金国出兵能确保胜利吗?"金国君臣环绕着他听着,耸然起敬。金国主答应减少岁币数量,不要求送回投宋之人,命令元帅府停止战斗,分兵戍守边疆。魏杞终于确定两国对等之礼而返,宋孝宗对他厚加慰问。

【纲】夏六月,王刚中去世,任命洪适为签书枢密院事。

【纲】秋八月,册立邓王赵惇为皇太子,大赦天下。

【纲】虞允文罢官,任命洪适为参知政事,叶颙为签书枢密院事。

【纲】钱端礼罢官。

【纲】九月,任命汪澈为知枢密院事。

【纲】冬十二月,任命洪适为尚书右仆射,同平章事兼枢密使,汪澈为枢密使,叶颙为参知政事。

【纲】乾道二年(丙戌,1166),春三月,洪适罢官。

【纲】任命魏杞为同知枢密院事。夏四月,汪澈罢官。

【纲】五月,叶颙罢官,任命魏杞为参知政事,林安宅为同知枢密院事,蒋芾为签书枢密院事。

【纲】秋八月,林安宅免职。

【纲】冬十一月,宁远、昭庆节度使杨存中去世。

【纲】十二月,任命叶颙为知枢密院事。

【纲】任命叶颙、魏杞为尚书左、右仆射,并同平章事兼枢密使;蒋芾为参知政事,陈俊卿为同知枢密院事。 【目】在此之前,宋孝宗还戏玩踢球,又将去白石游猎。陈俊卿上疏竭力劝谏,甚至引举汉桓帝、灵帝、唐敬宗、穆宗为戒。数日后又入朝对问,宋孝宗迎着他说:"前日你的奏疏,备见忠诚正直,朕决意任用你。"于是有这项任命。

【纲】设置制国用司,由宰相兼管。 【目】建议的人说:"近来以宰相兼枢密使,为的是让宰相熟悉军事,但不知财用粮饷出入之源,怎么行呢?并且唐代制度是宰相兼领三司使。"于是下诏:"从今以后宰相可以带制国用使,参知政事带同知。"

【纲】丁亥，三年，春二月，出龙大渊为浙东总管，曾觌为福建总管。

【纲】以虞允文知枢密院事。

【纲】三月，秀王夫人张氏卒。

【纲】夏五月，太傅、四川宣抚使、新安王吴璘卒。 【目】璘刚勇，喜大节，略苛细，代兄玠守蜀二十年，隐然为方面之重，威声亚于玠。卒赠太师，谥武顺。

上皇尝问胜敌之术于璘，璘对曰："弱者出战，强者继之。"上皇曰："此孙武子三驷之法，一败而二胜也。"璘选诸将率以功，有荐才者，璘曰："兵官非尝试难知其才。以小善进之则侥幸者获志，而边人宿将之心怠矣。"寻以虞允文为四川宣抚使。

【纲】六月，皇后夏氏崩。

【纲】秋七月，太子愭卒。

【纲】冬十一月，合祀天地于圜丘，雷；叶颙、魏杞免。

【纲】以陈俊卿参知政事，刘珙同知枢密院事。 【目】珙自湖南召还，初入见，首论："独断虽英主之能事，然必合众智而质之以至公，然后有以合乎天理人心之正，而事无不成。若弃佥谋，徇私见，而有独御区宇之心，则适所以蔽四达之明，而左右私昵之臣，将有乘之以干天下之公议者。"又论羡余和籴之弊，帝皆嘉纳之，授翰林学士。复上言："世儒多病汉高帝不悦学，轻儒生。臣以为汉高帝所不悦者，特腐儒俗学耳。使当时有以二帝、三王之学告之，知其必敬信，功烈不止此。"因陈圣王之学所以明理正心，为万事之纲。帝称善，遂拜枢副。珙因荐张栻、汪应展、陈良翰学行于帝。

【纲】乾道三年（丁亥，1167），春二月，外调龙大渊为浙东（浙东路治越州，即今浙江绍兴市）总管，曾觌为福建路（治福州城，今福建福州）总管。

【纲】任命虞允文为知枢密院事。

【纲】三月，秀王夫人张氏去世。

【纲】夏五月，太傅、四川宣抚使、新安王吴璘去世。　【目】吴璘刚毅勇武，崇尚大节，不计琐细小事。他代替兄长吴玠守蜀地二十年，隐然成为一方最重要的人物，威望仅次于其兄。吴璘去世，赠太师，谥武顺。

太上皇曾向吴璘询问战胜敌人的方法，吴璘回答说："弱者先出战，强者继之。"太上皇说："这是孙武子比赛三等马的方法，一败而二胜。"吴璘选取诸将都凭战功，有人向吴璘推荐某人有才，吴璘说："军队将领不经实战，难知其才。由于有些小优点就推举他，则侥幸的人得志，而守卫在边疆的人和老将就会寒心了。"不久，任命虞允文为四川宣抚使。

【纲】六月，皇后夏氏去世。

【纲】秋七月，太子赵愭去世。

【纲】冬十一月，在圜丘合祀天地，当时天空打雷。叶颙、魏杞免职。

【纲】任命陈俊卿为参知政事，刘珙为同知枢密院事。　【目】刘珙从湖南召回，初次入见皇帝，他首先说："独自决断虽然是英明君主的特长，然而必须集合众人的智慧，而以最公正的态度加以验证，然后才能符合天理人心之正，而万事无不成功。若屏弃众谋，全凭个人主意，而有独自驾御天下之心，就会闭塞视听，而身边一些亲昵的近臣将乘机以干扰天下的正确议论。"他又指出所谓羡余与和籴的弊害，宋孝宗都称许并采纳了他的意见，又授官为翰林学士。他又上言："世间儒者多指责汉高帝不喜学，轻儒生，我认为汉高帝所不喜的只是腐儒俗学，如果当时有人把二帝、三王之学告诉他，知他必定崇敬信仰，创建的功业也决不止于此了。"因而陈述圣三之学是明天理、正心志的万事之纲。宋孝宗加以称许，就拜为枢副。刘珙向皇帝推荐张栻、汪应辰、陈良翰

【纲】戊子,四年,春二月,以蒋芾为尚书右仆射、同平章事,兼枢密使。以王炎签书枢密院事。

【纲】秋八月,刘珙罢。

【纲】主管殿前司公事王琪,奉诏按视两淮城壁,琪擅令扬州增筑新城,扬民言不便;珙乞罢琪,忤帝意,遂罢珙。陈俊卿言珙正直有才,愿留之,不听。

【纲】冬十月,起复蒋芾为尚书左仆射,以陈俊卿为右仆射并同平章事,兼枢密使。芾辞,许之。

【纲】大阅于茅滩。 【目】帝亲御甲胄指授方略,命三司合教为三阵。戈甲耀日。旌旗蔽天,六师驩呼,犒赉有加。

【纲】十二月,召建宁布衣魏掞之,以为太学录。 【目】掞之师胡宪,与朱熹游。诸司荐其学行,召赴行在。入对,帝曰:"治道以何为要?"掞之奏:"治道以分臣下邪正为要。"诏除太学录。时将释奠孔子,掞之请废安石父子勿祀,而追爵程氏兄弟使从食,不听。又言:"太学之教宜以德行为先;今一以空言浮说取之,非是。"其它政事有系安危治乱之机者,无不抗疏尽言,至三四,皆不见省,遂罢为台州教授。寻以病卒,闻者惜之。

【纲】己丑,五年,春正月,措置两淮屯田。 【目】陈俊卿以两淮备御未设,民无固志,万一寇至,仓猝渡兵,恐不及事。请于扬州、和州各屯三万人,预为守计。仍籍民家三丁者取其一,以为义兵,授之弓弩,教以战阵,农隙之日,给以两月之食,聚而教之。沿江诸郡亦用其法,诸将渡江则使之城守,以备缓急,且以阴制州兵颉颃之患。其两淮诸郡守臣,但当择才,不当复论文武,计资历;损以

的学识品行。

【纲】乾道四年（戊子，1168），春二月，任命蒋芾为尚书右仆射、同平章事兼枢密使。任命王炎为签书枢密院事。

【纲】秋八月，刘珙罢官。

【目】主管殿前司公事王琪奉诏命视察两淮城墙，王琪擅自命令扬州（治江都县，今江苏扬州）增建新城，扬州百姓提出困难。刘珙向皇帝要求罢免王琪，违背了皇帝心意，结果倒罢免了刘珙。陈俊卿启奏刘珙正直有才，请求留任，皇帝不允。

【纲】冬十月，启用蒋芾为尚书左仆射，任陈俊卿为右仆射，并同平章事，兼枢密使。芾请辞不就任，准许其请求。

【纲】宋孝宗在茅滩（在今浙江杭州西南钱塘江边）阅军。【目】宋孝宗身穿甲胄，指示方略，命三司合教为三阵。盔甲戈矛映日有光，旌旗蔽天，六军欢呼万岁，皇帝大加犒赏。

【纲】十二月，召建宁府（治建安县，今福建建瓯）平民魏掞之为太学录。【目】魏掞之的老师胡宪，与朱熹交游。诸官署以其品学兼优向上推荐。皇帝召他到行在。入殿对答时皇帝问："治国之道什么最重要。"魏掞之奏："治道以辨别臣下的邪与正最重要。"下诏任命他为太学录。当时将祭祀孔子，魏掞之请求废除王安石父子从祀，而追封程氏兄弟让他们配享，皇帝不允。他又说："太学的教导要以德行为先，现今一概凭空话学词录取，这是不对的。"对其他政事，有关国家安危治乱的，他都无保留地上疏直言，上疏三、四次，都不被皇帝接受，最后降为台州（治临海县，今浙江临海）教授。不久病死，听到消息的人无不惋惜。

【纲】乾道五年（己丑，1169），春正月，在两淮设置屯田。【目】陈俊卿认为两淮地区防守不够，百姓人心浮动，万一敌寇进犯，仓猝派兵渡淮，恐怕误事。他建议：在扬州、和州各屯三万人，预先作好防守的准备。又按户籍从百姓中征兵，每户有三丁者取一丁为义兵，发给弓弩武器，教他们操练战阵，农闲时发给两个月的食粮集中训练，沿江各州也都用此法。诸将渡江则用这些义兵来守城，既可应急，同时又可暗中抑止各州军不协调的弊端。至于两淮地区诸州守臣，只应择才任用，不

财赋,许辟官吏,略其小过,责其成功。要使大兵屯要害必争之地,待敌至而后决战,使民各守其城,相为掎角,以壮声势。帝意亦以为然,诏即行之。然竟为众论所持,俊卿寻亦去位,不能及其成也。

【纲】二月,以梁克家签书枢密院事。

【纲】罢制国用司。

【纲】以王炎参知政事。三月,召四川宣抚使虞允文还,以炎代之。

【纲】夏五月,帝不视朝,六月始视朝。 【目】以射弩弦断伤目故也。陈俊卿言于帝曰:"陛下未能忘骑射者,盖志图恢复耳。诚能任智谋之士以为腹心,仗武猛之将以为爪牙,明赏罚以鼓士气,恢信义以怀归附,则英声义烈不出于尊俎之间,而敌人固已逡巡震慑于千万里之远,尚何待区区驰射于百步之间哉!"

【纲】以虞允文为枢密使。

【纲】秋八月,以陈俊卿、虞允文为尚书左、右仆射,并同平章事兼枢密使。 【目】俊卿以用人为己任,所除吏皆一时之选。奖廉退,抑奔竞,或才可用而资历浅者则密荐于帝,未尝语人。每接朝士及牧、守自远至,必问以时政得失,人才贤否。

允文为相,亦以人才为急,尝籍为三等,有所见闻即记之,号《材馆录》,故所用皆知名士。

【纲】庚寅,六年,夏四月,罢吏部尚书汪应辰。 【目】应辰刚方正直,敢言不避,在朝多革弊政,中贵人皆侧目。上皇方甃石池,以水银浮金凫鱼于上,帝过之,上皇指示曰:"水银正乏,此买之汪尚书家。"帝怒曰:"汪应辰力言朕建房廊与民争利,乃自贩水银邪?"时赐发运使史正志缗钱二百万,为均输和籴之用,应辰三上

该再论文武，计较资历，拨给财税收入供其使用，允许举用官吏，不要计较小的过失，而要责成他们建功立业。要使大批军队屯守于必争的要害之地，待敌人到来而后进行决战，使百姓各守自己的城池，互成犄角之势，以壮大声势。宋孝宗也以为这意见不错，下诏施行。然而竟被众人议论所牵制，不久陈俊卿也离职，没能完成这一事业。

【纲】二月，任命梁克家为签书枢密院事。

【纲】撤销制国用司。

【纲】任王炎为参知政事。三月，召四川宣抚使虞允文还朝，以王炎替代他为四川宣抚使。

【纲】夏五月，宋孝宗不临朝，六月恢复。 【目】这是由于射箭时弓弦折断，伤了眼睛的缘故。陈俊卿对宋孝宗说："陛下不忘骑射，是志图恢复中原。若真能以足智多谋之士为心腹，依靠勇猛善战的将领为得力助手，赏罚分明，以鼓舞士气，恢复信义，以怀柔归顺之人，则谈判席上听不到声色严正的辩论，而敌人早已在千万里之外惊恐万状了，又何必驰射于区区百步之间呢？"

【纲】任命虞允文为枢密使。

【纲】秋八月，任命陈俊卿、虞允文为尚书左、右仆射，并同平章事兼枢密使。 【目】陈俊卿以选用人才为己任，所任用的官员都是当时的优秀人才。他奖励清廉谦让，反对奔竞追逐名利；有才高而资历浅的人，他就秘密地推荐给皇帝，未曾对别人说及。每次接待朝士或有从远地来的地方官，必定问以时政得失和人才的贤或不贤。

虞允文为宰相，也以选拔人才为当务之急，曾将人才分为三等，有所见闻，都随时记录下来，称为"材馆录"。因而他所任用的都是知名之士。

【纲】乾道六年（庚寅，1170），夏四月，吏部尚书汪应辰罢官。【目】汪应辰严正正直，敢于直言，无所回避，在朝廷中多次改革弊政，为皇帝宠幸的宦官都对他侧目而视。太上皇宫中正在砌石造池，使用水银，在上面飘浮着用黄金打造的鱼和水鸟。宋孝宗经过这里，太上皇指着他说："目前正缺水银，这是从汪尚书家买的。"孝宗气愤地说："汪应辰极力说朕修建房廊，是与民争利，可是自己却在贩卖水银！"当时

疏论之,遂出知平江府。然水银实非买应辰家也。

【纲】五月,陈俊卿罢。 【目】虞允文建议遣使如金,以陵寝为请。俊卿以为未可,允文请不已。帝手札谕俊卿,俊卿奏曰:"陛下痛念祖宗,思复故疆,然大事须万全,俟一二年吾力稍完乃可,不敢迎合意指以误国事。"帝意方乡允文,俊卿以论不合,因力求去,遂判福州。陛辞,犹劝帝远佞亲贤,修政攘夷,泛使不可轻遣。

【纲】闰月,以起居郎范成大为金国祈请使。 【目】求陵寝地及更定受书礼,盖泛使也。绍兴中,金使者至,捧书升殿北面立榻前跪进,帝降榻受书,以授内侍。金主初立,使者至,陈康伯令伴使取书以进。及汤思退当国,复循绍兴故事,帝意悔之,故令成大口以为请。成大至金,密草奏,具言受书式,怀之入。初进国书,辞意慷慨,金君臣方倾听,成大忽奏曰:"两国共为叔侄,而受书礼未称,臣有疏。"摺笏出之。金主大骇曰:"此岂献书处邪?"左右以笏摽起之,成大屹不动,必欲书达。既而归馆所,金庭纷然,其太子允恭欲杀成大,或劝止之,竟得全节而归。其复书略云:"和好再成,界河山而如旧。缄音遽至,指巩、洛以为言。既云废祀,欲伸追远之怀;止可奉迁,即俟克期之报。至若未归之旅榇,亦当并发于行涂。抑闻附请之辞,欲变受书之礼,于尊卑之分何如?顾信誓之诚安在!"于是二事皆无成功。

初,议遣使祈请陵寝,士大夫有忧其无备而召兵者,辄斥去

正遇赐给发运使吏正志缗钱二百万，作为均输和籴的费用，汪应辰三次上疏提意见，结果被调出朝廷，改任平江府（治吴县，即今江苏苏州市）知府。然而水银实在不是从汪应辰家买来的。

【纲】五月，陈俊卿罢官。 【目】虞允文建议派遣使臣前往金国，要求归还陵寝所在之地。陈俊卿以为不可，而虞允文奏请不已，皇帝下手札通知陈俊卿，陈俊卿上奏道："陛下沉痛地怀念祖宗，思念收复故土。然而干大事必须万全，等一两年我们国力稍强时，才可提出来，不敢迎合皇上的意旨而贻误国事。"宋孝宗的心意正向着虞允文，陈俊卿以议论不合，就极力要求离职，于是让他判福州，以原衔担任知州职务。在向皇帝辞行时，他仍劝皇帝远离奸佞，亲近贤良，修明政治，攘除外敌，泛使即一般使节不可轻易派遣。

【纲】闰月，任命起居郎范成大为金国祈请使。 【目】要求归还陵寝所在之地及改定受书礼仪，所派是泛使。绍兴年间，金国使臣来，都是捧书升殿，面向北立，在榻前跪呈。皇帝下榻接受国书，交给内侍。金国主初即位时，使者到来，陈康伯令伴使取国书上呈皇帝。到汤思退掌权时，又恢复绍兴年间礼仪，由皇帝接受国书，宋孝宗后悔，有意更改，因此令范成大去口头提出要求。范成大到金国后，暗自草拟了有关授书礼仪的奏章，入宫时藏在怀中。呈进国书之始，他辞意慷慨，金国君臣正在听取，范成大忽然说："两国为叔侄关系，而受书礼仪不合适，臣有奏疏。"说着就将朝笏插入衣带，取出奏章。金国主大惊失色道："这里岂是献书的地方？"左右人等挥动牙笏示意他起来，范成大屹立不动，一定要把奏章送上。随后他返回使者的馆所，金国朝廷议论纷纷，太子允恭要杀范成大，被人劝住，范成大竟然能保全使节的尊严而归。金国的复书大略说："再次议和告成，边界照旧。音书突然来到，提出要求归还巩（今河南巩义）洛之地，说未能祭扫陵墓，想表达怀念祖宗之情。但只能迁走陵墓，这要等你们通报确定的迁陵日期。至于未送回的棺木，届时当一并送回。得知你们附请之辞，要更改受书礼仪，将如何区别长幼尊卑？而且信守和约的誓言，诚意何在？"因此两件事都没办成。

起初，商议派使臣向金国要求归还陵寝所在之地时，士大夫中有

之。起居郎张栻入对,帝曰:"卿知敌国事乎?"栻对曰:"不知也。"帝曰:"金国饥馑连年,盗贼四起。"栻曰:"金人之事臣虽未知,境内之事则知之矣。"帝曰:"何也?"栻曰:"臣窃见比年诸道多水、旱,民贫日甚,而国家兵弱财匮,官吏诞谩,不足倚赖。正使彼实可图,臣惧我之未足以图彼也。"帝默然久之。栻复奏曰:"臣窃谓陵寝隔绝,诚臣子不忍言之至痛。然今日未能奉辞以讨之,又不能正名以绝之,乃欲卑辞厚礼以求于彼,则于大义已为未尽,而或犹以为忧者,盖见我未有必胜之形故也。夫必胜之形当在于早正素定之时,而不在于两阵决机之日。今日但当下哀痛之诏,明复雠之义,显绝金人,不与通使,然后修德立政,用贤养民,选将练兵,以内修外攘、进战退守通为一事,必治其实而不为虚文,则必胜之形隐然可见,虽有浅陋畏怯之人,亦且奋跃而争先矣。"帝深纳之。

【纲】以梁克家参知政事。

【纲】冬十一月,遣中书舍人赵雄如金。 【目】遣雄如金贺生辰,别函书请陵寝及更受书之礼;金主不许。雄辞归,金主谓雄曰:"汝国何舍钦宗灵柩而请巩、洛山陵?如不欲钦宗之柩,我当为尔国葬之。"

【纲】辛卯,七年,春正月朔,上太上皇尊号。 【目】帝寻谕辅臣曰:"前日奉上册宝,上皇圣意甚悦。翌日过宫侍宴,邦家非常之庆,汉、唐所无也。"又曰:"本朝家法,远过汉、唐,惟用兵一事未及。"

【纲】帝作《敬天图》。 【目】帝谓辅臣曰:"《无逸》一篇,享国长久,皆本于寅畏。朕近日取《尚书》所载敬天事,编为两图,朝夕

人担心会在没准备的情况下召致金军进犯，就被宋孝宗斥退。起居郎张栻入宫答问时，孝宗说："你知道敌国的情况吗？"张栻回答："不知。"孝宗说："金国连年饥荒，盗贼四起。"张栻说："臣虽然不知道金国的事，但是知道国内的事。"孝宗说："什么事？"张栻说："臣看到近年来各道多水灾、旱灾，百姓日益贫困，而国家兵弱财竭，官吏放纵散漫，不能依靠。即使敌国真是有机可以图取，臣恐怕我国也没力量去图取。"宋孝宗好久默然无语。张栻又奏道："臣以为陵寝隔绝在他地，实在是臣子所不忍提的最痛心的事。然而现在我们既不能提出什么名义去加以讨伐，又不能按正当名义断绝与他们交往，而打算用卑微的言辞，厚重的礼物去向他乞求，这样做则已不尽符合大义，但有人还有所忧虑，这是因为看到我们没有必胜的形势呀。必胜的形势，应该求之于平时，而不在于两军交战之日。如今应该下哀痛的诏令，申明复仇大义，明确与金人断交，不与他们通使，而后修德行立仁政，任用贤良，抚养百姓，选择良将，训练兵马、以对内修政，对外攘敌，进战与退守，作为一事来全盘考虑，必须重实际而不作表面文章，则必胜的形势才会出现，即使那些浅陋胆怯的人，也会奋勇争先。"宋孝宗深以为是并采纳了他的意见。

【纲】任命梁克家为参知政事。

【纲】冬十一月，派中书舍人赵雄前往金国。【目】派赵雄前往金国祝贺金主生日，另备一封书信要求陵寝之地及更改受书礼仪；金国主不答应。赵雄向金国主辞行时，金国主对他说："你们国家为什么不要钦宗灵柩而要求巩、洛的陵寝之地？如果你们不要钦宗的灵柩，我当替你们国家安葬。"

【纲】乾道七年（辛卯，1171），春正月初一，宋孝宗皇帝向太上皇奉上尊号。【目】宋孝宗过了不久向辅臣说："前日奉上太上皇尊号的册宝，太上皇很高兴，次天去太上皇宫侍奉宴饮，这是国家非比寻常的庆典，是汉代、唐代所没有的。"又说："本朝治家之法，远远超过汉、唐，只有用兵事不及汉、唐。"

【纲】宋孝宗作《敬天图》。【目】宋孝宗对辅臣说："《尚书·无逸篇》讲帝王享国长久，根本在于敬畏天命。朕近日把《尚书》所记

观览,以自警省,名曰《敬天图》。"虞允文对云:"惟陛下尽躬行之实,敬畏不已,必有明效大验。"帝深然之。

【纲】二月,立恭王惇为皇太子,大赦。进封庆王恺为魏王。
【目】庄文太子卒,庆王恺以次当立。帝以恭王惇英武类己,越次立之,而进封恺为魏王,判宁国府。帝谓辅臣曰:"古人以教子为重,其事备见于《文王世子》。须当多置僚属,博选忠良,使左右前后罔非正人;不然,'一薛居州',亦无益也。"寻以王十朋、陈良翰为太子詹事,刘惇国子司业兼太子侍读。

【纲】三月,金葬钦宗皇帝于巩、洛之原。
【纲】以张说签书枢密院事,未拜而罢。 【目】说妻吴氏,太上皇后女弟也。说因攀缘亲属,擢拜枢府,命下,朝论哗然,然未有敢诵言攻之者。左司员外郎兼侍讲张栻独上疏切谏,且诣朝堂责虞允文曰:"宦官执政,自京、黼始;近习执政,自相公始。"允文惭愤不堪。栻复奏:"文武诚不可偏,然今欲右武以均二柄,而所用乃得如此之人,非惟不足以服文吏之心,正恐反激武臣之怒。"帝感悟,命遂寝。

【纲】夏四月,诏皇太子领临安尹。
【纲】五月,起复刘珙为荆襄宣抚使,珙固辞不起。 【目】珙凡六疏辞之,引经据礼,词甚切至,最后言曰:"三年通丧,先王因人情而节文之,三代以来,未之有改,至于汉儒,乃有金革无避之说,此固已为先王之罪人矣!然尚有可诿者,曰:'鲁公伯禽有为之也。'今以陛下威灵,边陲幸无犬吠之警,臣乃冒金革之名,以私利禄之实,不亦又为汉儒之罪人乎?抑陛下之诏臣,则有曰'义当体国',其敢嗫无一言以塞明诏!"

载的敬天之事，编成两张图，早晚阅览，自我警惕反省，起名叫《敬天图》。"虞允文对答说："希望陛下尽力身体力行，敬畏天命，必定有明显成效。"宋孝宗深以为然。

【纲】二月，册立恭王赵惇为皇太子，大赦天下，进封庆王赵恺为魏王。 【目】庄文太子去世，庆王恺依诸子顺序应当册立。宋孝宗认为恭王惇英武，很象自己，于是越过次序立惇为太子。而进封恺为魏王，判宁国府（即宣州，治宣城县，今安徽宣城）。宋孝宗对辅臣说："古人以教导儿子为重，这种事在《礼记·文王世子》中记载很多。应该多安置僚属，广泛选择忠良之士，使太子周围都是正人；否则，只有薛居州那样的一个好人辅佐，也没用呀。"不久，任命王十朋、陈良翰为太子詹事，刘焞为国子司业兼太子侍读。

【纲】三月，金国将钦宗皇帝安葬在巩、洛的原野。

【纲】任命张说为签书枢密院事，尚未受命就免除了。 【目】张说的妻子吴氏，是太上皇后的妹妹。张说由于攀附亲戚关系，提拔任命枢密院官职。诏命下达后，朝廷舆论哗然，但没人敢直言抨击的。唯独左司员外郎兼侍讲张栻上疏直言极谏，并到都堂责备虞允文说："让宦官执政，是从蔡京、王黼开始的；让皇帝所亲狎的人执政，是从你相公开始的。"虞允文感到愧愤不堪。张栻又启奏："文臣武将确实不可偏于一方。现在想偏重武臣以平衡文武的权力，然而竟任用这样的人，非但不足以服文官之心，恐怕反而会激怒其他武臣。"宋孝宗听了他的话感悟了，这项任命就停止了。

【纲】夏四月，下诏命皇太子兼临安府尹。

【纲】五月，起用服丧满期的刘珙为荆襄（治荆州，今湖北江陵）宣抚使，刘珙坚决推辞不起。 【目】刘珙总共六次上疏推辞，引经据礼，言词十分恳切，最后他说："三年守丧之礼，是古代先王顺应人情而制定的，从夏商周三代以来从未改变。到了汉儒，才有逢战时无避的说法，这样做确实已经算是古代先王的罪人了。然而还有可推诿的借口，说是：'鲁公伯禽曾为一定的目的而这样做过。'现在凭陛下的威灵，边疆地区幸得平安无事，臣乃冒战争之名，为个人攫取利禄之实，不又成为汉儒的罪人了吗？然而陛下下诏命臣，提到'理当体恤国家'，

乃手疏别奏，略曰："天下之事，有其实而不露其形者，无所为而不成；无其实而先示其形者，无所为而不败。今德未加修，贤不得用，赋敛日重，民不聊生。将帅方割削士卒以事苞苴，士卒方饥寒穷苦而生怨谤。凡吾所以自治而为恢复之实者，大抵阔略如此，而乃外招归正之人，内移禁卫之卒，规算未立，手足先露，其势适足以速祸而致寇。且荆襄，四支也；朝廷，元气也。诚使朝廷设施得宜，元气充实，则犁庭扫穴，在反掌间耳，何荆襄之足虑？如其不然，则荆襄虽得臣辈百人悉以经理，亦何足恃哉！臣恐恢复之功未易可图，而意外立至之忧将有不可胜言者，惟陛下图之！"帝纳其言，为寝前诏。

【纲】秋七月，加王炎枢密使。

【纲】壬辰，八年，春二月，改左、右仆射为左、右丞相，惟虞允文、梁克家为之，并兼枢密使。

【纲】罢左司员外郎兼侍讲张栻。　【目】宰相阴主张说，欲伸前命，故出栻知袁州。栻在朝仅一年，召对至六七，所言皆修身务学，畏天恤民，抑侥幸，屏谗谀，宰相、近习皆惮之。

【纲】复以张说签书枢密院事，罢侍御史李衡等四人。　【目】侍御史李衡、右正言王希吕论说不可执政，直学士院周必大不草答诏，给事中莫济封还录黄。帝诏翰林学士王曮草制，权给事中姚宪书行，而罢四人。都人作《四贤诗》以纪之。

【纲】以曾怀参知政事，王之奇签书枢密院事。
【纲】秋七月，以曾觌为武泰节度使。

臣怎敢闭口无一言来回答诏书呢!"

刘珙又亲手另写一份奏疏,大略说:"天下的事情,有的虽有其实却不显露其形,对这样的事无所作为而也无成就;有的虽无其实却先显露其形,对这样的事无所作为而也能成功。现在陛下的德行没有进一步修养,贤者不得任用,赋敛日益沉重,民不聊生,将帅正在割削士卒的粮饷来互相馈赠,士卒正处于饥寒穷困而滋生怨言。凡是我们为把国内治理好而为恢复中原加强实力的,大都粗疏如此。而还对外招徕叛归者,对内调动禁卫的军队,计划还没确定,已经先泄露出去,其势只能加速祸患而引致敌寇。而且荆襄地区好比是人的肢体,而朝廷才是人的元气。如果朝廷确实设施得当,元气充实,那么彻底摧毁敌国,易如反掌,荆襄地区又有什么值得担心呢!否则,即使荆襄地区有臣这样人一百个去全心力的加以管理,又有什么可以依赖呢?臣担心恢复的功业图取不易,而意料立至的祸患,将有言语所不能尽言的。希望陛下考虑。"宋孝宗接受了他的意见,为之中止起复他任官的诏命。

【纲】秋七月,给王炎加官枢密使。

【纲】乾道八年(壬辰,1172),春二月,改左、右仆射为左、右丞相,由虞允文、梁克家担任,并兼枢密使。

【纲】左司员外郎兼侍讲张栻罢官。 【目】宰相暗地里支持张说,打算重申前次任命张说为枢密官的诏命,因此将张栻调离朝廷,任为袁州(治宜春县,今江西宜春)知州。张栻在朝仅一年,奉召对答六七次,所说的全是修养自己,努力学习,敬畏天命,抚恤百姓,抑制侥幸竞进者,屏退谗邪与阿谀奉迎之徒,宰相及皇帝左右宠幸的人都怕他。

【纲】再任命张说为签书枢密院事,罢免侍御史李衡等四人。 【目】侍御史李衡、右正言王希吕提出张说不可担任执政大臣,直学士院周必大不起草诏书,给事中莫济将诏书封还。宋孝宗命翰林学士王曮起草制书,由权给事中姚宪书写,而罢免李衡等四人之职。京都有人作《四贤诗》记述此事。

【纲】任命曾怀为参知政事,王之奇为签书枢密院事。

【纲】秋七月,任命曾觌为武泰节度使。

【纲】罢要虞允文为四川宣抚使。 【目】帝命选谏官,允文以李彦颖、林光朝、王质对,三人皆鲠亮有文学,为时所推重。帝不报,而用曾觌所荐者。允文、梁克家争之,不从。允文遂力求去,授四川宣抚使,进封雍国公。

【纲】癸巳,九年,春正月,王炎、王之奇罢,以张说同知枢密院事,沈复、郑闻签书院事。

【纲】冬十月,梁克家罢。以曾怀为右丞相,郑闻参知政事,张说知枢密院事,沈复同知院事。十二月,沈复罢,以姚宪签书枢密院事。

【纲】甲午,淳熙元年,春二月,少保、四川宣抚使、雍公虞允文卒。

【纲】夏四月,以姚宪参知政事,叶衡签书枢密院事。六月宪罢,以衡代之。

【纲】秋八月,张说免。

【纲】以杨倓签书枢密院事。

【纲】冬十月,郑闻卒。

【纲】十一月,以龚茂良参知政事。杨倓罢。

【纲】曾怀罢,以叶衡为右丞相兼枢密使。

【纲】十二月,以李彦颖签书枢密院事。以沈复为四川宣抚使。

【纲】乙未,二年,夏六月,以沈复同知枢密院事,罢四川宣抚使。

【纲】秋八月,以左司谏汤邦彦为金国申议使。九月,叶衡罢。

【纲】赠赵鼎太傅,追封丰国公。

【纲】闰月,以李彦颖参知政事,王淮签书枢密院事。

【纲】丙申,三年,夏四月,金始命京、府设学养士。

【纲】六月,召朱熹为秘书郎,不至。 【目】先是陈俊卿、刘珙荐熹为枢密院编修官,累召不至。梁克家奏乞褒录之,帝曰:"熹

【纲】虞允文罢去相职,任命为四川宣抚使。 【目】宋孝宗命令选用谏官,虞允文推荐李彦颖、林光朝、王质。这三人都鲠直坦诚,有文才,为时人所推重。孝宗不作回答,而任用了曾觌所推荐的人。虞允文和梁克家加以谏诤,宋孝宗不允。虞允文于是力求辞职,改任四川宣抚使,进封雍国公。

【纲】乾道九年(癸巳,1173),春正月,王炎、王之奇罢官,任命张说为同知枢密院事,沈复、郑闻为签书枢密院事。

【纲】冬十月,梁克家罢官。任命曾怀为右丞相,郑闻为参知政事,张说为知枢密院事,沈复为同知枢密院事。十二月,沈复罢官,任命姚宪为签书枢密院事。

【纲】淳熙元年。(甲午,1174),春二月,广保、四川宣抚使、雍公虞允文去世。

【纲】夏四月,任命姚宪为参知政事,叶衡为签书枢密院事。六月,姚宪罢官,以叶衡接替他。

【纲】秋八月,张说免官。

【纲】任命杨倓为签书枢密院事。

【纲】冬十月,郑闻去世。

【纲】十一月,任命龚茂良为参知政事。杨倓罢官。

【纲】曾怀罢官,任命叶衡为右丞相兼枢密使。

【纲】十二月,任命李彦颖为签书枢密院事。任命沈复为四川宣抚使。

【纲】淳熙二年(乙未,1775),夏六月,任命沈复为同知枢密院事,免除其四川宣抚使之职。

【纲】秋八月,任左司谏汤邦彦为金国申议使。九月,叶衡罢官。

【纲】赠赵鼎为太傅,追封丰国公。

【纲】闰月,任命李彦颖为参知政事,王淮为签书枢密院事。

【纲】淳熙三年(丙申,1176),夏四月,全国开始命令京、府设置学校,培养士人。

【纲】六月,召朱熹为秘书郎,没有来。 【目】在此以前,陈俊卿、刘珙推荐朱熹为枢密院编修官,屡次召他不来。梁克家启奏,请求对

安贫守道,廉退可嘉,命主管台州崇道观。"至是,龚茂良言熹操行耿介,除秘书郎。熹以改官之命,正以嘉其廉退,顾乃冒进擢之宠,是左右望而罔市利也,力辞不至。会复有言虚名之士不可用者,遂改主管武夷山冲佑观。史浩复荐熹知南康军,再辞,不许。至南康,值岁不雨,讲求荒政,多所全活。间诣郡学,引士子与之讲论。访唐李渤白鹿洞书院遗址,奏复其旧,为学规,俾守之。

【纲】汤邦彦有罪,流新州。
【纲】秋八月,以王淮同知枢密院事,赵雄签书院事。
【纲】冬十月,立贵妃谢氏为皇后。
【纲】丁酉,四年,春二月,帝谒孔子,遂临太学。

【纲】秋七月,罢王雱从祀孔子。
【纲】戊戌,五年,春正月,侍御史谢廓然请禁有司毋以程颐、王安石之说取士。 【目】未几,秘书郎赵彦中复疏言:"科举之文,成式具在,今乃祖性理之说,以浮言游词相高。士之信道自守,以'六经'圣贤为师可矣,而别为洛学,饰怪惊愚,外假诚敬之名,内济虚伪之实,士风日弊,人才日偷。望诏执事,使明知圣朝好恶所在,以变士风。"帝从之。

【纲】三月,李彦颖罢。
【纲】以史浩为右丞相兼枢密使,王淮知枢密院事,赵雄参知政事。
【纲】夏四月,以陈俊卿判建康府。 【目】时曾觌、王抃、甘昇三人盘结擅政,进退大臣,权震中外,士大夫争附之。俊卿自兴化赴建康,过阙,入对,因极言三人招权纳贿,荐进人才而以中批行之

他加以褒奖录用。宋孝宗说："朱熹安于贫贱，恪守道义，清廉谦退，值得嘉奖。"命朱熹主管台州崇道观。到这时，龚茂良提起朱熹操行耿直，又授官为秘书郎。朱熹认为改官之命，正是由于嘉奖他的清廉谦退，如果现在领受这种提拔的恩宠，那是商人看行情而谋利的行为，因此坚辞不去。正值又有人议论不可任用徒有虚名之士，才改任他主管武夷山冲佑观。史浩又推荐朱熹知南康军（治星子县，今江西星子），他一再推辞，而孝宗不答应。朱熹到了南康，正赶上当年没有下雨，朱熹重视采取救荒的措施，很多百姓得以活命。他空闲时前往州学，与士子们讲论学问。他寻访唐代李渤的白鹿洞书院遗址（在今江西庐山五老峰下），启奏皇帝后修复书院，制定学规，使学生遵守。

【纲】汤邦彦犯罪，流放新州（治兴兴县，今广东新兴）。

【纲】秋八月，任命王淮为同知枢密院事，赵雄为签书院事。

【纲】冬十月，册立贵妃谢氏为皇后。

【纲】淳熙四年（丁酉，1177），春二月，宋孝宗拜谒孔子，就来到太学。

【纲】秋七月，撤除王雱从祀孔子。

【纲】淳熙五年（戊戌，1178），春正月，侍御史谢廓然建议下令官府，不要以程颐和王安石的学说来考试取士。【目】不久，秘书郎赵彦中又上疏说："科举考试的文章，有一定的格式，现在竟以性理学说为根本，以浮夸的言辞相互竞争。士人信道修养，应该以六经圣贤为师，而另外创立洛学，修饰怪论，以惊愚者，外表上假借诚敬的名义，实际上贯穿着虚伪的内容，士风日益败坏，人才益加浅薄。请下诏命有关负责官员，使士子清楚地懂得我朝对治学所崇奉和反对的是什么，以改变不良的士风。"皇帝应允。

【纲】三月，李彦颖罢官。

【纲】任命史浩为右丞相兼枢密使，王淮为知枢密院事，赵雄为参知政事。

【纲】夏四月，任命陈俊卿判建康府。【目】当时曾觌、王抃、甘昇三人互相勾结，专擅朝政，由他们进用和斥退大臣，权震中枢和地方，士大夫争相趋附。陈俊卿从兴化（兴化军治莆田县，即今福建莆田

等事。且曰："去国十年，见都城谷贱人安，惟士大夫风俗大变。"帝曰："何也？"俊卿曰："向士大夫奔觊、抃之门，十才一二，尚畏人知；今则公然趋附已七八，不复顾忌矣。人才进退由私门，大非朝廷美事。臣恐二人坏朝廷纪纲，废有司法度，败天下风俗，累陛下圣德。"帝感其言。

【纲】以范成大参知政事，六月罢。以钱良臣签书枢密院事。

【纲】秋七月，太尉、提举万寿观李显忠卒。 【目】显忠生而神奇，立功异域，父子破家殉国。志复中原，见忤秦桧，屡遭废黜；符离之役，又为邵宏渊所忌，竟无成功。帝尝奇其状貌魁伟，令绘像阁下。卒，谥忠襄。

【纲】冬十一月，史浩罢，以赵雄为右丞相，王淮为枢密使，钱良臣参知政事。

【纲】己亥，六年，夏旱，诏求直言。 【目】知南康军朱熹上疏，其略曰："天下之务，莫大于恤民，而恤民之本，在人君正心术以立纲纪。盖纲纪不能以自立，必人主之心术公平正大，无偏党反侧之私，然后有所系而立。君心不能以自正，必亲贤臣，远小人，讲明义理，闭塞私邪，然后可得而正。今宰相、台省、师傅、宾友、谏诤之臣，皆失其职，而陛下所与亲密谋议者，不过一二近习之臣，上以蛊惑陛下之心志，下则招集天下士大夫之嗜利无耻者，盗陛下之权，窃陛下之柄，使陛下之号令黜陟不复出于朝廷，而出于一二人之门，名为陛下独断，而实此一二人者阴执其柄。臣恐莫大之祸，必至之忧，近在朝夕，而陛下独未知之。"帝读之，大怒曰："是以我为亡也。"谕赵雄令分析。雄言于帝曰："士之好名，陛下疾之愈甚，则人之誉之愈众，无乃适所以高之。不若因其长而用之，彼渐当事任，能否自

县)去建康,路过朝廷入宫答问,极力指出这三人招权受贿,进荐人才不按正当手续而由宫中内批直接任命,等等。并且说:"离开朝廷十年,看到都城粮价便宜,百姓安居乐业很高兴,唯有士大夫风气大为改变。"宋孝宗问:"为什么呢?"陈俊卿说:"过去士大夫投奔曾觌和王抃的,不过十分之一二,尚且怕别人知道。现在是公然投靠,已占十分之七八,不再顾忌被人知道了。选用和斥退人才由私人决定,对朝廷绝不是好事。臣恐怕这二人破坏朝廷纪纲,废弃官府的法度,败坏天下风气,累及陛下的圣德。"这番话令皇帝很感动。

【纲】任命范成大为参知政事,六月罢官。任命钱良臣为签书枢密院事。

【纲】秋七月,太尉、提举万寿观李显忠去世。 【目】李显忠生来就状貌奇特,曾在夏国建立功勋,父子破家殉国。他立志恢复中原,触犯了秦桧,屡次被降职免官;在符离战役中,又被邵宏渊所忌,竟得不到成功。宋孝宗曾以他的体貌魁伟为奇,令人把他的像画在阁下。死后谥号忠襄。

【纲】冬十一月,史浩罢官,任命赵雄为右丞相,王淮为枢密使,钱良臣为参知政事。

【纲】淳熙六年(己亥,1179),夏季干旱,宋孝宗下诏征求直言进谏。 【目】知南康军朱熹呈上奏疏,大略说:"天下的事,没有比抚恤百姓更重大的,而抚恤百姓的根本,在于人君端正心术以确立法度。法度不会自然而然地建立起来,必须人主的心术公平正大,没有偏袒、反覆无常等私心,然后有所凭借,才能建立。人君之心不会自行公正,必须亲贤臣,远小人,讲明义理,杜绝偏私邪恶,然后才能达到公正。现在宰相、台省、师傅、宾友、谏诤之臣,都是失职的,而陛下所亲近并和他们秘密谋议大事的,不过一两个亲狎之臣。他们对上是蛊惑陛下的心志,对下则招集天下士大夫中贪利无耻之徒,窃取陛下的权柄,使陛下的号令和升降官员不再出决定于朝廷,而是出于他们一二人之手,名为由陛下独自决断,实际上是他们这一两个人暗中掌握了权柄。臣担心极大的祸事,必然到来的忧患,近在旦夕,而陛下还不知道。"宋孝宗看了他的奏疏大怒道:"这是无视我的存在呀。"令赵雄分析此事。赵雄

见矣。"帝以为然,诏以熹提举江西常平茶盐。

【纲】庚子,七年,春二月,魏王恺卒。

【纲】右文殿修撰张栻卒。 【目】栻病且死,犹手疏劝帝亲君子,远小人,信任防一己之偏,好恶公天下之理。天下传诵之。卒年四十八,帝闻之,嗟叹不已。朱熹与黄榦书曰:"吾道益孤矣。"

栻颖悟夙成,父浚深爱之。自幼学所教,莫非仁义忠孝之实。长师胡宏,宏以孔门论仁亲切之旨告之,栻退而思,若有得焉。宏称之,曰:"圣门有人矣。"栻益自奋励,以古圣贤自期,作《希颜录》。为人表里洞然,勇于从义,无毫发滞吝。

每进对,必自盟于心,不可以人主意辄有所随顺。帝尝言伏节死义之臣难得,栻对:"当于犯颜敢谏中求之。若平时不能犯颜敢谏,他日何望其伏节死义。"帝又言难得办事之臣,栻对:"陛下当求晓事之臣,不当求办事之臣。若但求办事之臣,则他日败陛下事者未必非此人也。"

其远小人尤严。为都司日,肩舆出,遇曾觌,觌举手欲揖,栻急掩其颏椶。觌惭,手不得下。

所至郡,暇日召诸生告语。民以事至庭,必随事开晓,具为条教,大抵以正礼俗、明伦纪为先。斥异端,毁淫祠,而崇社稷、山川、古先圣贤之祀。

栻闻道甚蚤。朱熹尝言:"己之学,乃铢积寸累而成;如敬夫,则大本卓然,先有见者也。"栻所著《论语孟子说》《太极图说》《洙泗言仁录》《诸葛武侯传》《经世纪年》行于世。尝言曰:"学莫

说："好名之士，陛下越厌恶他，世人就赞誉他的越多，正好抬高了他。不如量其所长而任用他，他逐渐负责具体事务，是否有才能自然会显示出来了。"宋孝宗认为说得对，下诏令朱熹提举江西常平茶盐。

【纲】淳熙七年（庚子，1180），春二月，魏王赵恺去世。

【纲】右文殿修撰张栻去世。　【目】张栻病重快死的时候，还在亲手写奏疏，劝皇帝亲君子，远小人，信任臣子要防止个人的偏私，要以天下公理来分辨好恶。此疏为全国所传诵。卒年四十八岁，宋孝宗听说后叹息不止。朱熹给黄榦信中说："吾道更孤独了。"

张栻聪明颖悟，少年老成，其父张浚非常喜爱他。自幼就受仁义忠孝的教育。长大后从师胡宏，胡宏以孔门论仁的主旨教育他。张栻自己思考，很有心得。胡宏称赞他说："圣门有后继之人了。"张栻更加勤奋自勉，期望自己也能象古代圣贤一样，写了《希颜录》。为人坦荡，表里如一，见义勇为，毫不计较个人私利。

每次他入朝对答，都对自己发下誓愿，不可因为是人主的意思就有所曲意顺从。宋孝宗曾说坚持气节、为义而死的臣子难得，张栻回答说："应该在不怕触怒皇上而敢于劝谏的臣子中去找。如果平时做不到这一点，将来哪能指望他坚持气节、为义而死呢！"宋孝宗又说难得会办事的臣子，张栻回答说："陛下应该寻求的是懂得事理的臣子，不应该寻求只会办事的臣子。若只求办事的臣子，那末将来败坏陛下事情的，未必不是这种人。"

张栻疏远小人尤其做得严厉。他当都司时，有一次坐轿出门，路遇曾觌，曾觌抬起手来打算揖拜招呼，张栻急忙把轿窗遮上了，曾觌感到惭愧，连手也不好意思放下来了。

他到了州郡，闲暇时，召诸生谈话。百姓有事到官府，他必定有什么事就讲什么道理加以开导，教育他们，大都以端正礼俗，明晓伦常法纪为先。他斥责儒学之外的异端邪说，废毁奉祀不当的祠庙，而崇奉社稷、山川和古代圣贤的祭祀。

张栻很早就受儒学。朱熹曾说："我自己的学问，是一点一滴积累起来的，而张栻则是根基深厚，卓然不群，早有心得的人。"张栻著有《论语孟子说》《太极图说》《洙泗言仁录》《诸葛武侯传》《经世纪

先于义利之辨。义者,本心之当为,非有为而为也。有为而为,则皆人欲,非天理矣。"学者称为南轩先生。

【纲】夏五月,以周必大参知政事,谢廓然签书枢密院事。【目】必大为翰林学士几六年,制命温雅,周尽事情,为一时词臣之冠。及拜参政,帝谓之曰:"执政于宰相,固当和而不同,前此宰相议事,执政更无语,何也?"必大对曰:"大臣自应互相可否,自秦桧当国,执政不敢措一辞,后遂以为当然。陛下虚心无我,人臣乃欲自是乎?虽小事不敢有隐,则大事何由蔽欺!"帝深然之。

【纲】冬十二月,资政殿学士致仕胡铨卒。

【纲】辛丑,八年,秋七月,著作郎吕祖谦卒。 【目】祖谦,夷简五世孙也。自其祖好问始居婺州。其学本之家庭,有中原文献之传。长从林之奇、汪应辰、胡宪游,而友张栻、朱熹。学以关、洛为宗,旁稽载籍,心平气和,不立崖异,少卞急。一日,诵孔子"躬自厚而薄责于人"之言,忽觉平时忿懥,涣然冰释。朱熹常言:"学如伯恭,方是能变化气质。"其所讲画,将以开物成务,既卧病,而任重道远之志不衰,居家之政皆可以为后世法。年四十五而卒。著《读书记》《大事记》皆未成书,考定《古周易书说》《阃范》《官箴》《辨志录》《皇朝文鉴》行于世。学者称为东莱先生。

【纲】八月,赵雄罢。

【纲】以王淮为右丞相兼枢密使,谢廓然同知枢密院事。【目】淮既相,问太子侍读杨万里曰:"宰相先务何事?"万里曰:"人才。"淮因问其人,万里即疏朱熹、袁枢以下六十八人。

【纲】九月,钱良臣罢。

年》,流传于世。他曾说过:"学习首先要分辨义与利。义,是发自内心的行为,不是有什么目的才去做的。有目的才行动,就都是人欲,而不是天理了。"学者称他为南轩先生。

【纲】夏五月,任命周必大为参知政事,谢廓然为签书枢密院事。
【目】周必大担任翰林学士近六年,他草拟的制诰诏令平和雅致,周到详尽,为一时词臣之首。当任命为参政时,宋孝宗问他:"执政对宰相,本应当和谐而不苟同,从前宰相议论事情,执政不再发表意见,为什么?"周必大回答:"大臣互相之间自应提出不同意见。自从秦桧掌权后,执政不敢说一句话,以后就沿袭下来,认为当然应该这样。陛下虚心不存成见,为臣子的还要自以为是吗?虽然是小事也不敢隐瞒,则大事怎么能蒙蔽欺瞒呢!"宋孝宗深以为然。

【纲】冬十二月,已退休的资政殿学士胡铨去世。

【纲】淳熙八年(辛丑,1181),秋七月,著作郎吕祖谦去世。
【目】吕祖谦是吕夷简的第五代孙。从祖父吕好问开始,居住在婺州(治金华县,今浙江金华)。他的学问渊源于家庭,有中原文献的传授。长大后,跟从林之奇、汪应辰、胡宪受教,与张栻、朱熹为友。学术以张载、二程为依归,结合其他典籍,心气平和,不标新立异,很少急躁。有一天,他诵读《论语》中孔子说的"躬自厚而薄责于人"这一句时,忽然感到平日的气愤一下子都消失了。朱熹常说:"学习到吕祖谦的地步,才能改变人的气质。"他所讲授的,都以通晓万事之理为本,按理办事去争取成功。他卧病在床,而任重道远之志不变。他无论治家还是为政,都可以给后世作楷模。卒年四十五岁。著作《读书记》《大事记》,都未完稿,考定《古周易》《书说》《闻范》《官箴》《辨志录》《皇朝文鉴》,流传于世。学者称他为东莱先生。

【纲】八月,赵雄罢官。

【纲】任命王淮为右丞相兼枢密使,谢廓然为同知枢密院事。
【目】王淮任宰相后,向太子侍读杨万里提问:"宰相先要做什么事?"杨万里说:"选拔人才。"王淮随即问有那些人,杨万里就提出朱熹、袁枢等六十八人。

【纲】九月,钱良臣罢官。

【纲】以朱熹提举浙东常平茶盐。冬十二月,下熹社仓法于诸路。 【目】浙东大饥,王淮荐熹,即日单车就道。召入对,首陈灾异之由与修德任人之说,因及时政之缺,凡七事,帝深纳之。熹始拜命,即移书他郡募米商,蠲其征;及至,则米已辏集。熹日钩访民隐,按行境内,单车屏徒从,所至人不及知。郡县官吏惮其风采,至是引去,所部肃然。凡政有不便于民者,悉厘革之。有短熹者,谓其疏于为政。帝谓王淮曰:"朱熹政事,却有可观。"淮言:"修举荒政,是行其所学,民被实惠,宜进职以旌之。"乃进熹直徽猷阁。

熹言:"乾道四年,民艰食,熹请于府,得常平米六百石赈贷;夏受粟于仓,冬则加息计米以偿。自后随年敛散。歉,蠲其息之半;大饥,则尽蠲之。凡十有四年,以元数六百石还府,现储米三千一百石,以为社仓,不复收息,每石止收耗米三升,以故一乡四十五里间,虽遇歉年,民不缺食。"诏下其法于诸路。其法以十家为甲,甲推一人为首,五十家则推一人通晓者为社首。其逃军及无行之士,与有税粮衣食不缺者,并不得入甲。其应入甲者又问其愿与不愿。愿者开具一家大小口若干,大口一石,小口五斗;五岁以下者不预。置籍以贷之,其以湿恶不实还者有罚。

【纲】壬寅,九年,夏六月,谢廓然卒。
【纲】秋七月,以李彦颖参知政事。
【纲】九月,以王淮、梁克家为左、右丞相,并兼枢密使。
【纲】以朱熹为江西提刑,熹辞不拜。 【目】朱熹行部至台,知州唐仲友为其民所讼,熹按得其实,而仲友与王淮同里,且为姻家。已除江西提刑,未行而熹论之,淮匿其章不以闻。熹论益力,章前后六上,淮不得已,夺仲友江西新命以授熹;熹辞不拜,遂乞奉

【纲】任命朱熹为提举浙东常平茶盐。冬十二月，将朱熹的社仓法下达于诸路。　【目】浙东大饥荒，王淮推荐朱熹为浙东常平茶盐，他当天就单车启程。应召入宫对答，首先陈述出现灾荒的原因与皇帝自身修养及任用人选有关的意见，从而指出朝政的缺失，凡七件事，宋孝宗采纳了他的意见。朱熹刚刚接受任命，就分发公文招募其他各州的米商，免除对他们的征课；等他到浙东时，米已大量运到了。朱熹又每日察访民间隐情，巡行辖区境内，单车前往，不带随从人员，所到之处，别人都不知道。州县的官吏忌惮他办事严厉的作风，这时就辞职而去，辖境内风纪肃然。凡是政策措施有对百姓不方便的地方，都加以改正。有人指摘他的缺点，说他不善于处理政小。宋孝宗对王淮说："朱熹处理政事，却有可观之处。"王淮说："处理灾荒的政事，对他来说是学以致用，人民受到实惠，应该升官加以表彰。"于是进升朱熹为直徽猷阁。

朱熹说："乾道四年时，百姓缺乏粮食，我向官府申请到常平仓米六百石用于赈贷救灾。夏天，从常平仓领取粮食；冬天，则加上利息还米，以后每年都这样收放粮米。歉收之年，免除一半利息；大饥荒年，就全免利息。共十四年，就归还了官府原数六百石米，并且现存米三千一百石，用这些米建立常平仓，不再收利息，每石米只收损耗米三升，因此一乡四十五里之内，虽遇歉收，百姓不缺粮食。"宋孝宗下诏把这项办法推广到各路。办法如下：以十家为一甲，每甲推举一人为首；五十家则推举一个通晓事理的人为社首，凡是逃亡的军士和行为不端的人，以及缴纳税粮、衣食不缺的人，都不能入甲。有资格入甲的也要自愿，自愿者要写明家中大小人口数，大人一石，小孩五斗，五岁以下不参加。登记贷粮，偿还时若交受潮的坏粮，则予以处罚。

【纲】淳熙九年（壬寅，1182），夏六月，谢廓然去世。

【纲】秋七月，任命李彦颖为参知政事。

【纲】九月，任命王淮、梁克家为左、右丞相，并兼枢密使。

【纲】任命朱熹为江西提刑，朱熹推辞不接受。　【目】朱熹巡视到台州，百姓告发知州唐仲友，朱熹查问属实。但唐仲友和王淮是同乡，又是姻亲，已经任命为江西提刑，尚未到任，而朱熹上疏加以论劾，奏章被王淮私自扣留不呈报上去。朱熹越发据理陈述，共上奏章六次。王

祠。

【纲】癸卯，十年，春正月，以施师点签书枢密院事。李彦颖罢。

【纲】以黄洽为御史中丞。 【目】洽为中丞，尽言无隐。然所论列，未尝掯摭细故。尝奏云："因言固可以知人，轻听亦至于失人，是故听言不厌其广，广则庶几其无壅；择言不厌其审，审则庶几其无误。"帝深然之。洽为人质直端重，有大臣体。常言："居家不欺亲，仕不欺君，仰不欺天，俯不欺人，幽不欺鬼神，何用求福报哉！"

【纲】夏六月，监察御史陈贾请禁道学。 【目】王淮以唐仲友之故怨朱熹，欲沮之，于是吏部尚书郑丙上疏言："近世士大夫有所谓道学者，欺世盗名，不宜信用。"帝已惑其说，淮又以大府丞陈贾为监察御史，贾因面对，首论曰："臣伏见近世士大夫有所谓道学者，其说以谨独为能，以践履为高，以正心诚意克己复礼为事，若此之类皆学者所共学也，而其徒乃谓己独能之。夷考其所为，则又大不然，不几于假其名以济其伪者邪？臣愿陛下明诏中外，痛革此习。每于听纳除授之间，考察其人，摈斥勿用，以示好恶之所在，庶几多士靡然向风，言行表里一出于正，无或肆为诡异以干治体，实宗社无疆之福。"盖指熹也。帝从之，由是"道学"之名，贻祸于世。

后直学士院尤袤以程氏之学为陈贾所攻，言于帝曰："道学者，尧、舜所以帝，禹、汤、文、武所以王，周公、孔、孟所以设教。近立此名诋訾士君子，故临财不苟得所谓廉介，安贫守道所谓恬退，择言顾行所谓践履，行己有耻所谓名节，皆目之为道学。此名一立，贤人君子欲自见于世，一举（足）且入其中，俱无得出。此岂盛世所宜

淮不得已，只好把唐仲友的新官职转授朱熹，朱熹推辞不接受，要求当奉祠官。

【纲】淳熙十年（癸卯，1183），春正月，任命施师点为签书枢密院事。李彦颖罢官。

【纲】任命黄洽为御史中丞。 【目】黄洽为中丞，向皇帝进言时言无不尽，绝不隐瞒；然而他所论述的，未曾去抓那些细微小事。他曾经奏称："从言谈中固然可以了解人，但轻易听信别人的话也会导致失去人才。因此，听取意见不嫌广泛，广泛才不堵塞言路；采纳意见不怕审慎，审慎才不会有错。"宋孝宗深以为然。黄洽为人质朴耿直，端庄厚重，有大臣风度。他常常说："居家不欺亲，为官不欺君，上不欺天，下不欺民，幽冥之间不欺鬼神，哪里用得着求福求报呢？"

【纲】夏六月，监察御史陈贾建议禁止道学。 【目】王淮由于唐仲友的事怨恨朱熹，想加害于他，于是吏部尚书郑丙上疏道："近世士大夫中有所谓道学者，欺世盗名，不可信任使用。"宋孝宗已受到这种说法蛊惑。王淮又任太府丞陈贾为监察御史，陈贾当面对答时首先提出："臣看到近世士大夫有所谓道学者，他的学说以慎独为能，以付诸实践为高，以端正本心，意志诚信，约束自己，言行都符合于礼为能事。象这一些都是学者所共同学习的，而道学者却说只有自己独独能够做到。考察他的行为，却又大为不然，这不是假借道学之名以掩饰其虚伪吗！希望陛下能明令朝内外，彻底改变这种习气，每当听取采纳意见或任命官员时，考察这样的人，加以摈斥，不可任用，以表明是非好恶之所在。这样多数人才会倾向于好的风气、言行表里，都出于正道，没有肆意以诡诈邪说干扰政治的人，这才是国家的长久之福。"这大约就是指朱熹而言的。皇帝听从陈贾的意见，从此"道学"之名，贻祸于世间。

后来，直学士院尤袤因程氏学说受到陈贾攻击，就向皇帝进言说："道学，是尧、舜所以成为帝，禹、汤、文、武所以成为王，周公、孔、孟所以得设施教化的根本。近来用道学之名来诋毁士君子。所以，面临财富，非义而不取，是所谓廉介；安于贫困，信守道义，是所谓恬退；言谈要选择，行为要检点，是所谓践履；对自己的行为，要有羞耻之心，是所谓名节；这一些都被看作是道学。现在道学之名一确立，贤人君子

有!愿徇名责实,听言观行,人情庶不坏于疑似。"帝曰:"道学岂不美之名?正恐假托为奸,真伪相乱。"

【纲】秋八月,以施师点、黄洽参知政事。

【纲】丙午,十三年,夏五月,宴讲臣于秘书省。 【目】以进读陆贽《奏议》终篇,赐侍读萧燧等御筵及金器鞍马。帝召宰执赐酒,从容语曰:"自古人主读书,少有知道,知之亦罕能行之。甚者但作歌诗,如隋、陈之君,竟亦何补?唐德宗岂不知书?然所行不至,与陆贽论事,皆使中人传旨。且事有是非,面相诘难犹恐未尽,传旨安能尽邪?投机之会,间不容发,惟其若此,误事多矣,故朕每事以德宗为戒。"

【纲】赐处士郭雍号颐正先生。 【目】雍之先,洛阳人,父忠孝,师事程颐,著《易说》,号兼山先生。雍传其学,通世务,隐居峡州。乾道中守臣荐于朝,召不起。帝稔其贤,每对辅臣称道之,命所在州郡岁时致礼存问。至是赐号颐正先生,令部使者遣官就问,雍所欲言,备录来上。时雍年八十三矣。

【纲】秋闰七月,以留正签书枢密院事。
【纲】八月,日月五星聚轸。
【纲】冬十一月,梁克家罢。
【纲】丁未,十四年,春二月,以周必大为右丞相,施师点知枢密院事。
【纲】秋八月,以留正参知政事。
【纲】九月,太上皇有疾。冬十月,帝罢朝侍疾。赦。

【纲】太上皇崩,遗诰太上皇后改称皇太后。帝致丧三年。

想在世上有所表现，一举一动将被归入道学之中，无法得脱。这难道是太平盛世应有的现象吗！希望陛下以名求实，听其言观其行，人心才不会败坏于似是而非之间。"宋孝宗说："道学岂是不美之名？只恐假托道学之名为奸邪，以致真伪淆乱。"

【纲】秋八月，任命施师点、黄洽为参知政事。

【纲】淳熙十三年（丙午，1186），夏五月，宋孝宗在秘书省召宴讲臣。　【目】由于对皇帝讲完陆贽的奏议，宋孝宗赐侍读萧燧等人以皇帝吃的膳食和金器以及鞍马。孝宗让宰相和执政大臣给他们倒酒，从容地对他们说："自古以来君主读书，很少有懂得道的，即使懂得道，也很少能身体力行。更有甚者，只作歌写诗，如隋炀帝、陈后主，到底有什么补益呢？唐德宗难道不知道读书吗？然而他的行为却达不到，他和陆贽议论国事，都让宦官传达旨意。而且事情有是有非，当面诘问还难以说完全，通过传旨怎能说完全呢？机会的到来极快，没有丝毫间歇，只因象他这样做，误事就多啦。所以朕遇事都以唐德宗为戒。"

【纲】赐处士郭雍号为颐正先生。　【目】郭雍的祖上是洛阳人。他的父亲名忠孝，以程颐为师，著有《易说》，号兼山先生。郭雍承传其父之学，通晓世务，隐居在峡州（治夷陵县，今湖北宜昌）。乾道年间，守臣向朝廷推荐，受征召而不出。宋孝宗熟知他为人贤良，常对辅臣称道他，命令所在的州郡一年四季，向他送礼问候。到这时赐号颐正先生，命巡视的长官派官员去问候他，郭雍有什么要说的全记下来呈上。当时郭雍已八十三岁了。

【纲】秋闰七月，任命留正为签书枢密院事。

【纲】八月，日、月、五星聚集于轸宿的星位。

【纲】冬十一月，梁克家罢官。

【纲】淳熙十四年，（丁未，1187），春二月，任命周必大为右丞相，施师点为知枢密院事。

【纲】秋八月，任命留正为参知政事。

【纲】九月，太上皇有病，冬十月，宋孝宗停止临朝，侍奉太上皇养病，大赦天下。

【纲】太上皇去世，遗诰太上皇后改称皇太后。宋孝宗守丧三年。

【目】太上皇崩,帝号恸辟踊,逾二日不进膳。谓王淮等曰:"晋孝武、魏孝文实行三年丧服,何妨听政？司马光《通鉴》所载甚详。"淮对曰:"晋武虽有此意,后来在宫中止用深衣练冠。"帝曰:"当时群臣不能将顺其美,光所以讥之。自我作古,何害？"于是诏曰:"大行太上皇帝奄弃至养,朕当衰服三年,群臣自遵易月之令。"百官五上表,请帝还内听政,不许。

【纲】十一月,诏皇太子参决庶务。 【目】左谕德尤袤言于太子曰:"大权所在,天下之所争趋,甚可惧也。愿殿下事无大小一取上旨而后行,情无厚薄一付众议而后定。"又曰:"储副之位,止于侍膳问安,不交外事。抚军监国,自汉至今,多出权宜,事权不一,动有触碍。乞俟祔庙之后,便行恳辞,以彰殿下令德。"

【纲】十二月,大理寺奏狱空。
【纲】戊申,十五年,春正月,复置补阙拾遗官。 【目】未几,左补阙薛叔似等上疏劾王淮,帝曰:"卿等官以补阙、拾遗为名,专主规正人主,不任纠劾。今所奏乃类弹击,甚非设官命名之意,宜思自警。"

【纲】施师点罢,以黄洽知枢密院事,萧燧参知政事。
【纲】三月,葬永思陵。
【纲】夏五月,王淮罢。
【纲】六月,以朱熹为兵部郎官,未上而罢。贬侍郎林栗知泉州。 【目】王淮罢,周必大荐熹为江西提刑,入奏事,或要于路曰:"'正心诚意'之论,上所厌闻,慎勿复言。"熹曰:"吾平生所学,惟此四字,岂可隐默以欺吾君乎！"及入对,首言:"陛下居虚明应物之地,而天理有所未纯,人欲有所未尽,是以为善不能充其量,除恶不能去其根,一念之顷,公私邪正、是非得失之机交战于中。愿自今以

【目】太上皇去世，宋孝宗顿足捶胸，嚎啕大哭，两天多不吃饭，对王淮等人说："晋孝武帝、魏孝文帝都实行三年守丧，对临朝听政有什么妨碍？司马光在《资治通鉴》上记载得很详细。"王淮答道："晋武帝虽然有这种想法，但后来也只在宫中穿白粗布衣和戴白色练冠。"孝宗说："当时群臣不能顺从皇帝而助成美事，因此司马光才讥讽他。自我作古，为后代立个榜样，有何不好。"于是下诏说："刚去世的太上皇帝一旦间抛弃了所养育的一切，朕当服丧三年，群臣守丧自当遵守以日易月的旧令行事。"百官五次上表，请求皇帝临朝听政，没有允许。

【纲】十一月，下诏命皇太子参预决定各种政务。 【目】左谕德尤袤对太子说："大权所在之处，是天下所争相趋往的，非常可畏。希望殿下不论事件大小，一律听取皇帝旨令而后行事；不分人情厚薄，一律交付大家讨论后再决定。"又说："储君的地位，仅限于侍候皇帝膳食和问安，不干涉宫外之事；至于由太子抚军、监国，从汉代至今，大多出于权宜之计，而事权不统一，动辄有所触犯或阻碍。乞求殿下在太上皇的神主迁入祖庙之后，马上恳求辞去参决政务，以显出殿下的美德。"

【纲】十二月，大理寺奏称狱中已空无一人。

【纲】淳熙十五年（戊申，1188），春正月，恢复设补阙、拾遗官。
【目】不久，左补阙薛叔似等上疏弹劾王淮，宋孝宗说："你们的官职以补阙、拾遗为名，专门负责规劝君主，不负纠察弹劾的责任。现在你们启奏的内容可是类乎弹劾抨击，很不合设官命名的原意，应该想到警戒自己。"

【纲】施师点罢官，任命黄洽为知枢密院事，萧燧为参知政事。

【纲】三月，太上皇安葬于永思陵。

【纲】夏五月，王淮罢官。

【纲】六月，任命朱熹为兵部郎官，尚未上任就免除了。贬侍郎林栗为泉州（治晋江县，今福建泉州）知州。 【目】王淮罢官，周必大推荐朱熹为江西提刑。朱熹入朝奏事，有人在路拦住他说："'正心诚意'的言论是皇上所讨厌听的，注意不要再说了。"朱熹说："我平生所学，只有这四个字，怎能隐默不言来欺骗我的君王呢？"他入宫对答时，首先就说："陛下处于虚心以应外物的境地，而天理还不够纯正，人欲

往，一念之顷，必察夫天理人欲。果天理邪，则敬以充之，而不使少有壅阏；果人欲邪，则敬以克之，而不使少有凝滞。推而至于言语动作之间，用人处事之际，无不以是裁之，则圣心洞彻，而天下之事，将惟陛下所欲为，无不如志矣。"帝曰："久不见卿，浙东之事，朕自知之。今当处卿清要，不复以州县为烦也。"除兵部郎官。熹以足疾乞祠。

兵部侍郎林栗与熹论《易》《西铭》不合，遂论熹"本无学术，徒窃张载、程颐之绪余，为浮诞宗主，谓之道学，妄自推尊。所至辄携门生数十人，习为春秋、战国之态，妄希孔、孟历聘之风。绳以治世之法，则乱人之直也。今采其虚名，俾之入奏，既经陛对，得旨除郎，而辄怀不满，傲睨累日，不肯供职，是岂张载、程颐之学教之然也！望将熹停罢，以为事君无礼者之戒。"帝谓栗言过当，而大臣畏栗之强，莫敢深论，乃命熹依旧江西提刑。会胡晋臣拜侍御史，首劾栗喜同恶异，无事而指学者为党。乃出栗知泉州，而熹亦除直宝文阁，奉祠而去。

【纲】秋七月，恩平王璩卒。【目】帝友爱甚至，每召璩内宴，呼以官而不名，赐予无算，卒，追封信王。

【纲】冬十二月，以朱熹为崇政殿说书，熹辞不至。【目】熹既归，投匦进封事，言大本急务："大本者，陛下之心；急务，则辅翼太子，选用大臣，振举纪纲，变化风俗，爱养民力，修明军政。凡此六事，皆不可缓，而本在于陛下之一心。一心正，则六事无不正。一

还没有完全灭除，因此为善不能全力以赴，除恶不能去根，在一念之间，公与私，正与邪，是与非，得与失斗争很激烈。希望陛下从今以后，即使一念之间，必须用存天理灭人欲的标准来核察。果真是合乎天理的事，则以崇敬之心去完成它，不让它受一点蔽塞。果真是人欲，则以诚敬之心克服它，不让它有一点停留在心中。推而广之，在言语行动之间，用人处世之际，无不以这个道理加以裁断，则陛下心地洞明透彻，而天下的事只要陛下所要做的，就无不如意。"宋孝宗说："好久没见你了，浙东的事，朕自知道。现在要把你安置在清贵重要的职位上，不再用州县的事来麻烦你了。"于是任命朱熹为兵部郎官。朱熹因为有足疾，请求当奉祠官。

兵部侍郎林栗与朱熹谈论《易经》和《西铭》，意见不合，就上书指责说："朱熹本来没有什么学问，只是剽窃张载和程颐学说中的一些零散部分，为虚浮荒诞之论的首创者，称之为道学，妄自推许尊大。他去任何地方，总带门生数十人，学春秋、战国时的做法，妄想企求孔、孟历聘各诸侯国的风范。用治世的法纪来衡量，他便是乱人之首。现在采取他的虚名，召他入朝奏事；经过入宫奏对，得旨任为郎官，而他尚且心怀不满，傲视一切，几天以来，不肯就职。这难道是张载、程颐的学说教他这样的吗！希望将朱熹免职，作为事君无礼者之戒。"宋孝宗认为林栗说得太过分，但大臣们畏惧林栗的强硬，都不敢深入议论，皇帝于是仍命朱熹为江西提刑。正遇胡晋臣授职为侍御史，首先就弹劾林栗只喜欢意见相投的，而厌恶意见不同的，无事生非，指责学者结党。结果林栗被调出朝廷，改任泉州知州，而朱熹也授官直宝文阁，得为奉祠而去。

【纲】秋七月，恩平王赵璩去世。 【目】宋孝宗对恩平王十分友爱，每次召赵璩入宫赴宴，都称他的官位而不直呼其名，赏赐的东西不计其数。他死后追封为信王。

【纲】冬十二月，任命朱熹为崇政殿说书，朱熹推辞不到职。【目】朱熹回去之后，又向皇帝呈上密奏，论述大本和急务，说："大本，就是陛下的心志；急务，则是辅助太子，选用大臣，振法度，改善风俗，爱养民力，修治军政。这六件事都不能迟缓，而根本就在于陛下的

有人心私欲以介乎其间，则虽惫精劳心不可为矣。"疏入，夜漏下七刻，帝已就寝，亟起，秉烛读之终篇。明日，除主管西太一宫兼崇政殿说书。熹力辞，乃以秘阁修撰奉祠。

【纲】己酉，十六年，春正月，金主雍卒，孙璟立。 【目】金主雍太子允恭先卒，以孙原王麻达葛判大兴尹，又以为右丞相，更名璟，使亲见朝廷议论，习知政事之体。至是即位，追号雍曰世宗，允恭曰显宗，母徒单氏为太后。

世宗在金诸帝中最为贤主，即位五载，南北讲和，与民休息，群臣守职，上下相安，家给人足，仓廪有余，刑部断死罪岁或十七人，国人号称"小尧舜"。

【纲】黄洽罢。

【纲】以周必大、留正为左、右丞相，王蔺参知政事，葛邲同知枢密院事。 【目】帝自高宗崩，即欲传位太子，尝谕必大曰："礼莫重于事宗庙，而孟享多以病分诣；孝莫大于执丧，而不得日至德寿宫，朕将退休矣。"因密赐绍兴传位亲札于必大，命预草诏，专以奉几筵、侍东朝为意，而进必大为首相。

【纲】萧燧罢。

【纲】二月，帝传位于太子。太子即位，尊帝为寿皇圣帝，皇后为寿成皇后，皇太后为寿圣皇太后，大赦。

【纲】立皇后李氏。 【目】后，安阳人，庆远节度使道之女也。道帅湖北，闻道士皇甫坦善相人，乃出诸女拜之。坦见后惊，不敢受拜，曰："此女当母天下。"坦言于高宗，遂聘为恭王妃。生嘉王扩。性妒悍，尝诉帝左右于高宗及寿皇，高宗不怿，谓吴后曰："是妇将种，吾为皇甫坦所误。"寿皇亦屡训敕，令以皇太后为法，不然，行当废汝。"后疑其说出于太后，憾之。至是，立为后。

一心。陛下的心正，则做这六件事无不合乎正道，如有私心杂念掺乎其间，则虽然费尽精力也做不好了。"奏疏呈到宫中，已是深夜，皇帝已经睡下，马上起床，点燃蜡烛把它读完。第二天，任命朱熹为主管西太一宫兼崇政殿说书。朱熹坚决推辞，终于以秘阁修撰奉祠。

【纲】淳熙十六年（己酉，1189），春正月，金国主完颜雍去世，其孙完颜璟即位。 【目】金国主完颜雍的太子允恭先死，任其孙原王麻达葛判大兴府（即金都城，治大兴县，今北京西南）尹，又任右丞相，更名璟，让他亲自看到朝廷议论情况，熟悉政事的体制。到这时即位，追号完颜雍为世宗，允恭为显宗，母亲徒单氏为太后。

金世宗在金国诸帝中是最贤明的君主，即位五年，南北方讲和，与百姓休养生息，群臣各守其职，上下相安无事，国中家给民足，府仓有余粮，刑部判决死罪的一年只有十七人，国人称他为"小尧舜"。

【纲】黄洽罢官。

【纲】任命周必大、留正为左、右丞相，王蔺为参知政事，葛邲为同知枢密院事。 【目】自高宗去世后，宋孝宗就想传位给太子，曾告诉周必大："礼没有比事奉宗庙更重大的，而每季度的供奉之典却因病不能亲往；孝没有比守丧更重大的，而不能每天去德寿宫。朕要退位休息了。"因而秘密地把绍兴年间高宗的传位亲手书札赐给周必大，命他准备起草诏书，内容着重于孝宗自己要事奉太后之意。进周必大为首相。

【纲】萧燧罢官。

【纲】二月，宋孝宗传位于太子。太子即位，尊奉孝宗为寿皇圣帝，皇后为寿成皇后，皇太后为寿圣皇太后，大赦天下。

【纲】册立李氏为皇后。 【目】皇后为安阳（今河南安阳）人，庆远节度使（治宜州城，今广西宜山）李道的女儿。李道在湖北为帅，听说道士皇甫坦善于看相，就让诸女出来拜见，皇甫坦看见皇后大惊，不敢接受拜礼，说："这女儿当成为天下之母。"皇甫坦向高宗讲了此事，于是被聘为恭王妃。生嘉王赵扩。她性格妒忌凶悍，曾向高宗和寿皇告发皇帝左右的人。高宗不悦，对吴后说："这个妇人是将帅种子，我被皇甫坦所误。"寿皇也屡次教训她，"你要以皇太后为榜样，否则就将你废

【纲】三月,废补阙、拾遗官。

【纲】夏五月,以王蔺知枢密院事。

【纲】周必大罢。　【目】初,何澹与必大厚,为司业久不迁,留正奏迁之,澹由是憾必大而德正。为谏议大夫,首上疏攻必大,罢之。必大纯笃忠厚,能以善道其君。

除"。皇后怀疑这是太后的意思,怀恨在心。到此时立为皇后。

【纲】三月,废除补阙、拾遗官。

【纲】夏五月,任命王蔺为知枢密院事。

【纲】周必大罢官。 【目】起初,何澹与周必大交情深厚。何澹任学官司业后长期不升官,留正启奏皇帝后才升官,因此何澹恨周必大而感激留正。他当了谏议大夫后,首先上疏攻击周必大,周必大这才罢官。周必大为人纯正忠厚,能引导君王为善。

纲鉴易知录卷八四

南宋纪

光宗皇帝

【纲】庚戌,光宗皇帝绍熙元年,春正月朔,帝朝寿皇于重华宫。

【纲】二月,殿中侍御史刘光祖乞禁讥议道学者。 【目】光祖入对言:"近世,是非不明则邪正互攻,公论不立则私情交起,此固道之消长,时之否泰,而实为国家之祸福,社覆之存亡,甚可畏也!本朝士大夫学术最为近古,初非有强国之术,而国势尊安,根本深厚。咸平、景德之间,道臻皇极,治保太和至于庆历、嘉祐盛矣。不幸而坏于熙、丰之邪说,疏弃正士,招徕小人,幸而元祐君子起而救之。绍圣、元符之际,群凶得志,绝灭纲常,崇、观而下,尚复何言?臣始至时,闻有讥贬道学之说,而实未睹朋党之分,逮臣复来则朋党已成,而忠谏者获罪矣。夫以忠谏为罪,其去绍圣几何?陛下即位之初,凡所进退,率用人言,初无好恶之私,岂以党偏为主!而一岁之内,逐者纷纷,往往推忠之言,谓为沽名之举,至于洁身以退,亦曰愤怼而然,欲激怒于至尊,必加之以谤讪。臣欲息将来之祸,故不惮反复以陈,伏冀圣心豁然,永为皇极之主,使是非由此而定,公论由此而明,道学之讥由此而消,朋党之迹由此而泯,和平之福由此而集,国家之事由此而理,则生灵之幸,社稷之福也。不然,相激相胜,展转反复,为祸无穷,臣实未知税驾之所。"帝下其章,读者至于流涕,何澹见之,数日恍惚无措。

光宗皇帝

【纲】光宗皇帝赵惇绍熙元年（庚戌，1190），春正月初一，宋光宗到重华宫朝拜寿皇。

【纲】二月，殿中侍御史刘光祖奏请禁止讥贬道学。【目】刘光祖入朝答问，说："近世因为是非不明，则邪人与正人相互攻击；公正之论树立不起来，则私情丛起。这固然表明了大道的消长，时运的穷通，而实际上涉及国家的祸福，社稷的存亡，是十分严重的问题。本朝士大夫在学术上最接近古圣贤之说，原来并没有什么强国之术，而国家强盛安泰，根基深厚。咸平、景德年间的政事，符合帝王治理天下的准则，政权巩固，天下平和，到了庆历、嘉祐年间，达到鼎盛的局面。不幸被熙宁、元丰年间的邪说所败坏，于是疏远正士，招徕小人，幸亏在元祐年间被正人君子起而挽救。绍圣、元符年间，一帮凶恶的人得志，灭绝纲常，到崇宁、大观年间以后，每况愈下，还有什么话可说呢！臣刚来朝廷时，听说有人讥贬道学之说，但尚未看到有朋党的区分。到臣这次再来朝廷，则朋党已经形成，而忠诚敢谏之人成为获罪之人了。若忠诚敢谏就算犯罪，那么与绍圣年间的情况还有多少差别？陛下刚即位时，凡是进用或斥退官员，总是采纳大家意见，并无个人好恶的私心参杂其间，更谈不上党派偏见。但这一年之内，好多人遭到贬逐，往往把推心置腹的忠言说成是沽名钓誉，至于诘身想引退，也说成是心怀不满而如此；这是想把皇上激怒，就必定要对忠良之人加以诽谤的罪名。臣为止息未来可能发生的祸患，所以不怕反反复复地加以陈述。希望陛下心中开朗，永远做合乎治道准则的君主，使是非从此而定，公论由此而明，对道学的贬讥由此而消失，朋党之事由此而泯灭，和平安泰之福由此而聚集，国家之事由此而治理好，这是百姓的幸运，国家的幸福啊。否则，臣下们互相攻击争胜，反反复复争个不休，祸患无穷，臣真担心将无安身之处。"宋光宗把这篇奏章发下去给朝臣阅读，读了的人有的感动得流泪。何澹看到之后，一连数日都神情不安，不知所措。

是年，廷试举人，婺州进士王介策亦言："今之所谓道学者，即世之君子正人也。君子正人之名不可逐，故设为此名一网去之，圣明在上而天下以道学为讳，将何以立国哉！"帝嘉叹，擢为第三，由是道学之讥少沮。

【纲】夏四月，以伯圭嗣秀王。 【目】伯圭，寿皇母兄，而秀王子偁之长子也。伯圭谦谨，不以近属自居，每入见，帝行家人礼，宴私隆洽，伯圭执臣礼愈恭。

【纲】秋七月，以留正为左丞相，王蔺为枢密使，葛邲参知政事，胡晋臣签书枢密院事。冬十二月，王蔺罢，以葛邲知枢密院事，胡晋臣参知政事。

【纲】辛亥，二年，冬十一月，帝有事于太庙，后杀贵妃黄氏。翌日郊，大风雨，不卒事而还。帝有疾。 【目】初，帝欲诛宦者，近习惧，遂谋离间三宫，帝疑之，不能自解。会帝得心疾，寿皇构得良药，欲因帝至宫授之。宦者遂诉于皇后曰："太上合药一大丸，俟宫车过即投药；万一不虞，奈宗社何！"后观药实有，心衔之。顷之，内宴，后请立嘉王扩为太子，寿皇不许。后曰："妾，六礼所聘，嘉王，妾亲生也，何为不可？"寿皇大怒。后退，持嘉王泣诉于帝，谓寿皇有废立意。帝惑之，遂不朝寿皇。

一日，帝浣手宫中，睹宫人手白，悦之。他日，后遣人送食盒于帝，启之，则宫人两手也。后又以黄贵妃有宠，因帝祭太庙，宿斋宫，后杀贵妃以暴卒闻。翌日，合祭天地，风雨大作，黄坛烛尽灭，不能成礼而罢。

这一年，在廷试举人时，婺州（治金华县，即今浙江金华）进士王介在对策时也说："现在所谓道学者，就是世上的正人君子。由于对有正人君子之名的人不能加以斥逐，所以才设道学之名，好把他们一网打尽，加以除掉。圣明天子在上，而天下却把道学当作犯忌的事，那么依靠什么来立国呢？"宋光宗欣赏其说，把他选拔为第三名，从此贬斥道学的议论稍有平息。

【纲】夏四月，以伯圭承继秀王。　【目】伯圭是寿皇同母生的哥哥，秀王子偁的长子。他为人谦逊恭谨，不以皇室近亲自居。每次入官朝见，皇帝行家人礼，宴谈融洽，恩遇很厚，而伯圭遵守臣子之礼愈是恭敬。

【纲】秋七月，任命留正为左丞相，王蔺为枢密使，葛邲为参知政事，胡晋臣为签书枢密院事。冬十二月，王蔺罢官，任命葛邲为知枢密院事，胡晋臣为参知政事。

【纲】绍熙二年（辛亥，1191），冬十一月，宋光宗为祭祀之事去太庙，皇后杀死贵妃黄氏。第二天在郊外，祭祀天地，风雨大作，宋光宗祭祀未完就回宫。宋光宗病倒了。　【目】起初，宋光宗要杀宦官，皇帝左右亲狎的人畏惧起来，设法挑拨寿皇和皇帝、皇后的关系。宋光宗对寿皇有所怀疑，但自己又分辨不清楚。正赶上光宗得了心病，寿皇为他制成一种良药，打算等光宗去寿皇宫时交给他，宦官马上告诉皇后说："太上皇配了一个大药丸，等皇帝一到那里，就给他服用。万一出了意外的事，宗室和国家可怎么办？"皇后一查果然有此丸药，故而怀恨在心。过了一会儿，宫内设宴，皇后向寿皇请求立嘉王扩为太子，寿皇不答应。皇后说："我是按六礼迎聘来的，嘉王是我亲生的，为什么不可？"寿皇大怒。皇后退出后，拉着嘉王向光宗哭诉，说寿皇有废掉光宗之意。光宗皇帝对寿皇怀疑更深，从此不去拜见。

有一天，光宗在宫中洗手，看见侍候的宫女手白，喜欢她。几天后，皇后派人给光宗送来一个食盒，打开一看，里面是宫女的两只手。皇后又因为黄贵妃得宠，就趁皇帝去太庙祭祀住在斋宫的机会，杀死黄贵妃，报告皇帝说是暴病而亡。第二天，祭祀天地，风雨大作，祭坛上蜡烛都吹灭了，不能举行仪式，只好停止祭祀。

帝既闻贵妃卒，又值此变，震惧增疾，不视朝，政事多决于后，后益骄恣。寿皇闻帝疾亟，往南内视之；且责后，后怨愈深。

【纲】壬子，三年，春三月，帝疾瘳，群臣请朝重华宫，不果行。
【目】帝自有疾，重华温清之礼，以及诞辰节序，屡以寿皇传旨而免。既而帝神思浸清，宰辅百官下至韦布之士，以过宫为请者甚众；至有扣头引裾，号泣而谏者。帝开悟，有翻然凤驾之意；既而不果行，都人始以为忧。

【纲】夏四月，以丘崈为四川制置使。【目】初，留正帅蜀，虑吴氏世将，谋去之，不果。至是议更蜀帅，正言："西边三将，惟吴氏世袭兵柄，号为吴家军，不知有朝廷。"遂以户部侍郎丘崈往。崈陛辞，奏曰："臣入蜀后，吴挺脱至死亡，兵权不可复付其子，臣请得以便宜抚定诸军。"许之。

【纲】六月，以陈骙同知枢密院事。【目】骙疏三十条，如宫闱之分不严则权柄移，内谒之渐不杜则明断息，谋台谏于当路则私党植，咨将帅于近习则贿赂行，不求谠论则过失彰，不谨旧章则取舍错，宴饮不时则精神昏，赐予不节则财用竭，皆切于时病。

【纲】冬十一月，日南至，越六日，帝始朝重华宫。【目】十一月丙戌，日南至，兵部尚书罗点、给事中尤袤等上疏请帝朝重华宫，不从。吏部尚书赵汝愚入对，往复规谏，帝意乃悟。汝愚又属嗣秀王伯圭调护，于是两宫之情始通。辛卯，帝朝重华宫，皇后继至，从容竟日而还，都人大悦。

【纲】是岁，诸路大水。
【纲】癸丑，四年，春三月，以葛邲为右丞相，陈骙参知政事，胡晋臣知枢密院事，赵汝愚同知院事。

光宗听说黄贵妃的死讯后，又加上祭坛发生的变故，惊惧之下病势加重，不能临朝听政，政事多由皇后决定，皇后更加恣意骄纵。寿皇听说光宗病重，到宫中探视，并且责备了皇后，从此皇后更恨寿皇。

【纲】绍熙三年（壬子，1192），春三月，光宗病愈，群臣请求去重华宫朝拜寿皇，终于没有去。 【目】光宗自从生病后，去重华宫的看望问安之礼及生日节日等礼仪，屡次都被寿皇传旨免除。光宗病愈，精神恢复，宰相和百官，下至平民，很多人请求光宗去重华宫朝拜寿皇，甚至有入伏跪在地上拉住皇帝的衣角号啕大哭地劝谏的。宋光宗感悟，改变态度，有前往之意，但结果还是未去，京中之人开始为这事担忧。

【纲】夏四月，任丘崈为四川制置使。 【目】起初，留正为蜀地主帅，嫌吴氏世代为将，设法除去，但没有结果。此时商议更换蜀地主帅，留正说："西部边防的三员大将只有吴氏世袭兵权，号称吴家军，他们心目中不知有朝廷。"于是派户部侍郎丘崈前往。他在向皇帝辞行时启奏道："臣入蜀后，若吴挺去世，不可再把兵权交给他的儿子。臣请求可以便宜从事，自行安抚处置诸军。"皇帝应允。

【纲】六月，任命陈骙为同知枢密院事。 【目】陈骙上奏疏三十条，内容包括如后妃的职分不严则大权转移，请托之风不杜绝则有碍于明察决断，向掌权者商量任用谏官则培植了私党，向狎近之人咨询提拔将帅则贿赂盛行，不寻求正直之言则过失明显，不严格遵照制度办事则决断中差错百出，宴饮享乐过分则精神昏昧，赏赐没有限度则国家财用枯竭，这些意见都切中时弊。

【纲】冬十一月，冬至后六日，宋光宗才去重华宫朝拜寿皇。【目】十一月丙戌，冬至节，兵部尚书罗点、给事中尤袤等上疏请求宋孝宗去朝拜寿皇，光宗不答应。吏部尚书赵汝愚入朝答问，反复规劝，光宗才有所感悟。赵汝愚又嘱托嗣秀王伯圭从中调护，于是两宫之间才开始互相往来。辛卯，光宗去重华宫朝拜，随后皇后也到了，相处融洽到晚上才回宫，京都人非常高兴。

【纲】这一年诸路发生大水灾。

【纲】绍熙四年（癸丑，1193），春三月，任命葛邲为右丞相，陈骙为参知政事，胡晋臣为知枢密院事，赵汝愚为同知枢密院事。

【纲】夏五月,赐礼部进士陈亮及第。 【目】亮才气超迈,喜谈兵,议论风生,下笔数千言立就。所交皆一时豪俊,志存经济。隆兴初,上《中兴五论》,不报。退居婺之永康,益力学著书,尝圜视钱塘,喟然叹曰:"城可灌也!"盖以地下于西湖耳。淳熙中更名同,诣阙上书,极言时事,因言钱塘非驻跸之所。寿皇赫然震动,召令上殿,将擢用之。曾觌闻而欲见焉,亮耻之,逾垣而逃。觌不悦,大臣亦恶其言切直,交沮之。待命十日,再诣阙上书。寿皇欲官亮,亮闻而笑曰:"吾欲为社稷开数百年之基,宁用以博一官乎!"即渡江归。厉志读书,所学益博。其学自孟子后惟推王通,尝曰:"研穷义理之精微,辨析古今之同异,原心于眇忽,较礼于分寸,以积累为上,以涵养为正,睟面盎背,则于诸儒诚有愧焉。至于堂堂之阵,正正之旗,风雨云雷,交发而并至,龙蛇虎豹,变见而出没,推倒一世之智勇,开拓万古之心胸,自谓差有一日之长。"盖指朱熹、吕祖谦也。

至是策进士,问以礼乐刑政之要,亮以君道、师道对,且曰:"臣窃叹陛下于寿皇莅政二十有八年之间,宁有一政一事之不在圣怀!间问安视寝之余,所以察辞而观色,因此而得彼者,其端甚众,亦既得其机要,而见诸施行矣。岂徒一月四朝,为京邑之美观也哉?"帝得其策大喜,以为善处父子之间,御笔擢为第一。授签书建康府判官厅公事,未上,一夕卒。

【纲】利州安抚使吴挺卒,岳密使总领财赋杨辅等权总其军。

【纲】六月,胡晋臣卒。 【目】帝自有疾不视朝,晋臣与留正同心辅政,中外帖然。其所奏陈,以温清定省为先,次及亲君子,远小人,抑侥幸,消朋党,启沃剀切,弥缝缜密,人无知者。

【纲】夏五月，赐礼部进士陈亮及第。　【目】陈亮才气过人，喜欢谈论军事；议论风生，几千字的文章下笔立就。他结交的都是当时的英豪俊杰，有志于经世济民者。隆兴初年，向皇帝呈进《中兴五论》，没有回复。退居婺州的永康（今浙江永康），更加着力于学习及著书。曾围绕钱塘（为临安府治，今浙江杭州）查看了一圈，长叹道："这座城可以用水灌呀"，大约是鉴于城市低于西湖而这样说的。淳熙中，改名叫陈同，向朝廷上书，极力谈论时政，指出钱塘不是适合天子留住的地方。寿皇听了很为震动，召他上殿，想要提拔任用他。曾觌听说后要与他见面，陈亮以此为耻，跳墙而逃。曾觌不高兴，大臣也厌恶他说话太切实直率，交口指斥。他待命十日后又向朝廷上书。寿皇要任他为官，陈亮听说后笑道："我要为社稷开创数百年的基业，哪是想用以换取一个官职呢！"马上渡江回家，勉励心志，努力读书，所学的知识更渊博了。他在学术上自孟子之后只推重王通。曾说："深入地研究义理的精微之处，辨析古今之异同，在细微短暂中推究本心，在行动细节中考校礼节，学问以日积月累为上，以修心养性为正，具备有德者的仪态，以上各方面，自认为与诸儒相比确实自愧不如。至于摆开堂堂战阵，高擎帅旗，在凶险激烈变化莫测的战场上，有压倒一世的智勇，开拓万古的心胸，自认为比别人稍胜一筹。"实际是指朱熹、吕祖谦而说的。

　　此时进士对策，问以礼、乐、刑、政的要旨，陈亮答以君道、师道，并且说："臣心中很叹服陛下在寿皇听政的二十八年间，岂有一政一事不加以关心！而在问安省视之余，更能察颜观色，由此而获知的事端也很多，而且也把握关键付之实施了。从而付之具体行动，难道只有每月四次朝见，才为京城增色吗！"宋光宗帝得到他的对策大为欣喜，认为能妥善处理父子之间的关系，亲自把他选拔为第一名，授官为签书建康府官厅公事。尚未到任，一夜之间突然去世了。

　　【纲】利州（治绵谷县，今四川广元）安抚使吴挺去世。丘崈让总领财赋的杨辅等人暂且统领吴挺的军队。

　　【纲】六月，胡晋臣去世。　【目】自从宋光宗有病不临朝以后，胡晋臣和留正同心辅理朝政，朝内外安定顺稳。胡晋臣所奏陈的，以对寿皇的侍奉问安为首要的事，其次是亲君子，远小人，抑制侥幸奔竞之

【纲】秋七月,以赵汝愚知枢密院事。余端礼同知院事。

【纲】九月,群臣请帝朝重华宫,不听,冬十一月始朝。 【目】帝制于后,久不朝重华宫。会九月重阳节,群臣连章请帝过宫,不听。中书舍人陈傅良上疏力谏。给事中谢深甫言:"父子至亲,天理昭然。太上之爱陛下,亦犹陛下之忧嘉王。太上春秋高,千秋万岁后,陛下何以见天下?"帝感悟,趣命驾往朝,百官班立以俟。帝出至御屏,后挽留帝入,傅良趣进,引帝裾,请毋入,因至屏后,后叱之。傅良痛哭于庭,后益怒,遂传旨罢还内。傅良下殿径行,诏改秘阁修撰,不受。于是著作郎沈有开、秘书郎彭龟年等皆上疏请朝,不从。十月,工部尚书赵彦逾等上书重华宫,乞会庆节勿降旨免朝。及会庆节,帝复称疾不朝;丞相以下皆上疏自劾,乞罢黜。嘉王府翊善黄裳请诛内侍杨舜卿,彭龟年请逐陈源以谢天下。太学生汪安仁等一百一十八人上书请朝重华宫,皆不报。十一月,彦逾复力谏,帝始往朝。

【纲】十二月,夏主仁孝卒,子纯祐立。 【目】仁孝在位五十五年,始建学校于国中,立小学于禁中,亲为训导,尊孔子为文宣帝。然权臣擅国,兵政衰弱。子纯祐立,改元天庆,号仁孝曰仁宗。

【纲】以朱熹知潭州。 【目】使者自金还,言金人问"朱先生安在?"故有是命。

【纲】甲寅,五年,春正月,寿皇有疾。

【纲】葛邲罢。 【目】邲为相,专守祖宗法度,荐进人才,博采古论,惟恐其人闻之。常曰:"十二时中,莫欺自己。"其实践如此。

徒，消除朋党。他剀切陈辞，开导皇帝，而奏章都缄封保密，别人没有知道的。

【纲】秋七月，任命赵汝愚为知枢密院事，余端礼为同知枢密院事。

【纲】九月，群臣请求皇帝去重华宫朝拜，不接受，冬十一月，才开始去朝拜。　【目】宋光宗受皇后的控制，长期不去重华宫朝拜。到九月重阳节，群臣接连上奏章请皇帝去重华宫，没有答应。中书舍人陈傅良上奏疏竭力进谏。给事中谢深甫说："父子是至亲，天理分明。太上皇之爱陛下，就象陛下爱嘉王一样。太上皇年纪已高，以后他去世，陛下有何面目见天下人！"光宗有所感悟，马上命令准备去重华宫，百官分班站立等候。光宗出来走到御屏，被皇后拉了回去。陈傅良快步走上前去，拉住皇帝衣襟，请求不要入内，因此跟到屏风后面，被皇后叱责而出。陈傅良在庭中痛哭，皇后更生气，就传旨不去朝拜，返回内宫去了。陈傅良下殿后径自出朝，有诏改任他为秘阁修撰，他拒不接受。著作郎沈有开、秘书郎彭龟年等人都上疏请光宗去重华宫朝拜，仍不听从。十月，工部尚书赵彦逾等人上书重华宫，要求在会庆节时，不要再下旨让皇帝免朝。但到了会庆节，宋光宗又称病不去重华宫朝拜，丞相以下官员都上疏自责，要求罢黜。嘉王府翊善黄裳请求杀内侍杨舜卿，彭龟年请求流放陈源以答谢天下。太学生汪安仁等一百一十八人上书请求皇帝朝拜重华宫，都不给答覆。十一月，赵彦逾又极力进谏，皇帝才去朝拜。

【纲】十二月，夏国主仁孝去世，其子纯祐即位。　【目】仁孝在位五十五年，开始在国中创建学校，在宫禁中设立小学，亲自训导，尊孔子为文宣帝。然而权臣专擅国政，国政军事都很衰弱。其子纯祐即位，改元天庆，奉仁孝的庙号为仁宗。

【纲】任命朱熹为潭州（治长沙县，今湖南长沙）知州。　【目】使臣从金国返回，说金人曾问"朱先生在何处"，因此有这项任命。

【纲】绍熙五年。（甲寅，1194），春正月，寿皇得病。

【纲】葛邲罢官。　【目】葛邲为宰相，一心遵照祖宗法度，推举人才，博采公论，唯恐让被荐者知道。他常说："一天十二时当中，不要自欺。"他在行动实践上如此要求自己。

【纲】金购求遗书。

【纲】夏四月，帝及后幸玉津园，群臣请帝问疾重华宫，不从。【目】自寿皇不豫，群臣请帝省视，皆不报，而与皇后幸玉津园。兵部尚书罗点请先过重华，且曰："陛下为寿皇子，四十余年无一间言，止缘初郊违豫，寿皇尝至南内督过，左右之人自此谗间，遂生忧疑。乃若深居不出，久亏子道，众口谤讟，祸患将作，不可以不虑。"帝曰："卿等可为朕调护之。"侍讲黄裳对曰："父子之亲，何俟调护！"点曰："陛下一出，即当释然。"帝犹未许。点乃率讲官言之，帝曰："朕心未尝不思寿皇。"点曰："陛下久阙定省，虽有此心，何以自白？"起居舍人彭龟年连三疏请对，不报。属帝视朝，龟年不离班位，伏地扣额，血流渍甃。帝曰："素知卿忠直，欲何言？"龟年奏："今日无大于过宫。"余端礼因曰："扣额龙墀，曲致忠恳，臣子至此，岂得已邪？"帝曰："知之。"然犹不往。

寿皇疾益甚，群臣上疏请者相继。帝将以癸丑日朝，至期，帝复辞以疾。于是群臣请斥罢者百馀人，诏不许。起居郎兼中书舍人陈傅良，请以亲王、执政一人充重华宫使。台谏交章劾内侍陈源、杨舜卿、林亿年离间之罪，请逐之。

【纲】五月，寿皇疾大渐，诏嘉王扩问疾重华宫。【目】陈傅良以帝不往重华宫，乃缴上告敕，出城待罪。丞相留正等率宰执进谏，帝拂衣起，正引帝裾泣谏。罗点进曰："寿皇疾势已危，不及今一见，后悔何及！"群臣随帝入至福宁殿，内侍阖门，恸哭而出。明日，帝召罗点入对，点言："前日迫切献忠，举措失礼，陛下赦而不诛，然引裾亦故事也。"帝曰："引裾可也，何得辄入宫禁乎？"点引宰辛

【纲】金人求购散失亡佚的书籍。

【纲】夏四月,皇帝皇后去玉津园(在今浙江杭州市南),群臣请皇帝去重华宫探问病情,不听从。 【目】自从寿皇生病,群臣请求皇帝去看望,都没有回复,却和皇后去游玉津园。兵部尚书罗点请皇帝先去重华宫,并且说:"陛下是寿皇的儿子,四十多年没有一句隔阂的话,只由于陛下前此在郊祀时身体违和,寿皇曾在宫中责备,左右小人从此进谗言挑拨离间,引起陛下忧虑怀疑。如果陛下总深居不出,不去朝拜,有亏人子之道,引起大家的怨谤,祸患将会发生,不可以不加考虑。"光宗说:"你们可以替我从中调护。"侍讲黄裳对答道:"父子之亲,何待别人调护?"罗点说:"只要陛下一去,彼此间的疑虑就会立刻消除。"光宗仍未答应。罗点又率领讲官进言,光宗说:"朕心未尝不想寿皇。"罗点说:"陛下长期不去看望问安,要有此心,怎能表白呢?"起居舍人彭寿年连上三次奏疏请求与皇帝对话,不加回复。正好光宗临朝,彭龟年就在站班的地方伏地叩首,额头鲜血浸渍在殿阶之上,光宗说道:"一向知道你忠诚正直,你要说什么?"彭龟年说:"现在的事没有比去重华宫更重要的了。"余端礼也接着说:"在殿阶上磕头,流血不止,委婉地表达了一片忠贞恳切之心,为臣子的这样做,也是不得已呀!"光宗说:"知道了"。然而还是不去。

寿皇病更重了,群臣相继上疏请光宗去看望寿皇的相继不断。光宗准备癸丑日去,到期,又说有病而不去。于是群臣中有一百多人要求辞职,光宗下诏不允许。起居郎兼中书舍人陈傅良提出,请亲王和执政各一人充当皇帝使者去重华宫。谏官们纷纷上奏章弹劾内侍陈源、杨舜卿、林亿年挑拨离间之罪,请求把他们斥逐。

【纲】五月,寿皇病危,光宗下诏命嘉王扩去重华宫问候。 【目】陈傅良由于皇帝不去重华宫,就把自己任官的敕命上交,出城等着治罪。丞相留正等率宰执大臣进谏,光宗拂衣而起,留正拉住皇帝衣襟哭谏。罗点进前说道:"寿皇病势已危,今天不及时一见,后悔何及!"群臣跟随皇帝进入到福宁殿,宦官关了宫门,群臣才痛哭着退出。隔二天,光宗召罗点入宫问答,罗点说:"前日迫切地进献忠心,举动失礼,陛下饶恕不杀,然而拉住衣襟这也是古代发生过的事。"光宗说:"拉

毗事以谢。彭龟年、黄裳、沈有开奏："乞令嘉王诣重华宫问疾。"许之，王至宫，寿皇为之感动。

【纲】六月，寿皇崩，帝称疾不出。留正等诣寿圣皇太后代行丧礼。 【目】寿皇崩，年六十八。赵汝愚以闻，因请诣重华宫成礼，帝许之。至日昃不出，宰相乃率百官诣重华宫发丧。将成服，留正与汝愚议，介少傅吴琚请寿圣皇太后垂帘暂主丧事，太后不许，正等奏："乞太后降旨，以皇帝有疾，暂就宫中成服。然丧不可以无主，祝文称'孝子嗣皇帝'，宰臣不敢代行。太后，寿皇之母也，请设行祭礼。"太后许之。

【纲】尊寿圣皇太后为太皇太后，寿成皇后为皇太后。

【纲】秋七月，留正请建太子，不许，遂称疾而遁。 【目】尚书左选郎官叶适言于留正曰："帝疾而不执丧，将何辞以谢天下？今嘉王长，若预建参决，则疑谤释矣。"正从之，率宰执入奏云："皇子嘉王，仁孝夙成，宜早正储位以安人心。"不报。越六日又请，御笔付丞相云："历事岁久，念欲退闲。"正得之大惧，因朝佯仆于庭，即出国门，上表请老。

初，正始议帝以疾未克主丧，宜立皇太子监国，设议内禅，太子可即位；而赵汝愚请以太皇太后旨禅位嘉王。正谓建储诏未下，遽及此，他日必难处，与汝愚异，遂以肩舆五鼓逃去。

【纲】太皇太后诏嘉王扩成服即位，尊帝为太上皇帝，皇后为太上皇后。 【目】留正既去，人心益摇，会帝临朝，忽仆于地，赵汝愚忧危不知所出，内禅之议益决。属工部尚书赵彦逾结殿帅郭杲，而与左选郎官叶适、左司郎中徐谊谋可以白内禅意于太皇太后者，乃遣知阁门事韩侂胄。侂胄，琦五世孙，太后女弟之子也。侂胄因所

衣襟还可以，怎么能就进入宫禁呢？"罗点引用了三国时魏国辛毗极谏曹丕的事来作解释。彭龟年、黄裳、沈有开上奏："请求派嘉王到重华宫问病。"光宗允许了。嘉王到了重华宫，寿皇为之感动。

【纲】六月，寿皇去世，光宗称病不出。留正等请寿圣皇太后代行丧礼。　【目】寿皇去世，享年六十八岁。赵汝愚奏报，并请求光宗到重华宫主持丧礼，光宗答应了，但到太阳偏西时还不出来。宰相于是率领百官到重华宫发丧。将穿着丧服时，留正与赵汝愚商议，通过少傅吴琚请寿皇太后垂帘临时主持丧事，太后不答应。留正等启奏道："请求太后降旨，因皇帝有病，暂且在宫中完成穿着孝服之礼。然而丧事不能没有主持人，祝文称'孝子嗣皇帝'，宰相不敢代行主持。太后是寿皇的母亲，请安排举行祭礼。"太后才答应。

【纲】尊寿圣皇太后为太皇太后，寿成皇后为皇太后。

【纲】秋七月，留正奏请册立太子，光宗不答应，留正称病而逃。【目】尚书左选郎官叶适对留正说："皇帝有病而不行丧礼，用什么话来回答天下？现在嘉王长大了，若预先定册立太子，让太子参决政务，怀疑和谤言就不会出现了。"留正听从了，率领宰执大臣入朝启奏道："皇子嘉王，仁孝早成，应早定太子之位，以安人心。"不给答覆。过了六天，又经奏请，光宗亲写书札交给宰相，说是自己"办事很久，想退休了。"留正得书后大惧，就在上朝时假装倒地，就立即出了京城，上表请求告老回乡。

起初，留正才提议："皇帝患病不能主持丧事，应册立皇太子监国，代理国政，如果提议禅让，太子就可以即位"，而赵汝愚则建议由太皇太后传旨让皇帝禅位于嘉王。留正认为建立皇储的诏命还没有发下，忽然禅位，以后定会碰到难题。他与赵汝愚意见不同，就坐上一乘小轿，五更就逃出城去了。

【纲】太皇太后下诏命嘉王扩在穿着丧服后即位，尊皇帝为太上皇帝，皇后为太上皇后。　【目】留正走后，人心更为动摇。正赶上皇帝上朝时忽然倒在地上，赵汝愚担心恐惧，不知所措，于是禅位建议更坚决了。他嘱托工部尚书赵彦逾去联络殿帅郭杲，再与左选郎官叶适、左司郎中徐谊商议，有谁可以向太皇太后禀告禅位这个意思，于是派知

善内侍张宗尹以奏太后,不获命,逡巡将退。内侍关礼见而问之,侂胄具述汝愚意。礼令少俟,入见太后而泣,太后问故,且云:"侂胄安在?"礼曰:"臣已留其俟命。"太后曰:"事顺则可,令谕好为之。"礼报侂胄,侂胄复命,日已向夕,汝愚始以其事语陈骙、余端礼,亟命郭杲等夜以兵分卫南北内。时将禫祭,翌日甲子,群臣入,嘉王亦入,汝愚率百官诣梓宫前,太后垂帘,汝愚率同列再拜奏:"皇帝疾未能执丧,臣等乞立皇子嘉王为太子以系人心。皇帝批出有'念欲退闲之诏,取太皇太后处分。"太后曰:"即有御笔,相公当奉行。"汝愚袖出所拟太后指挥以进云:"皇帝以疾,至今未能执丧,曾有御笔,欲自退闲。皇子嘉王扩可即皇帝位,尊皇帝为太上皇帝,皇后为太上皇后。"太后览毕曰:"甚善。"乃命汝愚以旨谕皇子即位。皇子固辞曰:"恐负不孝名!"汝愚奏:"天子当以安社稷、定国家为孝。今中外人人忧乱,万一变生,置太上于何地?"众扶皇子入素幄,披黄袍,方却立未坐,汝愚率同列再拜。皇子诣几筵奠哭尽哀,遂衰服出就重华殿东庑素幄立,内侍扶掖乃坐。百官起居讫,行禫祭礼,寻诏:"即以寝殿为泰安宫,以奉上皇。"民心悦怿,中外晏然,汝愚之力也。

【纲】立皇后韩氏。 【目】后,琦六世孙,父曰同卿,侂胄则其季父也。被选入宫,能顺适两宫意,遂归嘉王邸,至是立为后。

【纲】以赵汝愚兼权参知政事。

【纲】召留正赴都堂视事。 【目】帝手札遣使召正还。侍御史张叔椿请议正弃国之罚,乃徙叔椿为吏部侍郎,而正复相。

閤门事韩侂胄去说。韩侂胄是韩琦的五世孙，太后妹妹的儿子。韩侂胄通过和他友善的内侍张宗尹向太后奏明，未获允许。韩侂胄在那里徘徊，将要退出时，宦官关礼见到他就问他干什么，韩侂胄把赵汝愚的意见以实相告，关礼令其稍候，又进宫面见太后，并哭了起来。太后问明原因后，又问："侂胄在何处？"关礼答："臣已留他听候指示。"太后说："这件事能办得顺利就行，告诉他好好办这件事。"关礼回报韩侂胄，韩回去复命，已到傍晚时刻。赵汝愚这才把这事告诉陈骙、余端礼，连忙命郭杲等在夜里派兵，分别守卫南北宫。这时已快到脱除丧服的禫祭的时候了，第二天，甲子日，群臣入朝，嘉王也入朝，赵汝愚率领百官来到寿皇棺木前。太后垂帘坐着，赵汝愚率同僚再拜后奏道："皇帝有病，不能奉行丧礼，臣等乞求立皇子嘉王为太子以维系人心。皇帝批示中有'想退位休息'的旨意，请太皇太后处理。"太后说："即然有皇帝亲笔批示，宰相当奉命执行。"赵汝愚从衣袖中拿出所拟定的太后敕旨呈上，敕文说："皇帝因为有病，至今未能奉行丧礼，曾有御笔批示，想要退位休息。皇子嘉王扩可即皇帝之位，尊皇帝为太上皇帝，皇后为太上皇后。"太后看毕说："很好。"就命赵汝愚按圣旨告谕皇子即位。皇子坚决推辞说："怕承担不孝的罪名！"赵汝愚启奏道："天子应以安社稷、定国家为孝。现在朝内外人人忧心忡忡，万一发生变故，将太上皇置于何地呢？"大家扶皇子进孝帐，披上黄袍，皇子正退立一边，尚未入座，赵汝愚就率领百僚再拜。皇子到灵台边祭奠哭毕，就穿着孝服出来，站在重华殿东廊素帐下，在宦官们搀扶下就坐。百官向皇帝问安毕，才行禫祭礼。不久发下诏书，宣布："就以寝殿为泰安宫，以侍奉太上皇。"民心欢乐，朝内外安然，全仗赵汝愚的努力。

【纲】册立皇后韩氏。 【目】皇后是韩琦的六世孙，父名韩同卿，韩侂胄是她的小叔父。被选入宫后，帝后对她都满意，就将她给了嘉王，到此时立为皇后。

【纲】任命赵汝愚兼任权参知政事。

【纲】召留正去宰相办公的都堂任职。 【目】皇帝亲手下令，派使者召留正还朝，侍御史张叔椿要求定留正以弃国出走之罪，于是改张叔椿为吏部侍郎，留正恢复宰相职务。

【纲】以赵汝愚为右丞相。汝愚辞,遂以为枢密使。以陈骙知枢密院事,罗点签书院事,余端礼参知政事。

【纲】加殿前都指挥使郭杲武康节度使,知阁门事韩侂胄汝州防御使。 【目】韩侂胄欲推定策功,赵汝愚曰:"吾,宗臣;汝,外戚也,何可以言功?"乃加杲节钺,但迁侂胄防御使。侂胄大失望,然以传导诏旨,浸见亲幸,时时乘间窃弄威福。知临安府徐谊告汝愚曰:"侂胄异时必为国患,宜饱其欲而远之。"不听。汝愚欲推叶适之功,适辞曰:"国危效忠,职也,适何功之有?"及闻侂胄觖望,言于汝愚:"侂胄所望不过节钺,宜与之。"不从。适叹曰:"祸自此始矣!"遂力求补外。

【纲】贬内侍陈源等十人。

【纲】八月,召朱熹至,以为焕章阁待制兼侍讲。 【目】先是黄裳为嘉王府翊善,上谕之曰:"嘉王进学,皆卿之功。"裳谢曰:"若欲进德修业,追迹古先哲王,则须寻天下第一等人。"上问为谁,裳以熹对。彭龟年为嘉王府直讲,因讲鲁庄公不能制其母,云"母不可制,当制其侍御仆从。"王问:"此谁之说?"对曰:"朱熹说也。"自后每讲必问熹说如何?至是,赵汝愚首荐熹,遂自知潭州召入经筵。

熹在道闻泰安朝礼尚缺,近习已有用事者,即具奏云:"陛下嗣位之初,方将一新庶政,所宜爱惜名器,若使幸门一开,其弊不可复塞。至于博延儒臣,专意讲学,必求所以深得亲懂者,为建极导民之本;思所以大振朝纲者,为防微虑远之图。"不报,且辞新命,不许。及入对,首言:"乃者太皇太后躬定大策,陛下寅绍丕图,可谓处之以权,而庶几不失其正;今反不能无疑于逆顺之际,窃为陛下忧之。尤有可诿者,亦曰陛下之心,前日未尝有求位之计,今日未尝忘思亲

【纲】任命赵汝愚为右丞相。赵汝愚推辞不就，改任为枢密使。任命陈骙为知枢密院事，罗点为签书枢密院事，余端礼为参知政事。

【纲】殿前都指挥使郭杲加官为武康节度使（治湖州城，今浙江湖州），知阁门事韩侂胄加官为汝州（治梁县，今河南临汝）防御使。

【目】韩侂胄想推举定策之功，赵汝愚说："我是宗室大臣，你是外戚，怎么可以论功呢！"于是加郭杲以节度使之官，而只升韩侂胄为防御使。韩侂胄大失所望，然而由于传递诏旨，逐渐亲近皇帝，受到宠幸，常私下里作威作福。临安知府徐谊对赵汝愚说："以后韩侂胄必定是国之祸患，应该满足他的欲望而后疏远他。"意见没被接受。赵汝愚打算推举叶适的功劳，叶适推辞道："在国家危难时效忠，这是职责，我何功之有！"他听说韩侂胄有抱怨情绪后，对赵汝愚说："侂胄所期望不过是当节度使，应满足他。"赵汝愚不从。叶适叹道："灾祸就从这里开始了。"他极力要求调出朝外。

【纲】贬斥宦官陈源等十人。

【纲】八月，召朱熹来朝，任为焕章阁待制兼侍讲。 【目】在此以前，黄裳为嘉王府翊善，上皇对他说："嘉王学业有进步，都是你的功劳。"黄裳拜谢道："若想增进道德，修习学业，向古代先贤哲王学习，则必须寻到天下第一等人。"上皇问是谁，黄裳回答是朱熹。彭龟年为嘉王府直讲，由于讲到鲁庄公不能管束他的母亲，说："母亲不能管束，应当管束她的侍御仆从。"嘉王问："这是谁的学说？"答道："朱熹的学说。"以后每次讲学，嘉王必问朱熹的解说如何，到这时，赵汝愚首先推荐朱熹，于是从潭州召入为经筵讲官。

朱熹在途中听说泰安宫朝拜太上皇之礼未行，而皇帝左右亲狎之人已有窃弄权力者，随即呈进奏章，说："陛下初即位，正将使政务有新的改进，所以应该爱惜官秩爵禄，不可随便授予，假如侥幸之门一开，则弊害难以堵止。至于广泛延请儒臣，专意讲学，必须寻求深得皇上亲近喜欢的，作为树立治道准则、教导万民的根本；考虑大力振兴朝纲，以图防微杜渐，规划未来。"皇帝没有回答。朱熹要求辞去新的任命，也不允许。他入朝对答时，首先说："过去太皇太后亲自决定了禅位大策，陛下敬承大业，可说是处之以权变，而也不失于正道。如今，

之心，此则所以行权而不失其正之根本也。充未尝求位之心，以尽负罪引慝之诚；充未尝忘亲之心，以致温清定省之礼，始终不越乎此，而大伦可正，大本可立矣。"时赵彦逾按视孝宗山陵，以为土肉浅薄，下有水石，孙逢吉覆按，乞别求吉兆。有旨集议，熹上议状言："寿皇圣德，衣冠之藏，当博求名山，不宜偏信台史，委之水泉沙砾之中。"不报。

【纲】增置讲读官。

【纲】内批罢左丞相留正。　【目】韩侂胄浸谋预政，数诣都堂，正使省吏谕之曰："此非知阁日往来之地。"侂胄怒而退。会正与汝愚议攒官不合，侂胄因间之于帝，遂以手诏罢正出知建康府。正谨法度，惜名器，毫发不可干以私，与周必大俱以相业称。

【纲】以赵汝愚为右丞相。　【目】汝愚本倚留正共事，怒韩侂胄不以告，及来谒，因不见之，侂胄惭忿。罗点谓汝愚曰："公误矣！"汝愚悟，乃见之，侂胄终不怿。

【纲】九月，罗点卒。　【目】点孝友端介，不为矫激之行。或谓天下事非才不办，点曰："当论其心。心苟不正，才虽过人，亦何取哉！"时给事中黄裳亦卒，赵汝愚泣谓帝曰："黄裳、罗点相继沦谢，二臣不幸，天下之不幸也。"

【纲】以京镗签书枢密院事。

【纲】冬十月，内批以谢深甫为御史中丞，刘德秀为监察御史，罢右正言黄度。　【目】韩侂胄日夜谋去赵汝愚，知阁门事刘弼亦以不得预内禅，心怀不平，因谓侂胄曰："赵相欲专大功，君岂惟不得

反而不能令人无疑于禅位是逆是顺，很为陛下担忧。还有可推诿的理由，是说陛下当时并没有追求皇位的计划，现在未曾忘掉思亲之心，这也是奉行权宜之计而不失其为正道的基础。满怀着不想求取皇位的本心，以充分表达自负罪责的诚意，满怀着未曾忘亲的孝心，以奉行看望问安之礼，坚持下去，那么伦常可以匡正，国家的根本就可确立了。"当时赵彦逾查视孝宗墓地，认为土层浅薄，下面有水和石；孙逢吉去复查，请求另找好的墓地。皇帝下旨令群臣共同商议。朱熹呈上议状道："寿皇有圣德，他的陵墓当博访名山，不应偏信台史的意见，把墓修造在沙砾水泉之中。"不给回答。

【纲】增设讲读官。

【纲】由宫中发出皇帝的内批罢免左丞相留正。 【目】韩侂胄渐谋干预朝政，多次去宰相办公的都堂，留正让省吏对他说："这里不是你日常往来的地方。"韩侂胄满怀怒气地退了出来。正赶上留正与赵汝愚议论孝宗葬事意见不合，韩侂胄趁机在皇帝面前挑拨离间，结果拿到皇帝手诏，罢免留正宰相之职，调出朝廷，改任建康知府。留正谨守法度，爱惜官秩官爵，不随便授人，丝毫不容许以权谋私，他与周必大都以担任宰相有业绩而见称于世。

【纲】任命赵汝愚为右丞相。 【目】赵汝愚本与留正相倚共事，对韩侂胄不以罢免留正之事相告感到气愤，在韩侂胄来拜会时拒不接见，韩又惭又气。罗点对赵汝愚说："公错了。"赵汝愚领悟后接见韩侂胄，但韩终不快。

【纲】九月，罗点去世。 【目】罗点孝顺父母，友爱兄弟，端正耿直，不作虚矫过分之事。有人说天下事没有才干就办不了，罗点说："应当看这人心地如何。如果心地不正，才干虽然过人，又有有什么可取的！"当时给事中黄裳也去世了，赵汝愚哭着向皇帝说："黄裳、罗点相继去世，他们的不幸是天下的不幸呀。"

【纲】任命京镗为签书枢密院事。

【纲】冬十月，内批任命谢深甫为御史中丞，刘德秀为监察御史，罢免右正言黄度。 【目】韩侂胄日夜谋算罢斥赵汝愚。知閤门事刘弼也为不能参预内禅一事而心怀不满，因而对韩侂胄说："赵相要自己独

节钺,将恐不免岭海之行!"侂胄愕然,问计,敩曰:"惟有用台谏耳。"侂胄问:"若何而可?"敩曰:"御笔批出是也。"侂胄然之,遂以内批拜给事中谢深甫为中丞。

会汝愚请令近臣荐御史,侂胄密以其党刘德秀属深甫,遂以内批用之。由是刘三杰、李沐等牵连以进,言路皆侂胄之人,排斥正士。朱熹忧其害政,每因进对,为帝切言之。复疏白汝愚,当以厚赏酬侂胄之劳,勿使预政。汝愚为人疏,谓其易制,不以为虑。

黄度将上疏论侂胄之奸,侂胄觉之,以御笔除度知平江府。度言:"蔡京擅权,天下所由以乱。今侂胄假御笔逐谏臣,使俛首去,不得效一言,非国之利也。"固辞,奉祠归养。

【纲】闰月,内批罢焕章阁待制兼侍讲朱熹。 【目】熹每进讲,务积诚意以感动帝心,以平日所论著敷陈开析,坦然明白,可举而行。讲毕,有可以开益帝德者罄竭无隐,帝亦虚心嘉纳焉。至是,以黄度之去,因讲毕奏疏,极言"陛下即位,未能旬月,而进退宰臣,移易台谏,皆出陛下之独断,中外咸谓左右或窃其柄,臣恐主威下移,求治反乱矣"。疏入,侂胄大怒,使优人峨冠阔袖象大儒戏于帝前,因乘间言熹迂阔不可用。帝方倚任侂胄,乃出御批云:"悯卿耆艾,恐难立讲,已除卿宫观。"赵汝愚袖御笔见帝,且见且拜,帝不省;汝愚因求罢去,不许。越一日,侂胄使其党封内批付熹,熹即附奏谢,遂行。中书舍人陈傅良封还录黄,起居郎刘光祖、起居舍人邓驲、御史吴猎、吏部侍郎孙逢吉、登闻鼓院游仲鸿交章留熹,皆不报。傅良、光祖亦坐罢。工部侍郎黄艾,因侍讲问逐熹之骤,帝曰:"始除熹经筵耳,今乃事事欲与闻。"艾力辨其故,帝不听。熹登第五十年,仕于外仅九考,立朝才四十六日,进讲者七,知无不言,既

占大功，君不但当不上节度使，恐怕将难免被流放。"韩侂胄恨惊愕，问刘弢有什么办法，刘弢说："只有利用谏官来弹劾才行。"韩侂胄问："怎么做法？"刘弢说："皇帝御笔批下来就行了。"韩侂胄赞同，于是由皇帝内批任命谢深甫为御史中丞。

正遇赵汝愚奏请令近臣推荐御史，韩侂胄暗中嘱托谢深甫推荐他的党羽刘德秀，就以内批任用刘德秀。此后刘三杰、李沐等都互相勾连着进用，言官都是韩侂胄的人，而排斥公正人士。朱熹担心他们危害朝政，每次进朝对答，都切直地向皇帝指出。朱熹又写信给赵汝愚，让他以厚赏酬谢韩侂胄的功劳，不要让他参预朝政。赵汝愚为人粗疏，认为韩侂胄易于控制，不以为意。

黄度将要上疏论劾韩侂胄的奸恶行为，韩侂胄发觉后，用御笔内批外调黄度为平江府（治吴县，今江苏苏州）知府。黄度说："蔡京专权，导致天下大乱。现在韩侂胄假借御笔驱逐谏臣，使谏臣低头出朝，不能向皇帝进一言。对国家不利呀！"坚辞平江知府的任命，作为奉祠官返乡去了。

【纲】闰月，发出内批罢免焕章阁待制兼侍讲朱熹。　【目】朱熹每次向皇帝宣讲经典，必以满怀诚意去感动皇帝，根据他平日的论著，进行详尽的解释分析，讲得清晰明白，可以照此而行。讲毕，凡有可以启迪皇帝有助于修养德性的地方，都尽言无隐，皇帝也虚心接受。此时，因黄度辞去，朱熹在讲授完经典后，呈奏疏，极力进言："陛下即位不到一个月时间，而升贬宰相，改换谏官，都出于陛下的独断，朝内外都说可能是陛下左右有人窃弄权柄。臣担心君主的权威下移，想求治而反导致混乱。"奏疏呈入后，韩侂胄大怒，让一个优伶头戴高帽，身穿宽袍大袖，扮成大儒模样，在皇帝面前戏耍，他乘空闲对皇帝说朱熹迂阔不可任用。当时皇帝正信任重用韩侂胄，就出御批道："怜悯你上了年纪，恐怕难以站立宣讲，已任你担任宫观闲职。"赵汝愚把这御笔内批揣在怀里去见皇帝，见后下拜，皇帝不加理会。赵汝愚因而要求自己罢官离去，皇帝不允许。隔了一天，韩侂胄派他的党羽缄封内批交给朱熹，朱熹立即附上奏章谢恩，随即启程。中书舍人陈傅良封还诏敕，起居郎刘光祖、起居舍人邓驲、御史吴猎、吏部侍郎孙逢吉、登闻鼓院游仲

去，侂胄益无所忌惮矣。

【纲】十一月，以韩侂胄兼枢密都承旨。

【纲】诏行孝宗皇帝丧三年。葬永阜陵。

【纲】十二月，内批罢吏部侍郎兼侍讲彭龟年，进韩侂胄一官。【目】侂胄权势日重，龟年上疏条奏其奸，请去之，且云："陛下逐朱熹太暴，故欲陛下亦亟去此小人，毋使天下人谓陛下去君子易，去小人难。"于是龟年、侂胄俱请祠，帝欲两罢其职，陈骙进曰："以阁门去经筵，何以示天下？"既而内批龟年与郡，侂胄进一官，与在京宫观。给事中林大中、中书舍人楼钥缴奏，以为非是，不听，由是侂胄益横。

【纲】陈骙罢，以余端礼知枢密院事，京镗参知政事，郑侨同知枢密院事。【目】骙与赵汝愚素不协，未尝同堂语。及争彭龟年事，韩侂胄语人曰："彭侍郎不贪好官，固也，元枢亦欲为好人邪？"故罢之，而引京镗居政府以间汝愚。汝愚孤立于朝，天下亦无所倚信。

【纲】以赵彦逾为四川制置使。【目】工部尚书赵彦逾以有功于帝室，冀赵汝愚引居政府。及除蜀帅，大怒，遂与韩侂胄合，因陛辞，疏廷臣姓名于帝，指为汝愚之党。且曰："老奴今去，不惜为陛下言之。"由是帝亦疑汝愚矣。

鸿，各上奏章要求留下朱熹、，都不予回答。陈傅良和刘光祖也因此被罢官。工部侍郎黄艾在侍讲时问皇帝为何这样突然地斥逐朱熹，皇帝说："开始只任命朱熹为经筵官，现在他事事都要预问。"黄艾极力辩解，皇帝不听。朱熹登进士第五十年，在外地为官仅历九次考绩，立朝才四十六天，进讲七次，知无不言。朱熹离朝后，韩侂胄更加无所忌惮了。

【纲】十一月，任命韩侂胄兼枢密都承旨。

【纲】下诏为孝宗皇帝守丧三年，孝宗葬于永阜陵（在今浙江绍兴东南）。

【纲】十二月，内批罢免吏部侍郎兼侍讲彭龟年，进升韩侂胄一官。　【目】韩侂胄权势日重，彭龟年上疏一条一条的启奏他的奸邪，请求把他免职，并且说："陛下斥逐朱熹太急了，故而请陛下也迅速地罢去这个小人，勿使天下人说陛下除去君子容易，除去小人就难。"于是彭龟年、韩侂胄都请求改任奉祠闲职。皇帝想把他们两人都免职，陈骙进言道："当时因知阁门事韩侂胄而斥逐经筵讲官朱熹，怎么能向天下人交代！"随后发下内批："彭龟年外调为知州；韩侂胄进升一官，任为在京的官观使。"给事中林大中和中书舍人楼钥缴还内批并上呈奏章，认为处理不当，皇帝不听。从此韩侂胄更加骄横。

【纲】陈骙罢官，任命余端礼为知枢密院事，京镗为参知政事，郑侨为同知枢密院事。　【目】陈骙与赵汝愚一向不和，未曾同坐而语。在争论彭龟年的事件时，韩侂胄对别人说："彭侍郎不贪求好的官缺，这是确实的；陈骙也想当个好人吗？"因而罢免陈骙，而引荐京镗进入政府以离间赵汝愚，赵汝愚在朝中处于孤立，皇帝也没有可以信赖的人了。

【纲】任命赵彦逾为四川制置使。　【目】工部尚书赵彦逾因有功于皇皇，希望赵汝愚能将他引荐为执政大臣。等到任命他为蜀地主帅，气愤之极，就与韩侂胄勾结起来。他在向皇帝辞行时，写了一些廷臣姓名告诉皇帝，指称他们是赵汝愚的党羽，并且说："老奴今日离去，不惜为陛下说出来。"从此皇帝对赵汝愚也有怀疑了。

宁宗皇帝

【纲】乙卯,宁宗皇帝庆元元年,春正月,白虹贯日。以李沐为右正言。二月,罢右丞相赵汝愚。　【目】韩侂胄欲逐汝愚而难其名,谋于京镗。镗曰:"彼宗姓也,诬以谋危社稷,则一网打尽矣。"侂胄然之。以秘书监李沐尝有怨于汝愚,引为右正言,使奏"汝愚以同姓居相位,将不利于社稷,乞罢其政,以奠安天位,杜塞奸源"。是日,汝愚出浙江亭待罪,遂以观文殿大学士出知福州。谢深甫等论:"汝愚冒居相位,今既罢免,不当加以书殿隆名、帅藩重寄,乞令奉祠请咎。"命提举洞霄宫。直学士院郑湜草制词,有曰:"顷我家之多难,赖硕辅之精忠,持危定倾,安社稷以为悦,任公竭节,利国家无不为。"坐无贬词,亦免官。

兵部侍郎章颖侍经帏,帝曰:"谏官有言赵汝愚者,卿等谓何?"同列漫无可否,颖奏言:"天地变迁,人情危疑,加以敌人嫚侮,国势未安,未可轻退大臣,愿降诏宣谕汝愚,毋听其去。"国子祭酒李祥言:"去岁国遭大戚,中外汹汹,留正弃宰相而去,官僚几欲解散,军民皆将为乱,两宫隔绝,国丧无主。汝愚以枢臣独不避殒身灭族之祸,奉太皇太后命翊陛下以登九五。勋劳著于社稷,精忠贯于天地,乃卒受黯黜而去,天下后世其谓何?"知临安府徐谊素为汝愚所器,凡有政务,多咨访之。谊随事裨助,不避形迹,又尝劝汝愚早退,及豫防侂胄之奸,侂胄尤怨之。及是,与国子博士杨简亦抗论留汝愚,李沐劾为党,皆斥之。

【纲】夏四月,安置太府寺丞吕祖俭于韶州。　【目】祖俭上书诉赵汝愚之忠,并论朱熹老儒,彭龟年旧学,李祥老成,不当罢斥,语侵韩侂胄。有旨:"祖俭朋比罔上,送韶州安置。"或谓侂胄

宁宗皇帝

【纲】宁宗皇帝赵扩庆元元年（乙卯，1195），春正月，天空中出现白虹贯日的景象。任命李沐为右正言，二月，罢免右丞相赵汝愚。
【目】韩侂胄想逐去赵汝愚但找不出正当理由，找京镗商议，京镗说："他是宋室同姓，诬告他阴谋危害国家，就可以一网打尽了。"韩侂胄认为说得对；由于秘书监李沐曾与赵汝愚有怨，就引荐他为右正言，让他上奏说："赵汝愚以宋室同姓而居宰相之位，将对国家不利。请罢免他的职务，以求安定皇位，杜绝奸谋的根源。"当天，赵汝愚出京到浙江亭等候治罪，皇帝命他带着观文殿大学士的官衔外调为福州（治闽县，今福建福州）知州。谢深甫等说："赵汝愚不恰当地位居宰相之职，现在既已经罢免，不应再加以大学士的高贵衔名及统率一方的重任，乞请令他为奉祠闲职，承认罪咎。"于是任命赵汝愚为提举洞霄宫。直学士院郑湜起草任命的制词，其中说："近来我国家多难，有赖辅臣精忠。使国家转危为安，为此喜悦、立身公正，坚持操守，凡有利于国家之事无不去做。"因为制词中没有一句贬词，郑湜也被治罪免官。

兵部侍郎章颖陪侍经筵，宋宁宗说："谏官有议论赵汝愚的，你们认为怎么样？"同列之人不置可否。章颖奏道："政局变化，人心危惧，加上敌国侵侮，国势尚未安定，不可轻易斥退大臣。希望下诏晓谕赵汝愚，不要让他离朝。"国子祭酒李祥说："去年国家遭逢大忧，朝内外动荡不安，留正离宰相之职而去，朝中百官差不多要散去了，军民都将作乱，皇帝与太上皇关系隔绝，太上皇国丧无人主持。只有赵汝愚以枢臣而不避杀身灭族之祸，奉太皇太后之命辅佐陛下登基即位。他功在社稷，精忠贯于天地。结果却遭受暗算而离朝，天下后代该怎么说？"临安知府徐谊一向为赵汝愚器重，凡有政务，多向他咨询。徐谊随事相助，不避嫌疑，并曾劝说赵汝愚早日辞官和防备韩侂胄的奸恶，为此韩侂胄对他特别怨恨。这时，他与国子博士杨简也上奏直言，请求留赵汝愚在朝，李沐弹劾他们二人是赵汝愚的同党，都遭到斥退。

【纲】夏四月，太府寺丞吕祖俭被安置于韶州（治曲江县，今广东韶关）。【目】吕祖俭上书诉说赵汝愚的忠诚，并提到朱熹是老儒，彭龟年是饱学之士，李祥为人老成，都不应当罢免斥逐。他的话触犯了韩

曰："自赵丞相去，天下已切齿，今又投祖俭瘴乡，不幸或死，则怨益重。"侂胄始改送吉州。祖俭尝曰："因世变有所摧折失其素履者，固不足言；因世变而意气有所加者，亦私心也。"竟死吉州。

【纲】以余端礼为右丞相，郑侨参知政事，京镗知枢密院事，谢深甫签书院事。

【纲】流太学生杨宏中等六人。 【目】宏中与周端朝、张衜、林仲麟、蒋傅、徐范六人伏阙上书，言："近者谏官李沐论罢赵汝愚，陛下独不念去岁之事乎？人情惊疑，变在朝夕，是时假非汝愚出死力，定大议，虽百李沐，罔知攸济！当国家多难，汝愚立枢府，本兵柄，指挥操纵，何向不可？不以此时为利，今上下安妥，乃有异议乎？章颖、李祥、杨简发于中激，力辨其非，即遭斥逐。六馆之士，拂膺愤怨，李沐自知邪正不两立，思欲尽覆正人以便其私，必托朋党以罔陛下之听。臣恐君子小人消长之机于此一判，则靖康已然之验，何堪再见于今日邪？伏愿陛下念汝愚之忠勤，察祥、简之非党，灼李沐之回邪，窜沐以谢天下，还祥等以收士心。"疏上，诏："宏中等罔乱上书，扇摇国是，悉送五百里外编管。"

【纲】六月，右正言刘德秀乞考核邪正真伪，遂罢国子司业汪逵等。 【目】自程颢、程颐传孔、孟千载之学，其徒杨时传之罗从彦，从彦传之李侗。朱熹师侗，致知力行，其学大振，流俗丑正，多不便之，遂有"道学"之名，阴以攻诋。及韩侂胄用事，士大夫宗为清议所摈者，乃教以凡相与异者，皆道学之人也，阴疏姓名授之，俾以次斥逐。或又为言："以道学目之，则有何罪？当名曰伪学。"盖谓

佗胄。皇帝下旨："吕祖俭朋比为奸，欺君罔上，送往韶州安置。"有人对韩佗胄说："现在自从赵丞相去官，天下人已对您恨得切齿；又把吕祖俭放逐到瘴疠之乡去，万一死了，就更招怨恨了。"韩佗胄这才把吕祖俭改送吉州（治庐陵县，即今江西吉安市）。吕祖俭曾说过："在世态变化中受挫折，就丧失一贯操守的人，固然不值得一提；但因世态变化而意气有所增益的，也是出于私心呀。"最后他死于吉州。

【纲】任命余端礼为右丞相，郑侨为参知政事，京镗为知枢密院事，谢深甫为签书枢密院事。

【纲】流放太学生杨宏中等六人。【目】杨宏中与周端朝、张道、林仲麟、蒋傅、徐范六人跪伏在宫阙下向皇帝上书，说："最近谏官李沐论劾赵汝愚罢免一事，陛下难道不记得去年的事了吗？当时人心惊疑不定，事变即将发生，若不是赵汝愚出死力，使皇位大事定了下来，虽有一百个李沐，也无济于事。在国家多难之秋，赵汝愚身在枢府，执掌兵权，指挥操纵，什么不行？他不在这种时候谋图私利，现在上下安定，反而会有异谋吗？章颖、李祥、杨简发于内心急切之情，极力为赵汝愚辩解，立刻遭到斥逐去职。国子监的士子们义愤填膺。李沐自知道邪恶定与正直不能并立，想要扳倒所有正人以便于谋私，必须假托朋党之名来欺骗陛下。臣恐君子、小人消长的关键，就在这件事上会见出分晓，那么，靖康年间已经有过的经验教训怎堪在今日重演呢？恳切地希望陛下顾念赵汝愚的忠心勤劳，明察李祥、杨简并非结党，深刻洞悉李沐的奸邪，应把李沐流放，以答谢天下，召还李祥等人以挽回士子之心。"奏疏呈上后，宁宗下诏道："杨宏中等人胡乱上书，动摇国政，都送到五百里以外地区编管。"

【纲】六月，右正言刘德秀要求考核邪正真伪，于是罢免国子司业汪逵等人。【目】自从程颢、程颐传授孔、孟之学以来，他们的弟子杨时传授给罗从彦，罗从彦传授给李侗，朱熹以李侗为师，求得知识，努力付之实践，他的学说大为发扬。世俗的人以正为丑，不明是非，大都不喜他的学说，于是就有"道学"之名，这个名称实际是暗地里加以攻击诋毁。到韩佗胄掌权时，他教那些为清议所摈斥的士大夫，把与他意见不同的人都指为道学者。韩佗胄私下里开出名单，让他们依次加以

贪黩放肆乃人真情，廉洁好修者皆伪耳。由是有伪学之目，善类皆不自安。至是，德秀上言："邪正之辨，无过于真与伪而已。彼口道先王之言，而行如市人所不为，在兴王之所必斥也。昔孝宗垂意规复，首务核实，凡言行相违者未尝不深知其奸，臣愿陛下以孝宗为法，考核真伪以辨邪正。"诏下其章。由是博士孙元卿、袁燮、国子正陈武皆罢。汪逵入劄子辨之，德秀以逵为狂言，亦被斥。中丞何澹急欲执政，亦上疏言："专门之学，流而为伪，空虚短拙，文诈沽名。愿风厉学者，专师孔子，不必自相标榜。"诏榜于朝堂。

【纲】加韩侂胄保宁节度使。

【纲】冬十一月，窜故相赵汝愚于永州，汝愚至衡州暴卒。
【目】韩侂胄忌汝愚，必欲置之死以息人言。至是监察御史胡纮上言汝愚倡引伪徒，谋为不轨，乘龙授鼎，假梦为符。因条奏其十不逊，且及徐谊。诏责汝愚宁远军节度副使，永州安置；谊惠州团练副使，南安军安置。汝愚怡然就道，谓诸子曰："观侂胄之意，必欲杀我；我死，汝曹尚可免也。"明年正月，行至衡州，病作，衡守钱鍪承侂胄密谕窘辱百端，汝愚暴薨，天下闻而冤之。

【纲】丙辰，二年，春正月，以余端礼、京镗为左、右丞相，谢深甫参知政事，郑侨知枢密院事，何澹同知院事。

【纲】二月，以端明殿学士叶翥知贡举。　【目】翥与刘德秀同知贡举，奏言："伪学之魁，以匹夫窃人主之柄，鼓动天下，故文风未能丕变。乞将《语录》之类尽行除毁。"故是科取士，稍涉义理者悉

奏劾斥逐。有人又给他这样说："道学有什么罪？应当称为'伪学'。"这是说贪婪放肆是人的本性，而廉洁重修养的人都是虚伪的。于是有"伪学"的名目，好人都不能自安。到这时，刘德秀上疏说："辨别邪与正，最好是区别真与伪而已。有人嘴里称先王之言，而行为连一般市井之人都不会去做，做为复兴之主必须斥逐这种人。过去孝宗皇帝立意复兴，首先就做核实工作，凡言行不一致的，都能深入地察出他的奸邪。臣希望陛下效法孝宗皇帝，考核真伪，以辨别邪正。"宋宁宗把他的奏章发下去依此办理，于是博士孙元卿、袁燮和国子正陈武都被罢免。汪逵进呈书札为这些人辩护，刘德秀认为是狂妄之言，汪逵也被逐斥。御史中丞何澹急欲掌权，也上疏说："专门的学说，已降为虚伪的理论，空虚浅薄拙劣，借以掩饰狡诈，沽名钓誉。希望陛下劝导勉励学者专以孔子为师，不必自相标榜。"宁宗下诏，把奏疏公布于朝堂。

【纲】韩侂冑加官保宁市度使。

【纲】冬十一月，将前宰相赵汝愚流放于永州（治零陵县，今湖南零陵）。赵汝愚到衡州（治衡阳，今湖南衡阳）突然去世。　【目】韩侂冑忌恨赵汝愚，欲置之死地，才能把大家的议论压下去。这时，监察御史胡纮上奏说："赵汝愚引领奸邪之徒，图谋不轨，伪造孝宗托梦授鼎、骑龙上天之事作为符应。"又逐条奏劾赵汝愚十项不敬之罪，并且涉及到徐谊。宁宗下诏，责贬赵汝愚为宁远军节度副使，安置于永州，徐谊为惠州（治归善，今广东惠阳）团练副使，安置于南安军（治大庾县，今江西大余）。赵汝愚怡然自在地启程，临行对他的几个儿子说："看韩侂冑的心意是必定要杀我，我死了，你们还能免祸。"第二年正月，走到衡州发病，衡州知州钱鍪禀承韩侂冑的秘密指示，对他百般逼迫侮辱。赵汝愚突然死去，天下人听说后都为他抱冤。

【纲】庆元二年（丙辰，1196），春正月，任命余端礼、京镗为左、右丞相，谢深甫为参知政事，郑侨为知枢密院书，何澹为同知枢密院事。

【纲】二月，任命端明殿学士叶翥为知贡举。　【目】叶翥与刘德秀同为知贡举，他启奏道："伪学的魁首，以平民身份窃取君王的权柄，煽动天下，因此文风未能大为变好，请将《语录》之类书籍全部废除销

皆黜落，《六经》《语》《孟》《中庸》《大学》之书为世大禁。

【纲】夏四月，余端礼罢。

【纲】以何澹参知政事，叶翥签书枢密院事。罢礼部侍郎倪思。【目】初，翥要思列疏论"伪学"，思不从，韩侂胄遂荐翥而罢思。

【纲】秋七月，罢殿中侍御史黄黼。【目】中书舍人汪义端引唐李林甫故事，以"伪学"之党皆名士，欲尽除之。太皇太后闻而非之，帝乃诏台谏、给、舍："论奏不必更及旧事，务在平正，以副朕建中之意。"诏下，韩侂胄及其党皆怒，刘德秀遂与御史张伯垓、姚愈等上疏力争，以为不可，乃改"不必更及旧事"为"不必专及旧事"。自是侂胄与其党攻治之志愈急矣。

黄黼上言："治道在黜首恶而任其贤，使才者不失其职，而不才者无所憾。故仁宗尝曰：'朕不欲留人过失于心。'此皇极之道也。"遂罢黼而以姚愈代之。

【纲】八月，禁用伪学之党。【目】太常少卿胡纮上书言："比年以来，伪学猖獗，图为不轨，摇动上皇，诋诬圣德，几至大乱。赖二三大臣台谏，出死力而排之，故元恶陨命，群邪屏迹。自御笔存救偏建中之说，或者误认天意，急于奉承，倡为调停之议，取前日伪学之奸党次第用之，以冀幸其它日不相报复。往者建中靖国之事，可以为戒，陛下何未悟也？宜令退伏田里，循省愆咎。"遂诏："伪学之党，宰执权住进拟。"自是学禁愈急。已而言者又论"伪学"之祸，乞鉴元祐调停之说，杜其根源，遂有诏："监、司、帅、守荐举改官，并于奏牍前声说非伪学之人。"会乡试，漕司前期取家状，必令书"系不是伪学"五字。抚州推官柴中行，独申漕司云："自幼习《易》，读《程氏易传》，未审是与不是伪学？如以为伪，不愿考校。"士论壮

毁。"因而这一科取士,稍微涉及到义理之论的都被黜落榜;《六经》《论语》《孟子》《中庸》《大学》等书,成为世人忌讳的书。

【纲】夏四月,余端礼罢官。

【纲】任命何澹为参知政事,叶翥为签书枢密院事。罢免礼部侍郎倪思。 【目】起初,叶翥要倪思上疏论劾"伪学",倪思不依从,韩侂胄就举荐叶翥而将倪思罢免。

【纲】秋七月,罢免殿中侍御史黄黼。 【目】中书舍人汪义端引用唐代李林甫的做法,因为伪学这一派都属名士,想要全部除掉他们,太皇太后得知后加以反对。宋宁宗就下诏命谏官、给事中和中书舍人:"论奏中不必再涉及过去之事,力求平允公正,以符合朕的建中之意。"诏命下达后,韩侂胄及其党羽都气急败坏,刘德秀就和御史张伯垓、姚愈等上疏竭力反对,最后将诏命中"不必再涉及过去之事"改成"不必专门涉及过去之事"。从此,韩侂胄和他的党羽攻击处治道学者的心意更急迫了。

黄黼上疏说:"治国之道在于废黜首恶分子而任用贤才,使有才的人不失其职,而无才的也无所遗憾。因而仁宗皇帝曾说过:'朕不把别人的过失记在心头。'这是君王施政的最高准则啊。"为此黄黼被罢官,而由姚宪接替他。

【纲】八月,禁止任用伪学的党徒。 【目】太常少卿胡纮上书道:"近年以来,伪学猖獗,图谋不轨,动摇太上皇,诋毁皇帝的圣德,几乎造成天下大乱。依靠两三位大臣和谏官出死力而加以排斥,才得以使元恶丧命,党徒销声匿迹。自从皇帝御笔亲提纠偏建中之说以后,有人误解陛下的意图,急于阿谀奉承,主张调和,陆续起用以前伪学的奸党,希冀日后不被报复。过去建中靖国年间的事,可以为戒,陛下为什么还没领悟到呢?应命令这些人退还乡里,反省自己的过失。"于是宋宁宗下诏:"伪学的党徒,宰相暂停推荐任用。"从此以后,伪学之禁更严。随后又有人论述伪学的祸害,要求以元祐年间调停之说为鉴戒,杜绝其根源,于是皇帝又下诏:"凡是监、司、帅、守荐举改官,必须在奏折前声明此人非伪学之人。"正赶上乡试,各道漕运使在考期之前,向州郡官员收取考生的家状时,必须写上"实不是伪学"五个字。只有

之。

【纲】冬十月，召陈贾为兵部侍郎。【目】以其尝击朱熹也。

【纲】十二月，削秘阁修撰朱熹官，窜处士蔡元定于道州。【目】熹家居，自以蒙累朝知遇之恩，且尚带从臣职名，义不容默，乃草封事数万言，陈奸邪蔽主之祸，因以明丞相赵汝愚之冤。子弟诸生更进迭谏，以为必且贾祸，熹不听。蔡元定请以蓍决之，遇《遁》之《同人》，熹默然，取稿焚之，遂上奏力辞职名。诏仍充秘阁修撰。时台谏皆韩侂胄所引，汹汹争欲以熹为奇货，然无敢先发者。胡纮未达时，尝谒熹于建安。熹待学子惟脱粟饭，遇纮不能异也。纮不悦，语人曰："此非人情。只鸡樽酒，山中未为乏也。"及是为监察御史，乃锐然以击熹自任。物色无所得，经年酝酿，章疏乃成；会改太常少卿，不果。

有沈继祖者，为小官时尝采摭熹《语》《孟》之语以自售。至是，以追论程颐，得为御史。纮以疏草授之，继祖遂诬论熹十罪，且言："熹剽窃张载、程颐之余论，以吃菜事魔之妖术簧鼓后进，张浮驾诞，私立品题，收召四方无行义之徒以益其党伍，潜形匿迹，如鬼如魅。乞褫熹职罢祠。其徒蔡元定佐熹为妖，乞送别州编管。"诏熹落职罢祠，窜元定于道州。

元定生而颖异，父发博览群书，以程氏《语录》、邵氏《经世》、张氏《正蒙》授元定，曰："此孔、孟正脉也。"元定深涵其义。既长，辨析益精。登建阳西山鲍项，忍饥啖荠以读书。闻熹名，

抚州（治临川县，今江西抚州）推官柴中行向浙运使申报说："我从小学《易》，读《程氏易传》，不知道是否属于伪学：如认为是伪学，我不参预对士子的考核。"士大夫的舆论称赞他有胆气。

【纲】冬十月，召陈贾入朝为兵部侍郎。　【目】由于他曾经攻击朱熹。

【纲】十二月，秘阁修撰朱熹削除官职，处士蔡元定流放至道州（治营道县，今湖南道县）。　【目】朱熹家居，自认为蒙受几朝皇帝的知遇之恩，况且还带有个侍从官的职名，从道义上说不能沉默，于是写了数万字的密封奏章，陈述奸邪之徒蒙蔽君主的祸患，从而申明赵汝愚的冤情。他的弟子们轮番劝阻，认为这样做必将惹祸，但朱熹不听。蔡元定请他占卜决定，结果得"遁"之"同人"一卦，是隐避而与人同和的意思，朱熹默然不语，烧掉奏章的底稿，随即呈上奏章，力求辞去职名。宋宁宗答诏，令他仍为秘阁修撰。当时谏官都是韩侂胄荐引的人，喧闹地争着要拿朱熹当做一个可以谋取私利的对象，然而没人敢于先下手。胡纮还没发达当官的时候，曾在建安拜谒过朱熹，朱熹招待学子都是用粗米饭，对胡纮也不例外。胡纮不高兴，对别人说："这不合人之常情，一只鸡，一壶酒，山中也不缺这些。"到这时他任监察御史，就决意以攻击朱熹为己任，但没有什么收获，经过一年的光阴，才写了攻击朱熹的奏章，正好改任太常少卿，攻击朱熹的事就没有做成。

有个叫沈继祖的，当小官的时候曾摘录朱熹所注的《论语》《孟子》中的话来显示自己，此时，由于抨击已去世的程颐而获得御史的职位。胡纮把自己奏疏的底稿交给他，他就诬论朱熹以十项罪状，并且说："朱熹剽窃张载、程颐学说的残余，用魔教的妖术来鼓动后进，以虚浮荒诞的言论，私下里评论人物，判定其高下，召收四方品行不端之徒来扩大他的同党，潜形匿迹，如鬼魅般暗地兴风作浪。请求将朱熹削职，停止奏祠，他的弟子蔡元定佐助朱熹为妖，请求送到其他州编管。"宋宁宗下诏将朱熹削职，停止奉祠，蔡元定流放到道州。

蔡元定生来聪颖异常，他的父亲蔡发博览群书，以程氏的《语录》，邵氏的《经世》，张氏的《正蒙》教授元定，并指出："这是孔孟之道的正统。"蔡元定深刻领会其中涵义，长大后对它的分析理解更

往师之。熹叩其学，惊曰："季通，吾老友也。"凡性与天道之妙，他弟子不得闻者，必以语元定焉。尤袤、杨万里交荐于朝，召之不起。会伪学党禁之论起，元定曰："吾其不免乎。"及闻贬，不辞家即就道。熹与从游者百余人饯别萧寺中，坐客兴叹，有泣下者。熹微视元定，不异平时，因喟然曰："交朋相爱之情，季通不挫之志，可谓两得矣。"众谓宜缓行，元定曰："获罪于天，天可逃乎？"杖屦同其子沈行三千里，脚为流血，无几微见言面。至舂陵，远近来学者日众，州士子莫不趋席下以听讲说。爱元定者谓宜谢生徒，元定曰："彼以学来，何忍拒之；若有祸患，亦非闭门塞窦所能避也。"贻书训诸子曰："独行不愧影，独寝不愧衾，勿以吾得罪故遂懈其志。"在道逾年卒。元定于书无所不读，于事无所不究，义理洞见大原，《图》《书》、礼乐制度无不精妙，著《洪范解》《大衍详说》《律吕新书》行于世，学者尊之曰西山先生。熹尝曰："造化微妙，惟深于理者能识之，吾与季通言而不厌也。"每诸生请疑，必令先质元定，而后为之折衷。

【纲】丁巳，三年，春正月，郑侨罢。

【纲】夏闰六月，贬留正为光禄卿，居之邵州。　【目】朝散大夫刘三杰免丧入见，论留正共引伪学之罪。侂胄大喜，即日降旨除三杰右正言，正坐贬邵州居住。

【纲】冬十一月，太皇太后吴氏崩。

【纲】十二月，籍伪学，罢吏部侍郎黄由。　【目】知绵州王沇上疏："乞置伪学之籍，仍自今曾受伪学举荐、关升，及刑法廉吏自

加精深。他在建阳(今福建建阳)西山的顶峰上,忍饥挨饿吃野菜,刻苦读书。他听说朱熹大名后,前去拜师,朱熹询问他的所学,惊讶地说:"元定是我的老友啊。"凡是关于性与天道的精妙理论,其他弟子不能听到的,必定告诉蔡元定。尤袤和杨万里都曾向朝廷推荐,但他不应朝廷的征召。正逢有关伪学与党禁的议论发生时,蔡元定说:"我也难免其祸吧!"他一得知贬黜流放的消息,不向家里辞行就启程。朱熹和跟他学习的一百多人在佛寺中为他饯行,坐客叹息,有的流泪。朱熹偷看蔡元定,却和平时一样,朱熹长叹道:"朋友相爱的情谊,季通(元定的字)不怕挫折的志气,可说是两者都该肯定。"众人对他说不必急忙上路,蔡元定说:"'天降罪于我',天意怎能逃脱!"手柱拐杖,足穿草鞋和他的儿子蔡沈走了三千里路,脚流着血,但脸上表情和言语上一点也没有流露出什么来。到了春陵(在今湖南宁远县西北),远近来向他求学的人与日俱增,州里的学子没有不来听他讲学的,爱护他的人劝告他,应谢绝门徒,蔡元定说:"他们为求学而来,怎忍心拒绝。若是有祸患,也不是关上房门塞洞就能躲避得开的。"他写信训导诸子说:"不论白日独行或是夜晚独寝,你们都要扪心无愧,不要因我获罪而懈怠自己的志向。"在道州一年多去世。蔡元定于书无所不读,于事无不研究,对义理洞见根本,有关《河图》《洛书》礼乐制度的理论无不精妙。著有《洪范解》《大衍详说》《律吕新书》流行于世,学者尊称他西山先生。朱熹曾说:"天地自然的创造化育微妙,只有对天理有精深研究的人才可能认识它。我和元定百谈不厌。"每遇学生有疑问请讲解时,必让他先向蔡元定请教,然后才给予判定是非。

【纲】庆元三年(丁巳,1197),春正月,郑侨罢官。

【纲】夏闰六月,贬留正为光禄卿,送往邵州(治邵阳县,今湖南邵阳)居住。 【目】朝散大夫刘三杰守丧期满后入朝拜见皇帝时,提出留正共同倡引伪学的罪责,韩侂胄大喜,当天降旨任命刘三杰为右正言,留正贬到邵州居住。

【纲】冬十一月,太皇太后吴氏去世。

【纲】十二月,把伪学者登记入册,罢免吏部侍郎黄由。 【目】绵州(治巴西县,今四川绵阳)知州王沈上疏说:"请求设置伪学登记簿,

代之人,并令省部籍记姓名,与闲慢差遣。"从之。于是伪学逆党得罪著籍者,赵汝愚、留正、周必大、王蔺四人为之首,朱熹、徐谊、彭龟年、陈傅良、薛叔似、章颖、郑湜、楼钥、林大中、黄由、黄黼、何异、孙逢吉、刘光祖、吕祖俭、叶适、杨芳、项安世、沈有开、曾三聘、游仲鸿、吴猎、李祥、杨简、赵汝谠、赵汝谈、陈岘、范仲黼、汪逵、孙元卿、袁燮、陈武、田澹、黄度、詹体仁、蔡幼学、黄颢、周南、吴柔胜、李埴、王厚之、孟浩、赵巩、白炎震、皇甫斌、危仲任、张致远、杨宏中、周端朝、张衜、林仲麟、蒋傅、徐范、蔡元定、吕祖泰,凡五十九人。黄由上言:"人主不可待天下以党与,不必置藉以示不广。"殿中侍御史张岩劾由阿附,罢之,而擢沇为利州路转运判官。

【纲】戊午,四年,春正月,以叶翥同知枢密院事。

【纲】夏五月,加韩侂胄少傅,封豫国公。

【纲】诏严伪学之禁。

【纲】秋七月,叶翥罢。八月,以谢深甫知枢密院事,许及之同知院事。 【目】及之为吏部尚书,谄事韩侂胄无所不至。居二年不迁,见侂胄流涕,叙其知遇之意,衰迟之失,不觉屈膝,侂胄恻然怜之,故有是命。侂胄尝值生辰,群公上寿,既毕集,及之适后至,阍人掩关拒之。及之大窘,会门闸未及闭,遂俯偻而入。当时有"由窦尚书,屈膝执政"之语,传以为笑。

【纲】育太祖十世孙与愿于宫中,赐名曮。 【目】帝未有嗣,京镗等请择宗室子育之。诏育燕懿王德昭九世孙与愿于宫中,年六岁矣,寻赐名曮,封卫国公。

【目】以赵师择为工部侍郎。师择附韩侂胄得知临安府,侂胄生日,百官争贡珍异,师择最后至,出小合曰:"愿献少果核侑觞。"启之,乃粟金蒲桃小架,上缀大珠百余颗,众惭沮。侂胄有爱妾张、

凡曾受伪学举荐、升官及各部推举接替自己职位的人，都令省部登记姓名，只给予闲职或推迟任用。"皇帝依从了。于是因伪学逆党而获罪登记的有：赵汝愚、留正、周必大、王蔺四人为首，还有朱熹、徐谊、彭龟年、陈傅良、薛叔似、章颖、郑湜、楼钥、林大中、黄由、黄黼、何异、孙逢吉、刘光祖、吕祖俭、叶适、杨芳、项安世、沈有开、曾三聘、游仲鸿、吴猎、李祥、杨简、赵汝谠、赵汝谈、陈岘、范仲黼、汪逵、孙元卿、袁燮、陈武、田澹、黄度、詹体仁、蔡幼学、黄灏、周南、吴柔胜、李埴、王厚之、孟诰、赵巩、白炎震、皇甫斌、危仲任、张致远、杨宏中、周端朝、张衜、林仲麟、蒋傅、徐范、蔡元定、吕祖泰，共五十九人。黄由上奏说："君主不可以朋党来看待天下之人，不必登记以显得不宽宏。"殿中侍御史张岩弹劾黄由附和伪学，黄由被免职，提拔王沈为利州路（治兴元府，今陕西汉中）转运判官。

【纲】庆元四年（戊午，1198），春正月，任命叶翥为同知枢密院事。

【纲】夏五月，韩侂胄加官少傅，封为豫国公。

【纲】宋宁宗下诏严禁伪学。

【纲】秋七月，叶翥罢官。八月，任命谢深甫为知枢密院事，许及之为同知枢密院事。　【目】许及之为吏部尚书，对韩侂胄阿谀谄媚无所不至。他任两年吏部尚书没有升官，于是去拜见韩侂胄，流着泪叙说对韩侂胄知遇之恩的感激之意，和自己年衰而进升迟缓的失意，说时竟然跪倒在地。韩侂胄可怜他，所以有这个任命。有一次遇到韩侂胄生日，大家都去拜寿，别人都到齐了，刚好许及之后到，守门人关门把他拒于门外，许及之大窘，正好门洞没来得及关上，他就低头弯腰钻挤了进去。当时有"钻洞尚书，屈膝执政"的话，一时传为笑谈。

【纲】将太祖十世孙赵与愿养在宫中，赐名曦。　【目】宋宁宗没有儿子，京镗等人建议挑选宗室中的男孩子养育。宁宗下诏，命养育燕懿王赵德昭九世孙赵与愿在宫中，时年六岁，不久赐名曦，封为卫国公。

【纲】任命赵师择为工部侍郎。　【目】赵师择依附韩侂胄，当上临安府知府。韩侂胄生日，百官争着送上各种奇珍异宝，赵师𢍰最后到，拿出一个小盒说："愿献上少量果核佐酒。"打开一看，是一架用粟

谭、王、陈四人，皆封郡夫人，其次有名位者又十人。或献北珠冠四枚于侂胄，侂胄以遣四夫人；其十人亦欲之，未有以应也。师择闻之，亟市北珠制十冠以献。十人者喜，为求迁官，拜工部侍郎。侂胄尝与众客饮南园，过山庄，顾竹篱草舍曰："此真田舍间气象，但欠犬吠鸡鸣耳。"俄闻犬嗥丛薄，视之，乃师择美也。侂胄大笑，闻者莫不鄙之。

【纲】己未，五年，春正月，夺前起居舍人彭龟年等官。

【纲】二月，放主管玉虚观刘光祖于房州。 【目】光祖撰《涪州学记》，谓"学者明圣人之道以修其身，而世方以道为伪，以学为弃物。好恶出于一时，是非定于万世。"谏议大夫张釜劾"光祖佐逆不成，蓄愤怀奸，欺世罔上"。诏落职房州居住。

【纲】秋八月，帝始朝太上皇于寿康宫。
【纲】九月，加韩侂胄少师，封平原郡王。
【纲】是岁，诸州大水。
【纲】庚申，六年，春闰二月，以京镗、谢深甫为左、右丞相，何澹知枢密院事。
【纲】三月，故秘阁修撰朱熹卒。 【目】熹家贫，故诸生自远至者，豆饭藜羹率与之共，往往称贷于人以给用；非其道义，一介不取也。时攻伪学日急，士之绳趋步尺，稍以儒自名者无所容其身。从游之士，特立不顾者屏伏丘壑，倚阿巽懦者更名他师，过门不入，甚至变易衣冠，狎游市肆，以自别其非党。而熹日与诸生讲学不休，或劝其谢遣生徒者，笑而不答。疾且革，正坐，整衣冠，就枕而卒，年七十一。将葬，右正言施康年言："四方伪徒聚于信上，欲送伪师

状小颗金子制成的葡萄架,上面缀有大珍珠一百多颗,相比之下,大家感到惭愧沮丧。韩侂胄有爱妾张、谭、王、陈四人,都封为郡夫人,此外有名位的又有十人。有人献上北珠冠四顶,韩侂胄给四位夫人每人一顶,其他十人也想要,但没有给她们的。赵师择听说后,忙买北珠制成十顶珠冠献上。这十个人高兴极了,为他要求升官,这才拜授工部侍郎。韩侂胄曾与众客在南园宴饮,路过山庄时,看着竹篱草屋说:"这真是田村农家景象,只是还缺狗吠和鸡鸣声而已。"不一会就听见草木间有狗叫声,一看原来是赵师择在学狗叫,韩侂胄大笑。听说这事的人无不薄其为人。

【纲】庆元五年(己未,1199),春正月,削夺前起居舍人彭龟年等人的官衔。

【纲】二月,放逐主管玉虚观刘光祖于房州(治房陵县,今湖北房县)。 【目】刘光祖撰写《涪州学记》,说:"学者阐明圣人之道以修养自身,而世上却以道为伪,以学为可抛弃之物。喜好与厌恶产生于一时之间,但是与非却要由万世去判断。"谏议大夫张釜弹劾刘光祖"帮助叛逆没有达到目的,久已怀恨,心术邪恶,欺骗世人,蒙蔽君王。"宋宁宗下诏将刘光祖免职,迁于房州居住。

【纲】秋八月,宋宁宗才开始去寿康宫朝拜太上皇。

【纲】九月,韩侂胄加官少师,封为平原郡王。

【纲】这一年,各州发生大水灾。

【纲】庆元六年(庚辛,1200),春闰二月,任命京镗、谢深甫为左、右丞相,何澹为知枢密院事。

【纲】三月,原秘阁修撰朱熹去世。 【目】朱熹家中贫穷,因此学生们从远方来的,都是大家同吃豆饭和藜草作的羹。他往往向别人借贷度日。不合道义,他一点也不要。当时攻击伪学日益厉害,士人们谨小慎微,有谁稍微以儒者自居的,就无处存身。跟从他学习的人中,特立独行,不随波逐俗的,隐居于山林,怯懦阿谀的改换他人为师,过朱熹之门而不入,甚至改变儒者衣冠,到市井去作狎妓之游,以表明自己并非朱熹同党;而朱熹仍每日坚持给学生们讲学。有人劝他谢绝并遣散学生,他笑而不答。他病危时仍端正地坐着,整理好衣冠,枕在枕头

之葬,会聚之间,非妄谈时人短长,则谬议时政得失,望令守臣约束。"从之。

熹所著,有《易本义》《启蒙》《蓍卦考误》《诗集传》《大学、中庸章句》《或问》《论语、孟子集注》《太极图》《通书》《西铭解》《楚辞集注辨正》《韩文考异》,所编次,有《论孟集义》《孟子指要》《中庸辑略》《孝经刊误》《小学书》《通鉴纲目》《宋名臣言行录》《家礼》《近思录》《河南程氏遗书》《伊洛渊源录》《仪礼经传通解》。其门人不可胜计,最知名者:黄榦、李燔、张洽、陈淳、李方子、黄灏、蔡沈、辅广。

榦之言曰:"道之正统,待人而后传。自周以来,任传道之责不过数人,而能传斯道章章较著者,一二人而止耳。由孔子而后,曾子、子思得其微,至孟子而始著;由孟子而后,周、程、张子继其统,至熹而始著。"众以为知言。榦初见熹,夜不设榻,不解带。熹语人曰:"直卿志坚思苦,与之处,甚有益。"因妻以女。及熹病革,以深衣及所著书授榦,与之诀曰:"吾道之托在此,吾无憾矣!"熹殁,榦弟子日盛,编礼著书,讲论经理,朝夕不倦。卒赠朝奉郎。

燔初见熹,熹告以曾子弘毅之语,燔因以"弘"名其斋。凡诸生未达者,熹先令访燔,俟有所发,乃从而折衷之,诸生畏服。燔尝曰:"凡人不必待仕宦有位为职事方为功业,但随力到处有以及物,即功业矣!"居家讲道,学者宗之。卒赠直华文阁。

洽从熹学,自"六经"传注而下皆究其指归。熹嘉其笃志,谓黄榦曰:"所望以永斯道之传者,二三君也。"洽自少用力于敬,平居不异常人,至义所当为,则勇不可夺。著《春秋集注》《地理沿革表》

上安详地死去，享年七十一岁。将下葬时，右正言施康年奏说："各地的伪学之徒集聚在信州（治上饶县，在今江西上饶县西北）道上，要给伪学之师送葬。他们聚会时，不是妄谈时人的长短，就是谬论财政得失，希望令守臣加以约束。"宋宁宗依从所奏。

朱熹的著作，有《易本义》《启蒙》《蓍卦考误》《诗集传》《大学章句》《中庸章句》《或问》《论语集注》《孟子集注》《太极图》《通书》《西铭解》《楚辞集注辨正》《韩文志异》；所编辑的，有《论孟集义》《孟子指要》《中庸辑略》《孝经刊误》《小学书》《通鉴纲目》《宋名臣言行录》《家礼》《近思录》《河南程氏遗书》《伊洛渊源录》《仪礼经传通解》。他的门人不可胜计，最知名者有：黄榦、李燔、张洽、陈淳、李方子、黄灏、蔡沈、辅广。

黄榦曾说过："道之正统，需要有人传之后代。自从周代以来，肩任传道这个责任的不过数人，而能够彰明较著地传道的，不过一两个人而已。孔子之后，曾子、子思得到了其中的精微之处，到孟子才更昭著。孟子以后有周敦颐、程颢、程颐、张载继承道统，到朱熹才开始更昭著。"众人都认为这是有见地的话。黄榦初见朱熹时，夜间不睡觉，不脱衣，刻苦攻读，朱熹对别人说："黄榦心志坚定，刻苦勤勉，和他相处，很有收益。"因而把女儿嫁给他。当朱熹病危时把自己居家所穿的衣服和所著的书交给黄榦，与他诀别道："吾道托付给你的在此，我死而无憾了。"朱熹死后，黄榦的弟子日益增多，他编制礼仪，著书，讲理议经，从早到晚，没有倦色，死后赠朝奉郎。

李燔初见朱熹时，朱熹告诉他曾子所说"士不可以不弘毅"的话，李燔因此用"弘"字为他的书斋命名。凡是诸弟子中没有弄通道理的，朱熹让他们先去问李燔，等到对他们有所启发，再加以断定是非，弟子们对李燔敬畏佩服。李燔曾说："为人不必等入仕当官有职位，才建功立业，只要随力量所到之处，能够做有利于外物的事，也就是建功立业厂。"他在家里讲道，学者以他为一代宗师。死后赠直华文阁。

张洽跟随朱熹学习，从"六经"传注往下都要寻究其主旨。朱熹对他坚定的心志很为赞赏，曾对黄榦说："我寄希望于使此道能永远流传的，也就是你们这两三个人人呀。"张洽从年轻时就致力于持身谨敬，

行于世。仕终直宝章阁。

淳少习举子业,林宗臣见而奇之,谓曰:"此非圣贤事业也。"因授以《近思录》,淳读之,遂尽弃其业而学焉。及熹至漳,淳请受教,为学益力。熹语人曰:"吾南来喜得陈淳。"由是所闻皆切要语。及熹没,淳追思之,痛自裁抑。无书不读,无物不格,日积月累,义理贯通,恬退自守,多所著述。仕终安溪主簿。

方子端敬纯笃。初见熹,熹谓曰:"观公为人,自是寡过,但宽大中要规矩,和缓中要果决。"方子遂以"果"名其斋。尝曰:"吾于问学虽未能尽,然幸于大本有见处,此心常觉泰然,不为物欲所溃耳。"

灏性行端饬,以孝友称。
广淳谨勤恪,尝著《四书纂疏》《诗传童子问》,以发明师旨。

沈,元定子也,著《书传》。
【纲】夏六月,太上皇后李氏崩。
【纲】许及之罢。
【纲】秋七月,以陈自强签书枢密院事。
【纲】八月,太上皇崩。
【纲】京镗卒。
【纲】九月,处士吕祖泰上书请诛韩侂胄,诏配祖泰于钦州牢城。　【目】祖泰,祖俭从弟也。性疏达,尚气谊,论世事无所忌讳。先是祖俭以言事贬,祖泰语其友曰:"自吾兄之贬,诸人箝口。我虽无位,义必以言报国。当少须之,今亦未敢以累吾兄也。"至是,祖

平时看不出与平常人有所不同，临到义所当为时，就见义勇为，志不可夺。著作有《春秋集注》《地理沿革表》流行于世。做官最后做到直宝章阁。

　　陈淳少年时学习科举应试的学业，林宗臣见到陈淳认为他是出众之才，就对他说："这不是圣贤的事业。"因而交给他朱熹的《近思录》，陈淳读过后，就完全抛弃了原来的学业而向朱熹学习。朱熹到漳州（治龙溪县，即今福建漳州市）后，陈淳拜他为师，学习更加努力。朱熹对别人说："我到南方来很高兴得到陈淳这样的学生。"从此，陈淳从朱熹那里听到的都是切要的话。朱熹死后，陈淳追念他，下决心严格要求自己，他无书不读，无物不穷究其理，日积月累，对义理融会贯通，恬静处世，自守节操，多有著述。做官最后做到安溪（今福建安溪）主簿。

　　李方之恭谨严肃，诚恳朴实，刚和朱熹见面时，朱熹对他说："看你的为人，是很少有过失的，但宽宏中要有规矩，和缓中要果断。"李方之于是用"果"字给他的书斋命名。他曾说："我在学问上虽然还没有达到顶点，但幸而在最根本的问题上有见地，此心常觉泰然自若，不被物欲所沾染。"

　　黄灏行为品性严肃谨慎，以孝顺父母、友爱兄弟被人称道。

　　辅广敦厚质朴，勤勉谨慎，曾著有《四书纂疏》《诗传童子问》，以阐明老师学说的要旨。

　　蔡沈是蔡元定之子，著作有《书传》。

　　【纲】夏六月，太上皇后李氏去世。

　　【纲】许及之罢官。

　　【纲】秋七月，任命陈自强为签书枢密院事。

　　【纲】八月，太上皇去世。

　　【纲】京镗去世。

　　【纲】九月，处士吕祖泰上书请求诛杀韩侂胄，宋宁宗下诏，将吕祖泰发配到钦州（治安远县，今广东钦县）牢城。　【目】吕祖泰是吕祖俭的堂弟。他性情豁达，崇尚气节行谊，谈论世事无所忌讳。在此以前，吕祖俭由于进谏而遭贬斥时，吕祖泰对他朋友说："自从吾兄被贬斥之

俭卒，祖泰乃击登闻鼓，上书论韩侂胄有无君之心，请诛之以防祸乱，其略曰："道学，自古所恃以为国者也。丞相汝愚，今之有大勋劳者也。立伪学之禁，逐汝愚之党，是将空陛下之国，而陛下不知悟邪？陈自强，侂胄童稚之师，躐致宰辅；陛下旧学之臣彭龟年等，今安在邪？苏师旦，平江之吏胥，周筠，韩氏之厮役，人人知之；今师旦以潜邸随龙，筠以皇后亲属，俱得大官。不知陛下在潜邸时果识师旦乎？椒房之亲果有筠乎？侂胄徒自尊大，而卑陵朝廷，一至于此。愿亟诛侂胄、师旦、筠，而逐罢自强之徒。故大臣在者，独周必大可用，宜以代之。不尔，事将不测。"书出，中外大骇。有旨："吕祖泰挟私上书，语言狂妄，拘管连州。"右谏议大夫程松与祖泰狎友，慎曰："人知我素与游，其谓我与闻乎？"乃独奏言："祖泰有当诛之罪，且其上书必有教之者。今纵不杀，犹当杖黥，窜之远方。"乃杖祖泰一百，配钦州牢城收管。祖泰自期必死，冀以身悟朝廷，了无惧色。监察御史林采言伪习之成，造端自周必大，宜加绌削，遂贬必大为少保。

【纲】冬十月，加韩侂胄太傅。

【纲】十一月，皇后韩氏崩。

【纲】十二月，葬永崇陵。

后，大家都闭紧了嘴再不敢说话。我虽然没有官位，但依义必须进谏以报效国家。不过要稍候一时，现在还不能再牵连到吾兄。"到这时，吕祖俭去世，吕祖泰于是到登闻院击鼓上书，指出韩侂胄有无君之心，要求诛杀以防祸乱。其书大略说："道学，是自古以来赖以建国的基础。丞相赵汝愚，是当代有大功勋的人。制定关于伪学的禁令，驱逐赵汝愚一派，是要使陛下的朝中无人，而陛下却不觉悟吗？陈自强，是韩侂胄还是儿童时的老师，竟然越位当上了宰相；陛下过去从学的臣子彭龟年等人，现在到哪里去了？苏师旦是平江的一个小吏，周筠不过是韩家的仆役，这是人所共知的；现今苏师旦由于曾在陛下为嘉王时侍奉过，周筠因为是皇后的亲戚，都当了大官。不知陛下在嘉王府时果然认识苏师旦吗？皇后的亲戚中果真有周筠吗？韩侂胄妄自尊大，凌驾在朝廷之上，竟到了如此地步！希望迅速诛杀韩侂胄、苏师旦、周筠，斥逐陈自强一类的人。过去的大臣还活着的，唯有周必大可任用，应让他接替宰相之职。否则，将有不测之祸。"这篇奏章传出来，朝内外大为惊骇。宋宁宗有旨："吕祖泰挟私上奏，语言狂妄，发往连州（治桂阳县，今广东连县）拘管。"右谏议大夫程松与吕祖泰亲近，他很怕受牵连，说："人们知道我和他一向有交往，是不是会说我参预这事呢？"于是上奏道："吕祖泰有该杀的罪，而且他上书必定有人教唆。现在即使不杀他，也应该施以杖刑和脸上刺字的黥刑，流放到远方去。"于是责打吕祖泰一百杖，发配到钦州牢城收管。吕祖泰自己预料必死，只希望以自己的死使皇帝有所觉悟，因此绝无半点惧色。监察御史林采进言说，伪道学的积习的形成，是由周必大起的头，应该加以削官贬黜。于是贬周必大为少保。

【纲】冬十月，韩侂胄加官太傅。

【纲】十一月，皇后韩氏去世。

【纲】十二月，安葬皇后于永崇陵（在今浙江绍兴东南）。

纲鉴易知录卷八五

南宋纪

宁宗皇帝

【纲】辛酉,嘉泰元年,春二月,临安大火。

【纲】秋七月,何澹罢。 【目】时吴挺子曦为殿前副都指挥使,自以世守西蜀,为国藩屏,而身留行都,不得如志,乃以贿赂宰辅,规图帅蜀;未及赂澹。韩侂胄已许之,澹持不可。侂胄怒曰:"始以君肯相就黜伪学,汲引至此,今顾立异邪!"遂罢奉祠。

【纲】以陈自强参知政事,张釜签书枢密院事。

【纲】以吴曦为兴州都统制。 【目】曦至兴州,因谮副都统制王大节罢之,由是兵权悉归于曦,异志遂成矣。

【纲】八月,张釜罢。

【纲】以张岩参知政事,程松同知枢密院事。 【目】皆附韩侂胄者。松谄侂胄尤甚,自知钱塘县,不二年,为谏议大夫,满岁未迁,殊怏怏。乃市一妾献之,名曰松寿。侂胄曰:"奈何与大谏同名?"答曰:"欲使贱名常达钧听耳。"侂胄怜之,遂除同知枢密院事。

【纲】乃蛮袭西辽,灭之。 【目】西辽王直鲁古出猎,乃蛮王屈出律伏兵八千擒之而据其位,尊直鲁古为太上皇,直鲁古寻死,辽祀始绝。

【纲】壬戌,二年,春正月,以苏师旦兼枢密都承旨。

【纲】二月,弛伪学党禁,复诸贬谪者官。 【目】伪学之祸,虽本于韩侂胄欲去异己以快所私,然实京镗创谋,而何澹、刘德秀、胡纮成之。及镗死,三人亦罢,侂胄厌前事之乖戾,欲稍更改以消中外

宁宗皇帝

【纲】嘉泰元年（辛酉，1201），春二月，临安发生大火灾。

【纲】秋七月，何澹罢官。 【目】当时吴挺之子吴曦为殿前副都指挥使，自认为世代镇守西蜀，成为国家的屏障，而现在却留在行都，很不得志，就贿赂宰相，想担任西蜀统帅；但没有对何澹行贿。韩侂胄受了钱财已经应允，何澹却持反对意见，韩侂胄生气地说："当初是因为你肯帮助黜斥伪学，才提拔你到如今的位置上，现在反要违反我的意见！"结果，何澹罢参知政事之职，改为奉祠官。

【纲】任命陈自强为参知政事，张釜为签书枢密院事。

【纲】任命吴曦为兴州（治顺政县，今陕西略阳）都统制。 【目】吴曦到达兴州，就以谗言陷害副都统制王大节，使王大节罢职。从此兵权都归吴曦，他谋反的意图就形成了。

【纲】八月，张釜罢官。

【纲】任命张岩为参知政事，程松为同知枢密院事。 【目】这两个人都是依附韩侂胄的。程松尤其对韩侂胄阿谀奉承，他任钱塘知县，不到两年就升为谏议大夫；任期满了一年没再升官，心里怏怏不乐。他买了一个侍妾，起名叫松寿，献给韩侂胄。韩侂胄问道："她怎么和你同名？"程松回答说："想让您常听到贱名呀。"这一手赢得了韩侂胄怜惜他，就任命他为同知枢密院事。

【纲】乃蛮袭击西辽，西辽灭亡。 【目】西辽王直鲁古出外行猎，乃蛮王屈出律埋伏八千兵士将他抓获，占据了王位，尊直鲁古为太上皇。不久直鲁古去世，西辽从此灭亡。

【纲】嘉泰二年（壬戌，1202），春正月，任命苏师旦兼枢密都承旨。

【纲】二月，放松对伪学和道学朋党的禁令，恢复遭贬谪者的官职。 【目】伪学之祸，虽然起于韩健胄想除去异己，以满足私欲，然而实际上是京镗首先出的主意，由何澹、刘德秀、胡纮促成的。到京镗去

之议。会张孝伯谓侂胄曰："不弛党禁，恐后不免报复之祸。"藉田令陈景思，侂胄之姻也，亦谓侂胄勿为已甚，侂胄然之。于是赵汝愚追复资政殿学士。党人见在者，徐谊、刘光祖、陈傅良诸人，咸先后复官自便。又削荐牍中"不系伪学"一节，俾勿复有言。时朱熹没已逾年，周必大、留正各已贬秩致仕；诏熹以待制致仕，必大复少傅，正复少保。

【纲】秋八月，以袁说友同知枢密院事。

【纲】冬十一月，以陈自强知枢密院事，许及之参知政事。

【纲】十二月，立贵妃杨氏为皇后。　【目】时后为贵妃，与曹美人俱有宠。韩侂胄以后颇涉书史，知古今，性警敏，任权术，而曹美人柔顺，劝帝立曹氏。帝不从，竟立后，由是后与侂胄有怨矣。

【纲】加韩侂胄太师。

【纲】是岁大蝗。

【纲】癸亥，三年，春正月，谢深甫罢。张岩罢。

【纲】帝视太学。

【纲】以袁说友参知政事，傅伯寿签书枢密院事。伯寿辞不拜。二月，以费士寅签书枢密院事。

【纲】夏五月，以陈自强为右丞相。　【目】时侂胄专权，凡所欲为，宰执惕息，不敢为异，自强至印空名敕剳授之，惟所欲为，宰执不预知也，言路扼塞，每月按举小吏一二人，谓之"月课"。又有泛论君德、时事，皆取其陈熟缓慢，略无按攖者言之。或问之，则愧谢曰："聊以塞责尔。"加以苞苴盛行，自强尤贪鄙，四方致书馈必题其缄，云"某物若干并献"，凡书题无"并"字则不开。自强每称侂胄为恩主、恩父，苏师旦为叔，堂吏史达祖为兄。侂胄奸宄专政，自强表里之功为多。

世，其他三人也罢官之后，韩侂胄也认为从前的做法不合情理，想稍加改变以消除朝廷内外的议论。正巧张孝伯对他说："不放松党禁，恐怕以后会遭受报复之祸。"藉田令陈景思是韩侂胄的姻亲，也劝他别太过分，韩侂胄认为有道理。于是追复赵汝愚资政殿学士的官位。党人还活着的，如徐谊、刘光祖、陈傅良等人，都先后恢复官衔，听任他们自便。又删除荐牍中"不系伪学"一节，以免再有议论。当时朱熹已去世一年多，周必大、留正都降级退休，于是又下诏，朱熹以待制退休，周必大复官少傅，留正复官少保。

【纲】秋八月，任命袁说友为同知枢密院事。

【纲】冬十一月，任命陈自强为知枢密院事，许及之为参知政事。

【纲】十二月，册立贵妃杨氏为皇后。　【目】当时杨氏为贵妃，与曹美人同样受宠。韩侂胄以为杨氏读了不少史书，了解古今情况，为人机智聪明，有权术，而曹美人性情柔顺，因而劝皇帝册立曹氏为后。但皇帝不听，最终还是册立杨氏为后，以此皇后与韩侂胄之间有了仇怨。

【纲】韩侂胄加官太师。

【纲】这一年大蝗灾。

【纲】嘉泰三年（癸亥，1203），春正月，谢深甫罢官。张岩罢官。

【纲】皇帝视察太学。

【纲】任命袁说友为参知政事，傅伯寿为签书枢密院事。傅伯寿推辞不受。二月，任命费士寅为签书枢密院事。

【纲】夏五月，任命陈自强为右丞相。　【目】当时韩侂胄专权，凡他想干的，别的宰相和执政不敢有不同的意见，陈自强甚至印了空白的敕命交给他，任他为所欲为，连别的宰相、执政事先都不知道。他堵塞了向皇帝进言之路，每月揭发按问小吏一两名，称为"月课"。又泛论为君之德和时事，只说些对谁也不触犯的陈辞滥调。有人责问他时，就惭愧地谢罪说："聊以塞责罢了。"加上送礼的风气盛行，陈自强尤为贪婪，四方来信送礼，必须在信封上注明"某物若干一并献"，凡没写"并"字的，都不启封。陈自强往往称韩侂胄为恩王、恩父，称苏师旦为叔，称堂吏史达祖为兄。韩侂胄为非作歹，专擅政事，陈自强互为呼应，出力最多。

【纲】以许及之知枢密院事。

【纲】秋七月，造战舰。八月，增置襄阳骑军。

【纲】九月，袁说友罢。冬十月，以费士寅参知政事，张孝伯同知枢密院事。

【纲】甲子，四年，春正月，韩侂胄定议伐金。 【目】金为北鄙阻鞑等部所扰，无岁不兴师讨伐，兵连祸结，士卒涂炭，府仓空匮，国势日弱。有劝韩侂胄立盖世功名以自固者，侂胄然之，恢复之议遂起。聚财募卒，出封椿库黄金万两，以待赏功，命吴曦练兵西蜀。既而安丰守臣厉仲方，言淮北流民咸愿归附；而浙东安抚使辛弃疾入见，言金国必乱亡，愿属元老大臣备兵为仓猝应变之计。侂胄大喜。郑挺、邓友龙等又附和其说，侂胄用师之意益锐矣。

【纲】三月，临安大火，诏百官陈时政阙失。

【纲】夏四月，许及之罢。以张孝伯参知政事，钱象祖同知枢密院事。

【纲】五月，追封岳飞为鄂王。 【目】先已赐谥武穆，至是韩侂胄欲风厉诸将，乃追封飞。寻封刘光世为鄜王，赠宇文虚中少保。

【纲】秋八月，张孝伯罢。

【纲】冬十月，以张岩参知政事。十二月，诏宰相兼国用使。【目】韩侂胄议恢复，陈自强请尊孝宗典故，创国用司，总核内外财赋。遂以自强兼国用使，费士寅、张岩同知国用事。掊克民财，州郡骚动。

【纲】乙丑，开禧元年，春三月，费士寅罢。

【纲】太白昼见。

【纲】夏四月，以钱象祖参知政事，刘德秀签书枢密院事。

【纲】任命许及之为知枢密院事。

【纲】秋七月,建造战舰。八月,增置襄阳(府治襄阳县,今湖北襄樊)骑军。

【纲】九月,袁说友罢官。冬十月,任命费士寅为参知政事,张孝伯为同知枢密院事。

【纲】嘉泰四年(甲子,1204),春正月,韩侂胄决定讨伐金国。
【目】金国被北方边境的阻鞣等部族骚扰,年年兴兵讨伐,兵连祸结,士卒陷于极端困苦之中,官府粮仓空竭,国势日益衰弱,有人劝韩侂胄建立盖世功名以巩固自己的地位,韩侂胄认为很对,于是开始谋划恢复中复。聚集财物,召募兵卒,从国库中拿出黄金万两,做为赏功之用,命吴曦在西蜀练兵。随后有安丰军(治寿春县,即今安徽寿县)守臣厉仲方上报,淮北流民都愿归附朝廷;浙东路(治绍兴府,今浙江绍兴)安抚使辛弃疾入朝拜见,说金国必定危乱灭亡,希望嘱咐元老大臣准备好军队以应付急变。韩侂胄听后非常高兴。又有郑挺、邓友龙等在旁附和,韩侂胄出兵的主意更坚定了。

【纲】三月,临安发生大火灾,宋宁宗下诏命百官陈述时政的缺失。

【纲】夏四月,许及之罢官。任命张孝伯为参知政事,钱象祖为同知枢密院事。

【纲】五月,追封岳飞为鄂王。 【目】在这以前已赐岳飞谥号为武穆,到这时韩侂胄要鼓励诸将,就追封岳飞。不久又封刘光世为鄜王,赠宇文虚中为少保。

【纲】秋八月,张孝伯罢官。

【纲】冬十月,任命张岩为参知政事。十二月,下诏命宰相兼国用使。 【目】韩侂胄提议恢复中原,陈自强建议遵照孝宗时的典制,创立国用司,总核朝内外的财赋。于是由陈自强兼国用使,费士寅、张岩为同知国用事。以苛税搜括民财,引起州郡百姓动乱不安。

【纲】开禧元年(乙丑,1205),春三月,费士寅罢官。

【纲】太白星在白天出现。

【纲】夏四月,任命钱象祖为参知政事,刘德秀为签书枢密院事。

【纲】以皇甫斌知襄阳府。 【目】寻以斌为京西北路招抚副使。

【纲】窜武学生华岳于建宁。 【目】岳上书,谏朝廷未宜用兵启边衅,且乞斩韩侂胄、苏师旦、周筠以谢天下。侂胄大怒,下岳大理,编管建宁。

【纲】五月,金以仆散揆为河南宣抚使。
【纲】秋七月,诏韩侂胄平章军国事。
【纲】以苏师旦为安远节度使,领阁门事。
【纲】八月,金罢河南宣抚司。
【纲】以郭倪知扬州。 【目】寻兼山东、京东招抚使。

【纲】九月,刘德秀罢。
【纲】遣使如金。
【纲】以丘崈为江淮宣抚使,崈辞不拜。 【目】初,韩侂胄以北伐之议示崈,崈曰:"中原沦陷且百年,在我固不可一日而忘;然兵凶战危,若首倡非常之举,兵交,胜负未可知,则首事之祸,其谁任之?"侂胄不纳。至是命崈宣抚江、淮,崈手书切谏曰:"金人未必有意败盟,中国当示大体,宜申警军实,使吾常有胜势,若衅自彼作,我有词矣。"因力辞不拜,侂胄不悦。

【纲】丙寅,二年,春二月,寿慈宫火。
【纲】以程松为四川宣抚使,吴曦副之。 【目】松移司兴元,东军三万属焉。曦进屯河池,西军六万属焉。仍听节制财赋,按劾计司,曦由是益得自专,松无所关与。松始至,欲以执政礼见曦,责庭参;曦闻之,及境而还。松用东、西军一千八百自卫,曦抽摘以去,松亦不悟。寻诏曦兼陕西、河东招抚使。

【纲】任命皇甫斌为襄阳府知府。　【目】不久,任命皇甫斌为京西北路招抚副使。

【纲】把武学生华岳流放到建宁(治建安县,今福建建瓯)。【目】华岳上书,谏朝廷不应派兵引起边境战火,并请求斩韩侂胄、苏师旦、周筠以谢天下。韩侂胄大怒,把华岳下大理狱,流放到建宁编管。

【纲】五月,金国任仆散揆为河南宣抚使。

【纲】秋七月,宋宁宗下诏,任命韩侂胄为平章军国事。

【纲】任命苏师旦为安远节度使,领阁门事。

【纲】八月,金国撤销河南宣抚司。

【纲】任命郭倪为扬州(治江都县,即今江苏扬州市)知州。【目】不久又命郭倪兼任山东、京东招抚使。

【纲】九月,刘德秀罢官。

【纲】派使臣前往金国。

【纲】任命丘崈为江淮宣抚使,丘崈推辞不受。　【目】起初,韩侂胄将北伐金人的事告诉丘崈,丘崈说:"中原沦陷将百年,在我国来说,的确一天都不能忘记;然而战争凶险,若首先提出北伐,仗打起来,胜负难为预卜,而首倡战祸,由谁负责?"韩侂胄听不进去。此时任丘崈为江淮宣抚使,丘崈亲自写信极力劝谏韩侂胄道:"金人未必有意破坏盟约,中国应显示深识大体,应当警惕战事发生,保持我们的优势。他们如果挑衅,我们就有话可说了。"他极力推辞,不肯接受任命,韩侂胄很不高兴。

【纲】开禧二年(丙寅,1206),春二月,寿慈宫着火。

【纲】任命程松为四川宣抚使,吴曦为副使。　【目】程松把宣抚使司迁移到兴元(治南郑县,今陕西汉中),统领东军三万。吴曦屯兵河池(治梁泉县,今陕西凤县东北),统领西军六万,由他调度财政赋税,按问弹劾主管财物的官员。吴曦因此更能独断专行,什么事也不通知程松参与。程松刚到时,想以执政之礼召见吴曦,要求他在堂下参拜;吴曦听说后,到县境边上又返回去了。程松用东、西军一千八百自卫,吴曦把精壮的都挑走了,程松也不明白是怎么回事,不久,宋宁宗下诏,命

【纲】钱象祖罢。

【纲】夏四月,以薛叔似为京湖宣抚使,邓友龙为两淮宣抚使。

【纲】追夺秦桧王爵,改谥缪丑。

【纲】金复命仆散揆会兵河南。

【纲】吴曦反,献阶、成、和、凤四州于金以求封。 【目】曦既得志,与其从弟晛及徐景望、赵富、米修之、董镇共为反谋,阴遣其客姚淮源献阶、成、和、凤四州于金,求封蜀王。

【纲】郭倪遣兵复泗州。五月,下诏伐金。 【目】韩侂胄闻已得泗州,乃议降诏,略曰:"天道好还,中国有必伸之理;人心效顺,匹夫无不报之仇。蠢兹丑虏,犹托要盟,腴生灵之资,奉溪壑之欲。此非出于得已,彼乃谓之当然。军入塞而公肆创残,使来庭而敢为桀骜,洎行李之继遣,复嫚词之见加。含垢纳污,在人情而已极;声罪致讨,属胡运之将倾。兵出有名,师直为壮。言乎远,言乎近,孰无忠义之心?为人子,为人臣,当念祖宗之愤!"直学士院李璧之词也。

【纲】郭倪遣兵攻宿州,大败。 【目】时建康都统李爽攻寿州,亦败。

【纲】皇甫斌败绩于唐州。 【目】时江州都统王大节攻蔡州,亦不克而溃。

【纲】诏以宗室均为沂王柄嗣,赐名贵和。

【纲】六月,邓友龙免,以丘崈为两淮宣抚使。

【纲】秋七月,苏师旦有罪,安置韶州。

【纲】以张岩知枢密院事,李璧参知政事。

吴曦兼任陕西、河东招抚使。

【纲】钱象祖罢官。

【纲】夏四月,任命蔡叔似为京湖宣抚使,邓友龙为两淮宣抚使。

【纲】追削秦桧王爵,改谥号为缪丑。

【纲】金国又命仆散揆在河南集合兵力。

【纲】吴曦反叛,将阶州（治福津县,今甘肃武都）、成州（治同谷县,今甘肃成县）、和州（治西和县,今甘肃西和县）、凤州（即上文河池郡）四州献给金人以求封。 【目】吴曦得志以后,与堂弟吴观及徐景望、赵富、米修之、董镇共同策划反叛,暗中派门客姚淮源向金人献阶、成、和、凤四州,要求封他为蜀王。

【纲】郭倪派兵收复泗州（治临淮县,今安徽泗县东南）。五月,宋宁宗下诏讨伐金国。 【目】韩侂胄听说已收复泗州,就议定下北伐的诏书,大略说:"天道公正,中国有必定扬眉吐气的道理；人心归顺,匹夫没有不报复的仇怨。愚蠢且恶的胡虏,还依仗盟约,削夺人民的财富,满足自己的贪欲。这并非由于我们心甘情愿,而他们却认定是理所当然。军队侵入我边境,而公然肆行杀伤破坏。使臣来朝廷,竟敢横蛮无礼；到派去使者,又加以轻侮辱骂。忍受这种恶人恶事,对人情来说已达极限；现在宣布其罪状,加以讨伐,正遇胡人的气运将尽。我们出师有名,理直气壮。不分是远是近,谁没有忠义之心；不分为子为臣,应该记住祖宗的怨恨。"这篇诏书是直学士院李璧撰写的。

【纲】郭倪派兵攻打宿州（治符离县,今安徽宿县）,大败。【纲】同时建康都统李爽进攻寿州（金寿州治下蔡县,今安徽凤台）,也战败了。

【纲】皇甫斌在唐州（治泌阳县,今河南唐河）战败。 【目】当时江州（治浔阳县,今江西九江）都统王大节进攻蔡州（治汝阳县,今河南汝南）,同样战败。

【纲】宋宁宗下诏,以宗室赵均为沂王赵柄的后嗣,赐名贵和。

【纲】六月,邓友龙免职,任命丘崈为两淮宣抚使。

【纲】秋七月,苏师旦有罪,安置于韶州。

【纲】任命张岩为知枢密院事,李璧为参知政事。

【纲】夏李安全废其主纯佑而自立。

【纲】冬十月，金仆散揆分兵入寇。

【纲】金人围楚州。

【纲】十一月，以丘崈签书枢密院事，督视江、淮军马。

【纲】金人陷京西州军，招抚使赵淳焚樊城而遁。

【纲】金仆散揆陷安丰军，遂围和州。 【目】揆引兵至淮，遣人密测淮水，惟八叠滩可涉，即遣奥屯襄扬兵下蔡，声言欲渡，守将何汝励、姚公佐以为诚然，悉众屯花靥以备之。揆乃遣赛不等潜师渡八叠，驻于南岸。官军不虞其至，遂皆溃走，揆遂下安丰军。进围和州，屯于瓦梁河，以控真、扬诸州之冲。乃整军列骑，张旗帜于沿江上下，于是江南大震。

【纲】金人入西和州。十二月，入成州，吴曦焚河池，退壁青野原。

【纲】金人陷真州，寇六合，郭倪遣兵救之，败绩。倪弃扬州走。

【纲】金人入大散关，吴曦还兴州。 【目】时兴州都统制毋思以重兵守关，金人绕出关后，思孤军不能支，遂陷。曦退屯置口，金完颜纲以金主命，立曦为蜀王，曦密受之，遂还兴州。是夜，天赤如血，光烛地如昼。翌日，曦召幕属谕意，谓"东南失守，车驾幸四明，今宜从权济事。"王翼、杨骙之抗言曰："如此，则相公忠孝八十年门户，一朝扫地矣"。曦曰："吾意已决。"即遣任辛奉表献蜀地图及吴氏谱牒于金。

【纲】丘崈遣使如金军议和，金仆散揆还军下蔡。 【目】韩侂

【纲】夏国李安全废黜夏王纯佑,自立为君。

【纲】冬十月,金国仆散揆分兵入侵。

【纲】金军包围楚州(治山阳县,即今江苏淮安县)。

【纲】十一月,任命丘崈为签书枢密院事,督察巡视江淮军马。

【纲】金军攻陷京西州军,招抚使赵淳火烧樊城(今湖北襄樊)后逃跑。

【纲】金国仆散揆攻陷安丰军,随即包围和州(治历阳县,今安徽和县)。 【目】仆散揆领兵到淮水,派人偷着探测淮水,只有八叠滩可以步行;涉水过河,立即派奥屯骧在下蔡(今安徽凤台)虚张兵势,扬言要过河。守将何汝励、姚公佐信以为真,将全部兵马屯在花黡,做好防备。仆散揆于是派赛木等在八叠偷渡,驻兵南岸。官军没有料到金军到来,都溃败而逃。仆散揆于是攻下安丰军,进围和州,屯兵瓦梁河(即滁河,在今江苏六合西),以控制真州(治扬子县,今江苏仪征),扬州的要冲之地。这才在沿江上下竖起旗帜,布列军马,于是江南地区大为震惊。

【纲】金军进入西和州(即吴曦所献之和州)。十二月,进入成州。吴曦焚烧河池,退兵守青野原(在今陕西略阳西南)。

【纲】金军攻陷真州,入侵六合(今江苏六合县)。郭倪派兵去救援,战败。郭倪放弃扬州逃走。

【纲】金军进入大散关(在今陕西宝鸡西南),吴曦返回兴州。 【目】当时兴州都统制毋思领重兵守关,金人绕道从关后出击,毋思孤军不能支持,大散关失陷。吴曦退兵屯守置口(在今陕西略阳县西)。金人完颜纲以金国主之命,立吴曦为蜀王,吴曦秘密接受后返回兴州。当天夜里,天空象血一样赤红,照得大地象白天一样明亮。第二天,吴曦召集幕府僚属,对他们说:"东南地区已失守,皇帝前去四明(指庆元府,因境内有四明山而得名,今浙江宁波),我们要从权,变通行事。"王翼、杨骏之反对道:"这样,相公一家八十年的忠孝,就一朝扫地而光了。"吴曦说:"我意已决。"他就派任辛向金国献上降表、蜀地图及吴氏家谱。

【纲】丘崈派使者前往金国议和,金国仆散揆领兵回下蔡。

胄以师出屡败，悔其前谋，谕宻募人持书币赴敌营议和。宻乃遣刘祐持书于揆，愿讲好息兵；揆不从。宻复遣使相继以往，因许还其淮北流移人及今年岁币。揆始许之，自和州退屯下蔡。

【纲】薛叔似免。

【纲】以毕再遇权山东、京东招抚司。　【目】时诸将用兵皆败，惟再遇数有功。金人常以水柜取胜，再遇夜缚藁人数千，衣以甲胄，持旗帜戈矛，俨立成行，昧爽，鸣鼓，金人惊视，亟放水柜。后知其非兵也，甚沮。乃出兵攻之，金人大败。又尝引金人与战，且前且却，至于数四，视日已晚，乃以香料煮豆布地上，复前搏战，佯为败走。金人乘胜追逐，马饥，闻豆香，皆就食，鞭之不前；反攻之，金人马死者不可胜计。又尝与金人对垒，度金兵至者日众，难与争锋。一夕拔营去，留旗帜于营，并缚生羊，置其前二足于鼓上，击鼓有声；金人不觉为空营，复相持数日。及觉，欲追之则已远矣。

【纲】程松自兴元逃归。

【纲】蒙古奇渥温铁木真称帝于斡难河。　【目】先是金主遣卫王允济往靖州受铁木真之贡，允济奇其状貌，归言于金主，请以事除之，金主不许。铁木真闻而憾之。

【纲】蒙古灭乃蛮。

【纲】丁卯，三年，春正月，罢丘宻，以张岩督视江、淮军马。【目】时金已有和意，宻上疏乞移书金帅以成前议，且言金人指韩侂胄为元谋，若移书，宜暂免系衔。侂胄大怒，罢宻。

【纲】以陈自强兼枢密使。

【目】韩侂胄因出师以来屡败，后悔北伐之谋，通知丘崈召募人员带书信和财物去敌营议和。丘崈就派刘祐前往仆散揆营中，提出讲和息兵的要求，仆散揆不答应，丘崈又派使者前往，答应送回从淮北地区流移来的百姓和送交今年的岁币，仆散揆这才答应下来，他从和州退兵屯守下蔡。

【纲】薛叔似免官。

【纲】任命毕再遇暂代山东、京东招抚司。　【目】当时诸将都战败，惟有毕再遇数次立下战功。金军常用水柜取胜，毕再遇趁夜扎了数千草人，都穿上盔甲，手持旗帜刀枪，俨然排列成行。天微明时擂鼓，金军吃惊地发现这么多兵马，就连忙放水柜迎战，过后才看清不是士兵，十分沮丧。毕再遇就出兵进攻，金军大败。他又曾挑引金军交战，一会儿往前冲杀，一会儿往后退却，数次之后，看天色已晚，就把用香料煮的豆撒在地上，再次往前搏战，然后假装败逃。金军乘胜追逐，战马饥饿，闻豆香，低头吃了起来，用鞭子抽都不走；趁此时，宋军反攻，金军人马死者不计其数。又在和金军对垒时，估计金军到来的日益众多，我军难以对敌，就在一夜间拔营而走，但留下旗帜不动，并把活羊捆住前蹄放在战鼓上，活羊一动，击鼓有声，金人不知已是空营，又相持数日，等他们发现想追赶时，宋军早走远了。

【纲】程松从兴元逃回来。

【纲】蒙古奇渥温铁木真在斡难河（源出蒙古国肯特山）称帝。【目】以前，金国主派卫王完颜允济去靖州接受铁木真的贡纳。允济感到铁木真的相貌奇特，返回后对金国主说了，要求找个借口杀掉他，金国主不同意。铁木真听说后怀恨在心。

【纲】蒙古灭乃蛮。

【纲】开禧三年（丁卯，1207），春正月，丘崈罢官，任命张岩督视江淮军马。　【目】当时金国已有讲和之意，丘崈上疏，请求送信给金军达成议和，并且说金人指韩侂胄为挑起战事的首谋，若向金人送交书信，应暂时不要在书后署上韩侂胄的名衔，韩侂胄大怒，罢免了丘崈的官职。

【纲】任命陈自强兼枢密使。

【纲】吴曦自称蜀王。权大安军杨震仲死之。 【目】曦召随军转运使安丙为丞相长史、权行都省事；丙度不能脱，徒死无益，乃阳与而阴图之。曦又召权大安军杨震仲，震仲不屈，饮药而死。其它如陈咸自髡其发，史次秦自瞽其目，李道传、邓性甫等悉弃官去。

【纲】二月，以知建康府叶适兼江、淮制置使。

【纲】金平章政事仆散揆卒于下蔡。 【目】揆有疾，金主命左丞相完颜宗浩行省事于汴。至是，揆卒。揆为政多惠，人乐为用。

【纲】四川转运使安丙诛吴曦，传首临安。 【目】监兴州合江仓杨巨源谋讨曦，乃阴与曦将张林、朱邦宁及忠义士朱福等深相结。眉州人程梦锡知之，以告转运使安丙。丙时称疾，不视事，乃属梦锡以书致巨源，延之卧所。巨源曰："非先生不足以主此事，非巨源不足以了此事。"会兴州中军正将李好义，亦结军士李贵、进士杨君玉、李坤辰、李彪等数十人谋诛曦。好义欲奉安丙主事，使坤辰来邀巨源与会。巨源往与约，还报丙，丙大喜，始出视事。君玉与白子由共草密诏。二月乙亥，未明，好义帅其徒七十四人入伪宫。巨源持诏乘马，自称奉使，入内户。曦启户欲逸，李贵即前斫其首，驰告丙。宣诏，军民拜舞，声动天地，持曦首抚定城中，市不易肆，尽收曦党杀之。

先是韩侂胄闻曦反，大惧，召知镇江府宇文绍节问计。绍节云："安丙非附逆者，必能讨贼。"侂胄乃密以书谕丙云："若能图曦报国，即当不次推赏。"书未达而诛曦，露布已闻，朝廷大喜。传曦首至临安，诏诛曦妻子，夺曦父挺官爵，迁曦祖璘子孙出蜀，存璘庙祀。

【纲】吴曦自称蜀王。代理大安军（今陕西宁强）的杨震仲死难。
【目】吴曦召随军转运使安丙为丞相长史，权行都省事；安丙自度不能脱身，徒然死也无补于事，就表面应承，暗地里图谋除掉吴曦。吴曦又召代理大安军的杨震仲，杨震仲不屈从，服毒而死。其他如陈咸自己剃发为罪犯状，史次秦自己弄瞎双眼，李道传、邓性甫等都弃官而去。

【纲】二月，任建康知府叶适兼江淮制置使。

【纲】金国平章政事仆散揆死于下蔡。　　【目】仆散揆患病，金国主命左丞相完颜宗浩在汴京处理宰相事务。此时仆散揆去世。他在施政上多有恩惠，人们乐于为他所用。

【纲】四川转运使安丙杀死吴曦，把他的人头驿递到临安。
【目】监兴州合江仓的杨巨源图谋讨伐吴曦，就私下里与吴曦手下将领张林、朱邦宁及忠义之士朱福等深相结交。眉州（治眉山县，今四川眉山）人程梦锡知道了这件事，告知转运使安丙。安丙当时假托有病，不办公事，让程梦锡写信把杨巨源请来。来到卧室之内，杨巨源说："不是先生主持不了这件事，不是我完成不了这件事。"正好兴州中军正将李好义，也联合了军士李贵、进士杨君玉、李坤辰、李彪等数十人密谋杀死吴曦，李好义想请安丙主持此事，派李坤辰来约杨巨源相见。杨巨源前往赴约，回来告诉安丙，安丙大喜，这才出来办公。杨君玉和白子申共同起草密诏。二月乙亥日，天还未亮时，李好义率领他的士卒七十四人进入伪宫，杨巨源持诏书骑着马，自称是奉皇命出使，进入内室。吴曦开门想逃跑，李贵上前砍下了他的头来，飞驰向安丙报告。于是宣读诏书，军民欢欣鼓舞，呼声震天动地。拿着吴曦的人头安抚全城，工商营业如常。逮捕吴曦所有党羽，加以处死。

在此以前，韩侂胄听说吴曦反叛，大为恐惧，召镇江（府治丹徒县，今江苏镇江）知府宇文绍节商议对策。宇文绍节说："安丙不是附叛的人，必定能够讨伐叛贼。"韩侂胄就秘密写信告知安丙："若能谋划除去吴曦，马上破格行赏。"信尚未到而吴曦已被诛，捷报已经传出，朝廷大喜，传命将吴曦人头送到临安，并下诏，处死他的妻子，削夺吴曦之父吴挺的官爵，将其祖父吴璘的子孙一律迁出西蜀，保留吴璘的祠庙。

【纲】以方信孺为国信所参议官,如金军。 【目】韩侂胄募可以报使金帅府者,近臣荐信孺可使,自萧山丞召赴都,命以使事。信孺曰:"开衅自我,金人若问首谋,当以何词答之?"侂胄矍然。遂以信孺为奉使金国通谢国信所参议官,持张岩书以行。

【纲】三月,安丙使兴州将李好义等复西和、阶、成、凤州及大散关。

【纲】夏四月,程松以罪窜澧州。

【纲】以钱象祖参知政事。

【纲】金人复陷大散关。

【纲】五月,太皇太后谢氏崩。

【纲】李好义袭秦州,与金将术虎高琪战,败绩。 【目】好义还,为吴曦将王喜所毒而卒。朝廷虑喜为变,授节度使,移荆鄂都统制。

【纲】六月,安丙杀宣抚司参议官杨巨源。 【目】初,吴曦诛,奖谕诏至兴州,巨源谓人曰:"诏命一字不及巨源",疑有以蔽其功者。俄报王喜授节度使,而巨源授通判,心益不平,乃愬功于朝。或谓安丙曰:"巨源谋乱。"丙令喜鞫其党,皆抵罪。时巨源方与金人战于凤州之长桥而败,丙密使兴元都统制彭辂收巨源,械送阆州狱,至大安龙尾滩,丙使将校樊世显杀之。忠义之士闻者,莫不扼腕流涕。

【纲】秋七月,大旱,蝗。 【目】蝗飞蔽天,食浙西豆粟皆尽。诏郡邑赈恤之。

【纲】九月,贬方信孺官,遣右司郎中王柟如金军。 【目】信孺至濠州,纥石烈子仁下之于狱,露刃环守之,绝其薪水,要以五事。信孺曰:"反俘、归币,可也;缚送首谋,自古无之;称藩、割地,则非臣子所敢言。"子仁怒曰:"若不望生还邪?"信孺曰:"吾将命

【纲】任命方信孺为国信所参议官,前往金军。 【目】韩侂胄召募可以出使金军帅府之人,近臣推荐方信孺。将他从萧山(今浙江萧山)县丞任上召到都城,交给他出使的任务。方信孺说:"这次由我方挑衅引起战事,金人若问谁为首谋,怎么回答呢?"韩侂胄目瞪口呆。终于还是派方信孺为奉使金国通谢国信所参议官,带着张岩的书信出发了。

【纲】三月,安丙派兴州将领李好义等收复西和、阶、成、凤各州及大散关。

【纲】夏四月,程松因犯罪流放于澧州(治澧阳县,今湖南澧县)。

【纲】任命钱象祖为参知政事。

【纲】金军又攻陷大散关。

【纲】五月,太皇太后谢氏去世。

【纲】李好义攻打秦州(治成纪县,今甘肃天水),与金将术虎高琪交战,战败。 【目】李好义返回,被吴曦手下部将王喜所毒死。朝廷怕王喜叛变,授为节度使,转任荆鄂(治荆州城,今湖北江陵)都统制。

【纲】六月,安丙杀死宣抚司参议官杨巨源。 【目】起初,吴曦被诛,奖励的诏书发到兴州,杨巨源对别人说:诏命里一字都不提我,他怀疑有人掩盖了他的功劳。不久通报王喜授职为节度使,而杨巨源只授通判之职,心中越发不平,于是向朝廷诉功。有人对安丙说:"杨巨源谋反。"安丙命王喜审讯杨巨源的同党,都依罪处治。当时杨巨源正和金人在凤州的长桥交战失败,安丙秘密令兴元都统制彭辂收捕杨巨源,随后押送到阆州(治阆中县,今四川阆中东)狱中。走到大安龙尾滩,安丙派将校樊世显杀死杨巨源。忠义之士听说后,无不悲愤交集。

【纲】秋七月,出现大旱灾、蝗灾。 【目】蝗虫飞起来遮蔽天空,浙西田中粮食、豆类一扫而光。下诏令各州郡赈灾救恤。

【纲】九月,方信孺被贬官。派右司郎中王枏再前往金军。 【目】方信孺到达濠州,纥石烈子仁将他逮捕入狱,派兵卒持刀严密监守,断绝粮食饮水,要挟他应允五件事。方信孺说:"送还俘虏,贡纳岁币这两件事可以,绑送首谋之人,自古没有先例;至于向金国称藩与割让

出国门时,已置生死度外矣。"子仁遣至汴见完颜宗浩,宗浩坚持五说。信孺辨对不少屈,宗浩不能诘,授以报书曰:"和与战,俟再至决之。"信孺还,朝廷以林拱辰为通谢使,与信孺持国书誓草,及许通谢百万缗。信孺至汴,宗浩怒信孺不曲折建白,遽以誓书来,有诛戮禁锢之语;信孺不为动。宗浩遣信孺还,复书于张岩曰:"若斩元谋奸臣,函首以献,及添岁币五万两匹,犒师银一千万两,方可议和好。"信孺还,致其书。韩侂胄问之,信孺言:"敌所欲者五事:一割两淮,二增岁币,三索归正人,四犒军银,五不敢言。"侂胄固问之,信孺徐曰:"欲得太师头耳!"侂胄大怒,夺信孺三官,临江军居住。

信孺三使金师,以口舌折强敌,金人计屈情见,虽未即和,然已有成说。及贬,欲再遣使,顾在廷无可者,近臣以王柟荐,乃命假右司郎中,持书北行。柟,伦之孙也。

【纲】冬十一月,礼部侍郎史弥远诛韩侂胄于玉津园。诏暴侂胄罪恶于中外。 【目】自兵兴以来,公私之力大屈,而侂胄意犹未已,中外忧惧。礼部侍郎兼资善堂翊善史弥远入对,因力陈危迫之势,请诛侂胄以安邦。皇后杨氏素怨侂胄,因使皇子荣王曦具疏言:"侂胄再启兵端,将不利于社稷。"帝不答,后从旁力赞之,帝犹未许;后请命其兄杨次山择群臣可任者与共图之,帝始允可。次山遂语弥远。弥远得密旨,先白钱象祖,象祖许之,象祖以告李壁。弥远自怀中出御批,"罢韩侂胄平章军国事;陈自强阿附充位,罢右丞相,日下出国门。"仍命主管殿前司公事夏震以兵三百防护。象祖欲奏审,壁谓"事留恐泄",乃已。翌日,侂胄入朝,至太庙前,震呵止

土地，不是为臣子的人所敢说的。"纥石烈子仁发怒说："你不想活着回去吗？"方信孺说："我受命离开国门时，已将生死置之度外了。"纥石烈子仁把他送到汴京（今河南开封，时为金国都城）去见完颜宗浩，完颜宗浩坚持这五件事，方信孺辩驳对答，一点不屈服，完颜宗浩没办法，交给他回信，信上说："是战是和，等再来时再决定。"方信孺返回，朝廷任命林拱辰为通谢使，和方信孺一起，带着国书、盟约草稿及答谢钱百万缗再去金国。到了汴京，宗浩为方信孺没有尽力陈述金国的要求，竟突然带来盟约而发怒，因而有诛杀和监禁他的话。方信孺不为威胁所动。宗浩只好派方信孺返回，带回信给张岩道："若杀掉首谋启战的奸臣，把他的头装在匣子里送来，并增加岁币五万两匹，犒劳军队银一千万两，才能议和。"方信孺将复信带回，韩侂胄问他，方信孺说："敌方要求五件事，一为割让两淮土地；二为增加岁币；三为讨还北方迁移到南方归附宋朝的人；四为犒劳军队银两；第五项我不敢说。"韩侂胄再三追问，方信孺才说："想得到太师的头！"韩侂胄大怒，削夺方信孺官职，放逐到临江军（治清江县，今江西清江西临江镇）居住。

　　方信孺三次出使到金国，用口舌辩倒强敌，金人计屈而露真意，虽然未能立即缔和，但已有成议。方信孺贬官之后，想再派遣使臣，很难再从朝臣中找到合适的人选，近臣推荐王柟，于是才命王柟假借右司郎中身份，持国书去北方。王柟是王伦的孙子。

　　【纲】冬十一月，礼部侍郎史弥远在玉津园杀死韩侂胄。宋宁宗下诏命在朝内外揭露韩侂胄的罪行。　　【目】自从兴兵以来，国力民力大为困乏，而韩侂胄还想继续打仗，朝内外都为之忧惧。礼部侍郎兼资善堂翊善史弥远入朝回答皇帝询问，竭力论述当前国势危迫，要求诛杀韩侂胄以安定国家。皇后杨氏一向怨恨韩侂胄，因而让皇子荣王赵曮上疏说："若韩侂胄挑起战事，将对国家不利。"皇帝未予回答。皇后从旁极力赞助，皇帝仍没有应允。皇后请求命令她的兄长杨次山选择群臣中可以胜任此事者共同策划，皇帝才答应了。杨次山就告诉史弥远。史弥远接到密旨，先告诉钱象祖，钱象祖答应了，钱象祖又告诉李璧。史弥远从怀中拿出御批，上面写着："罢去韩侂胄平章军国事；陈自强阿谀依附，占据官位，罢去右丞相，当天离开京城。"又命主管殿前司公事夏震

之，从者皆散，震以兵拥侂胄至玉津园侧，殛杀之。弥远、象祖以诛侂胄闻，遂下诏暴侂胄罪恶于中外，论功，进弥远为礼部尚书，加震福州观察使。

侂胄专政十四年，宰执、侍从、台谏、藩阃，皆其门庑之人，天子孤立于上，威行宫省，权震宇内。及籍其家，多乘舆服御之饰，其僭紊极矣。

【纲】治韩侂胄党，窜陈自强于永州，斩苏师旦，流郭倪等于岭南，贬李璧等官。

【纲】以卫泾签书枢密院事。

【纲】立荣王曮为皇太子，更名㬙。

【纲】十二月，罢山东、京东、西路招抚司。

【纲】以钱象祖为右丞相兼枢密使，卫泾、雷孝友参知政事，史弥远同知枢密院事，林大中签书院事。【目】初，韩侂胄欲内交于大中，大中不许，而上章极论其奸，因辞官屏居，时事不挂于口。侂胄当国，或劝其通书以免祸，大中曰："福不可求而得，祸可惧而免邪？"不听，凡十二年而复起。

【纲】戊辰，嘉定元年，春正月，以史弥远知枢密院事。

【纲】王柟还自汴。三月，以韩侂胄、苏师旦首畀金。【目】柟至汴，金主遣柟持书，求函韩侂胄首以赎淮南。柟还，言于朝，诏百官议。吏部尚书楼钥曰："和议重事，待此而决，奸宄已毙之首，又何足惜！"遂命临安府斲棺取首，枭之两淮，仍谕诸路以函首畀金之事，遂以侂胄及师旦之首付王柟送金师，以易淮、陕侵地。

领兵三百防护。钱象祖想上奏皇帝进行审问,李璧认为"事情滞留,恐怕泄露",因而不再奏请审问。第二天,韩侂胄入朝,到了太庙前,被夏震呵叱阻止,随从都逃散,夏震派兵拥簇韩侂胄到玉津园旁,把他杀死。史弥远、钱象祖把处死韩侂胄的事呈报上去。宋宁宗随即下诏,在朝内外揭露韩侂胄的罪行。论诛韩之功,进升史弥远为礼部尚书,夏震加官福州(治闽县,今福建福州)观察使。

韩侂胄专权十四年,宰相执政、侍从、台谏、地方军政长官都是他门下之人,天子孤立于上,他的威势行于中央官署,权力震动全国。抄他的家财时,抄出很多皇帝专用的车轿服饰用具等物,他超越身份,淆乱制度,达到了极点。

【纲】惩办韩侂胄党羽,陈自强流放到永州(治零陵县,今湖南零陵),斩苏师旦,流放郭倪等人于岭南(今广东),李璧等人贬官。

【纲】任命卫泾为签书枢密院事。

【纲】立荣王赵曮为皇太子,改名㬙。

【纲】十二月,撤销山东、京东东路、京东西路招抚司。

【纲】任命钱象祖为右丞相兼枢密使,卫泾和雷孝友为参知政事,史弥远为同知枢密院事,林大中为签书枢密院事。【目】起初,韩侂胄想与林大中结交,林大中不听命,而呈上奏章极力指责韩侂胄的奸邪,因而辞官隐居起来,闭口不谈时事。韩侂胄当权,有人劝林大中给韩写信以免得祸,林大中说:"福不能求得,祸可以由于怕就免除吗?"他不听从,经过十二年才又起用。

【纲】嘉定元年(戊辰,1208),春正月,任命史弥远为知枢密院事。

【纲】王柟从汴京返回。三月,将韩侂胄和苏师旦的头送给金国。【目】王柟到达汴京,金国主派王柟带书信返回,要求用木匣装韩侂胄的头去赎取淮南。王柟返回启奏后,宋宁宗下诏令百官商议。吏部尚书楼钥说:"和议事关重大,专等这件事才能确定下来,已经死了的奸贼的头,又有什么可惜!"于是命令临安府开棺取头,在两淮地区悬头示众,又通知诸路以木匣盛头送往金国之事,随即将韩侂胄和苏师旦的头交王柟送往金军营中,以交换金军侵占的淮、陕的土地。

【纲】复秦桧爵、谥。

【纲】临安大火。

【纲】夏六月，金人来归大散关及濠州。【目】王枏以韩侂胄、苏师旦首至金，金主璟遂命完颜匡等罢兵，更元帅府为枢密院，遣使来归大散关及濠州。

【纲】卫泾罢。林大中卒。

【纲】秋七月，召丘崈同知枢密院事，未至卒。【目】崈仪状魁杰，机神英悟，尝慷慨曰："生无以报国，死愿为猛将以灭敌。"其忠义盖天性也。

【纲】八月，以娄机同知枢密院事，楼钥签书院事。【目】钥持论坚正，忤韩侂胄意，奉祠累年。

机初为太常少卿，侂胄开边，机曰："恢复之名非不美。今人才难得，财力未裕，万一兵连祸结，奈何？"邓友龙曰："不逐此人则异议无所回。"遂斥外。及入枢府，时干戈甫定，信使往来，机神赞之功为多。尤惜名器，守法度，进退人物，直言可否，不市私恩，不避怨。

【纲】金遣使来，和议成。

【纲】冬十月，以钱象祖、史弥远为左、右丞相，雷孝友知枢密院事，楼钥同知院事，娄机参知政事。

【纲】金主璟卒，卫王永济立。【目】永济，世宗第七子也。金主无子，疏忌宗室，以永济柔弱，鲜智能，故爱之，欲传位焉。金主殂，元妃李氏、黄门李新喜、平章政事完颜匡等定策，奉永济即位。

【纲】赠赵汝愚太师，沂国公。

【纲】钱象祖罢。

【纲】己巳，二年，春正月，以楼钥参知政事，章良能同知枢密院事，宇文绍节签书院事。

【纲】夏五月，起复右丞相史弥远。

【纲】蒙古入灵州，夏主安全降。

【纲】恢复秦桧的爵位和谥号。

【纲】临安发生大火灾。

【纲】夏六月,金国交还大散关和濠州。 【目】王枏将韩侂胄和苏师旦的头交给金国,金国主完颜璟就命令完颜匡等撤兵,改元帅府为枢密院,派使臣来交还大散关和濠州。

【纲】卫泾罢官。林大中去世。

【纲】秋七月,召丘崈回朝任同知枢密院事,未到京而去世。【目】丘崈状貌魁伟高大,机智锐敏,曾慷慨激昂地说:"活着不能报效国家,死后愿为猛将去杀敌。"他的忠义该是天性。

【纲】八月,任命娄机为同知枢密院事,楼钥为签书枢密院事。【目】楼钥言论刚直公正,违背韩侂胄的心意,任奉祠闲职许多年。

娄机起初为太常少卿,韩侂胄开拓边疆,娄机说:"恢复中原之名并非不好。但现在人才难得,财力不充裕,万一兵祸连年,怎么办?"邓友龙说:"不把这人驱逐出朝,反对的意见就不会回避。"于是娄机被逐,调到外地。娄机调入枢密府时,战事刚息,使臣来往,娄机赞助之功不少。他特别重视爵位品级等有关的名分,谨守法度,升降官员时都直率地指出可或否,不施私恩,也不避仇怨。

【纲】金国派使臣来,达成和议。

【纲】冬十月,任命钱象祖、史弥远为左、右丞相,雷孝友为知枢密院事,楼钥为同知枢密院事,娄机为参知政事。

【纲】金国主完颜璟去世,卫王完颜永济即位。 【目】永济为金世宗第七子。金国主没有儿子,他猜忌宗室,加以疏远,由于永济懦弱,不聪明,故而喜爱他,想传位给他。金国主死后,元妃李氏、黄门李新喜、平章政事完颜匡等决定,奉永济即位。

【纲】追赠赵汝愚太师、沂国公。

【纲】钱象祖罢官。

【纲】嘉定二年(己巳,1209),春正月,任命楼钥为参知政事,章良能为同知枢密院事,宇文绍节为签书枢密院事。

【纲】夏五月,起复还在守丧的右丞相史弥远。

【纲】蒙古侵入灵州(夏国都,今宁夏灵武西南),夏国主安全投

【纲】冬十二月,畏吾儿国降于蒙古。【目】畏吾儿,唐之高昌也。

【纲】庚午,三年,冬十二月,娄机罢。【目】机立朝能正言,好称奖人才,不遗寸长,访问贤能,疏列姓名及其可用之实,以备采取。至是以老罢。

【纲】蒙古侵金。【目】金主永济嗣位,有诏至蒙古,传言当拜受。蒙古主问金使曰:"新君为谁?"使曰:"卫王也。"蒙古主遽南面唾曰:"我谓中原皇帝是天上人做,此等庸懦,亦为之邪?何以拜为!"即乘马北去。金使还言,永济怒,欲俟蒙古入贡就害之。蒙古主知之,遂与金绝,益严兵为备,数侵掠金西北之境,其势渐盛;金人皇皇,遂禁百姓传说边事。

【纲】辛未,四年,春三月,临安大火。
【纲】夏四月,金使人求和于蒙古,蒙古不许。
【纲】秋八月,夏主安全卒,族子遵顼立。
【纲】蒙古攻金西京,留守纥石烈胡沙虎弃城遁,金西北诸州皆降蒙古。
【纲】闰九月,金兵御蒙古,败绩于会河,蒙古遂入居庸关,大掠而去。
【纲】壬申,五年,秋七月,雷雨,太庙屋坏。【目】权直学士院真德秀上疏曰:"臣博观经籍史传所志,自非甚无道之世,未闻震霆之惊及于宗庙者。夫震霆者,上天至怒之威。宗庙者,国家至严之地。以至怒之威而加诸至严之地,其为可畏也明矣。古先哲王,遇非常之变异,则必应之以非常之德政,未尝仅举故事而已;今日避殿、损膳之外,咸无闻焉。或者固已妄议陛下务为应天之文,而不究其实矣。臣愿陛下,内揆之一身,外察诸庶政,勉进君德,毋以豢养安逸为

降。

【纲】冬十二月,畏吾儿国降于蒙古。 【目】畏吾儿即唐代的高昌国(今新疆吐鲁番东)。

【纲】嘉定三年(庚午,1210),冬十二月,娄机罢官。 【目】娄机在朝廷上立言公正,好称赞奖励人才,不遗漏别人的一点长处。他访贤问能,分别开列出姓名及可用之才能,以备任用,他这时由于年老而罢官。

【纲】蒙古侵犯金国。 【目】金国主完颜永济继承皇位,有诏书发给蒙古,通知蒙古应该拜受诏书。蒙古主问金国使臣:"新君是谁?"使臣答:"是卫王。"蒙古主马上面向南吐唾沫说:"我认为中原皇帝是天上的人来做的,这样庸碌懦弱的人也当皇帝吗?为什么要拜受!"立刻骑马向北走了。金国使臣返回禀明之后,永济发怒,想等蒙古人入贡时加以杀害。蒙古主知道后,就与金国绝交,更加认真设防备战,并屡次侵犯抢掠金国西北部地区,蒙古的势力日益壮大。金国惶恐不安,禁止百姓把蒙古侵犯边地的事传播出去。

【纲】嘉定四年(辛未,1211),春三月,临安发生大火灾。

【纲】夏四月,金国派人向蒙古求和,蒙古不允许。

【纲】秋八月,夏国主安全去世,其族子尊顼即位。

【纲】蒙古进攻金国西京(即大同府,今山西大同),留守纥石烈胡沙虎弃城而逃,金国西北诸州都向蒙古投降。

【纲】闰九月,金兵抵御蒙古,在会河堡(在今河北怀安县东北)战败,蒙古人进入居庸关(在今北京昌平西北),大肆抢掠后返回。

【纲】嘉定五年(壬申,1212),秋七月,雷雨大作,太庙房屋塌坏。 【目】权直学士院真德秀上疏道:"臣广泛阅览经籍史传上的记载,不是非常无道的时代,没听说有雷霆震惊宗庙的事。雷霆就是上天最愤怒时的威势。宗庙是国家最庄严的地方。以最愤怒的威势加在最庄严的地方,这种情况可怕,这是很明显的。古代先哲明王,遭遇到特殊的变异,则必以非常的德政回应,未曾只做些循旧例的事而已。今日陛下除了避殿和减损膳食之外,不见再有什么行动。或许已有人妄议陛下该致力于回应上天的虚文,而不探究这样做的实际效果。臣希望

心,博通下情,深求致异召和之本,庶几善祥日应,咎征日消矣。"

【纲】癸酉,六年,春正月,宇文绍节卒。三月,楼钥罢。

【纲】故辽人耶律留哥取金辽东州郡,自立为辽王。
【纲】夏四月,以章良能参知政事。
【纲】五月,金主永济复以纥石烈胡沙虎为右副元帅,秋八月,胡沙虎弑永济而立昇王珣,自为太师、尚书令、都元帅,封泽王。

【纲】冬十月,蒙古大败金将术虎高琪于怀来,进围燕。高琪还,杀胡沙虎,金主以高琪为左副元帅。

【纲】甲戌,七年,春正月,章良能卒。
【纲】三月,金以其故主永济之女归蒙古。夏四月,及蒙古平。

【纲】五月,金主珣徙都汴。秋七月,蒙古复围燕。 【目】金主以国蹙兵弱,财用匮乏,不能守中都,乃迁都于汴。蒙古主闻之,怒曰:"既和而迁,是有疑心而不释憾,特以解和为款我之计耳。"复图南侵,遣兵围燕京。

【纲】罢金岁币。 【目】时金人屡遣使来督岁币,起居舍人真德秀上疏请绝之,其略曰:"女真以鞑靼侵陵,徙巢于汴,此吾国之至忧也。盖鞑靼之图灭女真,犹猎师之志在得鹿;鹿之所走,猎必从之。既能越三关之阻以攻燕,岂不能绝黄河一带之水以趋汴。使鞑靼遂能如刘聪、石勒之盗有中原,则疆场相望,便为邻国,固非我之利也;或如耶律德光之不能即安中土,则奸雄必将投隙而取之,尤非我之福也。今当乘虏之将亡,亟图自立之策,不可幸虏之未亡,

陛下对内省察自身，对外审察各项政务，努力提高帝王的德性，不要只图安逸享乐，要广泛了解民间疾苦，深入探求招致上天变异、召致天地和顺的根源，或许会有祥善的征兆每日出现，而上天惩罚的征兆会日渐消失。"

【纲】嘉定六年（癸酉，1213），春正月，宇文绍节去世。三月，楼钥罢官。

【纲】原辽国人耶律留哥攻取金国的辽东州郡，自立为辽王。

【纲】夏四月，任命章良能为参知政事。

【纲】五月，金国主完颜永济又任纥石烈胡沙虎为右副元帅。秋八月，胡沙虎杀死永济而拥立异王完颜珣，自任太师、尚书令、都元帅，封泽王。

【纲】冬十月，蒙古在怀来（今河北怀来东南）大败金将术虎高琪，进而包围燕京。术虎高琪返回，杀死胡沙虎。金国主任高琪为左副元帅。

【纲】嘉定七年（甲戌，1214），春正月，章良能去世。

【纲】三月，金国把故主永济的女儿嫁给蒙古。夏四月，金国与蒙古讲和。

【纲】五月，金国主完颜珣迁都汴京。秋七月，蒙古又包围燕京。【目】金国主由于国土缩小，兵力衰弱，财用匮乏，不能守住中都，就迁都到汴京。蒙古主听说后怒气冲冲地说："已经讲和，而又迁都，是对我国有疑心而没有消除怨恨，特意用讲和作为使我缓兵之计而已。"蒙古又策划南侵，派兵围住燕京。

【纲】宋朝停止向金国缴纳岁币。　【目】当时金国屡次派使者来督催岁币，起居舍人真德秀上疏，建议加以拒绝，疏文大略说："女真（指金国）由于鞑靼（指蒙古）入侵，把老窝搬到汴京，这对我国来说是最大的忧患。因为鞑靼打算消灭女真，就象猎人的心意在于获鹿一样，鹿逃到哪里，猎人必定追踪到哪里。鞑靼既能越过三关的险阻去攻打燕京，难道就不能渡过一衣带水的黄河到汴京吗？假如鞑靼人就能象刘聪、石勒那样占据中原，那么边界相望，就与我们成为邻国，这的确对我不利；或者像耶律德光那样不能平定中原，则奸雄之人必会

姑为自安之计也。夫用忠贤，修政事，屈群策，收众心者，自立之本。训兵戎，择将帅，缮城池，饬戍守者，自立之具。以忍耻和戎为福。以息兵忘战为常，积安边之金缯，饰行人之玉帛，女真尚存，则用之女真，强敌更生，则施之强敌，此苟安之计也。陛下以自立为规模，则国势日张，人心日奋，虽强敌骤兴，不能为我患；以苟安为志向，则国势日削，人心日偷，虽弱虏仅存，不能无外忧。盖安危存亡，皆所自取。若夫当事变方兴之日，而示人以可侮之形，是堂上召兵，户内延敌也。微臣区区，窃所深虑。"反复数千言，帝纳之，遂罢金国岁币。

【纲】以郑昭先签书枢密院事。

【纲】乙亥，八年，春二月，雷孝友罢。

【纲】三月，金主遣兵救燕，与蒙古兵遇于霸州，大溃。夏五月，中都留守右丞相完颜承晖自杀，蒙古遂入燕。

【纲】秋七月，以郑昭先参知政事，曾从龙签书枢密院事。

【纲】冬十一月，以真德秀为江东转运副使。　【目】德秀朝辞，奏五事，一曰宗社之耻不可忘，言："国家之于金虏，盖万世必报之雠，高宗、孝宗值其方强，不得已以太王自处，而以勾践望后人。今天亡此胡，近在朝夕，诚能以待敌之礼而遇天下之豪杰，以遗虏之费而厉天下之甲兵，人心奋张，士气自倍，何惮于此虏而犹事之哉！且重于绝虏者，畏召怨而启衅也。然能不召怨于亡虏，而不能不启衅于新敌，权其利害，孰重孰轻？臣愿陛下勉勾践之良图，惩绍兴之失策，则王业兴隆可冀矣。"二曰比邻之道不可轻，言："鞑靼及山东之盗，苟得志而邻于吾，莫大之忧也。愿朝廷毋轻二贼，日夜

趁隙取而代之，这尤其不是我们之福。现在应趁金国将灭亡之时，迅速筹划我国自立的计策，不可侥幸于金国尚未灭亡之时，姑且采取自我偷安之计。任用忠贤之人，整修政事，广采众议，收拾众心，这是自立的根本。训练军队，选择将帅，修缮城池，加强守卫，这是自立的措施。以忍耻求和为幸福，以休兵忘战为常规，把积聚起来用于安抚边疆的金银缯帛，作为使者带走送给外邦的礼物，那么，女真尚存，就用之于女真，更有其他强敌时，就献给其他强敌，这是苟且偷安的计策。陛下若以自立为立国根本，则国势日益强盛，人心日益振奋，虽即强敌突然间兴起，也不能给我们造成祸患；如果以苟安为志向，则国势日益削弱，人心日益怠惰，虽即只有衰弱的敌人，也不能避免外患。这就是说，国家的安危存亡，都取决于自己。如果在事变刚兴起的时候，就向人显示出可以被侮辱的样子，这等于在客堂上召集兵马，而又请敌人进入内室呀。这些是小臣所深为忧虑的。"这篇疏文反复陈述，长达数千字，宋宁宗接受了他的意见，于是停止向金国缴纳岁币。

【纲】任命郑昭先为签书枢密院事。

【纲】嘉定八年，（乙亥，1215），春二月，雷孝友罢官。

【纲】三月，金国主派兵援救燕京，与蒙古兵在霸州（治益津县，今河北霸县）相遇，金兵大败。夏五月，金中都留守、右丞相完颜承晖自杀，蒙古就进入燕京。

【纲】秋七月，任命郑昭先为参知政事，曾从龙为签书枢密院事。

【纲】冬十一月，任命真德秀为江东转运副使。 【目】真德秀入朝辞别，上奏五件事，一是宗庙国家的耻辱不可忘，他说："国家对金虏，有万世必报的深仇。高宗、孝宗赶上金国正强盛的时候，不得已，就象那样退避自处，而期望后人象句践一样能雪耻复国。现在天意要使金国灭亡，近在旦夕之间。若真能像厚待敌人那样来厚遇天下豪杰，将送给金虏的钱财用于激励全国的军队，则必定人心振奋，士气倍增，何必畏惧金虏而还要事奉他们呢！而且认为难以同金虏绝交的，是怕召致仇怨而挑起战事。我们能不召致将要灭亡的金虏的仇恨，却不能不同新的敌人启衅；权衡利害，哪个重哪个轻呢？臣希望陛下致力于句践复国雪耻的良好图谋，以绍兴年间的南迁为警戒，则王业兴隆就有希望

讲其攻守之策，以逆杜窥觎之心。"三曰幸安之谋不可恃，言："今之议者，大抵以金虏之存亡，为我欣戚。闻危蹙之报，则冀其非实；得安静之耗，则幸其必然；是犹以朽壤为垣，而望其能障盗贼也。愿陛下励自强之志，恢立武之经，毋以虏存为喜，虏亡为畏，则大势举矣。"四曰导谀之言不可听，言："今边事方殷，正君臣戒惧之日。而荐绅大夫工为谀说，或以五福足恃为言。夫乾象告愆，迩日尤甚，其可恃谶纬不经之说，而忽昭昭之儆戒乎？惟陛下鉴天人之相因，察谀佞之有害，益修其本，以格天休，宗社之庆也。"五曰至公之论不可忽，言："公论，国之元气也。元气痞鬲，不可以为人，公论湮郁，不可以为国。深惟今日，实公论屈伸之机。朝廷之上，若以言者为爱君，为报国，无猜忌之意，而有听用之诚，则公论自此愈伸。若以言者为沮事，为徼名，无听用之诚，而有猜忌之意，则公论自此复屈。夫公论伸屈，乃治乱存亡之所由分，故臣于篇终，反复极言，惟陛下亮臣愚忠也。"

【纲】丙子，九年，春二月，东、西两川地大震。 【目】马湖夷界山崩八十里，江水不通。

【纲】夏四月，辽王留哥降蒙古。

【纲】丁丑，十年，春二月，金尚书省请罢府州学生廪给，金主不许。 【目】尚书省以军储不继，请罢州府学生廪给。金主曰："自古文武并用，向在中都，设学养士，犹未尝废，况今日乎！其令仍旧给之。"

了。"二是近邻的威胁不可轻视，他说："蒙古和山东的盗寇，他们若得志强大起来而成为我们的近邻，将是我们最大的忧患。希望朝廷不要轻视他们，要日夜讲求战守之策，以预先杜绝他们的觊觎的贼心。"三是不可侥幸偷安，他说："现在发表言论的人，大都以金虏的存亡，为我国的喜忧。听到金国危迫的消息，就希望是假的；得到金国安定的消息，就希望是真的。这就象是用粘土造墙，而期望它能挡住盗贼一样。希望陛下激励自强的意志，恢复加强军事力量的体制，不要以金国的存在为喜，灭亡为忧，则国家大势就趋向于振兴了。"四是阿谀奉承的话不可听信，他说："现在边界事故正多，正是君臣应该谨慎戒惕的时候。而一些士大夫专会阿谀说好听的，有的说古人所谓的五福是可以依恃的。但上天给我们警告，近日越发严重了，能因谶纬这种没有根据的说法，而忽视上天明显的告诫吗！希望陛下明鉴天人之间相互影响的关系，察知阿谀佞幸的为害，更加强自我修养，以召致天赐福佑，这是宗庙国家之福呀。"五是不能忽视公正的言论，他说："公正的言论是国家的元气。元气阻隔，人就不能活命；公正的言论受抑制，国家也就不能成其为国家了。深切地感到，今日实在是公正言论能否伸张的关键时刻，朝廷若能以言者为爱君，为报国，对他们不加猜疑，而有采纳实行的诚意，则公论从此会愈益伸张。若以言者为败坏政事，为沽名钓誉，没有采纳实行的诚意，而有猜忌之心，则公论从此会更加抑屈。公论之伸张或抑屈，是国家治或乱、存或亡的区分点，因}而臣在篇末反复强调，希望陛下理解臣的忠心。"

【纲】嘉定九年（丙子，1216），春二月，东川（治重庆府，今四川重庆）和四川（治成都府，今四川成都）发生大地震。　【目】马湖县（今四川雷波县）彝族地界山崩方圆八十里，江水为之堵塞不通。

【纲】夏四月，辽王耶律留哥归降蒙古。

【纲】嘉定十年（丁丑，1217），春二月，金国尚书省请求取消对府州学生的粮食供给，金国主不允许。　【目】金国尚书省因为军粮不够，要求取消对州府学生的粮食供给。金国主说："自古以来文武并用。过去在中都，设置学校，培养士子，从未废除过，何况今日呢！下令仍照旧供给。"

【纲】夏四月,金人分道入寇,诏京湖、江淮、四川制置使赵方、李珏、董居谊饬兵御之。

【纲】五月,赵方遣统制扈再兴、钤辖孟宗政等救枣阳,金人败走。

【纲】太白经天。

【纲】秋七月,李全率众来归。诏李珏等节制京东忠义军。

【纲】八月,金以河南为中京。

【纲】冬十二月,李全及其兄福袭金青、莒州,取之。

【纲】戊寅,十一年,春正月,以李全为京东路总管。

【纲】夏五月,金中都经略副使贾瑀杀苗道润,道润将张柔讨之,至紫荆关,遇蒙古,与战,被执,遂降蒙古。【目】道润素与瑀有隙,一日从数骑出,瑀伏甲射杀之。张柔檄召道润部曲,告以复雠之意,众皆罗拜,推柔为长。柔方会兵趣中山,而蒙古兵出自紫荆关;柔遇之,遂战于狼牙岭,柔马跌,为蒙古兵士所执。至军前,见主帅明安,柔立而不跪,左右强之,柔叱曰:"彼帅,我亦帅也。大丈夫死即死,终不偷生为他人屈!"明安壮而释之。其溃卒稍稍来集,明安恐柔为变,质其二亲于燕京。柔叹曰:"吾受国厚恩,不意猖獗至此。顾忠孝不两立,姑为二亲屈。"遂降,蒙古以柔为河北都元帅。

【纲】秋八月,蒙古木华黎攻取金河东诸州郡,金元帅乌古论德升等死之。【目】木华黎围太原,环之数匝,金元帅乌古论德升力拒之。城破,德升至府署,谓其姑及妻曰:"吾守此数年,不幸力穷。"乃自缢而死。行省参政李革守平阳,兵少援绝,城陷。或谓革

【纲】夏四月，金人分道入侵，宋宁宗下诏命京湖、江淮、四川制置使赵方、李珏、董居谊派兵抵御。

【纲】五月，赵方派统制扈再兴、钤辖孟宗政等救援枣阳（今湖北枣阳），金人败逃。

【纲】太白星在天空穿过。

【纲】秋七月，李全率领部众前来归附。宋宁宗下诏命李珏等节制京东忠义军。

【纲】八月，金国以河南府（今河南洛阳）为中京。

【纲】冬十二月，李全及其兄李福袭击并攻占金国的青州（治益都县，今山东益都）、营州（治营县，今山东营县）。

【纲】嘉定十一年（戊寅，1218），春正月，任命李全为京东路总管。

【纲】夏五月，金国中都经略副使贾瑀杀死苗道润，苗道润部将张柔讨伐贾瑀，到达紫荆关（在今河北易县西北紫荆岭上），遇蒙古军队，交战中张柔被俘，就归降蒙古。　【目】苗道润一向和贾瑀有怨隙。有一天，苗道润带领数人骑马外出，贾瑀设伏兵射杀了他。张柔发出檄文召集苗道润的部下，告诉大家为苗道润复仇之意。大家都下拜，推举张柔领头。张柔正会合兵马前往中山（治安喜县，今河北定县），而蒙古兵从紫荆关开出；张柔与蒙古兵相遇，在狼牙岭交锋。张柔从马上摔下，被蒙古兵所俘。到了军前，见蒙古主帅明安，张柔立而不跪。左右强迫他跪下，张柔喝叱道："他是统帅，我也是统帅。大丈夫死就死，终不能贪生怕死而为他人屈膝。"明安认为此人豪壮，因而将他释放。张柔溃散的士卒又悄悄来此地聚集，明安唯恐张柔有变，将他的父母送到燕京作人质。张柔叹道："我受国家厚恩，不料失败到如此地步。可是忠孝难以两全，我姑且为双亲而屈服吧。"于是归降，蒙古任命张柔为河北都元帅。

【纲】秋八月，蒙古木华黎攻占金国河东（治太原府，今山西太原）诸州郡，金元帅乌古论德升等死难。　【目】木华黎围困太原，绕城数层，金元帅乌古论德升竭力抵抗。城被攻破时，乌古论德升到府衙对他的姑母和妻子说道："我在此地防守数年，不幸力量穷竭。"就上吊

"宜上马突围出",革叹曰:"吾不能保此,何面目见天子!汝辈可去矣。"遂自杀。节度使完颜讹出虎守汾州,元帅右监军纳合蒲刺都守潞州,城破,皆力战而死。

【纲】冬十二月,金主珣遣使来求和,不纳。遂使其太子守绪会兵入寇。

【纲】己卯,十二年,春正月,金人复寇西和、成、凤州,入黄牛堡,吴政拒战,死之。

【纲】金人复大举围枣阳,赵方使知随州许国等率师攻唐、邓以救之。　【目】完颜讹可围枣阳,方计其空巢穴而来,若捣其虚,则枣阳之围自解。乃命国及扈再兴引兵三万余,分二道出攻唐、邓二州,又命其子范监军,葵为后殿。

【纲】以曾从龙同知枢密院事,任希夷签书院事。　【目】希夷尝从朱熹学,笃信力行,为礼部尚书。以朱熹、张栻、吕祖谦皆已赐谥,而周敦颐、程颢、程颐、张载四人,为百代绝学之倡,尚未赠谥,乃上言乞定议赐谥,朝廷从之。

【纲】三月,以郑昭先知枢密院事,曾从龙参知政事。

【纲】夏四月,曾从龙罢。

【纲】复以安丙为四川宣抚使。　【目】兴元卒张福等作乱。四川大震。张方、魏了翁移书宰执,谓"安丙不起,则贼未即平,蜀未可定。虽贼亦曰:'须安相公作宣抚使,事乃定耳。'"会诏丙为宣抚,知兴元府、利州路安抚使,民心始安。

【纲】六月,安丙讨张福,诛之。

【纲】孟宗政、扈再兴合击金人于枣阳,大败之,追至邓州而还。

【纲】冬十二月,赵方使扈再兴、许国、孟宗政帅师分道伐金。

而死。行省参政李革防守平阳（治临汾县，今山西临汾），兵力少，又无外援，城被攻破。有人劝他："应上马突围而出"，李革叹道："我不能守住此城，有何面目去见天子！你们可以突围出去。"随即自杀。节度使完颜讹出虎防守汾州（治西河县，今山西汾阳），元帅右监军纳合蒲剌都防守潞州（治上党县，即今山西长治市），城被攻破后，都力战而死。

【纲】冬十二月，金国主完颜珣派使臣来求和，被拒绝。于是他派太子完颜守绪集合兵力入侵。

【纲】嘉定十二年（己卯，1219），春正月，金人再次入侵西和、成、凤等州，进入黄牛堡（在今陕西凤县东北），吴政在抵抗中战死。

【纲】金人又大举包围枣阳，赵方派随州（治随县，今湖北随县）知州许国等率军进攻唐州、邓州（治穰县，今河南邓县），以救助枣阳。

【目】完颜讹可包围枣阳，赵方估计他出兵外出，必定老巢空虚，若乘虚出击，则枣阳之围自然可解。赵方于是命令许国和扈再兴领三万余兵马，分两路进攻唐州、邓州，又命儿子赵范监军，赵葵殿后。

【纲】任命曾从龙为同知枢密院事，任希夷为签书枢密院事。

【目】任希夷曾求学于朱熹，坚信所学，努力实践，为礼部尚书。由于朱熹、张栻、吕祖谦死后都已赐以谥号，而周敦颐、程颢、程颐、张载四人，是百代失传的绝学（指理学）的倡导者，尚未赠以谥号，任希夷于是上书，请求朝廷议定并赐以谥号，朝廷依从了。

【纲】三月，任命郑昭先为知枢密院事，曾从龙为参知政事。

【纲】夏四月，曾从龙罢官。

【纲】又任命安丙为四川宣抚使。 【目】兴元兵卒张福等人作乱，四川大为震动。张方、魏了翁写信给宰执大臣说："如不起用安丙，则贼寇不能立即平灭，蜀地也不得安定。连贼寇也说：须安相公作宣抚使，事情可以了结。"于是下诏命安丙为四川宣抚使，兴元府知府，利州路（治兴元府，今陕西汉中）安抚使，民心才安定下来。

【纲】六月，安丙讨伐张福，加以诛杀。

【纲】孟宗政、扈再兴在枣阳台兵攻击金军，金军大败，宋军追到邓州而回。

【纲】冬十二月，赵方派扈再兴、许国、孟宗政率军分道讨伐金

【目】方以金人屡败,必将同时并攻,当先发以制之。乃遣再兴等帅师六万,分三道而进,戒之曰:"毋深入,毋攻城,第溃其保甲,毁其城砦,空其赀粮而已。"

【纲】庚辰,十三年,秋八月,太子询卒。

【纲】安丙遣兵会夏人伐金。 【目】丙遣夏人书,定议同举伐金,约以夏兵野战,我师攻城。遂命利州统制王仕信帅师赴熙、秦、巩、凤翔,委丁焴节制,且传檄招谕陕西五路官吏军民。

【纲】九月,夏人围金巩州,官军会之,不克而还。

【纲】冬十一月,蒙古耶律楚材进《庚午元历》。 【目】楚材,辽东丹王突欲八世孙,金尚书右丞履之子。贞祐三年,为中都行省员外郎,中都陷,遂降于蒙古。蒙古主尝访辽宗室,召楚材谓之曰:"辽、金世雠,吾为汝报之矣。"楚材对曰:"臣祖父以来,尝北面事之。既为臣子,岂敢复怀二心,雠君父邪!"蒙古主重其言,命处左右备访问。楚材通术数之学,尤邃于《太玄》。时从征西域,以金《大明历》不应,制《庚午元历》上之。蒙古主每征伐,必令楚材预卜吉凶,亦自灼羊胛以符之,然后行。

【纲】辛巳,十四年,夏六月,立沂王嗣子贵和为皇子,更名竑。 【目】帝以国本未立,命选太祖十世孙年十五岁以上者,教育宫中,如高宗择普安王故事。于是立贵和为皇子,以贵诚为秉义郎。贵诚初名与莒,燕懿王德昭之后,希瓐之子也,母全氏,家于绍兴山阴县。

初,庆元人余天锡为史弥远府童子师,性谨愿,弥远器重之。弥远在相位久,以帝未有储嗣,而沂靖惠王近属亦未有嗣,欲借沂

国。 【目】赵方认为金军屡次战败,必定会同时起兵反攻,应当先发制人。于是派扈再兴等领军六万,分三路进军,并告诫他们:"不要深入,不要攻城,只要打散其保甲,焚毁其城寨,将对方的粮食、财物全搞光就行了。"

【纲】嘉定十三年(庚辰,1220),秋八月,太子赵询去世。

【纲】安丙派兵与夏国会军讨伐金国。 【目】安丙给夏人书信,议定共同讨伐金国。约定由夏军在城外作战,由我军攻城。安丙于是命利州统制王仕信率领军队开赴熙州(治狄道县,今甘肃临洮)、秦州(治成纪县,今甘肃天水)、巩州(治陇西县,今甘肃陇西)、凤翔府(治雍县,今陕西凤翔南),委派丁焴节制,并且传布檄文,通告陕西五路的官吏军民。

【纲】九月,夏军在巩州围困金军,官军与夏人会师,但未攻下而回。

【纲】冬十一月,蒙占耶律楚材进上《庚午元历》。 【目】耶律楚材是辽国东丹王突欲八代孙,金国尚书右丞耶律履之子。贞祐三年任中都行省员外郎,中都陷落后归降蒙古。蒙古主曾访寻辽国的宗室,召见耶律楚材,对他说:"辽与金世代为仇,我为你报了此仇。"耶律楚材回答:"臣的祖和父以来,曾书奉金国,既为臣子,怎敢怀有二心,以君父为仇呢?"蒙古主重视他的话,命他侍从左右,以备有所询问。耶律楚材精通占卜、星命等术数之学,尤其精研《太玄经》。当时他跟随蒙古主征伐西域,由于金的《大明历》不合用,编制《庚午元历》呈上。蒙古主每次征伐,必令耶律楚材预卜吉凶,也自己烧灼羊胛骨来占卜,然后才出兵。

【纲】嘉定十四年(辛巳,1221),夏六月,立沂王嗣子贵和为皇子,更名竑。 【目】宋宁宗由于太子未立,命挑选太祖十世孙年十五岁以上的,在宫中受教育,如同高宗挑选普安王的旧事一样。于是立贵和为皇子,贵诚为秉义郎。贵诚初名与莒,是燕懿王德昭的后代,希瓐之子。母亲全氏,家住绍兴山阴县(今浙江省绍兴)。

起初,庆元人余天锡为史弥远府教儿童的老师,为人诚实,史弥远器重他。史弥远为宰相日久,鉴于皇帝没有儿子,而沂靖惠王近亲中

王置后为名，阴择宗室中可立者，以备皇子之选。会天锡告还乡秋试，弥远密语之曰："今沂王无后，宗子贤厚者幸具以来。"天锡渡浙，舟抵越西门，会天大雨，过全保长家避雨，保长知其为丞相客，具鸡黍甚肃。须臾有二子侍立，天锡异而问之，保长曰："此吾外孙赵与莒、与芮也。日者尝言二儿后当极贵。"天锡因忆弥远言，及还临安，以告之。弥远命召二子来。保长大喜，鬻田，治衣冠，集姻党送之，且诧其遇。及见，弥远善相，大奇之，恐事泄不便，遽使复归。保长大惭。逾年，弥远忽谓天锡曰："二子可复来乎？"天锡召之，保长辞谢不遣。弥远乃使天锡密谕保长曰："二子，长者最贵，宜还抚于其父家。"遂载至临安。及贵和立为皇子，乃补与莒秉义郎，赐名贵诚，年十七矣。

【纲】秋八月，任希夷罢，以宣缯同知枢密院事，俞应符签书院事。

【纲】京湖制置大使赵方卒。　【目】方病革，曰："未死一日，当立一日纪纲。"及卒，人皆思之。方少从张栻学，初知青阳县，告其守史弥远曰："催科不扰，是催科中抚字；刑罚无差，是刑罚中教化。"人以为名言。方守襄、汉十年，以战为守，合官民兵为一体，通制总司为一家，许国之忠，应变之略，隐然有樽俎折冲之风，故金人扰边，淮、蜀大困，而京西一境独全。能用名人，如陈晐、游九功辈，皆拔为大吏，扈再兴、孟宗政，皆自土豪推诚擢任，致其死力，卒为名将。故能藩屏一方，使朝廷无北顾之忧。

【纲】九月，立宗室贵诚为沂王后。　【目】贵诚凝重寡言，洁修好学。每朝参待漏，他人或笑语，贵诚独俨然。出入殿庭，矩度有

也没有儿子，想借为沂王立后嗣为名，暗中挑选亲室中可立的人，为选皇子做好准备。正值余天锡返乡参加秋试，史弥远秘密地对他说："现在沂王没有后嗣，宗室中有贤良忠厚的希望一同带来。"余天锡过浙江，船到越州（即绍兴府）西门，正赶上大雨，到全保长家避雨，保长知道他是丞相的客人，杀鸡做饭招待很恭敬。不一会儿，有两个小孩侍立一旁，余天锡感到可怪，加以询问，保长说："这是我的外孙赵与莒、赵与芮。卜筮之人曾说这两个孩子日后当极为尊贵。"余天锡想起史弥远的话，返回临安后，告诉了史弥远。史命召二子前来。全保长大喜，卖了田地，置备衣帽，聚集姻亲送行，并且夸耀这两个孩子的遭遇。见面时，史弥远善于相面，觉得非常奇特，又怕事情泄露有所不便，马上又把他们送了回去。全保长感到大为羞愧。一年之后，史弥远忽然对余天锡说："那两个孩子可以再来吗？"余天锡前去召唤，全保长道谢推辞，不愿遣送。史弥远于是让余天锡秘密地告诉全保长说："这两个孩子中，年长的最尊贵，应该送回他父亲家抚养。"这才送到临安。等到贵和立为皇子，才任命与莒为秉义郎，赐名贵诚，这时已十七岁了。

【纲】秋八月，任希夷罢官，任命宣缯为同知枢密院事，俞应符为签书枢密院事。

【纲】京湖制置大使赵方去世。　【目】赵方病危重时说："一天不死，当遵守一天典章法度。"死后，人们都思念他。赵方少年时跟从张栻学习，起初为青阳县（今安徽青阳县）知县。曾向知府史弥远说："催税收不扰民，是催税收中的安抚；刑罚公正，是刑罚中的教化。"人们认为这是名言。赵方守卫襄汉十年，以战为守，合官、民、兵为一体，把制置大使和州郡长官合成一家；他许身报国的忠心，应付事变的方略，隐然有决胜算于杯酒之间的风度。故而金军侵扰边境，淮、蜀地区大为困苦，唯有京西一带能保全下来。他能任用知名人士，如陈晐、游九功等，都提拔为大吏，扈再兴、孟宗政都是从当地豪绅中推诚荐用，得其拚死效力，终于成为名将。故而能成为一方屏障，使朝廷无北顾之忧。

【纲】九月，立宗室赵贵诚为沂王后嗣。　【目】贵诚为人端重少言，洁身修养，爱好学习。每上早朝等候时，别人或说说笑笑，只有他庄

常，见者敛容。弥远益异之，至是立为沂靖惠王后。

【纲】冬十一月，四川宣抚使安丙卒，诏以崔与之为四川制置使，尽护蜀军。　【目】丙在四川，以攻为守，威功甚著，朝廷赖之。及卒，诏与之尽护西蜀之师。与之开诚布公，拊循将士，人人悦服，军政复立。

【纲】十二月，郑昭先罢。

【纲】壬子，十五年，春正月朔，受"恭膺天命宝"于大庆殿，大赦。　【目】初，镇江都统翟朝宗得玺于金师，献于朝。既而赵拱又得玉印，文与玺同而加大。朝廷喜，受之，行庆贺礼，大赦。贾涉遗书弥远，谓："天意隐而难知，人事切而易见。当思今日人事，尚未有可答天意。"弥远不怿。

【纲】夏五月，进封子竑为济国公，以贵诚为邵州防御使。【目】竑好鼓琴，史弥远买美人善鼓琴者纳诸竑而厚抚其家，使瞷竑动息。美人知书慧黠，竑嬖之。时杨皇后专国政，弥远用事久，宰执、侍从、台谏、藩阃，皆所引荐，莫敢谁何，权势熏灼。竑心不能平，尝书杨后及弥远之事于几上，曰："弥远当决配八千里。"又尝指宫壁舆地图琼、崖曰："吾他日得志，置史弥远于此。"又尝呼弥远为"新恩"，以他日非新州则恩州也。弥远闻之，大惧，思以处竑，而竑不知。

真德秀时兼宫教，谏竑曰："皇子若能孝于慈母而敬大臣，则天命归之矣，否则深可虑也！"竑不听。一日，弥远为其父浩饭僧净慈寺，与国子学录郑清之登慧日阁，屏人语曰："皇子不堪负荷，闻后沂邸者甚贤，今欲择讲官，君其善训导之，事成，弥远之坐即君坐也。然言出于弥远之口，入于君之耳，若一语泄，吾与君皆族矣！"

重自持。出入殿堂，遵循规矩，看到他的人不免肃然起敬。史弥远更加重视，到这时立他为沂靖惠王的后嗣。

【纲】冬十一月，四川宣抚使安丙去世。宋宁宗下诏命崔与之为四川制置使，总领所有蜀军。　【目】安丙在四川，以攻为守，威望和战功都很显著，朝廷依靠他。他死后，宋宁宗下诏命崔与之总领所有西蜀军队。崔与之开诚布公，安抚将士，人人心悦诚服，军政事务又很有成就。

【纲】十二月，郑昭先罢官。

【纲】嘉定十五年（壬子，1222），春正月初一，宋宁宗在大庆殿受刻有"恭膺天命宝"字样的玉玺，大赦天下。　【目】起初，镇江都统翟朝宗在金军中得到玉玺，呈献给朝廷。随后赵拱又得玉印，刻文和玉玺相同而形体更大。宋宁宗感到高兴，受玺，举行庆贺礼，大赦天下。贾涉写信给史弥远说："天意图隐约难知，人间之事真切易见。应该想到今天的人事，还没有能够报答天意。"史弥远听了不高兴。

【纲】夏五月，进封皇子赵竑为济国公，任命贵诚为邵州（治邵阳县，今湖南邵阳）防御使。　【目】赵竑爱好鼓琴，史弥远买了善于鼓琴的美人送给他并厚待美人家中，让她监视赵竑的行动。美人知书，机智灵巧，赵竑很宠爱她。当时杨皇后专擅国权，史弥远掌权时间很久，宰相执政，侍从，台谏，地方军政长官，都是他引用推荐的人，谁都不敢碰他，权势炙人。赵竑心中不平，曾将杨后及史弥远的事写在桌上，说是"史弥远当发配八千里"。又曾指着宫墙地图上的琼州（治琼山县，今广东琼山）、崖州（治宁远县，今广东崖县西北）说："我将来得志，把史弥远流放到这里。"又曾称史弥远为"新恩"，是说以后把史弥远不是流放到新州（治新兴县，今广东新兴），就是流放到恩州（即南恩州，治阳江县，今广东阳江）。史弥远听说后大惧，想方设法处置赵竑，而赵竑尚不知晓。

真德秀当时兼宫教，向赵竑进谏道："皇子若能孝敬慈母，对大臣恭敬，则皇位归属于你了，否则，令人深为忧虑呀！"赵竑不听他的话。一天，史弥远为他的父亲史浩到净慈寺给僧人舍饭，与国子学录郑清之登上慧日阁，屏退左右密语道："皇子不能担负重任，听说给沂王府当后嗣的很贤良，现在正要挑选讲官，你要好好地训导他。事情成功之

清之曰："不敢。"乃以清之兼魏忠宪王府学教授。

清之日教贵诚为文，又购高宗御书，俾习之。清之谒弥远，即示以贵诚诗文翰墨，誉之不容口。弥远尝问清之曰："吾闻皇侄之贤已熟，大要竟何如？"清之曰："其人之贤，更仆不能数，然一言以断之，曰'不凡'。"弥远颔之再三，策立之意益坚。乃日媒蘖竑之失言于帝，觊帝废竑立贵诚，而帝不悟其意。

【纲】六月，俞应符卒。

【纲】秋八月，长星见西方。 【目】蒙古耶律楚材谓其主曰："女真将易主矣。"

【纲】九月，以宣绘参知政事，程卓同知枢密院事，薛拯签书院事。

【纲】冬十二月，以李全为保宁节度使、京东、河北镇抚副使。【目】初，全有战功，史弥远欲加全官，贾涉止之，及加节钺，涉叹曰："朝廷但知官爵可以得其心，宁知骄则将至于不可劝邪！"

【纲】蒙古铁木真入西域，屠蔑里城，灭回回国，大掠忻都而还。 【目】蒙古主入西域，围塔里寒寨，拔之。进薄回回国，其主委国而去。蒙古主遂进次于忻都国铁门关。侍卫见一兽，鹿形马尾，绿色而独角，能为人言，谓之曰："汝君宜早回。"蒙古主怪之，以问耶律楚材，对曰："此兽名角端，解四夷语，是恶杀之象。今大军征西已四年，盖上天恶杀，遣之告陛下。愿承天心，宥此数国人命，实无疆之福。"蒙古遂大掠忻都而还。

【纲】癸未，十六年，春三月，蒙古木华黎死于解州。 【目】木华黎自河中帅师还，至解州而卒。木华黎雄勇善谋，与博尔术、博儿忽、赤老温俱以忠勇事其主，号为"拨里班曲律"，犹华言四杰也。

后，我现在的官位就是你的了。然而这话出于我口，入于君耳，若有一字泄露，我和你都要被灭族了！"郑清之说："不敢。"于是任命郑清之兼魏忠宪王府学教授。

郑清之每日教贵诚写文章，又买来高宗的御书让他学习。郑清之谒见史弥远，就拿贵诚的诗文书法给他看，赞不绝口。史弥远，曾问郑清之道："我早已听说皇侄的贤良，概要地说究竟如何？"郑清之说："此人的优点数不胜数，若用一句话判定叫'不凡'。"史弥远再三点头，册立之心更坚定了。他每天向皇帝诬说赵竑的过失，希冀皇帝废除赵竑，另立贵诚，但是皇帝没有领会他的意思。

【纲】六月，俞应符去世。

【纲】秋八月，长星出现在西方。　【目】蒙古耶律楚材对蒙古主说："女真将改换国主了。"

【纲】九月，任命宣缯为参知政事，程卓为同知枢密院事，薛拯为签书枢密院事。

【纲】冬十二月，任命李全为保宁节度使，京东、河北镇抚副使。【目】起初，李全有战功，史弥远想给他加官，被贾涉阻止，及至任命为节度使，贾涉叹息道："朝廷只知官爵可以获得他的心，哪知骄傲以后甚至于会不听从命令呢！"

【纲】蒙古铁木真进入西域，在蒦里城进行屠杀，灭掉回回国（指花剌子模），在忻都（今印度）大行抢掠而还。　【目】蒙古主进入西域，包围并攻下塔里寒塞，进迫回回国，其国主弃国而逃。蒙古主进兵到达忻都国铁门关。侍卫看见一只野兽，鹿身马尾巴，全身绿色，头上一只角，能说人话，对侍卫说："你的国君应早返回。"蒙古主很奇怪，询问耶律楚材，回答说："这兽名为'角端'，懂四夷语言，是厌恶杀戮的象征。现在大军西征已四年了，大约上天厌恶杀戮，派它来告诉陛下的。希望顺从天心，宽恕这几国的人命，实在是莫大的福份。"蒙古人于是在忻都大肆抢掠后返回。

【纲】嘉定十六年（癸未，1223），春三月，蒙古木华黎死于解州（治解县，即今山西运城县西南解虞镇）。　【目】木华黎从河中（治河东县，即今山西永济县蒲州镇）率领军队返回，到解州后去世。木华黎

四人之子孙皆领宿卫，号"四怯薛"，出官则为辅相焉。

【纲】夏五月，蒙古初置达鲁花赤，监治郡县。　【目】蒙古主以西域渐平，置达鲁花赤于各城，监治之。达鲁花赤，犹华言掌印官也。

【纲】六月，程卓卒。淮东制置使贾涉卒。

【纲】冬十二月，以许国为淮东制置使。　【目】初，淮西都统许国奉祠家居，欲倾贾涉而代之，数言李全必反。涉卒，会召国入对，国疏"全奸谋益深，反状已著，非有豪杰，不能消弥，"盖自鬻也。遂易国文阶为淮东安抚制置使，兼知楚州。命下，闻者惊愕。淮东参幕徐晞稷雅意开阃，及闻国用，乃注释国疏以寄全，全不乐。

【纲】金主珣卒，子守绪立。

【纲】蒙古攻夏，夏主遵顼传国于其子德旺。

【纲】甲申，十七年，春三月，召崔与之为礼部尚书，以郑损为四川制置使。与之辞，不拜。

【纲】秋闰八月，帝崩。史弥远矫诏立沂王子贵诚，更名昀。尊皇后为皇太后，同听政。封皇子竑为济王，出居湖州。　【目】八月丙戌，帝不豫。史弥远遣郑清之往沂王府，告贵诚以将立之意，贵诚默不应。清之曰："丞相以清之从游久，故使布腹心。今不答一语，则清之将何以答丞相？"贵诚始拱手徐言曰："绍兴老母在。"清之以告弥远益，相与叹其不凡。

壬辰，帝疾笃。弥远称诏，以贵诚为皇子，改赐名昀。闰月丁酉，帝崩。弥远遣皇后兄子谷、石，以废立事白后，后不可，曰："皇子竑，先帝所立，岂敢擅变！"谷等一夜七往返，后终不许。谷等乃

英勇有智谋,与博尔术、博儿忽、赤老温都以忠勇事奉蒙古主,号为"拔里班曲律",就如汉语"四杰"的意思。四人的子孙都统领宿卫军,号为"四怯薛",出任朝官就当宰相。

【纲】夏五月,蒙古开始设置达鲁花赤,监治郡县。　【目】蒙古主由于西域逐渐平定,设置达鲁花赤于各城,监治郡县。达鲁花赤如汉语说的掌印官。

【纲】六月,程卓去世,淮东制置使贾涉去世。

【纲】冬十二月,任命许国为淮东制置使。　【目】起初,淮西都统许国为奉祠闲职,在家居住,打算推翻贾涉取而代之,屡次说李全必会造反。贾涉死后,正好召许国入朝对答皇帝垂询,许国上疏道:"李全奸谋日深,造反的情状已经显著,没有豪杰之人出来,不能使李全的奸谋消除。"这大约是在毛遂自荐。朝廷于是改许国文职为武职,任命他为淮东安抚制置使,兼楚州知州。任命下达,众人十分惊讶。淮东参幕徐晞稷一向有担任一方将帅之意,听说许国起用,就将许国的奏疏注释后寄给李全,李全很不高兴。

【纲】金主完颜珣去世,其子守诸即位。

【纲】蒙古攻打夏国,夏国主遵顼传位给儿子德旺。

【纲】嘉定十七年(甲申,1224),春三月,召崔与之入朝为礼部尚书,任命郑损为四川制置使。崔与之推辞,不接受任命。

【纲】秋闰八月,宋宁宗去世。史弥远假传诏命,立沂王子贵诚为帝,更名昀。尊皇后为皇太后,共同听政。封皇子赵竑为济王,出京居住湖州(治乌程县,即今浙江湖州市)。　【目】八月丙戌,宋宁宗有病,史弥远派郑清之前往沂王府,把要立贵诚为帝之意相告,贵诚沉默不语。郑清之说:"丞相由于我与他交友很久,所以让我来陈述心里话。现在你一语也不回答,我怎样回复丞相呢?"贵诚这才拱手慢慢地说道:"在绍兴我还有年迈的母亲呢。"郑清之将这话告诉了史弥远,他们两人更赞叹贵诚的不凡。

壬辰,宋宁宗病危,史弥远声称有诏命,以贵诚为皇子,改赐名为昀。闰月丁酉,宋宁宗去世,史弥远派皇后兄长之子杨谷、杨石将废立的事情禀告皇后,皇后不答应,说:"皇子竑是先帝所立,怎敢随便更

拜泣曰："内外军民皆已归心，苟不立之，祸变必生，则杨氏无噍类矣！"后默然，良久曰："其人安在？"弥远即于禁中遣快行宣昀，令之曰："今所宣是沂靖惠王府皇子，非万岁巷皇子，苟误，则汝皆处斩！"昀入宫见后，后拊其背曰："汝今为吾子矣。"弥远引昀至枢前，举哀毕，然后召竑。竑至，则昀已即位矣。遂称诏，以竑为开府仪同三司，封济阳郡王；尊杨皇后曰皇太后，垂帘同听政。诏遵孝宗故事，宫中自服三年丧。寻进封竑为济王，出居湖州。

【纲】九月，诏傅伯成为显谟阁学士，杨简为宝谟阁学士，辞不至。　【目】史弥远欲收众望，劝帝褒表老儒。遂诏傅伯成、杨简及柴中行俱奉朝请。伯成：简辞不至。

【纲】以真德秀直学士院，魏了翁为起居郎。　【目】初以德秀兼侍读，寻又以德秀直学士院，召魏了翁为起居郎。德秀之为起居舍人兼宫讲也，言事不避权贵，且惓惓于复雠，知弥远欲以爵禄縻天下士，慨然谓刘爚曰："吾徒须急引去，使庙堂知世有不肯为从官者。"遂力请外。至是自知潭州召还，入对，劝帝容受直言，召用贤臣，固结人心为本；帝开纳之。了翁当开禧初，以武学博士召试学士院。对策，谏开边事，御史徐枏劾了翁狂妄，了翁亦以亲老，出知嘉定府。寻筑室白鹤山下，以所闻于辅广、李燔者，开门授徒，士争负笈从之，由是蜀人尽知义理之学。及为潼川转运判官，上疏乞与周敦颐、张载、程颢、程颐赐爵定谥，示学者趋向，朝廷从之。

【纲】追封希瓐为荣王，以其子与芮袭封奉祀。
【纲】冬，以葛洪同签书枢密院事。

改!"杨谷等人一夜间往返七次,皇后始终不许。杨谷等人就跪在地上哭泣着说:"内外军民都已归心于贵诚,若不立他为帝,必定发生祸变,那么,杨家就不会有活着的了。"皇后沉默许久才说:"那人在哪里?"史弥远就在宫中派人快步去宣召皇子昀,对被派的人说:"现在所宣召的是沂靖惠王府皇子,不是万岁巷皇子,如果有错,则你们都要斩首!"皇子昀入宫见皇后,皇后抚摸着他的后背说:"你现在就是我的儿子了。"史弥远领皇子昀到宁宗灵柩前,哭泣礼毕,然后召皇子竑前来,皇子竑到达时皇子昀已经即位了。于是传诏命,皇子竑开府仪同三司,封济阳郡王;尊杨皇后为皇太后,垂帘一起听政。诏命遵照孝宗过去的事例,宫中服丧三年。不久又进封竑为济王,出京居住湖州。

【纲】九月,皇帝下诏任命傅伯成为显谟阁学士,杨简为宝谟阁学士,推辞不来。　　【目】史弥远想收买人心,劝皇帝褒扬表彰老儒。于是下诏命傅伯成、杨简及柴中行都奉朝请,但傅伯成和杨简都推辞不来。

【纲】任命真德秀为直学士院,魏了翁为起居郎。　　【目】起初任真德秀兼侍读,不久又以他为直学士院,召魏了翁为起居郎。真德秀为起居舍人兼宫讲,他论事不避权贵,而且惓惓不忘报国仇。他知道史弥远想用爵位俸禄束缚住天下士大夫,因而慨然对刘爚说:"我们这类人应当迅速引退,让朝廷知道人世间也有不肯当从官的。"于是极力要求调到外地。这时从潭州(治长沙县,今湖南长沙)知州任上召回朝廷,入朝对答皇帝垂询时,劝皇帝要容纳直率的劝谏之言,任用贤臣,牢固地联结人心,作为为政的根本。皇帝采纳了他的意见。魏了翁在开禧初年,以武学博士身份在学士院应召参加考试,在对策中谏阻在边境上重开战事。御史徐柟弹劾魏了翁狂妄,魏了翁也以双亲年迈,于是外调为嘉定府(治龙游县,今四川乐山)知府。不久,在白鹤山下修建房舍,将从辅广、李燔处学到的,开门授徒,士人争先恐后前去投师,从这以后,蜀地之人对义理之学才有深刻认识。他为潼川府(治郭县,今四川三台)转运判官时,上奏疏请求给周敦颐、张载、程颢、程颐赐爵位,定谥号,为学者指出努力的方向,朝廷采纳了他的意见。

【纲】追封赵希瓐为荣王,以其子与芮承袭封爵,承奉祭祀。

【纲】冬,任命葛洪为同签书枢密院事。

纲鉴易知录卷八六

南宋纪

理宗皇帝

【纲】乙酉,理宗皇帝宝庆元年,春正月,湖州潘壬起兵,谋立济王竑;竑讨平之。史弥远矫诏杀竑,追贬为巴陵郡公。 【目】湖州人潘壬,与其从兄甫、弟丙,以史弥远废立,不平,乃遣甫密告谋立济王意于李全。全欲坐致成败,阳与之期日,遣兵应接,而实无意也。壬等信之,遂部分其众以待。及期,全兵不至。壬等惧事泄,乃以其党杂贩盐盗千余人,结束如全军状,扬言自山东来,夜入州城,求济王。王闻变,匿水窦中,壬寻得之,拥至州治,以黄袍加王身。王号泣不从,壬等强之,王不得已,乃与约曰:"汝能勿伤太后、官家乎?"众许诺。遂发军资库金帛、会子犒军。知州谢周卿,率官属入贺。壬等伪为李全榜揭于门,数史弥远废立罪,且曰"今领精兵二十万,水陆并进。"人皆耸动,比明视之,则皆太湖渔人及巡尉兵卒耳。

王知事不成,乃遣王元春告于朝,而帅州兵讨壬,壬变姓名走楚州,甫、丙皆死。元春至行在,史弥远惧甚,急召殿司将彭壬帅师赴之,至则事平矣。壬至楚,将渡淮,为小校明亮所获,送临安斩之。弥远忌竑,诈言竑有疾,令余天锡召医入湖州视之。天锡至,谕旨逼竑缢于州治,以疾薨闻。寻诏追贬为巴陵郡公,改湖州为安吉州。

起居郎魏了翁、〔金部〕(考功)员外郎洪咨夔,相继言竑之

理宗皇帝

【纲】宋理宗赵昀宝庆元年（乙酉，1225，金正大二年）春正月，湖州潘壬起兵，图谋拥立济王赵竑为皇帝，赵竑以武力平定了事变。史弥远假传圣旨杀了赵竑，并把他追贬为巴陵县公。　【目】湖州人潘壬，与其堂兄潘甫、弟潘丙，对史弥远废赵竑立赵昀愤愤不平，于是派潘甫去密告李全重新拥立济王赵竑的意图。而李全只想坐观成败，表面同他们约定起事日期，答应派兵接应，其实并无诚意。潘壬等轻信了李全，于是就安排好部分兵力等待。到了约定日期，李全的军队没有来，潘壬等怕事机泄露，便把他的同伙和一千多贩私盐的不法分子混杂一起，装扮成李全军队，扬言从山东来，乘着夜晚拥进湖州城，寻找济王。济王听说发生了变乱，藏在下水道里。潘壬找到了济王，前呼后拥地送到湖州衙门，把皇帝穿的黄袍穿在他身上。济王大声号哭，不肯接受，潘壬等强迫他穿上。济王不得已，只好与他们谈判说："你们能不伤害太后和官家吗？"大家答应了他的请求。于是，打开军库，拿出金银绸缎和会子犒赏军队。知州谢周卿率领州里的官员来祝贺。潘壬等假借李全的名义贴出布告，揭露史弥远废立皇帝的罪状，并且虚张声势宣称"率领二十万精锐部队，由水陆两路同时进攻。"百姓都感到震动。天亮后一看，所谓的精锐部队却是太湖的渔夫和平常的巡逻官兵。

济王知道事变不会成功，一面派遣王元春去报告朝廷，同时率领州里的军队讨伐潘壬。潘壬改名换姓逃到楚州（治山阳县，今江苏淮安）。潘甫和潘丙都送了命。王元春到了皇帝所在的地方，史弥远很害怕，急忙派殿司将彭任领兵赶去湖州，到达湖州时事变已经平定了。潘壬逃到楚州，将要渡过淮河时，被小校明亮抓获，送到临安（今浙江杭州）斩首。史弥远顾忌赵竑，诈称赵竑有病，叫秦天锡召医生到湖州给赵竑看病。秦天锡一到湖州，传圣旨逼迫赵竑在州衙门自缢，却上报是病死。不久就传下诏书追贬赵竑为巴陵县公，改湖州为安吉州。

起居郎魏了翁、金部员外郎洪咨夔先后上书皇帝为赵竑诉冤。礼

冤。及礼部侍郎直学士院真德秀入对，因曰："陛下初膺大宝，不幸处人伦之变有所未尽，流闻四方，所损非浅。雪川之变，非济邸本志，前有避匿之迹，后闻捕讨之谋，情状本末，灼然可考。愿诏有司，讨论雍熙追封秦邸舍罪恤孤故事，斟酌行之。虽济王未有子息，兴灭继绝，在陛下耳。"帝曰："朝廷待济王亦至矣。"德秀曰："若谓此事处置尽善，臣未敢以为然。观舜所以处象，则陛下不及舜明甚。人主但当以二帝、三王为师。"帝曰："一时仓卒耳。"德秀曰："此已往之咎。愿陛下进德修学，以掩前失。"

【纲】二月，李全作乱，焚楚州，许国走死。以徐晞稷为制置使，抚之。【目】许国至镇，李全妻杨氏郊迓，国辞不见；杨氏惭而归。国既视事，痛抑北军，有与南军竞者，无曲直，偏坐之，犒赏十损八九。全自青州还楚州，上谒，国端坐纳全拜，不为止。全退，怒，自计曰："彼所争者，拜耳。拜而得志，吾何爱焉！"更折节为礼。因会集间，出箚白事，国见其细故，判从之，全即席再拜谢。自是动息必请，得请必拜，国大喜，语家人曰："吾折伏此虏矣！"全往青州，遂遣刘庆福还楚为乱。至是，国晨起视事，忽露刃充庭，国厉声曰："不得无礼！"矢已及颡，流血蔽面而走。乱兵悉害其家，大纵火焚官寺。亲兵数十人翼国登城楼，缒城走。明日，国缢于途。

事闻，史弥远惧激他变，欲事含忍，以徐晞稷尝倅楚守海，得全欢心，乃授晞稷制使，令屈意抚全。全闻国死，自青州还楚，佯责庆福不能弹压，致忠义之哄，斩数人，上表待罪；朝廷不问。晞稷至

部侍郎、直学士院真德秀在皇帝召问时说："陛下即位初期,不幸遇到这类和宗族有关的变乱,流传天下,损害不小。霅川(霅州又叫霅溪,在今浙江湖州南)之变。不是济王的本意。事变开始他先是躲藏,以后又发兵镇压,前前后后的情况都是可以察清的。望陛下诏令有关的官员,议论一下雍熙年间追封秦王、平反并抚恤遗孤的旧事,斟酌行事。济王虽然没有儿子,但兴灭继绝,全在陛下了。"皇帝说:"朝廷对济王可以说很好了。"德秀说:"如果说这次事变处置得很好,臣不敢这么认为。对照大舜当年怎样对待兄弟象,那么陛下不如大舜是明显的。国家之主应当效法二帝三王。"皇帝说:"只是一时仓促罢了。"德秀说:"这是过去的过失。望陛下增进德行力学先贤,来掩盖从前的过失。"

【纲】二月,李全叛乱,烧了楚州,许国逃走,自杀。任徐晞稷为制置使,安抚李全。　【目】许国去镇守楚州。李全的妻子杨氏到郊外迎接,许国推辞不见;杨氏感到羞辱而回去。许国办事总是尽力抑制北军,凡是北军与南军之间的争斗,不管谁是谁非,一律由北军承担罪责,犒赏更是十之八九落不到北军方面。李全从青州回到楚州(青州治益都县)。参见许国。许国端端正正坐着接受李全的拜礼,没有谦让一下。李全退下后很生气,但心中一想:"他争的是什么,就是要我一拜,只要一拜就昏了头,我为啥舍不得!"于是更加委屈礼让。在一次官员聚集的时候,李全向许国送上一份报告,许国看报告上事情不大,立即批准听从他的意见,李全当即在席间就向许国拜谢。此后,李全事无大小必定请示,只要许国同意就一定要恭敬地拜谢。许国很高兴,向家里人说:"我把这个家伙收拾得服了!"李全去了青州,即派刘庆福同楚州发动叛乱。在这个时候,许国早上起来去处理政事,忽然发现州衙里到处都是带着明晃晃兵器的士兵,惊得厉声大叫:"不得无礼!"话音未落,飞箭已经射到脸上,赶紧掩着满脸鲜血逃跑。乱兵杀了许国全家,大肆放火烧了官寺。许国由几十名亲兵拥着登上城楼,用绳索捆住身子放出城墙仓皇逃走,第二天,许国在逃跑路上上吊自杀。

事变报告到朝廷,史弥远担心激起别的变乱,打算隐忍。因为徐晞稷曾经在楚州担任过副职并镇守海州,很受李全喜欢,于是决定任用徐晞稷为制置使,要他委屈求全,安抚李全。李全听说许国已死,由青

楚，全及门，下马拜庭下，晞稷降等止之，贼众乃悦。

【纲】三月，葬永茂陵。

【纲】夏四月，太后以疾罢听政。

【纲】五月，李全袭彭义斌于恩州，义斌败之。 【目】许国既死，李全牒彭义斌于山东，曰："许国谋反，已伏诛矣，尔军并听我节制。"义斌大骂曰："逆贼！背国厚恩，擅杀制使，我必报此雠！"乃斩赍牒人，南向告天誓众。见者愤激。五月，全自青州攻东平，不克。乃攻恩州，义斌出兵与战，全败走。义斌致书沿江制置使赵善湘曰："不诛逆全，恢复不成。但能遣兵扼淮，进据涟、海以蹙之，断其南路，此贼必擒。贼平之后，收复一京、三府，然后义斌战河北，盱眙诸将、襄阳骑士战河南，神州可复也。"盱眙四总管亦各遣使致书乞助讨贼，知扬州赵范亦以为言，史弥远令谕范毋出位专兵，各享安靖之福。范复以书力论之，弥远不听。

【纲】六月，加史弥远太师，封魏国公。

【纲】彭义斌围东平，严实请和。秋七月，义斌徇真定，实以蒙古兵来袭，义斌死之。京东州县尽陷。

【纲】窜大理评事胡梦昱于象州。 【目】梦昱上书言济王不当废，引晋太子申生、汉戾太子、及秦王廷美之事为证，言甚切直。史弥远讽御史李知孝劾之，除名，羁管而卒。

【纲】赠张九成官爵，录程颐后。 【目】帝以九成正色立朝，有中兴明道之功，赠太师，追封崇国公。九成研思经学，多所训解，然早与学佛者游，故议论多偏。寻又诏求程颐后，得四世孙源，以为

州返回楚州，假意责备刘庆福弹压不力，闹出了忠义部队的内哄，并斩杀了几个人，自己又向朝廷请求处分，结果朝廷没有问罪。徐晞稷到了楚州，李全立即登门参见，下了马就伏在地上磕头行礼。徐晞稷降低身份亲自扶住李全不让行礼，乱兵看了都心里欢喜。

【纲】三月，葬永茂陵（今浙江绍兴东南）。

【纲】夏四月，太后因疾病停止听政。

【纲】五月，李全在恩州（今山东武城县东）袭击彭义斌。彭义斌失败。【目】许国死后，李全给山东彭义斌发去一封文书，说："许国谋反，已经诛杀，你军以后应归我调遣。"义斌得到文书后大骂说："反叛贼子，辜负了国家的大恩，胆敢擅杀制置使，我一定要报这个仇！"于是斩杀了送文书的人，面向南方告天誓众。见到这个情状的人都非常激愤。五月，李全从青州向东平进攻。没有攻克，转而进攻恩州。彭义斌出兵应战，李全被打败逃走。彭义斌写信给沿江制置使赵善湘说："不杀反贼李全，国家不可能得到恢复。只要派兵扼守住淮河，'再进驻涟水军、海州。断了他的南路，叛贼一定被活捉。贼平以后，收复一京三府，然后义斌攻河北，盱眙（在今江苏盱眙县东北）。各位将领和襄阳（今湖北襄阳县襄阳镇）骑兵攻河南，神州也就可以光复了。"盱眙四位总管都写了信各派使者来请求帮助讨伐李全，扬州知州赵范也向朝廷提出了同样的请求。史弥远命令赵范不要出面统率军队，可以享安定的福分。赵范又写信全力申辩自己的主张，史弥远没有听从。

【纲】六月，加封史弥远为太师，封魏国公。

【纲】彭义斌包围东平，严实请和。秋七月，彭义斌领兵到真定。严实领蒙古兵攻来，彭义斌战死。京东州县全部失陷。

【纲】大理评事胡梦昱流放到象州（今广西象州）。【目】胡梦昱上书提出不应该废济王，还引晋太子申生、汉戾太子及秦王廷美的事例为证，语言激烈直率。史弥远示意御史李知孝弹劾胡梦昱，胡梦昱因此被除名，监管起来一直到死。

【纲】八月，追赠张九成官爵，程颐的后代得到官职。【目】皇帝念张九成在朝廷供职时正直廉明，对国家中兴和阐明经学颇有贡献，特追赠太师，封为崇国公。张九成研究儒家经书，作了不少训解，由于他早

藉田令。

【纲】以梁成大为监察御史，罢直学士院真德秀、〔金部〕（考功）员外郎洪咨夔。 【目】时论济王事者众，史弥远患之。成大以知县秩满待选，谄事弥远家干者万昕。昕一日言真德秀当逐。成大曰："某若入台，必能办此事。"昕为达其语，遂擢御史，成大因与莫泽、李知孝共为弥远鹰犬，凡忤弥远意者，三人必相继击之。于是给事中王塈等，驳德秀所主济王赠典，莫泽等继劾之，遂命提举玉隆宫。咨夔亦言济王冤，成大等复交劾之，镌二秩。由是名人贤士，排斥殆尽，人目成大、知孝、与泽为"三凶"，且谓成大为"成犬"。

【纲】冬十一月，以薛拯参知政事，葛洪签书枢密院事。
【纲】以李知孝为右正言。
【纲】贬魏了翁官，居之靖州。罢真德秀祠禄。 【目】胡梦昱贬时，魏了翁出关饯之，李知孝遂指了翁首倡异论，将击之，弥远犹畏公议，外示优礼，改权工部侍郎。了翁力以疾辞，乃出知常德府。越二日，谏议大夫朱端常劾了翁欺世盗名，朋邪谤国；德秀奏劄诋诬。诏了翁落职，靖州居住；德秀落焕章阁待制，罢祠。梁成大贻书所亲曰："真德秀乃真小人，魏了翁乃伪君子，此举大快公论。"识者笑之。

了翁至靖，湖、湘、江、浙之士，不远千里负书从学。乃著《九经要义》百卷，订定精密，先儒所未有也。德秀既归浦城，修《读书记》，语门人曰："此人君为治之门，如有用我者，执此以往。"

年与佛学者接触多，因而议论中也有很多偏颇。不久皇帝又下诏访求理学大家程颐的后人，得到他的第四代孙程源，任为藉田令。

【纲】任梁成大为监察御史，罢免了直学士院真德秀和金部员外郎洪咨夔。　【目】当时议论济王事件的人很多，史弥远甚感忧虑。恰好梁成大知县任期已满正在待选，他找到史弥远家里的办事人员万昕拍马屁。一天，万昕说真德秀应该滚蛋了。梁成大说："如果我进了御史台，这件事保准办到。"万昕把他的话报告史弥远，不久就提升为御史。因此梁成大就同莫泽、李知孝结成一伙，充当史弥远的打手，凡是违抗史弥远意图的官员，三人必定相继攻击他们。于是给事中王塈等人反对真德秀追赠济王的主张，莫泽一伙跟着就弹劾真德秀，只让他提举玉隆宫。洪咨夔也上书为济王鸣冤，梁成大等又相继弹劾他，结果洪咨夔也被降两级。于是，名人贤士，几乎全被排斥干净。人们把梁成大、李知孝和莫泽称为"三凶"，并且骂成大是"成犬"。

【纲】冬十一月，任薛极为参加政事，葛洪为签书枢密院事。

【纲】任李知孝为右正言。

【纲】贬魏了翁官，只准在靖州（今湖南靖县）居住。剥夺了真德秀的祠禄。　【目】胡梦昱被贬官流放时，魏了翁出城为他饯行，李知孝就指责魏了翁是奇谈怪论的首要分子，准备要弹劾攻击他。史弥远还有些惧怕舆论，表面上还以礼相待，只把魏的官职改为代理工部侍郎。魏了翁托病极力推辞，于是就调任常德府知府。过两天，谏议大夫朱端常弹劾魏了翁欺世盗名，交结奸邪，诽谤国家。真德秀上书朝廷说这纯属诬陷。结果，下诏罢了魏了翁的官，命令他只准到靖州居住，真德秀不但罢了焕章阁待制的官，还剥夺了提举玉隆宫的祠禄。梁成大写信给他亲近的人说："真德秀真是个小人，魏了翁是伪君子，罢官一事，人心大快。"有见识的人都讥笑这个家伙。

魏了翁到了靖州。湖北、湖南、江苏、浙江的学子不远千里背着书来求学，他潜心学术，著成《九经要义》一百卷，考订周密精当，是先儒也没有作过的。真德秀罢官后回到家乡浦城（今福建浦城）。写了一部《读书记》，他告诉他的学生说："这是皇帝治理天下的入门之书，如果有用我的人，我就拿着这部书去。"

【纲】丙戌，二年，春正月，赠陆九龄等官，赐谥。录张栻、吕祖谦、陆九渊后。　【目】诏赠陆九龄直秘阁，谥文达；沈焕直华文阁，谥端宪。录张栻、吕祖谦、陆九渊子孙官各有差。九龄，抚州金溪人。幼颖悟端重，秦桧当国，程氏学废，九龄独尊其说，举进士，调兴国教授，严规矩，劝绥引翼，士类兴起。改全州教授，卒。张栻尝与讲学，期以任道之重。吕祖谦尝称之曰："所志者大，所据者实。"

九渊，九龄弟，生而颖异。与其兄自相师友，和而不同。其教人不用学规，有小过，言中其情，或至流汗；有怀于中而不能自晓者，为之条析其故，悉如其心，亦有相去千里，闻其大槩而得其为人。后以将作监丞奉祠还乡，学者称为象山先生。

九渊尝谓学者曰："汝耳自聪，目自明，事父自能孝，事兄自能弟，本无欠阙，不必他求，在乎自立而已。"又曰："此道与溺于利欲之人言犹易，与溺于意见之人言却难。"或劝其著书，九渊曰："学苟知道，六经皆我注脚。"及知荆门军，政行令修，民俗为变。卒，谥曰文安。

九渊尝与朱熹会于鹅湖，辨论多不合。及熹与至白鹿洞，九渊为讲君子小人喻义利一章，熹以为切中学者隐微深痼之病。至于无极而太极之辨，则贻书往来，论辨不置焉。其次兄九韶，亦学问渊粹，人称为梭山先生。

【纲】宝庆二年（丙戌，1226，金正大三年），春正月，赠陆九龄等官职，赐谥号。张栻、吕祖谦、陆九渊的后人也都封了官职。【目】皇帝下诏，追赠陆九龄为直秘阁，谥号文达；追赠沈焕为直华文阁，谥号端宪。张栻、吕祖谦、陆九渊的子孙都按不同等级录用为官。陆九龄是抚州金谿（今江西金溪）人。少年时候就天资聪颖，品行端正。秦桧当权时，以程颐、程颢为代表的理学衰退了，只有陆九龄推尊二程理学，考中进士以后，调任兴国教授。在任期间，他严格规章制度，激励扶植学子，因此士人颇有成长，后调任全州教授，未到任就死了。张栻曾经和陆九龄一起讲学，希望他能担当起振兴道学的重任。吕祖谦也曾经称道他说："志向高远，基础雄厚。"

陆九渊是陆九龄的弟弟，生来就很聪明，与众不同。兄弟二人互教互学，自相师友，和好却不盲从。他教学不特别强调规矩，学生有过失，他注重晓之以理动之以情，有时会讲得学生身体流汗。有些人心有所思却说不明白，他就为他们条分缕析，寻找原因，他所讲的完全符合学生内心所想。也有的相距千里，他只要知道他们的大概就能了解其如何为人。陆九渊后来任将作监丞，得祠禄还乡，学者们尊称他为象山先生。

陆九渊曾经对学生说："你生来就耳聪，生来就目明，侍奉父母自然能孝敬，对待兄长自然能恭顺，本来没有欠缺，不必另外再求什么，只要能够自立就行了。"他又说："这个道理，对于沉迷在利欲里的人讲还容易些，要对沉迷在一种成见里的人讲却很难了。"有人劝他著书立说，陆九渊说："为学如理解了圣人的大道，六经都是我的注脚。"他任知荆门军（治当阳县，今湖北当阳）期间，政令通行，百姓赞扬，民俗都变好了。去世以后，谥号文安。

陆九渊曾经与朱熹在鹅湖（今江西铅山东南）会见。两人意见多不相合。后来两人到白鹿洞（今江西星子西北庐山五老峰下）。陆九渊为朱熹讲《君子小人喻义利》一章，朱熹以为他切中一般学者根深蒂固的大毛病。可是，关于"无极而太极"的论辨，他们两人却书信往来多次，谁也说不服谁。陆九渊的二哥陆九韶，也是学问渊厚精粹的大学者，人们称他为梭山先生。

九渊门人，其最著者曰袁燮、杨简、沈焕、舒璘。燮，端粹专静，为国子祭酒，延见诸生，必迪以反躬切己、忠信笃实是为道本，闻者竦然有得。每言："人心与天地一本，精思以得之，兢业以守之，则与天地相似。"简，笃学力行，为政设施，皆可为后世法。所著《礼书》行于时。焕，定海人，乾道中为太学录，以所躬行者淑诸人。同僚忌其立异，或劝其"姑营职，道未可行也。"焕曰："道与职有二乎？"适私试发策，引《孟子》"立乎人之本朝而道不行，耻也。"言路以为讪己，请黜之，遂为高邮军教授，终于舒州通判。焕，人品高明，不苟自恕，常曰："昼观诸妻子，夜卜诸梦寐，两者无愧，始可以言学。"璘，刻苦磨厉，改过迁善，从张栻及九龄游。及闻朱熹、吕祖谦讲学于婺，徒步往谒之。乾道中为徽州教授，作《诗礼讲解》，仕终宜州通判。

【纲】二月，建昭勋崇德阁。

【纲】三月，蒙古围李全于青州。　【目】全粮援路绝，与兄福谋，福曰："二人俱死，无益也。汝身系南北轻重，我当死守孤城；汝间道南归，提兵赴援，可寻生路。"全曰："数十万劲敌，未易支也！全朝出，城夕陷，不如兄归。"于是全留青，福还楚。

【纲】秋七月，夏主德旺以忧卒，弟子睍立。

【纲】八月，卫泾卒。

【纲】徐晞稷罢，以刘琸为淮东制置使。

【纲】冬十一月，盱眙忠义夏全作乱，逐刘琸，以众降金。

【纲】丁亥，三年，春正月，以姚翀为淮东制置使。

陆九渊的门生中间，最著名的有袁燮、杨简、沈焕、舒璘。袁燮，一生端正严肃，专注精纯，任国子祭酒时，见到诸生总要启发他们反躬自省，讲求忠信诚笃，认为这才是圣人之道的根本。学生们听了都很快就有所收获。他常说："人心与天地本是同一根源，虔心探求，努力保持，就可以达到同天地一致。"杨简不仅努力学习，而且身体力行，当官时的所作所为都可以成为后代的楷模。他所著的《礼书》在当时很流行。沈焕，定海人。乾道年间，任太学录，以自己身体力行的圣人之道劝勉别人。同事们忌恨他标新立异。有人劝他"你就当你的官吧，圣人之道是不行时的。"沈焕说："难道行圣人之道和当官是两样的吗？"正遇上私试发下考题，他引了《孟子》里的"立乎人之本朝而道不行，耻也"，谏官们以为他是讥刺言路，上书要求贬斥他，于是调任高邮军教授，最后任舒州通判。沈焕，人品很高，严于责己，常说："白天无愧于妻子，晚上无愧于梦寐，两样都做到的人才可以谈学问。"舒璘，学习非常刻苦，自律严格，改过从善。他曾求学于张栻和陆九龄。等到听说朱熹和吕祖谦在婺州（今浙江金华）讲学就徒步去求学拜师。乾道年间，舒璘任徽州教授。写成《诗礼讲解》，最后任宜州通判。

【纲】二月，建昭勋崇德阁。

【纲】三月，蒙古围李全于青州。　【目】李全被围，粮食和后援的道路断绝，李全与哥哥李福商量对策。李福说："两个人都死，没有好处。你关系着南北安危，不如我在这座孤城里死守，你从小道回南边去，领部队来援助，大家可以得到生路。"李全说："几十万劲敌围城，要支撑也不容易！我早上出城，只怕晚上城就被攻陷，不如哥哥回去。"于是李全留在青州，李福回楚州。

【纲】秋七月，夏国主德旺因忧劳而死，弟睍立为国主。

【纲】八月，卫泾死。

【纲】徐晞稷被罢官，任刘琸为淮东制置使。

【纲】冬十一月，盱眙忠义军夏全叛乱，赶走刘琸，率部投降金人。

【纲】宝庆三年（丁亥，1227，金正大四年）春正月，任姚翀为淮东制置使。

【纲】赠朱熹太师、信国公。 【目】熹先谥曰文。至是,诏曰:"朕观朱熹集注《大学》《论语》《孟子》《中庸》,发挥圣贤蕴奥,有补治道。朕励治讲学,缅怀典刑,可特赠熹太师,追封信国公。"逾月,熹子工部侍郎在入对,言人主学问之要,帝曰:"先卿《中庸序》,言之甚详,朕读之不释手,恨不与之同时也。"绍定中改封徽国公。

【纲】夏五月,李全以青州降蒙古。

【纲】六月,楚州忠义李福作乱,逐姚翀。诏以统制杨绍云兼淮东制置使,改楚州为淮安军。

【纲】蒙古铁木真灭夏,以夏主睍归。 【目】时诸将争掠子女财帛,耶律楚材独取书数部,大黄两驼而已。既而军士病疫,唯得大黄可愈,楚材用之,所活万人。

【纲】秋七月,张林等归淮安,讨李福,斩之。

【纲】八月,蒙古以李全行省事于山东、淮南,全自青州复入淮安,杀张林。

【纲】冬十二月,蒙古铁木真死于六盘山,少子拖雷监国。【目】蒙古主在位二十二年,卒年六十六,庙号太祖。凡四子:长曰术赤,性卞急而善战,早死;二曰察合歹,性慎密,为众所畏;三曰窝阔台;四曰拖雷。铁木真死,拖雷监国。

【纲】蒙古入西和州,知州事陈寅死之。 【目】蒙古兵薄西和城,寅率民兵昼夜苦战,援兵不至,城遂陷。寅谓妻杜氏曰:"若速自为计。"杜厉声曰:"安有生同君禄,死不共王事者?"即饮药自杀,二子及妇俱死母傍,寅敛而焚之,乃自伏剑死。宾客同死者二十八人。

【纲】戊子,绍定元年,春三月,金将完颜陈和尚大败蒙古兵于

【纲】追赠朱熹为太师,封信国公。 【目】朱熹原来的谥号是文,到这个时候,皇帝下诏说:"朕看朱熹集注《大学》《论语》《孟子》《中庸》,发挥了先圣先贤的义理奥秘,对治理天下的大道很有补益。朕励精图治讲究学术,缅怀典范,可以特赠朱熹为太师,追封信国公。"过了一个月,朱熹的儿子、工部侍郎朱在入宫同皇帝谈论人主学问的重要性,皇帝说:"你父亲写的《中庸序》对这个道理讲得很详细,朕读得爱不释手,恨不能和他共同处世。"绍定年间,改封朱熹为徽国公。

【纲】夏五月,李全以青州投降了蒙古。

【纲】六月,楚州忠义军李福叛乱,赶走了姚翀。皇帝下诏任统制杨绍云兼淮东制置使,改楚州为淮安军。

【纲】蒙古铁木真灭夏,带着夏主晛回到蒙古。 【目】当时蒙古军将领争先恐后抢夺妇女和钱财。唯独耶律楚材只取几部书和两驼大黄。不久,士兵染上了瘟疫,只有大黄能治好。耶律楚材用得到的大黄治活了上万人。

【纲】秋七月,张林等回淮安,讨伐李福,李福被斩首。

【纲】八月,蒙古任李全行省事,管辖山东、淮南。李全由青州再到淮安,杀了张林。

【纲】冬十二月,蒙古铁木真死于六盘山(在今宁夏固原西南),小儿子拖雷监国。 【目】铁木真在位二十二年,终年六十六岁,庙号太祖。共有四个儿子:长子术赤,性情暴躁善战,年轻时就去世了;次子察合歹,性格谨慎严密,家人都惧怕他;三子窝阔台;四子拖雷。铁木真死后,由拖雷监国。

【纲】蒙古兵攻入西和州(治西河县,今甘肃西和),知州事陈寅牺牲。 【目】蒙古兵进逼西和城,陈寅率领士兵和百姓昼夜苦战,由于援兵没有赶到,西和失守。陈寅对妻子杜氏说:"你自己赶快想办法。"杜氏厉声说:"哪里有活着和你共享朝廷俸禄,有生命危险时就不共同尽责王事的吗?"当即服毒自杀,两个儿子和媳妇都跟着自杀死在母亲身旁。陈寅把她们的尸体收敛起来烧掉,然后伏剑自杀,门客一同自尽的共二十八人。

【纲】绍定元年(戊子,1228,金正大五年),春三月,金将完颜陈

大昌原。【目】蒙古兵入大昌原,金将完颜陈和尚以四百骑大败蒙古八千之众,士气皆倍,盖自有蒙古之难二十年间,始有此捷,奏功第一,名震关中。

【纲】冬十二月,以薛极知枢密院事,袁韶同知院事,郑清之签书院事,葛洪参知政事。

【纲】己丑,二年,秋八月,蒙古窝阔台立。

【纲】庚寅,三年,春三月,复起赵范、赵葵节制镇江、滁州军马。

【纲】夏五月,以李全为彰化、保康节度使、京东镇抚使;全不受命,遂罢知扬州翟朝宗。【目】全自还楚,即厚募人为兵,不限南北。全知东南利舟楫,谋习水战,米商至,悉并舟籴之,留其舵工,以一教十。又遣人泛江湖市桐油黏筏,厚募南匠,大治舣艦船,自淮口及海相望。时时试舟于射阳湖及海洋。复以粮少为辞,遣海舟自苏州洋入平江、嘉兴告籴,实欲习海道以觇畿甸。且欲销朝廷兵备,乃遣军士穆椿潜入京师皇城纵火,焚御前军器库,于是先朝兵甲尽丧。及全槖麦舟过盐城,知扬州翟朝宗嗾尉兵夺之。全怒,以捕盗为名,水陆数万,径捣盐城;戍将陈益、楼强、知县陈遇皆遁,全入城据之。留郑祥、董友守盐城,而自提兵还楚州,以状白于朝曰:"遣兵捕盗,过盐城,县令自弃城遁去,虑军民惊扰,不免入城安众。"朝廷乃授全节钺,令释兵,命制置司干官往谕之。全曰:"朝廷待我如小儿,啼则与果。"不受制命。朝廷为罢朝宗,命通判赵璹夫摄州事。赵范、赵葵深以全必反为虑,累疏力言之,史弥远不纳。

和尚在大昌原（今甘肃宁县西）打败蒙古兵。　【目】蒙古兵攻入大昌原，金将完颜陈和尚领四百名骑兵打败八千蒙古兵，士气倍增。自与蒙古作战以来的二十年中，这是第一次取得胜仗，完颜陈和尚名震关中。

　　【纲】冬十二月，任薛极知枢密院事，袁韶同知院事，郑清之为签书院事，葛洪为参知政事。

　　【纲】绍定二年（己丑，1229，金正大六年，蒙古太宗窝阔台元年。），秋八月，蒙古窝阔台立为帝。

　　【纲】绍定二年（庚寅，1230，金正大七年，蒙古太宗窝阔台二年），春二月，重新起用赵范、赵葵节制镇江、滁州军马。

　　【纲】夏五月，任李全为彰化、保康节度使、京东镇抚使。李全拒不接受，因此知州瞿朝宗被罢官。　【目】李全私自回到楚州，用高价招募百姓为士兵，南方人北方人不限。李全知道东南方利于行船，企图训练水兵。米商运米的船到楚州，李全连米带船一同买下，还把舵工留下让他们每人训练十个水兵。又派人去江湖一带买桐油来黏筏子，出高薪招募南方工匠，大造舰艚船，从淮河口到海满布船支，还时常在射阳湖（今江苏淮安东南，与盐城、阜宁分界，即古射陂）和海上练船。李全又借口粮少派海船由苏州洋直到平江（治吴县，今江苏苏州）、嘉兴（今浙江嘉兴）等地买米。实际是想熟习从海道进窥京城附近的路线。他还想削弱朝廷的防御力量，于是，派军士穆椿潜入临安皇城放火，烧了御前军器库，以至储存的兵甲完全销毁。一次，李全的粮船经过盐城，知扬州瞿朝宗唆使手下的士兵抢了粮船。李全大怒，借口捉拿强盗，率领几万人由水陆两路攻打盐城，守将陈益、楼强、知县陈遇都弃城逃跑。李全占领盐城后，留下郑祥、董友坚守盐城，自己又领兵回到楚州，还把这些情况向朝廷报告说："我派兵捕捉盗匪，路过盐城，县官自己弃城逃跑，为不使军民惊扰，不得已进城安抚百姓。"朝廷于是把表示将帅权力的节钺给了李全，叫他放弃兵权，还派制置司斡官去给他说明这个意思。李全说："朝廷把我当成小孩子了，哭喊的时候就给些水果。"不接受任命。朝廷只好罢了知州瞿朝宗的官，叫通判赵璹夫代理知州。赵范和赵葵都认为李全必定会再叛，感到忧虑，累次上书朝廷说明利害，史弥远不听。

【纲】冬十月,以赵善湘为江淮制置使。 【目】李全反谋益急,执政多不以为意,独郑清之深忧之,力劝帝讨全。帝乃以赵善湘制置江淮,许便宜从事,然犹有内图进讨、外用调停之说,惟赵范、赵葵兄弟力请进兵讨之。

【纲】十二月,李全寇扬州,赵范、赵葵会师击败之。
【纲】以郑清之参知政事,乔行简同签书枢密院事。
【纲】立皇后谢氏。 【目】后,天台人,丞相深甫之孙也。生而黧黑,瞖一目。父渠伯早世,产业破坏,后躬亲汲饪。帝即位,议择中宫,杨太后以深甫有援己功,命选谢氏女。谢氏独后在室,兄弟欲纳入宫,诸父榉伯不可,曰:"即奉诏纳女,当厚奉资装,异时不过一老宫婢,事奚益?"会元夕,县有鹊来巢灯山,众以为后妃之祥,榉伯不能止,乃共送后就道。后旋病疹,良已,肤蜕莹白如玉,医又药去瞖,遂与贾涉女同入宫。贾女有殊色,帝欲立之,太后曰:"谢女端重有福,宜正中宫。"左右亦相窃语曰:"不立真皇后,乃立假皇后邪?"帝不能夺。贾妃专宠后宫,后处之裕如,不以介怀,太后益贤之,帝礼遇日加。

【纲】辛卯,四年,春正月,赵范、赵葵大败李全于扬州城下,全走死新塘。

【纲】夏五月,赵范、赵葵等收复淮安。
【纲】秋八月,蒙古主以耶律楚材为中书令。
【纲】九月,太庙火。冬十二月,新作太庙。
【纲】壬辰,五年,春正月,以孟珙为京西兵马钤辖,屯枣阳。【目】初,珙父宗政知枣阳,招唐、邓、蔡州壮士三万余人,号忠顺

【纲】冬十月,任赵善湘为江淮制置使。 【目】李全阴谋反叛的形势越来越急迫,执政大臣们毫不在意,只有郑清之深感忧虑,竭力劝皇帝讨伐李全。皇帝因此任用赵善湘为江淮制置使,准许他看情况需要采取行动,但仍然还有既想讨伐又想调停的侥幸心理,只有赵范和赵葵兄弟俩坚决请求进军讨伐。

【纲】十二月,李全侵略扬州,赵范和赵葵联合打败李全。

【纲】任郑清之为参知政事,乔行简为同签书枢密院事。

【纲】立谢氏为皇后。 【目】皇后,天台(今浙江天台)人。丞相谢深甫的孙女。生来肤色黑,一只眼睛里有翳。父亲谢梁伯早死,家业衰败,皇后亲自下厨。皇帝即位以后,议论选皇后时,杨太后因为谢深甫曾经帮助过自己,要选谢家的女儿。当时谢家只有皇后还没有出嫁,兄弟都想把她送进宫去。叔父谢桦伯不赞成,说:"即使奉诏送进宫,也应该准备一份厚厚的嫁妆,以后也不过当个老宫婢,这事有什么好处?"正好遇上元宵节,居然有喜鹊在灯山上搭窝,人人都说是要出后妃的吉兆,谢桦伯再没法不赞同,于是一起送皇后上路进宫。后来皇后生了疹子,治了很久,退去一层皮,竟然变得白净如玉,医生又用药治好了眼睛里的翳,于是和贾涉的女儿一同进了皇宫。贾家女儿长得很美,皇帝本想立她为皇后。太后说:"谢女端庄持重,有福相,正适合立为皇后。"左右的人也都悄悄说:"不立个真皇后,倒立个假皇后吗?"皇帝没有办法改变太后意见。贾女做了妃子,极得皇帝宠爱,皇后和她相处坦然,并不忌恨。太后因此越加称赞皇后贤德,皇帝也渐渐尊重皇后了。

【纲】绍定四年(辛卯,1231,金正大八年,蒙古太宗窝阔台三年。),春正月,赵范、赵葵在扬州城下击败李全,李全逃走,死在新塘(今江苏徐州西北)。

【纲】夏五月,赵范、赵葵等收复淮安。

【纲】秋八月,蒙古主任耶律楚材为中书令。

【纲】九月,太庙失火。冬十二月,新修太庙。

【纲】绍定五年(壬辰,1232,金天兴元年,蒙古太宗窝阔台四年),春正月,任孟珙为京西兵马钤辖,驻兵枣阳。 【目】原先,孟珙

军,命江海统之,众不服;制置司以珙代海,珙分其军为三,众皆帖然。珙又创平堰于枣阳,自城至军西十八里,由八叠河经渐水侧,水跨九阜,建通天槽八十有三丈,溉田十万顷,立十庄、三辖,使军民分屯;边储丰足。珙又命忠顺军家自畜马,官给刍粟,马益蕃息。至是以母忧起复,驻札枣阳。

【纲】以史嵩之为京湖制置使。

【纲】蒙古窝阔台自白坡渡河,次郑州,使其将速不台围金汴京。

【纲】金完颜合达、移剌蒲阿引军援汴,及蒙古拖雷战于三峰,大败,忠孝军总领完颜陈和尚死之。

【纲】三月,金遣曹王讹可为质于蒙古,请和。夏四月,蒙古退军河、洛。

【纲】秋七月,以陈贵谊同签书枢密院事。

【纲】蒙古国安用降金,金封为兖王,行东京尚书省事,赐姓名完颜用安。

【纲】闰九月,彗出于角。

【纲】冬十月,金盱眙守将以城来归,诏改为昭信军。

【纲】蒙古拖雷死。 【目】拖雷生六子:长蒙哥,次术儿哥,三忽睹都,四忽必烈,五旭烈,六阿里不哥。

【纲】十二月,皇太后杨氏崩。

【纲】蒙古遣使来议伐金,许之。 【目】蒙古再遣王檝来京湖议夹攻金。史嵩之以闻,朝廷皆以为可遂复雠之举,独赵范不喜,曰:"宣和海上之盟,厥初甚坚,迄以取祸,不可不鉴。"帝不从,命嵩之报使许之。嵩之乃遣邹伸之往报,蒙古许俟成功,以河南地来归。

的父亲孟宗政任知枣阳,招募唐州、邓州、蔡州壮士两万多人,号忠顺军,叫江海统率。士兵不服江海,制置司改任孟珙代替江海,孟珙把部队一分为三,众人都服服帖帖。孟珙又在枣阳修了平堰,由县城到军队驻地的西面共长十八里,从八叠河经过渐水(八叠河在今枣阳县境。渐水即溠水,在今枣阳县东南,西合唐河入汉水)侧。水跨过九阜,修了通天槽八十三丈,可以灌溉田十万顷,成立了十庄、三辖,使士兵和百姓分屯,因此边防储备充足。孟珙又命令忠顺军每家养马,草料由公家供给,马匹因此更加蕃殖起来。孟珙本来因母亲去世丁忧在家,至此被重新起用,领兵驻扎在枣阳。

【纲】任史嵩之为京湖制置使。

【纲】蒙古窝阔台自白坡(今河南孟县西南)渡过黄河驻扎在郑州。派其大将速不台包围金汴京(今河南开封)。

【纲】金完颜合达、移剌蒲阿领兵援汴,与蒙古拖雷在三峰(今河南禹县境)交战,大败,忠孝军总领完颜陈和尚战死。

【纲】三月,金派曹王讹可到蒙古作人质,请求和解。夏四月,蒙古兵退到河、洛一带。

【纲】秋七月,任陈贵谊为同签书枢密院事。

【纲】蒙古国安用降金,金封他为兖王行东京尚书省事,赐姓名完颜用安。

【纲】闰九月,彗星在角宿位置出现。

【纲】冬十月,金盱眙守将献城投降,皇帝下诏改所部为招信军。

【纲】蒙古拖雷死。　【目】拖雷生有六子:长子蒙哥、次子木儿哥、三子忽睹都、四子忽必烈、五子旭烈、六子阿里不哥。

【纲】十二月,皇太后杨氏死。

【纲】蒙古派使臣来商议共同出兵讨伐金的事,同意伐金。　【目】蒙古又派王檝来京湖谈判夹攻金,史嵩之报告朝廷。朝廷都以为这是报仇雪恨的好事,只有赵范不高兴,说:"宣和年间,曾经有过海上之盟,开始好象也很坚固,最后却是一场祸害,不可不引以为戒。"皇帝不听,叫史嵩之告诉蒙古使臣表示同意。史嵩之派邹仲之去回报,蒙古答应事成之后河南地面归宋朝。

【纲】金主守绪出奔河北，蒙古速不台复围汴。

【纲】癸巳，六年，春正月，金主守绪济河，使完颜白撒攻卫州，与蒙古兵战，大败，金主走归德。白撒伏诛。

【纲】金汴京西面元帅崔立作乱，以梁王从恪监国而幽之，自为太师、尚书令、都元帅，以城降蒙古。

【纲】夏四月，金崔立执其主之后妃及梁王从恪等送蒙古军。蒙古速不台杀从恪等，以后妃北还。

【纲】六月，蒙古取洛阳，金中京留守强伸死之。

【纲】金主守绪走蔡州。

【纲】蒙古以孔元楷袭封衍圣公。

【纲】秋八月，史嵩之以兵会蒙古将塔察儿伐金。

【纲】九月，金人来乞粮，不许。【目】金使完颜阿虎带来乞粮，将行，金主谕之曰："宋人负朕深矣！朕自即位以来，戒饬边将，无犯南界，边臣有请征讨者，未尝不切责之。今乘我疲弊来攻，彼为谋亦浅矣。蒙古灭国四十，以及西夏；夏亡，及于我；我亡，必及于宋。唇亡齿寒，自然之理。若与我连和，所以为我者，亦为彼也。卿其以此意晓之。"阿虎带至，朝廷不许。

【纲】蒙古塔察儿围金蔡州，冬十月，史嵩之使孟珙等帅师会之。

【纲】封史弥远为会稽郡王，奉朝请。弥远寻卒。【目】弥远以疾求解政。诏"弥远有定策大功，勤劳王室，宜加优礼。"于是封会稽郡王，奉朝请。越八日而卒。弥远为相，凡二十六年，用事专且久，权倾内外。初欲反韩侂胄所为，故收召贤才老成，布于朝廷。及济王不得其死，论者纷起，遂专任憸，壬以居台谏，一时君子贬斥殆尽。帝德其立己，惟言是从，故恩宠终其身。

【纲】金主完颜守绪出奔河北，蒙古速不台再次包围汴京。

【纲】绍定六年（癸巳，1233，金天兴二年，蒙古太宗窝阔台五年），春正月，金主完颜守绪渡黄河，派完颜白撒攻卫州（今河南汲县）。与蒙古兵战，大败，金主逃到归德（治睢阳县，今河南商丘南）。完颜白撒被斩杀。

【纲】金汴京西面元帅崔立叛乱，叫梁王完颜从恪监国，却把他囚禁起来，自任太师、尚书令、都元帅，开城投降蒙古。

【纲】夏四月，金崔立把金主后妃和梁王从恪等送交给蒙古军。蒙古速不台杀了从恪等人，带金主后妃回北方。

【纲】六月，蒙古攻占洛阳，金中京（今河南洛阳）留守强伸死。

【纲】金主完颜守绪逃到蔡州。

【纲】蒙古命孔元楷袭封衍圣公。

【纲】秋八月，史嵩之派兵会合蒙古塔察儿进攻金蔡州。

【纲】九月，金人来乞求粮食，不许。　【目】金国使臣完颜阿虎带来乞求粮食，临行前金主告诉他说："宋人很对不住朕！朕自即位以来，就告诫边防将领不要进攻宋人。凡是边防将领请求进兵的，朕都加以责备和约束。如今宋人倒趁我疲弊竟来进攻，他们的主意是浅薄的。蒙古消灭了四十个国家，然后进攻西夏；西夏灭亡了，就进攻我们。我们灭亡了，必定攻宋。唇亡齿寒是自然的道理。如果他们与我们联合，看来为了我们，其实也是为他们自己。你去把这层意思告诉他们。"阿虎带来说了这个意思，朝廷不同意。

【纲】蒙古塔察儿包围金蔡州，冬十月，史嵩之派孟珙等领兵去会战。

【纲】封史弥远为会稽郡王，奉朝请。不久史弥远死去。　【目】史弥远因为有病请求解除职务。皇帝下诏书说："弥远有策立皇帝的大功，又一贯对王室勤恳，应该得到特别的优待。"于是封会稽郡王，奉朝请。过了八天史弥远就死了。史弥远当了二十六年宰相，执政时间很长，权力巨大。他起初想反对韩侂胄的行为，所以在朝廷上任用了不少有贤才的老成人。济王冤死以后，鸣冤的人很多，他就专门任用小人进御史台，结果把朝廷中的君子差不多贬斥干净。皇帝只念他策立自己的大功，

【纲】十一月，刑部侍郎梁成大等有罪，免。 【目】时成大权刑部侍郎，有旨黜之。既而台臣交劾刑部尚书兼给事中莫泽贪淫忮害，工部尚书李知孝侵欲亡厌，皆罢之。盖三人皆党附史弥远，排斥诸贤；而成大尤心术崄巇，凡可贼害忠良者，率攘臂为之，虽知孝亦鄙其为人，至曰："所不堪者，他日与成大同传耳！"卒皆贬死，天下快之。

【纲】诏改元。 【目】史弥远卒，帝始亲政，励精求治。郑清之亦慨然以天下为己任，收召贤才，擢之朝廷。下诏改明年纪元端平。

【纲】曾从龙、宣缯免。

【纲】以洪咨夔、王遂为监察御史。 【目】帝亲政五日，即召咨夔为礼部员外郎。入对，帝问以今日急务，咨夔言："进君子，退小人，开诚心，布公道。"因乞召用崔与之、真德秀、魏了翁，帝纳之。翌日，与王遂并拜御史。咨夔谓遂曰："朝无台谏久矣，要当极本原而先论之。"因上疏乞权归人主，政出中书，以致平治之道。且劾资政殿学士袁韶仇视善类，谄附史弥远；诏夺韶祠禄。又论赵善湘、郑损、陈眅纳赂史弥远，怙势肆奸，失江淮、荆襄、蜀汉人心，罪状显著；诏善湘有讨李全功，特寝免。眅、损皆落职。

【纲】十二月，薛极免。 【目】极与胡榘、聂子述、赵汝述附史弥远，最亲用事，时人谓之"四木"。

【纲】甲午，端平元年，春正月，金主守绪传位于其宗室承麟。孟珙以蒙古兵入蔡州，守绪及其尚书右丞完颜忽斜虎死之，承麟为乱兵所杀，金亡。

【纲】以陈、蔡西北地分属蒙古，蒙古以刘福为河南道总管。史

只信任他的话，所以一直到死都对他格外恩宠。

【纲】十一月，刑部梁成大等有罪，免官。 【目】当时梁成大任代理刑部侍郎，皇帝下诏斥退。接着御史台官员纷纷弹劾刑部尚书兼给事中莫泽贪赃枉法，忌刻残害正直，工部尚书李知孝贪得无厌，两人都被罢了官。这三个人都是依附史弥远的党羽，排斥了许多好人，尤其以梁成大用心最为险恶，只要是残害忠良，总是他首先穷凶极恶动手。连李知孝也鄙弃他的为人，甚至说过："使我难堪的是，和梁成大一起在史书上留下恶名。"三个人最后都贬死，天下人心大快。

【纲】下诏改元。 【目】史弥远死后，皇帝开始亲自处理政事，努力想把国家治理好。郑清之也发奋以天下为己任，于是广求贤才充实朝廷。皇帝下诏明年改元为端平。

【纲】免去曾从龙、宣缯的官爵。

【纲】任洪咨夔、王遂为监察御史。 【目】皇帝亲政第五天，马上就召洪咨夔任礼部员外郎，谈话的时候，皇帝问现今的紧要事是什么，洪咨夔说："任用君子，斥退小人，表明陛下的诚意，让百姓知道公道。"因此要求起用崔与之、真德秀、魏了翁，皇帝采纳了他的建议。第二天，洪咨夔就与王遂同时被任命为御史。洪咨夔对王遂说："朝廷已经很久没有真正的台谏了，我们应当首先从根本上向朝廷进言。"于是上书请求大权归皇帝掌握，政令由中书省发布，以求达到治国平天下，并弹劾资政殿学士袁韶仇视好人，对史弥远溜须拍马，皇帝下诏剥夺袁韶的祠禄。洪咨夔等还指责赵善湘、郑损、陈晐向史弥远行贿，仗势行恶，失去了江淮、荆襄、四川人心，罪状显著。皇帝下诏因赵善湘讨伐李全有功，不予问罪，陈晐、郑损都撤职。

【纲】十二月，免去薛极的官爵。 【目】薛极与胡榘、聂子述、赵汝述依附史弥远，史弥远亲信他们，并让他们掌权，当时人们称为"四木"。

【纲】端平元年（甲午，1234，金天兴三年，本年金亡），春正月，金主完颜守绪传位于宗室完颜承麟。孟珙领蒙古兵攻入蔡州，完颜守绪和尚书右丞完颜忽斜虎战死，完颜承麟为乱兵所杀。金朝灭亡。

【纲】划陈州（治宛丘县，今河南淮阳）、蔡州西北土地属蒙古。蒙

嵩之使孟珙等分屯京西。

【纲】三月，以贾贵妃弟似道为藉田令。 【目】似道，涉之子，少落魄为游博，不事操行，以荫补嘉兴司仓，帝以贵妃故，累擢藉田令。恃宠不检，日纵游诸妓家，至夜即燕游湖上不返。帝尝夜凭高望西湖中灯火异常时，语左右曰："此必似道也。"明日询之，果然。使京尹史嵩之戒之，嵩之对曰："似道虽有少年气习，然其才可大用也。"

【纲】夏四月，献金俘于太庙，论功行赏有差。 【目】史嵩之遣使以孟珙所获金俘囚张天纲、完颜好海等献于临安。四月丙戌，备礼告于太庙，加孟珙带御器械，江海以下论功行赏有差。

知临安府薛琼问天纲曰："有何面目到此？"天纲曰："国之兴亡，何代无之？我金之亡，比汝二帝何如？"琼叱之。明日，奏其语，帝召天纲问曰："汝真不畏死邪？"天纲对曰："大丈夫患死之不中节耳，何畏之有！"因祈死不已，帝不听。初，有司令天纲具状，必欲书金主为"虏主"，天纲曰："杀即杀，焉用状为！"有司不能屈，听其所供，天纲但书"故主"而已。闻者怜之，后莫知其所终。

监察御史王遂言："史嵩之本不知兵，矜功自侈，谋身诡秘，欺君误国，留之襄阳一日，则有一日之忧。"不报。洪咨夔亦言："残金虽灭，邻国方强，亦严守备，犹恐不逮，岂可动色相贺，涣然解体，以重方来之忧！"帝嘉纳之。

【纲】五月，赐黄榦、李燔、李道传等谥，录其子。 【目】诏："榦、燔、道传及陈宓、楼昉、徐瑄、胡梦昱等，陁于权奸，而各行其志，没齿无怨，其赐谥复官，录用其子。"

古任刘福为河南道总管。史嵩之令孟珙等屯兵京西。

【纲】三月,任贾贵妃的弟弟贾似道为籍田令。 【目】贾似道是贾涉的儿子,年青时候就不学好,到处游荡赌博,没有操行,但沾了父亲当大官的光,也封为嘉兴司仓。因为皇帝宠爱贾贵妃的缘故,又不断提拔他升任为籍田令。他依仗着是贵妃弟弟很不检点,每天在妓院鬼混,晚上带着妓女在西湖上饮酒胡闹不回家。皇帝曾经在高处望见西湖(今浙江杭州西湖)中灯火异常,对左右人说:"此人必定是似道。"第二天一问,果然是他,于是就派京尹史嵩之去告诫贾似道。史嵩之说:"似道虽然有少年气习,但他的才能可以当大用。"

【纲】夏四月,把金国的俘虏献于太庙,按不同等级赏赐有功官员。 【目】史嵩之派使者将孟珙俘获的金俘虏张天纲、完颜好海等献到临安。四月丙辰,举行告太庙仪式,皇帝赏赐孟珙佩带兵器,江海以下诸人按不同等级论功行赏。

知临安府薛琼审问张天纲说:"你也有脸到这里来?"张天纲回答说:"国家兴亡,哪一代没有?我金国虽然亡了,但比你们徽钦二帝怎么样呢?"薛琼大怒,呵叱他。第二天,把审问时的对话上奏皇帝。皇帝召张天纲来,问他说:"你真不怕死吗?"张天纲回答说:"大丈夫只怕死得没有节操,有什么可怕的!"因此不断求死,皇帝不听。起初,主管部门让张天纲写供状,一定叫他把金主写成"虏主",张天纲说:"杀就杀,写供状干什么!"主管官没有办法把他降服,只好听便他写,张天纳不肯写"虏主",只写"故主"。听到这些事的人都怜惜张天纲,后来不知他到哪里去了。

监察御史王遂上书朝廷说:"史嵩之本来不懂用兵,有点功劳就自吹自擂,隐秘莫测,欺君误国,留在襄阳一天,就有一天的隐忧。"朝廷没有答覆。洪咨夔也上书说:"残破的金国虽然灭亡,邻国正在强大起来,即使加强戒备,还怕不够,怎么可以欢颜庆贺,精神涣散,恐怕要重视正在逼来的忧患!"皇帝赞赏他的看法。

【纲】五月,皇帝赐黄榦、李燔、李道传等人谥号,任用他们的子孙为官。 【目】皇帝下诏说:"榦、燔、道传和陈宓、楼昉、徐瑄、胡梦昱等虽然被掌权的奸臣压制,仍然各自按照自己的志向行事,到老没有怨

【纲】六月,以曾从龙参知政事,乔行简知枢密院事,郑性之签书院事。

【纲】诏复故济王竑官爵。

【纲】赵范、赵葵请复三京,诏知庐州全子才会兵趋汴,金故将李伯渊等诛崔立以降。 【目】范、葵欲乘时抚定中原,建守河、据关、收复三京之议,朝臣多以为未可,独郑清之力主其说。乃命赵范移司黄州,刻日进兵。范参议官邱岳曰:"方兴之敌,新盟而退,气盛锋锐,宁肯捐所得以与人邪!我师若往,彼必突至,非惟进退失据,开衅致兵必自此始。且千里长驱以争空城,得之当勤馈饷,后必悔之。"范不听。史嵩之亦言荆襄方尔饥馑,未可兴师。杜杲复陈守境之利,出师之害。乔行简时在告,上疏曰:"八陵有可朝之路,中原有可复之机,以大有为之资,当大有为之会,则事之有成,固可坐而策也。臣不忧师出之无功,而忧事力之不可继,有功而至于不可继,则其忧始深矣。夫规恢进取,必须选将练兵,丰财足食;而今将乏卒寡,财匮食竭,臣恐北方未可图,而南方已先骚动矣。愿坚持圣意,定为国论,以绝纷纷之说。"皆不听。而诏知庐州全子才合淮西兵万人赴汴。

时汴京都尉李伯渊、李琦、李贱奴等,为崔立所侮,谋杀之,及闻子才军至,伯渊等以书约降,而阳与立谋备御之策。六月,伯渊烧封丘门,约立视火,仓猝中就马上抱立,刺杀之,遂以城降。

【纲】赵葵帅师会全子才于汴。秋七月,葵将杨谊等入洛阳。

言,应该赏赐谥号,恢复官职,任用他们的儿子。"

【纲】六月,任命曾从龙为参加政事,乔行简为知枢密院事,郑性之为签书院事。

【纲】皇帝下诏恢复已故济王赵竑的官爵。

【纲】赵范、赵葵请收复三京(东京汴州、西京洛阳、南京应天)。皇帝诏令知庐州(治合肥县,今安徽合肥)全子才领兵去汴京会师。金国前将军李伯渊等杀了崔立来投降。 【目】赵范和赵葵打算趁此时机平定中原,提出扼守黄河、占领潼关、收复三京的建议。多数朝臣认为不可,只有郑清之极力赞成。于是任命赵范移司黄州(治黄冈县,即今湖北黄冈县),限定日期进兵。赵范的参议官丘岳说:"正在兴盛的敌人,刚刚和我们订立了盟约就退回去,他们气势旺盛,锐不可当,岂肯丧失已经到手的东西给别人吗!我们的军队如果前进,他肯定要突然攻来,那时候我军不但进退两难,而且从此挑动了战争。加上我们跋涉千里来争一座空城,纵使得手也要不断运送粮食来接济,以后一定会后悔的。"赵范不听。史嵩之也说荆州和襄阳正闹饥荒,不能兴师动众。杜杲又陈述守住边防的好处,出师进攻的害处。乔行简当时正在休假,他上疏说:"祖宗陵寝有路可以朝谒,中原大地有可以收复的机会,以陛下大有作为的资质,适逢可以大有作为的时机,事业定能成功,本来是坐在庙堂上就可以策划的。臣下不忧虑出兵无功,却担心准备不足,难以为继。有功而难以为继,后患就大了。想要进兵恢复故土,一定要先选好将帅,练好士兵,也要准备好丰厚的军饷和足够的粮食。如今既缺少将帅,又没有士兵,财源短缺,粮食枯竭,我只担心北方还没有得到而南方却先骚乱了。希望陛下坚持圣意,成为国家的决定,来杜绝各种议论。"所有这些意见皇帝都不听取,却下诏令知庐州全子才集合淮西兵一万人赶赴汴京前线。

当时,汴京都尉李伯渊、李琦、李贱奴等人遭到崔立侮辱,合谋杀掉崔立。等到听说全子才领兵到来时,李伯渊等相互写信约定投降。而表面上与崔立商议如何防御。六月,李伯渊放火烧封丘门,请崔立视察火灾,慌乱中在马上抱住崔立,将他刺杀,于是开城投降。

【纲】赵葵领兵同全子才在汴京会师。秋七月,赵葵的部将杨谊

【目】全子才次于汴,赵葵自滁州以淮西兵五万趋汴以会之。葵谓子才曰:"我辈始谋据关守河,今已抵汴半月,不急攻洛阳、潼关,何待邪?"子才以粮饷未集对,葵督促益急,乃檄钤辖范用吉等提兵万三千,命淮西制置司机宜文字徐敏子为监军,先命西上,又命杨谊以庐州强弩军万五千继之,各给五日粮。七月,徐敏子启行,遣军正将张迪以二百人趋洛阳。迪至城下,城中寂然无应者,至晚,有民庶三百余家登城投降',迪与敏子遂帅众入城。蒙古闻之,复引兵南下。

【纲】八月,朱扬祖还自河南。【目】先是遣太常簿朱扬祖诣河南省谒八陵,至是还,扬祖以《八陵图》上进。帝问诸陵相去几何及陵前涧水新复,扬祖悉以对。帝忍涕太息久之。

【纲】蒙古复引兵至洛阳城下,杨谊军溃,赵葵、全子才遂弃汴而归。【目】徐敏子入洛之明日,军食已竭,乃采蒿和面作饼而食之。杨谊至洛东三十里,方散坐蓐食,而蒙古伏兵突起深蒿中,杨谊仓卒无备,师遂大溃,谊仅以身免。八月朔,旦,蒙古兵至洛阳城立寨,敏子与战,胜负相当。士卒乏粮,因杀马而食,敏子等不能留,乃班师。赵葵、全子才在汴,亦以史嵩之不致馈,粮用不继;所复州郡率皆空城,无兵食可因,遂皆引师南还。赵范以入洛之师败绩,上表劾葵、子才轻遣偏师,赵楷、刘子澄参赞失计,师退无律,致后阵覆败。诏:"葵、子才削一秩,余贬秩有差。"郑清之力辞解政,不许。乔行简上言:"三京挠败之余,事与前异,但当益修战守之备。"帝嘉纳之。

【纲】京湖制置使史嵩之免。九月,以赵范代之。

【纲】召真德秀为翰林学士,魏了翁直学士院。【目】帝因民望召还二人。德秀入对,帝迎谓曰:"卿去国十年,每切思贤。"德

等攻克洛阳。 【目】全子才驻扎在汴京，赵葵从滁州率领五万淮西兵到汴京会师。赵葵对全子才说："我们一开始打算占领潼关，扼守黄河，现在到汴京已经半个月了，不赶紧去攻洛阳和潼关，还等什么？"全子才回答他说粮饷还没有备好，赵葵不断督促，于是传令铃辖范用吉等领兵一万三千人，派淮西制置司机宜文字徐敏子当监军，先命令西进，又命令杨谊率领一万五千庐州强弩军接应，各发给五天军粮。七月，徐敏子出发，先派正将张迪带二百人赶赴洛阳。张迪赶到洛阳城下，城里悄然无声，没人接应，到晚上，才有三百多家老百姓登上城墙投降，张迪和徐敏子于是领兵进城。蒙古听说此事后，又引兵南下。

【纲】八月，朱扬祖从河南回到临安。 【目】在此以前，朝廷派太常簿朱扬祖去河南拜谒八陵，到这时回临安，扬祖向皇帝呈上《八陵图》。皇帝询问各个陵寝间的距离和陵寝前面新近上涨的涧水，扬祖一一作了回答。皇帝忍住眼泪叹息了很久。

【纲】蒙古又率兵到洛阳城下，杨谊部队溃败，赵葵和全子才放弃汴京逃了回来。 【目】徐敏子进洛阳的第二天，军粮已用完，于是就采集蒿叶和在面里作成饼充饥，杨谊到了洛阳东三十里，正散坐在草垫上吃饭时，蒙古伏兵突然从蒿草中冲出来，杨谊仓促无备，军队溃散，他自己只落个单身逃脱。八月初一早晨，蒙古兵在洛阳城修了寨子，徐敏子领兵出战，互有胜败。因为部队缺粮，所以杀军马来吃，徐敏子等不能在这里久呆，只得领兵退回。在汴京的赵葵和全子才也因为史嵩之不送粮草来，军粮接继不上，所收复的州郡都是空城一座，无力供给军粮，于是都领兵退回南方。九月，赵范因为进攻洛阳的部队吃了败仗，上表朝廷弹劾赵葵和全子才轻率进兵，赵楷、刘子澄参谋失计，部队后撤又没个章法，以致后队全军覆没。皇帝下诏："赵葵、全子才降一级，其余的人分不同等级都降级。"郑清之坚决请求解除执政职务，皇帝不准。乔行简上书说："三京虽然打了败仗，但和从前的情况却不相同，现在应当加强战备。"皇帝赞赏他说得很对，并采纳了他的意见。

【纲】京湖制置使史嵩之被免官，由赵范代替了他。

【纲】皇帝召真德秀任翰林学士，任魏了翁为直学士院。 【目】皇帝因为人心所向而召真德秀和魏了翁回朝廷。真德秀面见皇帝的时候，

秀以《大学衍义》上进,因言于帝曰:"天之所助者顺,人之所助者信。'天厌夷德久矣,陛下傥能敬德以迓续休命,中原终为吾有;若徒以力求之而不反其本,天意难测,臣实忧之。"了翁入对,言事剀切,反覆利害之端,至漏下四十刻乃退,帝皆嘉纳之。

【纲】冬十月,陈贵谊卒。

【纲】诏真德秀进讲《大学衍义》。

【纲】十二月,蒙古使王楖来。 【目】蒙古使王楖来言曰:"何为而败盟也?"自是河、淮之间,无宁日矣。

【纲】安南入贡。

【纲】乙未,二年,春正月,以程苾为蒙古通好使。

【纲】诏孟珙屯黄州。 【目】珙留襄阳,招中原精锐之士万五千人,分屯濒北、樊城、新野、唐、邓间,以备蒙古,名镇北军。诏以珙为襄阳都统制,入对,授主管侍卫马军司公事,时暂黄州驻劄。朝辞,帝问恢复,珙对曰:"愿陛下宽民力,蓄人材,以俟机会。"帝问和议,珙对曰:"臣介胄之士,当言战,不当言和。"赐赉甚厚。珙至黄,增陴浚隍,搜访军实,边民来归者日以千数,为屋三万间以居之,厚加赈贷。又虑军民杂处,因高阜为齐安、镇安二砦,以居诸军。

【纲】三月,以真德秀参知政事,陈卓同签书枢密院事。夏五月,德秀卒。 【目】德秀拜参知政事时已得疾,遂三上表乞祠,帝不得已,授资政殿学士,提举万寿宫。逾旬而卒,赠银青光禄大夫,谥文忠。德秀立朝不满十年,奏疏将数十万言,皆切当世要务,直声震朝廷。四方文士诵其文,想见风采。及宦游所至,惠政深洽,不愧其言。由是中外交颂,史弥远忌之,辄摈不用,而声闻愈彰。及归朝

皇帝当面对他说："卿离开朝廷有十年了，朕常常思念贤卿。"真德秀把著作《大学衍义》呈送皇帝，因此对皇帝说："'天之所助者顺，人之所助者信。'上天厌弃夷人已经很久了，陛下倘使能敬重德行去延续天命，中原终会归为我有。如果只想用武力去求得，不从根本上努力，那么，天意难测，臣是很忧虑的。"魏了翁面见皇帝谈话时，讲得肯切实在，反反覆覆说明利害关系，一直谈到漏下四十刻才退出，皇帝都高兴接受了。

【纲】冬十月，陈贵谊死。

【纲】皇帝下诏命真德秀进宫讲《大学衍义》。

【纲】十二月，蒙古使臣王楫来临安。　【目】蒙古派遣王楫来质问："为什么破坏盟约？"从此，黄河、淮水之间，不得安宁。

【纲】安南来贡。

【纲】端平二年（乙未，1235，蒙古太宗窝阔台七年），春正月，任程芾为蒙古通好使。

【纲】皇帝下诏，令孟珙屯兵黄州。　【目】孟珙留在襄阳，招募了中原精锐之士一万五千人，分别驻在漢北、樊城、新野、唐、邓间，防御蒙古军，名为镇北军。皇帝下诏任孟珙为襄阳都统制，召见的时候，又叫他任主管侍卫马军行司公事，暂时驻扎在黄州。皇帝问对恢复故土的看法，孟珙答："愿陛下使百姓休养生息，储备人材，等待时机。"皇帝又问议和的事，孟珙回答说："臣是武人，应当谈战，不应当谈和。"皇帝高兴给了许多赏赐。孟珙到了黄州，积极增修城墙，深挖护城河，搜集军事情报，每天来归附的边民大约有一千人。孟珙造了三万间房舍让他们居住，丰厚地发给赈济贷款。他忧虑军民杂处不好，还特意在高地上建了齐安、镇安两个砦子来住军队。

【纲】三月，任真德秀为参知政事，陈卓为同签书枢密院事。夏五月，真德秀死。　【目】真德秀任参知政事时已经得病，曾经三次向皇帝上表请求免职，要求祠禄。皇帝不得已任他为资政殿学士，提举万寿宫。但过十天就去世了，追赠为银青光禄大夫，谥号文忠。真德秀在朝廷不满十年，上皇帝的奏疏有几十万字，都很切合当时的大事，所以正直的名声满谥朝廷。四面八方的文士们诵读他的文章，都想见他的风采。他在地方上当官，对百姓也非常仁厚，做了不少好事，无愧于他平

将大用,则既衰矣。然自韩侂胄立伪学之名以锢善类,凡近世大儒之书,皆显禁绝之。德秀晚出,独慨然以斯文自任,讲习而服行之。党禁既开,正学遂明于后世,德秀之力为多。

【纲】六月,葛洪免,召崔与之参知政事,不至。 【目】与之自成都乞归广州,每有除命,皆力辞不起。及拜广东安抚,会摧锋军士作乱,与之肩舆登城,叛兵望之,俯伏听命而散。因即家治事。帝注想弥切,召参大政,与之力辞,帝乃遣使趣之,且访以政事之当行罢者,人才之当用舍者。与之上疏曰:"天生人才,自足以供一代之用,惟辨其君子小人而已。忠实而有才者,上也;才不高而忠实存者,次也;用人之道,无逾于此。"帝嘉纳之,召命益力。与之控辞至十三疏,不许。

【纲】蒙古主使其子阔端等分道入寇。 【目】蒙古主命子阔端、将塔海等侵蜀,忒木䚟及张柔等侵汉口,温不花及察罕等侵江淮,又命侄蒙哥征西域,唐古鲁火赤伐高丽。

【纲】冬十二月,以魏了翁同签书枢密院事,督视江淮、京湖军马。 【目】了翁在朝凡六月,前后二十余疏,皆当世急务。帝将引以共政,而忌者相与合谋排摈之,且言了翁知兵体。乃命出视师,赐便宜诏书如张浚故事。陛辞,御书唐严武诗及"鹤山书院"四大字赐之。了翁开幕府于江州,以吴潜为参谋官,赵善瀚、马光祖为参议官。

【纲】曾从龙卒,以余嵘同签书枢密院事。
【纲】蒙古阔端入沔州,杀知州事高稼,进围青野原,利州统制曹友闻将兵救却之。

日的主张，因此中外都对他交口称颂。史弥远忌恨他，动辄排斥不用，他的名声反倒越高。等到他被召回到朝廷，将要大用为宰相，却已经衰老了。自从韩侂胄以伪学为名打击贤士，近代大儒的著作都被禁绝了。真德秀晚出，慨然以儒学为己任，既研究著述而且身体力行。待党禁一开，正学就光明显著于后世，其中真德秀的功绩是很大的。

【纲】六月，葛洪被免职，皇帝召崔与之为参知政事，但未到任。【目】崔与之由成都请求回到广州，每逢朝廷任命他担任官职，总是极力推辞，不肯出来。等到担任广东安抚时，碰上军士闹乱子，崔与之乘轿登城，乱兵见他来了，顿时拜倒在地听命散开。他平常在家里办公，皇帝很想念他，召请他参预国家大政，崔与之极力推辞。皇帝派使者催请，并且询问他在政治上哪些事可行，在人才上谁可以任用，崔与之上书说："上天降生人才很多，足够一代使用，要紧是要辨别君子小人。忠实又有才的人是上等；才虽不高却忠实的人是次等。用人之道，不过如此。"皇帝很赞赏，并采纳了他的意见，越发要召他出山。崔与之连续上书十三次推辞，皇帝不许。

【纲】蒙古主派他的儿子阔端等分几路进攻。【目】蒙古主命令儿子阔端、部将塔海等侵略蜀地，忒木觪和张柔等进攻汉地，口温不花和察罕等侵略江淮，又命令侄儿蒙哥出征西域，唐古鲁火讨代高丽。

【纲】冬十二月，任魏了翁为同签书枢密院事，督视江淮、京湖军马。【目】魏了翁在朝廷供职六个月，前后上书二十余次，谈的都是当时急需办理的大事。皇帝打算与他共商国事，但忌恨他的人却合谋排斥他，并且都说魏了翁熟知军事，于是朝廷派他出外视察部队，皇帝还赐给他可以像张浚那样便宜行事的诏书。魏了翁面见皇帝辞行，皇帝亲笔写了一首唐代严武的诗和"鹤山书院"四个大字赏赐给他。魏了翁在江州（治德化县，今江西九江）设立了幕府，任吴潜为参谋官，赵善瀚、马光祖为参议官。

【纲】曾从龙死，任徐嵘为同签书枢密院事。

【纲】蒙古阔端攻占沔州（治略阳县，今陕西略阳），知州事高稼被杀，进兵围青野原（今陕西略阳西南），利州（治绵谷县，今四川广

【纲】丙申,三年,春正月,蒙古将忒木䚟寇江陵。 【目】统制李复明死之。

【纲】二月,召魏了翁还签书枢密院事,固辞不拜。 【目】廷臣多忌了翁者,故谋假出督以外之。甫二旬,复以建督为非,召之还,而帝不悟。于是了翁固辞求去。

【纲】以陈韡为沿江制置使,史嵩之为淮西制置使。

【纲】三月,襄阳将王旻等作乱,以城降蒙古。 【目】赵范在襄阳,以北军将王旻、李伯渊、樊文彬、黄国弼等为腹心,朝夕酣狎,了无上下之序,民讼边防,一切废弛。既而南北军交争,范失于抚驭,于是旻、伯渊焚襄阳城郭、仓库,相继降于蒙古。诏削赵范三官,仍旧职任。

【纲】夏四月,魏了翁罢。 【目】了翁乞归田里,不允,以资政殿学士知潭州。时殿中侍御史李韶讼曰:"了翁刻志问学,几四十年,忠言谠论,载在国史。比者枢庭之诏,未几改镇,改镇未久,有旨予祠,不知国家人才,烨然有称如了翁者几人?愿亟召还,处以台辅。"不报。

【纲】下诏罪己。 【目】时师屡为蒙古所败,襄、汉、淮、蜀日事兵争,帝悔前事,命学士吴泳草诏罪己。泳以监察御史王万忠伉有大志,精于边防,以诏意访之。万曰:"兵固失矣,言之甚,恐亦不可,今边民生意如发,宜以振厉奋发,兴感人心。"因为条具沿边事宜。泳从其言,草诏上进,其略有曰:"数年之间,多难已甚,属雠金之浸灭,而蒙古之与邻。遽合谋成破蔡之功,恐假道有及虞之势。心之忧矣,脐可噬乎!"又曰:"兵民之死战斗,户口之困流离,定庐靡存,骼胔相望。是皆朕明不能烛,德有未孚,上无以格天心,下无

元)统制曹友闻领兵救青野原,蒙古兵退。

【纲】端平三年(丙申,1236,蒙古太宗窝阔台八年),春正月,蒙古将忒木觯进攻江陵(今湖北江陵)。 【目】统制李复明战死。

【纲】二月,皇帝召魏了翁回朝任签书枢密院事,魏坚决辞谢不就任。 【目】朝廷臣僚不少人忌恨魏了翁,所以想方设法把他排挤出中央政府到外地督察军队。不过二十天,又说不应该设督察,召他回朝廷。皇帝还不明白原因,于是魏了翁坚决辞谢,要求去职回家。

【纲】任陈韡为沿江制置使,史嵩之为淮西制置使。

【纲】三月,襄阳阳守将王旻等叛变,开城投降蒙古。 【目】赵范在襄阳,把北军将领王旻、李伯渊、樊文彬、黄国弼等人当作心腹,天天一起嬉笑胡闹,完全失去上下间的规矩,百姓的诉讼和边防事务也全然不理。后来,南北军发生摩擦,赵范又处置不当,于是王旻、李伯渊竟放火烧了城廓和仓库,相继投降蒙古。皇帝下诏降赵范三级,担任原职。

【纲】夏四月,魏了翁被罢官。 【目】魏了翁请求回家养老,皇帝不许,任魏为资政殿学士知潭州(治长沙县,今湖南长沙)。殿中侍御史李韶甚为不平,上书争论说:"魏了翁一心刻苦研究学问,近四十年间,对朝廷进过许多忠言,都载入国史。最近,召他回朝,没多久又外调地方,到地方不久,皇上下诏给了他提举宫观的虚衔。不知道国家有多少能象魏了翁这样的人才?望陛下赶快把他召回朝廷,任为宰相。"但没有得到答复。

【纲】皇帝下罪己诏。 【目】当时军队屡次被蒙古打败,襄、汉、淮、蜀等处不断发生战争。皇帝后悔当初没有采纳正确的建议,命令学士吴泳起草罪己诏。吴泳认为监察御史王万忠诚刚直,胸怀大志,熟知边防,就去请教他的意见。王万说:"仗是打败了,说得太过也不妥当。如今边民的精神状态危细得好象发丝,应该振作精神,激励人心。"他还逐条谈了边务该如何办理。吴泳吸收他的意思草写成诏书,大概内容说:"几年来国家多难,仇敌金虽然灭亡,又与蒙古成了邻国。尽管有合力攻破蔡州的成效,却也有假道灭虞的忧虑。朕一直很忧心,后悔却来不及了。"又说:"士兵战死疆场,百姓流离失所,房屋都毁坏无存,

以定民志。今方施令发政，以为绥辑之图，补卒搜乘，以严守御之备，想疮痍之溢目，如疾病之在身。"

【纲】五月，以赵葵为淮东制置使。

【纲】秋七月，陈卓罢，以郑性之参知政事，李鸣复签书枢密院事。

【纲】八月，赵范有罪免。

【纲】蒙古陷枣阳军、德安府。【目】初，蒙古破许州，获金军资库使姚枢，杨惟中见之，以兄事枢。时北庭无汉人士大夫，太祖见枢至，甚喜，特加重焉。及阔端南侵，俾枢从。至是破枣阳，忒木䚟欲坑士人，枢力与辨，得脱死者数十人。继拔德安，得赵复。复以儒学见重于世，其徒称为江汉先生。既被获，不欲北行，力求死所。枢止与共宿，譬说百端，曰："徒死无益，随吾而北，可保无他也。"至燕，名益大著，学徒百人，由是北方始知学经，而枢亦初得睹程、朱性理之书。

【纲】九月，有事于明堂，大雨，震电。郑清之、乔行简免。召崔与之为右丞相兼枢密使，复辞不至。

【纲】曹友闻与蒙古战于阳平关，败绩，死之，蒙古阔端遂入成都。

【纲】冬十月，蒙古陷文州，知州事刘锐等死之。【目】阔端兵离成都入文州，知州刘锐、通判赵汝向乘城固守，昼夜搏战。逾月，援兵不至，锐度不免，集其家人，尽饮以药，皆死。家素有礼法，幼子才六岁，饮药时犹下拜受之，左右感动。城破，锐及其二子自刎死。汝向被执，脔杀之，军民同死者数万。

遍地是枯骨腐肉。这都是朕见事不明,德行不足,上不能感通天意,下没有稳定民心。现在朝廷正在积极采取措施,力图使国家安定和睦,再补充军事力量,加强国防。每每想到天下疮痍满目,朕难受得就象疾病在身一样。"

【纲】五月,任赵葵为淮东制置使。

【纲】秋七月,陈卓被罢官,任郑性之为参知政事,李鸣复为签书枢密院事。

【纲】八月,赵范有罪免官。

【纲】蒙古兵攻破枣阳军、德安府(治安陆县,今湖北安陆)。
【目】蒙古兵攻破许州(治长社县,今河南许昌)时,俘获金军资库使姚枢。杨惟中见到姚枢,象对待兄长一样对待他。当时北庭还没有汉人士大夫,蒙古太祖见到姚枢非常高兴,对他特别尊重。等到阔端南侵,叫姚枢跟随。到了这时攻占枣阳,忒木觧打算坑杀士人,姚枢力争,有几十个读书人得到活命。后来继续攻占德安,俘获赵复。赵复因儒学有名而见重于世,他的门徒称他为江汉先生。被俘之后,不愿北行,一意求死。姚枢劝阻他并和他住在一起,百般劝解,说:"白白死去,毫无用处,跟我一起到北方去,保你无害。"到了燕京,赵复名声越发响亮,有一百人来拜师求学。从此,北方才知道读书学经,姚枢也才接触到程朱理学的书。

【纲】九月,皇帝在明堂举行典礼,天降大雨,雷鸣电闪。郑清之、乔行简因此免官。皇帝召崔与之为右丞相兼枢密使,崔仍然辞射,不肯来。

【纲】曹友闻与蒙古在阳平关(今陕西宁强西北)交战,曹战败死。蒙古阔端于是进入成都。

【纲】冬十月,蒙古攻破文州(治曲水县,今甘肃文县西北),知州事刘锐等牺牲。　【目】阔端兵离开成都进入文州。知州刘锐、通判赵汝向据城固守,昼夜奋力战斗。过了一个月后,援兵还没来,刘锐知道不免一死,召集全家一起服毒药自杀。刘家平素很讲礼法,小儿子才六岁,服毒前也向父亲下拜领药,左右人很受感动。蒙古兵攻破文州后,刘锐和两个儿子也自刎而死。赵汝向被活捉剐成肉块,军民一共死了几万人。

【纲】封陈日煚为安南王。

【纲】十一月,以乔行简为左丞相兼枢密使。

【纲】蒙古兵入淮西,诏史嵩之、赵葵、陈韡分道拒之。

【纲】孟珙引兵败蒙古忒木䚟于江陵。

【纲】蒙古将察罕寇真州,知州事邱岳败之。

【纲】复成都。

【纲】封陈日煚更为安南王。

【纲】十一月,任乔行简为左丞相兼枢密使。

【纲】蒙古兵攻入淮西,皇帝诏令史嵩之、赵葵、陈韡分几路抵御敌军。

【纲】孟珙领兵在江陵打败蒙古忒木觯军。

【纲】蒙古将察罕领兵攻真州(治扬子县,今江苏仪征),知州事邱岳领兵打败敌军。

【纲】收复成都。

纲鉴易知录卷八七

南宋纪

理宗皇帝

【纲】丁酉，嘉熙元年，春正月，以李埴同知枢密院事，宣抚四川。

【纲】二月，以郑性之知枢密院事，邹应龙签书院事，李宗勉同签书院事。李鸣复罢。

【纲】诏经筵进讲朱熹《通鉴纲目》。

【纲】三月，资政殿学士魏了翁卒。

【纲】夏五月，临安大火。　【目】临安大火，自巳至酉，烧民庐五十三万。士民上书咸诉济王之冤，进士潘枋对策亦以为言，并及史弥远。侍御史蒋岘，弥远之党也，上疏谓："火灾天数，何预故王？"遂劾方大琮、王迈、刘克庄等鼓扇异论，并斥枋性同逆贼，语涉不顺，请皆论以汉法。自是群臣无敢复言济王冤矣。

【纲】六月，邹应龙罢。秋八月，以李鸣复参知政事，李宗勉签书枢密院事。

【纲】蒙古校儒士于诸路。　【目】耶律楚材奏："制器者必用良工，守成者必用儒臣。儒臣之事业，非积数十年殆未易成也。"蒙古主曰："果尔，可官其人。"楚材请校试之，乃命税课使刘中、杨奂随郡考试，以经义、词赋、论分为三科，儒人被俘为奴者亦令就试，其主匿弗遣者死，得士凡四千三十人，免为奴者四之一。楚材又请一衡量，立钞法，定均输，庶政略备，民稍苏息。

【纲】冬十月，蒙古寇安丰，知军事杜杲力战御之，蒙古引还。【目】蒙古口温不花攻黄州，孟珙帅师救却之。遂攻安丰。杜杲缮完守御，蒙古以火炮焚楼橹，杲随陷随补完。蒙古令拔都斫牌权

理宗皇帝

【纲】嘉熙元年(丁酉,1237,蒙古太宗窝阔台九年),春正月,任李埴为同知枢密院事,宣抚四川。

【纲】二月,任郑性之为知枢密院事,邹应龙为签书院事,李宗勉为同签书院事。李鸣复罢官。

【纲】皇帝下诏,经筵进讲朱熹《通鉴纲目》。

【纲】三月,资政殿学士魏了翁死。

【纲】五月,临安发生大火。 【目】临安发生大火,从己时烧到酉时,烧毁民房五十三万间。士民们上书都为济王鸣冤,进士潘枋在对策时也谈到济王的冤屈,并且涉及了史弥远。侍御史蒋岘是史弥远的党羽,上疏说:"火灾属于天数,故去的济王怎能预先知道呢?"于是弹劾方大琮、王迈、刘克庄等故意挑动怪论,还斥责潘枋性同逆贼,言语对皇帝不恭顺,要求对他们都按汉法论处。从此群臣再没有人敢说济王冤枉了。

【纲】六月,邹应龙被罢官。秋八月,任李鸣复为参知政事,李宗勉为签书枢密院事。

【纲】蒙古在诸路考试儒生。 【目】耶律楚材上奏书说:"制造器物必须有好的工匠,保持已取得的成就必须用儒臣。儒臣的事业,没有几十年的工夫,是不容易成功的。"蒙古主说:"果真如此,可以让他们当官。"耶律楚材请求举行考试。于是,命令税课使刘中、杨奂跟随到郡考试,分为经义、词赋、论三科,儒生被俘当了奴隶的也准参试,凡是奴隶主禁止其参试的,处死刑。一共得到士人四千零三十人,其中免除奴隶身份的达到四分之一。耶律楚材又请求统一衡量,建立钞法,定均输,政令大体具备,人民稍稍得到休养生息。

【纲】冬十月,蒙古进攻安丰(安丰,军名,治寿春县,即今安徽寿县),知军事杜杲领兵奋力抵御,蒙古人率兵退回。 【目】蒙古口温不花领兵攻黄州(治黄冈县,今湖北黄冈),孟珙领兵援救黄州,蒙古兵

木。拔都鲁者,皆死因为之,攻城以自赎。杲募善射者用小箭射其目,拔都鲁多伤而退。会池州都统制吕文德突围入城,合力捍御,蒙古引去,淮右以安。文德,安丰人,魁梧勇悍,尝鬻薪城中,赵葵见其遗屦长尺有咫,异而访之,值文德出猎,暮负虎鹿各一而归,召置帐下,遂累功劳,超擢军职。

【纲】戊戌,二年,春正月,以余天锡同签书枢密院事。

【纲】二月,以史嵩之参知政事,督视京湖、江西军马,置司鄂州。

【纲】夏六月,李埴卒。

【纲】秋七月,以赵以夫同知枢密院事。

【纲】九月,蒙古围庐州,杜杲败走之。 【目】蒙古察罕帅兵号八十万围庐州,期破庐后造舟巢湖以窥江左。于壕外筑土城六十里,穿两壕,攻具皆数倍于攻安丰时。杜杲极力守御,蒙古筑坝高于城楼,杲以油灌草,即坝下炼之,皆为煨烬。又于串楼内立雁翅七层,俄炮中坝上,众惊,杲乘胜出战,蒙古败走,杲追蹑数十里。又练舟师扼淮河,遣其子庶监吕文德、聂斌伏精锐于要害;蒙古不能进,遂引师北归。诏加杲淮西制置使。

【纲】以孟珙为京湖制置使。冬十月,珙复郢州、荆门军。

【纲】蒙古建太极书院于燕京。 【目】时濂溪周子之学未至于河朔,杨惟中用师于蜀、湖、京、汉,得名士数十人,始知其道之粹,乃收集伊洛诸书,载送燕京。师还,与姚枢谋建太极书院及周子祠,以二程、张、杨、游、朱六子配食,请赵复为师,选俊秀有识度

转而攻安丰，杜杲修城防守。蒙古兵用火炮焚烧城上望楼，杜杲令士兵随陷随修。口温不花派拔都鲁来砍牌权木，拔都鲁都是死囚，攻城有功可以赎罪。杜杲召募善射的士兵用小箭射他们的眼睛，拔都鲁大多受伤败退。正好此时池州（治贵池县，今安徽贵池）都统制吕文德突围进城，杜杲与吕合力抵御，蒙古兵退走，淮右（淮右即淮西）因此得以安定。吕文德是安丰人，身体魁梧，勇猛彪悍，曾经在城里卖柴维生。赵葵见他丢下的麻鞋长一尺八寸，十分惊奇，于是留心寻访。恰遇吕文德外出打猎，天黑时他肩扛一虎一鹿回家。赵葵将他召入军营，后来他因为累次立功，不断升迁为都统制。

【纲】嘉熙二年（戊戌，1238，蒙古太宗窝阔台十年），春正月，任余天锡为同签书枢密院事。

【纲】二月，任史嵩之为参加政事、督视京湖、江西军马，置司鄂州（治江夏县，今湖北武汉市武昌城）。

【纲】夏六月，李埴死。

【纲】秋七月，任赵以夫为同知枢密院事。

【纲】九月，蒙古兵围庐州，杜杲打败蒙古兵。　【目】蒙古察罕率领号称八十万军队包围庐州，企图占领庐州后在巢湖（巢湖，在今安徽巢县西）造船进攻长江下流江苏。察罕在壕外筑土城六十里，穿过两道城壕，攻城工具比攻打安丰时超出几倍。杜杲全力抵御，蒙古兵筑坝高于城楼，杜杲用油灌草，在坝下放火焚烧，变为灰烬。又在串楼内立起七层鹰翅，不一会儿放炮击中坝，蒙古兵惊，杜杲乘胜出击，蒙古兵战败逃跑，杜杲追逐数十里。同时还训练水兵扼守淮河，并派他的儿子杜庶监督吕文德、聂斌在要害处埋伏精锐部队。蒙古兵不能前进，只好退兵回北方。皇帝下诏升任杜杲为淮西制置使。

【纲】任孟珙为京湖制置使。冬十月，孟珙收复郢州（治长寿县，今湖北钟祥）和荆门军（治当阳县，今湖北当阳）。

【纲】蒙古在燕京建太极书院。　【目】当时，濂溪周子之学还没有传到河北。杨惟中在蜀、湖、京、汉打仗时，得几十位名士，才知道理学的精深，于是收集伊洛各种著作，运送回燕京。他领兵还朝后，又与姚枢商量修建太极书院和周子祠，同时以二程、张载、杨时、游酢、朱熹

者为道学生。由是河朔始知道学。

【纲】己亥,三年,春正月,以乔行简为少傅、平章军国重事,李宗勉为左丞相兼枢密使,史嵩之为右丞相兼枢密使、督视江淮、四川、京湖军马。 【目】嵩之既相,一时正人多以不合逐去,时三相当国,论者谓乔失之泛,李失之狭,史失之专;然宗勉清谨守法,犹号为贤。

【纲】以余天锡参知政事,游侣签书枢密院事。

【纲】三月,孟珙复襄阳。 【目】珙遣兵及蒙古三战皆捷,遂复樊城、襄阳,因上奏曰:"取襄不难而守为难。非将士不勇也,非车马器械不精也,实在乎事力之不继尔。襄、樊为朝廷根本,今百战而得之,当加经理,如护元气,非甲兵十万,不足分守。与其抽兵于敌来之后,孰若保此全胜!练兵集谋,此不争之争也。"乃以蔡、息降人置忠卫军,襄、郢降人置先锋军。

【纲】冬十二月,观文殿大学士致仕崔与之卒。 【目】与之晚出番禺,屹然有大臣风,与张九龄齐名异代。赠少师,封南海郡公,谥清献。

【纲】孟珙遣兵御蒙古于蜀口,遂复夔州。

【纲】以陈埙为国子司业。 【目】埙,史弥远之甥也,绍定中为太常博士,上疏"乞去君侧之蛊媚以正主德,从天下之公论以新庶政",盖指贾贵妃及弥远也。弥远召谓曰:"何为好名?"埙曰:"好名,孟子所不取,然求士于三代之上,惟恐其好名;求士于三代之下,惟恐其不好名耳。"因力请外。弥远卒,乃召还,历官吏部侍郎,至是授司业,诸生相庆以为得师。

六位理学家为配祀。书院请赵复为师，选俊秀有见识的人开导学生。从此，河北才知道理学。

【纲】嘉熙三年（己亥，1239，蒙古太宗窝阔台十一年），春正月，任乔行简为少傅、平章军国重事；李宗勉为左丞相兼枢密使，史嵩之为右丞相兼枢密使，督视江淮、四川、京湖军马。　【目】史嵩之任宰相以后，一时正人君子大都因为与他合不来被逐出朝廷。当时三相掌权，议论的人认为乔行简失之于空泛，李宗勉失之于偏狭，史嵩之失之于专断。然而李宗勉清廉、谨慎、守法，人们还称之为贤。

【纲】任余天锡为参知政事，游侣为签书枢密院事。

【纲】三月，孟珙收复襄阳。　【目】孟珙与蒙古兵交战，三战三捷，收复了樊城、襄阳。孟珙上奏朝廷说："取襄阳不难，要守住却很难。不是将士不勇敢，也不是兵器车马不精良，实在是实力不足。襄、樊是朝廷的根本之地，现在经过血战才收复，应该加意经营。要想保护元气，没有十万甲兵就不足以固守。与其等敌人攻来后才到处抽调兵力，不如现在就设法保住这次全胜。练兵和筹划战略，这是不争夺的争夺啊！"于是，决定用蔡州和息州（治新县，今河南息县）投顺来的百姓建立忠卫军，襄州和郢州投顺的百姓建立先锋军。

【纲】冬十二月，观文殿大学士致仕崔与之去世。　【目】崔与之晚年到了番禺，但屹然有大臣风范，与唐代贤相张九龄异代齐名。死后赠少师，封为南海郡公（南海郡治南海县，即今广东广州市）。谥号曰清献。

【纲】孟珙派兵在蜀口（治奉节县，今四川奉节。因在长江出川之口，所以叫蜀口）防御蒙古，收复夔州。

【纲】任陈塥为国子司业。　【目】陈塥是史弥远的外甥，绍定年间，任太常博士时，上疏说："请求除去君王身旁的蛊媚，修整皇帝的德行，听取天下的公论，刷新政治。"意指贾贵妃和史弥远。史弥远召陈塥问："为什么这样好名？"陈塥答："好名，孟子是不赞成的。但是，三代以上求士，惟恐他好名，三代以下求士，就惟恐他不好名了。"因此极力请求调外任，史弥远死后才召回朝廷，担任过吏部侍郎。到这时他任国子司业，太学生们互相庆贺得到了好老师。

【纲】庚子,四年,春正月,彗见营室。

【纲】临安大饥。
【纲】蒙古张柔等分道入寇。
【纲】二月,以孟珙为四川宣抚使,珙遂大兴屯田。 【目】珙条具上疏事宜,遂拜四川安抚使,知夔州。珙至镇,招集散民为宁武军,以降人回鹘爱里八都鲁为飞鹘军。寻兼夔州路制置屯田,调夫筑堰,募农给种,首秭归,尾汉口,为屯二十,为顷十八万八千二百八十。又创南阳、竹林两书院,以处襄、汉、四川流寓之士。以李庭芝权施州建始县,庭芝训农治兵,选壮士杂官军教之,期年民皆知战守,善驰逐,无事则植戈而耕,敌至则悉出而战。珙下其法于所部行之。

【纲】夏四月,召史嵩之还。
【纲】以杜杲为沿江制置使。
【纲】秋九月,乔行简罢。寻卒。
【纲】冬闰十二月,李宗勉卒。以游侣知枢密院事,徐荣叟签书院事,范钟参知政事。
【纲】辛丑,淳祐元年,春正月,诏加周敦颐、张载、程颢、程颐封爵,与朱熹并从祀孔子庙庭;黜王安石从祀。 【目】诏曰:"孔子之道,自孟轲后不得其传,至我朝周敦颐、张载、程颢、程颐,真见实践,深探圣域,千载绝学,始有指归。中兴以来,又得朱熹,精思明辨,表里浑融,使《大学》《论》《孟》《中庸》之书本末洞彻,孔子之道益以大明于世。朕每观五臣论著,启沃良多。今视学有日,其令学官列诸从祀,以示崇奖之意。"寻以:"王安石谓'天命不足畏,祖宗不足法,人言不足恤',为万世罪人,岂宜从孔子!其黜之。"越二日,加封敦颐汝南伯、载郿伯、颢河南伯、颐伊阳伯。

【纲】嘉熙四年（庚子，1240，蒙古太宗窝阔台十二年）春正月，彗星出现在营室。

【纲】临安发生大饥荒。

【纲】蒙古张柔等分几路入侵。

【纲】二月，任孟珙为四川宣抚使，孟珙于是大兴屯田。　【目】孟珙分条上疏奏事。因此任四川宣抚使、知夔州。到任后，孟珙招集流散人口建立宁武军，又以投降来的回鹘爱里八都鲁为飞鹘军。不久，孟珙兼任夔州路制置屯田，于是调人夫修筑水堰，召募农民并且发给种子，从秭归（今湖北秭归）到汉口，设立二十个屯，造田十八万八千二百八十顷。孟珙还创立南阳、竹林两个书院，安置襄、汉、四川流落的读书人。他任用李庭芝为代理施州建始县（今湖北建始）。李庭芝在农民中实施军事训练，选择青壮年到军营受训。一年后，农民都懂得如何攻守，善于奔驰，没有战争就放下武器耕种，有敌人来就都能出去战斗。孟珙在整个辖区推广了他的作法。

【纲】夏四月，召史嵩之还朝。

【纲】任杜杲为沿江制置使。

【纲】秋九月，乔行简被罢官，不久去世。

【纲】冬闰十二月，李宗勉死，任游侣为知枢密院事，徐荣叟为签书院事，范钟为参知政事。

【纲】淳祐元年（辛丑，1241，蒙古太宗窝阔台十三年），春正月，皇帝下诏周敦颐、张载、程颢、程颐加封爵位，与朱熹一同从祀孔子庙，取消王安石从祀。　【目】皇帝诏书说："孔子的大道，从孟子以后就失传了，到我朝周敦颐、张载、程颢、程颐有精辟的见解和实践，在圣人的领域探究极深，千年绝学，始有指归。中兴以来，又得朱熹精细明察，内外交融，使《大学》《论语》《孟子》《中庸》四书全部透彻，孔子的大道越加彰明于世。朕每读五个人的论著，总得到很多启发。现在已经学习许久了，应该叫学官把这五个人列入孔子庙从祀，以表示尊崇奖励。"又说："王安石说：'天命不足畏，祖宗不足法，人言不足恤'，实在是万世罪人，怎么可以从祀孔子！应该把他取消。"两天以后，加封周敦颐汝南伯、张载郿伯、程颢河南伯、程颐伊阳伯。

【纲】三月,赵以夫罢。

【纲】秋八月,求遗书。

【纲】冬十一月,蒙古主窝阔台卒,第六后乃马真氏称制。
【目】窝阔台立十有三年,卒年五十六,庙号太宗。初,蒙古主有旨以孙失烈门为嗣。至是六皇后召耶律楚材问之,楚材曰:"此非外姓臣所敢知,自有先帝遗诏,幸遵行之。"后不从,遂称制于和林。失烈门,蒙古主第四子曲出之子也。

【纲】成都将田世显叛,以城降蒙古,制置使陈隆之死之。
【目】塔海部汪世显等复入蜀,进围成都,隆之守弥旬,誓与城存亡。部将田世显潜送款于蒙古,乘夜开门,北兵突入,隆之举家数百口皆死。槛送隆之至汉州,命谕守臣王夔降,隆之大呼曰:"大丈夫死尔,勿降也!"遂见杀。汉州兵三千出战,城破,尽为蒙古所屠。

【纲】十二月,余天锡卒。

【纲】蒙古使月里麻思等来,至淮上,守将囚之。

【纲】壬寅,二年,春正月,游侣罢。

【纲】以范钟知枢密院事,赵葵同知院事,别之杰签书院事。

【纲】以徐荣叟参知政事。

【纲】蒙古复寇蜀,孟珙分兵御之。 【目】蒙古也可那颜、耶律朱哥自京兆取道商、房以趋三川,遂攻泸州。孟珙遣一军屯江陵及郢州,一军屯沙市,一军自江陵出襄与诸军会,又遣一军屯涪州。且下令应出戍主兵官,不许失弃寸土。权开州梁栋以乏粮还司,珙曰:"是弃城也!"斩以徇。由是诸将禀命惟谨。

【纲】三月,赵以夫罢官。

【纲】秋八月,诏求遗书。

【纲】冬十一月,蒙古主窝阔台死,第六后乃马真氏称制执掌政权。 【目】窝阔台登位十三年,终年五十六,庙号太宗。起初,蒙古主有旨以孙子失烈门为嗣。到此时,六皇后召见耶律楚材问怎么办。耶律楚材答:"这件大事不是外姓臣子敢知道的。自会有先帝遗诏,望按遗诏办理。"皇后不听,自己在和林(今蒙古乌兰巴托西南)称制执掌政权。失烈门是蒙古主第四子曲出的儿子。

【纲】成都将田世显叛变,开城投降蒙古,制置使陈隆之被杀。 【目】塔海部汪世显等又攻进四川,包围了成都(即今四川成都市),陈隆之坚守了十天,誓与城共存亡。部将田世显私下向蒙古请降,乘夜打开城门。蒙古兵突然冲进城,陈隆之全家数百口都被杀。蒙古兵将陈隆之装进囚车带到汉州(治雒县,今四川广汉),要他叫守将王夔投降。陈隆之大叫说:"大丈夫不过是一死,不能投降!"随即被杀。汉州兵三千人出城交战,城被攻破,全部被蒙古军屠杀。

【纲】十二月,余天锡死。

【纲】蒙古使臣月里麻思等来议和。到淮上,守将将他们囚禁。

【纲】淳祐二年(壬寅,1242),春正月,游侣被罢官。

【纲】任范钟为知枢密院事,赵葵为同知院事。别之杰为签书院事。

【纲】任徐荣叟为参知政事。

【纲】蒙古再攻四川,孟珙分兵抵御。 【目】蒙古也可那颜、耶律朱哥从京兆经商州、房州进入三川(京兆府,即今陕西西安市。商州治上洛县,即今陕西商县。房州治房陵县,即今湖北房县。三川指西川、东川、汉川。西川治成都府,即今四川成都市。东川治潼川府,即今四川三台县。汉川治兴元府,即今陕西汉中市),进攻泸州(治泸川县,即今四川泸州市)。孟珙派一支军队驻守江陵(今湖北江陵)和郢州,一支军队驻沙市(今湖北沙市),一支军队从江陵到襄与诸军会合,又派一支军队驻涪州(治涪陵县,即今四川涪陵)。下令凡是出兵驻守的主要军官不许丢失寸土。代理开州梁栋因为军粮不足退回,孟珙说:"这是弃城!"

【纲】蒙古燕京行省郎中姚枢弃官隐于苏门。

【目】蒙古牙剌瓦赤在燕,惟事货赂,以枢为幕长,分及之,枢一切拒绝,因辞职去,携家往辉州之苏门,作家庙,别为室,奉孔子及宋儒周、程、张、邵、司马六君子像,刊《小学》《四书》并诸经传注以惠学者,读书鸣琴,若将终身。

【纲】夏五月,赵葵罢。

【纲】六月,徐荣叟罢。以别之杰同知枢密院事,高定子签书院事,杜范同签书院事。定子寻罢。

【纲】秋七月,蒙古兵渡淮入扬、滁、和州。

【纲】冬十月,蒙古陷通州,屠其民。

【纲】十二月,别之杰罢。

【纲】癸卯,三年,春二月,以余玠为四川制置使。 【目】初,玠家贫落魄,无行,亡命走扬州,上谒赵葵,葵壮之,留置幕府。俾帅舟师溯淮入河抵汴,所向有功,累推淮东制置副使。入对言:"方今指即戎之士为粗人,斥为'哙伍'。愿陛下视文武之士为一,勿令偏有所重。偏则必到于激,文武交激,非国之福。"帝曰:"卿人物议论皆不寻常,可独当一面。"乃授四川宣谕使。至是加制置使,知重庆府。

时蜀地残破,两川无复纪律,遗民咸不聊生。监司、戎帅各专号令,擅辟守宰,荡无法度,蜀日益坏。玠至,大更弊政,遴选守宰。筑招贤馆于府左,士之至者,玠不厌接,随其材而任之。遂于利、阆城大获山以护蜀口,蓬州城营山,渠州城大良坪,嘉定城旧治,泸州城神臂山,其他因山为垒,棋布星列,如臂使指,气势联络。屯兵聚

将梁斩首。从此其余诸将越加谨慎,不敢违命。

【纲】蒙古燕京行省郎中姚枢弃官居藏在苏门山(今河南辉县西北)。【目】蒙古牙剌瓦赤在燕京,一意聚敛钱财行贿,因为姚枢为幕长,也分一部分给姚。姚枢全部拒绝,因此辞职离去,携带全家到辉州(今河南辉县)的苏门山居住,修了家庙,另辟一室来祭祀孔子和宋儒周敦颐、程颢、程颐、张载、邵雍、司马光六君子,刊印了小学、《四书》和各种经书以及传注等以便入学习,平时读书弹琴,好象准备在这里度过一生。

【纲】夏五月,赵葵被罢官。

【纲】六月,徐荣叟被罢官。任别之杰为同知枢密院事,高定子为签书院事,杜范为同签书院事。不久高定子被罢官。

【纲】秋七月,蒙古兵渡过淮河进入扬州、滁州及和州(治历阳县,今安徽和县)。

【纲】冬十月,蒙古攻占通州(治静海县,今江苏南通),屠杀州民。

【纲】十二月,别之杰被罢官。

【纲】淳祐三年(癸卯,1243),春二月,任余玠为四川制置使。【目】当初余玠家里穷困,品行不好,逃命跑到扬州去拜见赵葵。赵葵看重他,留在幕府,派他率领水兵沿淮河入黄河直到汴京(今河南开封),一路建立功勋,不断举荐他升任为淮东制置副使。入朝面见皇帝时说:"现今不少人把武人指责为粗人,斥为'哙伍',希望陛下平等对待文人武士,不要让人有所偏重。偏了就会造成刺激以至不和,对国家害处太大了。"皇帝说:"卿人品和议论都非同一般,可以独当一面。"于是任他为四川宣谕使。到这时又加官为制置使,知重庆府。

当时,蜀地残破,两川又没有什么纪律,老百姓生活很苦,监司、戎帅都专擅号令,随意任用地方长官,毫无法度,四川日见衰弊。余玠到任后,改革弊政,慎重选派地方长官。他在重庆府衙门旁边建招贤馆,应招的人他都不厌其烦地亲自接见,然后根据才能加以任用。他还在利州和阆州的大获山(今四川苍溪县东南)筑城,作为四川北部的防御工事,在蓬州营山(今四川营山)筑城,在渠州大良坪(今四川渠县东)

粮,为必守计,民始有安土之心。

【纲】三月,蒙古中书令耶律楚材以忧卒。 【目】乃马真氏称制,奥都剌合蛮专政用事,权倾中外,后至以御宝空纸使自书填。楚材谏不听,愤悒成疾而卒。或谮之曰:"楚材为相二十年,天下贡赋,半入其家。"后命近臣覆视之,惟琴玩十余及古今书画、金石、遗文数千卷。

楚材天资英迈,敻出人表,正色立朝,不为势屈,每陈国家利病,生民休戚,辞色恳切。蒙古太宗尝曰:"汝又欲为百姓哭邪!"楚材每言:"兴一利,不若除一害。生一事,不若减一事。"人以为名言。至顺初,赠太师,追封广宁王,谥文正。

【纲】余玠城钓鱼山,徙合州治之。 【目】播州冉琎及弟璞俱有文武材,隐居蛮中,前后阃帅辟召,皆坚辞不至。闻玠贤,自诣府上谒,玠待以上客。琎、璞居数月,无所言,玠疑之,乃更开别馆以处之,且日使人窥其所为。兄弟终日不言,惟对踞以垩画地,为山川城池之形,起则漫去。如是又旬日,请见玠,屏人曰:"某兄弟辱明公礼遇,思有以少裨益。为今日西蜀之计,其在徙合州城乎?"玠不觉跃起,执其手曰:"此玠志也,但未得其所耳。"琎曰:"蜀口形胜之地莫若钓鱼山,请徙诸此。若任得其人,积粟以守之,贤于十万师远矣。"玠大喜曰:"玠固疑先生非浅士。先生之谋,玠不敢掠以归己。"遂密以其谋闻于朝,请不次官之;诏琎权发遣合州,璞权通判,徙城之事悉以任之。钓鱼城成,蜀始可守。

筑城，在嘉定旧治所筑城，在泸州神臂山筑城，还在其他地方因山的形势筑堡垒，星列棋布，气势联络，好象手臂指使手指。在这些城垒屯兵聚粮，制定了坚决据守的计划，老百姓渐渐安定下来。

【纲】三月，蒙古中书令耶律楚材忧劳而死。 【目】乃马真后称制，奥都剌合蛮专政掌权，朝廷内外他的权力压倒别人，皇后甚至把印章和空白纸张交给他任意书写。耶律楚材劝阻，乃马真后不听，于是忧愤而病致死。有人诬陷说："楚材当了二十年宰相，天下的贡物和赋税，有一半进了他家。"皇后派近臣去查看，他家里只有琴和十几件古玩、几千卷古今书画、金石拓本和遗留的文书。

耶律楚材天资英俊豪迈，异于常人，在朝廷刚正不阿，不因权势而屈服，每逢谈到国家的利病和百姓的情况，总是情辞恳切。蒙古太宗曾经说："你又要为百姓哭一场吗？"楚材常常说："兴一利，不如除一害。多一事，不如少一事。"人们把这句话当作名言。至顺初年，追赠太师，封广宁王，谥文正。

【纲】余玠在钓鱼山（今四川合川县东）筑城迁合州治所至此。【目】播州冉琎和弟璞都是文武全才，隐居在少数民族地区。前后好几次军事首脑召请他们，他们都坚决辞谢未到。现在听说余玠贤明，兄弟二人亲自到重庆府拜见。余玠待他们如上宾，冉琎、冉璞在那里住了几个月，二人也没说什么话，余玠有些疑惑，于是请他们到另外一所房子居住，每天派人去窥视他们的举动。兄弟二人整天也不说话，只是相对坐着用白灰在地上画些山川城池的图形，起身后就都随手抹去。这样又过了十天，他们要求见余玠，待左右都退下去之后才说："我们兄弟承蒙明公厚待，总想为明公做点多少有益处的事情。为今天的西蜀考虑，看来就是该迁移合州城了。"余玠不禁跃身而起，握着冉琎的手说："我也这样想，只是没有找到适合的地方。"冉琎说："蜀口地形虽然有利，但还是不如钓鱼山，请迁到这里。如果再任一个好官，储存军粮来坚守这个地方，远远胜过十万军队。"余玠非常高兴地说："我本来就知道先生不是浅见的人。先生的筹划谋略，我不敢夺而归己。"于是密奏朝廷，请越级加官。皇帝下诏任冉琎代理知合州，冉璞代理通判，迁城的各项工作全部由他兄弟负责。钓鱼城修成后，四川才可以防守。

【纲】甲辰,四年,春正月,以李鸣复参知政事,杜范同知枢密院事,刘伯正签书院事。范固辞,遂与鸣复俱罢。 【目】初,范为殿中侍御史,尝论郑清之、李鸣复之过,不行,即弃官去。至是不屑与鸣复共政,上疏辞位而去。帝遣使召还,太学诸生亦上书留范而斥鸣复,并斥史嵩之。嵩之讽谏议大夫刘晋之并论罢二人。

【纲】三月,以金渊签书枢密院事。
【纲】夏六月,赐礼部进士留梦炎及第。
【纲】以吕文德为淮西招抚使。
【纲】秋九月,诏起复史嵩之;将作监徐元杰、太学生黄恺伯等上书论之,不报。 【目】先是,黄涛、刘应起、徐霖等俱上书论嵩之深奸擅权,帝不听,而论者益众。及其父弥忠疾亟,嵩之谒告,许之;翌日弥忠卒,诏嵩之起复。徐元杰上疏曰:"陛下为四海纲常之主,大臣身任道揆,扶翊纲常。自闻嵩之有起复之命,凡有父母之心者,莫不失声涕零。是果何为而然?人心天理,谁实无之,兴言及此,非可使闻于邻国也。臣恳恳纳忠,何敢诋评,特为陛下爱惜民彝而已。"疏出,嵩之憾之,帝不听。

于是太学生黄恺伯等百四十四人上书曰:"嵩之心术回邪,踪迹诡秘。曩者开督府,以和议堕将士心,以厚货窃宰相位,罗天下之小人为私党,夺天下之利权归私室。蓄谋积虑,险不可测,在朝廷一日则贻一日之祸,一岁则贻一岁之忧,万口一辞,惟恐其去之不速。今嵩之不去,徘徊牵引,弥缝贵戚,买属貂珰,转移上心,衷私御笔,必得起复之礼,然后从容就道,初不见其忧戚之容。大臣佐天下以孝治天下,孝不行于大臣,是率天下而为无父之国矣。以法绳之,虽置之铁钺犹不足谢天下,况复置之具瞻之位乎!"武学生翁日善等六十七人、京学生刘时举等九十四人、宗学生与寰等三十四人

【纲】淳祐四年（甲辰，1244），春正月，任李鸣复为参知政事，杜范为同知枢密院事，刘伯正为签书院事。杜范坚决辞谢，因此和李鸣复都被罢官。　【目】当初，杜范任殿中侍御史，曾经议论郑清之和李鸣复的过失，不得结果，于是弃官而去。此时，不屑与李鸣复共同执政，上书辞官而去。皇帝派使节将他召还，太学生们也上书请留杜范而斥责李鸣复，同时还斥责史嵩之。史嵩之示意谏议大夫刘晋之出面上书弹劾，杜、李同时罢官。

【纲】三月，任金渊为签书枢密院事。

【纲】夏六月，留梦炎中进士第一。

【纲】任吕文德为淮西招抚使。

【纲】秋九月，皇帝下诏再次起用史嵩之，将作监徐元杰、太学生黄恺伯等上书不赞成，没有结果。　【目】在此以前，黄涛、刘应起、徐霖等都上书说史嵩之奸邪擅权，皇帝不听，上书弹劾的人更多。等到史嵩之的父亲史弥忠病危时，史嵩之请假，皇帝准许。第二天，史弥忠死，皇帝又下诏起用史嵩之。徐元杰上书说："陛下是维系天下纲常的君主，大臣的责任应该是掌管行道，扶持纲常。自从听到陛下有重新起用史嵩之的命令后，天下为父母的人无不失声痛哭，为什么会这样呢？天理人心，谁没有呢？说到这层意思，不可以让邻国知道，臣耿耿忠心，不敢冒昧诋毁，只是为了陛下爱惜百姓而已。"上疏内容传出后，史嵩之因之忌恨徐元杰，皇帝却不听。

于是，太学生黄恺伯等一百四十四人联名上书说："史嵩之心术不正，办事诡秘。过去，他开设督府，就用和谈使将士丧气灰心，用大量贿赂窃取宰相高位，网罗天下小人作为私党，夺取天下利权归为私有，胸怀奸谋，险不可测。留在朝廷一天就祸害一天，一年就有一年的忧患，人人都这么说，惟恐他不赶快滚出朝廷。如今史嵩之不但不走，还在四处活动，拉拢贵戚，贿赂宦官，阴谋转变陛下的心意，企图御笔按他的要求写下重新起用他的决定，然后从容上路，根本见不到一丝父死奔丧的悲戚。大臣本应辅佐皇帝以孝道治天下，如今大臣不行孝道，那就是要率领天下变成无父之国了。用法律来衡量，即使把他斩首还不足以使天下人心服，何况又还要把他安置在中外瞩目的高位呢！"随

皆上书切谏，亦不报。时范钟、刘伯正领相事，恶京学生言事，谓皆游士鼓倡之，讽京尹赵与筹尽削游士之籍。

【纲】冬十月，以刘汉弼为左司谏。【目】史嵩之久擅国柄，帝亦患苦之，乃夜降御笔，黜四不才台谏，于是谏议大夫刘晋之、侍御史王瓒、监察御史龚基先、胡清献皆罢去，以汉弼为左司谏。汉弼首赞帝曰："拔去阴邪，庶可转危而安；否则是非不两立，邪正不并进，陛下虽欲收召善类，不可得矣。"帝嘉纳之。

【纲】十一月，诏史嵩之终丧。【目】徐元杰复上疏论："嵩之起复，士论纷然，乞许其举执政自代。"帝曰："学校虽是正论，但言之太甚。"元杰对曰："正论乃国家元气。今正论犹在学校，要当保养一线之脉。"因乞引去。左司谏刘汉弼亦上言愿听嵩之终丧，亟选贤臣，早定相位。"会嵩之亦自知不为众论所容，上疏乞终制，帝乃许之。

【纲】十二月，以范钟、杜范为左、右丞相，并兼枢密使。【目】范入相首上五事：曰正治本，谓"政事当常出于中书，毋使旁蹊得窃威福"。曰肃宫闱，谓"当严内外之限，使官府一体。"曰择人才，谓"当随其所长用之，而久于职，毋徒守迁转之常格"。曰惜名器，谓"如文臣贴职，武臣阁卫，不当为徇私市恩之地"。曰节财用，谓"当自人主一身始，自宫掖始，自贵近始。考封桩国用出入之数，而补窒其罅漏，求盐筴楮币变更之日，而斟酌其利害。仍乞早定国本，以安人心。

【纲】以孟珙兼知江陵府。【目】珙至江陵，登城叹曰："江陵所恃三海，不知沮洳有变为桑田者，敌一鸣鞭，即至城外。"盖自城以东，古岭、先锋直至三汊，无限隔，乃修复内隘十有一，别作十隘

着，武学生翁日善等六十七人、京学生刘时举等九十四人、宗学生赵与寰等三十四人都上书恳切谏阻，皇帝都不理睬。当时，范钟和刘伯正担任宰相，厌恶京学生也来上书，认为都是由于游士鼓吹倡导，示意京尹赵与筹把所有的游士全部除名。

【纲】冬十月，任刘汉弼为左司谏。　【目】史嵩之很长时间独揽大权，皇帝也感到忧患和苦恼，一天晚上下诏罢黜四个不称职的谏官，于是谏议大夫刘晋之、侍御史王瓒、监察御史龚基先、胡清献都被罢官，任刘汉弼为左司谏。刘汉弼首先赞颂皇帝说："去掉阴邪，可以转危为安，否则是与非不能两立，邪与正不能并进，陛下虽然想召收好人，也是办不到的。"皇帝采纳了这个建议，并且给予嘉奖。

【纲】十一月，皇帝下诏，令史嵩之回家为父死守丧。　【目】徐元杰再次上书建议："史嵩之起复，舆论哗然，请求准许他自己举荐人来代替执政。"皇帝说："太学生虽然是正论，但言论也太过份了。"徐元杰答道："正论正是国家的元气。现在学校里还有正论，正该保养这一线命脉。"说完请求离职。左司谏刘汉弼也对皇帝说："望陛下让史嵩之为父守丧，赶快另选贤臣，早定相位。"这时史嵩之自己也知道不容于公众舆论，上疏请求回家为父死守丧，皇帝这才批准他的请求。

【纲】十二月，任范钟、杜范为左右丞相并兼枢密使。　【目】杜范任丞相后，首先，上书建议五事：第一是正治本，讲的是："朝廷政令应当由中书省发出，不要使别的途径窃取威福。"第二是肃宫闱，讲的是"应当严格内外的权限，使宫府成为一个整体。"第三是择人材，讲的是："应当根据人的长处来使用，让长期担任一种职务，不要死守升迁调动的常规。"第四是惜名器，讲的是："如文臣兼领馆阁学士的职名，武臣加卫尉的职名，不应当成为徇私舞弊的手段。"第五是节财用，讲的是："应当由陛下自身开始，由宫庭内府开始，由贵戚和近臣开始，考虑封桩国用的收支出入，补足亏漏，要求在食盐、钱币等国家财政有变化的时候，要斟酌利害。"还请求及早确定国家的根本，以安定人心。

【纲】任孟珙兼知江陵府。　【目】孟珙至江陵后，登上城楼叹息地说："江陵依仗的就是三海，不知道有的地方已经淤积变成桑田了，敌人一马就能跑到城外。"当时从江陵城往东，古岭、先锋直到三议，

于外，有距城数十里者。沮、漳之水，旧自城西入江，因障而东之，俾绕城北入于汉，而三海遂通为一。随其高下，为渠蓄泄，三百里间，渺然巨浸。土木之工，百七十万，民不知役。因绘图上之。

【纲】乙巳，五年，春正月，刘伯正罢，以李性传签书枢密院事。

【纲】夏四月，右丞相兼枢密使杜范卒。

【纲】六月，工部侍郎徐元杰暴卒。 【目】史嵩之既去，元老旧德次第收召，杜范既入相，复延元杰议政，多所裨益。六月朔，元杰当侍立，先一日谒范钟归，是夕热大作，夜四鼓，指爪忽裂以死。三学诸生相继伏阙上言："昔小人倾君子者，不过使之死于蛮烟瘴雨之乡；今蛮烟瘴雨不在岭海而在朝廷。"诏付临安府鞫治常所给使之人，狱迄无成。刘汉弼亦每以奸邪未尽屏汰为虑，未几以肿疾暴死，太学生蔡德润等百七十有三人复叩阍上书讼冤。诏给元杰、汉弼官田五百亩，缗钱五千，恤其家。时杜范入相八十日卒，元杰、汉弼相继暴死，时谓诸公皆中毒，堂食无敢下箸者。

初，嵩之从子璟卿尝上书谏嵩之曰："久开督府，所成何功？东南民力困于征输，州县匮于应办，诚恐祸起萧墙，危如朝露。为今之计，莫若尽去在幕之群小，悉召在野之君子，相与改弦易辙，戮力王事，以收桑榆之功。"言甚切至，居无何，璟卿暴卒，相传亦嵩之致毒云。

【纲】冬十一月，以陈韡同签书枢密院事。

【纲】十二月，以游侣为右丞相兼枢密使，赵葵知枢密院事，李性传同知院事。性传寻罢。

已经毫无阻拦。于是，修复内隘十一处，另外新修十处外隘，有的距离江陵城数十里。沮水和漳水原来是从城西入长江，因而修坝使向东流，两水绕城北入汉水，这样就使三海连通。然后根据地形高低，修渠以便蓄水和泄洪，三百里之间，出现一个烟波浩渺的大人工湖。这项工程耗费土木工一百七十万个，百姓服了役却不叫苦。孟珙绘图上报朝廷。

【纲】淳祐五年（乙巳，1245），春正月，刘伯正被罢官，任李性传为签书枢密院事。

【纲】夏四月，右丞相兼枢密使杜范死。

【纲】六月，工部侍郎徐元杰急病死亡。　【目】史嵩之离朝以后，过去的元老旧臣陆陆续续回到朝廷。杜范当了宰相后，又召请徐元杰参议朝政，颇多受益。六月初，徐元杰该值班，头一天他去政事堂谒见范钟，回家以后就发高烧，夜里四更时，手指甲忽然断裂，竟至死亡。三个学校的学生们连续到官阙下拜伏向皇帝请愿说："从前小人陷害君子，不过是使君子死在蛮烟瘴雨的地方，现在蛮烟瘴雨不在岭海（今广东、广西，因在五岭以外的近海之地）竟在朝廷了。"皇帝下诏由临安府审询政事堂当差的人，不得结果。刘汉弼也常常因奸邪没有完全除尽而忧虑，不久，他也浑身红肿暴死。太学生蔡德润等一百七十三人再次上书向皇帝诉冤。皇帝下诏赐徐元杰和刘汉弼官田各五百亩、钱五千贯，来抚恤他的家人。当时杜范任右丞相才八十天就死去，徐元杰和刘汉弼先后暴死，人们说诸公都是中毒，以至在政事堂吃饭的人不敢下筷子。

当初，史嵩之的侄子史璟卿曾经上书劝史嵩之说："督府开设了很久，取得什么成功呢？东南地区的百姓为捐税困苦，州县地方官穷于应付供给，我很担心祸害一旦从内部发生，那就危险得很。为现在着想最好的办法是从幕府中去除一帮小人，全部邀请回在野的君子，大家相互改弦易辙，尽心办好朝廷交付的任务，还可以收到桑榆的功效。"语言恳切直率。过了不久，史璟卿暴死，相传也是史嵩之用了毒药。

【纲】冬十一月，任陈韡为同签书枢密院事。

【纲】十二月，任游侣为右丞相兼枢密使，赵葵为知枢密院事，李性传为同知院事。不久，李性传被罢官。

【纲】丙午,六年,春正月朔,日食。

【纲】二月,范钟罢。
【纲】夏六月,以陈韡参知政事。
【纲】秋七月,蒙古主贵由立。
【纲】九月,宁武节度使、汉东公孟珙卒。以贾似道为京湖制置使。　【目】珙忠君体国之念可贯金石。在军中,参佐、部曲论事,言人人殊,珙徐以片言折衷,众志皆惬。谒士、游客、老校、退卒,一以恩意抚接。名位虽重,惟建旗鼓、临将士,面色凛然,无敢涕唾者;退则扫地焚香,隐几危坐,若萧然事外。远货色,绝滋味,尤邃于《易》学。累赠太师,追封吉国公,谥忠襄。

【纲】冬十二月,诏史嵩之致仕。
【纲】蒙古寇京湖、江淮之境。
【纲】丁未,七年,夏四月,以王伯大签书枢密院事,吴潜同签书院事。
【纲】游侣罢,以郑清之为太傅、右丞相兼枢密使。
【纲】以赵葵为枢密使,督视江淮、京湖军马。陈韡知枢密院事、湖南安抚大使。
【纲】戊申,八年,春三月,蒙古主贵由卒,后斡兀立海迷失称制。　【目】贵由年四十三卒,庙号定宗。皇后斡兀立海迷失抱曲出子失烈门听政,诸王大臣皆不服。
【纲】秋七月,王伯大罢。
【纲】己酉,九年,春闰二月,以郑清之为太师、左丞相,赵葵为右丞相,并兼枢密使,应繇、谢方叔参知政事,史宅之同知枢密院事。夏五月,陈韡罢。冬十一月,应繇罢。十二月,以吴潜同知枢密院事,徐清叟签书院事。史宅之卒。
【纲】庚戌,十年,春三月,以贾似道为两淮制置大使,李曾伯为京湖制置使。

【纲】淳祐六年（丙午，1246，蒙古定宗贵由元年），春正月初，出现日食。

【纲】二月，范钟被罢官。

【纲】夏六月，任陈韡为参知政事。

【纲】秋七月，蒙古主贵由继位。

【纲】九月，宁武节度使、汉东公孟珙死。任贾似道为京湖制置使。　【目】孟珙忠君爱国的心意，可以贯穿金石。在军中，参佐人员和部下讨论事务时，大家意见不一，只要孟珙开口诉衷，大家都倾心听从。他对来求见的文人、游客、老军官、退伍士兵，都以恩礼相待。孟珙尽管名高位重，却只在出征集合官兵这样正式场合才面色凛然，以至没有人敢咳嗽一声；回家后却是扫地焚香，靠着几案独坐，萧然无事。平日不近财货女色，也绝不贪吃，尤其精通《易经》。累赠太师，追封吉国公，谥忠襄。

【纲】冬十二月，皇帝诏令史嵩之辞官回家。

【纲】蒙古进攻京湖、江淮等地。

【纲】淳祐七年（丁未，1247），夏四月，任王伯大为签书枢密院事，吴潜为同签书院事。

【纲】游侣被罢官，任郑清之为太傅、右丞相兼枢密使。

【纲】任赵葵为枢密使、督视江淮、京湖军马，陈韡为知枢密院事、湖南安抚大使。

【纲】淳祐八年（戊申，1248），春三月，蒙古主贵由死，皇后斡兀立海迷失临朝称制执政。　【目】贵由年四十三死，庙号定宗。皇后斡兀立海迷失抱曲出的儿子失烈门听政，诸王和大臣都不服从。

【纲】秋七月，王伯大被罢官。

【纲】淳祐九年（己酉，1249），春闰二月，任郑清之为太师、左丞相，赵葵为右丞相，并兼枢密使，应㒟、谢方叔为参加政事，史宅之为同知枢密院事。夏五月，陈韡被罢官。冬十一月，应㒟被罢官。十二月，任吴潜为同知枢密院事，徐清叟为签书院事，史宅之死。

【纲】淳祐十年（庚戌，1250）春三月，任贾似道为两淮制置大使，李曾伯为京湖制置使。

【纲】赵葵罢。 【目】言者论葵非由科目进,且曰:"宰相须用读书人"。葵因力辞,其表有云:"霍光不学无术,每思张咏之语以自惭。后稷所读何书,敢以赵抃之言而自解。"帝不得已,授醴泉观使兼侍读;复固辞,乃以观文殿大学士判潭州。

【纲】冬,余玠出兵至兴元而还。 【目】玠帅蜀,慷慨自许,数年之间,边境稍息,浸以骄恣。而郑清之再相,因从臾其进兵,于是一意出师,虽有小捷,至兴元遇蒙古将汪德臣、郑鼎,无功而还。

【纲】辛亥,十一年,夏六月,蒙古主蒙哥立。 【目】初,定宗卒,久未立君,中外汹汹,至是诸王木哥及大将兀良合台等咸会议所立。时定宗后所遣使者在坐曰:"昔太宗命以皇孙失烈门为嗣,诸王百官皆与闻之。今失烈门故在,而议欲他属,将置之何地邪?"兀良合台等不听,共推蒙哥即位于阔帖兀阿兰之地,追尊其考拖雷为帝,庙号睿宗。失烈门及诸弟心不能平,蒙哥因察诸王有异同者并羁縻之,取主谋者诛之;遂颁便宜事于国中,罢不急之役,凡诸王、大臣滥发牌印、诏旨、宣命,尽收之,政始归一。兀良合台,速不台之子也。

【纲】秋七月,蒙古主命其弟忽必烈总治漠南,开府金莲川。【目】诏凡军民在漠南者听忽必烈总之,遂开府于金莲川。时姚枢隐居苏门,忽必烈遣赵璧召之。枢至,大喜,待以客礼,枢乃为书数千言上之,首陈帝王之道,与治国平天下之大经,汇为八目,曰修身、力学、尊贤、亲亲、畏天、爱民、好善、远佞,次及救时之弊,为条三十。忽必烈奇其才,动必召问,枢因言于忽必烈曰:"今土地、人民、财赋皆在汉地,王若尽有之,则天子何为?后必有间之者矣。不若惟持兵权,凡事付之有司,则势顺理安。"忽必烈从之。

【纲】赵葵被罢官。 【目】谏官上书说赵葵不是从科举出身,还说:"宰相必须用读书人。"赵葵因此极力辞职,他向皇帝上表说:"霍光不学无术,每思张咏之语而自惭。后稷所读何书,敢以赵抃之言而自解!"皇帝不得已,任他为醴泉观使,兼侍读;赵葵仍然固辞,于是改任观文殿大学士判潭州(潭州治长沙县,即今湖南长沙市)。

【纲】冬,余玠出兵至兴元府(治南郑县,今陕西汉中)后退回。 【目】余玠任四川长官以后,意气激昂,经过几年,边境安定,渐渐骄傲起来。郑清之再次担任宰相,又怂恿他进兵,于是一心想出兵打仗,虽然也有些小胜,但进到兴元,遇上蒙古将汪德臣和郑鼎,终于无功而还。

【纲】淳祐十一年(辛亥,1251,蒙古宪宗蒙哥元年),夏六月,蒙古主蒙哥继位。 【目】当初,蒙古定宗贵由死后,很久没有立新君,中外议论纷纷。到此时,诸王木哥和大将兀良合台等都会在一起议论立君。当时定宗皇后也派了使者在坐,说:"从前太宗窝阔台曾经下令以皇孙失烈门为嗣,诸王和百官都是知道的。现在失烈门还在,如果决定立别人,将把失烈门安置在何地!"兀良合台等不听,共推蒙哥在阔帖兀阿兰地区即位,追尊蒙哥的父亲拖雷为皇帝,庙号睿宗。失烈门和诸弟心中不服。蒙哥将有异议的诸王都押起来,将其中主谋的抓起来杀掉,又向国中颁发号令,取消不急的劳役,凡是诸王和大臣滥发的牌印、诏旨、命令全部收回,政令开始统一。兀良合台是速不台的儿子。

【纲】秋七月,蒙古主命令弟弟忽必烈总治漠南,在金莲川设立幕府(今河北沽源西北)。 【目】蒙哥下诏,凡在漠南的军民全部由忽必烈统率,于是在金莲川设立幕府。当时,姚枢正隐居苏门,忽必烈派赵璧去召请。姚枢到金莲川,忽必烈非常高兴,待以客礼。姚枢写了几千字的条陈上书,其中首先讲帝王之道和治国平天下的大纲,分为八条:修身、力学、尊贤、亲亲、畏天、爱民、好善、远佞,其次讲挽救当时的弊病,一共列了三十条。忽必烈认为他很有才能,每有行动都必定召问。姚枢因此对忽必烈说:"如今土地、人民、财赋都在汉人地区,大王如果都拿过来握在手里,天子会怎么办呢?以后一定会有人出来挑拨离间了。所以,不如只掌握兵权,别的事都交给官员们去管,那就顺当安

【纲】冬十一月，郑清之卒。

【纲】以谢方叔为左丞相，吴潜为右丞相，并兼枢密使。

【纲】以徐清叟参知政事，董槐签书枢密院事。

【纲】蒙古忽必烈置经略司于汴，分兵屯田。 【目】忽必烈从姚枢之请，置经略司于汴，以忙哥、史天泽、杨惟中、赵璧为使，俾屯田唐、邓等州，授之兵、牛，敌至则战，退则耕。

【纲】蒙古号西域僧那摩为国师。

【纲】壬子，十二年，春二月，蒙古主蒙哥徙诸王于边，杀定宗后斡兀立海迷失，窜失烈门于没脱赤。

【纲】夏六月，闽、浙大水。

【纲】蒙古分汉地封宗属。 【目】蒙古主以中州封同姓，命弟忽必烈于汴京、关中自择其一。姚枢曰："南京河徙无常，土薄水浅，不若关中。"忽必烈遂请于蒙古主，蒙古主曰："关中户寡，河南怀孟地狭民伙，可取自益。"由是尽有关中、河南之地。

【纲】癸丑，宝祐元年，春正月，诏以与芮子禥为皇子，封永嘉郡王。 【目】帝在位岁久，无子，群臣屡以为言，至是乃下诏以母弟嗣荣王与芮子孜为皇子，赐名禥，封永嘉郡王，明年进封忠王。

【纲】夏五月，召余玠还。六月，以余晦为四川宣谕使。 【目】初利州都统王夔素残悍，号"王夜叉"，恃功骄恣，杰骜不受节度，所至劫掠，蜀人苦之。玠至嘉定，夔帅所部兵迎谒，班声如雷，江水为沸，旗帜精明，舟中皆战掉失色，而玠自若也，徐命吏班赏。夔退谓人曰："儒者乃有此人！"玠久欲诛夔，独患其握重兵居外，谋于亲将杨成。成曰："今纵弗诛，养成其势，后一举足，西蜀危矣。"玠意遂决。夜召夔计事，潜以成代领其众；夔才离营，而新将以单骑入矣。夔至，玠斩之。

稳了。"忽必烈全部照办、。

【纲】冬十一月，郑清之去世。

【纲】任谢方叔为左丞相，吴潜为右丞相，都兼枢密使。

【纲】任徐清叟为参知政事，董槐为签书枢密院事。

【纲】蒙古忽必烈在汴京置经略司，分兵屯田。【目】忽必烈听从姚枢的建议，在汴京设立经略司，任忙哥、史天泽、杨惟中、赵璧为经略使，叫他们在唐、邓等州屯田，授给他们兵和牛。有敌人就作战，敌人退了就耕种。

【纲】蒙古尊西域僧人那摩为国师。

【纲】淳祐十二年（壬子，1252），春二月，蒙古主蒙哥迁徙诸王到边疆，杀定宗皇后斡兀三海迷失，放逐失烈门到没脱赤。

【纲】夏六月，福建、浙江发生水灾。

【纲】蒙古分汉地封同宗亲属。【目】蒙古主把中州封给同姓，命忽必烈在汴京、关中两地任择一地。姚枢说："南京（即汴京）因黄河经常改道，土薄水浅，不如关中。"忽必烈于是请封关中。蒙古主说："关中人口太少，河南怀、孟州地少人多，可以移多补少。"于是全部把关中、河南之地封给忽必烈。

【纲】宝祐元年（癸丑，1253），春正月，皇帝下诏以赵与芮子禥为皇子，封永嘉郡王。【目】皇帝在位多年无子，群臣多次议论此事。到这时，皇帝下诏以同母弟嗣荣王与芮子赵孜为皇子，赐名禥，封永嘉郡王；明年，进封忠王。

【纲】夏五月，召余玠还朝。六月，任余晦为四川宣谕使。【目】当初，利州都统王夔一向残暴凶悍，人称"王夜叉"，恃功骄纵，桀骜不驯，而且到处劫掠百姓，四川人深感痛苦。余玠到嘉定，王夔率领士兵迎接，喝声如雷，岷江水为之沸腾，旗帜鲜明，船上的人都惊恐得面失常色，而余玠从容自若，从容地叫手下人发奖赏。王夔退下以后，对人说："想不到读书人中间也有这样的人物！"余玠早就想杀王夔，只是担心他手握重兵却在外州，便同亲近部将杨成商量，杨成说："现在放过不杀他，等到他势力扩大后，只要一举足，西蜀就危险了。"余玠终于下了决心。一天晚上，他召王夔来商议事情，暗中指定杨成去代领王夔

会戎州帅欲举统制姚世安为代，玠素欲革军中举代之弊，以三千骑至云顶山下，遣都统金某往代世安；世安闭关不纳。而世安素结丞相谢方叔子姓，至是求援于方叔，方叔遂倡言玠失戎伍心，帝惑之。世安乃与玠抗，玠郁郁不乐。

玠专制西蜀，凡有奏疏，词气不谨，帝不能平。会徐清叟入对，语及玠，因言："玠不知事君之礼，陛下何不出其不意而召之。"帝不答。清叟曰："陛下岂以玠握大权，召之或不至邪？臣度玠素失士心，必不敢。"帝然之，乃以资政殿学士召，而以知鄂州余晦为宣谕使。

【纲】秋七月，资政殿学士余玠暴卒。

【纲】八月，以余晦为四川制置使。

【纲】甲寅，二年，夏六月，诏籍余玠家财。　【目】侍御史吴燧等论故蜀帅余玠聚敛罔利七罪。玠死，其子如孙尽窃帑庾之积以归。诏簿录玠家财以犒师、赈边。如孙遂认钱三千万，征之累年始足。

【纲】加贾似道同知枢密院事。

【纲】召余晦还。闰月，以李曾伯为四川宣抚使，置司夔州。【目】初，晦制下，徐清叟奏曰："朝廷命令不甚行于西蜀者十有二年，今者天毙余玠，乃陛下大有为之机也。今以素无行检、轻儇浮薄、不堪任重余晦者当之，臣恐五十四州军民不特望而轻鄙之，夷狄闻之，亦且窃笑中国之无人矣。乞收回所除内批。"帝不听。及晦在蜀屡败，边事日急，帝乃召晦还。董槐上疏请行，且请顿重兵置司夔州，以固荆、蜀辅车之势。帝以槐言事无隐，方向用之，不许，而以李曾伯代晦。

的部队。王夔刚刚离开军营，新将军走马入营。王夔一到，余玠就把他杀了。

恰好戎州（即叙州，治宜宾县，今四川宜宾）军事首脑打算推荐统制姚世安代替首脑职务。余玠平素就想革除部队里举荐自代的弊病，派了三千骑兵到云顶山下，令都统金某去代替姚世安，姚关闭门不让进城。姚世安平素和丞相谢方叔的子孙有交情，便向谢方叔求援。谢于是提出意见说余玠失去军心，皇帝也迷惑不解。姚世安与余玠对抗，余玠因此闷闷不乐。

余玠在西蜀一向独断专行，凡是上奏的文书表章用词也不谨慎，常常闹得皇帝心里也不平静。正好遇上徐清叟面见皇帝谈话谈到余玠时说："余玠不知道尊奉君主的礼节，陛下为什么不出其不意将他召来？"皇帝不答。徐又说："陛下难道以为余玠手握大权，召他可能不来吗？臣估计他平素失掉民心，一定不敢不来。"皇帝认为他说得对，于是召余玠还朝任资政殿学士，改任知鄂州余晦为四川宣谕使。

【纲】秋七月，资政殿学士余玠暴死。

【纲】八月，任余晦为四川制置使。

【纲】宝祐二年（甲寅，1254），夏六月，皇帝下诏抄没余玠家产。【目】侍御史吴燧等上书论原来蜀军事首脑余玠盘剥敛财七条罪状。余玠死后，其子如孙将赃款尽，窃回家。皇帝下诏登记余玠家产用作犒军和赈济边民。余如孙承认有三千万钱，征收了几年才缴足。

【纲】升任贾似道为同知枢密院事。

【纲】召余晦回朝。同月，任李曾伯为四川宣抚使，在夔州设置官署。　【目】任命余晦的公文发出后，徐清叟上奏说："朝廷的命令在西蜀已经有十二年行不通了，如今天杀余玠，正是陛下大有作为的好时机。现在把素来没有品格、轻浮儇薄、不堪重任的余晦派去担当这个重任，臣恐怕不但四川五十四州军民一看就会轻视鄙弃，夷狄知道了也要暗笑中国无人。请求陛下收回批示。"皇帝不听。余晦在蜀连续失败，边防日益紧张，皇帝召余晦还。董槐上疏请求去四川任职，并请在夔州设置官署，增派重兵，加强湖北和四川互相依存的势态。皇帝认为董槐言事坦率，准备任以大事，因此不许他去四川，改由李曾伯任四川宣抚使。

【纲】秋九月,杀利州西路安抚使王惟忠。 【目】惟忠以余晦镇蜀,心轻之,呼其小字曰:"余再五来也。"晦怒,诬奏惟忠潜通北国。诏下大理狱,勘官陈大方煅成其事,遂斩于市;血上流而色不变,且谓大方曰:"吾死诉于天!"未几,大方亦死。

【纲】冬十一月,蒙古忽必烈以廉希宪为京兆宣抚使。 【目】希宪,畏兀人,少入侍忽必烈,笃好经书,一日方读《孟子》,闻召,因怀以进。忽必烈问其说,希宪以性善、义利、仁暴之旨为对。忽必烈善之,目为"廉孟子"。又一日,与诸贵人较射,连发三中,众惊叹曰:"真文武材也。"忽必烈以京兆分地置宣抚司,命希宪为使。京兆控制陇、蜀,诸王贵藩分布左右,民杂戎、羌,尤号难治;希宪讲求民病,抑强扶弱,境内大安。

【纲】乙卯,三年,春正月,迅雷,罢元夕张灯。
【纲】二月,蒙古忽必烈征许衡为京兆提学。 【目】衡,怀庆河内人,幼有异质,七岁入学授章句,问其师曰:"读书何为?"师曰:"取科第耳。"曰:"如此而已乎?"师大奇之,谓衡父母曰:"儿颖悟非常,他日必有过人者,吾非其师也。"遂辞去。稍长,嗜学如饥渴,然遭世乱,且贫无书,尝从日者得书疏义。避难徂徕山,得《易》王弼说,夜思昼诵,言动必揆诸义。既而乱少定,往来河、洛间,从柳城姚枢得程、朱氏书,益大有得。寻居苏门,与枢及窦默相讲习,慨然以道自任。尝语人曰:"纲常不可一日亡于天下。苟在上者无以任之,则在下之任也。"凡丧、祭、娶、嫁必征于礼,以倡其乡人,学者浸盛。衡尝语之曰:"进学之序,必当弃前日章句之习,从事于小学。"因悉取向来简帙焚之,使无大小皆自小学入。是时秦人新脱于兵,欲学无师,闻衡来,人人莫不嘉幸,于是郡县皆建学,民大化之。

【纲】秋九月，杀利州西路安抚使王惟忠。　【目】王惟忠认为让余晦来镇守蜀地，心中很看不起他，叫他的小名说："余再五来了。"余晦怒，诬告王惟忠私通蒙古，皇帝下诏交大理狱。勘官陈大方刑讯逼供，王惟忠在街市斩首，血往上流，神色不变。临刑，王惟忠对陈大方说："我死后要向上天诉冤！"不久，陈大方也死去。

【纲】冬十一月，蒙古忽必烈任廉希宪为京兆宣抚使。　【目】廉希宪是畏兀（国名，即回纥，今新疆天山南路一带）人。少年时候入侍忽必烈，酷好读经书。有一天，他正在读《孟子》，听到召唤，把书藏在怀里就进去了。忽必烈问书上说什么，廉希宪用性善、义利仁暴的主旨回答了忽必烈。忽必烈觉得他说得很对，称他为"廉孟子"。又一天，与几位贵族比赛射箭，他连中三箭，大家都惊叹地说："真是文武全才！"忽必烈后来在京兆分地设置宣抚司，任廉希宪为宣抚使。京兆控制着甘肃和四川，蒙古诸王和贵藩分布在左右，戎族和羌族杂居在一起，一向难于管理。廉希宪关心百姓疾苦，抑强扶弱，境内安定。

【纲】宝祐三年（乙卯，1255），春正月，突然响雷，停元宵观灯。

【纲】二月，蒙古忽必烈征召许衡为京兆提学。　【目】许衡是怀庆河内人。少年时就很特殊。七岁进学校学习章句，他问老师说："读书干什么？"老师说："为了考取科第。"他又问："仅仅为了这个吗？"老师十分惊讶，并告诉许衡的父母说："你儿子非常聪明，将来一定超过常人，我当不了他的老师。"于是就告辞走了，许衡长大以后，如饥如渴地学习，后来遇上乱世，而且家贫没有书，曾经从占卜先生那里得到《书经》疏义。后来在徂徕山（今山东泰安东南）避难，又得到一本王弼注《易经》，于是昼诵夜思，一言一动都要揣度其含义。不久世乱稍微安定，他往来于河、洛之间，从姚枢那里得到程朱理学书籍，更加有了收获。不久他也住在苏门，与姚枢和窦默互相学习，以宏扬圣人的大道为己任。他曾经对人说："天下不能一天没有纲常。假如在高位的人担当不起来，那就要由下面的人承担了。"凡是丧、祭、娶、嫁，他都讲礼法，并引导乡人，来求学的人越来越多。许衡告诉学生说："求学的次序，必须抛弃过去以章句为先的习气，应当从小学开始。"他把所有从前的书籍都烧了，学生无论长幼，都从小学开始学习。当时，关中百姓刚刚

【纲】三月，以王埜签书枢密院。

【纲】雨土。

【纲】夏五月，四川地震，闽、浙大水。

【纲】六月，以丁大全为右司谏。　【目】大全，镇江人，面蓝色，为戚里婢婿，夤缘阎妃及内侍卢允升、董宋臣遂得宠于帝，自萧山尉累拜右司谏。时正言陈大方、侍御史胡大昌与大全同除，人目为"三不吠犬"。

【纲】罢监察御史洪天锡，秋七月，谢方叔、徐清叟免。

【纲】八月，王埜罢。

【纲】以董槐为右丞相兼枢密使，程元凤签书枢密院事，蔡抗同签书院事。

【纲】丙辰，四年，春三月，以蒲择之为四川制置使，置司重庆。

【纲】夏四月，加贾似道参知政事。

【纲】五月，赐礼部进士文天祥及第。　【目】天祥以"法天不息"为对，其言万余，帝亲拔为第一。考官王应麟奏曰："是卷古谊若龟鉴，忠肝如铁石，臣敢为得人贺。"

【纲】六月，丁大全逐右丞相董槐，诏罢槐提举洞霄宫。窜太学生陈宜中等于远州。　【目】槐自以为人主所振拔，苟可以利安国家者无不为。时帝年浸高，操柄独断，群臣无当意者，渐喜狎佞人。丁大全方谄事内嬖，窃弄威权，帝弗觉悟。大全尝遣客私于槐，槐曰："吾闻人臣无私交，吾惟事上，不敢私结约，幸为谢丁君。"大全度槐终不容已，乃日夜刻求槐短。槐入对，极言大全邪佞不可近，大全益怨之，乃上章劾槐，章末下，大全夜半以台檄调隅兵百余人，露刃围槐第，驱迫之出，而罢相之制始下，物论殊骇。三学生屡上书言之，乃诏槐以观文殿大学士提举洞霄宫。

免除了战争的灾难，想学习没有老师，听说许衡来了，人人都十分欢喜。于是郡县都建立了学校，百姓受到很大的教化。

【纲】三月，任王埜为签书枢密院。

【纲】下雨时雨中有土。

【纲】夏五月，四川地震，福建、浙江发大水。

【纲】六月，任丁大全为右司谏。 【目】丁大全是镇江人，面蓝色，为贵戚家婢的女婿，因攀附阎妃和内侍卢允升、董宋臣而得宠于皇帝，由萧山尉升到右司谏。当时，正言陈大方、侍御史胡大昌与丁大全同时任为谏官，人称为"三不吠犬"。

【纲】监察御史洪天锡被罢官。秋七月，谢方叔、徐清叟被免官。

【纲】八月，王埜被罢官。

【纲】任董槐为右丞相兼枢密使，程元凤为签书枢密院事。蔡抗为同签书院事。

【纲】宝祐四年（丙辰，1256），春三月，任蒲择之为四川制置使，在重庆设官署。

【纲】夏四月，任贾似道为参知政事。

【纲】五月，赐文天祥礼部进士第一。 【目】文天祥在策问中以"法天不息"为对，写了一万多字，皇帝亲自拔为进士第一。考官王应麟上奏说："这份考卷议论仁义如同龟鉴，忠肝烈胆如同铁石，臣为陛下得人而祝贺。"

【纲】六月，丁大全驱逐右丞相董槐。皇帝下诏罢董槐相提举洞霄宫。放逐太学生陈宜中等远州。 【目】董槐拜相以后，自以为是皇帝赏识奖拔的人，只要有利于国家安定的事没有不做的。当时皇帝年事渐高，独断专政，臣下没有使他中意的，渐渐喜欢一些巧言献媚的人。丁大全极力阿谀逢迎皇帝的内宠，窃弄威权，皇帝也没有觉悟。丁曾经派人去私下和董槐拉关系。董槐说："我听说当臣下的不应该讲私交，我只忠心侍奉皇上，不敢结私约，请你替我向丁君致谢说明。"丁大全估计董槐终久容不了他，便日夜想方设法要找董槐的短处。董槐面见皇帝时，极力说明丁大全是邪佞人，不可接近。丁大全越加怨恨，于是上奏章弹劾董槐。奏章还没有批示下来，丁大全就在半夜用御史台的檄文调

大全既逐槐，益恣横用事，道路以目，太学生陈宜中、黄镛、林则祖、曾唯、刘黻、陈宗六人上书攻之。大全怒，使御史吴衍劾之，削其籍，编管远州，立碑三学，戒诸生勿得妄议国政，士论翕然，称宜中等号为"六君子"。

【纲】秋七月，以程元凤为右丞相兼枢密使，蔡抗参知政事，张磻签书枢密院事。

【纲】九月，监察御史朱熠乞汰冗吏，不报。　【目】熠言："境土蹙而赋敛日繁，官吏增而调度日广。景德、庆历时，以三百二十余郡之财赋，供一万余员之俸禄；今日以一百余郡之事力，赡二万四千余员之冗官，边郡则有科降支移，内地则欠经常纳解。欲宽民力，必汰冗员。"帝嘉之而不能用。

【纲】冬十一月，以张磻同知枢密院事，丁大全签书院事，马天骥同签书院事。　【目】时阎妃怙宠，大全、天骥用事，有无名子书八字于朝门曰："阎马丁当，国势将亡。"

【纲】蔡抗罢。

【纲】丁巳，五年，春正月，加贾似道知枢密院事。召吴渊参知政事；渊未至卒。

【纲】蒙古罢忽必烈开府，命阿兰答儿行省事于京兆。　【目】或谮忽必烈得中土心，蒙古主遣阿兰答儿行省事于京兆，刘太平佐之。忽必烈闻之不乐，姚枢曰："帝，君也。大王为皇弟，臣也。事难与较，远将受祸。莫若尽王邸、妃主自归朝廷，为久居谋，疑将自释。"及忽必烈见蒙古主，皆泣下，竟不令有所白而止。

【纲】夏六月，马天骥罢。

了一百多兵士,露出兵刃包围了董槐的住处,强行将董槐逐出,罢相的文书才发下来,以至舆论大哗。三学生不断上书议论此事,皇帝又才下诏任董槐为观文殿大学士提举洞霄宫。

丁大全驱逐董槐以后,越加骄横专断,以至路人侧目。太学生陈宜中、黄镛、林则祖、曾唯、刘黻、陈宗六人上书攻击他,丁大全十分生气,叫御史吴衍弹劾他们,竟开除六人学籍,并且放逐到远离京城的州县,同时在太学等三个学校立碑,告诫学生不准妄议国政。在读书人中却掀起一片盛赞陈宜中等六人的议论,号称"六君子"。

【纲】秋七月,任程元凤为右丞相兼枢密使,蔡抗为参知政事,张磻为签书枢密院事。

【纲】九月,监察御史朱熠上书请求淘汰冗吏,没有得到回答。
【目】朱熠上书说:"国土越来越小可赋税却更多,官吏越来越多聚敛可更广,景德、庆历年间,用三百二十多郡的财赋,供一万多名官员的俸禄,今日用一百多郡的民力来赡养二万四千多名冗官。边远的郡已税收不足挪用开支,内地也不能经常财政上缴。要使民力得到宽解,只有淘汰冗员。"皇帝虽然称赏却未采用。

【纲】冬十一月,任张磻为同知枢密院事,丁大全为签书院事,马天骥为同签书院事。 【目】当时阎妃有宠,丁大全、马天骥当权,有无名氏在朝门写了八个字:"阎马丁当,国势将亡。"

【纲】蔡抗被罢官。

【纲】宝祐五年(丁巳,1257),春正月,任贾似道为知枢密院事。召吴渊为参知政事,还没有到任就去世。

【纲】蒙古撤消忽必烈开府,命阿兰答儿在京兆行省事。 【目】有人进谗言,说忽必烈得中土人心,蒙古主派阿兰塔儿行省事于京兆,以刘太平为辅佐。忽必烈知道消息后不高兴。姚枢说:"皇帝是君主,大王是皇弟,是臣下,不能为此事跟君主计较,疏远了就会有祸。不如带整个王府和王妃等一起自动回朝廷去,做久住的打算,怀疑自会消释。"等到忽必烈回朝见到蒙古主后,彼此都流了眼泪,竟没有让忽必烈进行表白。

【纲】夏六月,罢马天骥官。

【纲】秋八月,蒙古主蒙哥分道入寇,以其少弟阿里不哥守和林。

【纲】冬,张磻卒,以林存签书枢密院事。

【纲】戊午,六年,春正月,以丁大全参知政事。

【纲】二月,以马光祖为京湖制置使。 【目】光祖为沿江制置,辟召僚属皆极一时之选,至是移镇江陵,以汪立信、吕文德、王登、王鉴为参议官。

【纲】夏四月,程元凤罢,以丁大全为右丞相兼枢密使。

【纲】秋九月,蒙古主蒙哥入剑门;冬十一月,陷鹅顶堡诸城。

【纲】林存罢。以贾似道为枢密使、两淮宣抚使。

【纲】十二月,诏马光祖等进军归、峡州以援蜀。 【目】诏光祖移司峡州六郡,镇抚向士璧移司绍庆,士璧遂进师归州,与光祖迎战房州,蒙古少却。

【纲】蒙古主蒙哥入阆州,守将杨大渊以城降。

【纲】己未,开庆元年,春正月,以贾似道为京湖南、北、四川宣抚大使。

【纲】二月,蒙古主蒙哥围合州,王坚力战御之。

【纲】三月,以吕文德为四川制置副使。夏六月,文德及蒙古史天泽战于嘉陵江,败绩。

【纲】以朱熠参知政事,饶虎臣同知枢密院事。

【纲】秋七月,蒙古主蒙哥卒于合州城下,余众解围北还。【目】王坚固守,蒙古主督诸军攻之,屡战不克,前锋将汪德臣选兵夜登外城,坚率兵逆战。迟明,德臣单骑大呼曰:"王坚,我来活汝一城军民,宜早降。"语未既,几为飞石所中,因得疾死。会天大雨,攻城梯折,后军不克进,俱退。蒙古主亦卒于合州城下,年五十二,诸王、大臣用二驴蒙以绘椟,负之北行。合州围解,捷闻,诏加坚宁远军节度使。

【纲】秋八月，蒙古主蒙哥分几路进攻，令他的少弟阿里不哥守和林。

【纲】冬，张磻死，任林存为签书枢密院事。

【纲】宝祐六年（戊午，1258），春正月，任丁大全为参知政事。

【纲】二月，任马光祖为京湖制置使。　【目】马光祖为沿江制置使时，召请的僚属都是一时选上来的人物。此时移镇江陵，用汪立信、吕文德、王登、王鉴为参议官。

【纲】夏四月，程元凤被罢官，任丁大全为右丞相兼枢密使。

【纲】秋九月，蒙古主蒙哥入剑门（今四川剑阁东北）。冬十一月，攻占鹅项堡（今四川广元西南）诸城。

【纲】林存被罢官，任贾似道为枢密使、两淮宣抚使。

【纲】十二月，皇帝下诏命马光祖等进军归、峡州以援蜀。　【目】诏令马光祖统管峡州六郡，镇抚向士璧改管辖绍庆（治彭水县，今四川彭水）。向士璧进兵归州，与马光祖会同在房州迎战蒙古兵，蒙古兵稍退。

【纲】蒙古主蒙哥攻入阆州，守将杨大渊开城投降。

【纲】开庆元年（己未，1259），春正月，任贾似道为京湖南北、四川宣抚大使。

【纲】二月，蒙古主蒙哥围合州，王坚力战抵御。

【纲】三月，任吕文德为四川制置副使。夏六月，吕文德与蒙古史天泽战于嘉陵江，吕文德败。

【纲】任朱熠为参知政事，饶虎臣为同知枢密院事。

【纲】秋七月，蒙古主蒙哥死于合州城下，蒙古兵解围北回。【目】王坚坚守合州，蒙古主督诸军进攻，累战不胜。前锋将汪德臣选兵乘夜登上外城，王坚领兵迎战。黎明时候，汪德臣单骑冲来，大呼："王坚，我来救你一城军民，快投降！"话未说完，差点被飞来的石头打中，因此得病而死。适逢天降大雨，攻城的梯折断，蒙古兵后援不能前进，只好退却。蒙古主死在合州城下，当时五十二岁，诸王和大臣用二头毛驴负着彩绘小棺材北行。合州解围。捷报上奏朝廷，皇帝下诏升任王坚为宁远军（治容州城，即今广西容县）节度使。

【纲】八月,蒙古忽必烈将兵渡淮,九月渡江,遂围鄂州。

【纲】以戴庆炣签书枢密院事。

【纲】蒙古陷临江,知军事陈元桂死之;蒙古遂入瑞州。

【纲】诏诸路出师以御蒙古,大出内府银币犒师。

【纲】冬十月,丁大全有罪,免。

【纲】以吴潜为左丞相兼枢密使。 【目】潜既相,首言:鄂渚被兵,湖南扰动,推原祸根,由近年奸臣燉壬,设为虚议,迷国误君,仁贤空虚,名节丧败,天怒而陛下不知,人怨而陛下不察,稔成兵戈之祸。章鉴、高铸尝与丁大全同官,倾心附丽,蹦跻要途。萧泰来等,群小嗜沓,国事日非,浸淫至于今日。沈炎实其爪牙,而任台臣,甘为搏击,奸党盘据,血脉贯穿,以欺陛下,致危乱。望令炎等与祠,铸等羁管州军。"帝不听。

【纲】即拜贾似道右丞相兼枢密使,军汉阳以援鄂。

【纲】以赵葵为江东、西宣抚使。

【纲】十一月,诏贾似道移军黄州。

【纲】闰月以吕文德知鄂州,向士璧知潭州。

【纲】贾似道乞和于蒙古,忽必烈引还,鄂州围解。 【目】蒙古攻城益急,似道大惧,乃密遣宋京诣蒙古营,请称臣纳币;忽必烈不许。会合州守臣王坚使阮思聪走鄂,以蒙古主讣闻。似道再遣京往,请称臣,割江南为界,岁奉银绢匹两各二十万。忽必烈亦闻阿蓝答儿等谋立阿里不哥,乃许之,遂拔砦而去,遣张杰、阎旺以偏师候湖南兀良合台之兵。

【纲】十二月,蒙古兀良合台引兵趋湖北,潭州围解。

【纲】庚申,景定元年,春二月,蒙古兀良合台至鄂州引还,贾似道使夏贵等杀其殿卒于新生矶。

【纲】八月，蒙古忽必烈率兵渡淮水。九月，渡长江，包围了鄂州。

【纲】任戴庆炣为签书枢密院事。

【纲】蒙古兵攻占临江军（治清江县，今江西清江西南临江镇）。知军事陈元桂战死，蒙古兵占领瑞州（治高安县，今江西高安）。

【纲】皇帝下诏，令各路出兵抵御蒙古入侵，拿出大量内府银币犒军。

【纲】冬十月，丁大全有罪，免官。

【纲】任吴潜为左丞相兼枢密使。　【目】吴潜任相后，首先上书说："鄂州战火，湖南震动，推究祸根，都由于近年来奸臣弄虚谎报，误国误君，仁人贤士不在位，名节败坏。上天发怒而陛下还不知道，百姓怨恨而陛下也未察觉，终于酿成战争大祸。章鉴、高铸曾经与丁大全同时任职，却一意依附，越级爬上了重要职位。萧泰来等一群小人叽叽喳喳，国事日非，蔓延至于今日。沈炎是爪牙而居然任御史台官职，甘心充当打手。奸党盘据，上下贯穿，欺骗陛下，使国家陷于危乱。望陛下令沈炎等领祠禄，高铸等由州军羁管。"皇帝不听。

【纲】即任贾似道为右丞相兼枢密使，驻军汉阳以援鄂州。

【纲】任赵葵为江东、西宣抚使。

【纲】十一月，皇帝诏令贾似道移军黄州。

【纲】闰月，任吕文德知鄂州，向士璧知潭州。

【纲】贾似道向蒙古求和，忽必烈退兵，鄂州解围。　【目】蒙古兵越来越加紧攻城，贾似道非常恐慌，于是秘密派遣宋京到蒙古军营，请求称臣献银，忽必烈不许。恰好合州守臣王坚派阮思聪到鄂州，报告蒙古主死讯。贾似道再派宋京到蒙古兵营，请求称臣，割江南为界，每年向蒙古奉献银绢匹两各二十万。忽必烈这时也听说阿蓝答儿等企图立阿里不哥为新主，因此接受了贾似道的请求，于是拔砦退兵而回，派张杰、阎旺以偏师等候湖南兀良合台部队。

【纲】十二月，蒙古兀良合台领兵直奔湖北，潭州解围。

【纲】景定元年（庚申，1260，蒙古世祖皇帝忽必烈中统元年），春二月，蒙古兀良合台到鄂州后退兵，贾似道派夏贵等在新生矶（一名新生洲，在今湖北黄冈县团风镇西南江中，与白鹿矶相对）杀死蒙古殿后部队。

【纲】三月,贾似道奏诸路大捷,召似道还朝。 【目】似道匿议和称臣、纳币之事,以所杀获俘卒殿兵,上表言"诸路大捷,鄂围始解,江、汉肃清,宗社危而复安,实万世无疆之休。"帝以似道有再造功,召入朝。

【纲】白气如匹练亘天。

【纲】夏四月,蒙古主忽必烈立。 【目】忽必烈北还,时诸王合丹莫哥、塔察儿俱会于开平,旭烈亦自西域遣使劝进,惟阿里不哥不至。廉希宪、赵良弼及商挺等力言:"先发制人,后发人制,逆顺安危,间不容发,宜早定大计。"忽必烈然之,遂即位,建元中统。

【纲】蒙古召窦默、许衡至开平。 【目】默,肥乡人,金末避乱转徙,隐于大名,与姚枢、许衡朝暮讲习,至忘寝食。蒙古主在潜邸,尝召之,默变姓名以自晦,使者俾其友人往见之,微服踵其后,默不得已,乃拜命。既至,问以治道,默首以纲常为对,且曰:"失此,则无以自立于世矣。"又言:"帝王之道,在诚意正心。心既正,则朝廷远近莫敢不一于正。"蒙古主敬待加礼,久之南还。至是,复与衡同召。

【纲】吴潜罢。 【目】初,贾似道在汉阳,以潜移之黄州,为欲杀己,衔之。至是帝欲立忠王禥为太子,潜密奏云:"臣无弥远之才,忠王无陛下之福。"帝遂积怒潜,似道因陈建储之策,令侍御史沈炎劾奏,且云:"忠王之立,人心所属,潜独不然。章汝钧乞为济王立后,潜乐闻其论,授汝钧正字,奸谋叵测。请速召贾似道正位鼎轴。"帝从之,遂罢潜奉祠。

【纲】加贾似道少师,封卫国公;将士进官有差。 【目】似道既至,诏百官郊劳,如文彦博故事,奖眷甚至。诸将士悉进官:吕文

【纲】三月，贾似道上奏皇帝诸路大捷，皇帝召贾似道回朝。【目】贾似道隐瞒求和称臣、纳币之事，把俘虏和杀掉的蒙古殿后兵献于朝廷，上表说："诸路大捷，鄂州才得解围，现在江、汉肃清，国家由危险转为安定，实在是陛下万世无疆的大福。"皇帝认为贾似道有使国家再得生机的大功，召回朝。

【纲】白气如白练横贯天上。

【纲】夏四月，蒙古主忽必烈即位。 【目】忽必烈领兵北还，当时，诸王合丹、莫哥、塔察儿都在开平（今内蒙古多伦西北上都河北岸）集会，旭烈也从西域派使节来劝进，只有阿里不哥未到。廉希宪、赵良弼和商挺等极力劝说："先发制人，后发制于人，逆顺安危，容不得一丝犹豫，应早定大计。"忽必烈同意，当即登位称帝，建年号中统。

【纲】蒙古主召窦默、许衡到开平。 【目】窦默是肥乡（今河北肥乡）人。金末，避乱迁徙到大名（今河北大名东）隐居，与姚枢、许衡朝暮研讨学问，专心致志，废寝忘食。忽必烈当时在王邸，曾经派人召请他，窦默改名换姓隐避。使者让他的朋友去见他，自己却穿上平民衣服跟在后面。窦默不得已只好去见忽必烈。忽必烈问他治理天下的办法，窦默首先从纲常回答，并说："失掉纲常，就不能在世上立足"，又说："帝王之道，重要在诚意正心。心正了，朝廷远近都不敢不统一于正。"忽必烈对他非常礼貌敬重，留了很久才放他南还。到这时，又将他和许衡同时召请入朝。

【纲】吴潜被罢官。 【目】起初，贾似道在汉阳，以为是吴潜把他迁移到黄州，目的是要杀掉自己，心里很恨吴潜。此时，皇帝有意立忠王禥为太子，吴潜密奏说："臣没有史弥远那样的才能，忠王也没有陛下这样的福份。"皇帝因此很不满意吴潜。贾似道因此陈述了立太子的计谋，叫侍御史沈炎劾奏说："立忠王为太子是人心所向，只有吴潜不以为然。章汝钧请求为济王立后，吴潜很喜欢听他高谈阔论，让他作官当了正字，其中包含着不可测的奸谋。请陛下速召贾似道正位宰相之职。"皇帝听从了他的建议，于是罢了吴潜相，领祠禄。

【纲】进贾似道为少师，封卫国公。将士们也都加官不等。 【目】贾似道还朝，皇帝下诏仿照过去对待文彦博的先例，令百官到郊外迎接

德检校少傅，高达宁江军承宣使，刘整知泸州兼潼川安抚副使，夏贵知淮安州、兼京东招抚使，孙虎臣和州防御使，范文虎黄州武定诸军都统制，向士璧、曹世雄各加转有差。初，似道恶达在军中尝侮己，言于帝，欲杀之，帝知其有功，不从，故论功以文德为第一，而达居其次。似道既相，权倾中外，进用群小，变更法制矣。

【纲】蒙古初定官制。

【纲】以饶虎臣参知政事，戴庆炣同知枢密院事，皮龙荣签书院事。

【纲】蒙古以廉希宪为陕西、四川宣抚使。

【纲】蒙古阿里不哥称帝于和林。

【纲】五月，饶虎臣罢。【纲】戴庆炣卒，以沈炎同签书枢密院事。

【纲】蒙古以王鹗为翰林学士承旨。【目】鹗，金正大元年进士第一人，历官尚书左右司郎中。金亡，将被杀，张柔闻其名救之，馆于保州。蒙古主在藩邸召对，甚礼重之。至是为翰林学士承旨，制诰、典章，皆所裁定。又荐李冶、李昶、王盘、徐世隆、高鸣为学士，复奏立十道提举学校官，蒙古主皆从之。

【纲】荧惑入南斗。【目】留五十余日。

【纲】六月，立忠王禥为皇太子。【目】帝家教甚严，太子鸡初鸣问安，再鸣回宫，三鸣往会议所参决庶事，退入讲堂讲经史，将晡，复至榻前起居，问今日讲何经，答之是则赐坐赐茶，否则为之反覆剖析，又不通，则继以怒，明日须更覆讲，率为常例。

【纲】秋七月，蒙古使翰林侍读学士郝经来修好，贾似道幽之真州。【目】似道还朝，使其客廖莹中辈撰《福华编》，称颂鄂功，通国皆不知所谓和也。蒙古主既立，欲来修好，以郝经为翰林侍读学士，充国信使，来告即位，且征前日请和之议。似道恐经至谋泄，

慰劳，极其隆重。诸将士也都加官：吕文德升为检校少傅，高达升为宁江军承宣使，刘整升为知泸州兼潼川安抚副使，夏贵升为知淮安州兼京东招抚使，孙虎臣升为和州防御使，范文虎升为黄州武定诸军都统制，向士璧、曹世雄也按不同等级各加了官。当初贾似道厌恶高达曾经在军中侮辱过自己，曾经向皇帝表示过想杀高达。皇帝知道高达有功，没有同意，所以论功行赏以吕文德为第一，高达第二。贾似道当了宰相之后，权势很大，起用了一批小人，国家的法制也更改了。

【纲】蒙古初定官制。

【纲】任饶虎臣为参知政事，戴庆炣为同知枢密院事，皮龙荣为签书院事。

【纲】蒙古任廉希宪为陕西、四川宣抚使。

【纲】蒙古阿里不哥在和林称帝。

【纲】五月，饶虎臣被罢官。

【纲】戴庆炣死，任沈炎为同签书枢密院事。

【纲】蒙古任王鹗为翰林学士承旨。　　【目】王鹗是金哀宗完颜守绪正大元年进士第一人，历官尚书左右司郎中。金朝灭亡后，将被杀，张柔闻其名，将他救了下来，住在保州（治清苑县，今河北保定）。忽必烈为王爵时在藩邸召见过他，对他十分礼重。到这时任他为翰林学士承旨，制诰、典章都由他定稿。王鹗又推荐李冶、李昶、王磐、徐世隆、高鸣为学士，又奏请设立十道提举学校官，蒙古主都听从了他的建议。

【纲】火星入南斗。　　【目】火星留五十多天。

【纲】六月，立忠王禥为皇太子。　　【目】皇帝家教很严，鸡初鸣时太子问安；鸡再鸣时回宫；鸡三鸣时太子往会议所参加决定日常事务；议完事务后就进讲堂讲经史；快到申时太子再到皇帝榻前问起居。皇帝问今日讲什么书，答得好，赐坐赐茶，否则为之反复讲解。仍然不通，皇帝怒，明日必须再讲，定为常规。

【纲】秋七月，蒙古使节翰林侍读学士郝经来互通友好，贾似道在真州（治扬子县，今江苏仪征）把他囚禁起来。　　【目】贾似道还朝，叫内容廖莹中等撰写《福华编》，歌倾贾似道的功劳，全国都不知道贾辱国求和。蒙古主忽必烈即位，想结友好，任郝经为翰林侍读学士，充当

竟拘留于真州之忠勇军营。经上表曰:"愿附鲁连之义,排难解纷;岂知唐俭之徒,款兵误国。"又数上书于帝及执政,极陈和战利害,且请入见及归国,皆不报。驿吏棘垣钥户,昼夜守逻,欲以动经;经不屈,但语其下曰:"死生进退,听其在彼,屈身辱命,我终不能!汝等不幸,宜忍死以待,揆之天时、人事,宋祚殆不远矣!"蒙古遣详问官崔明道诣淮东制司访问经等所在,仍以稽留信使、侵扰疆场来诘。淮东制置李庭芝奏蒙古使者久留真州,不报。

【纲】以贾似道兼太子太师。

【纲】冬十二月,蒙古号西僧八思巴为国师。

国使来通报新主即位,并落实上次请和的草议。贾似道唯恐郝经一到临安后泄露他的阴谋,竟把郝经拘留在真州的忠勇军军营。郝经上表皇帝说:"本来要效法鲁仲连的高义,想排除危难解决纷争;谁知道遇上唐俭这样的恶徒,只图缓兵一时却误了国家。"又几次上书给皇帝和执政大臣,极力说明和与战的利害,并且请求面见皇帝和回归故国,都没有得到回答。拘禁的地方守卫很严,昼夜巡逻,企图动摇郝经的意志。郝经不屈服,只告诉手下人说:"生死进返,只能由他,屈服受辱,我决不肯!你们遇到了不幸,应当忍死等待时机,按天时人事来看,宋朝的气数也不久了!"蒙古派详问官崔明道到淮东制司打听郝经等人在什么地方,仍以拘留使臣、侵扰疆场相质问。淮东制置使李庭芝上奏朝廷蒙古使臣久留真州,不得答复。

【纲】任贾似道兼太子太师。

【纲】冬十二月,蒙古尊西域僧人八思巴为国师。

纲鉴易知录卷八八

南宋纪

理宗皇帝

【纲】辛酉,二年,春正月,诏皇太子释奠孔子;加张栻、吕祖谦伯爵,并从祀。 【目】帝手诏曰:"虎闱齿胄,太子事也。此礼废久矣,如释奠、释菜之事,我朝俱未尝废,然享师敬道,又不可拘旧制,可令太子谒拜。"太子既还,上奏曰:"先圣之道,至我朝而后有以续孟氏之传。然诸说并驾,未知统一。适朱熹、张栻、吕祖谦志同道合,切思讲磨,择精语详,开牖后学,人心一正,圣道大明。今熹已秩从祀,而栻、祖谦尚未奉明诏,臣窃望焉。"帝从之,遂封栻华阳伯,祖谦开封伯,并列从祀。

【纲】二月,朱熠罢。夏四月,以皮龙荣参知政事,沈炎同知枢密院事,何梦然签书院事。

【纲】以俞兴为四川制置使。

【纲】蒙古听儒士被俘者赎为民。

【纲】五月,蒙古以史天泽为中书右丞相。

【纲】蒙古以姚枢为太子太师,窦默为太子太傅,许衡为太子太保;皆辞不拜。

【纲】六月,潼川安抚副使刘整以泸州叛降蒙古,制置司参谋官许彪孙死之。 【目】初,贾似道之出督也,尝憾高达、曹世雄之轻己,令吕文德掯摭其罪,逼世雄死,达亦废弃。整闻之惧,会俞兴帅蜀,整素与兴有隙,而似道方会计边费,兴遣吏下整,整诉于朝不得达,心益不安,遂籍泸州十五郡、户三十万降于蒙古,蒙古以整为夔路行省,兼安抚使。整,骁将也,蒙古既得之,由是尽得国事虚实,而似道不以为虞。整之将叛也,命制置司参谋官许彪孙草表,

理宗皇帝

【纲】景定二年（辛酉，1261，蒙古中统二年），春正月，皇帝下沼由皇太子释奠孔子，加封张栻和吕祖谦为伯爵，从祀于孔庙。 【目】皇帝亲手写的诏书说："国子监贵胄子入学典礼，是太子的职责，这项典礼很久没有举行了。如释奠和释菜这样祀先圣先师孔子的典礼，我朝都未废止。但尊师敬道，又不必拘泥旧制度，可以由太子谒拜。"太子参加典礼回来，上奏皇帝说："先圣孔子的大道，到我朝才继续了孟子的思想。但是诸家的学说并驾齐驱，不知道统一起来。直到朱熹、张栻、吕祖谦志同道合，互相研讨，选择其精粹的详为讲述，为后学者开辟了途径，人心归于正，圣道昌明。现在朱熹已经封爵从祀孔庙，张栻和吕祖谦还没有得到皇帝的恩典，臣希望陛下下诏。"皇帝听从了他的建议，封张栻为华阳伯、吕祖谦为开封伯，都从祀孔庙。

【纲】二月，朱熠被罢官。夏四月，任皮龙荣为参知政事，沈炎为同知枢密院事，何梦然为签书院事。

【纲】任俞兴为四川制置使。

【纲】蒙古准被俘的儒士赎为平民。

【纲】五月，蒙古任史天泽为中书右丞相。

【纲】蒙古任姚枢为太子太师，窦默为太子太傅，许衡为太子太保。三人都辞谢。

【纲】六月，潼川安抚副使刘整叛变，以泸州投降蒙古，制置司参谋官许彪孙自杀。 【目】起初，贾似道出任外督，恼恨高达和曹世雄轻慢自己，便要吕文德收集他两人的过错，逼曹世雄致死，高达也遭到废弃。刘整听到后很恐惧。正好俞兴任四川军事首脑，刘整素来与俞兴不合，贾似道正好在清查边防费用，俞兴派官吏下去查刘整。刘整向朝廷的申诉，无法上达，心里更加不安，于是带着泸州十五郡、三十万户向蒙古投降。蒙古任刘整为夔路行省兼安抚使。刘整是一员骁将，蒙古得到他后，完全了解宋朝国家大事的虚实，贾似道却不当一回事。刘整叛变以

彪孙不屈，合门仰药死。

【纲】秋七月，窜吴潜于循州。

【纲】八月，俞兴讨刘整败绩，诏罢兴，以吕文德兼四川宣抚使。

【纲】以江万里同签书枢密院事。

【纲】贾似道杀湖南制置副使向士璧。【目】先是贾似道忌功，欲污蔑一时阃臣，且怨士璧尝侮己，讽侍御史孙附凤等劾罢之，送漳州安置。又遣官会计边费，于是赵葵、史岩之等皆坐侵盗掩匿，罢官征偿，而士璧所费尤多，至是逮至行部责偿。幕属方元善者，极意逢迎似道意，士璧坐是死，复拘其妻妾征之，潭人闻之有垂涕者。信州谢枋得，以赵葵檄给钱粟募民兵守御，及会计者至信，枋得曰："不可以累宣抚。"自偿万缗。余不能办，乃上书似道，有云"千金而募徙木，将取信于市人；二卵而弃干城，岂可闻于邻国！"遂得免征余者。

似道又忌王坚，出知和州；坚郁郁而卒。

【纲】冬十月，沈炎罢。

【纲】十一月，蒙古主忽必烈击阿里不哥于昔木土，败走之。

【纲】十二月，以何梦然参知政事，马光祖同知枢密院事、兼知临安府。江万里罢。

【纲】壬戌，三年，春正月，赐贾似道第宅、家庙。

【纲】吕文德复泸州。【目】刘整率所部入朝于蒙古，文德遂入泸州；诏改为江安军。

【纲】蒙古修孔子庙。二月，皮龙荣罢。

【纲】临安饥。【目】诏赈恤贫民。时马光祖知荣王与芮府有

前,要制置司参谋官许彪孙起草降表。许彪孙不屈从,全家服毒自杀。

【纲】秋七月,放逐吴潜于循州(治龙川县,今广东龙川佗城镇)。

【纲】八月,俞兴讨伐刘整,战败。皇帝下诏罢俞兴官。任吕文德兼四川宣抚使。

【纲】任江万里为同签书枢密院事。

【纲】贾似道杀湖南制置副使向士璧。【目】贾似道忌恨功臣,阴谋污蔑一些军事负责人。由于怨恨向士璧曾经轻慢他,便示意御史孙附凤等上书弹劾向士璧,使他因此罢官并送章州(治龙溪县,今福建漳州)安置。贾似道还派官吏去核查边防费用,于是赵葵、史岩之等人都因贪污犯罪,罢官追赃,其中向士璧数目最大,到此时逮捕到行部追缴。向士璧的幕僚方元善极意逢迎贾似道,以致向因此而死,后更拘捕向的妻妾。潭州(今湖南长沙)人有为此而垂泪的。信州(治上饶县,今江西上饶西北)谢枋得曾按照赵葵的文书供给钱粮来召募民兵守御敌兵,等到查账的官吏到了信州,谢枋得说:"这事不能连累宣抚使。"自己拿出一万贯钱来交官,剩下的数目再没有能力上缴,于是上书贾似道说:"商鞅用于金奖励人搬走木头,是为了取信于市人;卫侯以两个蛋而放干城,岂可以让邻国知道。"于是其余的得以免缴。

贾似道还忌恨王坚,调王坚知和州,王坚郁悒而死。

【纲】冬十月,沈炎被罢官。

【纲】十一月,蒙古主忽必烈攻击阿里不哥于昔木土,阿里不哥败走。

【纲】十二月,任何梦然为参知政事,马光祖为同知枢密院事、兼知临安府,江万里被罢官。

【纲】景定三年(壬戌,1262,蒙古中统三年),春正月,赐贾似道宅第、家庙。

【纲】吕文德收复泸州。【目】刘整率领部队入朝蒙古,吕文德乘机占领泸州,皇帝下诏改为江安军。

【纲】蒙古修孔子庙。二月,皮龙荣被罢官。

【纲】临安发生粮荒。【目】皇帝下诏赈济灾民。当时马光祖知

积粟，三往见之，王以他辞；光祖乃卧于客次，王不得已，见焉。光祖厉声曰："天下谁不知储君为大王子！今民饥欲死，不以此时收人心乎！"王以廪虚辞，光祖探怀中出片纸曰："某庄、某仓若干。"王语塞，遂许以三十万。光祖遣吏分给，活饥民甚众。

【纲】蒙古江淮大都督李璮以京东来归。诏封璮为齐郡王，复其父全官爵。三月，蒙古杀王文统。 【目】璮自忽必烈即位，便有南归之志。至是召其子彦简于开平，修筑济南、益都等城壁，遂以涟、海三城来归，献京东郡县，请赎父过。诏授璮保信、宁武军节度使，督视京东、河北路军马，封齐郡王，改涟水为安东州。蒙古王文统使其子荛通好于璮，事觉被诛。

【纲】以孙府凤签书枢密院事。

【纲】夏五月，马光祖罢。

【纲】蒙古史天泽围李璮于济南。六月，遣提刑青阳梦炎将兵救之，不至而还。

【纲】封陈光昺为安南王。

【纲】故相吴潜暴卒于循州。

【纲】以杨栋同签书枢密院事。

【纲】秋八月，蒙古陷济南，李璮死之。蒙古以董文炳为山东经略使。

【纲】九月，蒙古以阿术为征南都元帅。

【纲】冬十月，以杨栋签书枢密院事，叶梦鼎同签书院事。

【纲】蒙古命阿合马领中书左右部，专理财赋。

【纲】十一月，窜丁大全于新州，道死。

【纲】癸亥，四年，春正月，蒙古以姚枢为中书左丞。

道荣王与芮府有积粮，三次往见，荣王以别的原因辞而不见。马光祖就住在客房不走，荣王不得已，只好出见。马光祖厉声说："天下谁不知道当今皇太子是大王的儿子！现在老百姓饿得要死，大王不在此时为太子收拾人心吗？"王以仓库空虚推辞。马光祖从怀里取出一张纸片说："某庄、某仓有粮食多少。"荣王再没有话说，于是答应给粮三十万。马光祖派人把粮食分发百姓，救活了很多饥民。

【纲】蒙古江淮大都督李璮献江东降宋。皇帝下诏封李璮为齐郡王（齐郡即济南府，治应城县，即今山东济南市），恢复其父李全官职。三月，蒙古杀王文统。　【目】李璮自忽必烈即位后，就有南归的想法，到此时便从开平（开平府，在今内蒙多伦县西北上都河北岸）把儿子李彦远召回，修筑济南、益都（今山东益都）等地城墙，以涟水军、海州三城来归宋，并献京东郡县请赎父亲的过错。皇帝下诏任李璮为保信、宁武军节度使，督视京东、河北路军马，封齐郡王，改涟水为安东州。蒙古王文统派儿子王荛向李璮表示友好，事情泄露后，被诛死。

【纲】任孙附凤为签书枢密院事。

【纲】夏五月，马光祖被罢官。

【纲】蒙古史天泽在济南围攻李璮。六月，派提刑青阳梦炎率兵救济南，梦炎至山东，不敢进，退回。

【纲】封陈光昺为安南王。

【纲】原来的丞相吴潜在循州暴死。

【纲】任杨栋为同签书枢密院事。

【纲】秋八月，蒙古兵攻占济南，李璮战死。蒙古任董文炳为山东经略使。

【纲】九月，蒙古任阿术为征南都元帅。

【纲】冬十月，任杨栋为签书枢密院事，叶梦鼎为同签书院事。

【纲】蒙古命阿合马领中书左右部，专理财赋。

【纲】十一月，把丁大全流放到新州（治新兴县，即今广东新兴县），途中丁死。

【纲】景定四年（癸亥，1263，蒙古中统四年），春正月，蒙古任姚枢为中书左丞。

【纲】二月,诏买公田,置官领之。罢翰林学士徐经孙。 【目】贾似道以国计困于造楮,富民困于和籴,思有以变法而未得其说。知临安府刘良贵、浙西转运使吴势卿献买公田之策,似道乃命殿中侍御史陈尧道、右正言曹孝庆、监察御史虞焌、张希颜上疏言:"三边屯列,非食不饱;诸路和籴,非楮不行。既未免于廪兵,则和籴所宜广图;既不免于和籴,则楮币未容缩造。为今日计,欲便国便民而办军食、重楮价者,莫若行祖宗限田之制。以官品计顷,以品格计数,下两浙、江东、西和籴去处,先行归并诡析,后将官户田产逾限之数,抽三分之一,回买以充公田。但得一千万亩之田,则每岁可收六七百万石之米,其于军饷沛然有余,可免和籴,可以饷军,可以住造楮币,可平物价,可安富室,一事行而五利兴矣。"帝从之,诏买公田,置官田所,以刘良贵提领,通判陈訔为简阅,副之。

良贵请下都省,严立赏罚,究归并之弊。独徐经孙条具其害,似道讽御史舒有开劾之,罢归。经孙尝举陈茂濂,至是为公田官,分司嘉兴,闻经孙去国,曰:"我不可以负徐公!"亦谢事,终身不起。

未几,帝手诏曰:"永免和籴,无如买逾限之田为良法。然东作方兴,权俟秋成续议施行。"似道愤然上疏求去,复讽何梦然、陈尧道、曹孝庆抗章留之,且劝帝下诏慰勉。帝乃趣似道出视事,似道复具陈其制,帝悉从之。

【纲】三月,蒙古始建太庙。
【纲】夏六月,论买公田功,进知临安府刘良贵等官。
【纲】秋七月,置榷场于樊城。 【目】刘整言于蒙古曰:"南人惟恃吕文德耳,然可以利诱也,请还以玉带馈之,求置榷场于襄阳城外。"蒙古从之,至鄂请于文德,文德许之。蒙古使曰:"南人无信。安丰等处榷场,每为盗所掠,愿筑土墙以护货物。"文德不许。或谓文德曰:"榷场成,我之利,且可因以通好。"文德为请于朝,开

【纲】二月，皇帝下诏命买公田，并设置官员管理。翰林学士徐经孙被罢官。　　【目】贾似道因为国家的困难在于造币，富民的困难在于和籴，想变法而没有好的主意。知临安府刘良贵、浙西转运使吴势卿献买公田策。贾似道叫殿中侍御史陈尧道、右正言曹孝庆、、监察御史虞㙆、张希颜上疏说："边防林立，非食不饱；各路购粮，无钱不行。士兵既然非有不可，购粮就必须量大；粮食既然非购不可，纸币就不能少印。为今之计，要想国家百姓两利来办军粮，又不使纸币贬值，不如实行祖宗曾经行过的限田制度。按官员的品级计顷，按品格计数，在两浙和江东、西购军粮的地方，先行归并分析，然后将官户田产超过限额的田亩，抽出三分之一，买回来充公田。只要有一千万亩公田，每年就能收六七百万石大米，其余充作军饷也很富裕，一可以免除和籴购粮，二可以不再印纸币，三可以平定物价，四可以稳定富有的百姓，办成一件事能得五项好处。"皇帝照准，下诏："买公田，设置官田所，以刘良贵为提领总管，通判陈訔为检阅，作为他的副职。

刘良贵请求由尚书省严格赏罚，查究归并中的弊病。只有徐经孙逐条说公田的害处，贾似道示意御史舒有开弹劾徐经孙，徐经孙罢官回家。徐经孙曾经推荐的陈茂濂，此时正在嘉兴任公田官。他听说徐经孙因公田被罢官，说："我不能负徐公！"也跟着辞职，终身不再当官。

不久，皇帝亲自下诏说："永远免除和籴，莫如买超过限额的田地为最好的办法。但春耕正忙，等到秋天收成以后再议实行。"贾似道因此愤愤然上疏要求辞官，却又示意何梦然、陈尧道、曹孝庆等上表章向皇帝表示挽留，还力劝皇帝下诏安慰勉励贾似道。皇帝于是催促贾似道上班办公，贾似道再次详细说明买公田的办法，皇帝完全照准。

【纲】三月，蒙古始建太庙。

【纲】夏六月，因买公田的功劳，知临安府刘良贵等加官。

【纲】秋七月，在樊城设置榷场。　　【目】刘整向蒙古主进言说："南人只仗着个吕文德，不过可以利诱。请派使节送他一根玉带，求他在襄阳城外设置贸易场所。"蒙古主接受了这个意见，派使者去鄂州见吕文德。吕文德同意开设榷场。蒙古使节说："南人不守信用，安丰军（治寿春县，今安徽寿县）等处的榷场经常遭到抢劫，希望筑土城保护

榷场于樊城外，筑土墙于鹿门山，外通互市，内筑堡壁。蒙古又筑堡于白鹤，由是敌有所守，以遏南北之援，时出兵哨掠襄阳城外，兵威益炽。文德弟文焕知为蒙古所卖，以书谏止；文德始悟，然事已无及，惟自咎尔。

【纲】蒙古以廉希宪为中书平章政事，商挺参知政事。

【纲】甲子，五年，春三月，增公田官于平江诸路。

【纲】何梦然罢。夏五月，以杨栋参知政事，叶梦鼎同知枢密院事，姚希得同签书院事。

【纲】秋七月，彗星出。中外上书乞罢公田。贾似道力求去位，诏勉留之。 【目】彗星出柳，光烛天，长数十丈，自四更见东方，日高始灭。诏避殿、减膳，许中外直言。台谏士庶皆上书，以为公田不便，民间愁怨所致。于是似道上书力辩，乞避位。帝曰："言事易，任事难，自古然也。公田之说，公私兼济，所以决意行之。今业已成矣，若遽因人言罢之，虽可快一时之异议，如国计何？卿既任事，亦当任怨，'礼义不愆，何恤人言！'"由是公论顿沮。

【纲】黥配临安府学生叶李等于远州。 【目】叶李、萧规应诏上书，诋贾似道专权，害民误国。似道命刘良贵捃摭以罪，黥配李于漳州，规于汀州。

【纲】蒙古阿里不哥自归于上都，蒙古主释不治，其党不鲁花等伏诛。

【纲】杨栋免。

【纲】八月，蒙古以刘秉忠为太保，参领中书省事。

货物。"吕文德不许。有人对吕文德说:"榷场修成,对我有利,而且可以因此而和蒙古友好。"吕文德为此上报朝廷,在樊城外开设榷场,筑土墙于鹿门山(今湖北襄阳县襄阳镇东南)。外通商场,内筑堡垒。蒙古也在白鹤山(今襄阳镇南)修筑堡垒。于是敌人有了驻守的地方,来控制南北的援助,还不时出兵到襄阳城外抢掠,威胁日甚。吕文德的弟弟文焕知道上了蒙古的当,写信劝阻,吕文德这才觉悟,但已经来不及了,只能自怨而已。

【纲】蒙古任廉希宪为中书平章政事,商挺为参知政事。

【纲】景定五年(甲子,1264,蒙古至元元年),春三月,在平江诸路增设公田官。

【纲】何梦然被罢官。夏五月,任杨栋为参知政事,叶梦鼎为同知枢密院事,姚希得为同签书院事。

【纲】秋七月,彗星出现,朝廷内外上书请求罢公田。贾似道力求去位辞官,皇帝下诏鼓励留下他。 【目】彗星出于柳宿,光芒照天,长数十丈自四更起出现在东方,太阳升高后才看不见。皇帝下诏避殿、减膳,许朝廷内外直言。谏官、读书人和庶民纷纷上书,认为彗星的出现是由于买公田百姓不便,百姓愁怨感应上天所致。贾似道上书极力辩解,同时请求避位去职。皇帝说:"说话容易做事难,自古以来就是这样。实行公田的主张是公私两方都兼顾到的,所以决意实行。如今事情已经办成了,如果仅仅因为有人不同意就忽然取消,虽然可以使不同意的一时快意,国家又怎么办呢!贤卿既然主持这件事,也应当不怕有怨言。'在礼义上没有过失,为何担心别人说的话'!"从此公论顿时终止。

【纲】临军府学生叶李等刺面发配边远州。 【目】叶李、萧规应诏上书,指责贾似道专权误国害民。贾似道命令刘良贵搜集二人的材料治罪,将叶李刺面发配到漳州、萧规刺面发配到汀州(治长汀县,今福建长汀)。

【纲】蒙古阿里不哥从别的地方回到上都(即开平府),蒙古主免除他的罪名,杀了他的党羽不鲁花等。

【纲】杨栋被免官。

【纲】八月,蒙古任刘秉忠为太保、参领中书省事。

【纲】蒙古入都于燕。【目】刘秉忠请定都于燕,蒙古主从之,诏营城池及宫室,仍号为中都。

【纲】九月,窜建宁府教授谢枋得于兴国军。【目】枋得考试宣城及建康,摘贾似道政事为问,且言:"权奸擅国,敌兵必至,赵氏必亡。"漕使陆景思上其稿于似道,于是左司谏舒有开劾枋得怨望腾谤,大不敬;诏窜之。

【纲】作银关。【目】贾似道以物贵由于楮贱,楮贱由于楮多,乃更造银关,每一,准十八界会之三,自制其印如"贾"字状行之,出奉宸库珍货,收币会于官,废十七界会不用。银关行,物益贵,楮益贱。

【纲】冬十月,帝崩,太子禥即位,尊皇后曰皇太后,大赦。

度宗皇帝

【纲】乙丑,度宗皇帝咸淳元年,春正月朔,日食。

【纲】二月,以姚希得参知政事,江万里同知枢密院事,王爚签书院事。

【纲】三月,葬永穆陵。夏四月,加贾似道太师,封魏国公。【目】帝以似道有定策功,每朝必答拜,称之曰"师臣"而不名,朝臣皆称为"周公"。理宗山陵事竣,径弃官还越,而密令吕文德诈报蒙古兵攻下沱急,朝中大骇,帝与太后手诏起之,似道乃至。

【纲】闰五月,以江万里参知政事,王爚同知枢密院事,马廷鸾签书院事。

【纲】秋八月,蒙古以安童为中书右丞相。冬十月,命许衡议省

【纲】蒙古迁都城到燕京（今北京广安门外，即金中都）。【目】刘秉忠请求在燕定都，蒙古主听从了他的请求。下诏营造城池和宫殿，仍然称为中都。

【纲】九月，放逐建宁府教授谢枋得到兴国军（今湖北阳新县）。【目】谢枋得在宣城和建康进行考试，摘取贾似道的政治措施作为题目向应试学生提问，并且说："权奸擅国，敌兵必至，赵氏必亡。"漕使陆景思把草稿上报贾似道，于是左司谏舒有开弹劾谢枋得怨恨诽谤，大不敬。皇帝下诏放逐谢枋得。

【纲】作银关。【目】贾似道以为物贵是因为纸币贱，纸币贱是因为纸币太多，于是更换铸造银关。每一关，相当于十八界会子的三倍。自制其印如"贾"字形状发行。并拿出皇帝奉宸库里的珍宝来收已经破败的会子，废弃了十七界会子。银关通行，物价愈贵，纸币愈贱。

【纲】冬十月，理宗皇帝驾崩，太子赵禥即位，尊皇后为皇太后，大赦天下。

度宗皇帝

【纲】度宗皇帝赵禥咸淳元年（乙丑，1265，蒙古至元二年），春正月初一，出现日食。

【纲】二月，任姚希得为参知政事，江万里为同知枢密院事，王爚为签书院事。

【纲】三月，把理宗皇帝安葬在永穆陵（今浙江绍兴东南）。夏四月，加官贾似道为太师，封魏国公。【目】皇帝因为贾似道有定策的功劳，每逢贾似道入朝，皇帝必定答拜，称贾为"师臣"而不直呼其名，朝臣也都称贾为"周公"。理宗皇帝的葬礼完毕，贾似道弃官径自回了越（即绍兴府，今浙江绍兴），而密令吕文德谎报蒙古兵进攻下沱（今湖北枝江东南），形势紧迫，朝廷大为震惊。皇帝和太后亲手下诏起用贾似道，贾氏才回朝。

【纲】闰五月，任江万里为参知政事，王熵为同知枢密院事，马廷鸾为签书院事。

【纲】秋八月，蒙古任安童为中书右丞相。冬十月，命许衡议省

事,衡辞,不许。 【目】安童,木华黎四世孙,年二十一矣。蒙古主以其幼未更事,召许衡于怀孟,俾议中书省事,衡至,以疾辞,蒙古主不许。安童亲候其馆,与语良久,既还,念之不释者累日。

【纲】十一月,以留梦炎签书枢密院事。

【纲】丙寅,二年,春正月,江万里罢。 【目】贾似道以去要君,帝至拜留之,万里以身掖帝,云:"自古无此君臣礼!陛下不可拜,似道不可复言去。"似道不知所为,下殿,因举笏谢万里曰:"微公,似道几为千古罪人。"然以此益忌之,谋逐万里。万里亦四上疏求退,乃以资政殿大学士奉祠。

【纲】夏四月,姚希得、王爚罢。

【纲】五月,以王爚参知政事,留梦炎同知枢密院事,包恢签书院事。 【目】恢所至,以严为治,破豪猾,去奸吏,治蛊狱,政声赫然。理宗朝,尝因轮对曰:"陛下之心,如天地日月,其闭而食者,外戚近习耳。"

【纲】秋七月,蒙古以张德辉参议中书省事。 【目】初,德辉在史天泽幕下,蒙古主在藩邸闻之,召见,问曰:"或云'辽以释废,金以儒亡',有诸?"对曰:"辽事臣未周知,金季乃所亲睹。宰执皆武弁世爵,虽用一二儒臣,及论军国大事又不使预闻,然则金之存亡,自有任其责者。"蒙古主然之,呼其字而不名。德辉又尝与元裕上谒,请蒙古主为儒教太宗师,蒙古主悦而受之。既即位以为河东南、北路宣抚使,遂入议政。

【纲】丁卯,三年,春正月,立皇后全氏。 【目】后,会稽人,理宗母慈宪夫人侄孙也。宝祐中,父昭孙没于王事,理宗以母故,常

事,许衡推辞,不许。 【目】安童是木华黎的第四代孙,二十一岁。蒙古主认为他年青阅历不多,于怀孟(治怀州,今河南沁阳)召许衡,让他协助安童,议中书省事。许衡应召到中都,称病辞官,蒙古主不许。安童亲自到住处探望许衡,与许谈话很久,回宫后,还好几天思念不忘。

【纲】十一月,任留梦炎为签书枢密院事。

【纲】咸淳二年(丙寅,1266,蒙古至元三年),春正月,江万里被罢官。 【目】贾似道用去职回家要挟皇帝,皇帝为挽留贾似道,竟至向他下拜。江万里用身子扶住皇帝,说:"自古以来没有这样的君臣礼!陛下不能拜,似道不可以再说去。"贾似道不知道干什么,走下殿去,举起手里的笏谢江万里说:"要是没有你,似道几乎要成千古罪人了。"心里却为这事更加忌恨江万里,阴谋将他赶走。江万里也四次上疏请求退职,皇帝于是给了他个资政殿大学士的官衔,奉祠禄。

【纲】夏四月,姚希得、王熵被罢官。

【纲】五月,任王熵为参知政事,留梦炎为同知枢密院事,包恢为签书院事。 【目】包恢到任,严格治理,破除强横狡猾不守法纪的人,去掉奸诈邪恶的官吏,审理疑难案件,他的政绩名声很大。理宗皇帝在朝时,他曾经在轮对时对皇帝说:"陛下之心,犹如天地日月,它之所以出现闭食,都是由于外戚和近臣的过错。"

【纲】秋七月,蒙古任张德辉为参议中书省事。 【目】起初,张德辉是史天泽的幕僚。蒙古主忽必烈在藩王时听说他的名声,召他来问道:"有人说:'辽因为重佛教而衰废,金由于重儒道而灭亡',是这样吗?"张德辉答道:"辽代史事臣不详知,金代末年曾经亲眼所见,宰相执政都是武臣世爵,虽然也用过一两个儒臣,在商讨军国大事时又不让他们参预。要论金的存亡,自然有该负责的人。"忽必烈表示赞同,称他的字而不直呼其名。张德辉还曾经同元裕一起进见,请忽必烈为儒教太宗师,忽必烈高兴地接受了。忽必烈即位以后,任张德辉为河东南、北路宣抚使(河东南路治平阳府,即今山西临汾县。河东北路治太原府,即今山西太原市)。以后入朝议政。

【纲】咸淳三年(丁卯,1267,蒙古至元四年),春正月,立皇后全氏。 【目】皇后是会稽人,是理宗皇帝母亲慈宪夫人的侄孙。宝祐年

召后入宫，问曰："尔父没于王事，每念之，令人可哀。"后对曰："妾父可念，淮、湖之民尤可念也。"帝异之，语大臣曰："全氏女言辞甚令，宜配冢嗣以承宗祀。"遂纳为太子妃。

【纲】帝释菜于孔子，以颜回、曾参、孔伋、孟轲配，列邵雍、司马光于从祀。 【目】又升颛孙师于十哲，追封雍新安伯。

【纲】蒙古许衡谢病还怀孟。 【目】衡陈时务四事，书至万余言，且谓："孔子曰：'以道事君，不可则止。'孟子以责难陈善，乃为恭敬。臣之所守如此，而大约以《大学》'修身'为之本。"蒙古主嘉纳之。衡多病，蒙古主命五日一至中书，至是始听归怀孟。

【纲】二月，以贾似道平章军国重事，三日一朝，治事都堂。【目】似道上疏乞归养，帝命大臣侍从传旨固留，日四五至，中使加赐日十数至，特授平章军国重事，一月三赴经筵，三日一朝，治事都堂，赐第西湖之葛岭，使迎养其中。似道于是五日一乘湖船入朝，不赴都堂治事，吏抱文书就第呈署，大小朝政，一切决于馆官廖莹中、堂吏翁应龙，宰执充位而已。似道虽深居简出，凡台谏弹劾，诸司荐辟，及京尹畿漕一切事，不关白不敢行。正人端士，斥罢殆尽。吏争纳赂求美职，图为帅阃、监司、郡守者，贡献不可胜计，一时贪风大肆。兵丧于外，匿不以闻，民怨于下，诛责无艺，莫敢言者。

【纲】三月，以程元凤为右丞相、枢密使，叶梦鼎参知政事，王爚知枢密院事，常挺签书院事。元凤、爚寻罢。

【纲】夏六月，以马光祖参知政事。

【纲】秋八月，进封嗣荣王与芮为福王。

【纲】以叶梦鼎为右丞相兼枢密使，固辞，不许。 【目】利州路转运使王价子愬求遗泽，梦鼎以为合与，似道以恩不出己，罢省部

间，父昭孙死于王事。皇帝因为母亲的关系常召她入宫，一次问她："你父亲为国而死，一想起来，令人悲哀。"她回答说："妾的父亲可念，淮、湖一带的百姓就更可念了。"皇帝很惊讶，对大臣说："全家的女儿言语很美，适合配长子承担祭祀祖宗的重任。"因此娶为太子妃。

【纲】皇帝祭祀孔子，以颜回、曾参、孔伋、孟轲为配祀，列邵雍、司马光为从祀。　【目】又升颛孙师为十哲，追封邵雍为新安伯。

【纲】蒙古许衡因病回到怀孟。　【目】许衡上书陈述四件当务之急的事，写了一万多字，并且说："孔子说：'以道事君，不可则止。'孟子认为应当责难陈善，才算得恭敬。臣信守的就是这样的准则，大体上都是以《大学》讲的'修身'为根本。"蒙古主很赞赏。许衡多病，蒙古主叫他五天去中书省上班一次，到此时准许他告老回怀孟。

【纲】二月，任贾似道为平章军国重事，三天上一次朝廷，在政事堂办公。　【目】贾似道上疏请求回家养老，皇帝派大臣侍从传旨挽留，一天要派四五起，又叫中使去送赏赐的东西，一天去送十几次；特别给贾似道加官为平章军国重事，特许一个月只去参加三次为皇帝讲书的经筵，三天上朝一次，在政事堂办公；还在西湖葛岭赐了一所宅第，迎养贾似道。于是，贾似道五天坐船过西湖上朝一次，也不到政事堂办公，由官吏抱着文书来宅第请他签署，大小朝政一切都取决于门客廖莹中、政事堂官吏翁应龙，宰相和执政都形同虚设了。贾似道虽然深居简出，但凡御史台谏官的弹劾、各衙门的荐举官员、以及京尹、畿漕的一切事务，不向他察报就不敢施行。正直端庄的官员差不多排斥净尽。官吏们都争着贿赂要求任好官，想当各路军事首脑、监司、郡守，来贡献的财货不计其数，一时贪污风气猖獗。军事上遭到失败，都不上报朝廷，百姓要有怨言，重则杀轻则惩戒，没有人敢说一句话。

【纲】三月，任程元凤为右丞相、枢密使，叶梦鼎为参知政事，王熵为知枢密院事，常挺为签书院事，程元凤、王熵不久被罢官。

【纲】夏六月，任马光祖为参知政事。

【纲】秋八月，进封嗣荣王与芮为福王。

【纲】任叶梦鼎为右丞相兼枢密使，坚决辞谢，不许。　【目】利州路转运使王价的儿子上诉请求发还遗产，叶梦鼎认为应该照准，贾似道

吏数人。梦鼎怒曰："我断不为陈自强。"即求去。似道母责似道曰："叶丞相安于家食,未尝求进,汝强与以相印,今乃牵制至此;若不从吾言,吾不食矣。"似道曰:"为官不得不如此。"会太学诸生亦上书言似道专权固位,似道乃悔悟求解。梦鼎请去益力,帝不许。

【纲】冬十二月,以吕文焕知襄阳府。

【纲】蒙古阿术、刘整谋入寇,遂城白河口。 【目】刘整言于蒙古主曰:"襄阳,吾故物,由弃弗戍,使宋得窃筑为强藩。若复襄阳,浮汉入江,则宋可平也。"蒙古主从之,诏征诸路兵,命阿术与整经略襄阳。

阿术驻马虎头山,顾汉东白河口曰:"若筑垒于此,以断宋饷道,襄阳可图也。"遂城其地。吕文焕大惧,遣人以蜡书告文德,文德怒且骂曰:"汝曹妄言邀功赏,设有之,亦假城耳。襄、樊城池坚深,兵储支十年,令吕六坚守;果整妄作,春水至吾往取之。比至,恐遁去耳。"议者窃笑之。

【纲】戊辰,四年,春正月,留梦炎罢。

【纲】夏四月,夺观文殿大学士惠国公谢方叔官爵。 【目】方叔以尝为东宫官,自豫章以一琴、一鹤、金丹一炉献帝。似道疑其观望再相,讽谏官赵顺孙等论其"不当诱人主为声色之好",欲谪之远郡。吕文德请以己官赎方叔罪,乃止夺官爵。

【纲】秋九月,蒙古阿术、刘整围襄阳。 【目】刘整与阿术计曰:"我精兵突骑,所当者破,惟水战不如宋耳。夺彼所长,造战舰,习水军,则事济矣。"乃造船五十艘,日练水军,虽雨不能出,亦画

却因为恩惠不出于自己，竟撤了几个中书省官员的官职。叶梦鼎很生气，说："我断断不作陈自强式的人。"立即请求辞职。贾似道的母亲责备贾说："叶丞相安安稳稳在家里，本来没有想升官。是你把相印硬给他的，如今你又这样牵制他。你要是不听我的话，我就不吃饭。"贾似道答道："当官就不能不这样。"正好太学生们也上书说贾似道专权贪位，贾似道才有些后悔醒悟，要求和解。叶梦鼎越加请求辞官，皇帝不许。

【纲】冬十二月，任吕文焕知襄阳府。

【纲】蒙古阿术、刘整企图进攻，因此在白河口（今湖北襄樊东）筑城。 【目】刘整对蒙古主说："襄阳原是我们的土地，因为放弃才没有驻守，使宋朝到手建成强固的藩篱。如果收复了襄阳，由汉水入长江，宋朝就可以平定了。"蒙古主听从他的建议，下诏征召各路兵，命令阿术会同刘整策划襄阳事宜。

阿术骑马驻扎在虎头山上，望着汉水东边的白河口说："如果在此地修建城堡，来切断宋兵的粮道，襄阳就可以谋取了。"于是在白河口筑城。吕文焕感到很害怕，派人给吕文德送去蜡封的信，吕文德生气地骂说："你们就是胡说八道只图邀功请赏，纵然有这事，也是假城。襄、樊城墙坚固、护城河水深，军事储备能支撑十年，回去叫老六坚守。刘整真敢轻举妄动，等春天发水时我去夺取，到时我一去，他恐怕就逃跑了。"

【纲】咸淳四年（戊辰，1268，蒙古至元五年），春正月，留梦炎被罢官。

【纲】夏四月，剥夺观文殿大学士惠国公谢方叔的官爵。 【目】谢方叔因为曾经当过太子东宫的官职，从豫章（即隆兴府，今江西南昌）进献皇帝一张琴、一只鹤、一炉金丹。贾似道怀疑他是希图皇帝再让他入朝为相，示意谏官赵顺孙等上书指责谢方叔不应该以声色之好诱惑皇帝，打算把谢贬谪到边远的州郡。吕文德请求用自己的官职来为谢方叔赎罪，因此才只削去他的官爵。

【纲】秋九月，蒙古阿术、刘整包围襄阳。 【目】刘整与阿术谋划说："我军精锐，无坚不摧，只是水战不如宋兵而已。把他的长处拿过来，造战舰，练水军，事情就可以成功。"于是，造船五千艘，天天训练

地为船而习之,得练卒七万,遂筑圜城以逼襄阳。

【纲】冬十一月,常挺卒。
【纲】行义役法。
【纲】十二月,包恢罢。
【纲】己巳,五年,春正月,以李庭芝为两淮制置大使。 【目】兼知扬州。时扬州新遭火,公私萧然,庭芝大筑城壁,募汴南流民二万余人以实之,号武锐军。修学赈饥,民德之如父母。

【纲】叶梦鼎上疏乞致仕,不待报而去。 【目】梦鼎扼于贾似道不得行,乃引杜衍故事,上疏乞致仕,单车宵遁。诏判福州,梦鼎不拜。

【纲】以马廷鸾、江万里参知政事。
【纲】蒙古遣史天泽益兵围襄阳。 【目】蒙古括诸路兵以益襄阳之师,遣史天泽往经画之。天泽至,筑长围,起万山,包百丈山,令南北不相通。又筑岘山、虎头山为一字城,联亘诸堡,以立久驻必取之基。
【纲】二月,蒙古行新字,加号西僧八思巴为大宝法王。
【纲】三月,蒙古军围樊,遂城鹿门。京湖都统张世杰将兵拒之,战于赤滩圃,败绩。 【目】世杰,柔之从子,从柔成杞,有罪来奔,阮思顺见而奇之,言于吕文德,文德召置麾下,累功至都统制。

【纲】以江万里、马廷鸾为左、右丞相兼枢密使,马光祖知枢密院事。夏五月,光祖罢。
【纲】秋七月,夏贵袭蒙古阿术于新城,败绩。

【纲】冬十二月,吕文德卒。以范文虎为殿前副都指挥使。【目】文德以许蒙古置榷场为恨,每曰:"误国家者,我也!"因疽

水军，即使天雨不能出外，也画地为船坚持操练，终于练出七万熟练水战的水兵，筑环城将襄阳团团围困。

【纲】冬十一月，常挺去世。

【纲】实行义役法。

【纲】十二月，包恢被罢官。

【纲】咸淳五年(己巳，1269，蒙古至元六年)，春正月，任李庭芝为两淮制置大使。 【目】李庭芝兼知扬州，当时扬州刚刚发生一场火灾，公私都很萧条。李庭芝大兴土木修筑城墙，召募汴南流民两万多人充实，号为武锐军。还建学校，赈救饥民，百姓感激他如同对待父母。

【纲】叶梦鼎上书请求交还官职回家养老，不等批示就自行离职而去。 【目】叶梦鼎遭贾似道压制办不了事，只好援引杜衍的先例，上书请求回家养老，自己乘小车在夜间跑出临安。皇帝下诏要他管理福州，叶梦鼎不接受。

【纲】任马廷鸾、江万里为参知政事。

【纲】蒙古派史天泽增兵包围襄阳。 【目】蒙古集结各路兵力来增强包围襄阳的军队，派史天泽去经略筹划。史天泽去了以后，修筑了很长的封锁线，由万山起，包围百丈山，使南北不能相通，又在岘山、虎头山修筑一字城，联接各个堡垒，作为长期驻守必取襄阳的基地。

【纲】二月，蒙古实行新文字，加号西域增八思巴为大宝法王。

【纲】三月，蒙古军包围樊城，在鹿门筑城。京湖都统张世杰率兵抵御，在赤滩圃(今湖北襄樊东南)战败。 【目】张世杰是张柔的侄子，跟随张柔戍守杞(今河南杞县)因有罪投奔南方。阮思顺见了他感到奇特，并告诉了吕文德，吕文德把他召为部下，因多次立功升官到都统制。

【纲】任江万里、马廷鸾为左右丞相兼枢密使，马光祖为知枢密院事。夏五月，马光祖被罢官。

【纲】秋七月，夏贵在新城(今湖北襄樊东南)进攻蒙古阿术，战败。

【纲】冬十二月，吕文德去世。任范文虎为殿前副都指挥使。【目】吕文德因为同意蒙古开设榷场而悔恨，常常说："误了国家的就是

发背，乞致仕；诏授少师，封卫国公，卒。贾似道以其婿范文虎总禁兵。

【纲】庚午，六年，春正月，以李庭芝为京湖制置大使，督师援襄、樊。

【纲】起复孙虎臣为淮东安抚副使。

【纲】江万里罢。

【纲】蒙古廉希宪罢。　【目】蒙古主尝令希宪受帝师戒，希宪对曰："臣已受孔子戒矣。"蒙古主曰："汝孔子亦有戒邪？"对曰："为臣当忠，为子当孝，孔子之戒，如是而已。"

【纲】以陈宗礼签书枢密院事，赵顺孙同签书院事。　【目】宫中饮宴，名曰排当。理宗朝，排当之礼多内侍自为之，一有排当，则必有私事密启。帝即位益盛，至出内帑为之。宗礼为给事中，尝上疏言："内侍用心，非借排当以侵羡余，则假秩筵以奉殷勤，不知费几州汗血之劳，而供一夕笙歌之乐！请禁绝之。"不报。

【纲】蒙古立尚书省，以阿合马平章正事。

【纲】二月，蒙古以许衡为中书左丞，衡固辞，不许。　【目】时阿合马势倾中外，其子忽辛有同签枢密院之命，衡执奏曰："国家事权，兵、民、财三者而已。父典民与财，子又典兵，不可。"蒙古主曰："卿虑其反邪？"衡曰："彼虽不反，此反道也。"蒙古主以语阿合马，由是怨衡，亟荐衡为左丞，欲因以事中之。衡屡入辞免，蒙古主不许。

【纲】夏四月，罢直学士院文天祥。　【目】贾似道以去要君，帝勉留益坚，命学士降诏。天祥当制，时内制相承，必先呈稿于相，天祥不从。似道意不满，讽别院改作。天祥亟求解职，迁秘书监，似道使台官张志立劾罢之。

【纲】秋八月，诏贾似道十日一朝，入朝不拜。　【目】时襄、樊

我!"为此,他患了背痛,请求告病回家。皇帝下诏授给他少师的官衔,封魏国公,不久死去。贾似道任用他的女婿范文虎总领禁兵。

【纲】咸淳六年(庚午,1270,蒙古至元七年),春正月,任李庭芝为京湖制置大使,督师援助襄樊。

【纲】重新起用孙虎臣为淮东安抚副使。

【纲】江万里被罢官。

【纲】蒙古廉希宪被罢官。 【目】蒙古主曾经要廉希宪受帝师八思巴戒,廉回答:"臣已经受过孔子戒了。"蒙古主说:"你那孔子也有戒吗?"廉说:"为臣当忠,为子当孝,孔子之戒,如此而已。"

【纲】任陈宗礼为签书枢密院事,赵顺孙为同签书院事。 【目】宫中的饮宴,叫做"排当"。理宗朝,排当的礼仪多由宫里侍从自己举办,一有排当,必定有私事秘奏皇帝。度宗皇帝即位后,举办排当的次数更多,甚至由内库出钱举办。陈宗礼任给事中,曾经上疏说:"内侍的用意,不是借举办排当来沾便宜,就是借筵席来献殷勤,不知要耗费几个州百姓的血汗来供一个晚上的笙歌欢乐!请求禁绝这种活动。"不得批复。

【纲】蒙古设置尚书省,任阿合马为平章政事。

【纲】二月,蒙古任许衡为中书左丞,许衡力辞,不许。 【目】当时阿合马权势很大,他的儿子忽辛又被任为同签枢密院事。许衡上奏说:"国家的权力,兵、民、财三项而已。父亲掌握了民和财两项大权,儿子又掌握兵权,不可以这样做。"蒙古主问:"卿担心他造反吗?"许衡答:"他虽然不反,这却是造反的条件。"蒙古主把这次谈话告诉了阿合马,阿合马因此怨恨许衡,几次推荐许为左丞,想找个机会陷害他。许衡多次入见蒙古主辞职,忽必烈不许。

【纲】夏四月,直学士院文天祥被罢官。 【目】贾似道用辞官来要挟皇帝,皇帝越加坚持劝勉挽留,叫学士下诏,恰好文天祥当班。当时的规矩,诏书的草稿必须先呈送宰相,文天祥不肯送给贾似道。贾似道不满意,示意由别院改作。文天祥迫切请求解职,后调任秘书监。贾似道叫谏官张志立弹劾文天祥,文天祥被罢官。

【纲】秋八月,皇帝下诏,特许贾似道十天上朝一次,入朝不拜。

围急,似道日坐葛岭,起楼阁亭榭,作半闲堂,延羽流,塑己像其中,取宫人叶氏及娼尼有美色者为妾,日肆淫乐。尝与群妾踞地斗蟋蟀,所狎客戏之曰:"此军国重事邪!"酷嗜宝玩,建多宝阁,一日一登玩。自是或累月不朝,有言边事者辄加贬斥。一日帝问曰:"襄阳之围已三年矣,奈何?"似道对曰:"北兵已退,陛下何从得此言?"帝曰:"适有女嫔言之。"似道诘其人,诬以他事赐死。由是边事虽日急,无敢言者。

【纲】冬十月,诏范文虎总中外诸军救襄阳。

【纲】十一月,蒙古城万山。

【纲】十二月,陈宗礼卒。

【纲】辛未,七年,春二月,大饥。 【目】是岁淮、浙、江西皆饥,命官赈贷。知抚州黄震,大书"闭粜者籍,强籴者斩"!不抑米价,劝分有方,全活甚众。

【纲】夏五月,蒙古兵分道寇嘉定诸路。

【纲】六月,范文虎帅师至鹿门而遁。李庭芝自劾请代,不许。

【纲】蒙古以许衡为集贤大学士,兼国子祭酒。 【目】衡上疏论阿合马专权罔上、蠹政害民诸事,不报,因谢病请解机务。蒙古主不许,且命举自代者。衡奏曰:"用人,天子之大柄。臣下泛论其贤否则可,若授之以位,则断自宸衷,不可使臣下有市恩之渐。"乃拜衡集贤大学士,兼国子祭酒,即燕京南城旧枢密院设学。衡闻命,喜曰:"此吾事也。"因请征其弟子王梓、耶律有尚、姚燧等十二人为斋长。时所选弟子皆幼稚,衡待之如成人,爱之如子,出入进退,其严如君臣。其为教,因觉以明善,因善以开蔽,相其动息以为张弛,

【目】当时襄樊被围困，形势很急迫，贾似道坐在葛岭上建筑楼阁亭台，修造半闲堂，请道士，塑造自己的像，还把皇帝内宫的宫女叶氏和有美色的妓女尼姑作为妾，每天肆意淫乐。在他和一群姬妾蹲在地上斗蛐蛐儿时，陪他玩乐的人开玩笑说："这是军国大事呀！"贾似道酷好宝玩，专门建了一座多宝阁，每天都要登阁赏玩，从此有时几个月不上朝。凡是有人谈边防上的事，都遭到贬官排斥。一天，皇帝问："襄阳被包围已经三年了，怎么办？"贾似道回答："北兵已经退了，陛下这话从哪里听来的？"皇帝说："刚才听一个女嫔说的。"贾似道查问出女嫔的姓名，诬陷她有别的罪，赐死。从此以后，尽管边防越来越紧张，也没有人敢说一句话。

【纲】冬十月，皇帝下诏令范文虎总领中外诸军援救襄阳。

【纲】十一月，蒙古兵在万山筑城。

【纲】十二月，陈宗礼去世。

【纲】咸淳七年（辛未，1271，蒙古至元八年），春二月，发生饥荒。 【目】这一年，浙江、江西都闹粮荒，命令官员赈灾。知抚州黄震贴出大字布告："不卖粮的抄家，强买粮的斩首！"不压米价，劝导有方，救活了不少人。

【纲】夏五月，蒙古兵分几路进攻嘉定（治龙游县，今四川乐山）各路。

【纲】六月，范文虎率领兵到鹿门后逃跑。李庭芝亲自上书弹劾并请求代替范文虎援襄阳，不许。

【纲】蒙古任许衡为集贤大学士兼国子祭酒。 【目】许衡上书指责阿合马专权、欺君、败坏政事、害民等事，没有得到答覆。因此许衡称病请求解除机要职务，蒙古主不许，要他举荐人来代职。许上奏说："起用人才，是天子的大权。臣下可以议论某人贤否，如果是授予职位，只能由陛下自己决断，不可以使臣下有收买人心的苗头。"于是，蒙古主任许衡为集贤大学士兼国子祭、酒，在燕京南城旧枢密院设立学校。许衡很高兴，说："这是我的事业。"请求征召他的学生王梓、耶律有尚、姚燧等十二人来任斋长。当时挑选入学的学生年纪很小，许衡拿他们当大人对待，爱护他们就象爱护儿子一样，但出入进退都很严格，

课诵少暇即习礼或习书算。少者则令习拜跪、揖让、进退、应对,或射、或投壶,负者罚读书若干遍。久之,诸生人人自得,尊师敬业,下至童子,亦知三纲、五常为生人之道。

【纲】冬十一月,蒙古改国号曰元。 【目】取《易》"乾元"之义,从太保刘秉忠请也。

【纲】壬申,八年,春正月,元罢尚书省。

【纲】夏五月,李庭芝使统制张顺、张贵将兵救襄阳,与元军战,败绩,皆死之。 【目】襄阳被围五年,援兵不至,吕文焕竭力拒之,幸城中稍有积粟,所乏者盐、薪、布帛尔。至是,诏李庭芝移屯郢州。庭芝探知襄阳西北一水曰清泥河,即其地造轻舟百艘。出重赏募死士,得襄、郢、山西民兵之骁悍善战者三千人。求将,得民兵部辖张顺、张贵,俱智勇,素为诸将所服,俾为都统,号贵曰"矮张",顺曰"竹园张"出令曰:"此行,有死而已!汝辈或非本心,宜亟去,毋败吾事。"人人感奋。

汉水方生,乘顺流发舟百艘,夜漏下三刻起碇出江,以红灯为号,贵先登,顺殿之,乘风破浪,径犯重围。元兵布舟蔽江,无隙可入。顺等乘锐断铁絙,攒栰数百,转战百二十里,元兵皆披靡以避其锋。黎明,抵襄阳城下。城中久绝援,闻顺等至,踊跃过望,勇气百倍。及收军,独失顺,越数日有浮尸溯流而上,被甲胄,执弓矢,直抵浮梁,视之则顺也,身中四创六箭,怒气勃勃如生,诸军惊以为神,结冢敛葬之。贵入襄阳,文焕固留共守,贵恃其骁勇,欲还郢,乃募二士,能伏水中数日不食,持蜡书赴范文虎于郢求援。元兵增守益

如同君臣一般。他的教学方法是，通过感觉来教育他们明白善，通过善来逐渐启发他们，观察学生的活动状况制定作息时间，在课余时间就让他们学习礼仪或学习书写运算。年幼的则让他们学习跪拜、作揖、进退应对的礼节；或者练射箭、投壶分胜负，负了的罚读书若干遍。时间一长，学生们个个都有所得，尊敬师长，努力学习，连最小的孩子也知道三纲五常是作人的道德规范了。

【纲】冬十一月，蒙古改国号为元。【目】这是取《易经》"乾元"的意思，是忽必烈采纳太保刘秉忠的建议决定的。

【纲】咸淳八年（壬申，1272，元至元九年），春正月，元撤销尚书省。

【纲】夏五月，李庭芝派统制张顺、张贵领兵救襄阳，与元军作战，结果战败，张顺、张贵都战死。【目】襄阳被围五年，援兵一直没到，吕文焕尽力抵抗元兵进攻，幸好城里还有储备的粮食，所缺少的是盐、柴、布。此时，皇帝下诏命李庭芝移驻郢州（治长寿县，今湖北钟祥）。李庭芝探知襄阳西北有一条清泥河，就在那里造了一百艘小船，出重赏，召募敢死队，结果征得英勇彪悍能攻善战的襄阳、郢州山西民兵三千人，又访求将领，民兵部辖张顺、张贵两位将领应召，二张都智勇双全，一向为诸将所佩服。李庭芝任命他们为都统，称张贵为"矮张"，张顺为"竹园张"。下命令说："这一去，要抱必死的决心！这或许还不是你们的本意，要赶快去，不要使我的事失败！"人人都非常激昂振奋。

当时，汉水正好涨水，敢死队乘夜顺流派出一百艘船只，后半夜起碇出发，以红灯为号。张贵在前，张顺殿后，乘风破浪，直冲重围。元兵在江面上布满了船只，无隙可入，张顺等在船头聚集几百根削尖的木头，乘着一股锐气切断了固船的铁索，转战一百二十里，元兵都感到害怕，躲避前锋，黎明时到达襄阳城下。襄阳城中长期没有援兵，听到张顺等人的到来，大喜过望，勇气百倍。等到收兵时，唯独不见都统张顺。几天之后，发现一具身穿甲胄，手执弓箭的浮尸逆流而上，一直飘到桥头。一看，就是张顺，身上有四处刀伤，中了六箭，满脸怒气勃勃，就和活着时一样。军士们大吃一惊，都以为遇上了神人，急忙将尸体安葬妥

密,水路连锁数十里,列撒星桩,虽鱼虾不得度。二人遇桩即锯断之,竟达郢。还报,许发兵五千驻龙尾洲以助夹击。

刻日既定,乃别文焕东下,点视所部军,洎登舟,帐前一人亡去,乃有过被挞者。贵惊曰:"吾事泄矣!亟行,彼或未及知。"复不能衔枚隐迹,乃举炮鼓噪发舟,乘夜顺流断絙,破围冒进,元兵皆辟易。既出险地,渐近龙尾洲,遥望军船,旗帜纷披;贵兵以为郢兵来会,喜跃而进,及势近欲合,则来舟皆元军也。盖郢兵前二日以风水惊疑,退屯三十里,而元兵得逃卒之报,先据龙尾洲以逸待劳。贵与战而困,且出于不意,所部杀伤殆尽。贵身被数十创,力不能支,遂被执,见阿术于柜门关。阿术欲降之,贵誓不屈,乃见杀。元令降卒四人舁贵尸至襄阳城下,曰:"识矮张都统乎?此是也。"守陴者皆哭,城中丧气。文焕斩四卒,以贵祔葬顺冢,立双庙祀之。

【纲】六月,窜资政殿大学士皮龙荣于衡州,道卒。 【目】龙荣,旧宫僚也,知贾似道忌之,家居杜门不预人事。一日,帝偶问"龙荣安在?"似道恐其召用,阴讽湖南提刑李雷应诬劾以事,徙衡州居住。龙荣恐不为雷应所容,未至,饮药卒。

【纲】以章鉴同签书枢密院事。

【纲】秋九月,有事于明堂,大雨,帝还宫。贾似道去位,诏出贵嫔胡氏为尼,似道乃还。 【目】祀明堂,似道为大礼使。礼成,幸景灵宫,将还,遇大雨,似道期帝雨止升辂,胡贵嫔之兄显祖为带御器

帖。张贵进入襄阳时，吕文焕极力留他一起守城。张贵仗着自己勇敢，决意回郢州，于是选了两名能够潜伏在水中几天不吃东西的士兵，带着蜡丸封的书信去郢州找范文虎求援。此时，元兵防守更严，几十里水路被封锁密置木桩，即使是鱼虾也无法渡过。这两个士兵遇到木桩就锯断，到达郢州，又回到襄阳，回报范文虎许派五千人进驻龙尾洲（今湖北襄樊东南汉水中），协同襄阳夹击元兵。

　　约定日期一到，张贵辞别吕文焕东下，点名视察部队。将要上船，帷帐前一名士兵逃亡，此人正是犯过失挨过打的。张贵大惊说："我的事情泄漏了！快走，抢在他的前面。"顺不得衔枚隐迹，索性发炮呐喊出发，乘着夜色，砍断缆绳，顺流而下，冒死突围前进。元兵见后都退避。冲出险地以后，逐渐靠近龙尾洲，远处可以望见军船，战旗飘扬，张贵的军队以为是郢州兵来会师，更加高兴地奋勇前进。及至两船靠近快会合时，这才发现对面船只竟是元兵。原来郢州兵前两天为风水所惊，退守三十里，元兵得到逃兵报告，抢先进占龙尾洲，以逸待劳。张贵被迫力战，十分艰难，由于出于意外，部下惨遭杀戮，伤亡几尽。张贵身中数十枪，力不能支，终于被擒到柜门关（在今湖北襄樊市东南汉水东，今名东津渡关）去见阿术。阿术要张贵投降，张贵誓死不屈，于是被杀。元兵命令降卒四人抬张贵尸体抛到襄阳城下，大叫："认得矮张都统吗？这就是。"守城士兵都痛哭，城中人大为丧气。吕文焕杀了那四个降元士兵，将张贵的墓建在张顺墓旁，建双庙祭祀。

　　【纲】六月，放逐资政殿大学士皮龙荣到衡州（治衡阳县，今湖南衡阳），死于途中。　　【目】皮龙荣是过去的官僚，知道贾似道忌恨他，闭门家居，不参与任何事情。一天，皇帝偶然问起："皮龙荣现在何处？"贾似道担心皇帝又要召用他，就暗示湖南提刑李雷应诬告皮，使皮遭到迁徙衡州居住的处分。皮龙荣忧心李雷应容不了他，在去衡州的途中服毒自杀。

　　【纲】任章鉴为同签书枢密院事。

　　【纲】秋九月，在明堂举行典礼，大雨，皇帝回宫。贾似道弃官回家，皇帝下诏将贵嫔胡氏逐出后宫为尼，贾似道才回朝。　　【目】祭祀明堂，贾似道充任大礼使。礼成，皇帝游景灵宫，将要回宫时天降大雨，

械,请如开禧故事,却辇乘逍遥辇还宫。帝曰:"平章得无不可?"显祖绐曰:"平章已允。"帝遂归。似道大怒曰:"臣为大礼使,陛下举动不得预闻,乞罢政。"即日出嘉会门,帝固留之不得,乃罢显祖,涕泣出贵嫔为尼,似道始还。

【纲】冬十一月,马廷鸾罢。 【目】廷鸾扼于贾似道,力辞相位,乃授观文殿大学士,知饶州。入辞,帝恻怛久之,曰:"丞相勉为朕留。"廷鸾对曰:"臣死亡无日,恐不得再见君父。然国事方殷,强圉孔棘,天下安危,人主不知;国家利害,群臣不知;军前胜负,列阃不知。陛下与元老大臣,惟怀永图,臣死且瞑目。"泣拜而出。

【纲】十二月,召叶梦鼎入相,固辞不至。 【目】诏加梦鼎少傅,入相。梦鼎引疾力辞,使者相继促行,扶病至嵊县,疏奏:"愿上厉精寡欲,规当国者收人心,固邦本。"扁舟径还。使者以祸福告,梦鼎曰:"廉耻事大,死生事小,万无可回之理。"贾似道大怒,乃令致仕。

【纲】癸酉,九年,春正月,樊城陷,守将范天顺、牛富死之。【目】樊城被围四年,范天顺、牛富力战不为衄,富又数射书襄阳城中,期吕文焕相与固守为唇齿。未几,阿里海涯得西域人所献新炮法,乃进攻樊,破外郭,张弘范为流矢中其肘,束创见阿术曰:"襄在江南,樊在江北,我陆攻樊则襄出舟师求救,终不可取。若截江道,断救兵,水陆夹攻,则樊破而襄亦下矣。"阿术从之。

贾似道等候皇帝雨止以后乘辇车，胡贵嫔的哥哥胡显祖当时任带御器械，请皇帝援照开禧年间的先例，不乘辇车，改乘逍遥辇回宫。皇帝说："贾平章会不会不同意？"胡谎报："贾平章已经准许了。"皇帝因此乘辇回宫。贾似道知道以后大怒，说："臣为大礼使，陛下的活动竟然不预先报告，请求罢官。"当天就离朝出了嘉会门。皇帝再三挽留不得，只得将胡显祖罢了官，还流着眼泪将胡贵嫔逐出后宫去当了尼姑，贾似道这才回朝。

【纲】冬十一月，马廷鸾罢官。　【目】马廷鸾遭贾似道扼制，坚决请求辞去相位，于是改任观文殿大学士，知饶州（治鄱阳县，今江西波阳）；临行拜辞皇帝。皇帝伤心了好久，说："丞相勉强为朕留下吧。"马廷鸾答覆说："臣也不知道还能活几天，只怕是不能再见陛下了。然而国家正在紧张的时候，边境十分急迫。天下安危，陛下不知道；国家利害，群臣都不了解；战争胜负，各路将帅也都不清楚，只愿陛下与元老大臣们有个长远主意，臣就是死了也闭眼了。"痛哭流涕磕头拜辞出宫。

【纲】十二月，召叶梦鼎入朝任宰相，叶坚决辞谢不受命。　【目】皇帝下诏加官叶梦鼎为少傅，召入朝任丞相。叶梦鼎托病极力辞谢，朝廷的使者连续催促，叶带病动身，到嵊县（今浙江嵊县），上奏书说："愿陛下磨励精神，克制物欲，要求当权执政的大臣收拢人心，强固国本。"然后乘小舟径自回家。使者以抗命不朝报告上级，叶梦鼎说："廉耻事大，死生事小，万无回朝的道理。"贾似道大怒，命令叶梦鼎交还官职养老。

【纲】咸淳九年（癸酉，1273，元至元十年），春正月，樊城陷落，守将范天顺、牛富死难。　【目】樊城被围四年，范天顺、牛富力战苦守。牛富还几次将书信射进襄阳城，期望与吕文焕共守襄樊，互为唇齿。不久，阿里海涯得到西域人献的新炮法，于是进攻樊城，攻破了外城。张弘范被流矢射伤肘部，包扎了伤口去见阿术说："襄阳在汉水南，樊城在汉水北，我军从陆上进攻樊城，襄阳可以出水兵相救，所以我不能取胜。如果截断水路，切断援兵，我再从水陆两路夹攻，就可以攻破樊城，襄阳也就攻克了。"阿术采纳了张的建议。

初，襄、樊两城，汉水出其间，文焕植木江中，鏁以铁絙，上造浮桥以通援兵，樊亦恃此为固。至是阿术以机锯断木，以斧断絙，燔其桥襄兵不能援。乃以兵截江而出，锐师薄樊城，城遂破。天顺仰天叹曰："生为宋臣，死为宋鬼。"即所守处缢死。富率死士百人巷战，元兵死伤者不可计，渴饮血水，转战而进，遇民居烧绝街道，富身被重伤，以头触柱赴火死，裨将王福见富死，叹曰："将军死国事，吾岂宜独生！"亦赴火死。

【纲】二月，吕文焕以襄阳叛降元。　【目】襄阳久困援绝，文焕每一巡城，南望恸哭而后下。告急于朝，贾似道累上书请行边，而阴使台谏上章留己。樊城既陷，复申请之，事下公卿杂议，监察御史陈坚等以为："师臣出顾襄，未必能及淮；顾淮，未必能及襄；不若居中以运天下。"帝从之。未几，阿里海涯帅总管唆都等移破樊攻具以向襄阳，城中汹汹，诸将多逾城降者。阿里海涯身至城下，宣元主所降招谕文焕诏曰："尔等拒守孤城，于今五年，宣力尔主，固其宜也，然势穷援绝，如数万生灵何！若能纳款，悉赦勿治，且加迁擢。"文焕乃出降，且陈攻鄂之策，请己为前锋。阿术入襄阳，阿里海涯遂阶文焕朝燕，元主以文焕为襄汉大都督。事闻，似道言于帝曰："臣始屡请行边，陛下不之许，向使早听臣出，当不至此。"

【纲】三月，诏城清口。　【目】刘整故吏罗鉴自北复还，上整书稿一帙于四川制司，有取江南二策，其一言先取全蜀，蜀平，江南可定；其二言清口、桃源，河、淮要冲，宜先城其地，屯山东军以图进取。帝亟诏淮东制司往清口，择利地筑城备之。

当初，汉水从襄、樊两城间通过，吕文焕在汉水中打了木桩，用铁链联结起来，在上面造浮桥，用来通过援兵，樊城就靠这道浮桥才坚固起来。现在阿术用机锯锯断木桩，用利斧砍断铁索，烧了浮桥，襄阳再不能援救樊城。阿术又派兵截断水路，然后以精锐部队直逼樊城，并攻破了城。范天顺仰天叹息说："生为宋臣，死为宋鬼。"在驻守处自缢而死。牛富带着一百名敢死队应战，元兵死伤不计其数，他们渴了就喝一口血水，转战前进。遇到民居就放火烧掉，牛富身受重伤，用头撞在木柱上，投火而死。偏将王福见牛富死后，长叹说："将军为国而死，我岂能独生！"也投火而死。

【纲】二月，吕文焕从襄阳城叛变降元。 【目】襄阳久遭围困，援兵断绝，吕文焕每次巡城，总是望着南方痛哭一场后才下城，向朝廷告急。贾似道也曾经多次上书请求到边境巡视，却又暗中命令谏官上奏章挽留。樊城失陷，他又申请巡边，皇帝要公卿大臣讨论。监察御史陈坚等人认为："师臣出朝巡视襄阳，未必能照顾到淮水；照顾了淮水，又未必能照顾到襄阳。不如留在朝廷，可以居中以照顾天下。"皇帝采纳了这个意见。不久，阿里海涯率领总管唆都等，将攻破樊城的器械又用来进攻襄阳，于是，城中大乱，将领中很多人跳出城墙去投降。阿里海涯亲自到城下宣布元主招降吕文焕的诏书说："你们死守孤城已有五年，为你们的君主效力，固然是应该的，但是现在已经山穷水尽，援兵断绝，要想想城里的几万百姓生灵又当如何！如果能投降，可以全部赦免无罪，并且得到升迁。"于是吕文焕出城请降，还献上进攻郢州的策略，请求担任先锋。阿术进了襄阳，阿里海涯带着吕文焕去朝燕京。元主任吕文焕为襄汉大都督。消息传到南方，贾似道对皇帝说："当初臣多次请求巡边，陛下不许臣去，倘如早让臣出去，也不至于这样。"

【纲】皇帝下诏，在清口（今江苏淮阴西南）筑城。 【目】刘整的旧部罗鉴从北方回来，向四川制司献上刘整的一套书稿，其中有取江南二策：一策说，先取全蜀，平定了四川，江南就可以平定，另一策说，清口、桃源（今江苏泗阳北）是黄河和淮水的要冲，应该先在那里筑城，令山东军驻扎再图进取。皇帝因此急忙诏令淮东制司前往清口，选择有利地形筑城备战。

【纲】元主立其子真金为太子。 【目】真金,蒙古主之长子,初封燕王,守中书令兼判枢密院事。刘秉忠荐中山王恂以辅之,蒙古主以为太子赞善。真金问恂以心之所守,恂曰:"尝闻许衡言:'人心犹印板然,板本不差,虽摹千万本皆不差;本既差矣,摹之于纸无不差者。'"真金曰:"善。"至是立为皇太子。

【纲】李庭芝免。夏四月,以汪立信为京湖制置使,赵溍为沿江制置使。

【纲】六月,降范文虎一官,职任如故。窜俞兴子大忠于循州。【目】给事中陈宜中言:"襄、樊之失,皆由范文虎怯懦逃遁,乞斩之。"贾似道不许,止降一官。汪立信言:"臣奉命分阃,延见吏民,皆痛哭流涕,言襄、樊之祸皆由范文虎及俞兴父子。文虎闻难怯战,仅从薄罚,犹子天顺守节不屈,犹可少赎其愆。兴奴隶庸材,务复私怨,激叛刘整,流毒至今。其子大忠,挟多资为父行贿,且自希进;今虽寸斩,未足以快天下之忿。乞置重典,则人心兴起,事功可图。"诏除大忠名,循州拘管。

【纲】秋七月,元许衡乞罢,许之。 【目】阿合马等屡毁汉法,诸生廪食或不继,衡请还怀孟。元主以问翰林学士王磐,磐对曰:"衡教人有法,诸生行可从政,此国之大体,宜勿听其去。"元主又命诸老臣议其去留,窦默为衡恳请,乃听衡还。刘秉忠、姚枢及磐、默等复请以赞善王恂摄学事,衡弟子耶律有尚、苏郁、白栋为助教,庶几衡之规矩不致废坠;从之。

【纲】九月,以章鉴签书枢密院事,陈宜中同签书院事。

【纲】冬十一月,以李庭芝、夏贵为淮东、西制置使,陈奕为沿江制置使。

【纲】甲戌,十年,春正月,贾似道母死,诏以卤簿葬之。遂起复

【纲】元主立其子真金为太子。　【目】真金是蒙古主的长子,初封燕王,任中书令兼判枢密院事。刘秉忠推荐中山(府治安喜县,今河北定县)王恂去辅佐他,蒙古主任王恂为太子赞善,真金曾经问王恂心之所守的含意。王恂说:"我听许衡讲过。'人心如同印板一样,板本不差,尽管印成千万本,也都不差;板本差了,印在纸上,没有不差的。'"真金说:"讲得好。"到此时,立为皇太子。

【纲】李庭芝免官。夏四月,任汪立信为京湖制置使,赵溍为沿江制置使。

【纲】六月,降范文虎一级,职任依旧如前。放逐俞兴的儿子俞大忠到循州。　【目】给事中陈宜中上书说:"襄樊失陷,都因为范文虎怯懦逃跑,请将范斩首。"贾似道不许,只降范一级。汪立信上书说:"臣奉命为地方军事首脑,见到下属和百姓,都痛哭流涕说,襄樊的祸事是范文虎和俞兴父子造成的。范文虎知道有了灾难却不敢出战,仅仅从轻发落,他的侄子范天顺能守节不屈,还可以稍稍赎得他的罪过。俞兴是个奴隶庸材,只知道报复私恨,逼得刘整叛国,流毒至今,他的儿子俞大忠用大量钱财既为父亲行贿,又希图自己往上爬,今天纵使将他寸斩,也不足以平天下的忿恨。请求将俞大忠判重刑,那末人心振奋,国家大事大有希望。"皇帝下诏将俞大忠除名为平民,放逐到循州拘管。

【纲】秋七月,元许衡请求罢官,照准。　【目】阿合马等屡次破坏汉法,学生们的粮食也往往中断,许衡请求回怀孟。元主以这件事问翰林学士王磐,王磐回答:"许衡教人有法,诸生眼看就可以投身政治了,这是国家大事,不宜让他走了。"元主又命老臣们讨论他的去留,窦默为许衡恳求,于是同意许衡回家。刘秉忠、姚枢和王磐、窦默等又请求用赞善王恂兼管学校的事务,用许衡的弟子耶律有尚、苏郁、白栋为助教,使许衡建立的规矩不致废止或中断。元主照准。

【纲】九月,任章鉴为签书枢密院事,陈宜中为同签书院事。

【纲】冬十一月,任李庭芝、夏贵为淮东、西制置使,陈奕为沿江制置使。

【纲】咸淳十年(甲戌,1274,元至元十一年),春正月,贾似道母

似道入朝。

【纲】元以伯颜为中书左丞相。　【目】伯颜事宗王旭烈于西域，尝入奏事，蒙古主见其貌伟言厉，曰："此非诸侯王臣。"遂留与议国政，自右丞进左相。

【纲】二月，赵顺孙罢。

【纲】秋七月，帝崩，子嘉国公㬎即位，太后临朝称制。　【目】帝崩，年五十三。贾似道入宫议所立，众以建国公昰长，当立；似道主嫡，乃立嘉国公㬎，时年四岁矣。谢太后临朝称诏，号帝庙曰度宗。

【纲】封兄昰为吉王，弟昺为信王。

【纲】诏贾似道独班起居。

【纲】尊皇太后曰太皇太后，皇后曰皇太后。

【纲】罢京湖制置使汪立信。　【目】立信移书贾似道，谓"今天下之势，十去八九，诚上下交修以迓续天命之几，重惜分阴以趋事赴功之日也。而乃酣歌深宫，啸傲湖山，玩岁愒月，缓急倒施，以求当天心，俯遂民物，拱揖指挥而折冲万里者，不亦难乎！为今日之计者，其策有三：夫内郡何事乎多兵，宜尽出之江干，以实外御。算兵帐见兵，可七十余万人，老弱柔脆，十分汰二，为选兵五十余万人。而沿江之守，则不过七千里，若距百里而屯，屯有守将，十屯为府，府有总督，其尤要害处，辄参倍其兵。无事则泛舟长淮，往来游徼，有事则东西齐备，战守并用，刁斗相闻，馈饷不绝，互相应援，以为联络之固。选宗室大臣忠良有干用者，立为统制，分东西二府以莅，任得其人，率然之势。此上策也。久拘聘使，无益于我，徒使敌得以为辞。请礼而归之，许输岁币以缓师期。不二三年，边运稍休，藩垣稍固，生兵日增，可战可守。此中策也。二策果不得行，则天败我，衔璧舆櫬之礼，请备以俟。"似道得书，大怒，抵之地，诟曰："瞎贼，狂言敢尔！"盖立信一目微眇云。寻中以危法，废斥之。

死,皇帝下诏用天子仪卫送葬,复起贾似道入朝。

【纲】元任伯颜为中书左丞相。 【目】伯颜原在西域服事宗王旭烈,曾经入朝奏事,蒙古主见他容貌壮伟,言语严厉,说:"此人不是诸侯王的臣下。"于是留下他讨论国政,从右丞相进升为左丞相。

【纲】二月,赵顺孙罢官。

【纲】秋七月,度宗皇帝驾崩,他的儿子嘉国公赵㬎即位,太后临朝称制。 【目】皇帝崩,终年三十五岁。贾似道入宫商议立新皇帝的事。众人认为建国公赵㬎是长子,应当立;贾似道主张立嫡子,于是立嘉国公赵㬎为帝,当时只有四岁。谢太后临朝称制,号帝庙为度宗。

【纲】封兄㬎为吉王,弟昺为信王。

【纲】皇帝下诏,特许贾似道单独列班问候起居。

【纲】尊皇太后为太皇太后,皇后为皇太后。

【纲】京湖制置使汪立信被罢官。 【目】汪立信写信给贾似道说:"当今天下大势,十分已经去掉了八九分。确实是到了上下一心以延续天命的时机,痛惜分阴以赶快办事力求功效的时候。但有人却是在深宫里歌舞作乐,或在西湖上游赏湖山,成年累月在嬉戏中度过,缓急倒置,轻重不分。想这样来上合天心,下遂民情,靠拱手作揖来指挥军队抵御强敌于万里之外,不是很困难吗!为今之计,我以为有三个策略:内地的州郡为什么要那么多兵。应该全部调到长江岸边,充实防御力量。按名册计算,现有兵七十余万人,老弱柔脆,十去其二,可以选兵五十余万人,沿江江防不过七千里,如一百里为一屯,一屯一员守将,十屯为一府,府设总督,在其中要害处,可以加兵三倍,无事时泛舟长淮,往来巡逻,有事时东西同时行动,战守并用,号令相闻,粮草不绝,互为援助,成为强固的联络。再选宗室大臣中忠良有干材的人,立为统制,分设东西二府,任用得人,可成轻捷便利的形势,这是上策。长久拘留来使,于我无益,只能给敌人制造借口。望按礼送回,答应每年送缴银两,缓和敌军动武。过两三年,边境形势稍好,我防守设备稍强,精锐兵力增加,那时可战可守,这是中策。假如以上两策都办不到,那就是天要败我,衔璧舆榇的投降之礼,请准备好等待吧。"贾似道得到这封信,大怒,扔在地下,骂道:"瞎贼,竟敢如此狂言!"原来汪立信有一只眼睛

【纲】以朱禩孙为京湖、四川宣抚使。

【纲】八月,大霖雨,天目山崩。 【目】水涌安吉、临安、余杭,民溺死者无算。

【纲】元以博罗欢为中书右丞。

【纲】元太保刘秉忠卒。 【目】秉忠自幼好学,至老不衰,虽位极人臣,终日澹然,不异平昔。至是卒。元主惊悼,谓左右曰:"秉忠事朕三十年,小心慎密,不避艰险,言无隐情。其阴阳术数之精,占事知来,若合符契,惟朕知之,他人不得与闻也。"赠太傅、赵国公,谥文贞。

【纲】元史天泽、伯颜大举入寇。天泽有疾而还。 【目】阿术自襄、樊既下,奉命略淮东而还,与阿里海涯同请南侵,且曰:"臣久在行间,备见宋兵之弱;失今不取,时不再来。"刘整亦言:"襄阳破则临安摇矣。若以水军乘胜长驱,则大江必非宋有。"元主可其奏。史天泽、姚枢复上言:"如求大将,非安童不可。"元主遂下诏,数宋贾似道背盟拘执信使之罪,命天泽、伯颜总诸道兵,与阿术、阿里海涯、吕文焕行中书省于荆湖,博罗欢、阿答海、刘整、塔出、董文炳行枢密院于淮西,兵凡二十万。天泽至郢,病笃,召还,诸军并听伯颜节制。

【纲】九月,元吕文焕以伯颜趋郢州,刘整以博罗欢趋淮西。

【纲】冬十月,元伯颜攻郢州,张世杰力战御之。伯颜遂潜兵入汉;屠沙洋,陷新郢,守将边居谊死之。

【纲】十一月,以陆秀夫参议淮东制置司事。 【目】李庭芝在淮南,闻秀夫名,辟置幕下,时天下称得士多者,以淮东为第一,号"小朝廷"。秀夫性沉静,不苟求人知。每僚吏至阁,宾主交欢,秀夫独敛焉无一语。或时宴集府中,矜庄终日,未尝少有希合。至察其事,皆治。庭芝益器之,虽改官,不使去己。

视力不佳。不久贾似道就以严刻的手段将他废斥。

【纲】任朱禩孙为京湖、四川宣抚使。

【纲】八月，暴雨连绵，天日山（在今浙江临安西北）崩。　【目】水涌安吉、临安、余杭，淹死百姓无数。

【纲】元任博罗欢为中书右丞。

【纲】元太保刘秉忠去世。　【目】刘秉忠自幼好学，到老不衰，虽然位极人臣，依旧淡于功名，和往常无异。到这时去世。元主惊悼不已，对左右说："秉忠侍奉我三十年，小心谨慎，不避艰险，言语坦诚。他精于阴阳卜算，妙算未来，十分灵验，只有朕知道，他人是不了解的。"于是，赠刘秉忠太傅、赵国公，谥号文贞。

【纲】元史天泽、伯颜大举进攻。史天泽因病返回北方。　【目】阿术自从攻下襄、樊后，又奉命略取淮东，与阿里海涯一齐请求南侵。他说："臣久在行伍，完全了解宋兵的软弱，现在如不进攻，时不再来。"刘整也说："襄阳失守临安就动摇了，如果派水军乘胜进攻，长江就一定不会为宋朝所有。"元主批准了他们的建议。史天泽、姚枢又上书说："如果求大将，非安童不可。"元主于是下诏，历数宋朝贾似道背盟拘留使节的罪行，命史天泽、伯颜总领各路兵马，与阿术、阿里海涯、吕文焕行中书省于荆湖，博罗欢、阿答海涯、刘整、塔出、董文炳行枢密院于淮西，共计兵二十万。史天泽到郢州后病重，召还，诸军由伯颜节制。

【纲】九月，元吕文焕与伯颜进兵郢州，刘整与博罗欢进兵淮西。

【纲】冬十月，元伯颜攻郢州，张世杰奋力抵御。伯颜因此潜兵入汉阳军，屠沙泽城（今湖北荆门东南），攻占新郢（今湖北钟祥西南），守将边居谊死难。

【纲】十一月，任陆秀夫为参议淮东制置司事。　【目】李庭芝在淮南听说陆秀夫大名，召请为幕僚。当时天下称道得人才最多的地方以淮东为第一，号称"小朝庭"。陆秀夫生性沉静，不企求名声。每逢幕僚们到制置司衙聚集，宾主交欢时，他往往默默无言。司衙在府中举行宴会，他也终日矜持端庄，不肯迎合，检查他办理的事务，都管理的很好。、李庭芝很器重他，虽然改任官职也不肯让他离去。

【纲】以王爚、章鉴为左、右丞相兼枢密使。爚固辞,不许。

【纲】十二月,元伯颜攻阳逻堡,夏贵帅师拒之。伯颜使阿术袭青山矶,遂渡江。

【纲】元伯颜拔阳逻堡,夏贵弃师还,伯颜遂会阿术趋鄂州。

【纲】朱禩孙将兵救鄂,不至而还。

【纲】鄂州降元,伯颜使行省右丞阿里海涯戍鄂,遂引兵东下。

【纲】诏贾似道都督诸路军马,开府临安。似道以孙虎臣总统诸军。 【目】鄂既破,朝廷大惧。三学生及群臣上疏,以为非师相亲出不可。似道不得已,始开都督府于临安,以黄万石等参赞军事。

【纲】诏天下勤王。

【纲】以高达为湖北制置使。

【纲】陈奕以黄州叛降元。

【纲】李庭芝遣兵入援。

【纲】任王爚、章鉴为左右丞相兼枢密使。王爚力辞，不许。

【纲】十二月，元伯颜攻阳逻堡（今湖北黄冈西北阳逻镇），夏贵率兵抵御。伯颜派阿术攻青山矶（今湖北武汉旧武昌城东北），元兵渡过长江。

【纲】元伯颜攻占阳逻堡，夏贵抛开部队逃回，于是伯颜会同阿术直抵鄂州。

【纲】朱禩孙领兵救鄂州，没有到达，退回。

【纲】鄂州降元，伯颜派行省右丞阿里海涯驻守鄂州，自己率兵东下。

【纲】皇帝下诏，命贾似道都督诸路军马，在临安设立府署。贾似道任孙虎臣总管诸军。【目】鄂州失陷。朝廷十分惊恐。三学生和群臣纷纷上书，都认为非师相亲自出来不可。贾似道不得已，才在临安设置都督府，任黄万石等参赞军事。

【纲】皇帝下诏，命令全国出师救援朝廷。

【纲】任高达为湖北制置使。

【纲】陈奕开黄州城（治黄冈，今湖北黄冈）叛宋降元。

【纲】李庭芝派兵入援朝廷。

纲鉴易知录卷八九

南宋纪

恭宗皇帝

【纲】乙亥,帝显德祐元年,春正月,葬永绍陵。

【纲】以陈宜中同知枢密院事。
【纲】以吕师夔参赞都督府军事。师夔不受命,以江州叛降元。
【纲】元中书左丞刘整死于无为军。
【纲】知安庆府范文虎叛降元。 【目】文虎遣人以酒馔如江州迎元军,伯颜使阿术以舟师先造,文虎以城降,通判夏倚仰药死。伯颜继至,承制授文虎两浙大都督。

【纲】贾似道出师,次于芜湖。二月,夏贵引兵会之。 【目】似道畏刘整,不敢发,及闻其死,喜曰:"吾得天助也!"乃上表出师,抽诸路精兵十三万人以行,金帛辎重之舟,舳舻相衔百有余里。命宰执小事专决,大事则关白于督府,不得擅行。又以所亲信韩震为殿帅,总禁兵。进次于芜湖,遣人通吕师夔以议和。未几,夏贵引兵来会,袖中出一编书示似道曰:"宋历三百二十年。"似道俯首而已。

【纲】以汪立信为江、淮招讨使,募兵御元。 【目】贾似道至江上,以立信为端明殿学士、江、淮招讨使,俾就建康府库募兵,以援江上诸郡。立信受诏,即日上道,以妻子托其爱将金明,执其手曰:"我不负国家,尔亦必不负我。"遂行。与似道遇于芜湖,似道拊立信背曰:"不用公言,以至于此!"因问立信何向,立信曰:"今江南无一寸干净地,某去寻一片赵家地上死,要死得分明耳。"既

恭宗皇帝

【纲】帝显德祐元年（乙亥，1275）春正月，度宗皇帝入葬永绍陵（在今浙江绍兴东南）。

【纲】任命陈宜中同知枢密院事。

【纲】任命吕师夔参赞都督府军事。吕师夔不接受任命，举江州（治德化县，今江西九江）叛变投降元朝。

【纲】元朝中书左丞刘整在无为军（今安徽无为）去世。

【纲】安庆府（治怀宁县，今安徽安庆）知府范文虎叛变投降元朝。 【目】范文虎派人带上酒和食物到江州去迎接元朝军队。伯颜派阿术领水军先到安庆府，范文虎举城投降，通判夏倚服毒自尽。伯颜随后到达，秉承元朝皇帝旨意授任范文虎为两浙（即浙东、浙西）大都督。

【纲】贾似道出兵驻扎于芜湖（今安徽芜湖）。二月，夏贵领兵来会合。 【目】贾似道畏惧刘整，不敢出兵，等到听说他死去，高兴地说："我得到天的帮助了！"于是上奏表出兵，抽调各路精兵十三万人出发，装载金帛辎重的船只，头尾相接，绵延百余里。他命令执政官小事可以自行决断，大事要禀报都督府，不得独断专行。又任命他的亲信韩震为殿帅，统领禁卫军。进军到达芜湖，派人通报吕师夔准备议和。不久，夏贵领兵来会合，从袖中取出一册书展示给贾似道说："宋朝寿命三百二十年。"贾似道只有低头而已。

【纲】任命汪立信为江淮招讨使，募兵抵御元军。 【目】贾似道到达江上，任命汪立信为端明殿学士、江淮招讨使，以便到建康（治江宁县，今江苏南京）用府库的财物募兵，用来支援沿江各郡。汪立信接受皇帝命令，当天即上路，将妻子儿子托付给爱将金明，拉着他的手说："我不背弃国家，你也一定不背弃我。"然后即出发。他与贾似道在芜湖相遇，贾似道抚摸着他的脊背说："不听从您的话，以至到了这个地步！"因而询问汪立信的归向，汪立信说："现在江南没有一寸干净的

至建康，守兵悉溃，而四面皆北军。立信知事不可成，叹曰："吾生为宋臣，死为宋鬼，终为国一死，但徒死无益耳！率所部数千人至高邮，欲控引淮、汉以为后图。

【纲】贾似道复请和于元，伯颜不许。 【目】似道自芜湖遣还元俘曾安抚，且以荔子、黄柑遗伯颜，复使宋京如元军，请称臣、奉岁币如开庆约。阿术谓伯颜曰："宋人无信，惟当进兵。"伯颜乃令囊加歹来，答书曰："未渡江时，议和入贡则可。今沿江州郡皆已内属，欲和则当来面议也。"似道不答。囊加歹归报，京亦还。

【纲】以黄万石为江西制置使。
【纲】元陷池州，权守赵昂发死之。 【目】池守王起宗闻元军渡江，弃官去，通判赵昂发摄州事。昂发缮壁聚粮，为固守计。元游骑至李王河，都统张林屡讽之降，昂发忿气填膺，瞋目视林，林不敢复言。已而林帅兵巡江阴，遣人纳款，而阳助昂发为守，守兵皆归于林。昂发知事不济，乃置酒，会亲友与诀，谓妻雍氏曰："城将破，吾守臣，不当去，汝先出走。"雍曰："君为忠臣，我独不能为忠臣妇乎！"昂发笑曰："此岂妇人女子所能也。"雍曰："吾请先君死。"昂发笑止之。明日，乃散其家赀与弟侄仆婢，悉遣之。元兵薄城，昂发晨起，书几上曰："国不可背，城不可降。夫妇同死，节义成双。"遂与雍氏同缢死于从容堂。林开门降，伯颜入城，问"太守何在？"左右以死对，深叹息之，命具棺衾合葬，祭其墓而去。事闻，赠华文阁待制，谥文节，雍氏赠顺义夫人。

土地，我去寻找一片赵家的土地去死，是要死得明白罢了。"到了建康，守军全部溃散，四面都是元朝的军队。汪立信知道事情已不可挽救，感叹说："我活着是宋朝的臣子，死了是宋朝的鬼，终归要为国家而死，但白白死去没有意义！"便率领部下数千人到高邮（今江苏高邮），打算控制淮、汉地区为以后打算。

【纲】贾似道再一次向元朝求和，伯颜不允许。　【目】贾似道从芜湖遣返元朝俘虏曾安抚，并且将荔枝、黄柑赠送给伯颜，又派使者宋京到元朝军中，请求以称臣、每年奉送财物如开庆年间答应的数目求和。阿术对伯颜说："宋朝人不讲信用，唯一的办法是进兵。"伯颜于是命令囊加歹来芜湖，带来答覆的书信说："还未渡江的时候，议和入贡是可以的，现在沿江州郡都已归元朝所有，想要议和就应当前来面议。"贾似道不予答覆。囊加歹回去复命，宋京也返回芜湖。

【纲】任命黄万石为江西（治兴隆府，今江西南昌）制置使。

【纲】元军攻陷池州（治贵池县，今安徽贵池），临时代理知州赵昂发自杀。　【目】池州知州王起宗听说元军渡江，弃官而逃，通判赵昂发代理知州职务。赵昂发修缮城墙，积聚粮食，为固守作准备。元朝流动骑兵到达李王河（今名李阳河，在安徽贵池西），都统张林一再劝告赵昂发投降。赵昂发义愤填膺，瞪眼直视张林，张林不敢再开口。接着张林率兵巡防江阴（今江苏江阴），派人向元朝投降，表面上帮助赵昂发防守，守军都归张林掌握。赵昂发知道事情没有成功的希望，于是设酒席，聚会亲友并与他们告别，对妻子雍氏说："城将要被攻破，我身为知州，不应当离开，你出城先走。"雍氏说："您是忠臣，难道我就不能成为忠臣的妻子么！"赵昂发笑着说："这怎么是妇道人家所能做的！"雍氏说："我请求比您先死。"赵昂发笑着制止她。第二天，便将家产送给弟弟和侄子，将男女仆人全部遣散。元朝军队逼近州城，赵昂发一早起来，在桌子上写道："国家不可背叛，城池不可投降。夫妻同死，节操义行成双。"接着便与雍氏一同在从容堂上吊，自尽。张林打开城门投降。伯颜入城，问道："知州在哪里？"身边的人回答说已经死了，他深深叹息，命令备办棺材被子合葬，祭奠他们的坟墓后离去。事情上报后，朝廷追赠赵昂发华文阁待制，谥号文节，追赠雍氏为顺义夫人。

【纲】元主封其子那木罕为北平王,以安童行省院事于北鄙。
【目】元太宗长孙曰海都,居北方,自定宗以来,日寻干戈,至是诏封那木罕为北平王,率诸王兵镇守,而安童总省院之政。

【纲】元平章军国重事史天泽卒。 【目】天泽至真定,病笃,附奏曰:"臣死不足惜,但愿天兵渡江,慎勿杀掠。"语不及他。元主闻讣震悼,赠太尉,谥忠武,追封镇阳王。

【纲】孙虎臣、夏贵之师溃于江上,贾似道奔扬州,元尽陷江淮州、军。 【目】贾似道以精锐七万余人尽属孙虎臣,军于池州下流之丁家洲,夏贵以战舰二千五百艘横亘江中,似道自将后军军鲁港。贵尝失利于鄂,恐督府成功无所逃罪,又忌虎臣新进出己上,殊无斗志。会伯颜令军中作大筏数十,采薪刍置其上,阳言欲焚舟,诸军但昼夜严备,而战心少懈。伯颜分步骑夹岸而进,麾战舰合势冲虎臣军。时阿术与虎臣对阵,伯颜命举巨炮击虎臣中坚;虎臣军动,阿术以划船数千艘乘风直进,呼声动天地。虎臣前锋将姜才方接战,虎臣遽过其妾所乘舟,众见之,谨曰:"步帅遁矣!"军遂乱。

夏贵不战而走,以扁舟掠似道船,呼曰:"彼众我寡,势不支矣!"似道闻之,错愕失措,遽鸣钲收军,舳舻簸荡,乍分乍合。阿术以小旗麾将校,帅轻锐横击深入,诸军回棹前走,伯颜以步骑左右掎之,杀溺死者不可胜计,水为之赤,军资器械尽为元所获。

似道夜驻珠金沙,召贵计事。顷之,虎臣至,抚膺哭曰:"吾兵无一人用命者。"贵微笑曰:"吾尝血战当之矣。"似道曰:"计将安出?"贵曰:"诸军已胆落,吾何以战!师相惟有入扬州招溃兵,迎驾

【纲】元世祖封儿子那木罕为北平王（北平即今河北卢龙县），任用安童在北边掌管省院政务。 【目】元太祖的长孙海都，居住在北方，自定宗以来，经常发生战事。这时候元世祖封那木罕为北平王，率领各王军队镇守，而安童总管省院的政务。

【纲】元朝平章军国重事史天泽去世。 【目】史天泽到达真定（今河北正定），病重，寄上奏章说："我死不值得惋惜，只希望我国军队渡江后，千万不要杀人掳掠。"此外再没有说别的话。元世祖得到他的死讯震惊悲痛，追赠太尉职衔，谥号忠武，追封镇阳王。

【纲】孙虎臣、夏贵的军队在江上溃败，贾似道逃奔扬州，元朝军队攻陷全部江淮州、军。 【目】贾似道将精锐部队七万余人全部交给孙虎臣，驻扎在池州下游的丁家洲（今安徽铜陵东北），夏贵将战舰二千五百艘横贯江中，贾似道自己率领后军驻扎在鲁港（在今安徽芜湖市西南）。夏贵曾经在鄂州（治江夏县，即今湖北武汉市武昌城）打了败仗，恐怕都督府取得成功，自己罪责难逃，又忌妒孙虎臣资历浅职位反而在自己之上，因此毫无斗志。这时伯颜命令军中制作大筏数十个，采集柴草放置在筏上，扬言要用它焚烧军舰，南宋诸军只是昼夜注意预防，而斗志有所松懈。伯颜部署步兵沿两岸前进，指挥战舰联合冲击孙虎臣军队。当时阿术与孙虎臣对阵，伯颜命令用大炮轰击孙虎臣所在的军中主力；孙虎臣军队动摇，阿术以数千艘小船乘风猛进，呼喊声震动天地。孙虎臣的前锋将领姜才刚接战，孙虎臣匆忙走上他小老婆所乘的船，部众看见他，嚷嚷说："步帅逃走了！"军队于是大乱。

夏贵不战而逃走，乘小舟从贾似道的船旁边擦身而过，高呼说："他们兵多，我们兵少，局势已不能支持了！"贾似道听到后，惊慌失措，匆忙鸣锣收军，舰船颠簸动荡，忽分忽合。阿术用小旗指挥将领，率领轻锐军队深入南宋舰群中左右冲击，诸军掉头往回走。伯颜用步兵和骑兵左右牵制，宋军被杀死淹死的不可计数，江水因而变红，军用物资武器全部被元朝军队缴获。

贾似道夜间驻扎在珠金沙（今安徽繁昌西北凤凰山北麓），召集夏贵议事。不久，孙虎臣来到，拍胸哭着说："我的兵没有一个听从命令的。"夏贵微笑说："我曾经血战以抵抗敌人。"贾似道说："现在怎

海上，吾当以死守淮西耳。"遂解舟去。似道乃与虎臣单舸奔还扬州。明日，溃兵蔽江而下，似道使人登岸，扬旗招之，皆莫应，有为恶语谩骂之者。于是镇江、宁国、隆兴、江阴守臣皆弃城遁，太平、和州、无为军俱相继降元。

【纲】元陷饶州，知州事唐震、故相江万里死之。　【目】元军略饶州，知州唐震发州民城守。时元遣使来取降款，通判万道同阴使所部敛白金、牛、酒备降礼，微讽震降，震叱之曰："我忍偷生负国邪！"城中少年感震言，杀元使者。已而元军登陴，众皆散。震入坐府中，元军执牍使署降，震掷笔于地，不屈，遂死之；兄椿与家人俱死。

初，江万里闻襄、樊破，凿池芝山后圃，扁其亭曰止水，人莫喻其意。至是执门人陈伟器手曰："大势不可为，余虽不在位，当与国为存亡。"既而元军执其弟知南剑州万顷，索金银不得，支解之，万里赴止水死，左右及子镐相继投沼中，积尸如叠。翌日，万里尸独浮出水上，从者敛葬之。事闻，赠震华文阁待制，谥忠介；万里太傅、益国公，谥文忠。

【纲】行宫留守赵溍弃建康而遁。
【纲】贾似道上书请迁都。王爚去位。　【目】似道至扬州，檄列郡如海上迎驾，上书请迁都。太皇太后不许，殿帅韩震复以为请，诏下公卿杂议。王爚请坚跸，未决，以己不能与大计，乞罢政，不待报径去。已而宗学生上言："陛下移跸，不于庆元则于平江，事势危急，则航海幸闽。不思我能往，彼亦能往！徒惊扰无益！"乃止。

么打算？"夏贵说："各军已经丧胆，我们拿什么作战！师相唯有进入扬州，招集溃散的士兵，迎接皇帝到海上去，我一定誓死防守淮西。"然后便开船离开。贾似道便与孙虎臣乘船单独奔赴扬州。第二天，溃散的士兵充斥江西顺流而下，贾似道派人上岸，挥舞旗帜招集他们，他们都不响应，还有用难听的话谩骂的。于是镇江、宁国（今安徽宣城）、隆兴、江阴的地方长官都弃城逃跑。太平（今安徽当涂）、和州（今安徽和县）、无为军都先后投降元朝。

【纲】元朝攻陷饶州（治鄱阳县，今江西波阳），知州唐震、前丞相江万里被杀。　【目】元朝军队攻取饶州，知州唐震征发本州百姓守城。当时元朝派遣使者来取表示投降的财物，通判万道同暗中指使部下聚集银、牛、酒，备办投降礼物，悄悄地劝唐震投降。唐震叱责他："我忍心苟且地活着而背弃国家吗！"城中少年为唐震的言词所感动，杀死元朝使者。而后元朝军队登上城墙，部众全部溃散；唐震进入官署坐着，元朝军人拿着投降文书，让他签署。唐震将笔投掷地上，不屈服，被杀死；他哥哥和家里人一同死难。

当初，江万里听说襄、樊被攻陷，便在芝山（今江西波阳城北）后园中挖池塘，在亭子上挂了题写"止水"的匾额，人们不晓得他的用意。这时候他拉着弟子陈伟器的手说："大局已不可挽回，我虽然不在职位，也应与国家共存亡。"而后元朝军队俘虏他的弟弟南剑州（治剑浦县，今福建南平）知州江万顷，索取金银没有得到，施以分解四肢的酷刑，江万里投止水自尽，身边的人和他儿子江镐先后跳入池塘中，尸体堆积像墙壁。第二天，只有江万里的尸首浮出水面，随从将他收殓安葬。事情上报后，朝廷追赠唐震为华文阁待制，谥号忠介；江万里为太傅、益国公，谥号文忠。

【纲】行宫留守赵潜抛弃建康逃跑。

【纲】贾似道上奏请求迁都。王爚离职。　【目】贾似道到了扬州，传递文书让各郡到海上迎接皇帝，上奏请求迁都；太皇太后不同意。殿帅韩震又提出同样的请求。诏命交给公卿共同讨论。王爚请求皇帝坚持留在原驻地，尚未就此作出决定，他以为自己不能参与决定大事，便请求辞职，不等待答覆竟径自离去。不久宗学学生上书说："陛下转移

【纲】张世杰将兵入卫，遂复饶州。 【目】时方危急，征诸将勤王，多不至，惟世杰来，上下叹异。陈宜中疑世杰归自元，易其所部军。

【纲】江西提刑文天祥起兵勤王。 【目】勤王诏至赣，天祥奉之涕泣，发郡中豪杰，并结溪峒山蛮，有众万人，遂入卫。天祥性豪华，平生自奉甚厚，声伎满前，至是痛自抑损，尽以家赀为军费。每与宾客僚佐语及时事，辄抚几曰："乐人之乐者忧人之忧，食人之食者死人之事。"闻者为之感动。

【纲】湖南提刑李芾遣兵入援。 【目】芾性刚直，忤贾似道，贬官家居者久之。至是提刑湖南，发壮士三千人，使将将之勤王。

【纲】以陈宜中知枢密院事，曹渊子同知院事，文及翁签书院事，倪普同签书院事。

【纲】遣元行人郝经还，经至燕卒。 【目】元主复使经弟行枢密院都事庸等来问经所在，诏遣总管段佑以礼送经归。经道病，元主敕尚医近侍迎劳，至燕卒，谥文忠。经为人尚气节，为学务有用。及被留，撰《续后汉书》及《易》《春秋》外传诸书。从者皆通于学，书佐苟宗道后亦至国子祭酒。

【纲】贾似道有罪，免。 【目】陈宜中初附似道，得骤登政府。及堂吏翁应龙自军中以都督府印还，宜中问似道所在，应龙以不知对。宜中意其已死，即上疏乞诛似道，以正误国之罪。太皇太后曰："似道勤劳三朝，安忍以一朝之罪，失待大臣之礼！"诏授似道

驻地，不到庆元（今浙江宁波）就到平江（今江苏苏州），形势危急时，就航海到闽（福州治，今福建福州），没有考虑到我们能去，敌人也能去，只是惊扰百姓，没有益处。"于是没有迁都。

【纲】张世杰领兵前来护卫首都，随后攻克饶州。【目】当时形势危急，皇帝征召各将领进京救护，多数人不来，只有张世杰到来，朝廷上下感叹而惊异。陈宜中怀疑张世杰是从元朝回来，便调换他所率领的军队。

【纲】江西提刑文天祥起兵救援王室。【目】征召救援王室的诏书到达赣州（今江西赣州），文天祥捧着诏书哭泣，征发郡中豪杰，并联合溪峒山蛮，共有部众一万人，随后便入都护卫。文天祥习性奢侈，平日自己供养很丰厚，歌舞满庭院，这时决心自行减省，以全部家产充军用。每当与客人、部属谈到眼前的事情，即拍打着桌子说："乐别人所乐的人，忧别人所忧；食别人食物的人，为别人的事而献出生命。"听的人为他的言词所感动。

【纲】湖南提刑李芾派兵入都支援。【目】李芾性格刚强正直，触犯贾似道，降职回家闲居很久。这时候，任湖南提刑，征发三千豪壮而勇敢的人，派将率领去救援王室。

【纲】一南宋任命陈宜中知枢密院事，曾渊子同知院事，文及翁签书院事，倪普同签书院事。

【纲】遣送元朝使者郝经回去。郝经抵达燕，病死。【目】元世祖又派遣郝经的弟弟行枢密院都事郝庸等来询问郝经的下落，皇帝命令总管段佑礼送郝经返回元朝。郝经途中生病，元世祖命令尚医、近侍迎接慰劳，抵达燕后病死，谥号文忠。郝经为人崇尚志气节操，作学问讲究实用。到了被拘留的时候，撰写《续后汉书》及《周易外传》《春秋外传》等书。随从都精通学问，书佐苟宗道后来也做到国子祭酒的官职。

【纲】贾似道因有罪，被撤职。【目】陈宜中当初依附贾似道，得以很快升官，进入宰相治事机构。到了堂吏翁应龙带着都督府印章回来时，陈宜中问贾似道的处所，翁应龙回答说不知道。陈宜中意料贾似道已死去，即上书请求处死他，以判决他误国罪行。太皇太后说："贾似

醴泉观使，罢平章、都督。凡似道诸不恤民之政，次第除之，以公田给还田主，令率其租户为兵；放还诸窜谪人。

【纲】右丞相章鉴遁。

【纲】端明殿学士、江淮招讨使汪立信卒于军。 【目】立信闻贾似道师溃，江、汉守臣望风降遁，叹曰："吾今日犹得死于宋土也！"乃置酒召宾僚与诀，手自为表，起居三宫，与从子书，属以家事。夜分，起步庭中，慷慨悲歌，握拳抚案者三，以是失声。三日，扼吭而卒。后元军至建康，金明以其家人免。或以立信三策及死告伯颜，请戮其孥，伯颜叹息久之，曰："宋有是人，有是言哉？使果用之，我安得至此？"命求其家，厚恤之，曰："忠臣之家也！"金明以立信之丧归葬丹阳。

【纲】元博罗欢入涟、海州。

【纲】三月，陈宜中杀殿前都指挥使韩震。 【目】或言："震谋劫帝迁都。"陈宜中欲示非贾似道党，乃召震计事，伏壮士，袖铁椎击杀之。震部曲百余人大哄而出，射火箭入宫，斫嘉会门。宜中遣兵逐之，遂奔建康。

【纲】元伯颜入建康。 【目】建康都统徐旺荣迎伯颜入城居之。时江东大疫，居民乏食，伯颜开仓赈之，且遣医治疾，民大悦。会元主有诏："以时方暑，不利行师，俟秋再举。"伯颜上言曰："百年逋敌，已扼其吭，少尔迟回，奔播海岛，遗后悔矣！"元主从之，诏伯颜以行中书省驻建康，阿术分兵驻扬州，与博罗欢、塔出绝宋

道有功于三朝皇帝，怎么忍心因一朝的罪过，失去对待大臣的礼遇！"下诏任贾似道为醴泉观察使，免去平章、都督职务。所有贾似道施行的不顾惜百姓的法令，依次撤销；将公田交还给田主，命令率领他的佃户当兵；放回被流放或贬职的人。

【纲】右丞相章鉴悄悄离职。

【纲】端明殿学士、江淮招讨使汪立信死于军中。　【目】汪立信听说贾似道的军队溃败，江、汉间地方官望风投降或逃跑，感叹说："我今天还能够死在宋朝的土地上！"于是摆设酒席，召集宾客和身边属官，同他们告别，亲自书写奏表，问候皇帝、太皇太后、太后等，给侄子写信，托付家里的事。夜半，起来在庭院中踱步，情绪激昂悲愤高歌，再三握拳击打桌子，因悲伤之极而不能出声。三天后，自己掐咽喉而死。后来元朝军队到达建康，金明和他的家人得免于死难。有人将汪立信曾提出挽救南宋的三条计策和他的死报告伯颜，请求杀死他的妻子儿女。伯颜叹息了很久，说："南宋有这个人，有这样的言论，假使能采用，我哪能到于这里！"命令寻找他的家属，给予丰厚的抚恤，说："这是忠臣之家！"金明将汪立信的遗体运回丹阳（今江苏丹阳）安葬。

【纲】元朝博罗欢进入涟（今江苏涟水）海州（今江苏连云港西南海州镇）。

【纲】三月，陈宜中处死殿前都指挥使韩震。　【目】有人说韩震图谋劫持皇帝迁都。陈宜中想表明自己不是贾似道同党，便召韩震来议事，埋伏有勇力的人，用藏在袖子里的铁锤把他打死。韩震的部下百余人大声喧闹而出，向宫中射火箭，砍击嘉会门。陈宜中派兵驱逐他们，于是他们奔往建康。

【纲】元朝伯颜进入建康。　【目】建康都统徐旺荣迎接伯颜入城居住。当时江东传染病大流行，居民缺粮，伯彦开仓赈济，同时派医生治病，百姓很高兴。正好元世祖有命令："因现时天气炎热，不利于行军，等到秋天再进军。"伯元上书说："多年逃亡的敌人，现在已掐住他的咽喉，稍微迟疑，流亡转移到海岛上，会留下事后的懊悔。"元世祖听从他的意见，命令伯颜以行中书省职位驻建康，阿术分兵驻扎

淮南之援。伯颜分兵四出,知广德军令狐概以城降元。

【纲】诏谕元吕文焕、陈奕、范文虎使通好息兵。

【纲】以王爚、陈宜中为左、右丞相,并兼枢密使,都督诸路军马。

【纲】削章鉴官,放归田里。　【目】鉴既去,太皇太后遣使召还,罢相予祠。韩震之死,鉴明其无他,为御史王应龙所劾,削其官,放归田里。鉴居位号宽厚,与人多许可,时目为"满朝欢"。

【纲】复吴潜、向士璧官,贬窜贾似道党人有差。　【目】御史陈过、潘文卿请窜贾似道,并治其党与。诏刺配翁应龙于吉阳军,罢廖莹中、王庭、刘良贵、陈伯大、董朴等官。

【纲】元军入常州。　【目】知常州赵与鉴遁,州人王良臣等以城降元。

【纲】知平江府潜说友叛降元。

【纲】诏张世杰总都督府诸军。世杰分道出兵以拒元。　【目】世杰遣其将阎顺、李存进军广德,谢洪永进军平江,李山进军常州。顺遂复广德军。

【纲】有二星斗于中天,一星陨。

【纲】趣五郡镇抚使吕文福将兵入卫,文福杀使者,叛入江州。

【纲】临安戒严,曾渊子、文及翁、倪普等弃位而遁;诏戒禁之。　【目】元兵既近,临安戒严,于是同知枢密院事曾渊子等数十人皆遁,朝中为之萧然。签书枢密院事文及翁、同签书院事倪普,讽台谏劾己,章未上,亟出关遁。太皇太后闻之,诏榜朝堂云:"我朝三百余年,待士大夫以礼。吾与嗣君遭家多难,尔小大臣未尝有出一言以救国者。内而庶僚畔官离次,外而守令委印弃城,耳目之

扬州，与博罗欢、塔出断绝南宋淮南的支援。伯颜分兵四面出击，广德军（治广德县，今安徽广德）地方官令狐概举城投降元朝。

【纲】南宋发出诏令告诉元朝吕文焕、陈奕、范文虎，让他们向元朝转达和议、停止进攻的要求。

【纲】南宋任命王爚、陈宣中为左、右丞相，并兼枢密使，总领各路军队。

【纲】南宋撤销章鉴官职，放逐回家乡。【目】章鉴已经离去，太皇太后派使者把他召回，免去丞相职务，命令管理道教宫观。韩震被杀，章鉴证明他无罪，被御史王应龙弹劾，撤销官职，放逐回家乡。章鉴在职时号称宽宏厚道，对别人的要求多答应，当时被视为"满朝欢"。

【纲】南宋恢复吴潜、向士璧官职，对贾似道的党羽分别给予降职或放逐的处罚。【目】御使陈过、潘文卿请求放逐贾似道，并惩治他的党羽。诏命将翁应龙脸上刺字，发配到吉阳军（治宁远县，今广东崖县西北），撤销廖莹中、王庭、刘良贵、陈伯大、董朴等人职务。

【纲】元朝军队进入常州。【目】常州知州赵与鉴逃跑，常州人王良臣等举城投降元朝。

【纲】平江府知府潜说友叛变投降元朝。

【纲】南宋皇帝命令张世杰统领都督府各军。张世杰分道出兵抵抗元朝。【目】张世杰派遣部将阎顺、李存进军广德，谢洪永进军平江，李山进军常州。阎顺随即攻克广德军。

【纲】有两颗星在天空中争斗，其中一颗星坠落。

【纲】南宋催促五郡镇抚使吕文福率兵入临安防卫。吕文福杀死使者，叛变进入江州。

【纲】临安宣布戒严，曾渊子、文及翁、倪普等弃官而逃；皇帝下令警告查禁。【目】元朝军队已经逼近，临安戒严，此时同知枢密院事曾渊子等数十人都逃跑，朝廷中因此骚动。签书枢密院事文及翁、同签书院事倪普，劝说御史台和谏院检举弹劾自己的过失，奏章还未上呈，也急忙越关逃跑。太皇太后听说了，命令在朝堂贴出榜文说："我朝经历三百多年，对士大夫以礼相待。我与继位的君主家中遭到多次灾难，你们大小官员未曾有一人说过一句挽救国家的话。里边众官员背叛职守

司既不能为吾纠击，二三执政又不能倡率群工，方且表里合谋，接踵宵遁。平日读圣贤书，自诿谓何？乃于此时作此举措，生何面目对人，死亦何以见先帝！天命未改，国法尚在，其在朝文武官，负国弃予者，令御史台觉察以闻。"然不能禁也。

【纲】元礼部尚书廉希贤等来至独松关，守将张濡杀之。【目】元主遣礼部尚书廉希贤、工部侍郎严忠范奉国书来至建康。希贤请兵自卫，伯颜曰："行人以言不以兵，兵多反致疑耳。"希贤固请，遂以兵五百送之。伯颜仍下令诸将各守营垒，勿得妄有侵掠。希贤等至独松关，张濡部曲杀忠范，执希贤送临安，希贤病创死。濡，俊之曾孙也。朝廷使人移书元军，言杀使之事乃边将，太后及嗣君实不知，当按诛之，愿输币请罢兵通好。伯颜曰："彼为诈计，视我虚实耳。当择人同往，观其事体，令彼速降。"乃遣议事官张羽同使人还临安，羽至平江被杀。

【纲】元阿里海涯入岳州。
【纲】以陈合同签书枢密院事。
【纲】夏四月，元阿里海涯寇江陵，朱禩孙、高达以城降，荆南州军皆陷。
【纲】以高斯得签书枢密院事。
【纲】以福王与芮为浙东安抚大使，开府绍兴。
【纲】元阿术寇扬州，李庭芝遣守将苗再成、姜才帅兵御之，败绩。
【纲】加李庭芝参知政事。
【纲】五月，刘师勇复常州。
【纲】赐婺州处士何基、王柏赠谥。　【目】基少师事黄榦，榦告以必有真实心地，刻苦工夫而后可。基悚惕受命，遂得闻渊源之

出走，外边地方官丢下印章抛弃城池，辅佐的官署既不能为我揭发打击，几位执政官又不能倡导百官，而且还里外合谋，接连乘夜逃走。平时读圣贤的书，自己能找到什么借口？而于这时采取这样的举动，活着有什么面目对众人，死了又怎么去见已故的皇帝！上天的旨意未曾改变，国家的法纪还存在。凡朝廷文武官员，辜负国家、背弃我的，命令御史台查明上报。"然而仍不能禁止官员逃遁。

【纲】元朝礼部尚书廉希贤等来到独松关（今浙江安吉南独松岭上），守将张濡将他们杀死。 【目】元世祖派遣礼部尚书廉希贤、工部侍郎严忠范送元朝的文书来到建康。廉希贤请派兵护卫，伯颜说："使者靠的是言词不靠军队；兵多了，反而引起对方疑虑。"廉希贤坚持请派兵，于是派五百士兵护送。伯颜仍然下令诸将各自守卫营垒，不得胡乱以武力夺取。廉希贤等到独松关，张濡的部下杀死严忠范，逮捕廉希贤送往临安，廉希贤因创伤死去。张濡，是张俊的曾孙。南宋朝廷派人递交文书到元朝军中，说杀死使者的事情是边地将领干的，太后和继位皇帝确实不知道，一定审查处死肇事者，希望献纳银钱，请求撤兵和好。伯颜说："他们想用欺骗的计谋，窥视我方虚实。应当选择适当的人和他们的使者一同前往，观察他们的情况，命令他们迅速投降。"于是派遣议事官张羽同使者回临安，张羽到达平江，被杀死。

【纲】元朝阿里海涯进入岳州（治巴陵县，今湖南岳阳）。

【纲】南宋任命陈合同签书枢密院事。

【纲】夏四月，元朝阿里海涯进攻江陵（今湖北江陵），朱禩孙、高达举城投降，荆南州军全部陷落。

【纲】南宋任命高斯得签枢密院事。

【纲】南宋任命福王赵与芮为浙东安抚大使，在绍兴设置府署。

【纲】元朝阿术进攻扬州，李庭芝派遣守将苗再成、姜才率兵抵御，打了败仗。

【纲】南宋给李庭芝加官为参知政事。

【纲】五月，刘师勇攻克常州。

【纲】南宋给予不做官的婺州士人何基、王柏追赠谥号。 【目】何基少年时尊奉黄榦为老师，黄榦告诉他必须有真实的天资、刻苦的工

懿。赵汝腾、蔡抗、杨栋相继荐于朝，诏与州学教授，基固辞。柏年三十始知为学之源，捐去俗学，勇于求道。从基游，基授以立志居敬之旨，以质实坚苦自励，凡"六经"、"四书"及濂、洛、关、闽之书，皆有著述。至是诏谥基曰文定，赠柏承事郎。

【纲】以张珏为四川制置副使。

【纲】籍吕文焕、陈奕、范文虎家。

【纲】诏张世杰等四道出兵以御元。　【目】时知庆远府仇子真、淮东兵马钤辖阮克己各将兵入卫，诏与世杰、张彦分道出击元军。台谏请命大臣监护，事下公卿杂议，久而不决。陈文龙上言："《书》云'三后协心，同底于道。'北兵今日取某城，明日筑某堡，而我以文相逊，以迹相疑，譬犹拯溺救焚而为安行徐步之仪也。请诏大臣无滋虚议。"不报。

【纲】六月朔，日食既，昼晦如夜。

【纲】成都安抚使昝万寿以嘉定诸城叛降元。

【纲】以王爚平章军国重事，陈宜中、留梦炎为左、右丞相，并兼枢密使，都督诸路军马。

【纲】加李庭芝知枢密院事。

【纲】秋七月，张世杰与元阿术战焦山下，世杰败绩，奔圌山。【目】世杰与刘师勇、孙虎臣等，大出舟师万余艘，次于焦山，令以十舟为方，碇江中流，非有号令毋得发碇，示以必死。元阿术登石公山望之曰："可烧而走也。"遂遣健卒善毂者千人，载以巨舰，分两翼夹射，阿术居中，合势进战，继以火矢，篷樯俱焚，烟焰蔽江；诸军死战，欲走不能前，多赴江死。张弘范、董文炳复以锐卒横冲，世杰不复能军，奔圌山，阿术、弘范追之，获白鹞子七百余艘。师勇还

夫而后才可以学成。何基惶恐恭敬地接受教育，于是得以听到学问渊源的深意。赵汝腾、蔡抗、杨栋先后向朝廷推荐他，皇帝下令授予他州学教授职务。何基坚持推辞。王柏三十岁，才知道做学问的根本，抛弃世俗流行的学问，勇于追求事物的规律。与何基交游，何基传授给他立志和警戒自己的要点，用求实坚毅精神磨炼自己，凡"六经"、"四书"及周敦颐、程颢、程颐、张载、朱熹等人的著作都有著述。这时候，皇帝下令追赠何基谥号文定，追赠王柏为承事郎。

【纲】南宋任命张珏为四川制置副使。

【纲】南宋没收吕文焕、陈奕、范文虎家产。

【纲】南宋命令张世杰等分头出兵抵御元军。【目】当时庆远府知府仇子真、淮东兵马铃辖阮克己分别领兵入临安护卫，皇帝命令他们与张世杰、张彦分路出击元军。御史台和谏院请命令大臣随军监护，并将事情交给公卿讨论，但长时间议而不决。陈文龙上奏说："《尚书》说'周公、君陈、毕公三君同心，致力于治道'。元兵今天夺取某个城池，明天筑某个城堡，而我们以文词相谦让，因某些迹象而交相迟疑不决，这好比为拯救落水者或救火而采取缓行慢步的姿态。请命令大臣们不要再作不切实际的议论。"没有得到答覆。

【纲】六月一日，出现日食，日全食后，白天晦暗如同黑夜。

【纲】成都安抚使昝万寿举嘉定府各城池叛变投降元朝。

【纲】南宋任命王爚平章军国重事，陈宜中、留梦炎为左、右丞相，并兼枢密使，统领各路军队。

【纲】南宋为李庭芝加官知枢密院事。

【纲】秋季七月，张世杰与元朝阿术交战于焦山（今江苏镇江东北大江中）下，张世杰失败，逃亡圌山（今江苏镇江东北江滨）。【目】张世杰与刘师勇、孙虎臣等，大规模出动兵船一万多艘，停泊在焦山，命令每十艘组成一个方阵，用巨石将船固定在江心，没有命令，不得起石开船，表示要决一死战。元朝阿术登上石公山眺望后说："可用火攻赶走他们。"于是派遣健壮士卒中的优秀射手一千人，用巨舰运载，分左右两翼用箭射击，阿术从中路，联合进攻，接着放射火箭，南宋兵船的船篷桅杆都被焚烧，火焰浓烟笼罩江面；南宋各军拼死战斗，想退走，船

常州，虎臣还真州。世杰请济师，不报。

【纲】放贾似道于循州，籍其家。 【目】似道既免，三学生及台谏、侍从皆上疏乞诛似道，太皇太后不许。及似道上表自劾，且言为夏贵、孙虎臣所误，乞保余生。有旨，令李庭芝津遣归越，以终丧制；似道留扬不还。王爚复论："似道既不死忠，又不成孝，乞下诏切责。"似道得诏，乃还绍兴府，绍兴守臣闭城不纳。王爚复言于太后曰："本朝权臣稔祸，未有如似道之烈者。搢绅茅草，不知几疏，陛下皆抑而不行，付人言于不恤，何以谢天下？"太后乃降似道三官，婺州居住。婺人闻似道至，率众为露布逐之；复诏徙于建宁府。斩翁应龙，籍其家。廖莹中、王庭除名，流之岭南，皆自杀。

于是御史孙嵘叟等又以似道罪重罚轻，乞斩之以正法，方回复上疏论似道佷、诈、贪、淫、褊、骄、吝、专、忍、谬十罪，太皇太后犹不听。翁合上言："似道以妒贤无比之林甫，辄自托于伊、周；以不学无术之霍光，敢效尤于莽、操。其总权罔上，卖国召兵，专利虐民，滔天之罪，人人能言。迫于众怒，仅谪建宁。夫建宁实朱熹讲道之阙里，虽三尺童子亦知向方，闻似道名，咸欲呕唾，况见其面乎！乞远投荒昧，以御魑魅。"遂诏责授高州团练副使，循州安置，籍其家，遣使监押之贬所。

会稽县尉郑虎臣，以其父尝为似道所配，欲报之，欣然请行。

又开不动,多数投江而死。张弘范、董文炳又以精锐部队四面冲击,张世杰不能再收集队伍,逃亡圌山。阿术、张弘范追击,缴获称为白鹞子的战船七百多艘。刘师勇退还常州,孙虎臣退还真州(治扬子县,今江苏仪征),张世杰请求增援军队,没有得到答复。

【纲】流放贾似道于循州(治龙川县,今广东龙川西南佗城镇),没收他的家产。 【目】贾似道已免官,太学的外舍、内舍、上舍等三学学生及御史台、谏院、侍从各官员都上书请求处死贾似道,太皇太后不允许。等到贾似道上奏表自责,又说被夏贵、孙虎臣所耽误,乞求保全余生。有谕旨,命令李庭芝由水路遣送他返回越(即绍兴府),以便他守丧三年。贾似道在扬州逗留不返。王爚又上书论说:"贾似道既不尽忠而死,又不完成孝道,请求下诏书严词谴责"。贾似道得到诏书,才返回绍兴府;绍兴地方官关闭城门不让入城。王爚又对太后说:"本朝有权势而专横的大臣酿成祸害,没有像贾似道这样厉害的。士大夫和在野的臣子,不知道已上过多少奏疏,陛下都抑制而不采用,对人们的言论不予顾惜,何以向天下人道歉?"太后于是将贾似道降职三等,送往婺州居住。婺州人听说贾似道到来,纷纷发布揭帖驱逐他;太后又诏令他转移到建宁府(治建安县,今福建建瓯),将翁应龙斩首,没收家产。廖莹中、王庭被取消原来身份,流放岭南,后都自杀。

这时候御史孙嵘叟等又认为贾似道的罪恶重大而处罚太轻,请求将他斩首以正国法。方回又上书论说贾似道侥幸、欺诈、贪婪、奸淫、褊急、骄横、吝啬、专制、残忍、荒谬十大罪恶,太皇太后仍不接受。翁合上奏说:"贾似道如同极其妒贤的李林甫,而自己假托为伊尹、周公;如同不学无术的霍光,竟敢仿效王莽、曹操。他总揽大权迷惑皇上,卖国招致战祸,专权占利,侵害百姓,滔天的罪恶,人人都能述说。迫于众人的怨恨,仅仅降级送往建宁府。建宁其实是朱熹讲学的阙里,即使三尺小孩也知道敬仰正直,听到贾似道的名字,都想吐唾沫,何况见到他的面呢?请求送往荒远愚昧的地方,以阻止这种坏人为害。"接着有诏令督促授以高州团练副使(高州治电白县,在今广东高州县东北),送往循州安置,没收他的家产,派遣使者监督押送去降职安置的处所。

会稽县尉郑虎臣,因父亲曾经被贾似道流放,想报复他,高兴地

似道时寓建宁之开元寺，侍妾尚数十人，虎臣至，悉屏去，撤轿盖，暴行秋日中，令舁轿夫唱杭州歌谑之，每名斥似道，窘辱备至。一日，入古寺，壁上有吴潜南行所题字，虎臣呼似道曰"贾团练，吴丞相何以至此？"似道惭不能对。至泉州洛阳桥，遇叶李自漳州放还，见于客邸，李赋词赠之，似道俯首谢焉。

【纲】复皮龙荣官。

【纲】陈宜中去位，诏罢王爚为醴泉观使，召宜中于温州。

【目】初，张世杰之将出师也，王爚谓"二相宜一人督师吴门，否则臣虽老无能为，若效死封疆，亦不敢辞。"会世杰败于焦山，爚复言曰："事无重于兵。今二相并建都督，庙算指授，臣不得而知。比者六月出师，诸将无统。臣岂不知吴门去京不远，而必为此请者，盖大敌在境，非陛下自将，则大臣开督。今世杰以诸将心力不一而败，不知国家尚堪几败邪？臣既不得其职，又不得其言，乞罢平章。"太后不许。

既而京学生刘九皋等伏阙上书，言宜中擅权，其略以为："赵溍、赵与鉴皆弃城遁，宜中乃借使过之说以报私恩。令狐概、潜说友皆以城降，乃受其苞苴而为之羽翼。文天祥率兵勤王，信谗而沮挠之。贾似道丧师辱国，阳请致罚而阴佑之。元兵薄国门，勤王之师，乃留之京城而不遣。宰相当出督，而畏缩犹豫，第令集议而不行。吕师夔狼子野心，而使之通好乞盟。张世杰步兵而用之于水，刘师勇水兵而用之于步，指授失宜，因以败事。臣恐误国将不止于一似道也。"

初，宜中书多专决，不关白爚，或谓京学之论，实爚嗾之。书上，宜中径去，遣使四辈召之，不至。太后乃下九皋等临安狱，而手

请求执行监督押送任务。贾似道当时住在建宁的开元寺,身边还有侍妾数十人;郑虎臣来到后,全部排除。撤去轿盖,在秋天的太阳暴晒下行进,让轿夫唱杭州歌取笑他,常指名斥责他,窘迫侮辱无所不至。一天,进入古庙,墙上有吴潜被放逐南行时的题字,郑虎臣呼唤贾似道说:"贾团练,吴丞相为什么到这里?"贾似道惭愧,不能回答。到达泉州洛阳桥,遇到叶李从发配地点漳州获释返回,相见于客店,叶李作词相赠,贾似道低头道谢。

【纲】南宋恢复皮龙荣官职。

【纲】陈宜中离职。皇帝下令王熵罢官,改任醴泉观使,从温州召唤陈宜中。 【目】当初,张世杰将要出兵时,王熵说:"两位丞相中应有一位在吴门(即吴县,今江苏苏州市)监督军队,不然我虽年老没有才能和作为,如果要尽死效力边疆,也不敢推辞。"到了张世杰在焦山打了败仗,王熵又说:"事情没有比军事更重要的。现在二位丞相都设置都督府,朝廷制定的谋略和指示我无从知道。最近六月出兵,诸将没有统一的指挥。我难道不知道吴门距离京城不远,而一定要提出这样的请求,因大敌压境,不是陛下亲自领兵,就是大臣开都督府。现在张世杰因诸将心力不能一致而失败,不知道国家还能经得起几次失败!我既不得尽职,说话也不被采纳,请求免除平章职务。"太后不允许。

接着,京学生刘九皋等跪伏宫殿下上书,说陈宜中专权,内容大略说:"赵溍、赵与鉴都放弃城池逃跑,陈宜中便假借他们让路的说法以报答个人之间的好处。令狐概、潜说友都举城投降敌人,因接受送礼而为他们掩护。文天祥领兵为王室尽力,相信别人说的坏话而加以阻挠。贾似道丧失军队使国家受辱,表面请求给予处罚而暗地里加以保护。元朝军队逼近国门,为王室尽力的军队,仍留在京城而不派遣。宰相应当出京督率军队,因畏惧犹豫,只让大家讨论而不付诸实施。吕师夔有险恶的用心,而派他去和好请求结盟。张世杰的步兵被用在水上,刘师勇的水军反而用作步兵,指挥失当,因此使事情败坏。我恐怕耽误国家的将不仅限于一个贾似道。"

当初,陈宜中对公文多自行决断,不通报王熵,有人说京学生的论说,实际上是王熵唆使的。他们上书后,陈宜中即行离去,派遣四批使

诏曰:"给、舍之奏,谓爚与宜中必难久处。兼爚近奏乞免平章,辞气不平,诚有如人言者,可罢爚平章军国重事,以少保观文殿大学士充醴泉观使。"是岁,卒。爚清修刚劲,不阿权势。及为相,属国势危亡,乃不能协谋以济大事,士论惜之。

【纲】元以伯颜为右丞相,阿术为左丞相。 【目】元主召伯颜还至上都,面陈形势,乞即进兵,遂拜右丞相。伯颜辞曰:"阿术功多,臣宜居后。"乃进阿术左丞相,仍诏伯颜直趋临安,阿术仍攻淮南,阿里海涯取湖南,万户宋都䚟及吕师夔、李恒等取江西。

【纲】以陈文龙同签书枢密院事。
【纲】八月,以李芾知潭州,文天祥知平江府。 【目】天祥至临安,上疏言:"本朝惩五季之乱,削藩镇,建都邑,一时虽足以矫尾大之弊,然国以浸弱,故敌至一州即一州破,至一县则一县破,中原陆沉,痛悔何及!今宜分境内为四镇,建都统于其中,以广西益湖南而建阃于长沙,以广东益江西而建阃于隆兴,以福建益江东而建阃于番阳,以淮西益淮东而建阃于扬州。责长沙取鄂,隆兴取蕲、黄,番阳取江东,扬州取两淮。地大力众,乃足以抗敌。约日齐奋,有进无退,日夜以图之,彼备多力分,疲于奔命,而吾民之豪杰者,又伺间出于其中,如此则敌不难却也。"时议以为迂阔,不报,命知平江府。

【纲】元以廉希宪行省事于江陵。
【纲】九月,元兵陷泰州,孙虎臣自杀。

者去召唤他，没有回来。太后便将刘九皋等投入临安（今浙江杭州）监狱，亲笔写诏书说："给事中、中书舍人上奏，说王熵与陈宜中一定难于长久相处；再看王熵近日上奏请求免除平章职务，语气不平，确实像他们所说的。可以免除王熵平章军国重事，以少保、观文殿大学士职衔充任醴泉观使。"这一年，王熵去世。王熵操行美洁，刚强正直，不偏袒有权势的人。等到担任宰相，正值国家形势凶险濒于败亡的时候，而不能同谋以完成救国大业，士大夫的舆论为他婉惜。

【纲】元朝任命伯颜为右丞相，阿术为左丞相。 【目】元世祖召唤伯颜返回到上都（今内蒙古多伦西北上都河北岸），他当面陈述形势，请求立即进兵，于是任命他为右丞相。伯颜推辞说："阿术功劳多，我应该在他后面。"便提升阿术为左丞相，仍然命令伯颜直指临安，阿术仍旧进攻淮南，阿里海涯进取湖南，万户宋都觯及吕师夔、李恒等进取江西。

【纲】南宋任命陈文龙同签书枢密院事。

【纲】八月，南宋任命李芾为潭州知州、文天祥为平江府知府。
【目】文天祥到临安，上书说："本朝为防止五代的祸乱，削除藩镇，建立都邑，一时虽然能矫正尾大不掉的弊端，但国家因而日渐衰弱，因此敌人攻到一州则一州被攻破，到一县则一县被攻破，中原沦陷，极其后悔，但哪里还来得及！现在应当将境内分为四镇，在中间设置都统，以广西加上湖南而置统兵将帅于长沙，以广东加上江西而置统兵将帅于隆兴，以福建加上江东而置统兵将帅于番阳，以淮西加上淮东而置统兵将帅于扬州。责成长沙进取鄂，隆兴进取蕲州（治蕲春县，今湖北蕲春西南）、黄（治黄冈县，今湖北黄冈），番阳进取江东，扬州进取淮东、淮西，地方广大人力多，才足以抵抗敌人。约定日期一同举兵，只有前进而无后退，日夜进取，对方虽然防备多但力量分散，疲于奔命，而我民众中智谋出众的人，又乘机出击于他们占领地区，这样敌人便不难打退。"朝廷议论认为不切实际，不予答覆，任命他为平江府知府。

【纲】元朝任命廉希宪行中书省事于江陵。

【纲】九月，元朝军队攻陷泰州（治海陵县，今江苏泰州），孙虎臣自杀。

【纲】冬十月,诏张世杰、刘师勇总出戍兵。

【纲】以留梦炎、陈宜中为左、右丞相兼枢密使,都督诸路军马。

【纲】元阿里海涯围潭州,李芾力战御之。 【目】李芾至潭,元游骑已入湘阴、益阳诸县。城中守卒不满三千,芾结峒蛮为援,缮器械,峙刍粮,栅江修壁。及元兵至,芾慷慨登陴,与诸将分地而守,民老弱皆出,结保伍助之,不令而集。芾日以忠义勉将士,死伤相藉,人犹饮血乘城殊死战,有来招降者,辄杀之以徇。

【纲】监押官郑虎臣杀贾似道于漳州。 【目】似道舟次南剑州黯淡滩,虎臣曰:"水清甚,何不死于此?"似道曰:"太后许我以不死,候有诏即死。"十月,至漳州木绵庵,虎臣曰:"吾为天下杀似道,虽死何憾!"遂拘其子与妾于别馆,即厕上拉其胸杀之。陈宜中至福州,捕虎臣,毙于狱。

【纲】元阿术围扬州,李庭芝力战御之。 【目】阿术攻扬,久而无功,乃筑长围困之,城中食尽,死者枕藉满道,而庭芝之志益坚。会伯颜至湾头,遂议深入。

【纲】元伯颜渡江,分兵东下。

【纲】文天祥遣兵救常州,不克。

【纲】十一月,以陈文龙同知枢密院事,黄镛同签书院事。

【纲】元将阿剌罕陷广德军四安镇,召文天祥入卫。 【目】阿剌罕破银树东坝,戍将赵淮死之,遂陷广德军四安镇。陈宜中仓皇发临安民年十五以上者,皆籍为兵,号武定军,召文天祥于平江。

【纲】元将宋都䚟、李恒等陷江西州、军,都统密佑逆战于抚

【纲】冬十月,南宋命令张世杰、刘师勇统领戍守军队。

【纲】南宋任命留梦炎、陈宜中为左、右丞相兼枢密使,统领各路军队。

【纲】元朝阿里海涯包围潭州,李芾奋力抵抗。 【目】李芾到达潭州,元朝游动的骑兵已进入湘阴(今湖南湘阴)、益阳(今湖南益阳)等县。城中守兵不满三千人,李芾联合峒蛮作为支援,修缮器械,储备粮草,在江中设栅栏,修筑围墙。元朝军队来到时,李芾情绪激昂地登上城墙,与各将领分地段防守,百姓老弱全都出动,组织成队伍相助,不用下命令就能集合。李芾终日以忠义勉励将士,死伤累累,人们还含着血泪登城作殊死战斗,有来招呼投降的,即杀死示众。

【纲】监押官郑虎臣在漳州杀死贾似道。 【目】贾似道乘船行进到南剑州黯淡滩(今福建南平东),郑虎臣说:"水很清,为什么不死在这里?"贾似道说:"太后答应不处死我,等到有诏命即死。"十月,到达漳州木绵庵(今福建漳州南二十里),郑虎臣说:"我为天下而杀贾似道,虽然我自己死去又有什么遗憾!"于是将贾似道的儿子和侍妾拘留于别的房子里,在厕所里折他的胸杀死他。陈宜中到达福州,逮捕郑虎臣,关入监狱后死去。

【纲】元朝阿术包围扬州,李庭芝奋力作战抵抗。 【目】阿术进攻扬州,长时间没有攻下,便筑起长墙将它围困。城中粮食吃光,死者纵横相枕藉,堆满街道,而李庭芝的意志更加坚定。正好伯颜到达湾头,于是商议深入进军。

【纲】元朝伯颜渡过长江,分兵几路东进。

【纲】文天祥派兵援救常州,没有攻克。

【纲】十一月,南宋任命陈文龙同知枢密院事,黄镛同签书院事。

【纲】元朝将领阿剌罕攻陷文德军四安镇(今浙江长兴西南泗安镇),南宋召唤文天祥回京护卫。 【目】阿剌罕攻破银树东坝(今江苏高淳东南),守将赵淮战死,随后攻陷广德军四安镇。陈宜中匆忙征发临安年龄在十五岁以上的百姓,都登记为兵卒,号称武定军,从平江召唤文天祥。

【纲】元朝将领宋都觯、李恒等攻陷江西州、军,都统密佑迎战于

州,死之。

【纲】元伯颜陷常州,屠其民,知州事姚訔、通判陈炤、都统王安节死之。 【目】伯颜至常州,会兵围城。姚訔、陈炤、刘师勇、王安节力战固守。伯颜遣人招之,譬喻百端,终不听。伯颜怒,命降人王良臣役城外居民运土为垒,土至,并人以筑之,且杀民煎膏取油以作炮,焚其牌檄,日夜攻不息。城中甚急,而訔等守志益坚。伯颜乃叱帐前诸军奋勇争先,四面并进;城遂破,訔死之。炤与安节犹巷战,或谓炤曰:"城东北门未舍,可走。"炤曰:"去此一步,非死所矣!"日中,兵至,死焉。伯颜命屠其民。执安节至军前,不屈,亦死。师勇以八骑突围走平江。訔,希得之子。安节,坚之子也。

【纲】以谢枋得为江西招谕使,知信州。 【目】初,枋得闻淮西、江东、西州郡守将皆吕氏部曲,故争降附,自以与吕师夔善,乃应诏上书,以一族保师夔可信,乞分沿江诸屯兵,以师夔为镇抚使,使之行成,且乞身至江州见文焕与议。朝廷乃以枋得为沿江察访使以往,会文焕北还,不及而返,遂改知信州。

【纲】元军破独松关,守将张濡遁。 【目】独松既破,邻邑望风皆遁,朝廷大惧。时勤王师尚三四万人,文天祥与世杰议,以为"淮东坚壁,闽、广全城,若与敌血战,万一得捷,则令淮师以截其后,国事犹可为也。"世杰大喜。陈宜中白太后降诏,以王师务宜持重,议遂止。濡既遁,后为廉希贤之子所杀。

【纲】元董文炳入江阴军。
【纲】左丞相留梦炎遁。
【纲】十二月,诏许贾似道归葬,返其田庐。

抚州（治临川县，今江西抚州），战死。

【纲】元朝伯颜攻陷常州，屠杀百姓，知州姚訔、通判陈炤、都统王安节死难。【目】伯颜到达常州，会合军队围城，姚訔、陈火召、刘师勇、王安节奋力作战巩固防守。伯颜派人招降。用比喻言词百般劝说，他们始终不接受。伯颜大怒，命令已投降的王良臣役使城外居民，运土筑高台，土运来后连人带土一起堆筑，同时杀死居民煎取膏油作炮子，焚烧阻挡人马的栅栏，日夜不停地进攻。城中很危急，而姚訔等守城的意志更加坚定。伯颜便喝令军帐前各军奋勇争先，四面一起进攻；城终于被攻破，姚訔战死。陈炤和王安节还进行巷战，有人对陈炤说："城的东北门未合围，可以出走。"陈炤说："离开这里一步，不是我死的地方！"中午，敌兵到达，他战死。伯颜下令屠杀城中居民。拘捕王安节到军营前，不屈服，被杀死。刘师勇凭借八名骑兵突围逃向平江。姚訔是姚希得的儿子。王安节是王坚的儿子。

【纲】南宋任命谢枋得为江西招谕使、信州知州。【目】当初，谢枋得听说淮西、江东、西州各郡地方官和驻守将领都是吕氏的亲信，所以争相投降归附于他，自以为与吕师夔友善，于是响应皇帝的命令上书，愿以家族性命担保吕师夔可以信任，请求分出沿江各处驻守的军队，任命吕师夔为镇抚使，使他与元朝达成和议，并且请求亲自到江州会见文焕与之商议。朝廷便任命谢枋得为沿江察访使以便前往，正好文焕返回北方，不及会见而返，于是改任信州知州。

【纲】元朝军队攻破独松关，驻守的将领张濡逃跑。【目】独松关被攻破后，邻近城邑守军看到这种风头便都逃跑，朝廷极为恐惧。当时援救王室的军队还有三四万人，文天祥与张世杰商议，认为："淮东坚守壁垒，闽、广保全城邑，如果与敌人血战，万一取得胜利，则命令淮河一带守军截击敌人后路，国家的事业还可以有所作为。"张世杰很高兴。陈宜中禀报太后下诏令，认为王室的军队一定要慎重行事，上述议论随即中止。张濡逃跑，后来被廉希贤的儿子杀死。

【纲】元朝董文炳进入江阴军。

【纲】南宋左丞相留梦炎逃走。

【纲】十二月，南宋朝廷下诏令允许贾似道的遗体运回入葬，发还

【纲】以吴坚签书枢密院事。

【纲】遣工部侍郎柳岳如元军请平，伯颜不许。 【目】陈宜中遣柳岳奉书如元军前，称"廉尚书之死，乃盗杀之，非朝廷意，乞班师修好。"岳见伯颜于无锡，泣请曰："嗣君幼冲，在衰绖中，自古礼不伐丧，凡今日事至此者，皆奸臣贾似道失信误国尔。"伯颜曰："汝国执戮我行人，故我兴师。钱氏纳土，李氏出降，皆汝国之法也。汝国得天下于小儿，亦失于小儿，其道如此，尚何多言！"遂令囊加歹偕岳还。

【纲】以陈文龙参知政事，谢堂同知枢密院事。

【纲】元伯颜入平江。

【纲】复遣柳岳如元求封，行至高邮，民杀之。 【目】陈宜中因柳岳还，复奏遣宗正少卿陆秀夫及吕师孟等同囊加歹使元军，求称侄纳币；不从，则称侄孙，且敕吕文焕令通好罢兵。秀夫等见伯颜于平江，伯颜不许，宜中乃白太后，奉表求封为小国，太后从之。直学士院高应松不肯草表，改命京局官刘褒然为之。岳等至高邮秬家庄，为秬耸所杀。

【纲】以文天祥签书枢密院事。

【纲】黄万石叛降元，都统米立死之。 【目】立初从陈奕守黄州，奕降，立溃围出，万石署之帐前。元军略江西，立迎战于江坊，兵败，被执不降，系狱。至是万石举军降元，元行省遣万石谕立曰："吾官衔一牙牌书不尽，今亦降矣。"立曰："侍郎国家大臣，立一小卒尔。但三世食赵氏禄，赵亡，何以生为！立乃陈上生擒合死之人，与投拜者不同。"万石再三谕之，不屈，遂遇害。

【纲】丙子，二年，春正月元阿里海涯破潭州，湖南镇抚大使、

他的田地房屋。

【纲】南宋任命吴坚为签书枢密院事。

【纲】南宋派遣工部侍郎柳岳到元朝军中请求讲和，伯颜不允许。 【目】陈宜中派遣柳岳进献文书到元朝军前，内称："廉尚书的死，是被盗贼所杀，不是朝廷的本意，请求调回军队重归和好。"柳岳在无锡（即今江苏无锡市）会见伯颜，流着泪请求说："嗣位皇帝年幼，正在守丧期中，自古就有不讨伐守丧人的礼法。所有今天的事情发展到这样的地步，都是奸臣贾似道失信耽误国家的结果。"伯颜说："因你国拘捕杀戮我使者，所以我发兵。钱氏献出土地，李氏出城投降，都是你国的方法。你宋国从小孩子手中取得天下，也从小孩子手中失去天下，道理就是这样，还多说什么！"于是命令囊加歹伴随柳岳返回。

【纲】南宋任命陈文龙为参知政事，谢堂同知枢密院事。

【纲】元朝伯颜进入平江。

【纲】南宋再次派遣柳岳去元朝乞求封号，行进到高邮，百姓把他杀死。 【目】陈宜中因柳岳返回，又上奏请派遣宗正少卿陆秀夫及吕师孟等随同囊加歹出使到元朝军中，请求向元朝称侄，献纳银钱；不同意，则称侄孙，并且指示吕文焕与元朝和好，停止战争。陆秀夫等在平江会见伯颜，伯颜不答应。陈宜中便禀告太后，向元朝上表请求封南宋为小国，太后同意。直学士院高应松不肯起草奏表，命令改由京局官刘囊然起草。柳岳等到达高邮嵇家庄，被嵇耸杀死。

【纲】南宋任命文天祥为签书枢密院事。

【纲】黄万石叛变投降元朝，都统米立死难。 【目】米立当初随同陈奕镇守黄州，陈奕投降，米立突围出来，黄万石安排他在自己军营中任职。元朝军队攻取江西，米立在江堤上抗战，兵败被俘，不愿投降，被关在监狱中。到黄万石领军投降元朝的时候，元朝行省派黄万石开导他说："我的官衔，多到一个象牙牌子也写不下，现在也投降了。"米立说："侍郎，是国家大臣；我米立，一名小卒而已。但我家三代人都吃赵家俸禄，赵家亡国还活着干什么！米立是在战阵上被活捉该死的人，与投诚归者不同。"黄万石再三开导他，都不屈服，终于遇害。

【纲】德祐二年（丙子，1276），春正月，元朝阿里海涯攻破潭州，

知州事李芾死之。湖南州、军皆陷。　【目】阿里海涯督战益急，城中大窘，力不能支，诸将泣请曰："事急矣，吾属为国死可也，如民何！"芾骂曰："国家平时所以厚养汝者，为今日也。汝第死守，有复言者吾先戮汝！"除夕，元兵登城，蚁附而上。

知衡州尹谷时寓城中，知事不可为，乃为二子行冠礼。或曰："此何时，行此迂阔事！"谷曰："正欲令儿曹冠带见先人于地下尔！"既毕礼，与其家人自焚。芾命酒酹之，因留宾佐会饮。夜传令，犹手书"尽忠"字为号，饮达旦，诸宾佐出，参议杨霆赴园池死。芾坐熊湘阁，召帐下沈忠，遗之金曰："吾力竭，分当死。吾家人亦不可辱于俘，汝尽杀之，而后杀我。"忠伏地叩头，辞以不能。芾固命之，忠泣而诺。取酒，饮其家人，尽醉，乃遍刃之。芾亦引颈受刃。忠纵火焚其居，还家杀其妻子，复至火所，大恸，举身投地，乃自刎。潭民闻之，多举家自尽，城无虚井，缢林木者相望。

元旦，守将吴继明、刘孝忠以城降。由是湖南州郡皆降于元。宝庆通判曾如骥，亦不屈而死。事闻，赠芾端明殿大学士，谥忠节。

【纲】陈文龙、黄镛遁。

【纲】以吴坚为左丞相兼枢密使，常楙参知政事。　【目】日午，宣麻慈元殿，文班止六人。

【纲】诸关兵皆溃。　【目】知嘉兴府刘汉杰以城降元。元兵围安吉州，知州赵良淳与提刑徐道隆同守。时元兵迫行都，召道隆入卫，道绝不通，乃由太湖经武康、临安县境勤王。范文虎致书诱良淳降，良淳焚书，斩其使。元兵至，良淳率众城守，夜就茇舍陴上，

湖南镇抚大使知州事李芾死难。湖南州、军全部陷落。 【目】阿里海涯督战日益加紧,城中十分困迫,已经无力支持,将领们流泪请求说:"事情危急了,我们为国家而死是可以的,但老百姓怎么办!"李芾责骂说:"国家平时以丰厚俸禄养活你们,为的正是今天。你只管死守,有再说这话的,我先杀死他!"除夕,元朝兵登上城墙,如蚁群一样趋附而上。

衡州知州尹谷当时住在城中,知道事情已无可作为,便为两个儿子举行成年加冠的礼仪,有人说:"这是什么时候,还做这样不切实际的事!"尹谷说:"正是想让儿辈们戴着冠带在地下见祖先!"礼成后,和他的家人一起自焚。李芾将酒倒在地上祭奠他,留下宾客僚属聚会饮酒。夜间传令,还亲笔书写'尽忠,二字作为暗号,饮酒到第二天早晨,宾客僚属们散去,参议杨霆投园中池塘自尽。李芾坐在熊湘阁,召见军中官佐沈忠,赠送给他金子说:"我力已使尽,死应当是本分。我家属也不可以因被俘而受污辱,你将他们全都杀死,然后杀我。"沈忠跪伏地上叩头,推辞说不能这样做。李芾坚决命令他这样做,沈忠流着眼泪答应。他取来酒,让李芾的家属喝,全都喝醉后,一一用刀杀死;李芾也伸长脖颈受刀。沈忠放火焚烧了李芾的住宅,回家杀死自己的妻子儿女,又来到火场,极为悲痛,纵身倒地,而自刎身死。潭州百姓得知后,多全家自尽,城中没有空着的水井,在树林中上吊的人相距不远就有一个。

元旦这天,守城将领吴继明、刘孝忠举城投降。从此湖南州郡都投降元朝。宝庆通判曾如骥,也因不屈服而死。事情上报后,追赠李芾为端明殿大学士,谥号忠节。

【纲】陈文龙、黄镛逃跑。

【纲】南宋任命吴坚为左丞相兼枢密使,常楙为参知政事。 【目】当天中午,在慈元殿宣布任命,文臣出席的只有六人。

【纲】南宋各关口守军都溃败。 【目】嘉兴府知府刘汉杰举城投降元朝。元朝军队包围安吉州(今浙江湖州),知州赵良淳与提刑徐道隆共同防守。当时元朝军队迫近临安,朝廷呼唤徐道隆入都防卫,因遭路阻隔小通,便由太湖经武康(今浙江德清西)、临安县境入都救援王

不归。既而戍将吴国定开门纳元兵,良淳命车归府,兵士止之曰:"侍郎何自苦?"良淳叱去之,闭阁自经。元兵追道隆,及之,一军尽没,道隆见执,守者少怠,赴水死。

【纲】遣监察御史刘岊奉表称臣于元。 【目】陆秀夫还,言伯颜不肯从伯侄之称。太后命用臣礼,陈宜中难之。太后涕泣曰:"苟存社稷,称臣,非所较也。"遂遣岊奉表称臣,上尊号,岁贡银、绢二十五万两、匹,乞存境土以奉蒸尝,且约伯颜会长安镇以输平。

【纲】常楙遁,以夏士林签书枢密院事,士林亦遁。

【纲】进封吉王昰为益王,判福州;信王昺为广王,判泉州。【目】初,召文天祥知临安府,天祥辞不拜,请以福王、秀王判临安系民望,身为少尹,以死卫宗庙;又乞命吉王、信王镇闽、广以图兴复,俱不许。至是宗亲复请,太后从之。以驸马都尉杨镇及杨淑妃弟亮节、俞充容弟如珪,提举二王府事。

【纲】陈宜中请迁都,不果行。
【纲】元伯颜军皋亭山,太皇太后遣使奉玺以降。右丞相陈宜中夜遁。 【目】伯颜至长安镇,陈宜中违约,不往议事。伯颜乃进次皋亭山,阿刺罕、董文炳之师皆会。文天祥、张世杰请移三宫入海,而己帅众背城一战。宜中不许,白太后,遣监察御史杨应奎上传国玺以降。伯颜受之,遣使召宜中出议降事,而使囊加歹奉玺表赴上都。应奎既行,是夜宜中遁归于温州之清澳。

室。范文虎送信诱惑赵良淳投降，赵良淳焚烧他的书信，杀死送信的使者。元朝军队到达，赵良淳率领部众上城防守，夜间就住在城墙上的草屋中，不回家。继而守将吴国定打开城门接纳元朝军队，赵良淳驱车返回官府，兵士劝止他说："侍郎何必自寻忧苦？"赵良淳叱责他们离开，闭门上吊自尽。元朝军队追击徐道隆，追上后，徐全军覆没。徐道隆被俘，趁看守的人稍有疏忽，投水自尽。

【纲】南宋派遣监察御史刘岊献奏表向元朝称臣。　【目】陆秀夫返回，说伯颜不肯答应伯侄的称呼。太后命令采用臣下的礼仪，陈宜中责难她。太后哭泣着说："假若能保存国家，称臣，不是我所计较的。"随即派遣刘岊献奏表向元朝称臣，奉上尊号，每年进贡银、绢各二十五万两、匹，请求保存南宋疆土以便祭祀，同时约伯颜在长安镇（今浙江杭州东北长安镇）会见以便恢复和好。

【纲】常楙逃跑，南宋任命夏士林签书枢密院事，夏士林也逃跑。

【纲】南宋进封吉王赵显为益王，兼福州地方长官；信王赵昺为广王，兼泉州地方长官。　【目】当初，朝廷召唤文天祥为临安府知府，文天祥推辞不接受，请求用福王、秀王兼临安地方官以维系百姓的敬仰，亲自任少尹，以死保卫国家；又请求命令吉王、信王镇守闽、广以谋取国家复兴，结果都不同意。到这时候皇帝的亲属又提出同样的请求，太后才接受。任命驸马都尉杨镇及杨淑妃的弟弟杨亮节、俞充容的弟弟俞如珪掌管二王府事务。

【纲】陈宜中请求迁都，没有实行。

【纲】元朝伯颜军队进驻皋亭山（今浙江杭州东北），太皇太后派遣使者捧着皇帝的印章投降。右丞相陈宜中乘夜逃走。　【目】伯颜到达长安镇，陈宜中违约，没有前往商议事情。伯颜于是进军驻扎皋亭山，阿剌罕、董文炳的军队都来会合。文天祥、张世杰请求将皇帝、太后、皇后转移到海上，而自己率领部众在城下与敌人决战。陈宜中不同意，他禀告太后，派遣监察御史杨应奎献传国玺投降。伯颜接受了，派遣使者召唤陈宜中出城商议投降事宜，而派囊加歹赴上都献南宋传国玺和奏表。杨应奎出发后，当天夜间，陈宜中逃归温州清澳。

【纲】张世杰、刘师勇各以所部兵入于海。 【目】世杰、师勇及苏刘义以不战而降,遂去。世杰次于定海,元石国英使都统卞彪说世杰降,世杰大怒,断彪舌,磔之于巾子山。师勇至海上,见时事不可为,忧愤纵酒卒。

【纲】吴坚、文天祥如元军,伯颜执天祥,遣坚还。 【目】杨应奎还,言伯颜欲执政面议。太后乃以天祥为右丞相兼枢密使,与吴坚偕往;天祥辞不拜,遂行,因说伯彦曰:"北朝若以宋为与国,请退兵平江或嘉兴,然后议岁币与金帛犒师,北朝全兵以还,策之上也。若欲毁其宗社,则淮、浙、闽、广尚多未下,利钝未可知,兵连祸结,必自此始。"伯颜以北诏为辞,顾天祥举动不常,疑有异志,留之军中,遣坚还。天祥怒,数请归,曰:"我之此来,为两国大事,何故留我?"伯颜曰:"勿怒,君为宋大臣,责任非轻,今日之事,正当与我共之。"令忙兀台、唆都馆伴羁縻之。

【纲】驸马都尉杨镇等奉益王、广王走婺州。 【目】杨淑妃、秀王与檡从行。

【纲】以家铉翁签书枢密院事,贾馀庆同签书院事。

【纲】元吕师夔寇江东,谢枋得迎战,败绩。 【目】枋得与元战于安仁,矢尽而败,遂奔建宁山中,妻子皆被执。

【纲】二月,日中有黑子。元伯颜遣人入临安,封府库,收图籍符印。 【目】伯颜承制,以临安为两浙大都督府,命忙兀台、范文虎入城治都督府事。又令程鹏飞取太皇太后手诏及三省、枢密院檄,谕州郡降附。执政皆署,家铉翁独不肯,鹏飞命缚之。铉翁曰:"中书无缚执政之理,归私第以待命可也。"乃止。

【纲】张世杰、刘师勇各率领所属军队转移到海上。 【目】张世杰、刘师勇和苏刘义因朝廷不战而投降,于是离去,张世杰进驻于定海(今浙江宁波东北镇海县),元朝石国英派遣都统卞彪劝说张世杰投降。张世杰大怒,割断卞彪的舌头,在巾子山(今浙江宁波东北)将他碎尸。刘师勇到了海上,看到当时的事情已经无可作为,忧虑愤慨,酗酒而死。

【纲】吴坚、文天祥到元朝军中去。伯颜拘捕文天祥,遣送吴坚返回。 【目】杨应奎返回,说伯颜想同主持政务的官员当面商议。太后于是任命文天祥为右丞相兼枢密使,与吴坚一同前往。文天祥推辞不接受任命,然后出发,趁机劝告伯颜说:"元朝如果以宋为友好国家,请退兵至平江或嘉兴,然后商议每年交纳钱币和金帛犒劳军队,元朝保全军队而回,这是上策。如果想摧毁宋国,则淮、浙、闽、广还有许多地方未曾攻下,吉凶不能预先知道,战祸连续不断,必定从此开始。"伯颜用元朝有诏令为借口,其实是观察文天祥的举动异常,怀疑他有反元的意图,将他留在军中,将吴坚遣送回来。文天祥大怒,一再请求返回,说:"我所以到这里来,是为了两国的大事,为什么将我留下?"伯颜说:"不要发火,您作为宋朝大臣,责任不轻;现在的事情,正应当与我共同承担。"命令忙兀台、唆都在客舍中陪伴管制他。

【纲】驸马都尉杨镇等侍奉益王、广王奔向婺州。 【目】杨淑妃、秀王赵与檡随行。

【纲】任命家铉翁为签书枢密院事,任命贾馀庆为同签书院事。

【纲】元朝吕师夔进攻江东,谢枋得迎战,打了败仗。 【目】谢枋得与元朝军队交战于安仁(今江西馀江东北锦江镇),因箭用光而失败,于是逃亡建宁山中,妻子儿女都被俘虏。

【纲】二月,太阳表面有黑子。元朝伯颜派人进入临安,查封储存财物和武器的府库,收缴地图户籍、符节印信。 【目】伯颜秉承元朝皇帝的旨意,以临安作为两浙大都督府,命令忙兀台、范文虎入城管理都督府事务,又命令程鹏飞索取南宋太皇太后亲笔诏令和中书省、门下省、尚书省、枢密院的文书,指示各州郡投降。主持政务的官员都署名,只有家铉翁不肯签署,程鹏飞命令捆绑他。家铉翁说:"中书省没有

伯颜进屯湖州市，复令吕文焕及范文虎等慰谕太皇太后。文焕因入内上表谢而出，有曰："兹衔北命，来抗南师，视以犬马，报以仇雠，非曰子弟攻其父母，不得已也，尚何言哉！"伯颜令张惠、阿剌罕、董文炳、张弘范、唆都等封府库，收史馆、礼寺图书及百司符印告敕，罢官府及侍卫军。

【纲】以贾余庆为右丞相兼枢密使，刘岊同签书枢密院事，与吴坚、谢堂、家铉翁并充祈谢使，如元。谢堂逃归。

【纲】元人以文天祥北去。　【目】伯颜尝引天祥与吴坚等同坐。天祥面斥贾馀庆卖国，且责伯颜失信。吕文焕从旁谕解之，天祥并斥文焕及其侄师孟："父子兄弟受国厚恩，不能以死报国，乃合族为逆，尚何言！"文焕等惭恚，伯颜遂拘天祥，随祈请使北行。

【纲】浙江潮三日不至。　【目】时元军分驻江沙上，杭人方幸之，潮汐三日不至。

【纲】元伯颜使范文虎追益王、广王不及，执杨镇还临安。二王遂走温州。

【纲】夏贵以淮西叛降元，知镇巢军洪福死之。

【纲】三月，元伯颜入临安，以帝及皇太后全氏、福王与芮等北去。　【目】帝与太后肩舆出宫。太皇太后以疾留内。与芮及沂王乃猷、度宗母隆国夫人黄氏并杨震、谢堂、高应松、庶僚刘褎然、三学生等皆行。太学生徐应镳与其二男一女同赴井死。

【纲】文天祥自镇江亡入真州，遂浮海如温州。　【目】天祥

捆绑主持政务官员的道理，可以回私人住宅以等待命令。"便没有捆绑他。

伯颜进驻湖州市，又命令吕文焕和范文虎等安慰劝解太皇太后。吕文焕于是进宫上表道歉后出宫，其中有这样的话："这次奉元朝的命令，来抗击南宋的军队，太皇太后看待我为臣下，我却以仇敌对待太皇太后，不是说子弟攻击他的父母，实在是出于不得已，还说什么呢！"伯颜命令张惠、阿剌罕、董文炳、张弘范、唆都等封存放财物和武器的府库，收缴史馆、礼部的图书和朝廷各级官员的符节、印章、委任状，撤销各官府和侍卫军。

【纲】南宋任命贾余庆为右丞相兼枢密使，刘岊同签书枢密院事，与吴坚、谢堂、家铉翁一并充任祈请使，到元朝去。谢堂逃回。

【纲】元朝人拘押文天祥去北方。　【目】伯颜曾经引导文天祥与吴坚等坐在一起。文天祥当面斥责贾余庆卖国，同时责备伯颜不守信用。吕文焕在一边用好话劝解，文天祥一并斥责吕文焕和他侄子吕师孟："父子兄弟都受国家厚重的恩惠，不能以死报效国家，反而全族叛逆，还说什么！"吕文焕等羞愧愤怒，伯颜于是拘押文天祥，随同祁请使向北方进发。

【纲】浙江（即钱塘江）潮三天没有到达。　【目】当时元朝军队分散屯驻江边沙滩上，杭州（即临安府）人正期望钱塘江潮，潮汐三天都没有到来。

【纲】元朝伯颜派遣范文虎追赶益王、广王，没有追上，拘捕杨镇返回临安。益王和广王于是奔向温州。

【纲】夏贵举淮西叛变投降元朝，主持镇巢军（今安徽巢县）事务的洪福死难。

【纲】三月，元朝伯颜进入临安，拘押南宋皇帝及皇太后全氏、福王赵与芮等前去北方。　【目】皇帝和太后乘坐轿子出宫。太皇太后因生病留在宫内。赵与芮及沂王赵乃猷、度宗的母亲隆国夫人黄氏和杨震、谢堂、高应松、庶僚刘襃然、太学外舍、内舍、上舍三学学生等都同行。太学生徐应镳同两个儿子一个女儿一起跳井自杀。

【纲】文天祥从镇江逃入真州，然后从海路到温州去。　【目】文

至镇江，与其客杜浒等十二人夜亡入真州。苗再成出迎，喜且泣曰："两淮兵足以兴复，特二阃少隙，不能合从耳。"天祥问："计将安出？"再成曰："今先约淮西兵趋建康，彼必悉力以打吾西兵。指挥淮东诸将，以通、泰兵攻湾头，以高邮、宝应、淮安兵攻扬子桥，以扬兵攻瓜步，吾以舟师直捣镇江，同日大举。湾头、扬子桥，皆沿江脆兵，且日夜望我师之至，攻之即下，合攻瓜步之三面，吾自江中一面薄之，虽有智者不能为之谋矣！瓜步既举，以淮东兵入京口，淮西兵入金陵，要其归路，其大帅可坐致也。"天祥大称善，即以书遗李庭芝，遣使四出结约。

初，天祥未至真时，扬有脱归兵言："元密遣一丞相入真州说降矣。"庭芝信之，以天祥来说降也，使再成殛杀之。再成不忍，绐天祥出相城垒，以制司文示之，闭之门外。久之，复遣二路分觇天祥，果说降者即杀之。二路分与天祥语，见其忠义，亦不忍杀，以兵二十人道之如扬。四鼓抵城下，闻候门者曰："制置司下令捕文丞相甚急。"众相顾吐舌。天祥乃变姓名，由通州泛海，如温州以求二王。

【纲】元以阿剌罕、董文炳行省事于临安。 【目】伯颜北还，承制留阿剌罕、董文炳经略闽、浙，以忙兀台镇浙西，唆都镇浙东。会江西都元帅宋都䚟言宋二王在闽、广聚兵将攻江西，乃遣塔出移军，与李恒、吕师夔会阿剌罕、文炳同取未下州县，以追二王。

【纲】闰月，陈宜中等奉益王为天下兵马都元帅，广王副之，开府福州，起兵兴复。 【目】陆秀夫、苏刘义等闻二王走温州，继追

天祥到镇江,与他的门客杜浒等十二人乘夜逃入真州。苗再成出城迎接,高兴并且流泪说:"两淮的军队足以使国家兴起恢复,只因两军的将帅不能联合。"文天祥问:"该怎么办?"苗再成说:"现在先约淮西军队向建康进发,元朝必定全力抵御我们淮西军。然后指挥淮东诸将领,用通州、泰州军队进攻湾头(今江苏扬州市东北运河分流处),用高邮、宝应、淮安军队进攻扬子桥(今江苏扬州南),用扬州军队进攻瓜步(今江苏六合东南瓜埠镇)。我用水军直接攻打镇江,同一天大规模进军。湾头、扬子桥,都是沿江轻兵,而且日夜盼望我军到来,进攻即能攻下,然后三面合攻瓜步,我从江中一面迫近它,虽然有聪明的人,也不能为它谋划了!瓜步一经攻下,用淮东军队入京口(即镇江府),淮西军队入金陵,截击元军归路,他们的统帅可以毫不费力而俘获。"文天祥大为赞赏,立即写信给李庭芝,派遣使者到各处相约。

当初,文天祥还未到真州时,扬州有从敌方逃回的兵士说:"元朝秘密派遣一位丞相进入真州来劝说投降。"李庭芝相信这个消息,以为文天祥是来劝说投降,便指派苗再成赶快杀死他。苗再成不忍心,哄骗文天祥外出察看城池壁垒等防守工事,将制置司的文书让他看,将他关在城门之外,过了好久,又派遣二路分窥视文天祥,如果他劝说投降,就立即杀死他。二路分与文天祥交谈,发现文天祥忠诚守节义,也不忍心杀他,便派兵二十名领他到扬州去。四更时候,他们到达城下,听见守城门的人说:"制置司下令逮捕文丞相十分紧急。"他们惊愕地彼此相看伸出舌头。文天祥于是改换姓名,由通州走海路,到温州去寻找益王、广王。

【纲】元朝任命阿剌罕、董文炳行中书省事于临安。 【目】伯颜返回北方,秉承元世祖的旨意留下阿剌罕、董文炳治理闽、浙,任用忙兀台镇守浙西(治临安府),唆都镇守浙东(治绍兴府)。正好江西都元帅宋都解说南宋益王、广王在闽、广聚集军队将进攻江西,便派遣塔出调动军队与李恒、吕师夔会合阿剌罕、董文炳共同攻取尚未攻下的州县,以便追击益王、广王。

【纲】闰月,陈宜中等尊奉益王为天下兵马都元帅,广王为副职,在福州开置府署,起兵振兴恢复宋朝。 【目】陆秀夫、苏刘义等听说益

及于道,遣人召陈宜中于清澳。宜中来谒,复召张世杰于定海,世杰亦以所部兵来。温之江心寺,旧有高宗南奔时御座,众相率哭座下,奉益王为都元帅,广王副之。发兵除吏,以秀王与择为福建察访使,先入闽中,抚谕士民,檄召诸路忠义,同奖王室。会太皇太后遣二宦者以兵百人召二王还临安,宜中等沉其兵江中,遂入闽。时黄万石降元,以尝为福建漕使,欲取全闽为己功。汀、建诸州方谋从万石送款,闻二王至,复闭门以拒万石。南剑守臣林起鳌遣军逐之,万石败走,其将士多来归,兵势稍振。

【纲】帝至瓜洲,李庭芝使姜才将兵夜捣元军,不克。 【目】帝北行,至瓜洲,庭芝与才涕泣誓将士出夺之,将士皆感泣。乃尽散金帛犒兵,以四万人夜捣瓜洲,战三时,众拥帝避去。才追战至浦子市,夜,犹不退。阿术使人招之,才曰:"吾宁死,岂作降将军邪!"真州苗再成亦谋夺驾,不克。

【纲】夏五月朔,益王即位于福州,遥上帝尊号,尊度宗淑妃杨氏为皇太妃,同听政。 【目】改元景炎。遥上帝尊号为孝恭懿圣皇帝。升福州为福安府,以大都督府为垂拱殿,便厅为延和殿,王刚中知福安府。是日,有大声出府中,众皆惊仆。

【纲】进封广王为卫王。以陈宜中为左丞相兼枢密使、都督诸路军马,陈文龙、刘黼参知政事,张世杰为枢密副使,陆秀夫直学士院,苏刘义主管殿前司。

【纲】召李庭芝为右丞相,姜才为保康军承宣使。

【纲】诏江西制置使赵溍、招谕使吴浚等分道出师,兴复帝室。 【目】诏以赵溍为江西制置使,进兵邵武;谢枋得为江东制置

王、广王奔向温州，相继在途中追上，派人从清澳召唤陈宜中。陈宜中前来拜见，又从定海召唤张世杰，张世杰也带所率领的军队前来。温州的江心寺（在今浙江温州北瓯江中孤屿山麓）原有宋高宗南奔时的宝座，众人不约而同在宝座下痛哭，尊奉益王为都元帅，广王为副职。征发士兵，任命官吏，任用福王赵与檡为福建察访使，先进入闽中，安抚晓谕士子和百姓，发文书征召各路忠臣义士，共同辅助王室。正遇上太皇太后派遣两名宦官领兵百人征召益王、广王回临安。陈宜中等将他们带领的士兵沉入江中，然后入闽。当时黄万石投降元朝，以曾经任福建漕使的身分，想夺取全福建作为自己的功劳。汀州（今福建长汀）、建州（即建宁府）等正准备随同黄万石投诚，听说益王、广王来到，又关闭城门抗拒黄万石。南剑州知州林起鳌派遣军队驱逐他，黄万石战败逃走，他的部下将士多来归附，兵势稍微振作。

【纲】南宋皇帝到瓜洲（今江苏扬州南瓜洲'镇），李庭芝派姜才领兵于夜间直攻元朝军队，没有取胜。 【目】南宋皇帝向北行进，到瓜洲，李庭芝和姜才哭泣着告诫将士出动夺回皇帝，将士都受感动流泪。于是散发全部金帛等财物犒劳兵士，用四万人乘夜直攻瓜洲，战斗进行三个时辰，元朝人护卫南宋皇帝离去。姜才追击到浦子市，入夜，还不撤退。阿术派人招降，姜才说："我宁愿死，怎么能作投降将军呢！"真州苗再成也打算夺回皇帝，没有成功。

【纲】夏五月初一日，益王在福州即皇帝位，给被俘在远处的原来的皇帝上尊号，尊奉度宗淑妃杨氏为皇太妃，一同听政。 【目】改年号为景炎。给在远处的原来的皇帝上尊号为孝恭懿圣皇帝。将福州升为福安府，以大都督府为垂拱殿，平时休息的堂屋为延和殿，王刚中为福安府知府。当天，有很大的声音从府中传出，众人都受惊倒地。

【纲】南宋进封广王为卫王。任命陈宜中为左丞相兼枢密使，都督诸路军马，陈文龙、刘黻参知政事，张世杰为枢密副使，陆秀夫入直学士院，苏刘义主管殿前司。

【纲】南宋征召李庭芝为右丞相，姜才为保康军承宣使。

【纲】南宋诏令江西制置使赵溍、招谕使吴浚等分头出兵，振兴恢复宋朝。 【目】南宋诏令任命赵溍为江西制置使，进军邵武（今福建

使,进兵饶州;李世逵、方兴等进兵浙东;吴浚为江西招谕使,邹凤副之;毛统由海道至淮,约兵会合。仍诏傅卓、翟国秀等分道出兵。时枋得败走,已不能军。

【纲】文天祥至自温州,以为枢密使、同都督诸路军马。

【纲】元主忽必烈废德祐帝为瀛国公。
【纲】元以伯颜同知枢密院事。
【纲】罢直学士院陆秀夫。
【纲】元将唆都陷衢州,江东西、湖南北宣抚大使留梦炎降。

【纲】六月,元军入广州。
【纲】秋七月,文天祥开府南剑州,经略江西。
【纲】李庭芝、姜才赴召,至泰州。扬州守将朱焕、泰州裨将孙贵等皆降于元,庭芝、才死之,淮东尽陷。　【目】临安既陷,阿术以太皇太后手诏谕庭芝使降。庭芝登城谓使者曰:"奉诏守城,未闻以诏谕降也。"既而阿术复遣使者持元主诏招庭芝,庭芝开壁纳使者,斩之,焚其诏于陴上。会福州使至,庭芝命制置副使朱焕守扬,而自与姜才将兵七千趋泰州,将东入海。庭芝既行,焕即以城降。阿术分道追及庭芝,杀步卒千余人。庭芝走入泰州,阿术围之,且驱其妻子至陴下招降。会姜才疽发背,不能战,泰州裨将孙贵、胡惟孝开北门纳元军。庭芝赴莲池中,水浅不死,遂与姜才俱被执。至扬州,阿术责其不降,才曰:"不降者,我也!"愤骂不已。然犹爱其才勇,未忍杀之。朱焕请曰:"扬自用兵以来,积骸满野,皆庭芝与才所为,不杀之何俟!"阿术乃皆杀之。扬民闻者莫不泣下。

【纲】八月,元军入真州,苗再成死之。

邵武西）；谢枋得为江东制置使，进军饶州；杨世逵、方兴等进军浙东；吴浚为江西招谕使，邹㵯为副职；毛统由海路至淮，约请出兵会合。仍旧诏令傅卓、翟国秀等分头出兵。当时谢枋得兵败逃走，已不能指挥军队。

【纲】文天祥从温州到达福州，被任命为枢密使、同都督诸路军马。

【纲】元世祖忽必烈废黜南宋德祐帝为瀛国公。

【纲】元朝任命伯颜同知枢密院事。

【纲】南宋罢免直学士院陆秀夫。

【纲】元朝将领唆都攻陷衢州（治西安县，今浙江衢县），江东西、湖南北宣抚大使留梦炎投降。

【纲】六月，元朝军队进入广州（治南海县，今广东广州）。

【纲】秋季七月，文天祥在南剑州开置府署，经营江西。

【纲】李庭芝、姜才响应朝廷征召，到达泰州。扬州守将朱焕、泰州裨将孙贵等都投降了元朝，李庭芝、姜才死难，淮东地区全部陷落。

【目】临安已陷落，阿术用太皇太后亲笔诏书指示李庭芝投降。李庭芝登城对使者说："遵守诏令守卫城池，没有听说以诏令告诉说投降。"接着阿术又派遣使者拿着元世祖的诏令招李庭芝投降，李庭芝打开军营门接纳使者，然后将他杀死，在城墙上焚烧元世祖的诏书。正好福州的使者来到，李庭芝命令制置副使朱焕镇守扬州，而自己与姜才领兵七千赴泰州，将东进入海。李庭芝出发后，朱焕即举城投降。阿术分兵几路追赶上李庭芝，杀死步兵千余人。李庭芝奔走入泰州，阿术将他包围，并且驱赶他妻子儿女到城墙下招他投降。遇上姜才背上毒疮发作，不能作战，泰州裨将孙贵、胡惟孝打开北城门接纳元军。李庭芝跳入莲池中，水浅没能淹死，于是与姜才一起被俘虏。到达扬州，阿术指责他们不投降，姜才说："不投降的人，正是我！"愤恨大骂不止。但阿术仍爱惜他的才干和勇敢，不忍心杀死他。朱焕请求说："扬州自从用兵以来，尸骸遍野，都是李庭芝和姜才所造成的，不杀还等什么时候！"阿术于是将他们都杀死。扬州百姓得知他们被杀无不落泪。

【纲】八月，元朝军队进入真州，苗再成死难。

【纲】元人以太皇太后谢氏北去。

【纲】九月,元军分道寇闽、广。 【目】阿刺罕、董文炳及忙兀台、唆都以舟师出明州,塔出及吕师夔、李恒等以骑兵出江西。

【纲】东莞民熊飞起兵,会赵溍复韶、广州。

【纲】冬十月,文天祥帅师次于汀州。 【目】天祥遣赵时赏等将一军趋赣以取宁都,吴浚将一军取雩都,刘洙等皆自江西起兵来会。

【纲】元吕师夔等将兵度梅岭,遂入韶州,熊飞死之。 【目】赵溍使飞及曾逢龙御元军于南雄,逢龙败死,飞走韶州。元军围之,守将刘自立以城降。飞率兵巷战,兵败,赴水死。

【纲】十一月,元阿刺罕、董文炳入处州,秀王与檡等逆战于瑞安,败绩,死之。

【纲】元军入建宁府、邵武军。

【纲】陈宜中、张世杰奉帝航海。 【目】北兵既逼,陈宜中、张世杰备海舟,奉帝及卫王、杨太妃等登舟。时军十七万人,民兵三十万人,淮兵万人,与北舟相遇,值天雾晦冥不辨,舟得以进。

【纲】帝至泉州,招抚使蒲寿庚作乱,帝走潮州。十二月,寿庚以泉州叛降元。

【纲】元人入兴化军,知军事陈文龙死之。 【目】王刚中既降,遣使至兴化军,文龙斩之,而发民固守,使部将林华伺元兵于境上,华反导元兵至城下,通判曹澄孙开门降。执文龙,欲降之,文龙指其腹曰:"此皆节义文章也,可相遇邪!"卒不屈,乃械送杭州,文龙不食死。

【纲】元朝人送南宋太皇太后谢氏去北方。

【纲】九月，元朝军队分头进攻闽、广。　【目】阿剌罕、董文炳及忙兀台、唆都领水军从明州（即庆元府，治鄞县，即今浙江宁波市）出发，塔出及吕师夔、李恒等率骑兵从江西出发。

【纲】东莞（东莞县，即今广东东莞县）平民熊飞起兵，会合赵溍攻克韶州（治曲江县，今广东韶关）、广州。

【纲】冬十月，文天祥领兵进驻于汀州。　【目】文天祥派遣赵时赏等率领军队一部向赣州以攻取宁郡（今江西宁都），吴浚率领军队一部攻取雩都（今江西于都），刘洙等都从江西起兵来会合。

【纲】元朝吕师夔等率兵越过梅岭（即大庾岭，今江西大余县南、广东南雄县北），接着进入韶州，熊飞死难。　【目】赵溍派熊飞和曾逢龙在南雄州（今广东南雄）抵御元朝军队，曾逢龙兵败身死，熊飞奔韶州。元朝军队包围韶州，守将刘自立举城投降。熊飞率兵进行巷战，失败，投水自杀。

【纲】十一月，元朝阿剌罕、董文炳进入处州（治丽水县，今浙江丽水西），秀王赵与择等迎战于瑞安府（治永嘉县，今浙江温州），打了败仗，死难。

【纲】元朝军队进入建宁府、邵武军。

【纲】陈宜中、张世杰侍奉皇帝航海。　【目】元朝军队已迫近，陈宜中、张世杰准备海船，侍奉皇帝和卫王、杨太妃等上船。当时军队十七万人，民兵三十万人，淮兵一万人，与元朝兵船相遇，正赶上大雾天昏暗看不清楚，南宋船只得以前进。

【纲】南宋皇帝到达泉州，招抚使蒲寿庚作乱，皇帝奔潮州。十二月，蒲寿庚举泉州叛变，投降元朝。

【纲】元朝军队进入兴化军（治莆田县，今福建莆田），知军事陈文龙死难。　【目】王刚中投降后，派遣使者到兴化军，陈文龙杀使者，而征发百姓巩固防守，派部将林华在辖地边境侦察元军。林华反而引导元军来到城下，通判曹澄孙打开城门投降。元朝人俘虏陈文龙，想让他投降。陈文龙指着自己的腹部说："这里面都是节操义行的文章，可以相逼吗！"终于不屈服，于是被枷锁解送杭州。陈文龙绝食而死。

【纲】元阿里海涯破静江,坑其民,都统马墍死之。广西州郡皆陷。

【纲】帝次惠州,遣使奉表请降于元。

【纲】元朝阿里海涯攻破静江府(今广西桂林),坑杀百姓,都统马墍死难。广西州郡全都陷落。

【纲】南宋皇帝临时驻惠州(治归善县,今广东惠阳),派遣使者向元朝进献奏表请求投降。

纲鉴易知录卷九十

南宋纪

端宗皇帝

【纲】丁丑,端宗皇帝景炎二年,春正月,文天祥移屯漳州。汀守黄去疾及吴浚降元。

【纲】元命道士张宗演领江南道教。

【纲】二月,元军入广州,遂陷广东诸郡。

【纲】文天祥诛吴浚。 【目】浚既降元,因至漳州说天祥降,天祥责以大义,斩之。

【纲】元军引还,留潜说友为福州宣慰使,王积翁副之。【目】时北方有警,元主召诸将班师,凡诸将及淮兵在福安者,命李雄统之。

【纲】元以西僧杨琏真加总摄江南释教。

【纲】三月,文天祥复梅州。

【纲】元将李雄杀潜说友。

【纲】陈瓒起兵复兴化军。

【纲】夏四月,广东制置使张镇孙复广州。五月,张世杰复潮州。

【纲】文天祥引兵自梅州出江西。 【目】吉、赣兵皆会之,遂复会昌县。

【纲】六月,文天祥败元军于雩都。秋七月,使赵时赏等分道复吉、赣诸县,遂围赣州。

【纲】张世杰会师讨蒲寿庚于泉州,传檄诸路,遂复邵武军。【目】世杰以元军既退,自将淮兵讨蒲寿庚。时汀、漳诸路剧盗陈吊眼及许夫人所统诸峒、畲军皆会,兵势稍振。寿庚闭城自守。世杰遂传檄诸路,陈瓒起家丁、民义五百人应世杰,世杰遣将复邵武军。

端宗皇帝

【纲】端宗皇帝景炎二年（丁丑，1277），春正月，文天祥移兵屯驻漳州，汀州知州黄去疾和吴浚投降元朝。

【纲】元朝命令道士张宗演统领江南道教。

【纲】二月，元朝军队进入广州，接着，攻陷广东各郡。

【纲】文天祥处死吴浚。【目】吴浚投降元朝后，便到漳州劝说文天祥投降；文天祥用做人的大义责备他，并将他斩首。

【纲】元朝军队撤退，留下潜说友任福州宣慰使，王积翁任副宣慰使。【目】当时，北方有紧急情况，元世祖命令诸将撤军，所有留在福安的各将领和淮兵，命令李雄统领。

【纲】元朝任命西方僧人杨琏真加总管江南佛教。

【纲】三月，文天祥攻克梅州（治程乡县，今广东梅县）。

【纲】元朝将领李雄杀死潜说友。

【纲】陈瓒起兵攻克兴化军（治莆田县，今福建莆田）。

【纲】夏四月，广东制置使张镇孙攻克广州。五月，张世杰攻克潮州（治海阳县，今广东潮安）。

【纲】文天祥领兵从梅州出战江西。【目】吉州（今江西吉安）、赣州（今江西赣州）兵都来会合，接着，攻克会昌县（今江西会昌）。

【纲】六月，文天祥在雩都（今江西于都）打败元朝军队。秋季七月，派赵时赏等分头攻克吉州、赣州所属各县，随后包围赣州。

【纲】张世杰会合军队到泉州讨伐蒲寿庚，向各路散发讨伐檄文，随即攻克邵武军。【目】张世杰乘元朝军队已经撤退，便亲自率领淮兵讨伐蒲寿庚。当时，汀州、漳州各路势力强大的盗贼陈吊眼和许夫人所统辖的峒、畲军都来会合，军势稍振。蒲寿庚关闭城门固守。张世杰于是向各路散发讨伐檄文，陈瓒发动家中男仆、民众中的义士五百人响应张世杰。张世杰派遣将领攻克邵武军。

【纲】八月，元李恒袭文天祥于兴国县。天祥兵溃，走循州，诸将巩信、赵时赏等皆死之。　【目】李恒遣兵援赣，而自将攻天祥于兴国。天祥不意恒猝至，遣兵战钟步，不利。时邹㵱聚兵数万于永丰，天祥引兵就之，会㵱兵先溃，恒追天祥至方石岭，及之。巩信以短兵接战，恒骇其以寡敌众，疑有伏，敛兵不进。信坐巨石，余卒侍左右，箭雨集，屹不动，恒从间道就视之，创被体而死不仆。天祥至空坑，兵尽溃。时赵时赏坐肩舆后，元军问为谁，时赏曰："我姓文。"众以为天祥，擒之。恒遍求俘虏人识认，有曰："此赵督参时赏也。"天祥由是得与杜浒、邹㵱乘骑逸去，至循州，散兵颇集。天祥妻子及幕僚、客将皆被执。时赏至隆兴，奋骂不屈。有系累至者，辄麾去，云："小小金厅官耳，执之何为！"得脱者甚众。临刑，刘洙颇自辨，时赏叱曰："死耳，何必然！"于是被执者皆死。恒送天祥妻子、家属于燕，二子死于道。

【纲】九月，帝迁潮州之浅湾。

【纲】元将塔出等引兵入大庾岭。　【目】元主诏塔出与李恒、吕师夔等以步卒入岭，忙兀台、唆都、蒲寿庚及元帅刘深等以舟师下海，合适二王。

【纲】张世杰攻泉州，不克。元复陷邵武军，遂入福州。

【纲】冬十月，以陆秀夫同签书枢密院事。　【目】秀夫之谪，张世杰让陈宜中曰："此何如时，动以台谏论人！"宜中惶恐，亟召秀夫还行朝。时播越海滨，庶事疏略，杨太妃垂帘与群臣语，犹自称奴。每时节朝会，独秀夫俨然正笏，立如治朝，或时在行中凄然泣

【纲】八月,元朝李恒在兴国县(今江西兴国)袭击文天祥。文天祥的军队被击溃,退走循州(治龙川县,今广东龙川佗城镇),将领巩信、赵时赏等全部死难。 【目】李恒派兵支援赣州,而亲自领兵到兴国进攻文天祥。文天祥没有料到李恒突然到达,派兵迎战于钟步,失利。当时,邹㵯在永丰(今江西永丰)聚兵数万,文天祥领兵向他靠拢。正遇到邹㵯的军队已先被击溃,李恒追击文天祥到方石岭(今江西吉安南)追上。巩信用刀剑等短武器接战,李恒对他以寡敌众感到惊异,怀疑有埋伏,收兵停止前进。巩信坐在巨石上,残余的兵卒侍立左右,箭如雨下,他端坐不动。李恒从小路来到他跟前,只见他遍体创伤,死而不倒。文天祥到达空坑,军队全部溃散。当时,赵时赏坐轿子随后,元朝军士问是谁,赵时赏说:"我姓文。"元军以为是文天祥,便将他逮捕。李恒找所有的俘虏来辨认,有人说:"这是赵督参时赏"。文天祥因此得与杜浒、邹㵯骑马逃脱;到达循州,散兵稍微聚集。文天祥妻子儿女和幕僚、临时配合作战的将领都被俘虏。赵时赏到达隆兴(治南昌县,今江西南昌),大骂而不屈服。有受牵连拘执的人被送来,即挥手让放他们走,说:"小小的签书公事的官员,抓他有什么用?"因此得解脱的人很多。临刑前,刘洙很为自己辩解,赵时赏斥责说:"不过一死而已,何必这样!"于是被拘执的人都被处死。李恒送文天祥的妻子儿女、家属到燕(即元大都,今北京城),两个儿子死于途中。

【纲】九月,南宋皇帝迁移到潮州浅湾(今广东潮安县南)。

【纲】元朝将领塔出等领兵进大庾岭(即梅岭,今江西大余南、广东南雄北)。 【目】元世祖命令塔出与李恒、吕师夔等以步兵进入大庾岭,忙兀台、唆都、蒲寿庚及元帅刘深等以水师下海,联合追赶益王、广王。

【纲】张世杰进攻泉州,没有攻下。元军再次攻陷邵武军,随后进入福州。

【纲】冬十月,南宋任命陆秀夫同签书枢密院事。 【目】陆秀夫被罢官流放,张世杰责备陈宜中说:"现在是什么时候,动不动就以台谏官员的纠劾判人的罪!"陈宜中恐惧,急忙征召陆秀夫回皇帝临时驻地。当时流亡海滨,各种事情都很简略,杨太妃垂帘与群臣说话,还自称

下,以朝衣收泪,衣尽湿,左右无不悲恸者。

【纲】元唆都破兴化军,屠其民,陈瓒死之。 【目】唆都至兴化,瓒闭城拒守。唆都临城谕之,矢石雨下,乃造云梯、炮石,攻破其城,巷战终日,获瓒,车裂之。屠其民,血流有声。

【纲】十一月,元塔出会兵陷广州。
【纲】元将刘深袭浅湾,帝奔井澳。 【目】深攻浅湾,张世杰战不利,奉帝走秀山,遂至井澳。

【纲】十二月,帝有疾。 【目】帝至井澳,飓风坏舟,帝溺,几不救,遂得惊疾,旬余,诸兵士稍集,死者过半。

【纲】元刘深袭井澳,帝奔谢女峡,陈宜中逃之占城。 【目】帝复入海,至七里洋,欲往占城。陈宜中请先往谕意,度事不可为,遂不返。

【纲】戊寅,三年,春正月,元降封福王与芮为平原郡公。

【纲】元军入重庆,张珏死之,西川州县皆陷。

【纲】二月,元唆都陷潮州,屠其民。
【纲】三月,文天祥收兵,复出丽江浦。 【目】天祥以弟璧及母在惠州,乃趋之。行收兵,出海丰县,遂次于丽江浦。

【纲】都统凌震复广州。
【纲】帝迁碙洲。
【纲】曾渊子至自雷州,以为参知政事、广西宣谕使。 【目】渊子起兵据雷州,元军谕降不听,进兵攻之。渊子奔碙洲,遂有是

奴。每次朝见皇帝的时候，只有陆秀夫庄重执持手版，如同在天子视事的内朝肃立，或时常在大臣的行列中凄然泪下，用朝服拭泪，衣服都湿了，左右的人没有不悲痛的。

【纲】元朝唆都攻破兴化军，属杀百姓，陈瓒死难。　【目】唆都到达兴化，陈瓒关闭城门固守。唆都到城下劝说他，箭和石块像雨点般落下，于是造云梯、抛石机，攻破城池。巷战一整天，俘获陈瓒，五马分尸。屠杀城中百姓，血流淌发出响声。

【纲】十一月，元朝塔出会合军队攻陷广州。

【纲】元朝将领刘深袭击浅湾，南宋皇帝奔井澳（今广东珠海澳门南海中）。　【目】刘深进攻浅湾，张世杰作战失利，侍奉皇帝奔走秀山（今广东东莞西南海中），随后到达井澳。

【纲】十二月，南宋皇帝患病。　【目】南宋皇帝到井澳，飓风将船刮坏，皇帝落入海中，险些被淹死，随即患了受惊吓的病。十多天后，诸路兵士稍微聚集，死亡超过半数。

【纲】元朝刘深袭击井澳，南宋皇帝逃奔谢女峡（在井澳南），陈宜中逃到占城（即林邑，今越南南部）。　【目】南宋皇帝再次入海，到达七里洋（一名七洲洋，指今广东南西沙群岛附近一带洋面），准备前往占城。陈宜中请命先去说明旨意，推测事情已无可作为，于是逗留不返。

【纲】景炎三年（戊寅，1278）春正月，元朝贬福王赵与芮，封为平原郡公。

【纲】元朝军队进入重庆（治巴县，今四川重庆），张珏死难，西川各州县全都陷落。

【纲】二月，元朝唆都攻陷潮州，屠杀百姓。

【纲】三月，文天祥聚集兵士，又出驻丽江浦（今广东海丰西南）。　【目】文天祥因弟弟文璧和母亲在惠州（治归善县，今广东惠阳），便奔向惠州。沿途聚集兵士，出海丰县，随后驻扎在丽江浦。

【纲】都统凌震攻克广州。

【纲】南宋皇帝迁移到硇洲（今广东吴川东南海中）。

【纲】曾渊子从雷州（治海康县，今广东海康）到来，被任命为参知政事、广西宣谕使。　【目】曾渊子起兵占据雷州，元军劝他投降，他

命。

【纲】夏四月,帝崩,卫王即位。 【目】帝崩,年十一。群臣多欲散去,陆秀夫曰:"度宗皇帝一子尚在,将焉置之!古人有以一旅一成中兴者,今百官有司皆具,士卒数万,天若未欲绝宋,此岂不可为国邪!"乃与众共立卫王,年八岁矣。方登坛,礼毕,御辇所向,有龙挐空而上。既入宫,云阴不见,改元祥兴。升硇洲为翔龙县。上帝庙号曰端宗。太妃仍同听政。

陈宜中入占城,行都日候其还朝,宜中竟不至。时世杰秉政,而秀夫裨助之,外筹军旅,内调工役,凡有述作,尽出其手,虽匆遽流离中,犹日书《大学章句》以劝讲。

【纲】六月,帝迁新会之厓山。 【目】时六军所泊,居雷、化犬牙处,而厓山在新会县南八十里巨海中,与奇石山相对立如两扉,潮汐之所出入也,故有镇戍,张世杰以为天险,可扼以自固,乃奉帝移驻。遣人入山伐木,造行宫及军屋千余间。行宫正殿曰慈元,杨太妃居之。升广州为祥兴府。时官民兵尚二十余万,多居于舟,资粮取办于广右诸郡、海外四州。复刷人匠造舟楫,制器仗,至十月始罢。

【纲】元以张弘范为都元帅,李恒副之,将兵入闽、广。
【纲】秋八月,有星陨于广南。 【目】有星堕广州南,初陨色红,大如箕,中爆烈为五,既坠地,声如鸣鼓,一时顷止。

【纲】加文天祥少保、信国公,张世杰越国公。 【目】天祥闻帝即位,上表自劾兵败江西之罪,乞入朝;优诏不许,而加官爵。会军中大疫,士卒多死,天祥母亦病没,诏起复之。天祥长子复亡,家属皆尽。

不答应，进军攻打他。曾渊子奔碙洲，于是有此任命。

【纲】夏四月，南宋皇帝死去，卫王即皇帝位。　　【目】皇帝死去，终年十一岁。多数群臣准备离去，陆秀夫说："度宗皇帝的一个儿子还在，将在哪里安置他！古人有依靠五百人、十里方圆的地方由衰落而重新兴盛的，现在百官职司具备，士卒数万人，上天如果不打算灭亡宋朝，这难道不可以成为国家吗！"便与群臣拥立卫王为皇帝，卫王已经八岁。正登坛时，行礼毕，皇帝乘车要去的方向，有龙舞爪腾空而上；入宫后，云阴晦暗，龙消失。改年号为祥兴，升碙洲为翔龙县。给去世的皇帝上庙号为端宗。太妃仍然一同听政。

陈宜中进入占城，行在每天等候他回朝，陈宜中始终没有回来。当时，张世杰主持大政，而陆秀夫辅助，对外筹画军事行动，对内协调工役事务，凡有撰述文字，全都出自他的手笔，虽然在仓猝转徙中，仍每天书写《大学章句》以勉励人们讲习。

【纲】六月，南宋皇帝迁移到新会崖山（今广东新会南海中）。【目】当时，全军所停靠的地方，在雷州和化州（今广东化州东北）交错处，而崖山在新会县南八十里大海中，与奇石山相对立，如同两个门扇，是潮汐所出入之处，所以有军队戍守。张世杰以为这是天险，可以据守以自谋坚固，便侍奉皇帝移驻该处，派人入山采伐木料，建造行宫和军营干余间。行宫正殿名为慈元，杨太妃居住。升广州为祥兴府。当时官吏、百姓、兵士还有二十余万人，多居住在船上，物资和粮食多由广西各郡、海外四州供给。又搜求工匠制造船只，制造用具和兵器，到十月才完毕。

【纲】元朝任命张弘范为都元帅，李恒为副职，率军队入闽、广。

【纲】秋八月，天空有流星陨落在广州之南。　　【目】有流星堕落在广州之南，初堕落时，颜色是红的，大小如同簸箕，在中途爆炸分裂成五个；堕落在地上，声音像擂鼓，片刻才停止。

【纲】南宋给文天祥加官爵少保、信国公，张世杰为越国公。【目】文天祥听说皇帝即位，上奏表自己承认在江西打败仗的罪责，乞求入朝；诏命予以宽容，不许入朝，而加官爵。正遇到军中发生大流行病，士卒多死亡，文天祥的母亲也病死，诏命守丧未满即复任原职。文天祥的长子又死去，家属全都死尽。

【纲】九月，葬端宗皇帝于厓山。

【纲】冬十一月，凌震弃广州遁。

【纲】十二月，元张弘范袭执文天祥于五坡岭。【目】天祥屯潮阳，邹沨、刘子俊皆集师会之，遂讨剧盗陈懿、刘兴于潮。兴死；懿遁，以海舟导张弘范兵济潮阳。天祥帅麾下走海丰，先锋将张弘正追之。天祥方饭五坡岭，弘正兵突至，众不及战，天祥遂被执，吞脑子不死，邹沨自刭。刘子俊自诡为天祥，冀可免天祥；及天祥至，各争真伪，元遂烹子俊。天祥至潮阳，见弘范，左右命之拜，天祥不屈。弘范释其缚，以客礼之。天祥固请死，弘范不许，处之舟中，求族属被俘者悉还之。

【纲】十二月，元西僧杨琏真加发绍兴诸陵。【目】杨琏真加利宋攒宫金玉，发诸陵在绍兴者及大臣冢墓，凡一百一所。又欲裒诸陵骨，杂牛马枯骼为镇南浮屠。会稽人唐珏独痛愤，乃货家具行贷，得百金，为酒食，阴召诸恶少，泣曰："尔辈皆宋人，吾不忍陵骨之暴露，欲以他骨易之。已造石函六，刻纪年一字为号，自思陵以下，随号收殡。"众如珏言，夜往取遗骸，葬兰亭山后，又移宋故宫冬青树植其上以识，闻者悲之。

帝昺

【纲】己卯，帝昺祥兴二年，春正月，元张弘范袭厓山，张世杰力战御之。【目】弘范由潮阳港乘舟入海，至甲子门，获斥候将，知帝所在，乃至厓山。

【纲】九月，埋葬端宗皇帝于厓山。

【纲】冬季闰十一月，凌震放弃广州逃走。

【纲】十二月，元朝张弘范袭击并在五坡岭（今广东海丰北）俘虏了文天祥。　【目】文天祥屯兵潮阳（今广东潮阳），邹㵬、刘子俊都聚集军队来会合，随即在潮阳讨伐强悍盗贼陈懿、刘兴。刘兴死去；陈懿逃走，以海船引导张弘范的军队救助潮阳。文天祥率领部下奔海丰，元朝先锋将张弘正追赶他。文天祥正在五坡岭开饭，张弘正的军队突然到达，部众来不及进行战斗，文天祥便被俘虏，吞下一种叫脑子的药自杀，结果没有死。邹㵬自刎而死。刘子俊自己冒称文天祥，指望能因此使文天祥幸免；等到文天祥到达，两人争相承认是真的文天祥，元朝人于是将刘子俊煮死。文天祥到达潮阳，见张弘范，左右的人命令他下跪，他不屈服。张弘范解去捆绑文天祥的绳索，待以宾客的礼仪。文天祥坚持请求给予处死，张弘范不允许，安置他在船中，他请求将同族亲属中被俘的人全部释放回家。

【纲】元朝西方僧人杨琏真加发掘绍兴各陵墓。　【目】杨攒真加企图得到宋朝皇帝陵寝中的金玉宝物，发掘在绍兴的各陵墓及大臣坟墓，共一百零一处。又想聚集各陵的尸骨，混合牛马的枯骨造镇南浮屠。会稽人唐珏特别气愤，于是出卖家用器物和借贷，筹得银子百两，备办酒席，私下召集无赖少年，流着眼泪说："你们都是宋朝人，我不忍心让皇帝陵寝中的尸骨暴露，想用其他人的尸骨调换它。已经制造好石匣子六个，刻纪年中的一个字为标识，自思陵以下，按标识收殓。"众人照王珏所说的，乘夜前往收取遗骨，埋葬在兰亭山（即兰渚山，今浙江绍兴西南）后面，又将南宋故宫的冬青树移种在上面作为记号，听说这件事的人都感到悲痛。

帝昺

【纲】帝昺祥兴二年（己卯，1279）春正月，元朝张弘范袭击厓山，张世杰奋力作战抵抗他。　【目】张弘范由潮阳港乘船入海，到达甲子门（今广东陆丰东南石帆港海口，今名甲子港），俘获放哨的将领，得知宋朝皇帝所在，便来到厓山。

或谓世杰曰："北兵以舟师塞海口，则我不能进退，盍先据之？幸而胜，国之福也；不胜，犹可西走。"世杰恐久在海中，士卒离心，动则必散，乃曰："频年航海，何时已乎，今须与决胜负。"遂焚行朝草市，结大舶千余，作一字阵，碇海中，中舻外舳，贯以大索，四周起楼棚如城堞，奉帝居其间为死计，人皆危之。厓山北浅，舟胶不可进。弘范由山东转而南，入大洋，与世杰之师相遇，薄之，且出骑兵断官军汲路。世杰舟坚不能动，弘范乃舟载茅茨，沃以膏脂，乘风纵火焚之。世杰战舰皆涂泥，缚长木以拒火，舟不爇，弘范无如之何。

时世杰有甥韩在元军中，弘范三使韩招世杰，世杰不从，曰："吾知降生且富贵，但义不可移尔！"因历数古忠臣以答之。弘范乃命文天祥为书招世杰，天祥曰："吾不能扞父母，乃教人叛父母，可乎？"固命之，天祥遂书所过零丁洋诗与之，其末有云："人生自古谁无死，留取丹心照汗青。"弘范笑而置之。

弘范复遣人语厓山士民曰："汝陈丞相已去，文丞相已执，汝复欲何为？"士民亦无叛者。弘范又以舟师据海口，世杰兵士茹干粮，十余日，下掬海水饮之，水咸，饮即呕泄，兵士大困。世杰帅苏刘义、方兴等旦夕大战。既而李恒自广州以师来会，弘范命恒守厓山北。

【纲】二月，张世杰与元张弘范战于厓山。世杰兵溃，陆秀夫负帝赴海死之。世杰复收兵，至海陵山，舟覆而死。宋亡。 【目】都统张达夜袭元军，败还。弘范乃四分其军，自将一军，相去里许，令诸将曰："宋舟西舣厓山，潮至必东遁，急攻之。闻吾乐作，乃战，违令者斩。"时黑气出山西，李恒乘早潮退，攻其北，世杰以淮兵殊

有人对张世杰说:"元朝军队以水师堵住海口,则我方不能前进或后退,何不抢先占据它?有幸获胜,是国家的福气;不能获胜,还可向西撤走。"张世杰恐怕长期留在海上,士卒人心不一,一动就必定离散,便说:"常年航海,何时才到头呢!现在必须与敌人决一胜负。"随后焚烧行在的草房顶,连结大海船千余艘,作"一"字形排阵,坠大石头固定在海中,船头朝内,船尾朝外,用大绳索连贯,四周造楼棚像城上女墙,侍奉皇帝居住其中,作誓死的打算,人们都忧虑不安。崖山北面水浅,船搁浅不能前进。张弘范由山东面转向南面,进入大洋,与张世杰的军队相遇,逼近他,并且出动骑兵断绝宋军的供水路线。因张世杰的船被固定不能移动,张弘范便用船运载茅草,灌注油脂,乘风纵火焚烧。张世杰的战船都涂上泥,捆绑长木杆以抵抗火攻,船不燃烧,张弘范对他无可奈何。

当时,张世杰有姓韩的外甥在元朝军中,张弘范三次派韩招张世杰投降,张世杰不服从,说:"我知道投降能生存而且富贵,但为人的大义不可以改变!"于是依次一一列举古代忠臣以答覆他。张弘范便命令文天祥作书信招张世杰投降,文天祥说:"我不能保卫父母,而让人背叛父母,可以吗?"弘范坚持命令写信,文天祥便书写《过零丁洋》诗给他,诗的末尾有句说:"人生自古谁无死,留取丹心照汗青。"张弘范笑而搁置一边。

张弘范又派人告诉厓山百姓说:"你们的陈丞相已经离去,文丞相已经被俘,你们还想做什么?"百姓也没有叛变的。张弘范又以水军占据海口,张世杰的兵士吃干粮,十多天中,俯身用手捧海水喝,水咸,饮用后即上吐下泻,兵士十分疲乏。张世杰率领苏刘义、方兴等早晚大战。随后李恒从广州领兵来会合,张弘范命令李恒防守崖山北边。

【纲】二月,张世杰与元朝张弘范交战于崖山。张世杰军队溃败,陆秀夫背负皇帝投海死难。张世杰又收集士兵,到达海陵山(今广东阳江西南海中),因船倾覆而死,宋朝灭亡。 【目】都统张达乘夜袭击元朝军队,兵败返回。张弘范便将军队分成四部分,自己率领其中一部分,相隔约一里,命令诸将领说:"宋朝的船西泊靠厓山,潮水到,来必定向东逃跑,要紧急进攻他们。听到我这里音乐声起,便开战,违令

死战。至午,潮上,元军乐作,世杰以为且懈,不设备。弘范以舟攻其南,世杰南北受敌,兵士皆疲,不能复战,俄有一舟樯旗仆,诸舟之樯旗皆仆,世杰知事去,乃抽精兵入中军,诸军大溃,翟国秀、凌震等皆解甲降元。元军薄中军,会日暮,风雨昏雾四塞,咫尺不相辨,世杰乃与苏刘义断维,以十六舟夺港而去。陆秀夫走帝舟,帝舟大,且诸舟环结,度不得出走,乃先驱其妻子入海,谓帝曰:"国事至此,陛下当为国死。德祐皇帝辱已甚,陛下不可再辱!"即负帝同溺,后宫诸臣从死者甚众。余舟尚八百,尽为弘范所得。越七日,尸浮海上者十余万人。因得帝尸及诏书之宝。世杰行收兵,遇杨太妃,欲奉以求赵氏后。杨太后始闻帝崩,抚膺大恸曰:"我忍死间关至此者,正为赵氏一块肉耳,今无望矣!"遂赴海死,世杰葬之海滨。世杰将趋占城,土豪强之还广东,乃回舟舣南恩之海陵山,散溃稍集。谋入广,飓风大作,将士劝世杰登岸,世杰曰:"无以为也。"登舵楼,露香祝曰:"我为赵氏,亦已至矣。一君亡,复立一君,今又亡。我未死者,庶几敌兵退,别立赵氏以存祀耳。今若此,岂天意邪!"风涛愈甚,世杰堕水溺死。诸将函其骨,葬潮居里。苏刘义出海洋,为其下所杀。

【纲】冬十月,文天祥至燕,不屈,元人囚之。 【目】厓山之破,张弘范等置酒大会,谓天祥曰:"国亡,丞相忠孝尽矣。能改心以事宋者事今,将不失为宰相也。"天祥泫然出涕曰:"国亡不能救,为人臣者死有余罪,况敢逃其死而贰其心乎!"弘范义之,遣使护

的斩首。"当时黑气出现在厓山之西，李恒乘早上潮水退时，攻厓山北面，张世杰用淮兵进行殊死战斗。到了中午，潮水上涨，元朝军中音乐声起，张世杰认为是暂时松懈，不加防备。张弘范以船队攻他的南面，张世杰南北两面受敌，兵士都疲乏，不能再作战。突然有一艘船桅杆上的旗帜倒下，各船桅杆上的旗帜都倒下，张世杰知道大事已不可挽回，于是抽调精兵进入中军，各军大溃败，翟国秀、凌震等都解下铠甲投降元朝。元朝军队逼近中军，遇到天将入夜，风雨昏雾遮蔽，近在咫尺都不能辨别，张世杰便与苏刘义砍断系船的绳索，依靠十六艘船强行夺取港湾而离去。陆秀夫奔皇帝住的船上，皇帝居住的船太大，而且各船相环绕连结，揣度不可能开出而逃离，便先驱赶自己的妻子儿女跳海，然后对皇帝说："国家的事情已到了这般地步－，陛下应当为国而死，德祐皇帝受侮辱已达到极点，陛下不可以再受侮辱！"当即背负皇帝一同跳海，后宫各大臣随同溺死的人很多。剩余的船还有八百艘，全部被张弘范所获得。过了七天，尸体浮上海面的有十余万人。因此获得皇帝的尸体和诏书用的印玺。张世杰沿途聚集士兵，遇到杨太妃，想尊奉她以寻求宋朝皇帝赵氏的后裔。杨太妃才听说皇帝已死，抚胸极其悲哀说："我垂死挣扎不避路途艰难来到这里的目的，正是为了赵氏一块肉，现在没有指望了！"随即跳海死去，张世杰将她埋葬在海边。张世杰将要去占城，本地有势力的人却强迫他返回广东，便回船泊靠南恩州的海陵山，散溃的兵士稍微聚集。谋划进入广州，飓风大起，将士劝张世杰上岸，张世杰说："不能这样做。"他登上船尾舵楼，露天焚香祷告说："我为了赵氏，也已经尽了最大努力了。一位君主亡故，再立一位君主，现在又亡故。我未曾死的原因，是指望有一天敌兵退走后，另立赵氏以保全社稷。现在这样，难道是天意吗！"风浪愈来愈大，张世杰堕入海中淹死。诸将领将他的尸骨装入盒子，埋葬在潮居里。苏刘义外出海洋，被他的部下杀死。

【纲】冬十月，文天祥到达燕，元朝人囚禁他。 【目】厓山被攻破后，张弘范等大设酒席宴会，对文天祥说："国家灭亡，丞相的忠诚和孝道已经完成，如能改变心志像事奉宋朝那样事奉今天的元朝，将不会失去当丞相的机会。"文天祥眼泪汪汪地说："国家灭亡不能挽

送天祥赴燕。道经吉州，痛恨不食，八日犹生，乃复食。十月，至燕，馆人供张甚盛，天祥不寝处，坐达旦；遂移兵马司，设卒守之。既而丞相博罗等召见于枢密院，欲使拜，天祥长揖不屈。博罗曰："自古有以宗庙土地与人而复逃者乎？"天祥曰："奉国与人，是卖国之臣也。卖国者有所利而为之，必不去，去者必非卖国者也。予前除宰相不拜，奉使军前，寻被拘执。已而有贼臣献国，国亡当死，所以不死者，以度宗二子在浙东，老母在广故耳。"博罗曰："弃德祐嗣君而立二王，忠乎？"天祥曰："当此之时，社稷为重，君为轻。吾别立君，为宗庙、社稷计也。从怀、愍而北者非忠，从元帝为忠；从徽、钦而北者非忠，从高宗为忠。"博罗语塞，忽曰："晋元帝、宋高宗，皆有所受命，二王不以正，是篡也。"天祥曰："景炎乃度宗长子，德祐亲兄，不可谓不正；登极于德祐去位之后，不可谓篡；陈丞相以太后命奉二王出宫，不可谓无所受命。"博罗等皆无辞，但以"无受命"为解。天祥曰："天与之，人归之，虽无传受之命，推戴拥立，亦何不可！"博罗怒曰："尔立二王，竟成何功？"天祥曰："立君以存宗社，存一日，则尽臣子一日之责，何功之有！"曰："既知其不可，何必为？"天祥曰："父母有疾，虽不可为，无不下药之理。尽吾心焉，不可救，则天命也。今日天祥至此，有死而已，何必多言！"博罗欲杀之，而元主及大臣不可。弘范病中亦表奏天祥忠于所事，愿释勿杀，乃囚之。

右南宋九帝，共一百五十三年。合两宋一十八帝，共三百二十年。

救，作为臣子的死也不能抵罪，怎么还敢逃避死而怀有背叛的想法呢！"张弘范把他作为义士，派遣使者护送他去燕。途中经过吉州，沉痛怨恨绝食八天，但还是活着，便又恢复进食。十月，到达燕，馆舍中接待的人提供的卧具陈设很豪华，文天祥不睡觉，坐到天亮；随后迁移到兵马司，安排兵卒看守他。不久，丞相博罗等在枢密院召见他，想使他下跪，文天祥深深拱手作揖而不跪。博罗说："自古以来有将宗庙土地给与别人而又逃跑的人吗？"文天祥说："奉送国家给人家，是卖国的臣子。卖国的人，是有图利的心思才那样做，一定不离去；离去的人，一定不是卖国的人。我上次授职丞相没有接受，奉命出使到军营前，不久被拘执。其后有残害国家的奸臣卖国，国家灭亡，我应当死；所以不死的原因，是由于度宗皇帝两个儿子在浙东，我的老母亲在广东的缘故。"博罗说："抛弃继位的德祐（端宗）皇帝而立益王、广王，这是忠吗？"文天祥说："当这时候，国家是重要的，君主是次要的。我另立君主，是为王室和国家谋划的。随从晋怀帝、愍帝而北走的人不是忠臣，跟随晋元帝的是忠臣；随从宋徽宗、钦宗而北去的人不是忠臣，跟随宋高宗的是忠臣。"博罗的话被堵住了，忽然又说："晋元帝、宋高宗都有所受命，益王、广王不是靠正统身份，是篡位。"文天祥说："景炎（端宗）是度宗皇帝长子，德祐（恭宗）皇帝的亲哥哥，不能说不是正统，即位于德祐（恭宗）皇帝离位之后，不能说是篡位；陈丞相依据太后命令侍奉益王、广王出宫，不能说无所受命。"博罗等都无话可说，只能用"没有接受天命"作为解释。文天祥说："天命给予他，人民归附他，虽然没有传授的命令，推奉拥戴而立，又有什么不可以！"博罗大怒说："你们拥立益王、广王，究竟取得什么成效？"文天祥说："立君主以保存国家，国家保存一天，便尽臣子一天的职责，哪里会有求功效的心！"博罗说："既然知道不可能成功，何必去做？"文天祥说："父母有病，虽然不可挽救，但没有不用药的道理。尽了我的心意，不可以挽救，是天命。今日天祥到这里，只有死而已，何必多说！"博罗想杀他，而元世祖和大臣们不许可。张弘范在病中也上奏表说文天祥忠于所侍奉的宋朝，希望搁置而不杀，于是囚禁他。

　　以上南宋九个皇帝，历时一百五十三年。两宋共十八个皇帝，历时三百二十年。

元纪

世祖文武皇帝

【纲】庚辰，元世祖文武皇帝至元十七年，春正月，都元帅张弘范卒。

【纲】三月，帝如上都。

【纲】遣使穷河源。

【纲】秋七月，以郝祯、耿仁为左丞。 【目】阿合马贪横益肆，援引二人，骤升同列，交为蒙蔽，掊敛日急，内通货贿，外示威刑，廷中相视，无敢言者。

【纲】八月，集贤大学士兼国子祭酒许衡致仕。 【目】衡以疾，乞致仕。皇太子请以其子师可为怀孟路总管，以便侍养，且遣使谕之曰："公毋以道不行为忧也；公安，则道行有时矣。"

【纲】翰林学士承旨姚枢卒。

【纲】九月，帝还大都。

【纲】冬十月，以阿剌罕为右丞相。复大发兵击日本。

【纲】十一月，行授时历。

【纲】平章政事廉希宪卒。 【目】大德间赠太师、恒阳王，谥文正。伯颜曰："廉公宰相中真宰相，男子中真男子。"世以为名言。

【纲】十二月，昭文馆大学士窦默卒。 【目】默为人乐易，平居未尝出一言方人物。至论国家大计，面折廷诤，人谓可比汲黯。帝尝曰："朕求贤三十年，得一窦汉卿及李俊民。"又曰："如窦汉卿之心，姚公茂之才，合而为一，可谓全人矣。"累赠太师，封魏国公，谥文正。

【纲】辛巳，十八年，春二月，皇后弘吉剌氏崩。 【目】后性明

世祖文武皇帝

【纲】元世祖文武皇帝至元十七年（庚辰，1280），春正月，都元帅张弘范去世。

【纲】三月，元世祖到上都（今内蒙古多伦西北上都河北岸）。

【纲】派遣使者探求黄河源头。

【纲】秋七月，任命郝祯、耿仁为左丞相。【目】阿合马贪婪蛮横日益厉害，他推举的两个人，很快就提升到与他同等地位，共同进行欺瞒，日益加紧聚敛，对内通行贿赂，对外施行让人畏服的严刑，朝廷中人们彼此相看，没有人敢有异议。

【纲】八月，集贤大学士兼国子祭酒许衡退休。【目】许衡因病，请求退休。皇太子请任命他儿子许师可为怀孟路（治怀州城，今河南沁阳）总管，以便奉养，而且派遣使者告诉许衡说："您不要因学说未推行而忧虑；您安适，则学说的推行便指日可待了。"

【纲】翰林学士承旨姚枢去世。

【纲】九月，元世祖返回大都（即燕京，今北京内城）。

【纲】冬十月，任命阿剌罕为右丞相。再次大规模出兵进攻日本。

【纲】十一月，推行《授时历》。

【纲】平章政事廉希宪去世。【目】大德年间追赠太师、恒阳王，谥号文正。伯颜说："廉公是宰相中的真宰相，男子中的真男子。"被当世作为名言。

【纲】十二月，昭文馆大学士窦默去世。【目】窦默为人愉快和蔼、平易近人，平时，未曾说过一句评论别人短长的话。至于讨论国家大计时，犯颜直谏，人们说他可与汲黯相比。元世祖曾经说："朕求贤三十年，得到一个窦汉卿和李俊民。"又说："假如窦汉卿的直心、姚公茂的才能联合成为一体，可以说是一个完美的人了。"累功赠太师职衔，封魏国公，谥号文正。

【纲】至元十八年（辛巳，1281），春二月，皇后弘吉剌氏去世。

敏，达于事机，国家初政，左右匡正，与有力焉。宋亡，幼主入朝，后不乐。帝曰："江南平，自此不用兵甲，人皆喜之，尔何独不乐？"后曰："自古无千岁之国，毋使吾母子及见此则幸矣。"帝以宋府库物置殿庭，召后视之，后一视而反。帝问后何欲，后曰："宋人贮蓄以贻子孙，子孙不能守而归于我，我又何忍取之邪！"宋太后全氏至京，不习风土，后屡奏乞令回江南，帝不允。后退亦厚待之。

【纲】三月，许衡卒。【目】衡病革，家人祀先，衡曰："吾一日未死，宁不有事于祖考！"起，奠献如仪，既撤而卒，年七十二。衡尝语其子曰："我平生虚名所累，竟不能辞官，死后慎勿请谥，勿立碑，但书'许某之墓'四字，使子孙识其处足矣。"后赠司徒，封魏国公，谥文正。

【纲】帝如上都。
【纲】秋七月，阿剌罕卒于军。八月，诸将弃师于海岛而还。

【纲】闰月，帝还大都。
【纲】冬十月，焚毁道书。【目】帝方信桑门之惑，诏枢密副使张易参校道书。言："惟道德经为老子所著，余皆后人伪撰。"诏悉焚之。
【纲】十二月，以瓮吉剌带为右丞相，阿合马为左丞相。
【纲】壬午，十九年，春二月，帝如上都。
【纲】三月，益都千户王著杀阿合马于阙下。
【纲】夏四月，瓮吉剌带罢，以和礼霍孙为右丞相。
【纲】诏戮阿合马尸，遂穷治其党。【目】阿合马死，帝犹不深知其奸，及询枢密副使孛罗，乃尽得其罪恶，始大怒曰："王著杀之诚是也！"命发冢，剖其棺，戮尸于通玄门外，纵犬食之，四民聚观

【目】皇后聪明勤勉，明白事情的时机，元世祖初登位执政，在左右给予大力辅助，宋朝灭亡，宋朝幼主恭宗入宫朝见，皇后不高兴。元世祖说："江南平定，从此不再动用军队，人们对此都高兴，为何只有你不高兴？"皇后说："自古以来没有千年不灭的国家，不要使我母子赶上看见这种结果就万幸了。"元世祖将宋朝官府仓库储存的财物兵甲等摆放在宫殿前，招呼皇后去观看，皇后看一眼即返回。元世祖问皇后想要什么，皇后说："宋朝人贮存这些财物以传授给子孙，子孙不能掌管而归属我朝，我又怎么忍心取它呢！"宋朝太后全氏到达燕京，不习惯这里的风俗和环境，皇后一再奏请让她回江南，元世祖不允许。皇后退出后，也厚待她。

【纲】三月，许衡去世。 【目】许衡病重，家里人祭祀祖先，许衡说："我一天没有死，竟不祭祀祖先！"便站起来，设酒食祭奠，按照礼法规定的秩序形式进行，撤去祭品后去世，终年七十二岁。许衡曾经告诉他的儿子说："我平生为虚名所牵累，终究不能辞去官职，死后千万不要请求给谥号，不要立碑，只书写'许某之墓'四个字，使子孙知道它的处所就足够了。"以后追赠司徒，封魏国公，谥号文正。

【纲】元世祖到上都。

【纲】秋七月，阿剌罕在军中去世。八月，各将领将军队抛弃在海岛而返回。

【纲】闰八月，元世祖返回大都。

【纲】冬十月，焚烧道教书籍。 【目】元世祖正相信佛教的蛊惑，诏命枢密副使张易检验校核道教书籍。张易说："只有《道德经》是老子所著，其余的都是后人伪作。"诏命将它们全部焚烧。

【纲】十二月，任命瓮吉剌带为右丞相，阿合马为左丞相。

【纲】至元十九年（壬午，1282），春二月，元世祖到上都。

【纲】三月，益都千户王著在宫门城楼下杀死阿合马。

【纲】夏四月，瓮吉剌带罢官，任命和礼霍孙为右丞相。

【纲】诏命斩戮阿合马的尸体，彻底究治他的党羽。 【目】阿合马死去，元世祖还不十分了解他的邪恶，等到查问枢密副使勃罗后，才获知他全部罪恶，才大怒说："王著杀他确实是对的！"命令发掘坟墓，

称快,并诛其子忽辛等四人。寻令中书悉罢黜其党与。又以郝祯、耿仁党恶尤甚,命剖祯棺,戮其尸,下耿仁于狱,诛之。

【纲】以张雄飞为参知政事。

【纲】秋八月,帝还大都。

【纲】九月,俱蓝国入贡。

【纲】遣使括云南金。

【纲】诏诸路岁举儒吏各一人。 【目】中书省掾史有阙,选枢密院、御史台、六部令史转用之,令史则取诸路岁贡之数。仍诏:"诸路岁贡儒、吏,儒必通吏事,吏必知经史者。"

【纲】冬十月,复以耶律铸为左丞相。

【纲】以宋衍圣公孔洙为国子祭酒,提举浙东学校。 【目】孔子后自宋南渡初,其四十八代孙端友子玠寓衢州。帝既平宋,疑所立,或言:"孔氏子孙寓衢者乃其宗子。"召洙赴阙,洙逊于居曲阜者。帝曰:"宁违荣而不违亲,真圣人后也。"遂命为国子祭酒,兼提举浙东学校。

【纲】十二月,杀宋少保、枢密使、信国公文天祥。 【目】时有闽僧言:"土星犯帝座,疑有变。"未几,中山有狂人,自称宋主,有众千人,欲取丞相。京城亦有匿名书,言:"某日烧蓑城苇,率两翼兵为乱,丞相可无忧者。"朝廷疑之,遂撤蓑城苇,迁瀛国公及宋宗室于上都。疑丞相为天祥,乃召天祥入,谕之曰:"汝移所以事宋者事我,当以汝为相矣。"天祥曰:"天祥为宋宰相,安事二姓!愿赐之一死足矣。"帝犹未忍,遽麾之退。左右力赞从其请,遂诏杀之于都城之柴市。天祥临刑殊从容,谓吏卒曰:"吾事毕矣。"南向再拜死,年四十七。其衣带中有赞曰:"孔曰成仁,孟曰取义,惟其义尽,所以仁至。读圣贤书,所学何事?而今而后,庶几无愧!"其妻欧阳氏收

破开他的棺材，在通玄门外斩戮尸体，放狗吃它，百姓围观叫好，同时处死他儿子忽辛等四个人。不久，命令中书将他的党羽全部罢官。又因郝祯、耿仁依附坏人，罪恶尤其厉害，命令破郝祯的棺材，斩戮他的尸体，投耿仁入监狱，处死他。

【纲】任命张雄飞为参知政事。

【纲】秋八月，元世祖返回大都。

【纲】九月，俱蓝国派遣使者入贡。

【纲】派遣使者搜求云南的金子。

【纲】诏命各路每年推荐儒士、下级官员各一人。【目】中书省的属吏有缺额，选拔枢密院、御史台、六部令史升任；令史则从各路每年向朝廷推荐的人才中取用。依旧诏命："各路每年推荐儒士、下级官员，儒士必须通晓官员的事务，官员必须是了解经史的人"。

【纲】冬十月，再次任命耶律铸为左丞相。

【纲】任命宋朝衍圣公孔洙为国子祭酒，提举浙东学校。【目】孔子的后代，自从宋朝南渡之初，他的四十八代孙孔端友的儿子孔玠寄居衢州。元世祖已经灭宋，怀疑所立的孔子后嗣。有人说："孔氏子孙寄居衢州的，是他的嫡传子孙。"征召孔洙往皇宫，孔洙辞让居住在曲阜的孔氏后人。元世祖说："宁可避让荣耀，而不避让亲人，真是圣人的后代。"于是任命为国子祭酒，兼提举浙东学校。

【纲】十二月，杀宋朝少保、枢密使、信国公文天祥。【目】当时，有闽地僧人说："土星侵犯帝座，恐怕有变敌。"不久，中山府（治安喜县，今河北定县）有疯子自称宋朝皇帝，有部众一千人，想夺取丞相。京城也有匿名信，说："某日焚烧苫盖城墙的芦苇，率领两翼兵作乱，丞相可以无需担忧。"朝廷对此怀疑，于是撤除苫盖城墙的芦苇，迁移瀛国公和宋朝皇族于上都，怀疑所说的丞相是文天祥，便召文天祥入宫，告诉他说："你用事奉宋朝的忠诚转而事奉我，便任命你为丞相了。"文天祥说："我文天祥为宋朝宰相，怎么能事奉二姓！希望赐我一死就满足了。"元世祖还不忍心，就挥手让他退下。左右的人极力赞成答应他的请求，于是下诏令在都城柴市（今北京东城府学胡同西口）将他处死。文天祥临刑时，特别从容，对官员和士兵说："我的事情终止了。"

其尸，面如生。

天祥为人丰下，两目炯然。博学善论事，作文未尝起草。尤长于诗，居狱四年，忠义之气，一著于诗歌，累数十百篇。至是兵马司籍所存上之，观者无不流涕悲恸。有得其一履者，亦宝藏之。寻有义士张毅甫者，负其骨归葬吉州，适家人自广东奉其母曾夫人之柩同日至城下，人以为忠孝所感云。

初，天祥开督府置僚属，一时知名者四十余人，而遥请号令，称幕府文武士者不可悉数。然皆一念向正，至死靡悔。

【纲】以扎散为平章政事。

【纲】征处士刘因为右赞善大夫，寻辞归。 【目】因，容城人，天资绝人，日记千百言，过目成诵。初为经学，究训诂注释之说，叹曰："圣人精义，殆不止此！"及得周、邵、程、朱之书，一见即曰："我固谓当有是也。"及论其学之所长，曰："邵，至大也；周，至精也；程，至正也；朱子，极其大，尽其精，而贯之以正也。"爱诸葛孔明"静以修身"之语，表所居曰"静修"。不忽木荐之，诏征之，至，擢右赞善大夫。寻以继母老辞归，俸给一无所受。

【纲】诏御史台得自选其属。 【目】初，御史唯用汉人，至是崔彧请参取蒙古人用之。又言："台察之选，止由中书，宁无偏党之弊！今宜令本台得自选任。"既而江淮省臣有欲专恣而忌台察之言者，上议欲以行台隶行省，诏廷臣杂议。兵部尚书董文用曰："御史台譬之卧虎，虽未噬人，人犹畏其虎也。今虚名仅存而纲纪犹不

向南面一再跪拜而就刑，终年四十七岁。从他的衣带里发现有赞语写道："孔子说成仁，孟子说取义，只因为义达到顶点，才能做到仁。读圣贤的书，所学习的是什么事情？而今以后，也许可以无愧！"他的妻子欧阳氏收殓他的尸体，他的面目像活着时一样。

文天祥相貌腮颊丰满，两眼明亮。学识渊博，善于评论事情，写文章从不打草稿。尤其擅长作诗，在监狱四年，忠诚正义的气概，一一显示在诗歌中，累计百数十篇。这时候兵马司查抄所遗存的诗歌上报，看到的人没有不流泪悲伤的。有获得他的一只鞋的人，也珍藏它。不久有义士叫张毅甫的，背负他的尸骨回吉州埋葬，正遇上家里的人从广东恭送他母亲曾夫人的灵柩同一天到达城下，人们以为这是忠孝感动天地的结果。

当初，文天祥开建都督府署，设置属官，即时入府的知名人士四十多人，而在远处请求给予命令，自称属于幕府文武之士，不能尽数，都一心趋向正直，至死不后悔。

【纲】任命扎散为平章事。

【纲】征召未任官的士人刘因为右赞善大夫，不久，辞官回家。【目】刘因，容城（今河北徐水东北）人，天资超越众人，一天能记千百字，过目即能背诵。初学经学，研究训诂注释的解说，叹息说："圣人的精粹微妙之义，大概不止这些！"等到获得周、邵、程、朱的著作，一看见就说："我本来就说应当有这些。"当评论他们学说的长处时，说："邵，极大；周，极精；程，极正；朱子，极其大，达于精的顶点而用正来会通它。"喜爱诸葛孔明"静以修身"的话，标志他的居室叫"静修"。不忽木推荐他，诏命征召他到朝廷，提拔为右赞善大夫。不久以继母年老为理由辞官回家，俸禄和供应一概不要。

【纲】诏命御史台可以自己选用属官。【目】当初，御史只任用汉人，这时候崔彧请参杂选用蒙古人。又说："御史台谏官的选任，只由中书省，难道没有偏向亲近的弊病！现在应当使本台可以自行选任。"不久，江淮行省官员有想专擅放纵而顾忌御史台谏官的言论的人，向朝廷上奏议想将行御史台隶属于行中书省，诏命朝中大臣们聚集讨论。兵部尚书董文用说："御史台，譬如躺着的老虎，虽不曾吃人，人还畏惧它

振,更加抑之,则风采蔼然。无复可望矣。此不可行也。"从之。

【纲】始海运。

【纲】癸未,二十年,春正月,立弘吉剌氏为皇后。 【目】时帝春秋高,后颇预朝政,相臣常不得见帝,辄因后以奏事焉。

初,弘吉剌之族,从太祖起兵有功,寻立其女为后,遂与约曰:"弘吉剌氏生女,世以为后,生男,世尚公主。"故元世诸后,多其族焉。

【纲】诏停燕南河北、山东租赋。

【纲】三月,帝如上都。

【纲】复命高丽王睶及阿答海发兵击日本。

【纲】夏四月,罢采民间女子。

【纲】六月,增给官吏俸。

【纲】冬十月,帝还大都。

【纲】耶律铸有罪,免。

【纲】甲申,二十一年,春正月,群臣上尊号。 【目】时议欲肆赦,张雄飞谏曰:"古人言,无赦之国,其刑必平。故赦,不平之政也。圣明之世,岂宜数赦!"上纳之,遂止下轻刑之诏。

【纲】二月,迁宋宗室及大臣之仕者。

【纲】三月,帝如上都。

【纲】秋七月,诏镇南王脱欢假道安南击占城。

【纲】八月,帝还大都。

【纲】九月,京师地震。

【纲】冬十一月,和礼霍孙、张雄飞等罢,复以安童为右丞相,卢世荣为右丞,史枢为左丞,撒的迷失、廉希恕并参知政事。

是老虎。现在御史台虚名仅存而法纪尚且不能发挥威力，再对它加以抑制，则神采衰疲，不再可以指望了。这种办法不可行。"朝廷接受他的意见。

【纲】开始南北海上运输。

【纲】至元二十年（癸未，1283），春正月，立弘吉剌氏为皇后。【目】当时，元世祖年事已高，皇后很干预朝政，宰相大臣常常不能见到元世祖，总是依靠皇后上奏事情。

当初，弘吉剌家族因跟随元太祖起兵有功劳，不久，立他的女儿为皇后，于是与他约定说："弘吉剌氏生女儿，世世代代把她立为皇后；生儿子，世世代代娶公主。"所以元朝各皇后，多是他的族人。

【纲】诏命停收燕南河北道、山东道租赋。

【纲】三月，元世祖到上都。

【纲】又命令高丽王睶和阿答海发兵进攻日本。

【纲】夏四月，停止搜集民间女子。

【纲】六月，增发官吏俸禄。

【纲】冬十月，元世祖返回大都。

【纲】耶律铸有罪，免去官职。

【纲】至元二十一年（甲申，1284），春正月，群臣给元世祖献上尊号。【目】当时的议论要宽赦罪人，张雄飞向元世祖进谏说："古人说，没有赦罪的国家，它的刑罚必定公正。所以，赦罪是不公正的施政措施。皇上圣明的时代，怎么应当屡次宽赦！"元世祖采纳他的意见，于是只下减轻刑罚的诏令。

【纲】二月，迁移南宋皇族及其大臣在元朝任官的人。

【纲】三月，元世祖到上都。

【纲】秋七月，诏命镇南王脱欢借路经过安南（今越南）进攻占城。

【纲】八月，元世祖返回大都。

【纲】九月，京师大都发生地震。

【纲】冬十一月，和礼霍孙、张雄飞等被罢官，又任命安童为右丞相，卢世荣为右丞，史枢为左丞，撒的迷失、廉希恕一并参知政事。

【纲】十二月，宋太皇太后谢氏卒于燕。

【纲】乙酉，二十二年，春正月，以阿必失合为平章政事。

【纲】二月，立规措所。

【纲】帝如上都。

【纲】复以瓮吉剌带为左丞相。

【纲】秋八月，帝还大都。

【纲】冬十一月，卢世荣伏诛。

【纲】十二月，太子真金卒。　【目】太子初从姚枢、窦默学，仁孝恭俭，尤优礼大臣，一时在师友之列者，非朝廷名德，则布衣节行之士。在中书日久，明于听断，闻四方科征、挽漕、造作、和市，有系民之休戚者，多奏罢之，中外归心焉。江南行省以岁课羡钞四十七万贯来献，太子怒曰："朝廷但令汝等安百姓，百姓安，钱粮何患不足！百姓不安，钱粮虽多，能自奉乎！"尽却之。

中庶子伯必以其子阿八赤入见，谕之以"毋读蒙古书，须习汉人文字。"行台治书侍御史王恽进《承华事略》二十篇，太子览之，至汉成帝不绝驰道，唐肃宗改服绛纱为朱明服，心甚喜，曰："我若遇是礼，亦当如是。"又至邢峙止齐太子食邪蒿，顾侍臣曰："一菜之名，遽能邪人邪？"詹事张九思曰："正臣防微，理固当然。"太子善其说，令诸子博观其书。

时帝春秋高，南台御史上书请内禅，太子闻之惧。台臣寝其章不敢闻，而阿合马之党答即古、阿散等请收百司吏案，钩考天下钱谷，欲因以发之。都事尚文曰："是欲上危太子，下陷大臣，其谋奸矣。"遂语御史大夫及丞相先入言之，以夺其谋。帝震怒曰："汝等无罪邪？"丞相进曰："臣等无所逃罪，但此辈名载刑书，而为此举，

【纲】十二月,南宋太皇太后谢氏在燕去世。

【纲】至元二十二年(乙酉,1285),春正月,任命阿必失合为平章政事。

【纲】二月,设立规措所。

【纲】元世祖到上都。

【纲】又任命瓮吉剌带为左丞相。

【纲】秋八月,元世祖返回大都。

【纲】冬十一月,卢世荣被处死刑。

【纲】十二月,太子真金去世。 【目】太子当初跟随姚枢、窦默学习,秉性仁孝恭俭,尤其厚待礼敬大臣,一时间在太子师友行列中的不是朝廷中德高望重的人,就是平民中有节操之士。他在中书省时间长久,明于听取陈述,作出决断,听说各地派收捐税、水陆运输粮食物资、营造制作、官府向百姓购买货物有牵累百姓忧虑的,多上奏停止它,朝廷内外人心归附。江南行省都以年终赋税盈余钞票四十七万贯来进献,太子大怒说:"朝廷只让你们安定百姓,百姓安定了,钱粮怎么还愁不丰足!百姓不安定,钱粮虽然多,我们能自己享用么!"全部将它退回。

中庶子伯必同他儿子入见时,告诉他们"不要读蒙古书,必须学习汉人的文字。"行台治书侍御史王恽进献《承华事略》二十篇,太子阅看它,看到汉成帝不断绝自己行走的驰道的行人,唐肃宗由穿绛纱衣改穿夏天服装,心里很高兴,说:"我如果遇上这样的礼节仪式,也应当这样做。"又看到邢峙劝止齐太子吃邪蒿,回头对身边的大臣说:"一种菜的名称,竟能使人邪恶不正吗?"詹事张九思说:"正直的大臣防止不良倾向于发生之初,道理本来应当这样。"太子认为他的说法是好的,让儿子们广泛阅读这样的书。

当时元世祖年事已高,御史台御史上书请求传位给太子,太子听到这情况后畏惧。谏官扣住他们的奏章不敢上达,而阿合马的党羽答即古、阿散等请收取百官办理政务的文书,查考天下钱谷,想借机显露此事。都事尚文说:"这是想从上危害太子,在下陷害大臣,他们的图谋太狡诈了。"于是告诉御史大夫和丞相先入宫将情况禀告皇帝,使他们的

实动摇人心耳。"太子益忧惧不自安。寻卒,年四十三。

【纲】集僧四万,作资戒会。

【纲】丙戌,二十三年,春三月,遣侍御史程文海访求江南人才。 【目】先是文海为集贤直学士,言省院诸司皆用南人,惟御史台、按察司无之。江南风俗,南人所谙,亦宜参用之。至是,遂诏文海仍集贤直学士,拜侍御史、行御史台事,往江南博采知名之士。帝素闻赵孟頫、叶李名,密谕文海,必致此二人。文海复荐宋宗室赵孟頫及张伯淳等二十余人。帝皆擢用之。

【纲】帝如上都。
【纲】秋七月,免左丞相瓮吉剌带、平章政事阿必失合。
【纲】冬十月,帝还大都。
【纲】丁亥,二十四年,春二月,以麦术督丁为平章政事。

【纲】闰月,复置尚书省,以桑哥、铁木儿并为平章政事,阿鲁浑萨里为右丞,叶李为左丞,马绍参知政事。初置国子监,以耶律有尚为祭酒。
【纲】设江南各路儒学提举司。 【目】时江南诸县各置教谕二人;又用廷臣议,诸道各置提举司,设提举儒学二人,统诸路、府、州、县学祭祀、钱粮之事。未几,复从桑哥等言,钩考江西学田所入羡余,贮之集贤院,以给有才艺之士。

【纲】帝如上都。
【纲】三月,行至元钞。
【纲】戊子,二十五年,夏四月,征宋江西招谕使、知信州谢枋得,辞不至。 【目】初,枋得遁入建阳。时程文海至江南访求

图谋失效。元世祖大怒说:"你们就没有罪吗?"丞相进言说:"我等无法逃避罪责,但这批人的名字已记载在刑法的条文中,而作这样的举动,实质是要动摇人心。"太子更加忧虑畏惧,心情不能安适。随即去世,终年四十三岁。

【纲】聚集僧人四万,作资戒会。

【纲】至元二十三年(丙戌,1286),春三月,派遣侍御史程文海访求江南人才。 【目】这以前,程文海任集贤院直学士,说朝中省、院等各官署都任用汉人,只有御史台、按察司没有任用他们。江南地区的风俗,汉人熟悉,也应当参杂着任用他们。这时候,便诏命程文海仍任集贤院直学士,并授任侍御史、兼御史台事,去江南地区广泛选取知名人士。元世祖一向听说赵孟蒧、叶李的名望,秘密地告诉程文海,一定要把这二人找来。程文海又推荐宋朝皇族赵孟頫以及张伯淳等二十余人,元世祖都提拔任用他们。

【纲】元世祖到上都。

【纲】秋七月,免除左丞相瓮吉剌带、平章政事阿必失合的职务。

【纲】冬十月,元世祖返回大都。

【纲】至元二十四年(丁亥,1287),春二月,任命麦术丁为平章政事。

【纲】闰二月,恢复设置尚书省,任命桑哥、铁木儿一并为平章政事,阿鲁浑萨里为右丞,叶李为左丞,马绍参知政事。开始设置国子监,任命耶律有尚为祭酒。

【纲】设置江南各路儒学提举司。 【目】当时江南各县各设教谕二人;又采纳朝廷大臣的建议,各道各设置提举司,设提举儒学二人,统管各路、府、州、县学祭祀、田赋中钱粮征收等事务。不久,又听从桑哥等的意见,查核江西学田所收入的盈余,贮存在集贤院,用以供给有才艺的士人。

【纲】元世祖到上都。

【纲】三月,发行至元钞票。

【纲】至元二十五年(戊子,1288),夏四月,征召原宋朝江西招谕使、信州知州谢枋得,谢氏推辞不应召。 【目】当初,谢枋得逃入建阳

人才，荐宋遗士三十人，枋得亦在列。枋得方居母丧，遗书文海曰："某所以不死者，以九十三岁之母在耳。先妣以今年二月考终，某自今无意人间事矣。'亡国之大夫，不可与图存'，李左车犹能言之，况稍知诗书、颇识义理者乎！某之至愚极暗，决不可以辱召命亦明矣。"既而留梦炎亦力荐之于上，枋得复遗书梦炎，言："江南无人才，未有如今日之可耻。春秋以下之人物，本不足道，今欲求一人如瑕吕饴甥、程婴、杵臼、厮养卒，亦不可得。"辩论凡数千百言，卒不行。

【纲】秋九月，帝还大都。

【纲】置征理司。冬十月，遣使钩考诸路钱谷。 【目】初，桑哥摘委六部钩考百司仓库财谷，复以为不专其任，遂置征理司以主之。行台侍御史程文海入朝言："天子之职，莫大于择相；宰相之职，莫大于进贤。宰相不以进贤为急，而惟以货殖为心，非为上为德、为下为民之意。今权奸用事，立尚书省钩考钱谷，以割剥生民为务，所委任者率皆贪饕邀利之人，江南盗贼窃发，良以此也。臣窃以为：宜清尚书之政，损行省之权，罢言利之官，行恤民之事。"桑哥大怒，留京师不遣，奏请杀之者六，帝皆不允。

【纲】遣瀛国公赵㬎学佛于吐蕃。
【纲】己丑，二十六年，春正月，地震。
【纲】三月，帝如上都。
【纲】以中书右丞相伯颜知枢密院事，将兵镇和林。

【纲】以伯答儿为中书平章政事。
【纲】夏四月，福建参知政事魏天祐执宋谢枋得至燕，不屈，

(今福建建阳),当时程文海来到江南访求人才,推荐原宋朝士人不在元朝任官者三十人,谢枋得也名列其中。谢枋得正为母亲守丧,给程文海写信说:"我所以不死的原因,是九十三岁的母亲在世。先母已于今年二月寿终,我从今以后无意于人间的事情了。'亡国的大夫,不可参与谋划生存',李左车还能说得出来,何况稍微了解诗书、相当懂得经义道理的人呢!我愚昧之极,昏聩透顶,决不可以使征召的命令受屈辱,也是明显不过的了。"不久留梦炎也极力向皇帝推荐他,谢枋得也给留梦炎写信,说:"江南没有人才,从未有如同今日这样可耻。春秋时代以后的人物,本来不足称道,现在想要求得一个如同瑕吕饴甥、程婴、杵臼、厮养卒那样的人,也不可能得到。"辩论共数千百字,终于没有应召。

【纲】秋九月,元世祖返回大都。

【纲】设置征理司。冬十月,派遣使者查核各路钱币米粮。【目】当初,桑哥选择委任六部查核百官仓库财物粮米,后又因为不是专职,于是设置征理司来主持这件事。行台侍御史程文海入朝说:"天子的职责,没有什么比选择宰相更重大;宰相的职责,没有什么比荐引贤士更重大。宰相不以荐引贤士为急务,而只以居积财货、经营生利为心事,这不是对上面为德政、对下面为百姓的意思。现在有权势的邪恶之人当政,设立尚书省查核钱财粮米,以掠夺百姓为任务,所委任的人,一般都是贪得无厌求利的人,江南盗贼暗地发动,确实因为这个缘故。我私下以为:应当整理尚书的政务,减少行省的权力,罢除牟利的官职,推行顾恤百姓的事情。"桑哥大怒,将他留在京师不送走,先后六次奏请处死他,元世祖都不允许。

【纲】派遣瀛国公赵显去到吐蕃(今西藏)学习佛法。

【纲】至元二十六年(己丑,1289),春正月,发生地震。

【纲】三月,元世祖到上都。

【纲】任命中书右丞相伯颜知枢密院事,统兵镇守和林(今蒙古乌兰巴托西南)。

【纲】任命伯答儿为中书平章政事。

【纲】夏四月,福建参知政事魏天祐拘执宋朝谢枋得到燕,不屈

死之。【目】初,天祐见时方求才,欲荐枋得为功。遣使诱枋得入城,与之言,坐而不对,或嫚言无礼。天祐不能堪,乃让曰:"封疆之臣,当死封疆,安仁之败何不死?"枋得曰:"程婴、公孙杵臼二人皆忠于赵,一存孤,一死节。王莽篡汉,龚胜饿死。司马子长云'死有重于泰山,轻于鸿毛',参政岂足知此!"天祐怒,逼之北行。枋得以死自誓,自离嘉兴,即不食,二十余日不死,乃复食。既渡采石,惟茹少蔬果,积数月,困殆。四月朔至燕,问太后欑所及瀛国所在,再拜恸哭。疾甚,留梦炎使医持药杂米饮进之,枋得怒,掷之于地,不食五日死。子定之护骸骨归葬信州。

枋得天资严厉,雅负奇气,风岸孤峭,不能与世轩轾。而以天时人事,推宋必亡于二十年后。每论乐毅、申包胥、张良、诸葛亮事,常若有千古之愤者,而以植世教、立民彝为任,贵富贱贫一不动其中。

初,枋得之北行也,贫苦已甚,衣结履穿,人有尝德之者,赒以金帛,辞不受。又为诗别其门人故友,时以为"读其辞,见其心,慷慨激烈,真可以使顽夫廉,懦夫立"云。

【纲】五月,以忻都为尚书左丞,何荣祖参知政事,张天祐为中书参知政事。

【纲】冬闰十月,帝还大都。

【纲】十二月,帝幸大圣寿万安寺。

【纲】庚寅,二十七年,夏四月,帝如上都。

【纲】河北十七郡蝗。

【纲】秋八月朔,日食。

服，死难。【目】当初，魏天祐见到当时正访求贤才，想以推荐谢枋得获取功劳，派遣使者诱惑谢枋得入城，同他谈话，他坐着而不答话，或无礼漫骂。魏天祐不能忍受，便责备说："封疆大臣，应当死在封疆，在安仁（今江西余江东北锦江镇）打了败仗为什么不死？"谢枋得说："程婴、公孙杵臼，二人都忠于赵氏，一人保全赵氏孤儿，一人守节义而死。王莽篡夺汉朝政权，龚胜不进食，饥饿而死。司马迁说：'死，有的比泰山还重，有的比大雁的羽毛还轻'，参知政事你怎么会知道这些！"魏天祐大怒，逼迫他向北方行进。谢枋得以死告诫自己，自从离开嘉兴（今浙江嘉兴）就不进食，二十多天不死，便又进食，渡过采石矶（今安徽当涂西北），只吃少量蔬菜水果，经过几个月，陷入困顿危险境地。四月初一，到达燕，询问宋朝太后灵柩停放的地点和瀛国公所在，一再跪拜痛哭。病重，留梦炎派医生拿药混合在饭食饮料中送给他，谢枋得大怒，将它扔在地上，不进饮食，五日后死去。儿子谢定之护送尸骨返回信州埋葬。

谢枋得天赋严厉，负有奇气，高风亮节不随流俗，不能跟世俗翻覆；而依据天时人事，推断宋朝必定灭亡于二十年后。每当评论乐毅、申包胥、张良、诸葛亮的事情时，常常好像有千古忧愤的样子，而以树立孔孟思想、建立伦理纲常为职责，贵、富、贱、贫一概不能移动他的心志。

当初，谢枋得向北进发时，贫苦已经到了极点，衣服用碎布联结，鞋破穿孔，有曾经得到他恩惠的人，用金帛周济他，他辞谢不接受。又作诗告别他的弟子和老朋友，当时人认为"读他的词句，可看见他的内心，慷慨激烈，真可以使贪婪者廉洁，使懦夫成就事业"。

【纲】五月，任命忻都为尚书左丞，何荣祖参知政事，张天祐为中书参知政事。

【纲】冬闰十月，元世祖返回大都。

【纲】十二月，元世祖到大圣寿万安寺。

【纲】至元二十七年（庚寅，1290），夏四月，元世祖到上都。

【纲】河北十七个郡发生蝗灾。

【纲】秋八月初一，出现日食。

【纲】地大震。九月,赦天下。

【纲】帝还大都。

【纲】冬十一月,安童罢。

【纲】大水。

【纲】辛卯,二十八年,春正月,桑哥及阿鲁浑萨里、叶李以罪免。

【纲】二月,罢征理司。

【纲】以完泽为尚书右丞相,不忽木平章政事。

【纲】帝如上都。

【纲】夏五月,逮西僧杨琏真加下狱,寻释之。 【目】杨琏真加发宋诸陵及其大臣冢墓,攘取金宝珠玉无算,私庇平民之不输赋者二万三千户,田土称是,及受美女宝物之献,藏匿未露者尤多。至是坐侵盗官物,遣使逮问,追治之,籍其妻孥、田亩。台省诸臣皆言:"宜诛之以谢天下。"帝不听,命释之,给还其所籍。

【纲】复征刘因为集贤学士,辞不至。 【目】因以疾固辞。帝闻之曰:"古有所谓不召之臣,其斯人之徒欤!"遂不强致之。

【纲】下桑哥狱,逮其党要束木诛之。

【纲】罢尚书省,命右丞相完泽等并入中书。

【纲】秋七月,桑哥伏诛。

【纲】九月,以咱喜鲁丁为平章政事。冬十月,以雪雪的斤为平章政事。

【纲】壬辰,二十九年,春正月朔,日食。

【纲】二月,以亦黑迷失、史弼、高兴并为福建行省平章政事,将兵击瓜哇。

【纲】三月,麦术督丁罢,以铁哥、刺真并为平章政事。

【纲】帝如上都。秋八月,帝还大都。

【纲】冬十二月,改封梁王甘麻剌为晋王,镇北边。

【纲】发生大地震。九月，赦免天下罪人。

【纲】元世祖返回大都。

【纲】冬十一月，安童被罢官。

【纲】发生大水灾。

【纲】至元二十八年（辛卯，1291），春正月，桑哥及阿鲁浑萨里、叶李因犯罪被免官。

【纲】二月，撤销征理司。

【纲】任命完泽为尚书右丞相，不忽木平章政事。

【纲】元世祖到上都。

【纲】夏五月，逮捕西方僧人杨琏真加入狱，随即释放他。【目】杨琏真加发掘宋朝各皇帝及大臣陵墓，窃取无数金宝珠玉，私自庇护不交纳赋税的平民二万三千户，田土也相当于这个数目，以及接受美女宝物的奉献，隐藏而没有暴露的问题更多。这时候，因犯侵吞盗窃官府财物罪，派遣使者逮捕审问，追查惩治他，抄没他的妻子奴婢、田地。台省各大臣都说："应当处死他以便向天下人道歉。"元世祖没有接受，命令将他释放，发还他被抄没的人和财产。

【纲】又征召刘因任集贤院学士，他推辞没有到来。【目】刘因因为有病坚持推辞。元世祖听到这个情况后说："古代有所谓不能征召的臣子，他是他们的门徒吧！"于是没有勉强他应召。

【纲】将桑哥关进监狱，逮捕他的党羽要束木，给予处死。

【纲】撤销尚书省，命令右丞相完泽等一起进入中书省。

【纲】秋七月，桑哥受死刑。

【纲】九月，任命咱喜鲁丁为平章政事。冬十月，任命雪雪的斤为平章政事。

【纲】至元二十九年（壬辰，1292），春正月初一，出现日食。

【纲】二月，任命亦黑迷失、史弼、高兴一起为福建行省平章政事，领兵攻打爪哇（今印度尼西亚爪哇岛，在苏门答腊岛之东）。

【纲】三月，麦术督丁被罢官，任命铁哥、剌真一起为平章政事。

【纲】元世祖到上都。秋八月，元世祖返回大都。

【纲】冬十二月，改封梁王甘麻剌为晋王，镇守北部边境。

【纲】癸巳，三十年，春正月，右丞相安童卒。

【纲】二月，以杨琏真加子暗普为江浙行省左丞。

【纲】帝如上都。

【纲】夏四月，刘因卒。

【纲】秋七月，以月赤察儿知枢密院事。

【纲】九月，帝还大都。

【纲】冬十月，彗出紫微垣。 【目】帝忧之，夜召不忽木入禁中，问所以销天变之道。不忽木曰："风雨自天而至，人则栋宇以待之；江河为地之限，人则舟楫以通之；天地有所不能者，人则为之，此人所以与天地参也。且父母怒，人子不敢疾怨，起敬起孝，故《易》曰：'君子以恐惧修省。'《诗》曰：'敬天之怒。'三代圣王，克谨天戒，鲜不有终。汉文之世，同日山崩者二十有九，日食、地震，频岁有之。善用此道，天亦悔祸，海内乂安。此前代之龟鉴也，愿陛下法之。"因诵文帝日食求言诏，帝悚然曰："此言深合朕意，可复诵之。"遂论说至四鼓乃罢。

【纲】以伯颜为平章政事。

【纲】甲午，三十一年，春正月，帝崩。

【纲】葬起辇谷。

【纲】夏四月，皇孙铁木耳即位于上都，大赦。追尊皇考曰裕宗皇帝，尊母弘吉剌氏曰皇太后。

【纲】五月，以玉昔帖木耳为太师，伯彦为太傅，月赤察儿为太保。六月，复以帖木儿为平章政事。

【纲】赐宋使臣家铉翁号处士，遣还乡。 【目】初，世祖欲官铉翁，不受，遂安置河间，以《春秋》教授弟子，数为诸生谈及宋兴亡之故，辄流涕太息。至是，年逾八十，诏赐号处士，放还乡里，锡予金币，皆不受。寻卒。

【纲】至元三十年（癸巳，1293），春正月，右丞相安童去世。

【纲】二月，任命杨琏真加的儿子暗普为江浙行省左丞。

【纲】元世祖到上都。

【纲】夏四月，刘因去世。

【纲】秋七月，任命月赤察儿知枢密院事。

【纲】九月，元世祖返回大都。

【纲】冬十月，彗星出现于紫微星位置上。【目】元世祖为这事忧虑，夜间召唤不忽木进宫中，询问用来消灭天象变异后果的方法。不忽木说："风雨从上天而到，人们就用房屋来对付它们；江河成为陆的界限，人们就利用船越过它们；天地有不能够办到的事情，人就办到了，这是人与天地组合成三的原因。而且父母发怒，作儿女的不敢憎恨埋怨，肃然起敬绝对服从，所以《易经》说：'有才德的人用畏惧来修身反省。'《诗经》说：'敬重上天的愤怒。'夏、商、周三代圣明的帝王，能谨慎地对待上天的警告，很少没有好的结果。汉文帝在位时，同一天山崩有二十九起，日食、地震，每年多次发生。善于运用上述的方法，上天也追悔所造成的灾祸，国内太平无事。这是前代可供借鉴的方法，希望陛下效法它。"于是背诵汉文帝的日食求言的诏书，元世祖表现出恐惧的样子说："这说法很适合我的心意，可以再背诵它。"竟议论解说到四更才停止。

【纲】任命伯颜为平章政事。

【纲】至元三十一年（甲午，1294），春正月，元世祖去世。

【纲】元世祖葬于漠北起辇谷。

【纲】夏四月，皇孙铁木耳即帝位于上都，大赦天下罪人。为死去的父亲加尊号为裕宗皇帝，尊奉母亲弘吉剌氏为皇太后。

【纲】五月，任命玉昔帖木耳为太师，伯颜为太傅，月赤察儿为太保。六月，又任命帖木儿为平章政事。

【纲】赏赐给宋朝使臣家铉翁处士称号，送回乡里。【目】当初，元世祖想授给家铉翁官职，他不接受，便安置在河间（今河北河间），用《春秋》教授学生，屡次给学生说到宋朝兴盛灭亡的原因，即流泪叹息。到这时候年纪超过八十岁，诏命赐给处士称号，释放返回家乡。赏

【纲】秋七月,诏中外崇奉孔子。

【纲】冬十月,帝至自上都。 【目】帝巡狩三不剌之地,董文用言:"先帝新弃天下,陛下巡游不以时,无以慰安元元。且人君犹北辰,居其所而众星拱之,不在勤远略也。宜趣还京师。"帝悟,遂还。

【纲】十一月,以何玮为参知政事,伯颜察儿参议省事。

【纲】十二月,太傅、知枢密院事伯颜卒。 【目】伯颜深沉有谋略,善断,将二十万众伐宋,如将一人,诸将仰之若神明。还朝,未尝言功。卒,赠太师,追封淮安王,谥忠武。

赐的金币，他全都不接受。不久去世。

【纲】秋七月，诏命朝廷内外尊崇敬奉孔子。

【纲】冬十月，元成宗从上都到达大都。　【目】元成宗巡行到三不剌（今甘肃靖远西北黄河外）的地方，董文用说："先帝新近逝世，陛下巡游不是时候，不能慰问安定百姓。况且君主譬如北极星，处在它的位置而众多星星环绕着它，不在于在远方勤建立武功。应当赶紧返回京师。"元成宗醒悟，终于返回。

【纲】十一月，任命何玮为参知政事，伯颜察儿参议省事。

【纲】十二月，太傅、知枢密院事伯颜去世。　【目】伯颜沉着有谋略，善于决断，率领二十万军队讨伐宋朝，就如同率领一个人，各将领敬慕他如同敬仰神灵。返回朝廷，未曾说过自己的功劳。去世后，追赠太师，追封淮安王，谥号忠武。

纲鉴易知录卷九一

元纪

成宗皇帝

【纲】乙未,成宗皇帝元贞元年,春二月,帝如上都。

【纲】翰林学士承旨留梦炎致仕。 【目】上以其在先朝言无所隐,厚赐遣之。初,世祖尝问梦炎、叶李优劣于赵孟頫,对曰:"梦炎,臣之父执,其人重厚,笃于自信,好谋能断,有大臣器。叶李所读之书,臣皆读之,所知所能,臣皆知之能之。"世祖曰:"汝以梦炎优于李邪?梦炎为宋状元,至宰相,当贾似道误国,依阿取容;李以布衣,乃伏阙上书,是贤于梦炎也。"

【纲】三月,安南入贡。地震。
【纲】夏闰四月,兰州河清。 【目】上下三百余里,凡三日。

【纲】六月,陕西旱,饥。
【纲】秋九月,帝还大都。
【纲】冬十二月,立皇后伯岳吾氏。
【纲】丙申,二年,春二月,以不忽木为昭文馆大学士、平章军国事,段贞为平章政事。
【纲】三月,帝如上都。秋八月,帝还大都。
【纲】丁酉,大德元年,春正月,以也先帖木儿为平章政事。帝如上都。
【纲】太后幸五台山。 【目】初,为太后建寺于五台山,至是成。太后将临幸之,监察御史李元礼上疏言:"五台山创建寺宇,工役俱兴,供亿烦重,民不聊生。伏闻太后临幸五台,尤不可者有五:盛夏禾稼方茂,民食所仰,骑从经过,不无蹂躏,一也。亲劳圣体,

成宗皇帝

【纲】元成宗铁木耳元贞元年（乙未，1295），春二月，成宗到上都（今内蒙古多伦西北上都河北岸）。

【纲】翰林学士承旨官留梦炎辞官退休。【目】成宗认为留梦炎在元世祖时直言无隐而重重地赏赐了他，并送他离朝。当初，元世祖曾问赵孟頫，留梦炎与叶李谁优谁劣。赵孟頫回答说："梦炎是我父亲的好友，他为人厚道持重，真诚自信，多谋善断，有大臣的材量。而叶李所读过的书，我都读过；叶李所知道所能干的，我也都知道都能干。"世祖说："你认为留梦炎优于叶李吧？留梦炎是宋朝的状元，官至宰相，在贾似道专权误国时，梦炎曲意逢迎以取悦于贾似道。而叶李身为无职无权的平民，仍敢拜伏在宫殿下，上书弹劾贾似道。如此看来，叶李要比留梦炎贤达。"

【纲】三月，安南国（今越南）入朝进贡。【纲】地震。

【纲】夏闰四月，兰州（治阿干县，今甘肃兰州南阿干镇）附近一段黄河变清。【目】这段黄河上下三百多里，共清了三天。

【纲】六月，陕西大旱，人民饥饿。

【纲】秋九月，成宗回到大都（今北京）。

【纲】冬十二月，立伯岳吾氏为皇后。

【纲】元贞二年（丙申，1296），春二月，任命不忽木为昭文馆大学士、平章军国事，任命段贞为平章政事。

【纲】三月，成宗皇帝到上都。冬十月，皇帝回到大都。

【纲】成宗大德元年（丁酉，1297），春正月，任命也先帖木儿为平章政事。皇帝到上都。

【纲】皇太后游幸五台山（今山西五台县东北，繁峙县东南）。【目】起初，皇太后命人在五台山修建佛寺，到这时建成。太后亲临五台山。监察御史李元礼上疏说："在五台山建造寺庙，大兴土木工役，耗财繁多，使民不聊生。听说太后亲临五台山，我认为此举有五个特别

经冒风日，往复数千里，山川之险，万一调养失宜，悔将何及！二也。天子举动，必书简册以贻万世，书而不法，将焉用之？三也。财不天降，皆出于民，今日支持调度，百倍曩时，而又劳民伤财以奉土木，四也。佛以慈悲为教，虽穷天下珍玩供养不为喜，虽无一物为献亦不怒。今太后欲为兆民祈福，而先劳圣体，使天子旷定省之礼，五也。伏望回辕中道，端处深宫，上以循先皇后之懿范，次以尽圣天子之孝诚，下以慰元元之望，如此，则不祈福而福自至矣。"台臣不敢以闻。其后侍御史万僧与中丞崔彧有隙，取元礼章封入奏之曰："崔中丞私比汉人。李御史为大言谤佛，谓不宜建寺。"帝大怒，敕完泽、不忽木鞫之。完泽曰："往吾亦尝以此谏，太后曰：'我非喜建此寺，盖先帝尝许为之，非汝所知也。'"不忽木曰："他御史惧不敢言，言者惟一元礼，可赏也。"完泽等入言之，帝沉思良久曰："御史言是也。"乃罢万僧，复元礼职。

【纲】秋七月，祆星出奎。

【纲】九月，帝还大都。

【纲】冬十月，以吴元珪为吏部尚书。【目】时选曹铨注，多有私其乡人者，元珪曰："此风不可长。"自视事，请谒悉皆谢绝。

【纲】十二月，禁诸王驸马夺民田。

【纲】戊戌，二年，春二月，以张九思、梁德珪并为平章政事。

不妥当的地方：时逢盛夏，庄稼长得正茂盛，这是万民赖以生存的食粮。太后及其随从人员的车辆马匹经过时，不可能没有践踏踩蹦。这是其一。太后劳动圣体，经受风吹雨打日晒，在险恶的山川道路上往返几千里，万一调养不适宜而生灾得病，那就后悔也来不及了！这是其二。天子的一举一动都必须写在书上留给后世。假如写下来却不遵守，那还有什么用呢？这是第三。财富不会从天而降，都是民众勤劳创造出来的。如今国家对财富的调度使用已经是从前的许多倍，却还要劳民伤财，供奉几个用泥土木料做成的偶像。这是第四。佛教以慈悲为本，人们即使竭尽天下所有的珍宝去供奉，佛祖也不会高兴；即使没有任何奉献，佛祖也不会恼怒。现在太后要为民众祈求幸福，却先使她的圣体辛劳，又使皇帝不能按时行定省之礼。这是第五。希望太后半道而返，在深宫中端然居住，对上可以遵循已往贤皇后的美好风范，其次可以使皇帝竭尽孝诚，对下则可以安慰万众生民的期望。这样，虽不特意祈求幸福，幸福却会自己到来。"当时谏官不敢让皇帝看到这份奏章。后来侍御史万僧与中丞崔彧不和，便取出李元礼的这份奏章奏闻皇帝，并说："崔中丞私下与汉人勾结。李御史口出狂言，诽谤佛祖，说不该建造寺庙。"成宗大怒，指示完泽、不忽木追究李元礼之罪。完泽说："从前我也曾以不该建寺进谏，太后对我说：'不是我喜欢建造五台寺，只因为世祖皇帝生前曾许愿要建这座寺庙。这些不是你所能知道的。'"不忽木说："其他御史害怕得罪皇帝、太后而不敢说话，敢直言进谏的只有一个李元礼。李元礼是可敬佩的呀！"完泽等人入见皇帝，讲了这些话。成宗沉思了很久，说道："李御史说得对。"于是罢了万僧的官，恢复了李元礼的职务。

【纲】秋八月，奎宿中有祅星出现。

【纲】九月，皇帝回大都。

【纲】冬十月，任命吴元珪为吏部尚书。　【目】当时，选曹官量才授官时，很多都是偏爱选用自己的同乡人。吴元珪说："这种风气不能长。"从他上任时起，所有请托告求一概谢绝。

【纲】十二月，皇帝下令禁止诸王及驸马强夺民田。

【纲】大德二年（戊戌，1298），春二月，任命张九思、梁德珪同为

【目】初，太子真金卒，朝议欲罢詹事院，九思时为詹事丞，抗言曰："皇孙宗社人心所属，詹事正所以辅成道德者，奈何罢之！"寻进拜中书左丞。

德珪一名梁谙都剌，世祖时参知政事，治事有敏才。京师地震，世祖怪州郡报囚之数过多，德珪曰："当国者急于征索，蔓延收系，以致此尔。"帝悟，为赦中外逋负。寻拜右丞。

【纲】帝如上都。
【纲】夏五月，以何荣祖为平章政事。秋九月，帝还大都。
【纲】冬十二月，定岁课三十取一。命廉访司岁举廉干者各二人。
【纲】彗星见。　【目】出子孙星下。
【纲】己亥，三年，春正月，遣使问民疾苦。

【纲】以哈剌哈孙为左丞相。
【纲】二月，帝如上都。
【纲】命何荣祖等更定律令。　【目】帝谕荣祖曰："律令，良法也，宜早定之。"既而书成上之，且言："臣所择者三百八十条，一条有该三四事者。"帝曰："古今异宜，不必相沿。"诏元老大臣聚听之，未及颁行而荣祖卒。

【纲】秋九月，帝还大都。
【纲】冬十二月，以阿鲁浑萨里为平章政事。
【纲】命兄子海山镇漠北。　【目】海山，帝兄答剌麻八剌之长子。帝以宁远王阔阔出总兵北边，怠于备御，命海山即军中代之。

平章政事。 【目】当初，太子真金死后，朝臣商议要撤销詹事院，张九思当时是詹事院丞，他高声争辩说："皇太孙是使宗社稳固、人心安定的根本所在，而詹事院正是辅助皇太孙成就正道美德的地方，为什么要撤销它呢！"不久，张九思升为中书左丞。

梁德珪也称梁谐都刺，元世祖时为参知政事，处理政事有敏捷的才能。一次京城地震，世祖怪罪地方州郡上报的囚犯人数太多。梁德珪说："主持国事的人急于征税索租，扩大拘捕囚禁的范围，因此才导致囚犯过多。"世祖明白了这一点，下令赦免远近各处民众所欠的租税。不久，梁德珪被皇帝提升为中书右丞。

【纲】皇帝到上都。

【纲】夏五月，任命何荣祖为平章政事。秋九月，皇帝回到大都。

【纲】冬十二月，规定一年的捐税为三十取一。命令廉访司每年推举廉洁的人和有才干的人各两名。

【纲】彗星出现。 【目】出现在子孙星下边。

【纲】大德三年（己亥，1299），春正月，皇帝派遣使者去访问民生疾苦。

【纲】任命哈剌哈孙为左丞相。

【纲】二月，皇帝到上都。

【纲】命令何荣祖等人更改、审定法令。 【目】皇帝对何荣祖说："法令是国家的大法，应当尽早审定好。"不久，何荣祖修好了律书，把它进献给皇上，并说："我精心选择出三百八十条法令条文，有的一条能概括三四件事情。"皇帝说："古今法令应有所不同，不必沿袭古法。"诏请众位元老大臣聚在一起，听读新修律书。这部法令还没来得及颁发实行，何荣祖就去世了。

【纲】秋九月，皇帝回到大都。

【纲】冬十二月，任命阿鲁浑萨里为平章政事。

【纲】皇帝命令自己哥哥的儿子海山镇守蒙古大沙漠以北地区。【目】海山是成宗皇帝的哥哥答剌麻八剌的大儿子。因为宁远王阔阔出总领北部边疆的守军，懒于防御，守备松懈，皇帝便命令海山在军中取代阔阔出。

【纲】庚子,四年,春二月,皇太后弘吉剌氏崩。 【目】后有贤德,事昭睿顺圣皇后执妇道甚谨。及尊为太后,后之弟欲因后求官,后拒之曰:"勿以累我也!"崩,谥徽仁裕圣皇后。

【纲】三月,帝如上都。
【纲】夏四月,以不兰奚为平章政事。
【纲】五月,昭文馆大学士、平章军国事不忽木卒。
【纲】秋闰八月,帝还天都。
【纲】辛丑,五年,秋八月,彗出井,入紫微垣。

【纲】九月,禁酒。
【纲】壬寅,六年,春正月,诏收富民护持玺书。 【目】帝诏台臣曰:"闻江南富民侵占民田,致贫者流徙,卿等亦闻之否?"对曰:"富民多乞护持玺书,依倚以欺贫民,官府不能诘治,宜悉追收为便。"命即行之,毋越三日。

【纲】二月,帝有疾。
【纲】夏四月,帝如上都。
【纲】五月,太庙寝殿灾。
【纲】冬十月,帝还大都。
【纲】癸卯,七年,春二月,以阿老瓦丁、木八剌沙并为平章政事。
【纲】汰诸司冗员。 【目】定中书省自左、右丞相而下,平章政事二员,左、右丞各一员,参知政事二员,定为八府。

【纲】三月,遣使巡行天下。
【纲】复以铁哥为平章政事。
【纲】帝如上都。

【纲】大德四年（庚子，1300），春二月，皇太后弘吉剌氏去世。
【目】皇太后有贤明的德行，曾侍奉昭睿顺圣皇后，非常严谨地恪守妇道。被皇帝尊为太后以后，她的弟弟曾想依靠她求取官职。太后拒绝了弟弟的请求，说道："你不要用这样的事情来连累我！"太后去世后，被谥为徽仁裕圣皇后。

【纲】二月，皇帝到上都。

【纲】夏四月，任命不兰奚为平章政事。

【纲】六月，昭文馆大学士、平章军国事不忽木去世。

【纲】秋闰八月，皇帝回到大都。

【纲】大德五年（辛丑，1301），秋八月，彗星从井星中出现，入紫垣星消失。

【纲】九月，禁止饮酒。

【纲】大德六年（壬寅，1302），春正月，皇帝下诏令收回富人家的护持玺书。　【目】皇帝对谏官说："我听说江南的富人侵占平民田地，致使穷人四处流浪迁移，你们是否也听说了？"谏官回答说："富人大都想方设法求得一纸护持玺书，然后依仗手中的玺书欺压穷人，官府也不敢追究整治。应该全部追收那些护持玺书才是。"皇帝命令立即收回玺书，不许超过三天。

【纲】二月，皇帝生病。

【纲】夏四月，皇帝到上都。

【纲】五月，太庙寝殿发生火灾。

【纲】冬十月，皇帝回到大都。

【纲】大德七年（癸卯，1303），春二月，任命阿老瓦丁、木八剌沙同为平章政事。

【纲】精减各司的冗官闲员。　【目】规定中书省在左、右丞相以下，设平章政事两名，左、右丞各一名，参知政事两名，共是八名官员，定为八府。

【纲】三月，派遣使者巡行天下。

【纲】再次任命铁哥为平章政事。

【纲】皇帝到上都。

【纲】兰溪处士金履祥卒。 【目】履祥少从学同郡王柏及何基之门,二人盖得朱熹之传者。宋将亡,遂绝意进取,屏居金华山中。尝以刘恕《外纪》,记司马氏《通鉴》以前事不本于经,舛谬不可信,乃断自《尚书》,旁采子、《史》损益之,作《通鉴前编》。他如《论》《孟》《大学》诸经传及礼乐书,各有注疏,授其门人许谦以传。当时以为基之清介纯实似尹和靖,柏之高明刚正似谢上蔡,履祥则亲得之二氏,而并克于己者也。居仁山之下,学者因称仁山先生,至正中赐谥文安。

【纲】夏闰五月,右丞相完泽卒。
【纲】秋七月,以哈剌哈孙为右丞相,阿忽台为左丞相。
【纲】八月,地震。 【目】平阳、太原尤甚,村堡移徙,地裂成渠,坏庐舍万八百区,人民压死不可胜计。诏问致灾之由,齐履谦言:"地为阴而主静,妻道、臣道、子道也。三者失其道,则地为之不宁。弭之之道,大臣当反躬责己,去专制之威,以答天变,不可徒为祈禳也。"时帝寝疾,宰臣及中宫专政,故履谦言及之。而集贤大学士陈天祥亦上书极陈阴阳不和、天地不位,为时政之弊。言尤切直,执政者恶之,抑不以闻。天祥自被召起,且一岁,每以不得一见帝言,郁郁不自释,寻复谢病归。

【纲】九月,帝还大都。
【纲】复以木八剌沙为平章政事。

【纲】兰溪（今浙江兰溪）处士金履祥去世。 【目】金履祥少年时跟从同郡的王柏及何基学习。王柏、何基二人大致得到了朱熹学说的真传。宋朝将灭亡时，两人再也无心求取功名，隐居在金华山（今浙江金华北）中。因为刘恕所作的《通鉴外纪》记述司马光《资治通鉴》以前的事情不依据经书，差错、谬误，不可相信，王柏、何基二人曾经从《尚书》入手，并参照、采用诸子之书及《史记》等，或增或删，作成《通鉴前编》一书。对其他经书如《论语》《孟子》《大学》以及礼书、乐书等，也都作过注释或疏解，并传授给他们的门下弟子许谦，从而使他们的学说能够流传后世。当时的舆论认为何基的清高耿直、纯厚朴实与北宋处士尹焞相似，王柏的高明刚正与程颐的弟子谢良佐相近。而金履祥则亲受何、王二人指教，得到他们思想的精髓，同时用二人的精神、思想充实自己。他住在仁山下，当时学者因此称他为仁山先生。元顺帝至正年间，皇帝赐金履祥谥号为文安。

【纲】夏闰五月，右丞相完泽去世。

【纲】秋七月，任命哈剌哈孙为右丞相，阿忽台为左丞相。

【纲】八月，地震。 【目】平阳（今山西临汾）、太原震动最厉害，村庄土堡移动了位置，大地裂缝像大水渠一样，震坏房屋一万零八百多处，压死人民不可胜数。皇帝下诏询问造成这场灾难的原因，齐履谦说："地属阴，主静止不动，与妻道、臣道、子道相对应。如果妻子、臣子、儿子这三方不遵循他们自身应有的本道，那么大地就会变得不安宁。消除这种灾难的办法，大臣应当反省责己，放弃专权独断的威风。这样，才是对地震这样重大的'天变'应有的反应，不能只是单纯地祈祷禳解。"当时成宗皇帝卧病在床，大臣及宦官趁机专权胡为，因此齐履谦才说出这样的话来。集贤院大学士陈天祥也上书皇帝，极力陈说阴阳不和、天地错位是当时政治的最大弊病，言辞非常恳切而直率，执政的大臣及宦官都很厌恶他，于是压下了陈天祥的奏章不报。陈天祥自从被皇帝召请起用，将近一年间，常因为一次也见不着皇帝而郁闷不乐，无法自我排遣，不久就以有病辞官归乡。

【纲】九月，皇帝回到大都。

【纲】再次任命木八剌沙为平章政事。

【纲】十二月,彗出紫微垣。

【纲】甲辰,八年,春正月,地震。

【纲】二月,帝如上都。秋九月,帝还大都。

【纲】冬十月,立海山为怀宁王。

【纲】乙巳,九年,春三月,帝如上都。陨霜杀桑。

【纲】夏四月,大同地震。 【目】有声如雷,坏官民庐舍五千余间,压死二千余人。

【纲】六月,立子德寿为皇太子。

【纲】秋七月,命兄子爱育黎拔力八达居怀州。 【目】答剌麻八剌次子,海山母弟也。

【纲】以段贞、八都马辛并为平章政事。

【纲】八月,给曲阜林庙洒扫户。

【纲】贾胡献宝珠。 【目】西域贾人有献珍宝求售者,议以六十万锭酬其直。省臣有谓左丞尚文者曰:"此所谓押忽大珠也,六十万酬之不为过矣。"文问:"何所用之?"答曰:"含之可不渴,熨面可使目有光。"文曰:"一人含之,千万人不渴,则诚宝也。若一宝止济一人,则用已微矣。吾之所谓宝者,米粟是也,有之则百姓安,无则天下乱,以功用较之,岂不愈于彼乎!"

【纲】九月,帝还大都。

【纲】冬十二月,太子德寿卒。

【纲】丙午,十年,春闰正月,以彻里、阿散并为平章政事。

【纲】二月,帝如上都。冬十一月,帝还大都。十二月,有疾。

【纲】丁未,十一年,春正月,安西王阿难答及诸王明里帖木儿

【纲】十二月,彗星从紫垣星座中出现。

【纲】大德八年(甲辰,1304),春正月,地震。

【纲】二月,皇帝到上都。秋九月,皇帝回到大都。

【纲】冬十月,立海山为怀宁王。

【纲】大德九年(乙巳,1305),春三月,皇帝到上都。天降严霜,冻死了桑叶。

【纲】夏四月,大同路(治大同县,今山西大同)发生地震。【目】地震发生时,有打雷一样的响声。震坏官舍民房共五千多间,压死二千多人。

【纲】六月,立皇子德寿为皇太子。

【纲】秋七月,皇帝命令自己哥哥的儿子爱育黎拔力八达去怀州(治河内县,今河南沁阳)居住。【目】爱育黎拔力八达是答刺麻八刺的次子,海山的同母弟弟。

【纲】任命段贞、八都马辛同为平章政事。

【纲】八月,供给曲阜孔子林庙洒水扫地的民户。

【纲】胡地商人献宝珠。【目】西域商人中有一个要出卖珍宝的,一颗宝珠议价六万锭银子。当时省臣中有人对左丞相尚文说:"这就是所谓的押忽大珠,卖六万锭银子不算贵。"尚文问道:"要它做什么用呢?"省臣回答说:"将这颗宝珠含在嘴里,可以整天不渴;用它在脸上摩擦,可以使眼睛有光泽神采。"尚文说:"如果一个人把珠子含在嘴里,就可以使成千上万的人口不渴,那么它就确实是宝贝。如果一件宝贝只能帮助一个人,那么它的用处也太微不足道了。我所讲的宝贝,是米粟粮食。有了粮食,老百姓就会安定;没有粮食,天下就要大乱。从功用上来比较,难道粮食不比那押忽大珠要珍贵得多吗?"

【纲】九月,皇帝回到大都。

【纲】冬十二月,太子德寿去世。

【纲】大德十年(丙午,1306),春闰正月,任命阿散为平章政事。

【纲】二月,皇帝到上都。冬十一月,皇帝回到大都。十二月,皇帝生病。

【纲】大德十一年(丁未,1307),春正月,安西王阿难答及诸王明

入朝。

【纲】帝崩。

【纲】左丞相阿忽台等谋奉皇后临朝，以安西王摄政。右丞相哈剌哈孙遣使迎怀宁王海山于漠北，及其弟爱育黎拔力八达于怀州。　【目】后以己尝谋出爱育黎拔力八达及其母居怀州，至是恐其兄怀宁王立，必报前怨，乃命召安西王入京师，欲立之。而左丞相阿忽台、平章赛典赤、八都马辛、伯颜及诸王明里帖木儿阴左右之，谋断海山归路，奉皇后垂帘听政，立安西王辅之。时右丞相哈剌哈孙收百司符印，封府库，称疾，守宿掖门，内旨日数至，皆不听。众欲害之，未敢发。怀宁王适遣康里脱脱计事京师，哈剌哈孙令急还报，复遣使南迎爱育黎拔力八达于怀州。

【纲】二月，爱育黎拔力八达至自怀州，诛阿忽台等，执阿难答归于上都。

【纲】夏五月，怀宁王海山至上都，废皇后伯岳吾氏居东安，杀之。诛安西王阿难答及诸王明里帖木儿。遂即位，大赦。

【纲】追尊考曰顺宗皇帝，尊母弘吉剌氏为皇太后。加哈剌哈孙、朵儿朵海并太傅，阿沙不花太尉。以塔剌海为左丞相，床兀儿、乞台普济、明里不花并平章政事。

【纲】六月，立弟爱育黎拔力八达为皇太子。以床兀儿、不兰奚并为平章政事。

【纲】秋七月，封秃剌为越王，左迁右丞相哈剌哈孙为和林左丞相，以月赤察儿为和林右丞相，进爵淇阳王。

【纲】以塔剌海为右丞相，塔思不花为左丞相，塔失海牙、教化、法忽鲁丁别不花并平章政事。

【纲】制加孔子号曰大成。　【目】制曰："先孔子而圣者，非

里帖木儿入朝。

【纲】成宗皇帝去世。

【纲】左丞相阿忽台等人谋划要请皇后临朝听政，让安西王摄政。右丞相哈剌哈孙则派人到蒙古大沙漠北边迎接怀宁王海山，并派人到怀州迎接海山的弟弟爱育黎拔力八达。　【目】皇后因为自己曾出谋划策让爱育黎拔力八达和他的母亲离开大都到怀州居住，这时害怕怀宁王海山立为皇帝，一定会报复从前结下的怨仇，于是下令召安西王回京，想立他为皇帝。而左丞相阿忽台、平章赛典赤、八都马辛、伯颜以及诸王明里帖木儿等在暗中帮助皇后，积极谋划要阻止海山归京，拥戴皇后垂帘听政，并立安西王为皇帝，辅佐皇后。当时右丞相哈剌哈孙收取各司的官印符节，封了府库的大门，然后声称自己有病，却日夜守宿在皇宫的旁门边。皇后一天连下几道圣旨，哈剌哈孙一概不听。拥护皇后的一帮大臣有心加害他，但终于不敢下手。怀宁王海山恰巧在这时候派康里脱脱回到京城谋划大事，哈剌哈孙急忙让康里脱脱赶快回漠北向海山报告情况，并再派遣使者南下怀州，去迎接爱育黎拔力八达。

【纲】二月，爱育黎拔力八达从怀州回到京城，诛杀阿忽台等人，拘捕安西王阿难答，将他带往上都。

【纲】夏五月，怀宁王海山到达上都，废除伯岳吾氏皇后称号，命她到东安（今河北安次西）居住，并杀死了她。又诛杀安西王阿难答及诸王明里帖木儿。于是，海山即皇帝位，传令大赦天下。

【纲】追尊自己已故的父亲为顺宗皇帝，尊奉自己的母亲弘吉剌氏为皇太后。加封哈剌哈孙、朵儿朵海同为太傅，阿沙不花为太尉。任命塔剌海为左丞相，床兀儿、乞台普济、明里不花同为平章政事。

【纲】六月，立自己的弟弟爱育黎拔力八达为皇太子。任命床兀儿、不兰奚同为平章政事。

【纲】秋七月，封秃剌为越王，将右丞相哈剌哈孙降为和林左丞相，任命月赤察儿为和林右丞相，并提升他为淇阳王。

【纲】任命塔剌海为右丞相，塔思不花为左丞相，塔失海牙、教化、法忽鲁丁、别不花同为平章政事。

【纲】皇帝下诏加封孔子名号为大成。　【目】皇帝的诏书说："生

孔子无以明；后孔子而圣者，非孔子无以法；所谓祖述尧、舜，宪章文、武，仪范百王，师表万世者也。可加大成至圣文宣王，遣使阙里，祀以太牢。於戏！父子之亲，君臣之义，永为圣教之遵，天地之大，日月之明，奚罄名言之妙！尚资神化，祚我皇元。"

【纲】八月，赐诸王《孝经》。　【目】中书右丞孛罗帖木儿以国字译《孝经》进，诏曰"此孔子微言，王公庶民，皆当由是而行。"命刻板摹印，诸王以下咸赐之。

【纲】以塔海为平章政事。

【纲】九月，帝至自上都。

【纲】冬十二月，征处士萧㪺为太子右谕德。

【纲】㪺，陕西奉元人，初出为府史，语当道不合，即引退。力学三十年，不求进。乡人有暮行遇盗，诡曰："我萧先生也。"盗惊愕释去。世祖时辟为陕西儒学提举，不赴。后累授集贤直学士、国子司业，改集贤侍读学士，皆不赴。至是征拜太子右谕德，扶病至京师，入觐东宫，书《酒诰》为献，以朝廷时尚酒也。寻以病请解职，或问之，则曰："礼，东宫东面，师傅西面，此礼今可行乎？"俄擢集贤学士、国子祭酒，依前右谕德，疾作，固辞而归。卒，谥贞敏。

武宗皇帝

【纲】戊申，武宗皇帝至大元年，春正月，以阿沙不花为右丞

在孔子以前的圣人，若没有孔子，他们的圣明之处就无法使后人知晓；而生在孔子以后的圣人，若是没有孔子，他们就没有可以遵从的规范、准则。孔子正是所谓师法尧、舜，效法文王、武王，为百王作模范，为万世作表率的圣人啊！应加封他为大成至圣文宣王，派遣使者到阙里（今山东曲阜城中）。用太牢祭礼祭祀孔子。啊！父子之亲爱，君臣之节义，永远是圣人教化世人所必须遵守的。天地如此广大，日月如此光明，又怎能说尽圣人言语的精妙之处！我们还要依靠孔子的神圣教化，赐福于大元天下。"

【纲】八月，赐给众诸王《孝经》。　　【目】中书省右丞字罗帖木儿用蒙文翻译了《孝经》，并进献给皇帝。皇帝下诏说："《孝经》是孔子的精妙言论，从王公到平民，都应该按照《孝经》上所说的去做。"于是让人刻版印刷《孝经》，赐给亲王以下所有大臣。

【纲】任命塔海为平章政事。

【纲】九月，皇帝海山从上都回到京城。

【纲】冬十二月，征召处士萧𣂏为太子右谕德。

【目】萧𣂏是陕西奉元人。先前曾做过府吏，因为他的言论与当权的人不一致，便自请辞职。刻苦学习三十年，却不求取功名富贵。他的家乡有人在夜间走路遇上了强盗，便诈呼说："我是萧先生！"强盗惊愕，就赶忙逃跑了。元世祖时，萧𣂏被举荐为陕西儒学提举官，他没去上任。后来还先后被授为集贤直学士、国子司业，又改为集贤侍读学士，他都没有赴任。到这时被拜为太子右谕德，他带病来到京城，进入太子所居住的东宫，写下《酒诰》一篇进献给皇上，因为当时朝廷上下饮酒风盛行。不久，他又以身体有病请求辞职。有人问他到底为什么。他说："按照礼制，太子应当面朝东，太子的师傅应该面向西。但这种礼节在今天能做到吗？"不久，他又被提升为集贤学士，国子祭酒，并依然做着太子右谕德。后来疾病发作，他坚决辞职回到故乡。他死后被谥为贞敏。

武宗皇帝

【纲】武宗皇帝至大元年（戊申，1308），春正月，任命阿沙不花为

相，行御史大夫事。　【目】初，阿沙不花见帝容色日悴，乘间进曰："陛下八珍之味不知御，万金之身不知爱，而惟麹蘖是耽，妃嫔是好，是犹两斧伐孤树，未有不颠仆者。陛下纵不自爱，独不思祖宗付托之重，天下仰望之切乎？"帝大悦，曰："非卿孰为朕言！"因命进酒。阿沙不花顿首谢曰："臣方欲陛下节饮，而反劝之，是臣之言不信于陛下也。臣不敢奉诏。"左右皆贺帝得直臣，遂授右丞相，行御史大夫事。寻以太子请，复入中书，既又赐爵康国公。

【纲】三月，帝如上都。

【纲】以脱脱木儿为平章政事。

【纲】夏六月，陇西、云南地大震。

【纲】加宦者李邦宁大司徒兼左丞相。　【目】邦宁在宋，为小黄门，初从瀛国公入见世祖，留给事内庭。至是，帝欲以为浙江平章，辞曰："臣以阉腐余命，前朝赦而用之，今陛下复欲置臣宰辅，臣闻宰辅者，佐天子共治天下者也，奈何辱以寺人！陛下纵不臣惜，如天下后世何！诚不敢奉诏。"帝大悦，加大司徒，遥授左丞相，仍领太医院事。

【纲】秋七月，以答思不花为右丞相，乞台普济为左丞相。

【纲】八月，诸路水、旱、蝗。　【目】江淮民采草根树皮为食，而河南、山东有父食其子者。诏凡遣使赈贷之处，差税并蠲除之。既而省臣言："夏秋之间，巩昌地震，归德暴风，济宁、泰安、真定大水，民居荡析。江浙饥荒之余，疫疠大作，死者相枕藉。父鬻其子，夫离其妻，哭声震野，所不忍闻。是皆臣等不才，猥当大任，以致政

右丞相，兼行御史大夫的权力。　【目】起初，阿沙不花见皇帝的面容日渐憔悴，便趁皇帝空闲时进劝说："陛下有精美的山珍海味不懂得调养，又不懂得珍爱自己无限贵重的身体，每天只是贪酒好色，这就好比用两把利斧砍伐一棵孤树，没有不被砍倒的啊！陛下纵然不爱惜自己的万金之身，难道就不想想祖宗托付给您的江山社稷的重任、天下万民对您的殷切期望吗？"皇帝非常高兴地说："除了你，谁会对我说这样的话！"于是让人向阿沙不花敬酒。阿沙不花叩头推辞，说道："我刚刚劝陛下节制饮酒，而陛下却劝我喝酒，这样看来，陛下并没有相信我的劝告呀！我不敢听从您的话喝下这杯酒的。"左右大臣都祝贺皇上得到了一位忠诚耿直的良臣。于是，皇帝授予阿沙不花右丞相之职，兼行御史大夫的权力。不久又应太子爱育黎拔力八达的请求，皇帝又让阿沙不花进了中书省，后来又赐给他康国公的爵号。

　　【纲】三月，皇帝到上都。

　　【纲】任命脱脱木儿为平章政事。

　　【纲】夏六月，陇西、云南等地发生强烈地震。

　　【纲】提升宦官李邦宁为大司徒兼左丞相。　【目】李邦宁在南宋时是个小太监，当初跟随瀛国公到元朝见元世祖时被留在元宫中做事。到这时候，武宗皇帝要任命他为浙江平章，李邦宁推辞说："我是受过腐刑的残废人，幸亏被世祖免罪留用。现在陛下又要把我放在辅政大臣这样的高位上，我听人说辅政大臣是帮助天子共同治理天下的人，为什么要授给我这样一个太监呢？纵然陛下不把我当作可耻的残废，普天之下乃至后世的人们又会怎样看待这件事呢？我实在不敢接受这样的职位！"皇帝非常高兴，便提升李邦宁为大司徒，并授予他挂名左丞相职位，让他依旧管理太医院事务。

　　【纲】秋七月，任命答思不花为右丞相，乞台普济为左丞相。

　　【纲】八月，各路地方发生水灾、旱灾及蝗灾。　【目】江淮一带的民众挖草根剥树皮充饥，而河南、山东等地有父母吃子女的事情发生。皇帝下诏，凡派遣使者去赈灾贷粮的地方，各种差役、捐税一概免除。不久，地方省臣进言自责说："夏秋之间，巩昌发生地震。归德暴风横行，济宁、泰安、真定洪水成灾，人民流离失所。江浙发生饥荒之后，瘟

事乖违,阴阳失序,愿退位以避贤路。"帝曰:"灾害事有由来,非尔等所致也,但当慎所行尔。"

【纲】九月,帝还大都。

【纲】冬十月,以西僧教瓦斑为翰林学士承旨。

【纲】十一月,以乞台普济为右丞相,脱脱左丞相。

【纲】闰月,太傅哈剌哈孙卒。

【纲】诏有司赎饥民所鬻子女。

【纲】以赤因帖木儿为平章政事。

【纲】己酉,二年,春三月,帝如上都。

【纲】秋八月,复置尚书省,以乞台普济为右丞相,脱虎脱为左丞相,三宝奴、乐实为平章政事,保八为右丞,忙哥铁木儿为左丞,王罴参知政事。

【纲】置太子右卫率府。 【目】命右丞相脱虎脱、御史大夫不里牙敦领府事,取河南蒙古军万人隶之。王约曰:"左卫率府,旧制有之,今置右府何为?诸公深思之,不可以累储宫也。"太子又命取安西兵器给宿卫士。约谓詹事完泽曰:"詹事移文千里取兵器,人必惊疑。主上闻之奈何?"完泽愧曰:"实虑不及此。"家令薛居言陕西分地五事,命往理之,约不为署行,语之曰:"太子,潜龙也,当勿用之时,为飞龙之事,可乎?"遂止。太子喜,谕群下曰:"事未经王彦博议者,勿启。"

【纲】九月,帝还大都。

疫盛行,民众死去很多,死尸横七竖八堆积在一起。父母卖儿卖女,夫妻失散,哭声震动原野,真令人惨不忍听。这都是因为我们这些官吏缺乏才能,却担当如此重任要职,以致于行政失误,阴阳顺序颠倒。我们甘愿退位,从而为真正的贤能之人让道。"皇帝说:"灾害的降临自有原因,这不是你们所能招来的。你们只是应当谨慎行事。"

【纲】九月,皇帝回到大都。

【纲】冬十月,任命西域僧人教瓦班为翰林学士承旨。

【纲】冬十一月,任命乞台普济为右丞相,脱脱为左丞相。

【纲】闰十一月,太傅哈剌哈孙去世。

【纲】皇帝下诏令官吏赎回灾荒年饥民卖掉的儿女。

【纲】任命赤因帖木儿为平章政事。

【纲】至大二年(己酉,1309),春三月,皇帝到上都。

【纲】秋八月,恢复尚书省建制,任命乞台普济为右丞相,脱虎脱为左丞相,三宝奴、乐实为平章政事,保八为右丞,忙哥铁木儿为左丞,王罴为参知政事。

【纲】建立太子右卫率府。　　【目】皇帝命令右丞相脱虎脱、御史大夫不里牙敦总领太子右卫率府中的各种事务,把驻守河南的蒙古军队约一万人归属府下统管。王约说:"太子左卫率府是往常的制度上就有的,如今又建立右卫率府干什么呢?你们各位大人要仔细想想,千万不能拖累了太子啊!"太子又下令要将驻在安西的军队的兵器取过来,送给守卫宫殿的卫士。王约对詹事官完泽说:"你发一纸公文,让人到千里以外去取兵器,外人知道了一定会又惊愕又疑虑。要是皇帝也知道了这件事,那又该怎么办呢?"完泽感到很惭愧,说道:"我实在没有考虑到这些。"太子家令薛居说起陕西分地的五件事,太子便命令薛居到陕西处理那些事情。王约不给他签署外出的公文,对他说:"太子是潜伏在水中的蛟龙,在不该他行动的时候,却要做本该由飞腾在天空的飞龙来做的事情,这怎么可以呢?"于是,薛居没能去陕西。太子非常高兴,对他的下属们说道:"凡事没有经过王约审议的,你们就不要对我说。"

【纲】九月,武宗皇帝回到大都。

【纲】冬十一月，以阿散为尚书左丞相，行中书平章政事。

【纲】庚戌，三年，春正月，征李孟入见，以为平章政事、同知枢密院事。　【目】初，孟既逃去，有谮于帝者曰："内难初定时，孟尝劝皇太子自取。"帝弗之信。一日，太子侍内宴，忽戚然改容。帝曰："吾弟何不乐？"太子从容起谢曰："赖天地、祖宗神灵，神器有归。然成今日母子、兄弟之欢者，李道复之功居多。适思之，不自知其变于色也。"帝即命搜访之，得于许昌陉山。召见，谓宰臣曰："此皇祖妣命为朕宾师者，宜速任之。"至是乃授中书平章事、集贤大学士、同知枢密院事。

【纲】立皇后弘吉剌氏。

【纲】二月，宁王阔阔出谋反，流于高丽。以乐实为尚书左丞相。

【纲】三月，帝如上都。

【纲】夏五月，荆、襄大水，山崩。

【纲】秋九月，帝还大都。

【纲】辛亥，四年，春正月，帝崩。

【纲】皇太子罢尚书省，诛脱虎脱、三宝奴、乐实、保八、王罴，流忙哥铁木儿于海南。　【目】皇太子以脱虎脱等变乱旧章，流毒百姓，凡误国者，欲悉按诛之。延庆使杨朵儿只谏曰："为政而首尚杀，非帝王治也。"太子感其言，特诛其尤者。既而御史言："脱虎脱等既正典刑，而党附之徒布在百司，若亨罗铁木儿、阔里吉思、乌马儿等奸贪害政；今中书方欲用为各省平章、参政等官，宜加罢黜。"从之。

【纲】冬十一月，任命阿散为尚书左丞相，下兼中书平章政事职务。

【纲】至大三年（庚戌，1310），春正月，诏请李孟入朝进见，任命他为平章政事及枢密院副职。　【目】当初，李孟为拒绝太子授官而逃走，有人在武宗皇帝面前诬陷说："宫中的变乱刚刚平息时，李孟曾经劝太子窃取帝位。"皇帝不信。有一天，太子在陪皇帝进餐时脸上忽然露出忧伤的神色。皇帝问道："兄弟，你为什么不高兴呢？"太子从从容容站起来谢道："仰仗天地与祖宗的神灵，皇帝大位得以归于兄长。但是，促使我们母子、兄弟能欢聚的，李孟的功劳最大。刚才我忽然想到了他，不知不觉中脸色就变了。"皇帝立即命人在各处寻访李孟，终于在许昌陉山（在今河南新郑县西南）找到了他。皇帝召见了他，并对几位大臣说："李孟是我已故的皇祖母为我找到的宾客师友，应当尽快地授给他官。"于是便授予李孟中书平章事、集贤大学士、同知枢密院事等官职。

【纲】立弘吉剌氏为皇后。

【纲】二月，宁王阔阔出谋逆造反，被流放到高丽。任命乐实为尚书左丞相。

【纲】三月，皇帝到上都。

【纲】夏五月，荆州、襄阳发生水灾。并发生山崩。

【纲】秋九月，皇帝回到大都。

【纲】至大四年（辛亥，1311），春正月，武宗皇帝去世。

【纲】皇太子撤销尚书省，将脱虎脱、三宝奴、乐实、保八、王黑杀死，将忙哥铁木儿流放到海南（今海南省）。　【目】皇太子因为痛恨脱虎脱等人改变原有的章法，使百姓受到毒害，便有意要把所有误国害民的官吏全部处死。延庆使杨朵儿只劝诫太子说："刚一当政就大开杀戒，这不是帝王治国所应采取的策略啊！"太子被他的话所感悟，决定只杀那几个特别坏的官僚。不久，御史官进谏说："脱虎脱等人虽然已被正法，但他们的党羽爪牙还散布在各个官司，比如孛罗铁木儿、阔里吉思、乌马儿等，就是奸恶贪婪、败坏政纲的奸徒。而现在中书省却想任用他们为各省的平章、参政等官，应当把他们罢黜才是。"太子听从

【纲】以铁木迭儿为右丞相,完泽、李孟并平章政事。

【纲】召先朝旧臣程鹏飞等十五人。 【目】召先朝谙知政务老臣程鹏飞、董士选、李谦、张驴、陈天祥、尚文、刘正、郝天挺、董士珍、萧斛、刘敏中、王思廉、韩从益、赵君信、程文海十五人诣阙,同议庶政。天祥等五人不至。谦至首陈九事,正陈八事,皆欲朝廷守成宪,开贤路,重名爵,节财用,兴学校,定律令,举切时弊。

【纲】二月,罢康里脱脱为江浙行省左丞相。

【纲】三月,皇太子即位,大赦。

【纲】宁夏地裂。

【纲】遣宦者李邦宁释奠于孔子。 【目】邦宁既受命行礼,方就位,忽大风起,殿上及两庑烛尽灭,烛台底铁鐏入地尺许无不拔者。邦宁悚息伏地,诸执事者皆伏,良久风息,乃成礼。邦宁因惭悔累日。

初,帝在东宫,邦宁知三宝奴等畏帝英明,乘间言于武宗曰:"陛下富于春秋,皇子渐长,父作子述,古之道也,未闻有子而立弟者。"武宗不悦,曰:"朕志已定,汝自往东宫言之。"邦宁惭惧而退。及帝即位,左右咸请诛之,帝曰:"帝王历数,自有天命,其言何足介怀!"加邦宁开府仪同三司,为集贤院大学士,寻卒。

【纲】秋闰七月,赐李孟爵秦国公。 【目】孟感帝知遇,颇以国事为己任。见当时赐予太广,名爵太滥,风俗太侈,僭拟无章,每劝帝言:"人君之柄在刑与赏,刑不足惩,赏不足劝,何以为治!"帝

御史的话。

【纲】任命铁木迭儿为右丞相，完泽、李孟同为平章政事。

【纲】召请前朝旧臣程鹏飞等十五人。 【目】召请前朝熟悉政务的老臣程鹏飞、董士选、李谦、张驴、陈天祥、尚文、刘正、郝天挺、董士珍、萧㪺、刘敏中、王思廉、韩从益、赵君信、程文海十五人到宫中，共同商议各种政务。陈天祥等五人没有来。李谦到了朝廷，首先提出九件事，刘正提出八件事，都是希望朝廷遵守旧定的法律，广开贤路，注重名爵，节省开支费用，兴办学校，制定法令。这些建议确实切中了当时的社会弊病。

【纲】二月，将康里脱脱罢为江浙行省左丞相。

【纲】三月，皇太子爱育黎拔力八达即皇帝位，大赦天下。

【纲】宁夏路发生地震。

【纲】派遣宦官李邦宁向孔子行释奠祭礼。 【目】李邦宁既已受命向孔子行释奠祭礼，刚刚就位，忽然刮起一阵大风，殿上及两廊点燃的蜡烛全都被吹灭了，烛台下端的尖铁柄本来插入地下有一尺来深，这时却全被大风拔了出来。李邦宁全身发抖，匍匐在地，那些参与祭祀的人也都伏在地上。过了好久，大风息止后，李邦宁等才完成了祭祀礼仪。这件事令李邦宁惭愧懊悔了好几天。

当初爱育黎拔力八达为皇太子的时候，李邦宁知道三宝奴等人对皇太子的英明果断感到害怕，便乘机对武宗皇帝说："陛下正当壮年，皇子也渐渐长大了，父亲创新而儿子继承，这是自古传下来的道理，没听说皇帝自己有儿子却要立弟弟为皇太子的。"武宗听后很不高兴，说道："我主意已定，你自己到太子面前去说这话吧！"李邦宁又惭愧又惊惧，赶忙退下。等到皇太子即位当了皇帝，他身边的大臣都请求杀了李邦宁，新即位的皇帝却说："由谁来做帝王，这自有天命决定。他的话又算得了什么？不值得介意！"又加李邦宁官职为开府仪同三司，并为集贤院大学士，不久死去。

【纲】秋闰七月，赐给李孟秦国公爵位。 【目】李孟感激皇帝的知遇之恩，常把国家的事情当作自己的责任。他看到当时皇帝对臣僚的赐予范围太广，名爵太滥，国风民俗又过于奢侈而超越本分，不成章法，

在怀州，深见吏弊，既即位，欲痛划除之。孟曰："吏亦当有贤者，在激厉之而已。"帝曰："卿儒者，宜与比曹气类不合，而曲为保护如此，真长者之言也。"尝谓之曰："朕在位，必卿在中书。"赐爵秦国公，图其像，命词臣赞之。每入见，称曰道复而不名。

【纲】增国子生为三百人。　【目】初，帝命李孟领国子学，谕之曰："国学，人材所自出。卿宜数课诸生，勉其德业。"至是，又谕省臣曰："昔世祖注意国学，如不忽木等皆蒙古人，而教以成材。朕今亲定国子生为三百人，仍增陪堂生二十人，通一经者以次补伴读，著为式。"既而孟等言："方今进用儒者，而老成日以凋谢，四方儒士有成材者，请擢任国学、翰林、秘书、太常或儒学提举等职，俾学者有所激劝。"帝从之，诏："自今勿限资给，果材而贤，虽白身亦任用之。"

【纲】冬十一月，复以阿散为平章政事。

仁宗皇帝

【纲】壬子，仁宗皇帝皇庆元年，春正月，制进翰林、国史院秩。　【目】帝谕省臣曰："翰林、集贤儒臣，须朕自选用，毋辄拟奏。人言御史台任重，朕谓国史院尤重；盖御史台是一时公论，国史院是万世公论。"于是升翰林、国史院秩从一品，寻敕博选中外才学之士居之。

便常常劝说皇帝："帝王的权力就在于刑罚与赏赐。如果刑罚不足以惩戒坏人，赏赐又不足以激励人上进，那还用什么来治理国家呢？"皇帝在怀州居住时，已深知当时吏治的弊病，如今既已即位为皇帝，便要坚决彻底地铲除这些弊病。李孟又说："官吏当中也有好的，对他们只要加以激励就可以了。"皇帝说："你是儒家君子，应当跟这类人在气质上有所不同。而你却这样委婉而周到地保护他们，你的话可真是有德行的长者之言啊！"皇帝还曾对李孟说："只要我在皇帝位上，就一定要你在中书省。"赐李孟秦国公爵位，让画工为他画像，并命令词臣作文赞颂他。李孟每次入见，皇帝都只称呼他的字——道复，而不直呼其名。

【纲】将国子监生员增加到三百名。 【目】起初，皇帝命令李孟领管国子学，对他说："国家设立的学校是培养人材的地方。你应当多多督促学生，鼓励他们努力修德学业。"到这时候，皇帝又对省臣们说："从前世祖就很注重国学教育，比如不忽木等都是蒙古人，却通过教育使他们成材了。我现在亲自确定国子生定员为三百人，并增加陪堂生二十人，凡能精通一种经书的便依次补为伴读生。今后就以此作为规定。"不久，李孟等人又向皇帝建议说："现在要选拔任用读书人，而老成的儒生学者却在一天天减少。天下四方读书人中有成材的，请求皇上提拔他们担任国家、翰林、秘书、太常或儒学提举等官职，从而使儒生学者受到激励，不断上进。"皇帝采纳了他们的建议，并下诏书说："从今以后不限资历深浅与家境穷富，如果真的才德俱备，即使是没有官职出身的人也可以任用为官。"

【纲】冬十一月，再次任命阿散为平章政事。

仁宗皇帝

【纲】仁宗皇帝皇庆元年（壬子，1312），春正月，皇帝爱育黎拔力八达下诏进升翰林院、国史院的品级。 【目】皇帝对省臣们说："翰林、集贤院的儒臣必须由我亲自选用，你们不要轻易上奏举荐。人们说御史台责任重大，我却认为国史院尤其重要。因为，御史台只关系着一时的公论，而国史院却关系着万世的公论。"于是进升翰林及国史院的品级为从一品，不久又命人广泛地搜寻选拔中外有才能学识的儒生来

【纲】夏四月,帝如上都。

【纲】五月,以阿散为左丞相,张驴为平章政事。

【纲】六月,敕左右勿侥幸乞加官。 【目】时朝廷封拜繁多,群臣无功而受王公之爵者,前后相继。于是诫左右勤职业,勿妄侥幸加官。御史中丞郝天挺言:"自先帝即位之时,大事初定,故于左右三五有功之人,爵之太高,遂使近倖之臣,因而相袭,王公师保,接迹于朝。比者虽令追印裁罢,曾未经岁,又复纷然。《春秋》云:'服之不衷,身之灾也。'是以朝廷名器重,则斗升之禄足以鼓舞豪杰;名器滥,则虽日拜卿相,而人不劝矣。"又言:"国初设官,在内须三十月,在外须三周岁,考其殿最,以为黜陟。比者省、院、台、部之臣,久者一二岁,少者三五月,甚有旬日之间而屡迁数易者。奔走往来之不暇,何暇宣风布化、参理机务哉!乞自今惟大臣可急阙选授,其余内外大小官属,必候任满,方许超迁,庶免朝除夕改、启幸长奸之弊。"

【纲】秋八月,帝还大都。

【纲】冬十二月,李孟罢,以张珪为平章政事。 【目】帝欲以伶人曹咬住为礼部尚书,珪曰:"伶人为宗伯,何以示后世!"力谏止之。

【纲】癸丑,二年,春正月,铁木迭儿罢,以秃忽鲁为右丞相。

担任翰林及国史院官职。

【纲】夏四月,皇帝到上都。

【纲】五月,任命阿散为左丞相,张驴为平章政事。

【纲】六月,皇帝告诫身边的大臣们不要侥幸乞求加官进爵。【目】当时朝廷封官拜职非常繁多,众多大臣中没有功劳却被授予王、公等爵位的前后相继不断。于是皇帝告诫众位大臣要勤于自己的职务,不要企图希望获得意外的加官进爵。御史中丞郝天挺说:"在武宗皇帝刚刚即位的时候,因为大事初定,所以对左右几位有功的大臣封赏太重,授给他们的爵位也太高。于是使那些善于投机取巧的宠臣也得以加官进职,王、公、师、保等高官充满了朝廷。近来皇帝虽然命令追回官印,裁减罢黜一些官员,但不到一年,又纷纷恢复原状。《春秋》上说:'衣服不合适,身体就会受损害。'所以,朝廷的官职爵位如果有份量,那么即使是一斗一升的俸禄,也足以使天下的英雄豪杰受到鼓舞;如果朝廷的官职爵位太多太滥,那么即使是每天都在封王公、拜卿相,人们也不会受到鼓励。"又说:"在刚刚建国的时候,皇帝每设立一个官职,在京城中必须经过三十个月,在外地则必须满三年,然后考核官吏的军功政绩是在上等还是在下等,再根据考核的结果决定官吏的升降使用。近年来各省、院、台、部的官员,长的任职一两年,短的才任职三五个月,甚至还有在十几天内就连续几次升迁、变换岗位的。官员们在路上奔波、在各上司部门走动还来不及呢,哪里还顾得上宣扬皇帝的恩德、教化民众、引导民风、处理政务呢?请求自今天起,除了重要大臣可以在急用时由皇帝直接选拔授职以外,其余在京城及外地任职的大小官吏,一定要等到任满后才允许提拔或降职。这样,或许可以避免朝令夕改及奸徒侥幸得官等等弊病。"

【纲】秋八月,皇帝回到大都。

【纲】冬十二月,李孟被罢官,张珪被任命为平章政事。【目】皇帝想要任命乐人曹咬住为礼部尚书,张珪说:"用乐人作尚书,后世会怎么看呢!"竭力劝谏皇上,使皇上打消了这个念头。

【纲】皇庆二年(癸丑,1313),春正月,罢黜铁木迭儿,任命秃忽鲁为右丞相。

【纲】三月,立皇后弘吉剌氏。

【纲】彗出东井。 【目】丞相秃忽鲁言:"频年亢旱,民黎艰食,而又陨霜雨沙,天象示警,皆由臣等燮理不职所致,乞罢黜以答天谴。"帝曰:"事岂关汝,其勿复言。"

【纲】夏四月,帝如上都。

【纲】五月,以乌伯都剌为平章政事。

【纲】六月,京师地再震。

【纲】诏以周敦颐、程颢、程颐、张载、邵雍、司马光、朱熹、张栻、吕祖谦、许衡并从祀孔子庙庭。

【纲】秋八月,帝还大都。

【纲】冬十一月,初诏行科举。 【目】初,世祖时,议定科举新制,未及行。至是,中书省臣复以为言,乃命定其条制。诏天下三岁一开科,蒙古、色目人与汉人、南人各命题。蒙古、色目人愿试汉人、南人科目,中选者加一等注授。

【纲】京师大旱,疫。 【目】帝问弭灾之道,翰林学士程钜夫举汤祷桑林事以对,帝叹曰:"此实朕之责也,赤子何罪!"

【纲】甲寅,延祐元年,春正月,诏求遗逸。

【纲】二月,秃忽鲁罢,以阿散为右丞相,赵世延参知政事。

【纲】三月,帝如上都。

【纲】夏六月,敕自今宦者勿得授文阶。

【纲】秋八月,帝还大都。地震。

【纲】九月,复以铁木迭儿为右丞相,阿散为左丞相。

【纲】冬十一月,诏吏坐赃罪者黥其面。

【纲】三月,立弘吉剌氏为皇后。

【纲】彗星从井星边出现。　【目】丞相秃忽鲁说:"连年大旱,百姓缺乏粮食,老天还要降严霜、下沙雨。这是上天在用各种灾害向人提出警告。这都因为我们这些大臣协调治理得不好,才招致如此多的灾害,请求皇上罢黜我,以响应上天的谴责。"皇帝说:"这些事跟你有什么关系!你不要再说这样的话了。"

【纲】夏四月,皇帝到上都。

【纲】五月,任命乌伯都剌为平章政事。

【纲】六月,京城又一次发生地震。

【纲】皇帝下诏,将周敦颐、程颢、程颐、张载、邵雍、司马光、朱熹、张栻、吕祖谦、许衡众位先哲列入孔子庙庭中陪祭。

【纲】秋八月,皇帝回到大都。

【纲】冬十一月,首次下诏举行科举考试。　【目】当初,在元世祖时,曾经商议确定新的科举制度,但没来得及实行。到这时,中书省官员又提出科举考试的问题,皇帝便命令制定科举的条例规章。下诏规定三年开一次科场,蒙古人、色目人与汉人、南人分别命题。蒙古人及色目人如果愿意考汉人、南人的科目,一旦考中,就加一等选授使用。

【纲】京都地区大旱,并发生瘟疫。　【目】皇帝询问消除灾难的办法,翰林学士程钜夫用商汤时在桑林向上天祷告的故事来回答皇帝。皇帝叹息说:"这确实是我的过错啊!黎民百姓有什么罪呢!"

【纲】仁宗皇帝延祐元年(甲寅,1314),春正月,皇帝下诏在民间寻访有才德的隐士。

【纲】二月,罢黜秃忽鲁,任命阿散为右丞相,赵世延为参知政事。

【纲】三月,皇帝到上都。

【纲】夏六月,皇帝宣令,从今天开始,宦官不许任文职官员。

【纲】秋八月,皇帝回到大都。【纲】发生地震。

【纲】九月,再次任命铁木迭儿为右丞相,阿散为左丞相。

【纲】冬十一月,皇帝下诏,官吏犯贪赃罪的,要在他脸上刺字涂墨,以示刑罚。

【纲】十二月，复以李孟为平章政事。

【纲】复以齐履谦为国子司业。 【目】初，履谦与吴澄俱在国学。既罢去，学制稍废。至是，复以履谦为司业，乃酌旧制，议立升斋积分之法，每季考其学行，以次第升。既升上斋，逾再岁始与私试。辞理俱优者一分，辞平理优者为半分，岁终积至八分者为高等。礼部、集贤岁选六人以贡。帝从其议。

【纲】乙卯，二年，春正月，遣使巡行天下。

【纲】三月，初赐进士护都沓儿、张起岩等五十六人及第、出身有差。

【纲】张驴罢。夏四月，帝如上都。

【纲】五月，成纪县山移。 【目】是夜，疾风电雹，北山南移至西河川，次日再移；平地突出土阜，高者二三丈，陷没民居。监察御史马祖常言："山不动之物，今而动焉，由在野有当用不用之贤，在官有当言不言之佞，故致然耳。"

【纲】加宦官续元晖昭文馆大学士。

【纲】秋八月，帝还大都。以赵世延为御史中丞。冬十月，以郭贯为参知政事。

【纲】十一月，彗见紫微垣，赦。

【纲】立武宗子和世㻋为周王，出镇云南。 【目】初，武宗既立帝为太子，后丞相三宝奴复劝立和世㻋，召康里脱脱言之。脱脱曰："太弟曩定宗社，居东宫已久，兄弟叔侄，世世相承，孰敢紊其序乎！"三宝奴曰："今日兄已授弟，异日能保叔授其侄乎？"脱脱曰："在我不可渝。彼失其信，天实鉴之。"至是议立太子，丞相铁木迭儿欲徼宠，请立皇子硕德八剌，又与太后幸臣失烈门谮王于两

【纲】十二月,再任命李孟为平章政事。

【纲】又任命齐履谦为国子司业。　【目】当初,齐履谦和吴澄都在国子监任职。齐履谦罢官以后,国子监的制度便有所废驰。这时,皇帝又任命齐履谦为国子司业,他便参考原来的制度,商议订立"升斋积分"法,规定在每个季度都要考察国子生的学业与品行,按成绩的优劣逐渐升级。已经升为上斋的,再过两年才可以参加单独考试。考试时文辞与义理都达到优等的,记一分;文辞平庸而义理优秀的,记半分;到年底总积分达到八分的为最高一等。礼部、集贤院每年选出六个人来协助考试。皇帝采纳了他的建议。

【纲】延祐二年(乙卯,1315),春正月,皇帝派遣使者巡行全国。

【纲】三月,第一次赐考中进士的护都沓儿、张起岩等五十六人为进士及第、进士出身等。

【纲】张驴被罢官。【纲】夏四月,皇帝到上都。

【纲】五月,成纪县(今甘肃天水)有山移动了位置。　【目】这一夜,狂风呼啸,电闪雷鸣,冰雹降落,成纪县的北山向南移动到夕河川,第二天,再次移动。平地上隆起大土包,高的有二三丈,有的居民住房陷没在地下。监察御史马祖常说:"山应当是永久不动的东西,现在却移动了,这是由于在民间有应当任用却没有任用的贤才,而在官吏中有应当说却不说的奸佞之人。这才导致山峰移动啊!"

【纲】加升宦官续元晖为昭文馆大学士。

【纲】秋八月,皇帝回到大都。任命赵世延为御史中丞。冬十月,任命郭贯为参知政事。

【纲】十一月,彗星出现在紫垣星旁,皇帝大赦天下。

【纲】立武宗皇帝的儿子和世㻋为周王,命令他离开京都,去镇守云南。　【目】当初,武宗皇帝已经立弟弟爱育黎拔力八达为太子,后来丞相三宝奴又劝武宗立儿子和世㻋为太子,先召来康里脱脱商议。康里脱脱说:"皇太弟昔日为江山社稷的稳定出了大力,他被立为太子已经有好长时间了。帝位在兄弟叔侄之间代代相传,谁敢把他们的次序弄乱呢?"三宝奴说:"今天哥哥已经把继承皇位的权力授给了弟弟,谁敢担保将来叔叔能把皇位传给侄儿呢?"康里脱脱说:"我认为这

宫，遂封为周王，遣出镇云南。

【纲】诏免江浙等三省自实田租二年。

【纲】丙辰，三年，春三月，帝如上都。平章政事张珪谢病归。

【纲】太史令郭守敬卒。【目】守敬之学，长于天文、水利。太史令王恂以学自负，每见守敬制度精巧，深叹服之。

【纲】夏五月，以伯铁木儿、萧拜住并为平章政事。

【纲】秋八月，帝还大都。

【纲】冬十月，以赵孟頫为翰林学士承旨。【目】帝在东宫，素知其名，及即位，召除集贤侍讲学士。至是，拜翰林学士承旨。有间之者，言国史不宜令孟頫与。帝曰："子昂，世祖所简拔，朕置之馆阁，使典述作，传之后世。此属呶呶何也？"复厚赐之。

【纲】十一月，周王和世㻋逃居漠北。

【纲】立子硕德八剌为皇太子。

【纲】丁巳，四年，春三月，帝如上都。

【纲】夏四月，不雨。【目】帝尝夜坐，谓侍臣曰："雨旸不时，奈何？"萧拜住曰："宰相之过也。"帝曰："卿不在中书邪？"拜住惶愧。顷之，帝露香祷于天。既而大雨，左右以雨衣进，帝曰："朕为民祈雨，何避焉！"

【纲】五月，以赤因铁木儿、阿卜海牙并为平章政事。六月，铁

应该是确定不变的。如果将来皇太弟不守信义，那么上天会作出决断的。"到这时仁宋皇帝找人商议立太子的事，丞相铁木迭儿想邀取皇帝的宠爱，便请求立皇子硕德八剌，又与皇太后的宠臣失烈门在皇帝及太后面前诬陷和世㻋，于是皇帝封和世㻋为周王，派他去镇守云南。

【纲】皇帝下诏免除江浙等三个行省两年的自用田田租。

【纲】延祐三年（丙辰，1316），春三月，皇帝到上都。平章政事张珪以身体有病请求辞官归乡。

【纲】太史令郭守敬去世。　【目】郭守敬擅长天文、水利方面的学问。太史令王恂一贯以有学问而自负，每每看到郭守敬无论是制作还是度量都十分精巧准确，只能深表佩服，自叹不如。

【纲】夏五月，任命伯铁木儿、萧拜住同为平章政事。

【纲】秋八月，皇帝回到大都。

【纲】冬十月，任命赵孟頫为翰林学士承旨。　【目】皇帝在当太子的时候，就已经知道赵孟頫的名气；等到即位当了皇帝，便召请赵孟頫，并任命他为集贤院侍讲学士。这时又拜他为翰林学士承旨。有人挑拨离间，说不应该让赵孟頫参预国史院事务。皇帝说："赵孟頫是世祖皇帝选拔出来的人才，我把他安置在翰林院，让他掌管书写朝廷典章，从而传给后世。这些人为什么喧喧嚷嚷的？"再次重重地赏赐了赵孟頫。

【纲】十一月，周王和世㻋逃离云南，跑到蒙古大沙漠以北地区藏身。

【纲】皇帝立自己的儿子硕德八剌为皇太子。

【纲】延祐四年（丁巳，1317），春三月，皇帝到上都。

【纲】夏四月，天旱不雨。　【目】皇帝曾经在深夜里端坐不睡，问身边的侍臣："天不按时下雨，该怎么办呢？"萧拜住说："这是宰相的过失。"皇帝说："你不是也在中书省任职吗？"萧拜住深感惭愧而惶恐。过了一会儿，皇帝在露天地方焚香祈祷，祈求上天降雨。不久，大雨倾盆而下，身边的侍臣给皇帝送来雨衣，皇帝说："我为黎民百姓求雨，为什么要避雨呢！"

【纲】五月，任命赤因铁木儿、阿卜海牙同为平章政事。六月，罢黜

木迭儿罢,以阿散为右丞相。以乌伯都剌复为平章政事。秋七月,李孟罢,以王毅为平章政事。

【纲】赐卫士钱帛。 【目】帝出见卫士有弊衣者,驻马问之,对曰:"戍守边镇逾十五年,以故贫耳。"帝曰:"此辈久劳于外,留守臣未尝以闻,非朕亲见,何由知之!自今有类此者,必言于朕。"因命赐之钱帛。

【纲】八月,帝还大都。 【目】帝在御已久,犹居东宫,而饮酒无度。监察御史马祖常上书言:"天子承天继统,当极保爱。玉食之御,犹审五味之宜;酒醴之供,可不思百拜之义!大内正衙,朝贺之地,虽陛下不忘东宫之旧,窃虑起民间观听之疑。且国家百年,朝仪尚阙。诚使群臣奏对之际,御史执简,史官执笔,则虽有怀奸利、乞官赏者,不敢出诸其口。乞令中书集议,或三日、二日,常出视朝,则治道昭明,生民之福也。"

【纲】九月,以伯答沙为右丞相,阿散复为左丞相。 【目】初,阿散奏事毕,帝问曰:"卿等日所行者何事?"对曰:"奉行诏旨而已。"帝曰:"卿等何尝奉行朕旨!虽祖宗遗训,朝廷法令,皆不遵守。夫法者,所以辨上下,定民志,自古未有法不立而天下治者。使人君制法,宰相能守法,则民知畏避,免于刑戮;若法弛民慢,怨言并兴,求治难矣!"阿散因言:"故事,丞相必用蒙古勋臣;阿散,西域人,不厌人望。"因恳辞。遂以宣徽使伯答沙为右丞相,阿散仍左丞相。

铁木迭儿，任命阿散为右丞相，乌伯都剌为平章政事。秋七月，罢李孟官职，任命王毅为平章政事。

【纲】皇帝赐给卫士们银钱及布帛。 【目】一次皇帝外出，见随行的卫士当中有穿破衣裳的，便停住马询问。那卫士回答说："我戍守边疆重镇，服役十五年还多，因此贫穷。"皇帝说："这些人长年在边疆野外辛苦服役，而留守在京都中的大臣却从没向我提起过他们。如果不是我亲眼看见，我又怎么会知道他们是这样辛苦而穷困！今后若有这样的事情，你们一定要告诉我。"因此下令赐给卫士银钱及布帛。

【纲】八月，皇帝回到大都。 【目】皇帝即位已经好长时间，却一直居住在东宫，而且饮酒毫无节制。监察御史马祖常上书说："天子继承大位，一统天下，应当极力保护、爱惜自己的身体。享用精美而珍贵的食品时，还要注意酸、甜、苦、辣、咸五味的调配呢，难道饮酒就不需要想想是否该郑重其事吗？皇宫正殿是君臣朝会庆贺的地方，虽然陛下不忘记在东宫度过的岁月，对东宫很有感情，但作为皇帝却一味住在东宫，我私下认为怕引起百姓对陛下德行的怀疑。再说，建国虽然已经将近百年，但各种朝贺礼仪还不具备。假若真的在群臣向皇帝奏疏对答的时候，旁边有御史捧着竹简，史官握笔在竹简上作着记录，那么即使有心藏邪念，想为自己谋求私利、求官职、求赏赐的小人，他们也不敢把心中的私念说出口来。请求陛下命令中书省官员聚集商议朝会之事，或三天一次，或两天一次，陛下经常出来与群臣见面，那么国家政治就会日益清明，这也是广大民众的福份啊！"

【纲】九月，任命伯答沙为右丞相，阿散恢复为左丞相。 【目】起初，在阿散奏报事情完毕时，皇帝问道："你们每天都干些什么？"阿散回答说："不过是按皇上的旨意去行动罢了。"皇帝说："你们什么时候按我的旨意行动过？即使是前代皇帝的遗训及朝廷的法令，你们也都不遵守。法律是用来区别上下尊卑、稳定民心民志的，自古以来没有不立法令却能把天下治理好的。假若皇帝制定法令，宰相能首先守法，那么百姓就有所畏惧，避免犯法，从而避免受到刑罚；假若执法松懈，百姓无所畏惧，那就会怨言四起，要想求得国家的安宁稳固就很难了！"阿散说："按照朝廷旧有的规矩，丞相一定要由蒙古功臣来担任。

【纲】岭北地震三日。

【纲】戊午,五年,春二月,写金字佛经。
【纲】夏四月,以千奴、史弼并为平章政事。
【纲】帝如上都。秋八月,帝还大都。
【纲】九月,以亦列赤为平章政事。
【纲】己未,六年,夏四月,帝如上都。
【纲】以铁木迭儿为太子太师。 【目】铁木迭儿家居未逾年,复夤缘起为太子太师。中外闻之,莫不惊骇。时御史中丞赵世延论其不法数十事,并内外台劾其不可辅导东宫者又四十余人,然以太后之故,皆不听。

【纲】扬州火。
【纲】六月,山东、淮南诸路大水。
【纲】秋八月,帝还大都。
【纲】冬十二月,诏太子参决朝政。
【纲】庚申,七年,春正月朔,日食。帝崩。

【纲】伯答沙罢。
【纲】太后以铁木迭儿为右丞相。 【目】帝崩方四日,铁木迭儿遂以太后命,复入中书。后数日,参议省事乞失监有罪应杖,太后又欲笞之。太子曰:"不可。法者,天下之公,徇私而轻重之,非所以正天下也。"徽政院使失烈门复以太后命,请迁转朝官。太子曰:"此岂除官时邪?且先帝旧臣,岂宜轻动?俟予即位之后,议于宗亲元老,贤者任之,邪者黜之可也。"

我阿散是西域人，虽在丞相位上，却不能让众人信服。"于是恳求辞职。皇帝便任命原来的宣徽使伯答沙为右丞相，阿散还做左丞相。

【纲】岭北行省（治和宁路，今蒙古乌兰巴托）在三天内连续发生地震。

【纲】延祐五年（戊午，1318），春二月，用金字书写佛教经典。

【纲】夏四月，任命千奴、史弼同为平章政事。

【纲】皇帝到上都。秋八月，皇帝回大都。

【纲】九月，任命亦列赤为平章政事。

【纲】延祐六年（己未，1319），夏四月，皇帝到上都。

【纲】任命铁木迭儿为太子太师。【目】铁木迭儿被罢官以后，在家闲居不到一年，又凭借关系进行钻营，被任命为太子太师。中外远近的人们听到这个消息，无不感到震惊。当时任御史中丞的赵世延专门指摘铁木迭儿横行不法的事情，共有几十件；还有内外大臣四十多人上书指斥铁木迭儿不能担当辅导太子的重任。但因为皇太后庇护的缘故，众人的指责与建议都没起任何作用。

【纲】扬州发生火灾。

【纲】六月，山东、淮南等路发生水灾。

【纲】秋八月，皇帝回到大都。

【纲】冬十二月，皇帝下诏，让太子参预朝廷政治的决策。

【纲】延祐七年（庚申，1320），春正月初一，出现日食。仁宗皇帝去世。

【纲】罢伯答沙右丞相官职。

【纲】太后任用铁木迭儿为右丞相。【目】皇帝死后才四天，铁木迭儿就奉太后的命令，重新进入中书省。几天以后，参议省事乞失监犯罪应受杖责，太后却还想用板子打他。太子说："不能这样做。法律是天下最公道的准则，假如凭着个人的私心去改变法律，想轻就轻，想重就重，那就不能用法律正天下、治万民了。"徽政院使官失烈门又奉太后的命令，要求将现有的朝官或升或降，或留或遣。太子说："这是升降官员的时候吗？况且对先帝朝中的旧臣，岂能轻易变动！等我即位以后，与同宗亲属及元老大臣商议，朝官中凡贤能的继续留任，邪恶的就

【纲】二月，太子以黑驴、赵世荣并为平章政事。

【纲】铁木迭儿杀前中书平章政事萧拜住、御史中丞杨朵儿只。

【纲】三月，太子即位，大赦。尊皇太后为太皇太后，皇后为皇太后。加铁木迭儿太师。

【纲】夺李孟封爵，左迁为集贤侍讲学士。 【目】铁木迭儿以孟初不附己，谗构于上，尽夺其前后封拜制命，仆其先墓碑，左迁为集贤侍读学士；欲因其不就，中害之。孟拜命欣然。帝谓铁木迭儿子八尔吉思曰："尔辈谓孟不肯为是官，今何如？"由是无敢言者。

【纲】以拜住为平章政事。

【纲】夏四月，帝如上都。

【纲】近臣献七宝带，却之。 【目】有献七宝带者，因近臣以进，帝曰："朕登大位，不闻卿等进贤而为人献带，是以带诱朕也。其还之。"

【纲】五月，阿散罢。以拜住为左丞相；乃剌忽、塔失海牙并平章政事。

【纲】平章政事黑驴、御史大夫秃秃哈等谋逆，伏诛。

【纲】以铁木儿脱为平章政事。六月，以康里脱脱为御史大夫。秋七月，乃剌忽罢，以廉恂为平章政事。

【纲】八月，下四川平章政事赵世延狱。 【目】初，世延既解中丞，出为四川平章，铁木迭儿犹怨之不已；仁宗崩，即属其党诬告之，逮世延置对。既遇赦，犹锻炼成狱，请置极典。诏以经赦，置不问。铁木迭儿更以他事罔上，系之于狱，逼令自裁，世延终无屈。

罢黜他。"

【纲】二月,太子任命黑驴、赵世荣同为平章政事。

【纲】铁木迭儿杀害前任中书平章政事萧拜住和御史中丞杨朵儿只。

【纲】三月,皇太子硕德八剌即位,大赦天下。尊封皇太后为太皇太后,皇后为皇太后。加封铁木迭儿为太师。

【纲】夺回李孟的秦国公爵位,把他降为集贤院侍讲学士。
【目】铁木迭儿因为当初李孟不投靠自己而怀恨在心,这时在皇帝面前说李孟的坏话,罗织李孟的罪名,终于将先前皇帝几次封赏李孟的爵位、诏书等全部夺回,推倒李孟祖宗的墓碑,并将李孟降为集贤侍讲学士。铁木迭儿想以李孟不屈就借机杀害他。没想到李孟很痛快地接受了侍讲学士的职位。皇帝对铁木迭儿的儿子八尔吉思说:"你们这些人说李孟不肯做集贤侍讲学士这样的官,现在你们还有什么话说?"因此没有人敢再来说李孟的坏话。

【纲】夏四月,任命拜住为平章政事。

【纲】皇帝到上都。

【纲】皇帝身边的侍臣献七宝带给皇上,被皇帝拒绝了。【目】有人想把七宝带献给皇上,由皇帝的侍臣转送给皇上。皇帝说:"我登上皇帝大位以来,没听见你们推荐有才能的贤士,却看见你们替别人献带子。这是用宝带引诱我啊!快还给人家!"

【纲】五月,阿散被罢官。任命拜住为左丞相,乃剌忽、塔失海牙同为平章政事。

【纲】平章政事黑驴、御史大夫秃秃哈等人密谋废除刚刚即位的皇帝,重立别人。事情败露后,黑驴等人被处死。

【纲】任命铁木儿脱为平章政事。六月,任命康里脱脱为御史大夫。秋七月,罢黜乃剌忽,任命廉恂为平章政事。

【纲】八月,四川平章政事赵世延被投入监狱。【目】起初,赵世延已被解除御史中丞的职务,离开朝廷,做了四川平章政事,铁木迭儿仍然对他怨恨不已。仁宗皇帝去世后,铁木迭儿就吩咐他的党羽诬告赵世延,将他逮捕,对证公堂。皇帝已经赦免了赵世延,而铁木迭儿还想罗织罪名,将赵世延陷害下狱,并请求皇上判赵世延死刑。皇帝下诏

【纲】冬十月,帝还大都。

【纲】十一月,始服衮冕,享太庙。 【目】帝将以四时躬享太庙,命礼官与中书翰林集议其礼。制曰:"此追远报本之道也,毋以朕劳于对越,而有所损焉。"至是,以恭谢太庙,乃备法驾,服衮冕以行礼。至仁宗室,辄歔欷流涕,左右莫不感恸。自是始以明年正月,四时亲享,岁以为常。礼毕,还宫,鼓吹交作,万姓耸观,百年废典,一旦复见,至有感泣者。

【纲】河南饥。 【目】帝问其故,群臣皆莫对。帝曰:"良由朕治道未洽,卿等又不尽职,致阴阳不和,灾害荐至。自今宜各务勤恪以应天心,毋使吾民重困。"

【纲】诏上书言事者得专达。

英宗皇帝

【纲】辛酉,英宗皇帝至治元年,春正月,罢元夕张灯于禁中。【目】帝欲以元夕张灯,禁中为鳌山。时张养浩以礼部尚书参议中书省事,遂具疏因拜住以谏曰:"世祖临御三十余年,每值元夕,间阎之间,灯火亦禁;况阙庭宫掖之严邃,尤当戒慎。今灯山之构,所玩者小,所系者大;所乐者浅,所患者深。"帝大怒,既而喜曰:"非张希孟不敢言。"即罢之,赐养浩尚服、金织帛,以旌其直。

说，既然已经赦免，就不该再问罪。铁木迭儿便用其他的事情欺骗皇上，将赵世延逮捕下狱，并逼迫他自尽。赵世延从始至终没有屈服。

【纲】冬十月，皇帝回到大都。

【纲】十一月，首次穿戴皇帝冠冕服饰，祭祀太庙。　【目】皇帝想要在四季亲自到太庙祭祀，便命令礼官与中书翰林等集体商议祭祀的礼仪。皇帝的诏书说："四季祭祀太庙，这是追根溯源、不忘根本的表现，你们不要怕我在祭祀时过度劳累而删简祭祀的礼仪。"到这时要恭谢列祖列宗，便准备好各种法器、车驾，穿戴好礼服冠冕，到太庙行礼拜祭。当走进仁宗皇帝灵位所在的屋子时，皇帝悲声哭泣，左右大臣无不为之感动。从此便规定从明年正月开始，每个季度皇帝都亲自去太庙行礼，年年如此。行礼完毕，皇帝返回皇宫，一路上吹吹打打，鼓乐交响。百姓们都惊喜交加地观看着。被废弃了近百年的祭祀典礼今天又出现，百姓们都很激动，有的人还感动得流下泪来。

【纲】十二月，河南饥荒。　【目】皇帝询问饥荒的缘由，众位大臣都无言以对。皇帝说："这一定是由于我所推行的治国策略不合适，而你们这些大臣又不能尽职尽责，因而导致阴阳不和，灾害相接。自今天开始，各位务必要勤勉谨慎，以顺应天心，不要让我的良民百姓再陷入灾荒穷苦的深渊。"

【纲】诏令上书言事的人，要直接传达到皇帝那里。

英宗皇帝

【纲】英宗皇帝至治元年（辛酉，1321），春正月，取消元宵节在宫中放花灯的计划。　【目】皇帝本想在元宵节时在宫中大放花灯，堆叠彩灯成为灯山。当时张养浩是礼部尚书，同时参议中书省事务，于是他就写了一道奏疏，通过拜住向皇帝进行劝谏说："世祖皇帝在位三十多年，每到元宵节时，连民间放花灯也下令禁止；况且皇宫殿宇威严而深邃，尤其应当提高警惕，谨慎从事。现在皇帝要在宫中堆叠灯山，这种事情虽是小小的玩乐行为，但它却关系重大；皇帝从中得到的欢乐是浅薄的，而灯山下所隐伏的祸患却很深重。"皇帝听后不禁大怒，过了一会儿又转怒为喜，说道："除了张养浩，没人敢说这样的话。"于是取消在

【纲】二月,杀监察御史观音保等。【目】时敕建西山佛寺甚亟,御史观音保、锁咬儿、哈的迷失,成珪、李谦亨以岁饥,且东作方兴,上章极谏。帝怒,杀观音保、锁咬儿、哈的迷失,杖珪、谦亨,流奴儿干地。

【纲】三月,帝如上都。以铁失为御史大夫,领侍卫亲军都指挥使。

【纲】夏四月,迁武宗子图帖睦尔于琼州。

【纲】六月,以只儿哈郎为平章政事。

【纲】秋九月,帝还大都。

【纲】冬十二月,立皇后亦启烈氏。

【纲】壬戌,二年,春正月,敕有司恤孔氏子孙贫乏者。

【纲】二月,以钦察、买闾并为平章政事。

【纲】夏四月,帝如上都。

【纲】秋八月,铁木迭儿卒。

【纲】九月,太皇太后弘吉剌氏崩。

【纲】九月,京师地震。

【纲】冬十月,以拜住为右丞相。

【纲】十二月,复以张珪为平章政事。

【纲】癸亥,三年,春正月,起王约、吴元珪、韩从益商议中书省事。吴澄为翰林直学士。【目】时约等以年老致仕。丞相拜住一新政务,尊礼老臣,传诏复起约等,俾以其禄家居,每日一至中书省议事,至治之政,多所参酌。澄,延祐初诏起为集贤直学士,以疾不果行。至是以拜住荐,起为翰林直学士。

宫中堆灯山的计划，并赐给张养浩尚服及用金线织成的布帛，用来表扬他的耿直。

【纲】二月，杀死监察御史观音保等人。【目】当时皇帝下令建造西山（西山，即今北京市西直门外西山）佛寺。而且非常急迫地要求早日建成。监察御史观音保、锁咬儿、哈的迷失、成珪、李谦亨等因为考虑到上年歉收，而且时值新春，许多事情都刚刚开始，便向皇帝上疏，极力劝谏不要急于修造佛寺。皇帝大怒，杀害观音保、锁咬儿及哈的迷失；成珪、李谦亨受到杖责后，被流放到奴儿干国（今吉林境内）。

【纲】三月，皇帝到上都。任命铁失为御史大夫，兼领侍卫亲军都指挥使的职务。

【纲】夏五月，将武宗皇帝的儿子图帖睦尔迁徙到琼州（治琼山县，今海南琼山）。

【纲】六月，任命只儿哈郎为平章政事。

【纲】秋九月，皇帝回到大都。

【纲】冬十二月，立赤启烈氏为皇后。

【纲】至治二年（壬戌，1322），春正月，皇帝命令地方官救济孔子的后代中那些贫穷的人。

【纲】二月，任命钦察、买闾同为平章政事。

【纲】夏四月，皇帝到上都。

【纲】秋八月，铁木迭儿去世。

【纲】九月，太皇太后弘吉剌氏去世。

【纲】九月，京城发生地震。

【纲】冬十月，任命拜住为右丞相。

【纲】十二月，再次任命张珪为平章政事。

【纲】至治三年（癸亥，1323），春正月，起用王约、吴元珪、韩从益一道商议中书省事务。任用吴澄为翰林直学士。【目】当时王约等人已经因为年老而退休。拜住任丞相以后，使朝廷政务焕然一新。他尊重礼遇年老的大臣，并传皇帝的旨意，重新起用王约等人，让他们拿着朝廷的俸禄，却住在家里，每天到中书省去一次，共同商议国家大事。英宗皇帝至治年间的政治策略，好多都经过王约等老臣的参议与斟酌。

【纲】出赵世延于狱。

【纲】二月,敕写金字《藏经》。 【目】时方书金字《藏经》。帝在上都,使左丞速速诏学士吴澄为序,澄曰:"主上写经,为民祈福,甚盛举也。若用以追荐,臣所未谕。盖福田利益,虽人所乐闻,而轮回之说,不过谓为善者死,则上通高明,其极品与日月齐光;为恶者死,则下沦污秽,其极下与沙虫同类;其徒遂创为荐拔之论,以惑世人。今列圣之神,上同日月,何庸荐拔?且自国初以来,凡写经追荐不知其几,若未效,是无佛法矣;若已效,是诬其祖矣。撰为文辞,不可以示后世。"

【纲】三月,帝如上都。

【纲】夏五月,大风拔木。

【纲】奉元行宫正殿灾。 【目】帝语群臣曰:"世皇建此宫室,至朕而毁,实朕不能图治之故也。"尝御大安阁,见太祖、世祖遗衣,皆缣素木绵,重加补缀,嗟叹良久,谓侍臣曰:"祖宗创业艰难,服用节俭乃如此,朕焉敢顷刻忘之!"

【纲】秋八月,癸亥,御史大夫铁失弑帝于南坡及右丞相拜住。 【目】初,铁木迭儿既夺爵籍产,铁失等以奸党不安。帝在上都,以夜寐不宁,命作佛事;拜住以国用不足谏止之。既而惧诛者复阴诱群僧,言国当有厄,非作佛事大赦,无以禳之。拜住叱曰:"尔辈不过图得金帛而已,又欲庇有罪邪?"奸党闻之,益惧,乃生异谋。至是,帝自上都南还,驻跸南坡。是夕,铁失与知枢密院事也先

吴澄在仁宗皇帝延祐初年被诏起为集贤直学士，但因为他当时有病，所以没有去赴任。到这时因为有拜住的推荐，被起用作了翰林直学士。

【纲】将赵世延从监狱中释放出来。

【纲】二月，皇帝下令用金字书写《藏经》。 【目】当时正在书写金字《藏经》，皇帝在上都，派遣左丞相速速去请翰林学士吴澄为《藏经》作序。吴澄说："皇上书写经文，为百姓祈求幸福，这是非常隆重的举动。若是要用经文来超度死去的人，这就是我所不明白的了。大概所谓的'福田利益'，虽然是人们乐意接受的，但那种生死轮回的说法，不过是说做善事的人死后可以上通高尚明亮的地方，最好的还能与太阳、月亮一样光照人间；而做恶事的人死了，则向下沦落到肮脏污秽的地方，最坏的便与泥沙、昆虫一样。那些讲生死轮回的人们因此而创立所谓超拔的谬论，用来迷惑世人。现在，已故众位皇帝的精神本来就与日月相同，哪里用得着超拔！况且，自建国初期至现在，也不知写过多少经文，超度过多少次亡魂了。如果至今还没产生效验，那就说明没有所谓的佛法；如果已经有了效验，那么皇帝就是在向世人说明他的祖先是有罪恶的。如果把这些写成文章，那是不能让后代看见的。"

【纲】三月，皇帝到上都。

【纲】夏五月，大风把树连根拔起。

【纲】奉元行宫的正殿被火烧毁。 【目】皇帝对群臣说："世祖皇帝建造的这座宫殿，传到朕时被火烧毁了，这实在是因为朕不能励精图治造成的呀！"皇帝曾经到大安阁去，看见太祖、世祖遗留下来的衣物，都是普通的丝绢棉布，而且缝补过多次，不禁感慨叹息了好久，并对跟随在身边的侍臣说："祖宗创业艰难，他们在穿衣服及日常用度上竟是这样的节俭！我是一刻也不敢忘记啊！"

【纲】秋八月，癸亥日，御史大夫铁失在南坡杀害了皇帝，以及右丞相拜住。 【目】起初，铁木迭儿被剥夺爵位，他的家产被籍没归公，铁失等人因为是铁木迭儿的党羽，所以惴惴不安。皇帝在上都，由于夜晚睡不踏实，便命令僧人作佛事驱除邪祟。右丞相拜住用国家财力不足为理由，劝阻皇帝取消了这个命令。不久，铁失等害怕杀身的奸徒又暗中引诱那些僧人，与他们勾结在一起，声称国家当有灾难，不作

铁木儿、诸王按梯不花等谋逆,铁失先与前平章政事赤斤铁木儿杀右丞相拜住,而铁失直犯禁幄,手弑帝于卧所。时年二十一。

【纲】诸王按梯不花等奉玺绶迎晋王也孙铁木儿于北边。九月,晋王即位于龙居河,赦。

【纲】以也先铁木儿为右丞相,倒剌沙为平章政事,铁失知枢密院事。

【纲】冬十月,铁失、也先铁木儿等伏诛。以乌伯都剌为平章政事。

【纲】十一月,帝至大都。

【纲】十二月,追尊考晋王为皇帝,母弘吉剌氏为皇后。

泰定皇帝

【纲】甲子,泰定皇帝泰定元年,春正月,以乃蛮台为平章政事,召图帖睦尔于琼州。

【纲】二月,开经筵。　【目】江浙行省左丞赵简请开经筵及择师傅,令太子及诸王大臣子孙受学。章上,遂命平章政事张珪、翰林学士承旨忽都鲁都儿迷失、学士吴澄、集贤直学士邓文原、王结等以《帝范》《资治通鉴》《大学衍义》《贞观政要》等书进讲。

【纲】立皇后八不罕氏。立子阿速吉八为皇太子。

【纲】夏四月,帝如上都。大风地震。

【纲】秋八月,帝还大都。十月,封图帖睦尔为怀王,徙云南王

佛事大赦，就不能解除这场灾祸。拜住斥责他们说："你们这些和尚，不过是想得到一些钱财而已，难道你们还想庇护那些有罪的奸邪之徒吗？"铁木迭儿的奸党听到拜住的话后，心里更加恐惧，于是便产生了谋杀皇上的歹心。到这时候，皇帝从上都向南要返回大都，夜晚住在南坡。这天夜里，铁失与知枢密院事也先铁木儿、诸王按梯不花等共谋叛逆。铁失先和从前任过平章政事的赤因铁木儿一起杀害了右丞相拜住，然后铁失直接冲进皇帝的住处，亲手把皇帝杀死在床上。英宗皇帝当时年仅二十一岁。

【纲】诸王按梯不花等人带着国玺、绶印等到北部边疆迎接晋王也孙铁木儿。九月，晋王在龙居河即皇帝位，大赦天下。

【纲】任命也先铁木儿为右丞相，倒刺沙为平章政事，铁失知枢密院事。

【纲】冬十月，铁失、也先铁木儿等被处死。任命乌伯都刺为平章政事。

【纲】十一月，皇帝到大都。

【纲】十二月，追尊已放的晋王父亲为皇帝，尊封母亲弘吉刺氏为皇后。

泰定皇帝

【纲】泰定皇帝泰定元年（甲子，1324），春正月，任命乃蛮台为平章政事。从琼州召回图帖睦尔。

【纲】二月，开设研读经史的御前讲席——经筵。【目】江浙行省的左丞赵简请求皇帝开经筵，并选择讲经的师傅，让太子及诸王、大臣的子孙跟着师傅学习经史。赵简的奏章上传到皇帝那里，皇帝就命令平章政事张珪、翰林学士承旨忽都鲁都儿迷失、学士吴澄、集贤直学士邓文原、王结等人到御前讲解《帝范》《资治通鉴》《大学衍义》《贞观政要》等书籍。

【纲】立八不罕氏为皇后。立皇子阿速吉八为皇太子。

【纲】夏四月，皇帝到上都。大风，地震。

【纲】秋八月，皇帝回到大都。冬十月，封图帖睦尔为怀王，迁徙云

王禅为梁王。

【纲】乙丑,二年,春正月,命怀王图帖睦尔出居建康。

【纲】三月,帝如上都。

【纲】夏四月,革大臣兼领军务。 【目】参知政事左塔不花言:"大臣兼领军务,前古所无,铁失以御史大夫、也先帖木儿以知枢密院事,皆领卫兵,如虎而翼,故成逆谋。乞军卫之职勿以大臣领之,庶勋旧之家得以保全。"从之,仍赐币帛以旌其直。

【纲】秋九月,帝还大都。冬十二月,以塔失铁木儿为右丞相。

【纲】丙寅,三年,春二月,以察乃为平章政事。帝如上都。

【纲】秋九月,帝还大都。

【纲】丁卯,四年,春三月,帝如上都。

【纲】夏四月,旱,蝗。民饥。

【纲】秋八月,山崩,地震。

【纲】闰九月,帝还大都。

【纲】戊辰,致和元年,春三月,帝如上都。命签枢密院事燕帖木儿等居守。

【纲】徙怀王图帖睦尔于江陵。

【纲】秋七月,帝崩于上都。

【纲】八月,签枢密院事燕帖木儿谋逆,执中书省御史台臣乌伯都剌等下之狱,遂遣使迎怀王图帖睦尔于江陵。

【纲】皇太子阿速吉八即位于上都,遣梁王王禅、右丞相塔失帖木儿将兵分道讨燕帖木儿。

【纲】怀王图帖睦尔入京师。 【目】以明里董阿、阔阔台、速速并为平章政事,曹立为右丞,伯颜为御史大夫,赵世延为御史中

南王王禅为梁王。

【纲】泰定二年（乙丑，1325），春正月，命令怀王图帖睦尔离开京师，到建康（今江苏南京）居住。

【纲】三月，皇帝到上都。

【纲】夏四月，取消大臣兼领军事职务的制度。 【目】参知政事左塔不台上书说："大臣兼任军职，这是自古以来没有过的事情。铁失身为御史大夫，也先铁木儿身为知枢密院事，却都有统领禁卫军的权力，这样，他们便如虎添翼，终于成为杀害皇帝的大逆不道之人。请求皇帝下令，不要用大臣兼管军队、卫士的事务，从而使有功勋的元老大臣能够保全身家性命。"皇帝听从了他的建议，并赐银钱、布帛给他，用以表彰他的忠诚与正直。

【纲】秋九月，皇帝回到大都。冬十二月，任命塔失铁木儿为右丞相。

【纲】泰定三年（丙寅，1326），春二月，任命察乃为平章政事。皇帝到上都。

【纲】秋九月，皇帝回到大都。

【纲】泰定四年（丁卯，1327），春三月，皇帝到上都。

【纲】夏四月，发生旱灾及蝗灾，百姓发生饥荒。

【纲】秋八月，发生山崩及地震。

【纲】闰九月，皇帝回到大都。

【纲】泰定皇帝致和元年（戊辰，1328），春三月，皇帝到上都，命令签枢密院事燕帖木儿等居守大都。

【纲】将怀王图帖睦尔迁移到江陵。

【纲】秋七月，皇帝在上都去世。

【纲】八月，签枢密院事燕帖木儿谋反，将中书省御史台大臣乌伯都剌等人逮捕下狱，然后派人到江陵迎接怀王图帖睦尔。

【纲】皇太子阿速吉八在上都即皇帝位，派遣梁王王禅、右丞相塔失帖木儿率兵，分道讨伐燕帖木儿。

【纲】怀王图帖睦尔进入京城。 【目】图帖睦尔任命明里董阿、阔阔台、速速同为平章政事，曹立为右丞，伯颜为御史大夫，赵世延为御

丞,高昌王铁木儿补化知枢密院事。

【纲】九月,图帖睦尔杀平章政事乌伯都剌,流左丞朵朵等于远州。

【纲】图帖睦尔袭帝位。 【目】图帖睦尔既至,燕帖木儿以为扰攘之际,不正大位不足以系天下之志。图帖睦尔以其兄周王和世㻋在漠北,欲虚位俟之,燕帖木儿曰:"人心向背之机,间不容发,一或失之,噬脐无及。"图帖睦尔曰:"必不得已,当明吾志,播告中外。"遂即帝位,改元天历。诏天下曰:"谨俟大兄之至,以遂固让之心。"大赦。封燕帖木儿为太平王、右丞相、知枢密院,加伯颜太尉。

【纲】冬十月,图帖睦尔兵陷上都,梁王王禅遁走,辽王脱脱死之。

【纲】十一月,图帖睦尔迁泰定皇后弘吉剌氏于东安州。遣使迎周王和世㻋于漠北。

明宗皇帝

【纲】己巳,春正月,周王和世㻋称帝于和宁之北。

【纲】二月,图帖睦尔立其妃弘吉剌氏为皇后。
【纲】追尊周王母亦乞烈氏、母唐兀氏并为皇后。

【纲】三月,图帖睦尔遣燕帖木儿奉皇帝宝赴漠北。夏四月,周王以燕帖木儿为太师。
【纲】周王遣使立图帖睦尔为太子。以彻里帖木儿为平章政事。
【纲】秋七月,太白经天。
【纲】八月丙戌,周王次旺忽察都,图帖睦尔入见。庚寅,王暴卒。

史中丞,高昌王铁木儿补化为知枢密院事。

【纲】九月,图帖睦尔杀害平章政事乌伯都剌,将左丞朵朵等人流放到边远州郡。

【纲】图帖睦尔袭取帝位。　【目】图帖睦尔进入大都以后,燕帖木儿认为在天下人心混乱的时候,不正帝位就不能稳定人心。图帖睦尔却因为哥哥周王和世㻋还在遥远的漠北,想留着皇帝的宝座等哥哥回来去坐。燕帖木儿说:"在这人心背向的时候,只存在极小的差异。一旦失去这个机会,我们就是后悔也来不及了。"图帖睦尔说:"实在不得已,也应该表明我的心意,并向中外传播。"于是,图帖睦尔即位做了皇帝。改年号为"天历"。他下诏书对天下人说:"我恭敬地等候大哥从漠北回来,从而实现我坚决让位的心愿。"大赦天下。封燕帖木儿为太平王、右丞相、知枢密院,升伯颜为太尉。

【纲】冬十月,图帖睦尔的军队攻陷了上都。梁王王禅逃走,辽王脱脱战死。

【纲】十一月,图帖睦尔将泰定帝的皇后弘吉剌氏迁移到东安州。图帖睦尔派遣使者到蒙古大沙漠以北去迎接周王和世㻋。

明宗皇帝

【纲】天历二年(己巳,1329),春正月,周王和世㻋在和宁北边称帝。

【纲】二月,图帖睦尔立他的妃子弘吉剌氏为皇后。

【纲】追尊周王和世㻋的母亲亦乞烈氏、图帖睦尔的母亲唐兀氏同为皇后。

【纲】三月,图帖睦尔派遣燕帖木儿带着皇帝的宝玺到漠北。夏四月,周王任命燕帖木儿为太师。

【纲】周王派遣使者立图帖睦尔为皇太子。任命彻里帖木儿为平章政事。

【纲】秋七月,太白星从天空划过。

【纲】八月丙戌日,周王和世㻋驻扎在旺忽察都,图帖睦尔进入周王住处拜见周王。庚寅日,周王突然去世。

【纲】图帖睦尔以伯颜为左丞相,钦察台、阿儿思兰海牙、赵世延并为平章政事。

【纲】图帖睦尔复袭位于上都,大赦。

【纲】冬十二月,以西僧辇真吃剌思为帝师。 【目】帝师至,上命朝臣一品以下咸郊迎。大臣俯伏进觞,帝师不为动。惟国子祭酒字术鲁翀举觞立进曰:"帝师,释迦之徒,天下僧人师也。予,孔子之徒,天下儒人师也。请各不为礼。"帝师笑而起,举觞卒饮,众为之栗然。

【纲】图帖睦尔任命伯颜为左丞相，钦察台、阿儿思兰海牙、赵世延同为平章政事。

【纲】图帖睦尔再次在大都继承皇帝大位，大赦天下。

【纲】冬十二月，封西域僧人辇真吃剌思为喇嘛教首领——帝师。 【目】帝师到来的时候，皇上命令朝廷大臣一品以下的全都到郊外迎接。大臣们恭恭敬敬地俯伏在地向帝师敬酒，但帝师没有被感动，只有国子监祭酒孛术鲁种站在那里举起酒杯说："帝师是释迦牟尼的信徒，是天下僧人的师傅，而我是孔子的信徒，是天下读书人的老师。我们谁也不要向对方行礼吧！"帝师笑着站起来，举起酒杯一饮而尽，众臣无不为之战栗。

纲鉴易知录卷九二

元纪

文宗皇帝

【纲】庚午,文宗皇帝至顺元年,春二月,立明宗子懿璘质班为鄜王。

【纲】以阿卜海牙为平章政事。以伯颜知枢密院事。罢置左丞相。

【纲】夏五月,帝如上都。

【纲】以亦列赤为平章政事。秋闰七月,赵世延罢。

【纲】诏加孔子父母及颜回、曾参、孔伋、孟轲、程颢、程颐封爵。 【目】孔子父叔梁纥为启圣王,母颜氏启圣王夫人,颜子兖国复圣公,曾子郕国宗圣公,子思沂国述圣公,孟子邹国亚圣公,程颢豫国公,颐洛国公。

【纲】八月,帝还大都。

【纲】冬十二月,诏以汉董仲舒从祀孔子庙。

【纲】辛未,二年,春二月,以伯撒里为平章政事。

【纲】夏五月,帝如上都。

【纲】六月,翰林学士吴澄卒。 【目】澄,泰定间谢病归临川,四方从学者,恒千数百人。著书至将终不辍,有《易》《春秋》《礼记纂言》及校定《皇极经世书》《大戴礼》等书。卒,赠临川郡公,谥文正。

【纲】秋八月,帝还大都。

【纲】诏皇子古剌答纳出居燕帖木儿家。

【纲】冬十一月,诏养燕帖木儿之子塔剌海为子。

【纲】壬申,三年,夏五月,帝如上都。

【纲】秋八月,京师、陇西地震。

【纲】帝崩于上都。

文宗皇帝

【纲】文宗皇帝图帖睦尔至顺元年（庚午，1330），春二月，立明宗皇帝和世㻋的儿子懿璘质班为鄜王。

【纲】任命阿卜海牙为平章政事，伯颜为知枢密院事。撤销左丞相职位。

【纲】夏五月，皇帝到上都。

【纲】任命亦列赤为平章政事。秋闰七月，赵世延被罢官。

【纲】皇帝下诏，增加孔子父亲、母亲以及颜回、曾参、孔伋、孟轲、程颢、程颐的封爵。 【目】加封孔子的父亲叔梁纥为启圣王，孔子的母亲颜氏为启圣王夫人，颜回为兖国复圣公，曾参为郕国宗圣公，孔伋为沂国述圣公，孟轲为邹国亚圣公，程颢为豫国公，程颐为洛国公。

【纲】八月，皇帝回到大都。

【纲】冬十二月，皇帝下诏，将汉代的董仲舒列入孔子庙陪祭。

【纲】至顺二年（辛未，1331），春二月，任命伯撒里为平章政事。

【纲】夏五月，皇帝到上都。

【纲】六月，翰林学士吴澄去世 【目】吴澄在泰定年间以身体有病辞官，回到临川（今江西抚州）。四方慕名而跟从他学习的人，常有成千上百。他勤奋著书，直到临终时仍不停笔。他的著述有《易》《春秋》《礼记纂言》及校定《皇极经世书》《校定大戴礼记》等。他死后被追赠为临川郡公，谥号文正。

【纲】秋八月，皇帝回到大都。

【纲】皇帝下诏，让皇子古剌答纳离开皇宫，到燕帖木儿家居住。

【纲】冬十一月，皇帝下诏，将燕帖木儿的儿子塔剌海当作自己的儿子抚养。

【纲】至顺三年（壬申，1332），夏五月，皇帝到上都。

【纲】秋八月，京城大都及陇西发生地震。

【纲】文宗皇帝在上都去世。

【纲】冬十月，鄜王懿璘质班即位。　【目】王，明宗第二子，留居京师。帝崩，燕帖木儿请皇后立皇子燕帖古思，后不从，命立王，时年甫七岁。首司庶务，咸启皇后取进止。

【纲】以撒迪为平章政事。十一月，尊皇后为皇太后。
【纲】鄜王薨。
【纲】太后遣右丞阔里吉思迎妥懽帖睦尔于静江。　【目】明宗子妥懽帖睦尔居广西之静江。鄜王薨，燕帖木儿复请立燕帖古思，皇太后曰："吾子尚幼。妥懽帖睦尔在广西，今年十三矣，且明宗长子，于理当立。"乃遣阔里吉思往迎之。

顺帝

【纲】癸酉，四年，春三月，燕帖木儿死。

【纲】夏五月，京师地震。
【纲】六月，妥懽帖睦尔即位于上都。　【目】初，妥懽帖睦尔至自静江，百官具卤薄迎于良乡。燕帖木儿既见，并马徐行，具陈迎立之意。妥懽帖睦尔幼，且畏之，一无所答。燕帖木儿疑其意不可测，故至京久不得立。适太史亦言其立则天下乱，用是议未能决，迁延者数月。至是燕帖木儿死，皇太后乃与大臣定议立之，且约后当传于燕帖古思，若武宗、仁宗故事。

【纲】以伯颜为太师、右丞相，撒敦为太傅、左丞相。　【目】时有阿鲁辉帖木儿者，明宗亲臣也，言于帝曰："天下事重，宜委宰相决之，庶可贵其成功；若躬自听断，必负恶名。"帝然之，由是深居宫中，每事决于宰相而已，无所专焉。

【纲】冬十月,鄜王懿璘质班即皇帝位。 【目】鄜王是明宗皇帝的第二个儿子,当时被留在京都居住。文宗皇帝逝世后,燕帖木儿请皇后立皇子燕帖古思为皇帝,皇后不同意,命令立鄜王,当时鄜王年仅七岁。他刚开始处理政务时,一切事情的取舍、进退都要由皇后来决定。

【纲】任命撒迪为平章政事。十一月,尊奉皇后为皇太后。

【纲】鄜王懿璘质班去世。

【纲】太后派遣右丞阔里吉思到静江(治临桂县,今广西桂林)迎接妥懽帖睦尔。 【目】明宗皇帝的儿子妥懽帖睦尔住在广西静江。鄜王死后,燕帖木儿再次请求立燕帖古思为皇帝,皇太后说:"我的儿子还小。妥懽帖睦尔在广西,今年十三岁了,况且他是明宗皇帝的大儿子,按道理应当立为皇帝。"于是便派阔里吉思去广西迎接妥懽帖睦尔。

顺帝

【纲】至顺四年(即元顺帝元统元年,癸酉,1333),春三月,燕帖木儿死去。

【纲】夏五月,京城发生地震。

【纲】六月,妥懽帖睦尔在大都即皇帝位。 【目】起初,妥懽帖睦尔从广西静江回到大都,朝中百官带着皇帝的仪仗队到良乡(今北京房山东北良乡镇)迎接。燕帖木儿与妥懽帖睦尔行过相见礼以后,便与他并着马慢慢行进,边走边陈述迎他当皇帝的意图。妥懽帖睦尔年纪幼小,而且对燕帖木儿有所畏惧,因此一句话也说不出来。燕帖木儿怀疑他心中有其他不可猜测的打算,所以他到京城以后好长时间还没被立为皇帝。恰巧当时太史令也说立妥懽帖睦尔天下就会动乱,因此难以决定是立还是不立,这样拖延了好几个月。到燕帖木儿死后,皇太后才与众位大臣商议,确定立妥懽帖睦尔为皇帝,并约定以后要把帝位传给燕帖古思,就像当年武宗皇帝把帝位传给他的弟弟——仁宗皇帝那样。

【纲】任命伯颜为太师、右丞相,撒敦为太傅、左丞相。 【目】当时有个叫阿鲁辉帖木儿的,原是明宗皇帝的宠臣,他对元顺帝说:"国家事务繁重,应当委托给宰相去解决,也许还可以督促他们取得成就;如果皇帝亲自听政、亲自决断各种事务,那就一定会留下坏名声。"

【纲】秋八月,立皇后伯牙吾氏。

【纲】奎章阁侍书学士虞集谢病归。

【纲】冬十月,封撒敦荣王,唐其势袭封太平王。

【纲】十一月,封伯颜为秦王。是日秦州山崩地裂。

【纲】甲戌,顺帝元统二年,春正月,汴梁雨血。

【纲】阿卜海牙罢,以脱别台为平章政事。

【纲】三月,天雨毛。 【目】彰德路天雨毛,如线而绿。民谣云:"天雨线,民起怨,中原地,事必变。"

【纲】水,旱,疫,民饥。

【纲】夏四月,帝如上都。

【纲】秋八月,赦。是日,京师地震,鸡鸣山崩。 【目】以湖广、河南自三月不雨至于是月,及诸路旱、蝗、民饥,太白屡昼见经天,大赦天下。是日京师地震,鸡鸣山崩,陷为池,方百里,人死者众。

【纲】帝还大都。

【纲】乙亥,至元元年,春二月,帝畋柳林,不果行。 【目】帝将畋于柳林,御史台臣谏曰:"陛下春秋鼎盛,宜思文皇付托之重,致天下于隆平。今赤县之民,供给繁劳,农务方兴,而驰骋冰雪之地,倘有衔橛之变,奈宗庙社稷何!"遂止。

【纲】夏五月,帝如上都。

【纲】六月,唐其势反,伏诛。秋七月,伯颜弑皇后伯牙吾氏。【目】时撒敦已死,伯颜独秉政,唐其势忿曰:"天下,本我家天下,

顺帝认为他说得对，从此便居住在深宫中，每件事都由宰相去决断，而自己则什么事都不做。

【纲】秋八月，立伯牙吾氏为皇后。

【纲】奎章阁侍书学士虞集因病辞官归乡。

【纲】冬十月，封撒敦为荣王，唐其势承袭太平王爵位。

【纲】十一月，封伯颜为秦王。这一天，秦州山崩地裂。

【纲】顺帝元统二年（甲戌，1334），春正月，汴梁（今河南开封）下了血雨。

【纲】罢黜阿卜海牙，任命脱别台为平章政事。

【纲】三月，天上掉下毛状东西来。【目】彰德路（治安阳县，今河南安阳）天上掉下毛状东西来，像线一样，绿色。当时有民谣说："天雨线，民起怨，中原地，事必变。"

【纲】发生水、旱灾害及瘟疫，人民饥饿。

【纲】夏四月，皇帝到上都。

【纲】秋八月，皇帝大赦天下。同一天，京城发生地震，鸡鸣山（即涿鹿山，今河北宣化东南）崩塌。【目】因为湖广、河南自三月直到八月一直不下雨，以及其他各路发生旱灾、蝗灾，人民饥饿困苦，太白金星又屡次在白天出现在天空，于是皇帝下令大赦天下。这一天京城发生地震，鸡鸣山崩塌，陷为一个大池子，方圆近百里，好多人死于这次天灾。

【纲】皇帝回到大都。

【纲】顺帝至元元年（乙亥，1335），春二月，皇帝要到柳林（今北京通县）打猎，但没有去成。【目】皇帝将要去柳林打猎，御史谏官说："陛下正年轻，应当多想想文宗皇帝托付给您的重任，使国家平安而昌盛。现在全中国的民众，承受着繁重的租税劳役。目前农事刚刚开始，陛下却要到那有冰雪的地方去驰骋打猎，万一车马出了意外，使陛下有什么不测，国家可怎么办哪！"于是皇帝取消了打猎的计划。

【纲】夏五月，皇帝到上都。

【纲】六月，唐其势谋反，被处死。秋七月，伯颜杀死皇后伯牙吾氏。【目】当时撒敦已死，伯颜独揽朝政。唐其势愤愤不平地说："这

伯颜何人而位吾上！"遂与其叔父句容郡王答磷答里潜蓄异心，谋立诸王晃火帖木儿。郯王彻彻笃发其谋。六月晦，唐其势伏兵东郊，率勇士突入宫；伯颜及完者帖木儿等掩捕，获唐其势及其弟塔剌海，诛之。答里走晃火帖木儿所，阿鲁浑察执送上都，戮之；晃火帖木儿自杀。

初，唐其势事败被擒，攀折殿槛不肯出。塔剌海走匿皇后座下，后蔽之以衣，左右曳出斩之，血溅后衣。伯颜奏并执后，后呼帝曰："陛下救我！"帝曰："汝兄弟为逆，岂能相救！"乃迁出宫。伯颜寻杀之于开平民舍。

【纲】九月，帝还大都。

【纲】冬十一月，以阿吉剌为平章政事。

【纲】诏罢科举。【目】初，彻里帖木儿为江浙平章，会科举，驿请试官，供张甚盛，心颇不平。及复入中书，首议罢科举，及论学校庄田租可给宿卫士衣粮，动当国者以发其机，又欲损太庙四祭为一。于是御史吕思诚等列其罪状劾之，不报，皆辞职去，而思诚出为广西佥事。时罢科举诏已书而未用玺，参政许有壬力争之，伯颜怒曰："汝讽台臣言彻里帖木儿邪？"有壬曰："太师擢彻里帖木儿在中书，御史三十人不畏太师而听有壬，岂有壬权重于太师邪？"伯颜意稍解。有壬乃曰："科举若罢，天下才人觖望。"伯颜曰："举子多以赃败。"有壬曰："科举未行时，台中赃罚无算，岂尽出于举子？"伯颜曰："举子中可任用者惟参政尔。"有壬曰："若张梦臣、马伯庸辈皆可任大事；如欧阳玄之文章，亦岂易及！"伯颜曰："科举虽罢，士之欲求美衣食者，自能向学。"有壬曰："为士者初不事衣食。"伯颜曰："科举取人，实妨选法。"有壬曰："今通事、知印等，天下凡三千三百余名。今岁自四月至九月，白身补官受宣者亦且七十三人，

天下本来就是我家的天下。伯颜是什么人，凭什么高我一等！"于是便和他的叔叔句容郡王答燐答里合伙密谋，暗中萌生谋反之心，要立诸王晃火帖木儿为皇帝。郑王彻彻笃揭发了他们的阴谋，在六月的最后一天，唐其势在东郊埋伏了兵丁，自己率领一些勇士突然冲进皇宫。伯颜及完者帖木儿等人乘其不备，突然袭击，逮捕了唐其势和他的弟弟塔剌海，处死了他们。答里逃到晃火帖木儿的住处。被阿鲁浑察抓住，送到上都处死。晃火帖木儿自杀。

当初，唐其势谋反失败被抓住，双手死死抓着宫殿的门槛，不肯出来。塔剌海慌忙藏到皇后的座位下，皇后用自己的衣服盖住了他，但宫中卫士还是把他揪了出来，砍死了，鲜血溅到了皇后的衣服上。伯颜请求皇帝连皇后也抓起来，皇后对着皇帝大声呼喊："陛下救我啊！"皇帝说："你的兄弟谋反作乱，大逆不道，我怎么能救你！"于是把她贬出皇宫。不久，伯颜就把皇后杀死在开平（即上都）的一间民房里。

【纲】九月，皇帝回到大都。

【纲】冬十一月，任命阿吉剌为平章政事。

【纲】诏令罢除科举制度。　【目】当初，彻里帖木儿为江浙平章，每到举行科举考试时，都要迎接、宴请试官，并非常隆重地供设帷帐，使他心中感到非常不痛快。等他重新进入中书省，首先便提议罢除科举制，又说可以用学校庄田的田租收入给宿卫皇宫的卫士们补充衣服、粮食，以此来打动当权者，使他们动心；他还主张将一年四次祭祀太庙减少为一次。于是御史吕思诚等人列举彻里帖木儿的罪状弹劾他，但他们的努力没有达到预期的效果。他们便都辞职离开朝廷，吕思诚被贬为广西佥事。当时罢除科举的诏书已经写好，但还没有盖上皇帝的玺印，参政许有壬又极力谏争。伯颜恼怒地说："你要为那些弹劾彻里帖木儿的谏官们打抱不平吗？"许有壬说："是太师您把彻里帖木儿选拔到中书省来的。吕思诚等三十个御史，不怕太师却听我许有壬的话，难道是因为我的权力比太师您还大吗？"伯颜的神色平和了一些，许有壬又说："如果罢除了科举制度，天下的人才必定会心怀怨望。"伯颜说："举子们很多都因为贪赃而败坏德行。"许有壬说："在没有举行科举的时候，朝中因贪赃而受罚的人不可胜数，难道这些人也都是出自举子

而科举一岁仅三十余人,科举于选法果相妨乎不也?"伯颜心然其言,而议已定,不可中辍,乃温言慰解之。翊日,宣诏,特令有壬为班首以折辱之,有壬惧祸不敢辞。治书侍御史溥化诮有壬曰:"参政可谓过桥拆桥者矣!"有壬以为大耻,移疾不出。

【纲】十二月,尊皇太后为太皇太后。

【纲】丙子,二年,春二月,追尊生母迈来的为皇后。

【纲】夏四月,以帖木儿不花为平章政事。帝如上都。秋九月,帝还大都。

【纲】丁丑,三年,春三月,立皇后弘吉剌氏。

【纲】夏四月,帝如上都。

【纲】五月,民讹言采童男女。

【纲】彗星见。 【目】凡六十有三日,自昴、房历一十五宿而灭。

【纲】秋八月,京师地屡震。

【纲】冬十月,金华处士许谦卒。 【目】谦受业金履祥之门。履祥曰:"士之为学若五味之在和,醯盐既加,则酸咸顿变。子来见我三日矣,而犹夫人也,岂吾之学无以感发于子邪?"谦闻之惕然,居数年,尽得其所传之妙。履祥既没,谦益肆充阐,多所自得。自谓:"吾非有大过人者,惟为学之功无间断尔。"平生制行甚严,而所以

吗？"伯颜说："举子当中可以任用的，也就只有许参政一个人罢了。"许有壬说："像张梦臣、马伯庸等人，也都可以胜任大事；像欧阳玄的文章，又怎么能够轻易达到那样高的水平！"伯颜说："科举制虽然罢除了，但读书人要求得鲜衣美食，自然会努力学习的。"许有壬说："身为读书的士人，他们从来不为了衣服食物而奔忙。"伯颜说："用科举选拔人才，着实妨碍实行选授官吏的法令。"许有壬说："现在的通事、知印等官，全国共有三千三百多名。今年从四月到九月，非进士出身而被宣召补官的也有七十三人，而科举考试一年只选出三十个人，科举制度与选授官吏的法令是真的相妨碍呢，还是不相妨碍，这不是很明白的吗？"伯颜心里也同意许有壬的话，但此事已经商议确定，不可能半途而废，便用好言好语劝解许有壬。第二天宣布皇帝的诏令，特意让许有壬站在最前头，有意折磨污辱他。许有壬害怕招来灾祸，不敢推辞。治书侍御史溥化讽刺许有壬说："许参政可真是所谓过桥拆桥的人物啊！"许有壬以为受了奇耻大辱，从此称病不出。

【纲】十二月，尊称皇太后为太皇太后。

【纲】至元二年（丙子，1336），春二月，追尊已故的生身母亲迈来的为皇后。

【纲】夏四月，任命帖木儿不花为平章政事。皇帝到上都。秋九月，皇帝回到大都。

【纲】至元三年（丁丑，1337），春三月，立弘吉剌氏为皇后。

【纲】夏四月，皇帝到上都。

【纲】五月，民间谣传皇帝要选取童男童女入宫。

【纲】出现彗星。　【目】共出现了六十三天，自昴星、房星经过十五个星宿，然后消失。

【纲】秋八月，京城几次发生地震。

【纲】冬十月，金华处士许谦去世。　【目】许谦跟从金履祥学习。金履祥说："士人做学问，就像五味的调和，醋或盐一加进去，酸咸味立刻就不一样了。你来见我已经三天了，到现在却还像女子一样，难道我的学问对你没有感召启发吗？"许谦听了这样的话，心里便有些惴惴不安。过了几年，他把金履祥学问的精妙之处都学到了。金履祥死

应世者，不胶于古，不流于俗，屏迹入华山，四方之士不远百里而来受业。其教人至诚谆悉，内外殚尽，独不教人以科举之文，曰："此义利之所由分也。"不出里闾垂四十年，中外名臣列其行义，章凡数十上，郡以遗逸应诏，有司请主文衡，皆莫能致。世称为白云先生，卒，谥文懿。

先是何基、王柏、金履祥殁，其学犹未大显，至谦而其道益著。同时休宁陈栎、婺源胡一桂，皆以讲明道学见重于时云。

【纲】戊寅，四年，夏四月，帝如上都。　【目】次八里塘，雨雹，大如拳，其状有小儿、环玦、狮、豹等物之形。

【纲】秋八月，京师地震。京还大都。
【纲】己卯，五年，夏四月，帝如上都。秋八月，帝还大都。
【纲】冬十一月，诏以伯颜为大丞相。
【纲】伯颜矫诏杀郯王彻彻笃。　【目】伯颜构陷郯王，奏赐死；帝未允，辄传旨杀之。又奏贬宣让王帖木儿不花、威顺王宽彻普化，不俟命即遣之。帝为之不平。

【纲】庚辰，六年，春二月，伯颜有罪，黜为河南行省左丞相，寻窜南恩州，道死。　【目】伯颜既诛唐其势，独秉国钧，遂专权自恣，渐有异谋，帝患之。伯颜欲以所养弟之子脱脱宿卫，侦帝起居，

后,许谦更加广泛而深入地充实、阐发所学到的思想,有许多自己的心得体会。他曾说:"我没有什么超人的地方,只是坚持刻苦学习,从不间断罢了。"他平生治学律己非常严谨,而用来应付世事时,既不拘泥于古人古理,也不流于庸俗浮滑。他隐居在华山(即金华山,今浙江金华北)。四方的读书人不远百里来跟随他学习。他教育弟子时,简直是诚恳至极、详细至极,把他内在的思想、学识与外在的处世方法全部教给了学生,只是不教人们怎样应付科举考试的文章。他说:"这正是义与利的分界线啊!"他有将近四十年没有离开乡间。中外著名的大臣罗列他的美德佳行,奏章有几十次上到皇帝跟前,郡守把他当作在野的贤才举荐给朝廷,有关官府请他去掌管评价文章取舍人才的事务,但都没能把他请出来。世人称他白云先生。他死后被谥为文懿。

从前,何基、王柏、金履祥死后,他们的学术还没有十分显赫,到许谦时,才使他们的思想、学识日益显著。同时还有休宁(今安徽休宁)的陈栎、婺源(今江西婺源)的胡一桂,也都以讲解、通晓道学而被时人推重。

【纲】至元四年(戊寅,1338),夏四月,皇帝到上都。【目】皇帝一行停留在八里塘时,天上降下冰雹来,有拳头那么大,形状有小孩、玉环、玉玦、狮子、豹子等。

【纲】秋八月,京师地区发生地震。皇帝回到大都。

【纲】至元五年(己卯,1339),夏四月,皇帝到上都。秋八月,皇帝回到大都。

【纲】冬十月,皇帝下诏,任命伯颜为大丞相。

【纲】伯颜诈称奉皇帝的命令杀害了郯王彻彻笃。【目】伯颜罗织罪名,陷害郯王,并上奏疏要求皇帝赐郯王死。皇帝没有答应,伯颜就自作主张,谎称奉皇帝旨意,杀害了郯王。接着,伯颜又上奏疏,请求贬谪宣让王帖木儿不花及威顺王宽彻普化。没等皇帝发布命令,伯颜就将两位王爷贬出了朝廷。皇帝对此非常不满。

【纲】至元六年(庚辰,1340),春二月,伯颜因罪被贬黜为河南行省左丞相,不久,他就逃往南恩州(治阳江县,今广东阳江)。但死在路上。【目】伯颜在诛杀唐其势以后,独揽国家大权,专断独行,为所

惧涉物议，乃以知枢密院汪家奴、翰林学士承旨沙剌班同侍禁近，实属意脱脱。故脱脱政令日修，卫士拱听约束。伯颜自领诸卫精兵，以燕者不花为屏蔽，导从之盛，填溢街衢，而帝仪卫反落落如晨星，势焰薰灼，天下之人，知有伯颜而已。

　　脱脱深忧之，私请于父马札儿台曰："伯父骄纵已甚，万一天子震怒，则吾族赤矣，曷若于未败图之！"其父亦以为然。脱脱复质于师吴直方，直方曰："《传》有之：'大义灭亲。'大夫但知忠于国尔，余复何顾焉！"一日，见帝，乘闲自陈忘家徇国之意，帝犹未之信。时帝前后左右皆伯颜之党，独世杰班、阿鲁为帝腹心，乃遣二人与脱脱游，日以忠义之言相与往复辩论，益悉其心靡他，遂闻于帝，帝始信之无疑。

　　及伯颜擅贬宣让、威顺二王，帝不胜其忿，决意逐之。一日，泣语脱脱，脱脱亦泣下。遂与世杰班等谋，欲候伯颜入朝擒之，戒卫士，严宫门出入，螭蚴皆为置兵。伯颜见之大惊，召脱脱责之，对曰："天子所居，防御不得不尔。"然遂疑脱脱，亦增兵自卫。

　　至是伯颜以所领兵卫请帝出田，脱脱劝帝称疾不往；伯颜固请，乃命太子燕帖古思出次柳林。脱脱遂与阿鲁等合谋，悉拘京城门钥，命所亲信列布城门下。是夜，奉帝居玉德殿，遣怯薛月可察儿率三十骑抵营中，取太子入城，又召杨瑀、范汇入，草诏数伯颜罪

欲为，逐渐产生了叛逆的心思。皇帝很是忧虑。伯颜想让由自己抚养长大的弟弟的儿子脱脱到皇宫中当警卫，从而侦察皇帝的起居行动。但他怕引起众人的议论，便让知枢密院汪家奴和翰林学士承旨沙剌班一同到宫中值宿、警卫，而他真正的意图却是把脱脱安插在皇帝身边。因此，脱脱的权势一天天大起来，宿卫皇宫的卫士都甘愿听从他的命令。伯颜亲自统领各卫所的精兵，并让燕者不花做他的护卫。他出行时随从前呼后拥，把街道都填满了。而皇帝的仪仗卫队反而零零落落，像清晨的星星。伯颜的权势极大，气焰逼人，天下的人们，简直只知道有伯颜。

　　脱脱为伯颜深怀忧虑，他私下对自己的父亲马札儿台说："我伯父骄纵至极，万一皇帝发怒，那么我们家就该灭族了！不如趁伯父还没有失败，我们及早想办法制止他。"他的父亲也这样认为。脱脱又去跟自己的老师吴直方商议，吴直方说："《左传》上说：'大义灭亲。'身为朝廷的官员，就该只知道忠于国家，其他的又何必顾忌呢！"一天，脱脱见到皇帝，便乘空闲之机向皇帝诉说自己忘家殉国的志愿，皇帝还不相信他。当时皇帝前后左右全是伯颜的党羽，只有世杰班、阿鲁是皇帝的心腹。于是，皇帝便派他们两人去和脱脱交往，终日用忠义的话题相互反复地论辩，两人更加全面地知道脱脱的心中没有其他奸诈的念头，便向皇帝说明。皇帝这才对脱脱信任不疑。

　　等到伯颜擅自贬斥宣让王和威顺王以后，皇帝怒不可遏，下决心要驱逐他。一天，皇帝哭泣着对脱脱诉说心事，脱脱也流下了眼泪。于是便与世杰班等人密谋，打算等伯颜入朝时把他抓起来，并告诫卫士们，要严守宫门，不轻易放人出入，就连宫殿螭首前的坳部也布置了卫兵。伯颜一见非常吃惊，召来脱脱责问这是为什么。脱脱回答说："天子居住的地方，防御不得不严。"但伯颜还是对脱脱产生了怀疑，便也增加兵力护卫自己。

　　这时伯颜用自己所统领的精兵为护卫，请求皇帝出去打猎。脱脱劝皇帝称病不去。伯颜更坚决地请求，皇帝便命令太子燕帖古思到柳林停留。脱脱便与阿鲁等人合谋，把京城各城门的钥匙全部缴来，并命令自己亲信的卫士们排列在城门下。当夜，脱脱等护卫皇帝到玉德殿居

状,出为河南行省左丞相。伯颜奏乞陛辞,不许。既而帝以伯颜罪重罚轻,复降诏安置南恩州阳春县,行次江西隆兴驿,病死。

【纲】以马札儿台为太师、右丞相,塔失海牙为太傅、知枢密院事,探马赤为太保、御史大夫,汪家奴为平章政事,脱脱知枢密院。

【纲】彗星见。

【纲】夏五月,帝如上都。

【纲】六月,诏废文宗庙主,迁太皇太后弘吉剌氏于东安州,寻崩。放燕帖古思于高丽,杀诸途。 【目】诏曰:"昔武宗升遐,太后惑于怆悷,俾皇考出封云南。英宗遇害,我皇考以武宗之嫡,逃居沙漠,宗王大臣,同心翊戴。于是以地近,先迎文宗暂总机务,继知天理人伦所在,假让位之名,以宝玺来上。皇考推诚不疑,即立为皇太子,而乃当躬迓之际,与其臣月鲁不花、也里牙、明里董阿等谋为不轨,使我皇考饮恨上宾。归而再御宸极,又私图传子,嫁祸于八不沙皇后,谓朕非明宗之子,出居遐陬。上天不佑,随降殒罚。叔婶不答失里,怙其势焰,舍长嫡而立次幼,奄复不年。诸王大臣,以贤以长,持朕践祚,赖天之灵,权奸屏黜,永惟鞠育冈极之恩,忍忘不共戴天之义。其命太常撤去图帖睦尔在庙之主;不答失里削太皇太后之号,徙东安州安置;燕帖古思放诸高丽。当时贼臣月鲁不花等已死,其以明里董阿明正典刑。"

住,又派宿卫月可察儿率领三十骑兵到柳林,从宿营中接出太子,送回城中;然后召杨瑀、范汇入宫,让他们为皇帝起草诏书,列数伯颜的罪状,把他贬出朝廷,去做河南行省左丞相。伯颜上奏疏请求面辞皇上,皇帝不允许。不久,皇帝又因为伯颜所犯的罪恶深重,而所受的处罚却很轻,便再次降诏,将伯颜安置到南恩州阳春县(今广东阳春)。伯颜走到江西隆兴(今江西南昌)驿站,生病死去。

【纲】任命马札儿台为太师及右丞相,塔失海牙为太傅及知枢密院事,探马赤为太保、御史大夫,汪家奴为平章政事,脱脱知枢密院。

【纲】出现彗星。

【纲】夏五月,皇帝到上都。

【纲】六月,皇帝下诏废除文宗庙主。将太皇太后弘吉剌氏迁移到东安州(今河北安次西)。不久,太皇太后去世。将燕帖古思流放到高丽,并在路上杀死了他。　　【目】皇帝下诏说:"当年武宗皇帝去世后,太后被一些奸邪之徒所迷惑,将我父亲遣出京都到云南(治中庆路,今云南昆明)居住。英宗皇帝遇害以后,我父亲身为武宗皇帝的亲生长子,逃到北方沙漠地区,受到宗室亲王及朝中大臣的同心拥戴。当时只因为文宗离大都较近,便被群臣迎来,暂时总理朝中事务。文宗也知道从天理、人伦来讲,都该由我父亲即位为皇帝,他便借着让位的美名,将宝玺献给我父。我父皇诚心相待,毫不怀疑,随即立文宗为皇太子。谁知就在我父皇迎接他的时候,文宗和他的宠臣月鲁不花、也里牙、明里董阿等图谋不轨,使我父皇含恨而死。回到大都以后,文宗再次登上皇位,又暗中图谋要将帝位传给他的儿子;杀害了明宗皇帝的皇后八不沙,还说我不是明宗的儿子,因而把我迁徙到边远的角落。谁知上天不辅助他,随即就惩罚他短命而死。婶婶不答失里,依仗文宗的势焰,舍弃嫡系长子,却要立旁系幼子,使新皇的即位一再拖延。众位王公大臣看我既贤明又是明宗的长子,所以扶持我登上帝位。我仰仗皇天的圣灵,驱除了朝中的奸邪之人。我永远牢记父皇养育我成人的无限恩德,又怎能忘记杀害我父皇的不共戴天之仇人。因此,我命令太常撤去图帖睦尔在太庙中的主位;削除不答失里太皇太后的封号,将她迁移到东安州居住;将燕帖古思流放到高丽。当年帮助图帖睦尔害死我父皇的奸

时监察御史崔敬言："文宗既撤庙主，婶母亦削鸿名。尽孝正名，斯亦足矣。惟念皇弟燕帖古思年幼播迁，天理人情有所不忍。方先皇上宾，皇弟尚在襁褓，未有知识，义当矜闵。伏望陛下迎归太后母子，以尽骨肉之义。"书奏，不报。未几，太后崩于东安州，燕帖古思遇害于中道。

【纲】秋八月，帝迁大都。

【纲】冬十月，马札儿台罢，以脱脱为右丞相，铁木儿不花为左丞相。

【纲】十二月，诏复行科举。【目】时科举既辍，翰林学士承旨巙从容言曰："古昔取人材以济世用，必由科举，何可废也？"帝采其论，诏复行之。

【纲】辛巳，至正元年，夏四月，帝如上都。

【纲】以铁木儿塔识为平章政事。

【纲】秋八月，帝还大都。

【纲】壬午，二年，夏四月，帝如上都。

【纲】秋九月，帝还大都。

【纲】冬十二月，帝师地震。

【纲】癸未，三年，春三月，诏修辽、金、宋三史。【目】初，世祖立国史院，首命王鹗修辽、金二史。宋亡，又命史臣通修三史。延祐、天历之间，屡诏修之，以义例未定，竟不能成。至是命脱脱为都总裁，铁木儿塔识、张起岩、欧阳玄、吕思诚、揭傒斯为总裁官，修之。或欲如《晋书》例，以宋为世纪，而辽、金为载纪。或又谓辽立国先于宋五十年，宋南渡后尝称臣于金，以为不可。待制王理者，祖修端之说，著《三史正统论》，欲以辽、金为北史，太祖至靖康为宋

贼月鲁不花等已经死去,现将明里董阿正法。"

当时监察御史崔敬说:"既然已经撤去文宗在太庙中的庙主之位,陛下的婶婶也已经被削去太皇太后的尊号,陛下要尽孝正名,到这一步也就足够了。应当考虑到皇弟燕帖古思小小年纪,却要被流放到远处,天理人情都不能容忍。当年明宗皇帝归天时,皇弟还在襁褓中,对一切都茫然无知,从仁义出发,应该对他有怜悯之心才是。我真诚地乞请陛下将太后与她的儿子燕帖古思接回皇宫,从而尽到同宗骨肉的情义。"他的奏书上到皇帝那里,没有答复。不久,太后在东安州去世,燕帖古思在流放的途中被人杀害。

【纲】秋八月,皇帝回到大都。

【纲】冬十月,罢黜马札儿台,任命脱脱为右丞相,铁木儿不花为左丞相。

【纲】十二月,皇帝下诏恢复实行科举考试。【目】当时科举考试已经停止,翰林学士承旨官巙巙从容地说:"古代选拔对社会有用的人才,一定要通过科举考试。科举制度怎么可以废除呢?"皇帝采纳了他的主张,下诏恢复实行科举考试。

【纲】顺帝至正元年(辛巳,1341),夏四月,皇帝到上都。

【纲】任命铁木儿塔识为平章政事。

【纲】秋八月,皇帝回到大都。

【纲】至正二年(壬午,1342),夏四月,皇帝到上都。

【纲】秋九月,皇帝回到大都。

【纲】冬十二月,京师地区发生地震。

【纲】至正三年(癸未,1343),春三月,皇帝下诏修纂辽史、金史及宋史。【目】当初,元世祖设立国史院,首先命令王鹗修纂辽史和金史。南宋灭亡以后,又命令史臣通修纂辽、金、宋三朝的史书。仁宗延祐及文宗天历年间,也都几次下诏修纂三朝史,只因为书的主旨和体例定不下来,所以终究没有修成。到这时,顺帝命令脱脱为都总裁,铁木儿塔识、张起岩、欧阳玄、吕思诚、揭傒斯为总裁官,共同修纂三朝史书。有人要按《晋书》的体例,以宋为世纪,而辽、金为载纪。又有人说辽国建国比宋朝建国要早五十年,宋朝迁到江南以后又曾经向金朝

史，建炎以后为南宋史。一时士论，非不知宋为正统，然终以元承金，金承辽之故疑之，各持论不决。诏辽、金、宋各为史。凡再阅岁书成，上之，发凡举例论赞表奏，多玄属笔焉。

【纲】夏四月，帝如上都。秋八月，帝还大都。

【纲】冬十月，亲祀太庙。　【目】帝行礼至宁宗室，问曰："朕，宁宗兄也，理当拜否？"太常博士刘闻对曰："宁宗虽弟，其为帝时陛下为臣。春秋时鲁僖公，闵公兄也，闵公先为君，宗庙之祭，未闻僖公不拜。陛下当拜。"乃拜之。

【纲】十二月，以别儿怯不花为左丞相，铁木儿不花罢。

【纲】征清江处士杜本，不至。　【目】本在武宗时尝被召至京师，即归隐武夷山中。文宗闻其名，征之，不起。至是脱脱荐之，召为翰林待制兼国史院编修官。使者趣至杭州，称疾固辞。

既又征处士完者图、执礼哈郎、董立、李孝光、张枢，枢辞不至。诏以完者图、执礼哈郎为翰林待制，立修馔，孝光著作郎。或疑其太优，右丞相铁木儿塔识曰："隐士无求于朝廷，朝廷有求于隐士。区区名爵，何足吝惜！"识者诵之。

【纲】甲申，四年，春正月，以贺惟一为平章政事。

【纲】三月，以纳麟为平章政事。

【纲】夏四月，帝如上都。

称臣,因此以宋为正宗是不恰当的。有一位叫王理的待制官,遵循修端的学说,著有《三史正统论》,主张以辽、金为北史,宋太祖至宋钦宗靖康二年为宋史,宋高宗建炎以后为南宋史。当时士人们在心里也不是不知道宋朝是正统,但终究因为元朝继承金朝、金朝又继承辽国而有所疑虑,因此各执一端,争论不休。皇帝便下诏书,命令辽、金、宋分别修史。又过了两年,史书修成,进献给皇上。书中的发凡、举例、论赞、表奏等,多数都出自欧阳玄之手。

【纲】夏四月,皇帝到上都。秋八月,皇帝回到大都。

【纲】冬十月,皇帝亲自祭祀太庙。 【目】皇帝在太庙行礼到宁宗主位所在的屋子时,问道:"我是宁宗的哥哥,按理是不是也该向他行拜礼?"太常博士刘闻回答说:"宁宗虽然是弟弟,但他当皇帝的时候,陛下您是他的臣子。春秋时的鲁僖公是鲁闵公的哥哥,但鲁闵公先做了国君,当举行宗庙祭祀时,没听说鲁僖公不向闵公行拜礼。陛下应当向宁宗下拜行礼。"于是皇帝便下拜行礼。

【纲】十二月,任命别儿怯不花为左丞相,罢免铁木儿不花左丞相的职务。

【纲】皇帝征召清江(今江西清江西南临江镇)的处士杜本,但杜本没有应召。 【目】杜本在元武宗时曾经被召到京城,不久就归隐在武夷山中。文宗听说了他的名气,又征他为官,但他不应召。这时脱脱又向皇帝推荐他,皇帝便召他为翰林待制兼国史院编修官。皇帝的使者催促杜本来到杭州,杜本声称身体有病,坚决地谢绝了皇帝的好意。

后来,皇帝又征请处士完者图、执礼哈郎、董立、李孝光、张枢,张枢推辞不至。皇帝下诏,任命完者图、执礼哈郎为翰林待制,董立为修撰官,李孝光为著作郎。有人怀疑对这些处士的待遇太优厚了,右丞相铁木儿塔识说:"隐士对朝廷无所求,朝廷却有求于隐士。那小小的官爵名位,又有什么值得吝惜的!"当时的有识之士都非常赞赏右丞相的话。

【纲】至正四年(甲申,1344),春正月,任命贺惟一为平章政事。

【纲】三月,任命纳麟为平章政事。

【纲】夏四月,皇帝到上都。

【纲】五月，脱脱罢，以阿鲁图为右丞相。

【纲】秋七月，温州地震，海溢。

【纲】八月，帝还大都。

【纲】乙酉，五年，夏四月，帝如上都。

【纲】五月，翰林学士承旨巙巙卒。　【目】初，巙巙知经筵，日劝帝就学。帝欲宠以师礼，固辞不可。帝尝欲观画，巙巙取《比干图》以进。一日，帝览宋徽宗画称善，巙巙进曰："徽宗多能，惟一事不能。"帝问："一事谓何？"对曰："独不能为君尔。身辱国破，皆由不能为君所致。凡为人主，贵能为君，他非所尚也。"其随事规谏，皆类此。尝谓人曰："天下事宰相当言，宰相不得言则台谏言之，台谏不敢言则经筵言之。备位经筵，得言人所不敢言于天子之前，志愿足矣。"故于时政得失，有当匡救者未尝缄默。至是卒。

【纲】秋七月，以巩卜班为平章政事。

【纲】八月，帝还大都。

【纲】九月，遣使巡行天下。　【目】时诸道奉使者皆与台谏交相掩蔽，惟巡京畿道西台中丞定定、集贤侍讲学士苏天爵纠举无所避，凡兴革者七百八十三事，纠劾九百四十九人。都人称天爵为"包拯"，天爵亦竟以忤时相罢去。

【纲】丙戌，六年，夏四月，帝如上都。

【纲】五月，盗窃太庙神主。

【纲】秋八月，帝还大都。

【纲】冬十二月，阿鲁图罢。

【纲】罢免脱脱,任命阿鲁图为右丞相。

【纲】秋七月,温州发生地震,海水溢上陆地。

【纲】八月,皇帝回到大都。

【纲】至正五年(乙酉,1345),夏四月,皇帝到上都。

【纲】五月,翰林学士承旨巎巎去世。 【目】当初,巎巎主管在御前讲经,天天敦劝皇帝努力学习。皇帝要用对待师傅的礼节对他加以特殊优待,但他坚决地推辞了。皇帝有一次要看画,巎巎就取来《比干图》呈献给皇上。一天,皇帝观看了宋徽宗的画,不禁连声称好,巎巎便说:"宋徽宗能做许多事,却只有一件事不能做。"皇帝问道:"那一件事是什么呢?"巎巎回答说:"他只是不能做皇帝呀!到后来国家败亡,他本人也惨遭被俘的奇耻大辱,这都是由于他不能当一个好皇帝所导致的恶果。大凡做国君人主的,重要的是要能当一个好君主、好皇帝,其他的一切都不值得重视。"巎巎随时随事规劝皇上,大都像这些事一样。他曾经对别人说:"国家的事情,应当由宰相向皇帝说明;如果宰相无法说明,就应当由谏官来劝谏说明;如果是谏官也不敢说的事情,就要由为皇帝讲解经书的人来说了。我作为在御前讲经的人,能在皇帝面前说出别人所不敢说的话,我的心愿也得到满足了。"因此,对于当时政治的得失,凡有能够补救的,他从来不曾沉默不说。这时他去世了。

【纲】秋七月,任命巩卜班为平章政事。

【纲】八月,皇帝回到大都。

【纲】冬十月,皇帝派遣使者巡行全国各地。 【目】当时奉命巡行各道的使者大都和地方官互相勾结、互相遮掩,只有巡行京畿道的西台中丞定定和集贤院侍讲学士苏天爵两人能秉公行事,督察、举发及矫正都无所避讳,一共革除七百八十三件事,举发、弹劾有过失的官吏九百四十九人。京城百姓都称苏天爵为"包拯",而苏天爵最终却因为触怒了当时有权有势的人被罢官。

【纲】至正六年(丙戌,1346),夏四月,皇帝到上都。

【纲】五月,盗贼偷走了太庙中的神主牌位。

【纲】秋八月,皇帝回到大都。

【纲】冬十二月,罢免阿鲁图。

【纲】丁亥,七年,春正月朔,日食。 【目】是日大寒而风,朝官仆者六人。

【纲】二月,山东地震。 【目】坏城郭,有声如雷。三月,东平又震,河水动摇。

【纲】夏四月,帝如上都。
【纲】六月,复以太平为平章政事。
【纲】秋九月,帝还大都。
【纲】铁木儿塔识卒,以朵儿只为左丞相。
【纲】冬十一月,沿江兵起。
【纲】十二月,诏选台阁名臣出为守令。

【纲】戊子,八年,夏四月,帝临国子学。 【目】赐衍圣公银印,升秩从二品。定弟子员出身,及省亲、奔丧等制。

【纲】帝如上都。
【纲】夏五月,霖雨,山崩,江溢。
【纲】秋八月,帝还大都。
【纲】奎章阁侍书学士致仕虞集卒。 【目】谥文靖。集性孝友,学博洽而究极本源,研精探微,心解神契。其经纶之妙,一寓诸文,颇有宋庆历、乾、淳风烈。

【纲】冬十一月,台州方国珍兵起。

【纲】以太不花、忽都不花并为平章政事。
【纲】己丑,九年,夏四月,以钦察台为平章政事。帝如上都。

【纲】枣阳童子暴长。 【目】枣阳民张氏妇生男,甫及周岁,

【纲】至正七年(丁亥,1347),春正月初一,出现日食。 【目】这一天非常寒冷,而且刮着大风,朝官当中有六个人摔倒在地。

【纲】二月,山东(山东分东、西道,东道治益都县,今山东益都;西道治历城县,今山东济南)发生地震。 【目】地震毁坏了内外城墙,同时有打雷一样的响声。三月,东平路(治须城县,今山东东平)又发生地震,黄河水也动荡起来。

【纲】夏四月,皇帝到上都。

【纲】六月,再次任用太平为平章政事。

【纲】秋九月,皇帝回到大都。

【纲】铁木儿塔识去世。任命朵儿只为左丞相。

【纲】冬十一月,长江沿岸一带有人起兵造反。

【纲】十二月,皇帝下诏书,选拔朝中有名的大臣到地方上担任太守、县令等官职。

【纲】至正八年(戊子,1348),夏四月,皇帝亲临国子监。 【目】赐给衍圣公银质官印,并升他的官阶品位为从二品。又规定了国子监学员的出身及探亲、奔丧等制度。

【纲】皇帝到上都。

【纲】夏五月,淫雨连绵,引起山体崩塌,江水涨溢。

【纲】秋八月,皇帝回到大都。

【纲】奎章阁已经退休的侍书学士虞集去世。 【目】虞集被谥为文靖。他生性孝顺友善,学识广博而又能探究本源,研究精深,探索微妙,内心与精神都与这些精微的学说非常投合。他的精妙的思想与策略,都寓含在他的文章中,很有北宋时的庆历年间及南宋时的乾道、淳熙年间学者的遗风余烈。

【纲】冬十一月,台州(治临海县,今浙江临海)方国珍起兵造反。

【纲】任命太不花、忽都不花同为平章政事。

【纲】至正九年(己丑,1349),夏四月,任命钦察台为平章政事。皇帝到上都。

【纲】枣阳(今湖北枣阳)有一个小男孩急剧地长大。 【目】枣阳

暴长四尺许，容貌异常，皤腹拥肿，见人嬉笑，如世俗所画布袋和尚云。

【纲】秋七月，朵儿只、太平俱罢。以脱脱为右丞相。

【纲】八月，以伯颜为平章政事。
【纲】庚寅，十年，春正月，以搠思监为平章政事。
【纲】夏四月，帝如上都。
【纲】六月，有星入于北斗。　【目】大如月，震耳如雷。

【纲】秋八月，帝还大都。
【纲】冬十月，方国珍攻温州。
【纲】辛卯，十一年，夏四月，诏修河防。左迁工部尚书成遵为河间盐运使，以贾鲁为总治河防使。　【目】初黄河决，脱脱集群臣廷议，言人人殊，惟漕运使贾鲁以为："必塞北河，疏南河，使复故道。役不大兴，害不能已。"于是遣工部尚书成遵与大司农秃鲁行视河，议其疏塞之方以闻。遵等自济、濮、汴梁、大名行数千里，掘井以量地之高下，测岸以究水之浅深，博采舆论，以谓"河之故道，断不可复。"且曰："山东连歉，民不聊生，若聚二十万众于此地，恐他日之忧，又有重于河患者。"时脱脱先入鲁言，及闻遵等议，怒曰："汝谓民将反邪？"自辰至酉，论辨终莫能入。明日，执政谓遵曰："修河之役，丞相意已定，且有人任其责。公勿多言，幸为两河之议。"遵曰："腕可断，议不可易！"遂出遵河间盐运使。诏开黄河故道，命鲁以工部尚书充河防使，发河南、北兵民十七万，自黄陵冈南达白茅，放于黄冈、哈只等口，又自黄陵西至阳青村，凡二百八十里有奇。兴工凡五阅月，诸埽堤成，河复故道。超授鲁集贤大学士，赐脱脱世袭"答剌罕"之号，其余迁赉有差。

县一个姓张的农民的媳妇生了个男孩,刚满周岁就急剧地长至四尺许,容貌也不同寻常,大腹便便,身材臃肿,看见人就嬉笑,如同世俗人所画的布袋和尚。

【纲】秋七月,朵儿只、太平都被罢官。闰月,任命脱脱为右丞相。

【纲】八月,任命伯颜为平章政事。

【纲】至正十年(庚寅,1350),春正月,任命搠思监为平章政事。

【纲】夏四月,皇帝到上都。

【纲】六月,有一颗星星进入北斗星群中。 【目】那颗星星像月亮一样大,发出象打雷一样的震击声。

【纲】秋八月,皇帝回到大都。

【纲】冬十一月,方国珍率军攻打温州。

【纲】至正十一年(辛卯,1351),夏四月,皇帝下诏修整黄河堤岸。将工部尚书成遵降职使用,任命他为河间盐运使,任命贾鲁为总治黄河堤防使。 【目】起初,黄河决口,脱脱召集群臣商议解决办法,群臣意见不统一。只有漕运使贾鲁认为:"一定要堵住北河,疏通南河,从而使黄河恢复故道。不大兴工役彻底治理,黄河的危害就不能停止。"于是派遣工部尚书成遵和大司农秃鲁去巡察黄河,并商议堵塞或疏通的办法,然后上报给脱脱。成遵等人从济州、濮州,到汴梁、大名,行程几千里。一路上,他们挖井来测量地势的高低,测量河岸以推断河水的深浅;广泛地采集各种治河的见解和议论,从而得出"黄河的故道绝对不可能恢复"的结论,并说:"山东连年歉收,民不聊生。如果征集二十万人到这里修河防,只怕将来的忧患,又要比黄河的危害严重得多。"当时脱脱已经先听到了贾鲁的言论,等再听到成遵等人的议论,他生气地说:"你们是说民众会造反吗?"自辰时至酉时,成遵等人一直在与脱脱辩论,但终于没能使脱脱听进他们的意见。第二天,执政官对成遵说:"修整河防的工程,丞相的决心已经下定,况且又有人承担治河的责任,您就不要多说了。希望您也能赞成塞北河、通南河的方案。"成遵却说:"可以砍断我的手腕,而我的主张不可改变!"于是,成遵被降职为河间盐运使。皇帝下诏开辟黄河故道,任命贾鲁为工部

先是河南、北童谣云："石人一只眼，挑动黄河天下反。"及鲁治河果于黄陵冈得石人。一眼，而汝、颍之兵起。

【纲】帝如上都。

【纲】五月，颍州刘福通、萧县李二、罗田徐寿辉等兵起。
【目】先是，四方盗贼蜂起，有司不能制，及发丁夫开河，民心益愁怨思乱。有韩山童者，栾城人，自其祖父以白莲会烧香惑众，谪徙永平。至是山童倡言天下大乱，弥勒佛下生，河南及江、淮愚民翕然信之。颍州刘福通与杜遵道、罗文素、盛文郁、王显忠、韩咬儿复诡言"山童实宋徽宗八世孙，当为中国主。"遂同起兵，以红巾为号。县官捕之急，山童就擒，其妻杨氏及其子韩林儿逃之武安。惟福通党盛不可制，朝廷乃命同知枢密院秃赤以兵击之。

福通既破颍州，遂据朱皋，攻罗山、上蔡、真阳、确山诸县，寻犯舞阳、叶县，陷汝宁府及光、息二州，众至十万。

萧县李二、号"芝麻李"，亦以烧香聚众，与其党赵均用、彭早

尚书兼河防使，征发河南、河北的兵士及农民十七万人，从黄陵冈（今山东曹县西北）向南，直到白茅（今河南长垣东南），放开黄冈（今山东单县南）、哈只（今河南商丘县南）等河口，又从黄陵冈向西直到阳青村（今山东曹县西），共开河道二百八十多里。开工六个多月，各处堤岸修成后，黄河回归到原来的河道。皇帝破格提拔贾鲁为集贤大学士，赐脱脱世袭"答剌罕"的封号，其余有功人员也都得到不同程度的赏赐或升迁。

在此以前，河南、河北流传着一首童谣："石人一只眼，挑动黄河天下反。"等到贾鲁治河，果然在黄陵冈挖出了一个石头人，只有一只眼睛，因而引起汝州（治梁县，今河南临汝）、颍州（今安徽阜阳）兵乱。

【纲】皇帝到上都。

【纲】五月，颍州人刘福通、萧县（今安徽萧县西北）李二、罗田（今湖北罗田）徐寿辉等起兵反抗朝廷。 【目】在此以前，四方贫民纷纷去作强盗，官府也无法制止。等到征发丁夫开辟黄河故道时，民心便益发愁怨，作乱造反之心便也越发强烈。有一个叫韩山童的，是栾城（今河北藁城西南栾城镇）人，自他祖父时起就组织白莲会，用烧香拜神迷惑民众，被发配到永平（治卢龙县，今河北卢龙），至此，韩山童又声称天下要大乱，弥勒佛已降生，河南及长江、淮河一带的民众很快都成了他的信徒。颍州的刘福通与杜遵道、罗文素、盛文郁、王显忠、韩咬儿等人又诈称"韩山童实际上是宋徽宗的八世孙，应当成为中国的君主"。于是他们与韩山童一同起兵造反，以红巾为标志。县官急忙下令搜捕，韩山童被抓住，他的妻子杨氏和儿子韩林儿逃到了武安（今河北武安）。只有刘福通因兵多气盛而未能制服，朝廷于是派同知枢密院秃赤率兵攻打刘福通。

刘福通率兵攻陷颍州后，接着占据了朱皋（今安徽霍丘西南），并攻打罗山（今河南罗山）、上蔡（今河南上蔡）、真阳（今河南正阳北）、确山（今河南确山）等县，不久又攻打舞阳（今河南舞阳）、叶县（今河南叶县）。攻陷汝宁府及光州（治定城县，今河南潢川）、息州（今河南息县），部众增加到十万人。

萧县人李二，人称"芝麻李"，也用烧香拜神聚集民众，与他的同

住攻陷徐州,据之。罗田徐寿辉与倪文俊、邹普胜等聚众举兵,亦以红巾为号。攻陷蕲水县及黄州路。

【纲】秋八月,帝还大都。

【纲】冬十月,饶、信等雨黍。　【目】信州及邵武雨黍,饶州、建宁雨黑子,大如黍菽,衢州雨黍,民多取而食之。

【纲】徐寿辉称帝于蕲水。

【纲】十一月,有星孛于西方。

【纲】壬辰,十二年,春正月,徐寿辉兵破汉阳诸郡,威顺王宽彻普化等弃城走。二月,破江州,总管李黼死之。

【纲】以月鲁不花为平章政事。

【纲】定远郭子兴等兵起,破濠州。　【目】子兴见汝、颍兵起,列郡骚动,遂与其党孙德崖等举兵,自称元帅,攻拔濠州据之。彻里不花率兵欲复濠城,惮不敢进,惟日掠良民为盗以徼赏。由是民益恟恟不安,其豪杰咸投入城以自保。

【纲】三月,徐寿辉破袁、瑞、饶、信、徽等州。

【纲】诏省台官兼用南人。　【目】自世祖以后,台省之职,南人斥不用。至是始复旧制,诏:"南人有才学者,并许用之。"

【纲】台州路达鲁花赤泰不华,与方国珍战于澄江,死之。
【目】先是,国珍入海烧掠沿海州郡,朝廷遣大司农达识帖木迩招

党赵均用、彭早住一起攻陷了徐州，并占领徐州为据点。罗田人徐寿辉与倪文俊、邹普胜等聚众起兵，也以红巾为标志，攻陷了蕲水县（今湖北浠水）及黄州路（治黄冈县，今湖北黄冈）。

【纲】八月，皇帝回到大都。

【纲】冬十月，饶州（治鄱阳县，今江西波阳）、信州（治上饶县，今江西上饶西北）等地天降黍雨。　【目】信州及邵武（治邵武县，今福建邵武）天降黍雨；饶州、建宁（治建安县，今福建建瓯）天降黑色颗粒，有豆子那么大；衢州（治西安县，今浙江衢县）天降黍雨，百姓大都收取降下来的黍谷食用。

【纲】徐寿辉在蕲水称帝。

【纲】十一月，有彗星出现在西方。

【纲】至正十二年（壬辰，1352），春正月，徐寿辉的军队攻破汉阳等郡县，威顺王宽彻普化等弃城逃跑。二月，徐寿辉的军队又攻破江州（治德化县，今江西九江）。江州总管李黼死难。

【纲】任命月鲁不花为平章政事。

【纲】定远县（今安徽定远）郭子兴等人起兵造反，攻破了濠州（治钟离县，今安徽凤阳东北临淮关）。　【目】郭子兴见汝州、颍州起义军兴起，各处郡县骚动不安，便与他的同党孙德崖等举兵起义。他自称元帅，攻陷并占据了濠州。彻里不花率军想夺回濠州城，却又畏惧不敢前进，只是每天抢夺良民百姓，把他们说成是强盗为自己邀功请赏。因此四周民众越发骚扰不安，那些豪杰之士全都进城投奔起义军，以求保护自己。

【纲】三月，徐寿辉的军队攻破袁州（治宜春县，今江西宜春）、瑞州（治高安县，今江西高安）、饶州、信州、徽州（治歙县，即今安徽歙县）等地。

【纲】皇帝下诏，省台官可以兼用南人承当。　【目】自从元世祖以后，省台的职位，一概排斥不用南人。到这时才开始恢复旧的制度。诏书说："南人中有才学的，一并可以任用。"

【纲】台州路的掌印官泰不华与方国珍在澄江（即灵江，一名椒江，今浙江黄岩东北，入海处即台州湾）交战，泰不华战死。　【目】在

降之。至是朝廷方征徐州，命江浙募舟师北守大江。国珍怀疑，复劫其党入海。泰不华遣义士王大用往谕，国珍拘留不遣。其戚党陈仲达往来议降，泰不华具舟，张受降旗，乘潮下澄江，触沙不行。垂与国珍遇，呼仲达申前议；仲达目动气索，泰不华觉其心异，手斩之，即前薄贼船，奋击之。贼群至，欲抱持入其船。泰不华瞋目叱之，夺刀杀贼；贼攒槊刺之，中颈死，犹植立不仆，投其尸海中。事闻，追赠江浙平章，封魏国公，谥忠介。

【纲】陇西地震。【目】凡百余日，城郭颓圮，陵谷变迁，定西、会州尤甚，会州公宇墙崩，获弩五百余，长者丈余，短者九尺，人莫能挽。因改定西为安定州，会州为会宁州。

【纲】夏四月，帝如上都。

【纲】五月，徙瀛国公子赵完普等于沙州。【目】御史彻彻帖木儿等言："诸处群盗，辄引亡宋故号以为口实。宜徙和尚完普及亲属于沙州安置，禁人交通。"从之。

【纲】秋七月，徐寿辉兵袭杭州，江浙参知政事樊执敬战死，董抟霄率兵复之，遂复徽州。

【纲】八月，方国珍攻台州，浙东元帅也忒迷失击走之。

【纲】右丞相脱脱将诸军击李二于徐州，大破之，屠其城。

【纲】帝还大都。

此以前，方国珍到了海上，烧抢沿海的州县，朝廷派大司农达识帖木迩劝说他归顺了朝廷。到这时朝廷正派兵攻打徐州，命令江浙行省招募水兵舟船北守长江。方国珍怀疑这是针对他的，便重新率领他的部下逃到了海上。泰不华派遣义士王大用去向方国珍说明情况，方国珍却扣留王大用，不让他回去。方国珍的亲戚同党陈仲达来议降，泰不华便准备舟船，挂上受降的旗帜，乘着涨潮下了澄江，船却触沙搁浅。快要遇见方国珍时，泰不华让陈仲达对方国珍说明从前议定的情况；陈仲达眼珠乱转，神色不宁，泰不华觉出他心怀异谋，便亲手斩杀了他，接着便向前逼近方国珍的船队，奋力冲杀。起义军蜂拥而上，想把泰不华拉到自己的船上。泰不华怒目而视，厉声呵斥，并夺刀奋勇杀敌。起义军几个人同时举起长矛向他刺去，有一支刺中了他的脖子。泰不华虽被刺死，却仍然站立不倒。起义军把他的尸体投入大海。事情奏报皇上以后，皇帝追赠泰不华为江浙平章，并封他为魏国公，谥号忠介。

【纲】陇西发生地震。　【目】在一百多天内连续地震，城邑被毁坏，山岗与山谷位置移动，定西（今甘肃定西）与会州（今甘肃会宁东）尤其厉害。会州官署的墙壁被震塌，露出弓弩五百多张，长的有一丈多，短的也有九尺，没有人能拉得动。于是改定西为安定州，会州为会宁州。

【纲】夏四月，皇帝到上都。

【纲】五月，将瀛国公的儿子赵完普等人迁移到沙州（治敦煌县，今甘肃敦煌）。　【目】御史彻彻帖木儿等人说："各处起兵的盗贼，动不动就用已经灭亡的大宋故号为借口。应当将和尚赵完普及其亲属迁移到沙州居住，并禁止别人与他们接触。"皇帝同意了。

【纲】秋七月，徐寿辉的军队袭击杭州，江浙行省参知政事樊执敬战死。董抟霄率领军队奋力夺回杭州，接着又夺回了徽州。

【纲】八月，方国珍进攻台州，浙东元帅也忒迷失率军将方国珍军打退。

【纲】右丞相脱脱率领几路大军在徐州进击李二的起义军，把起义军杀得大败。脱脱的军队在徐州城大肆屠杀。

【纲】皇帝回到大都。

【纲】冬十月,霍山崩。 【目】前三日山如雷鸣,禽兽惊散,殒石数里。

【纲】十一月,江西行省平章政事星吉击赵普胜,战于湖口,兵败,死之。

【纲】赵均用入濠州,据之。

【纲】癸巳,十三年,春正月,以哈麻为右丞。

【纲】夏四月,帝如上都。

【纲】五月,泰州张士诚兵起于高邮,自称诚王,知府李齐死之。 【目】士诚,白驹场亭民,及其弟士德、士信举兵陷泰州,遂据高邮,称诚王,国号大周,建元天祐。已而有诏赦之,使至,不得入。贼绐言:"请李知府来乃受命。"淮南行省强齐往,至则下齐于狱。齐虽辩说百端,而士诚本无降意。士诚呼齐使跪,齐叱曰:"吾膝如铁,岂为贼屈!"士诚怒,使曳倒,槌碎其膝而剐之。时论大科三魁,若李黼、泰不华及齐皆不负所学云。

【纲】六月,立子爱猷识理达腊为皇太子,赦。

【纲】秋八月,帝还大都。

【纲】冬十二月,江浙平章政事卜、颜帖木儿等会兵击徐寿辉于蕲水,破之。

【纲】哈麻进西番僧于帝。 【目】僧教帝行房中运气之术,号"演揲儿法"。又进僧伽璘真,善秘密法,帝皆习之。诏以西番僧为司徒,伽磷真为大元国师,各取良家女三四人奉之,谓之"供养"。尝谓帝曰:"陛下尊居万乘,富有四海,不过保有见世而已。人生能

【纲】冬十月，霍山（一名天柱山，今安徽霍山西南）出现崩动。
【目】在山崩以前的三天内，霍山发出轰雷一样的响声，鸟兽受惊四散。山崩时的碎石竟飞落数里。

【纲】十一月，江西行省平章政事星吉进攻赵普胜起义军，双方在湖口（今江西湖口）交战。星吉兵败而死。

【纲】赵均用率军进入濠州，占据了濠州城。

【纲】至正十三年（癸巳，1353），春正月，任命哈麻为中书省右丞。

【纲】夏四月，皇帝到上都。

【纲】五月，泰州（治海陵县，今江苏泰州）人张士诚在高邮（今江苏高邮）起兵造反，自称诚王。高邮知府李齐因此被杀。 【目】张士诚是白驹场（今江苏东台北）的盐民，等到他的弟弟张士德、张士信率兵攻陷了泰州，他便占据高邮，自称诚王，定国号为大周，年号为天祐。不久皇帝下诏书赦免张士诚等人，使者来到高邮城外，却进不了城。张士诚打诳言说："请来李知府，我才能接受皇帝的命令。"于是淮南行省的官员强迫李齐到高邮去。李齐一进高邮城就被张士诚拘捕，投入监狱。李齐虽然百般辩解、劝说，但张士诚原本就没有投降朝廷的诚意。张士诚大声呼喝，让李齐向他下跪，李齐斥责说："我的膝盖像铁一样坚硬，怎能向你这样的贼人弯曲！"张士诚大怒，命人把李齐拉倒在地，敲碎了他的膝盖骨并凌迟了他。当时的公众舆论认为，皇帝特试选出的三个大才子，即李黼、泰不华和李齐，都没有背叛他们的信仰和学识。

【纲】六月，立皇子爱猷识理达腊为皇太子，大赦天下。

【纲】秋八月，皇帝回到大都。

【纲】冬十二月，江浙行省的平章政事卜颜帖木儿等人纠合几路大军，在蕲水围攻徐寿辉起义军，把起义军杀得大败溃散。

【纲】哈麻向皇帝进献西番僧人。 【目】这个西番僧人教皇帝使用房中运气的秘术，号称"演揲儿法"。又向皇帝进献一个名叫伽璘真的和尚，他很精通秘密法。皇帝兼学这两个僧人所传授的房中术，并下诏封西番僧人为司徒，封伽璘真为大元国师，各选良家女儿三四人侍

几何，当受此秘密大喜乐禅定。"于是帝日从事于其法，广取女子，惟淫戏是乐。帝诸弟八郎者，与哈麻妹婿秃鲁帖木儿及老的沙等十人，号"倚纳"，皆有宠，在帝前相与亵狎，甚至男女裸处，号所所处室曰"皆即兀该"，犹华言事事无碍也。君臣宣淫，而群僧出入禁中，无所禁止，丑秽外闻。皇太子既长，深疾二僧等所为，欲去之，未能也。

【纲】郭子兴引兵入滁州。　【目】时子兴患赵均用之专，乃领所部万人入据滁州城，称王。

【纲】甲午，十四年，春正月，汴河冰五色。　【目】冰皆成五色花草，如绘画，三日乃解。

【纲】夏四月，帝如上都。秋八月，帝还大都。
【纲】九月，命右丞相脱脱督诸军击张士诚。

【纲】冬十二月，以定住为左丞相，琐南班、哈麻并为平章政事。
【纲】诏削脱脱官爵，安置淮安，以太不花等代总其军。

【纲】帝制龙舟于内苑。　【目】帝自制船式，长一百二十尺，广二十尺，用水手二十四人，皆衣金紫，自后宫至前宫山下海子内，往来游戏，行时，龙首、眼、口、爪、尾皆动。

又自制宫漏，高六七尺，广半之，造木为匮，藏壶其中，运水上下。匮上设三圣殿，匮腰立玉女捧时刻筹，时至，辄浮水而上。左右

奉他们，美其名曰"供养"。他们曾经对皇帝说："陛下身为天下至尊，又享有四海之内的财富，终究也不过是保有现世的享乐而已。人生短暂啊！所以，皇上应当修习这套秘密大喜乐禅定法。"于是皇帝每天只管修习这套邪法，广取美女，淫戏取乐。皇帝的弟弟八郎，与哈麻的妹夫秃鲁帖木儿及老的沙等十人，号称"倚纳"，都很受皇帝的宠幸。他们在皇帝面前也是举止轻浮，行为放荡，甚至男男女女裸体相处，并称他们所在的屋子叫"皆即兀该"，也就是汉语所说的事事无碍。君臣如此公开淫乱，而那些僧人在皇宫内苑自由出入，无所禁忌，宫廷的丑恶污秽行径外传到百姓也都知道了。皇太子已经长大成人，他痛恨那两个僧人的所作所为，很想把他们驱逐出去，而无能为力。

【纲】郭子兴领兵进入滁州（治清流县，今安徽滁县）。 【目】当时郭子兴对赵均用的专断独行不满，便带领自己的部下一万人进占滁州城，自称为王。

【纲】至正十四年（甲午，1354），春正月，汴河（今河南开封西汴水）中的冰呈现出五彩颜色。 【目】河中的冰变成五色花草的图案，就像人工绘成的图画一样，三天以后才消失。

【纲】夏四月，皇帝到上都。秋八月，皇帝回到大都。

【纲】九月，皇帝命令右丞相脱脱督领各路大军攻打张士诚起义军。

【纲】冬十二月，任命定住为左丞相，琐南班、哈麻同为平章政事。

【纲】皇帝下诏削除脱脱的官爵，将他迁移到淮安（治山阳县，今江苏淮安），命令太不花等人代替脱脱总领大军。

【纲】皇帝在内苑造了一只龙舟。 【目】皇帝亲自设计了船的式样、规格为长一百二十尺，宽二十尺，用水手二十四人，全部穿戴金紫色衣服，自后宫到前宫山下海子（今北京什刹海）内，来来回回，划船游玩。当龙舟在水中行进时，龙头、龙眼、龙口、龙爪、龙尾都随着摆动。

皇帝还自制了一个宫中用的漏壶，有六七尺高，宽是高的一半。又用木头造了一个大柜子，把漏壶藏在柜子里，让水上下循环流动。柜子

二金甲神，一县钟，一县钲，夜则神人自能按更而击，无分毫差。鸣钟、钲时，狮凤在侧者，皆自翔舞。匮之东西有日月宫，飞仙六人立宫前，遇子午时，自能耦进，度仙桥，达三圣殿，复退立如前。其精巧绝出人意，皆前所未有。

帝既怠于政治，惟事游宴，以宫女十六人按舞，名十六天魔，又十一人奏龙笛、头管、小鼓、筝、蓁、琵琶、笙、胡琴、响板、拍板，每宫中赞佛，则按舞奏乐。宦官非受秘密戒者不得与。

【纲】乙未，十五年，春二月，刘福通以韩林儿称宋帝。

【纲】三月，窜脱脱于云南。
【纲】蓟州雨血。
【纲】帝如上都。
【纲】夏四月，以定住为右丞相，哈麻为左丞相，桑哥失里为平章政事，雪雪为御史大夫。
【纲】六月，明太祖皇帝起兵，自和阳渡江取太平路。【目】时四方割据称雄者众，战争无虚日，兵乱岁饥，民不聊生。壬辰春，明太祖皇帝避兵濠城，有安天下救生民之志。乃收纳英贤置之左右，遂起兵攻滁州，下之。明年，又下和阳，恩威日著，豪杰归心。至是谋渡江取金陵，患无舟楫，而巢湖水寨军帅俞通海等率众万余、船千艘来降。太祖顾谓诸将曰："方谋渡江，而巢湖水军来附，吾事济矣！"遂率徐达、冯国用、邵荣、汤和、李善长、常遇春、邓愈、耿君用、毛广、廖永安引舟东下，首克牛渚矶，遂进攻太平，拔之。耆儒

顶上设计了一座三圣殿，中腰立有美丽的玉制女人捧着计时刻的表盘，到一定的时刻，玉制女人就会随着壶漏中上升的水位浮起来。柜子的左右各有一个金甲神像，一个手里拿着钟，另一个手里拿着铃。到了夜里，这两个神人能自动按时击钟摇铃，向人报更，分毫不差。当那钟铃响起来时，设置在柜子侧面的狮子、凤凰等动物，都能自动翩翩起舞。柜子的东西两侧是日月宫，有六名飞仙站在宫前。每到子时和午时，飞仙便成对自动走动，走过仙桥，直达三圣殿，然后再退回站到自己原来所在的位置。这只宫漏设计得精巧绝妙，超出常人的想象，是前所未有的。

皇帝既然已经懒于关心国家政治，每天只是游荡取乐。他用十六个宫女为他跳舞，称她们为十六天魔；又用十一个宫女演奏龙笛、头管、小鼓、筝、蓁、琵琶、笙、胡琴、响板，每到宫中做佛事赞颂佛祖时，就让这些宫女奏乐、跳舞。宫中的宦官没受过所谓"秘密戒"的不能参加。

【纲】至正十五年（乙未，1355），春二月，刘福通推奉韩林儿称帝，国号为宋。

【纲】三月，将脱脱流放到云南。

【纲】蓟州（治渔阳县，即今天津蓟县）天降血雨。

【纲】皇帝到上都。

【纲】夏四月，任命定住为右丞相，哈麻为左丞相，桑哥失里为平章政事，雪雪为御史大夫。

【纲】六月，明太祖皇帝朱元璋起兵反抗朝廷，从和阳（今安徽和县）渡过长江，夺取太平路（治当涂县，今安徽当涂）。【目】当时全国各地割据称雄的人很多，战事几无虚日，兵荒马乱，岁时荒歉，民不聊生。壬辰年春天，明太祖朱元璋到濠城躲避兵乱，就已经有安定天下、拯救民众的雄心壮志。于是，他便收纳英雄豪杰及有谋略的贤才，安置在自己的身边。他正式起兵攻打滁州，并攻下了滁州城。第二年又攻下了和阳，朱元璋的威名日益显著，天下的英雄豪杰对他钦佩、向往，并逐渐归附到他的麾下。朱元璋谋划要渡过长江夺取金陵（今江苏南京），却为没有舟船而忧虑。这时巢湖水寨的义军首领俞通海等率领部

陶安、李习率父老出迎,安因献言曰:"方今四海鼎沸,豪杰并争,攻城屠邑,互相长雄,然其志皆在子女玉帛,取快一时,非有拨乱、救民、安天下之心。明公率众渡江,神武不杀,人心悦服,以此顺天应人而行吊伐,天下不足平也。"

【纲】冬十一月,答失八都鲁击宋刘福通军,破之。十二月,遂围亳,福通以其主韩林儿走安丰。

【纲】元哈麻矫诏杀右丞相脱脱。
【纲】丙申,十六年,春正月,元哈麻、雪雪有罪,伏诛。

【纲】天完主徐寿辉据汉阳。
【纲】二月,张士诚入平江,据之。
【纲】三月,明太祖帅师克金陵,改集庆路为应天府。 【目】诸军水陆并进,至江宁镇,攻陈兆先营,破之。进围集庆,南台御史大夫福寿督兵出战,力不能支,死于兵。太祖入城,召官吏耆老,谕曰:"吾率众至此,为民除乱耳。尔宜各安职业,毋恐。"于是民大悦,更相庆慰。遂改集庆路为应天府。分遣诸将取镇江、广德,皆下之。

【纲】方国珍降于元。
【纲】是月,有两日相荡。
【纲】夏六月,彰德李实如黄瓜。 【目】先是童谣云:"李生

下一万多人，并带着一千多只船来降。明太祖朱元璋对身边的众位战将说："我们正筹划渡江，而巢湖的水军就带着船只来归附。我的事业要成功了！"于是率领徐达、冯国用、邵荣、汤和、李善长、常遇春、邓愈、耿君用、毛广、廖永安等乘船东下，首先克服了牛渚矶（今安徽当涂西北长江中），然后进攻太平路，并取得了胜利。太平路的老儒士陶安、李习等率领父老乡亲迎接朱元璋进城。陶安趁机向朱元璋说："现在天下大乱，群雄并争，攻占城池，屠杀百姓，互相争先争强，但这些人的志向不过是抢夺些人口、玉帛，以满足自己一时的贪欲，并没有拨乱救民、安定天下的雄心。而您率领军队过江，却不用武力滥杀无辜，使百姓心悦诚服。像您这样顺应天意人心而去进行征战、讨伐，那么这乱纷纷的天下不久就会平定了。"

【纲】冬十一月，答失八都鲁率军进攻刘福通的部队，并将其击败。十二月，元军趁势围困亳州（治谯县，今安徽亳州），刘福通只得保着他的主君韩林儿逃到了安丰（今安徽寿县）。

【纲】元朝的哈麻假传圣旨，杀害了右丞相脱脱。

【纲】至正十六年（丙申，1356），春正月，元朝的哈麻、雪雪因罪被处死。

【纲】天完主徐寿辉占据汉阳。

【纲】二月，张士诚进入并占据了平江（今江苏苏州）。

【纲】三月，明太祖朱元璋统帅军队克服金陵，改集庆路为应天府。　【目】朱元璋的几路大军水陆并进，到达江宁镇（一名金陵镇，今江苏江宁西南江宁镇），攻破了陈兆先的营防，继续前进，又包围了集庆路。元朝的南台御史大夫福寿督兵出战，却无力取胜，最后死在乱军之中。明太祖进入金陵城，召集官吏及乡老，对他们说："我率领大军来到这里，只是要为民除乱。你们要各自安心自己的职业，不要惊慌害怕。"于是百姓大为欢喜，相互庆贺劝慰。明太祖便改集庆路为应天府，又分派各位战将去进攻镇江、广德（今安徽广德），两处都被攻克。

【纲】方国珍投降元朝。

【纲】这个月中，天上有两个太阳相互冲激。

【纲】夏六月，彰德地方的李子长得像黄瓜一样。　【目】在此以

黄瓜，民皆无家。"

【纲】秋八月，彗星见。 【目】彗出张宿，色青白，指西南，长尺余，至十二月朔始灭。

【纲】冬十月，星陨大名，化为石。 【目】从东南流，芒尾如曳彗，堕地有声，火焰蓬勃，久之乃息。化为石，青黑色，形如狗头，其断处若新割者。

【纲】丁酉，十七年，春正月朔，日食。

【纲】三月，明太祖兵克常州。 【目】先是徐达攻常州，进薄城下，张士诚遣其弟士德以数万众来援，达伏兵擒之，由是士诚气沮，乃奉书请和，愿输粮犒军。太扭复书，数其开衅召兵之罪，且许其归我使臣将校，即当班师。士诚得书，不报，达请益兵围之，遂下其城。

【纲】夏五月，元以搠思监为右丞相，太平为左丞相。

【纲】明太祖取宁国等路。 【目】徐达、常遇春率兵取宁国，攻之久不下。太祖乃亲往督师，既至，守将杨仲英开门请降，百户张文贵杀其妻妾自刎而死。寻遣诸将取江阴、徽州、池州，皆下之。

【纲】六月，有龙斗于乐清江。

【纲】秋七月，元大都昼雾。

【纲】八月，张士诚降于元，元以为太尉。明太祖取扬州。

【纲】九月，天完将陈友谅袭杀倪文俊。 【目】友谅，沔阳渔人子，尝为县吏，不乐。会寿辉、文俊兵起，慨然往从之，遂为文俊簿书掾，寻亦领兵为元帅。及文俊专恣，心不能平。至是，文俊谋杀寿辉，不果，奔黄州，友谅因乘衅袭杀之，遂并其军，自称平章。

前,就有童谣说:"李树上长黄瓜,老百姓都没家。"

【纲】秋八月,出现彗星。 【目】彗星出现在张宿旁边,颜色青白,指向西南方,有一尺多长,到十二月初一才消失。

【纲】冬十月,有星陨落在大名,变成了石头。 【目】这颗星从东向南驶过,拖着像竹扫帚一样的芒尾,落到地上发出响声,火焰熊熊,过了好久才渐渐熄灭。星星变成的石头,呈青黑色,形状像狗头,断裂的地方就像刚用快刀砍出来的一样。

【纲】至正十七年(丁酉,1357),春正月初一,日食。

【纲】三月,明太祖朱元璋的军队攻克常州。 【目】在此以前,徐达领军进攻常州,进逼城下。张士诚派他的弟弟张士德率领几万人马来增援常州守军。徐达埋伏精兵,抓住了张士德。因此张士诚很丧气,便写信给明太祖,请求和解,并表示愿意输送粮食犒劳明军。明太祖写回信指责张士诚挑起双方争端,从而招致兵临城下的罪过,并表示如果张士诚放回我们的使者及战将、军校,就立即退兵。张士诚收到明太祖的回信后无所表示。徐达便请求增兵围困,终于攻克了常州城。

【纲】夏五月,元朝皇帝任命搠思监为右丞相,太平为左丞相。

【纲】四月,明太祖夺取宁国(治宣城县,今安徽宣城)等路。【目】徐达、常遇春率军进攻宁国路,好久也未能攻下来。明太祖便亲自到前线督军,他到了以后,宁国守将杨仲英打开城门请求投降。百户张文贵杀死了自己的妻妾,然后自刎而死。明太祖很快又派遣众将领攻取江阴、徽州、池州,这些地方全被攻克。

【纲】六月,在乐清(今浙江乐清)江中有蛟龙相互打斗。

【纲】秋七月,元大都被浓雾笼罩。

【纲】八月,张士诚投降元朝。元朝任用他为太尉。明太祖夺取扬州。

【纲】九月,天完将领陈友谅袭杀倪文俊。 【目】陈友谅是沔阳(治玉沙县,今湖北沔阳东南沔城镇)渔人的儿子,曾在县里当过小吏。但他觉得很不如意。当徐寿辉、倪文俊起兵造反时,他慷慨激昂地去投奔他们,被倪文俊任用为文书,不久便也领兵当了元帅。后来倪文俊专断骄横,陈友谅心里很是不平。到这时倪文俊谋杀天完君主徐寿辉,

【纲】冬十一月,汾州桃杏有花。

【纲】十二月,天完将明玉珍据成都。 【目】玉珍,随州人。初闻徐寿辉兵起,乃集乡兵屯于青山,结栅自固,未几,降于寿辉。及倪文俊陷川蜀,令玉珍守之。至是文俊死,玉珍遂自据成都,蜀中郡县皆附之。

【纲】元翰林学士承旨欧阳玄卒。
【纲】戊戌,十八年,春正月,天完将陈友谅破安庆,元淮南行省左丞余阙死之。 【目】先是阙固守安庆,友谅引军薄城下,阙遣兵扼之。俄而饶寇攻西门,友谅兵乘东门,既登城,阙简死士奋击,败之。至是,池州赵普胜军东门,友谅军西门,饶兵军南门,四面蚁集。阙徒步提戈,为士卒先;分遣部将督三门之兵,自以孤军血战,斩首无算,而阙亦被十余创。日中,城陷,火起,阙知不可为,乃引刀自刭,堕清水塘中死。妻蒋氏及妾耶卜耶律氏,子德臣,女安安,甥福童,亦皆赴井死。同时死者,守臣韩建一家被害。居民誓不从贼,焚死者以千计。

【纲】三月,宋毛贵破济南路,元河南行省右丞董抟霄与战,死之。 【目】济南城陷,贵入据之。时抟霄方驻于南皮之魏家庄,诏遣使拜为河南右丞。甫拜命,值贵兵猝至,而营垒犹未完,诸将曰:"贼至,当如何?"抟霄曰:"当以死报国!"因拔剑督战,贼突前摔抟霄,刺杀之,无血,惟见白气冲天。是日其弟昂霄亦死。

事情败露后便逃到了黄州。陈友谅乘机杀死倪文俊,并吞并了他的部队,自称为平章。

【纲】冬十一月,汾州(治西河县,今山西汾阳)桃树、杏树又开了花。

【纲】十二月,天完将领明玉珍占据成都。【目】明玉珍是随州(治随县,今湖北随县)人。当初他听到徐寿辉起兵的消息,便集合乡兵驻扎到青山(今名青林山,在湖北随县南),安排栅木以求自我保护。不久,他便投降了徐寿辉。等到倪文俊攻陷了川蜀一带,便命令明玉珍在那里镇守。这时候,明玉珍听说倪文俊已死,便趁机占据了成都,蜀中的郡县都归附了他。

【纲】元朝的翰林学士承旨欧阳玄去世。

【纲】至正十八年(戊戌,1358),春正月,天完将领陈友谅攻破安庆,元朝的淮南行省左丞余阙遇难。【目】在此以前,余阙坚守安庆。陈友谅领兵逼近城下,余阙便派兵阻击。不久,饶兵进攻城西门,陈友谅趁机攻克城东门,已经登上了城,余阙选出一些敢死的勇士奋力冲击,终于又将陈友谅打败了。到这时候,池州赵普胜率军攻东门,陈友谅领军攻西门,饶兵攻打南门,从四面像蚂蚁一样集结。余阙徒步行走,手中拿着武器,身先士卒;又分派部将到东、西、南三门督军,自己率领孤军浴血奋战,杀死很多敌人,而余阙也身受十多处创伤。中午时,城被攻陷,大火烧起来,余阙知道事情已无法挽回,便举刀自刎,落在清水塘中溺死。他的妻蒋氏及妾耶卜耶律氏、儿子德臣、女儿安安、外甥福童,都投井而死。同时死难的还有守臣韩建一家,全部遇害。安庆居民誓死不与起义军合作,投火自焚的人数以千计。

【纲】三月,宋将毛贵攻破济南路(治历城县,今山东济南),元朝的河南行省右丞董抟霄率军与宋军交战,兵败被杀。【目】济南城陷落后,毛贵占据了济南。当时董抟霄正驻守在南皮县(今河北南皮东)的魏家庄,皇帝下诏书并派遣使者来拜他为河南行省的右丞。董抟霄刚刚接到皇帝的任命,正赶上毛贵的军队突然到来,而自己的部队却连营垒都没来得及修好,他的部下问:"贼兵突然杀到,我们该怎么办呢?"董抟霄说:"我们应该以死报国!"于是,他拔出长剑,亲自督战。起义军

【纲】大同路夜闻空中有声。【目】初,黑气蔽西方,有声如雷。顷之,东北方有云如火,交射中天,遍地俱见火光,空中如有兵戈之声。

【纲】夏四月,天完将陈友谅破隆兴。
【纲】五月,宋刘福通破汴梁,奉其主韩林儿居之。

【纲】山东地裂。
【纲】六月,宋将关先生兵破辽州,遂大掠塞外诸郡。

【纲】冬十一月,元左丞相搠思监有罪免,以纽的该为左丞相。
【纲】十二月,明太祖取婺州。【目】胡大海兵攻婺州,久不克。太祖乃自将精兵十万往征,拔之。改婺州路为宁越府。命知府王宗显开郡学,延儒士叶仪、宋濂为《五经》师,戴良为学正,吴沈、徐原等为训导。时丧乱之余,学校久废,至是始闻弦诵之声,无不忻悦。

太祖既抚定宁越,欲遂取浙东未下诸郡,集诸将谕之曰:"克城虽以武,而安民必以仁。吾师比入建康,秋毫无犯,故一举而遂定。今新克婺城,民始获苏,政当抚恤,使民乐于归附,则彼未下郡县,亦必闻风而归。吾每闻诸将下一城,得一郡,不妄杀人,辄喜不自胜。盖师旅之行,势如烈火,火烈则人必避之。为将者能以不杀为心,非惟国家所利,在己亦蒙其福。尔等从吾言,则事不难就,大功可成矣。"

猛冲向前，揪住了董抟霄，并刺死了他，却没有鲜血流出，只见一股白气直冲云霄。这一天，他的弟弟董昂霄也战死。

【纲】大同路在夜间能听到天空中有声音。【目】起初，有黑气笼罩四面八方，空中有像打雷一样的响声。过了一会儿，东北方出现了一片像火一样的云彩，光焰交射到正中天空，遍地都看得见像烈火一样的光芒，天空中又响起兵器相互撞击一样的声音。

【纲】夏四月，天完将领陈友谅攻破隆兴（今江西南昌）。

【纲】五月，宋将刘福通攻破汴梁，并恭请宋主韩林儿居住在汴梁。

【纲】山东发生地裂。

【纲】六月，宋将关先生率兵攻破辽州（治辽山县，今山西左权），在塞外各郡县大肆掠夺。

【纲】冬十一月，元朝的左丞相搠思监有罪，被免去官职。任命纽的该为左丞相。

【纲】十二月，明太祖朱元璋夺取婺州。【目】胡大海领兵攻打婺州，久攻不克。明太祖朱元璋便亲自率领精兵十万去征伐婺州，一举攻克。改婺州路为宁越府，又命令知府王宗显开设郡学，请儒士叶仪、宋濂为《五经》师傅，戴良为学正，吴沈、徐厚等人为训导。当时社会久经动荡丧乱，学校早已被废弃，到这时才开始听到弦歌诵读的声音，百姓无不感到欢欣鼓舞。

明太祖安抚稳定了宁越府以后，便想趁势夺取浙东地区还没有攻克的各郡县。他召集众位将领，对他们说："攻克城防虽然要用武力，但安定民众却一定要用仁爱。先前我们的军队进入建康（今江苏南京），只因为秋毫无犯，所以才一举稳定了民众。现在我们刚刚攻克婺城，民众才开始获得喘息之机，因此我们的政治要以抚慰、体恤民众为主，从而使百姓乐于归附。这样一来，那些还没有攻克的郡县，就必然会闻风而动，主动来归附。我每听到攻下一座城镇，或得到一郡一县，而将士不胡乱杀人，我就喜不自胜。因为军队的行进，势如烈火，别人就一定会远远避开。作为将领的人如果能有不滥杀人的仁心，那便不但对国家有利，对战将自己来说也会因此而得到善报。你们听从

【纲】宋关先生兵破上都,焚宫阙。

【纲】太白经天。

【纲】己亥,十九年,春三月,元方国珍遣使以温、台、庆元三郡附于明太祖。 【目】先是太祖遣使往庆元招谕方国珍,国珍与其下谋曰:"方今元运将终,豪杰并起,惟江左号令严明,所向莫敌。今又东下婺州,恐不能与抗。况与我为敌者,西有张士诚,南有陈友定,莫若姑示顺从,藉为声援,以观其变。"遂遣使奉书币,以温、台、庆元三郡来献,且以次子关为质。太祖曰:"古者虑人不从,则为盟誓,盟誓变而为交质,皆由未能相信故也。今既诚信来归,便当推诚相与,如青天白日,何自怀疑而以质子为哉!"乃厚赐关而遣之。国珍既又以金玉饰马鞍辔来献,太祖曰:"吾方有事四方,所需者文武材能,所用者谷粟布帛,其他宝玩,非所好也。"悉却之。

【纲】夏四月,赵均用杀宋毛贵,其党续继祖执均用杀之。

【纲】六月,天完将陈友谅攻信州,元江东廉访使伯颜不花的斤往救,死之。

【纲】秋八月,元察罕帖木儿克汴梁,宋刘福通以其主韩林儿复走安丰。

【纲】九月,明太祖兵取衢、处州。 【目】初,太祖克婺州,置分中书省,召儒士许元、叶瓒玉、胡翰、汪仲山、李公常、金信、徐孳、童冀、吴履、张启敬、孙履皆会食省中,日令二人进讲经史,敷陈治道。至是克处州,又有荐青田刘基、龙泉章溢、丽水叶琛及宋濂者,即遣使以书币征之至建康。比入见,甚喜,赐坐,从容与论经

我的话，那我们的事业就不难取得成就，大功不久就可以告成啦！"

【纲】宋将关先生率兵攻破上都，焚烧了那里的宫殿。

【纲】太白金星在天空经过。

【纲】至正十九年（己亥，1359），春三月，元朝的方国珍派遣使者将温州，台州及庆元路（治鄞县，今浙江宁波）三郡归附明太祖朱元璋。　【目】在此以前，明太祖派人到庆元路招降方国珍。方国珍与他的部下商议说："现在元朝的国运快完了，天下豪杰并起，只有江左的朱元璋号令严明，所向无敌。眼下他又向东攻下了婺州，只怕我们不能与他对抗。况且，与我们为敌的，西边有张士诚，南边有陈友定。不如暂且向朱元璋表示顺从，借他的兵威声势作我们的声援，并借此来观察事态的变化。"于是便派遣使者带着降书和金钱，将温州、台州、庆元三郡献给明太祖，并用他的二儿子方关作为人质。明太祖说："古人担心别人不顺从，所以才要结盟起誓，结盟起誓又变成交换人质，实质上都因为相互不能信任的缘故。现在你既然诚心来归附我，我们就应当挚诚相待，就像那青天白日一样。你又何必自我疑虑而用儿子作人质呢！"于是，明太祖重重地赏赐了方关，并送他回到父亲身边。方国珍又献来用金玉装饰的马鞍、马笼头等，明太祖说："我正在东征西战，争夺天下，我所需要的是有文韬武略的人才，我所要用的是粮食布帛，其他金玉宝玩都不是我所喜欢的。"对方国珍进献的东西全都拒绝接受。

【纲】夏四月，赵均用杀死宋将毛贵。毛贵的同党续继祖抓住了赵均用，杀死了他。

【纲】六月，天完将领陈友谅领军攻打信州。元朝的江东廉访使伯颜不花的斤领兵救援信州，战死。

【纲】秋八月，元朝的察罕帖木儿攻克汴梁，宋将刘福通保着宋主韩林儿再次逃到安丰。

【纲】九月，明太祖朱元璋的部队夺取衢州和处州（治丽水县，今浙江丽水）。　【目】起初，明太祖朱元璋攻克婺州，便设置了分中书省，召集儒士许元、叶瓒玉、胡翰、汪仲山、李公常、金信、徐孳、童冀、吴履、张启敬、孙履等人都到分中书省来聚餐，每天令两个人向太祖讲授经史，解说治理天下的道理与策略，到这时又攻克了处州，又有人向

史、及咨以时事，深见尊宠。既而命有司即所居之西，创礼贤馆处之。时朱文忠守金华，复荐王祎、王天锡至，皆用之。

【纲】冬十二月，天完将陈友谅徙其主徐寿辉都江州，自称汉王。

【纲】庚子，二十年，春三月，彗见东方。

【纲】夏五月，汉主陈友谅弑其主徐寿辉，遂自称帝。

【纲】辛丑，二十一年，秋八月，明太祖帅师伐汉，拔江州，汉主友谅走武昌。　【目】先是，友谅引兵犯金陵，败溃，奔还。寻遣其将张定边陷安庆府，太祖乃下令诸将曰："陈友谅贼杀其主，僭称大号，侵我太平，犯我建康，今又以兵陷我安庆。观其所为，不灭不已。尔等其厉士卒以从。"徐达进曰："师直为壮。今我直而彼曲，焉有不克！"刘基曰："取威制敌，以成王业，在此时也。"遂督诸帅，率舟师，乘风溯流而上。遂克安庆，长驱向江州，分舟师为两翼，夹击友谅，大破之：友谅挈妻子夜奔武昌。既而友谅伪相胡廷瑞见江州已破，遣使诣军中请降，太祖遂至龙兴。建昌王溥、饶州吴宏、袁州欧普祥各率众来见，宁州陈龙及吉安孙本立、曾万中皆来降，乃改隆兴路为洪都府。

【纲】冬十一月，黄河清。　【目】自平陆三门碛，下至孟津，五百里皆清，凡七日。

明太祖推荐青田县（今浙江青田）的刘基、龙泉县（今浙江龙泉）的章溢、丽水县的叶琛及宋濂等人，朱元璋立即派人带着书信和银钱把他们征召到建康。等到与刘基等人相见，明太祖非常高兴，请他们就坐，并从容地与他们谈经论史，讨论时事形势，表现出极度的尊敬与喜爱。不久又命令有关人员在自己的居室西边建造一座礼贤馆，让这些人居住。当时朱文忠镇守金华县，又推荐来王祎和王天锡，明太祖也都任用了他们。

【纲】冬十二月，天完将领陈友谅把天完主徐寿辉迁移到江州，以此作为都城。陈友谅自称汉王。

【纲】至正二十年（庚子，1360），春三月，彗星出现在东方天空。

【纲】夏五月，汉主陈友谅杀害天完主徐寿辉，便自称为帝。

【纲】至正二十一年（辛丑，1361），秋八月，明太祖朱元璋率领军队攻伐汉主陈友谅。攻克了江州。陈友谅逃往武昌。 【目】在此之前，陈友谅领兵侵犯金陵，战败后逃回江州。不久，他又派手下将领张定边攻陷了安庆府。明太祖朱元璋便向众位将军下令说："陈友谅残忍地杀害了他们天完国的君主徐寿辉，自己越位称帝，又侵犯我们的太平、建康，如今又发兵攻陷了我们的安庆府。看他的所作所为，不消灭他就不会停止对我们的侵犯。所以，你们要整顿军士，与他决战！"徐达进言说："有理而出兵，则兵威气壮。如今是我们理直而他们理亏，怎能攻而不克呢！"刘基说："宣扬我们的声威，克制敌人的势力，从而奠定帝王大业的基础，这正是时候啊！"于是明太祖督促众位将帅，率领水军乘风逆流而上，很快克服了安庆；又长驱直奔江州，将水军分成两翼，夹击陈友谅的部队，他们被打得大败。陈友谅带着妻子儿女连夜逃往武昌。不久，陈友谅的伪丞相胡廷瑞见江州已被明太祖攻破，便派使者到太祖的军队中请求投降，太祖于是趁势到了隆兴。建昌（治南城县，今江西南城）的王溥、饶州的吴宏、袁州的欧普祥分别率领属下众官员来拜见太祖，宁州（治分宁县，今江西修水）的陈龙，吉安（治庐陵县，今江西吉安）的孙本立、曾万中都来投降，于是将隆兴路改为洪都府。

【纲】冬十一月，黄河水变清。 【目】从平陆的三门碛（即三门峡，今山西平陆东南黄河中）往下直到孟津的五百里河面都变清澈了，

【纲】大饥。

【纲】壬寅，二十二年，春二月，彗星见。 【目】未几，长星复见于虚、危之间，其形如练，长数十丈。

【纲】三月，明玉珍破云南，夏五月，自称陇蜀王。

【纲】六月，彗出紫微垣。

【纲】癸卯，二十三年，春正月，明玉珍称帝于成都。

【纲】二月，张士诚将吕珍入安丰，杀宋刘福通等，据其城。明太祖率兵击走之。

【纲】三月，彗见东方。

【纲】秋七月，汉主友谅围洪都，明太祖帅诸将讨之，大战于鄱阳湖。友谅败死，子理立。 【目】初，友谅忿其疆场日蹙，乃作大舰，来攻洪都。自为必胜之计，载其家属、百官，空国而来，以兵围城，其气甚盛。兵戴竹盾御矢石攻城，城且坏，守将朱文正、赵德胜、邓愈督诸将死战，且战且筑，城坏复完。已而德胜中流矢死，内外阻绝，音问不通，文正乃遣使赴建康告急。太祖亲帅诸将，发舟师二十万，进次湖口。

友谅闻援兵至，即解围，东出，与明师遇鄱阳湖之康郎山。戊子，徐达、常遇春等诸将击败其前军，军威大振。明日，诸军接战，至晡，东北风起，燔其水寨舟数百艘。友谅弟友仁、友贵及其平章陈普略皆焚死。

辛卯，复联舟大战，自辰至午，敌兵大败，友谅夺气。其将张定边欲挟之退保鞋山，为我师所扼，不得出，敛舟自守，不敢战。是夕，明舟渡浅，泊于左蠡，与友谅相持者三日。

共持续了七天。

【纲】这一年,出现了严重的饥荒。

【纲】至正二十二年(壬寅,1362),春二月,出现彗星。【目】不久,长星又出现在虚宿与危宿之间,形状像一条白绢,有几十丈长。

【纲】三月,明玉珍攻破云南,夏五月,他自称为陇蜀王。

【纲】六月,彗星从紫微垣边穿出。

【纲】至正二十三年(癸卯,1363),春正月,明玉珍在成都称帝。

【纲】二月,张士诚的将领吕珍进入安丰,杀死宋将刘福通等人,占据了安丰城。明太祖朱元璋率领军队把吕珍打跑了。

【纲】三月,彗星出现在东方。

【纲】秋七月,汉主陈友谅率军围攻洪都。明太祖统领众位战将讨伐陈友谅,双方在鄱阳湖大战。结果陈友谅兵败身死,他的儿子陈理立为汉主。【目】起初,陈友谅为他的地盘日益缩小而愤愤不平,于是制造了大战船,率兵来攻打洪都。他自以为这是必胜之计,所以把他的家属、百官全都带了来,倾国而出,用兵围住了洪都城,气势非常旺盛。他的兵卒戴着竹编的盾牌,冒着箭雨石阵奋勇攻城,城墙眼看就要被他们攻破了;洪都守将朱文正、赵德胜、邓愈督令众将士死战保城,边打击敌人边修筑城墙,因此,被攻破的城墙又被修好了。后来赵德胜中流箭死亡,城中与外面的联系也被阻断,音讯不通,朱文正便派人到建康告急。明太祖得到消息,亲自率领众位大将,发水兵二十万人,进发到湖口。

陈友谅听说明军援兵到了,立即解围向东退去,与明军在鄱阳湖中的康郎山遭遇。戊子日,徐达、常遇春等大将击败了陈友谅的前军,明军军威大振。第二天,两军全面交战。到申时,天刮起了东北风,明军趁机纵火,烧毁了汉军的几百艘战船。陈友谅的弟弟陈友仁、陈友贵,他的平章官陈普略等都被烧死。

辛卯日,两军再次联舟大战,从辰时一直厮杀到午时,汉军大败,陈友谅灰心丧胆。他的战将张定边想挟持他退保鞋山(即大孤山,今江西九江东南鄱阳湖中),却又被明军钳制住,无法逃出,只得聚拢舟船,勉强自守,不敢出战。这天夜里,明军的战船从浅水中划过,停泊在

八月壬戌，友谅计穷，冒死突出，将奔还武昌；太祖麾诸将邀击之，友谅中流矢，贯睛及颅而死。擒其太子善儿，其平章陈荣以下悉以楼船军马来降。

定边乘夜以小舟载其尸及其子理径趋武昌，复立理为帝，改元德寿。既而明太祖复进兵围之。

【纲】张士诚自称吴王。元遣使征粮，不与。

【纲】冬十月，山东赤气千里。
【纲】甲辰，二十四年，春正月，明太祖建国号曰吴。二月，自将伐汉，汉主陈理降，湖广、江西悉平。　【目】时李善长、徐达等以太祖功德日隆，屡表功进，不允。乃于是月朔即吴王位，建百司官属，以李善长为右相国，徐达为左相国，常遇春、俞通海为平章政事，汪广洋为右司郎中，张昶为左司都事。谕达等曰："卿等为生民计，推戴予。然建国之初，当先正纪纲。元氏昏乱，纪纲不立，主荒臣专，威福下移，由是法度不行，人心涣散，遂致天下骚乱。今将相大臣，当鉴其失，宜协心为治，以成功业，毋苟且因循，取充位而已。"

二月，以武昌围久不下，乃亲往视师，督诸将击之，擒其元帅张必先。既而遣其降将罗复仁入城，谕陈理使降。理遂率其太尉张定边等，诣军门请降。凡府库储蓄，悉令理自取。城中民多饥困，命给粟赈之。于是湖广、江西诸郡县相继皆降。

鄱阳湖的东边,与陈友谅相持了三天。

八月壬戌日,陈友谅黔驴技穷,只得冒死突围,想逃回武昌。明太祖指挥众位战将截击陈友谅。陈友谅身中流箭,箭穿透了眼睛直达头骨,陈友谅死去。明军抓住了他的太子陈善儿,他的平章官陈荣以下的官员带着所有的战船、军马来投降明太祖。

张定边乘着夜色用小船载着陈友谅的尸体和他的儿子陈理一直逃向武昌,又立陈理为帝,改年号为德寿。不久,明太祖又进兵武昌围攻陈理。

【纲】张士诚自称吴王。元朝派遣使者向他征集粮食,张士诚不给。

【纲】冬十月,山东出现一股赤红的云气笼罩千里。

【纲】至正二十四年(甲辰,1364),春正月,明太祖朱元璋建国,国号为吴。二月,太祖亲自领兵攻打汉国,汉主陈理投降。于是,湖广、江西一带全部被明太祖平定。 【目】当时李善长、徐达等人因为明太祖的功德日益隆大而屡次劝他称帝,朱元璋不答应。他只在这个月的初一日即位称吴王,设置各种行政机构,并委派官员承担职务,任命李善长为右相国,徐达为左相国,常遇春、俞通海为平章政事,汪广洋为右司郎中,张昶为左司都事。明太祖朱元璋对徐达等人说:"你们为天下民众着想,拥戴我做了吴王。但在建国之初,应当首先严肃纲纪法度。元朝昏庸混乱,法度废弃不用,君主荒淫而大臣专横妄为,使朝廷的权力与威望日益下降。正因为法度不能得以严格实行,使人心涣散,终于导致天下大乱。现在你们这些将相大臣,应当以元朝的失败为借鉴,同心合力治理国家,从而建功立业,切不可苟且度日,因循守旧,只占着一个官位而已!"

二月,因为武昌城久攻不下,明太祖便亲自到武昌视察,监督众位战将奋力冲杀,活抓了汉军元帅张必先。不久又派投降过来的汉军将领罗复仁进城,去劝说汉王陈理投降。陈理于是率领他的太尉张定边等人,到明军营门外请求投降。太祖命令城中仓库中储蓄的所有东西,听凭陈理自己取用。城中百姓很多都很饥饿贫困,太祖又命令部下取粮救济他们。于是,湖广、江西各郡县相继投降。

江西行省以陈友谅镂金床进。太祖观之,谓侍臣曰:"此与孟昶七宝溺器何异! 以一床工巧若此,其余可知。陈氏父子穷奢极靡,焉得不亡!"侍臣曰:"未富而骄,未贵而侈,此所以取败。"太祖曰:"既富,岂可骄;既贵,岂可侈! 有骄侈之心,虽富贵,岂能保乎!"即命毁之。

【纲】三月,明太祖定官制。

【纲】乙巳,二十五年,春二月,日旁有一月一星。

【纲】夏五月,大都雨氂。 【目】长尺许,或曰:"龙须也。"命拾而祀之。

【纲】秋八月,元皇后弘吉剌氏崩。

【纲】九月,元以方国珍为淮南左丞相。

【纲】冬十二月,元立奇氏为皇后。

【纲】丙午,二十六年,春二月,夏主明玉珍卒,子昇立。

【纲】夏四月,明太祖兵取淮安诸路。

【纲】五月,明太祖求遗书。 【目】太祖尝命有司访求古今书籍,藏之秘府,以资览阅,因谓侍臣詹同等曰:"三皇、五帝之书,不尽传于世,故后世鲜知其行事。汉武帝购求遗书,而《六经》始出,唐、虞、三代之治,始可得而见。武帝雄才大略,后世罕及,至表章《六经》,开阐圣贤之学,又有功于后世。吾每于宫中无事,辄取孔子之言观之,如'节用而爱人,使民以时',真治国之良规,孔子之言,诚万世之师也。"

【纲】秋八月,元以陈有定为福建行省平章政事。

江西行省把陈友谅的镂金床进献给明太祖。太祖看了那床以后对侍臣们说:"这和当年孟昶的七宝尿壶有什么不同!仅一张床就这样铺张精致,其他东西就可想而知了。陈友谅父子这样穷奢极侈,怎么可能不败亡呢!"侍臣说:"还没有富裕就这样骄纵,还没有尊贵就这样奢侈,这正是败亡的原因。"太祖说:"即使是富裕了,又怎么可以骄纵;即使是尊贵了,又怎么能奢侈呢!人如果有了骄纵奢侈之心,即使得到了富贵,又怎么能保得住呢!"当即命令毁坏了镂金床。

【纲】三月,明太祖制定官制。

【纲】至正二十五年(乙巳,1365),春二月,太阳的旁边出现一个月亮和一颗星星。

【纲】夏五月,元大都天降卷曲的毛。 【目】天降下的毛有一尺来长,有人说:"这是龙的胡须呀!"于是元朝的皇帝命令人们拾起来祭祀它。

【纲】秋八月,元朝的皇后弘吉剌氏去世。

【纲】九月,元朝任命方国珍为淮南行省左丞相。

【纲】冬十二月,元朝皇帝立奇氏为皇后。

【纲】至正二十六年(丙午,1366),春二月,夏主明玉珍去世,他的儿子明昇即位为夏主。

【纲】夏四月,明太祖朱元璋的军队夺取淮安各路。

【纲】五月,明太祖下令搜求古代遗留下来的书籍。 【目】明太祖曾经命令有关机构的官员寻访、搜求古今书籍,藏在秘阁中,以便自己随时阅览。他对侍臣詹同等人说:"三皇、五帝的书籍,没有能够完整地在世上流传,所以后世很少能知道他们是怎样处理事情的。由于汉武帝购求古代遗留下来的书籍,《六经》才开始出现,尧、舜时期及夏、商、周三代的治理情况,人们才开始能够见到。汉武帝的雄才大略是后代很少有人能够达到的,他宣扬《六经》,开始提倡圣人贤士的学说,这又对后世有功劳。我在宫中每当没有事情的时候,就拿过孔子的书来读。比如'节用而爱人,使民以时'这样的话,真是治国的好规矩!孔子的话,确实是后世万代的良师啊!"

【纲】秋八月,元朝皇帝任命陈有定为福建行省平章政事。

【纲】九月,元以方国珍为江浙行省左丞相。

【纲】明太祖取湖州诸路。

【纲】冬十二月,明太祖立宗庙、社稷。　【目】时群臣皆言:"新城既建,宫阙制度,亦宜早定。"太祖以国之所重,莫先宗庙、社稷,遂定议以明年为吴元年,命有司立庙社,建宫室。典营缮者以宫室图进,见,其有雕琢奇丽者,即去之。谓中书省臣曰:"昔尧之时,茅茨土阶,采椽不斲,可谓极陋,然千古之上,称盛德者,必以尧为首。后世竞为奢侈,极宫室苑囿之娱,穷舆马珠玉之玩,欲心一纵,乱由是起。吾常谓珠玉非宝,节俭是宝。宫室但取完固而已,何必极雕巧以殚天下之力也。"既而新殿成,制皆朴素,命博士熊鼎编类古人行事可为鉴戒者,书于殿壁。又命侍臣书《大学衍义》于两庑壁间,曰:"前代宫室,多施绘画。予书此,以备朝夕观览,岂不愈于丹青乎!"寻命协律郎冷谦考正宗庙雅乐音律及钟磬等器;既又定乐舞之制,文武生各六十四人。

【纲】丁未,二十七年,春正月,绛州夜闻天鼓鸣,将旦,复鸣,其声如空中战斗者。

【纲】三月,明太祖定文武科取士之法。　【目】先是,令有司每岁举贤才及武勇谋略通晓天文之士,其有兼通书律廉吏,亦得荐举,得贤者赏,滥举及蔽贤者罚。至是,复下令曰:"上世帝王,创业之际,用武以安天下;守成之时,讲武以威天下。至于经纶抚治,则在文臣,二者不可偏用也。古者,人生八岁,学礼、射、御、书、数之文;十五,学修身、齐家、治国、平天下之道;是以《周官》选举之

【纲】九月,元朝皇帝任命方国珍为江浙行省左丞相。

【纲】明太祖夺取湖州(治乌程县,今浙江湖州)各路。

【纲】冬十二月,明太祖建立宗庙及社稷坛。 【目】当时所有的官员都说:"新城已经建好,而宫殿的规格制度也应该早日确定下来。"明太祖认为国家中最重要的,莫过于宗庙和社稷坛,于是便议定以明年为吴元年,命令有关机构建立宗庙和社稷坛,并建造王宫。主管建造的官员献上宫殿的图样让太祖过目,太祖看见上面有雕琢得非常工巧华丽的,便舍弃不用。他对中书省官员说:"当年尧为君主的时候,用茅草盖屋顶,泥土作台阶,取木为椽,不加砍削,可以说是简陋极了。但千古以来人们歌颂有德之君时,总是首先提到尧。后代君王竞相豪华奢侈,建造官室苑囿一定要穷尽所有娱乐设施,平时也一定要享尽所有的车马、珠玉等好玩的东西。享乐的欲念一旦放纵,天下就会因此而产生变乱。我常说珍珠玉石不是宝,而节俭才是宝。宫殿只求完整牢固就可以了,何必极尽雕饰工巧从而耗尽天下民众的财力呢?"后来新宫殿造成了,内外各处都很朴素。明太祖命令博士熊鼎编录古人所做的可供借鉴的事情,书写在宫殿的墙壁上;又命令侍臣在两廊的墙壁上书写《大学衍义》,并说:"从前各代君王的宫室大多用图画装饰。我写下这些字,以备早晚观看阅读,难道不比各种彩绘好得多吗!"不久,又命令协律郎冷谦考证宗庙祭祀时所演奏的雅乐音律及钟、磬等乐器的使用情况;后来又制定乐舞的规格,用文生、武生各六十四人。

【纲】至正二十七年(丁未,1367),春正月,绛州(治正平县,今山西侯马西北)夜晚听到天空中有鼓的响声,天将亮时,鼓声再次响起,那声音就像天空中有两军在争斗、厮杀。

【纲】三月,明太祖制定文武科举取士的规章、办法。 【目】在此以前,明太祖命令有关机构每年推荐有才能的贤士及武勇谋略、通晓天文的人才,如果有兼通经书法律的廉洁官吏,也可以荐举。各地官员推荐出贤能的人才就受奖,滥举庸才或故意压制、遮蔽贤才的官员要受惩罚。这时明太祖又下令说:"前代的帝王在创建王业的时候,都是用武力安定天下;在守成的时候,也要讲求武功,从而威镇天下。至于治理国家、安抚百姓,则需要文臣:文武二者是不能偏用其一的。在

制,曰六德、六行、六艺,文武兼用,贤能并举,此三代治化所以盛隆也。兹欲上稽古制,设文武二科,以广求天下之贤。其应文举者,察之言行以观其德,考之经术以观其业,试之书算以观其能,策之经史、时务以观其政事。应武举者,先之以谋略,次之以武艺,俱求实效,不尚虚文。然此二者,必三年有成。有司预为劝谕民间秀士及智勇之人,以时勉学,俟开举之岁,充贡京师,其科目等第,各出身有差。"

【纲】秋九月,明太祖兵克平江,执吴王张士诚以归。

【纲】冬十月,明太祖命大将军徐达等帅师北定中原。 【目】太祖既扫除群雄,抚有江南,乃遣大将军徐达、副将军常遇春率甲士二十五万,北伐以定中原,驰檄谕齐鲁河洛燕蓟秦晋之人。

【纲】明太祖定律令。十一月,颁《戊申历》。
【纲】明太祖兵讨方国珍,降之。
【纲】明太祖兵徇山东郡县,皆下之。 【目】时徐达、常遇春引兵由淮入河,鼓行而东,首克沂州,进取峄州及益都,于是莱州诸郡悉奉图籍来降。

山东既定,明年,达与遇春会诸将于临清,率马步舟师进克元都。元主集三宫后妃、皇太子同议避兵北行,诏淮王帖木儿不花监国,庆童为左丞相,同守京城。夜半,开建德门北奔。遇春等追至北河,擒皇孙买的里八剌而还,元亡。

古代，人们长到八岁就要学习礼、射、御、书、数等知识；到十五岁就得学习修身、齐家、治国、平天下的道理和方法。所以《周官》论选举的制度，说需要具备所谓六德、六行、六艺，要文武兼备，贤能并举。这正是夏、商、周三代治理国家、教化民众效果显著的原因呀！现在我们要考核远古的制度，设立文武二科，以广求天下的贤才。对那些应考文科的人，要观察他们的言行，以考察他们的品德高下；考试他们的经术，以观察他们学业的精粗；考试他们的书写、算术，从而考察他们的能力强弱；再考校他们对经史及时事政务的理解、设想情况，从而考察他们的政治能力。对那些应考武科的人，要先考他们的谋略，再考他们的武艺。一定要讲求实效，不做表面文章。但无论应考文科、武科，都需要三年苦练才能有所成就。各地官员要预先劝告民间读书的秀才及智勇的武士，平时要勤学苦练，等到开科考试的年头，到京城供选。考试的科目等第，可以分别不同考生的出身及前程。"

【纲】秋九月，明太祖的军队克服平江，拘捕了吴王张士诚，回到金陵。

【纲】冬十月，明太祖命令大将军徐达等统领军队北定中原。
【目】明太祖既已扫除割据的群雄，占有了江南一带，便派大将军徐达和副将军常遇春率领二十五万大军，为平定中原而北伐，先派快骑向齐、鲁、河、洛、燕、蓟、秦、晋等地的人民传谕告示。

【纲】明太祖制定法令。十一月，颁布《戊申历》。

【纲】明太祖发兵讨伐方国珍，迫使他投降。

【纲】明太祖派兵行定山东各郡县，都攻下了这些地方。　【目】当时徐达、常遇春领兵从淮河进入黄河，向东行进，首先攻克了沂州（治临沂县，今山东临沂），接着又向前进，夺取了峄州（今山东枣庄东南旧峄县）及益都。于是，莱州各郡县都带着本郡县的地图和户籍前来降附。

山东各地既已平定，第二年，徐达、常遇春在临清（今山东临清南）与其他将领们会合，率领骑兵、步兵及水军向元大都进发。元朝的皇帝召集太后、皇后、嫔妃及皇太子等，共同商议决定退向北方以躲避明军。皇帝诏令淮王帖木儿不花代为处理国家政务，并指定庆童为左

元主驻应昌，二年殂，寿五十一，在位三十六年。太尉完者等奉梓宫北葬，谥曰惠宗。太祖以帝知顺天命，退避而去，特加号曰顺帝，而封其孙买的里八剌为崇礼侯。

右元十帝，共八十九年。

丞相，共同守卫京城。夜半时分，皇帝一行打开建德门向北逃跑。常遇春等人追到北河（今内蒙古西喇木伦河上源察汗木伦河），抓住了皇孙买的里八剌，返回元大都。元朝从此灭亡。

元朝的皇帝驻在应昌（今内蒙古什克腾旗西北达里诺尔附近）。二年以后去世，享年五十一岁，在位三十六年。太尉完者等人护卫着皇帝的棺材到北方安葬，谥为惠宗。明太祖朱元璋见元帝知道顺应天命，自动退出大都，避兵北去，便特意为他加谥号为顺帝，并封他的孙子买的里八剌为崇礼侯。

以上是元朝十个皇帝，共八十九年。

明鉴易知录卷一

明纪

太祖高皇帝

【编】戊申,明太祖高皇帝洪武元年,春正月,吴王即皇帝位,定有天下之号曰明,建元洪武,追尊四代祖考妣皆为帝后。【纪】元顺帝至正十二年,闰三月,明太祖朱元璋起兵濠州。

太祖之先,故沛人,徙江东句容为朱家巷;宋季,大父再徙淮,家泗州;父世珍又徙钟离太平乡。母陈,生四子,太祖其季也。太祖生于元天历戊辰之九月丁丑,其夕,赤光烛天,里中人竞呼:"朱家火!"及至,无有。三日洗儿,父出汲,有红罗浮至,遂取衣之,故所居名红罗障。少时,常苦病,父欲度为僧。岁甲申,泗大疫,父、母、兄及幼弟俱死,贫不能硷,藁葬之。仲与太祖舁至山麓,绠绝,仲还取绠,留太祖守之。忽雷雨大作,太祖避村寺中。比晓往视,土坟起,成高垄。地故属乡人刘继祖,继祖异之,归焉。

寻仲又死,太祖年十七,九月入皇觉寺为僧。逾月,僧乏食,太祖乃游江淮,崎岖三载,仍还皇觉寺。

时汝、颍兵起,骚动濠州。定远人郭子兴据濠州,元将彻里不花惮不敢进,日掠良民邀赏。太祖诣伽蓝卜,问避乱,不吉;即守故,又不吉;因祝曰:"岂欲予倡义邪?"大吉,意遂决。以闰三月朔入濠州见郭子兴,子兴奇其状貌,与语,大悦之,取为亲兵,凡有攻伐,

太祖高皇帝

【编】明太祖高皇帝洪武元年（戊申，1368）春正月，吴王朱元璋即皇帝位，定国号为明，年号为洪武，追封四代祖父、母皆为帝、后。

【纪】元顺帝至正十二年（1352）闰三月，明太祖朱元璋在濠州（今安徽凤阳）起兵。

明太祖的祖上是沛县（今江苏沛县）人，后迁徙到江东句容（今江苏句容）朱家巷；宋朝末年，祖父再迁家至淮地的泗州（今安徽泗县东南）；父朱世珍又徙居钟离县（在今安徽凤阳东北）的太平乡。母陈氏，生四子，明太祖是幼子。明太祖生于元文宗天历元年（1328）九月十八日，那天傍晚，火光冲天，邻居奔走呼喊："朱家起火了！"待赶到朱家，没有见起火。三天后给婴儿洗沐，朱世珍外出汲水，有红罗飘浮而至，便拿回家给婴儿做了衣裳，因此将他们的住处名为"红罗障"。明太祖幼时苦于多病，朱世珍便想把他送到寺院当和尚。元惠宗至正四年（1344），泗州一带瘟疫大流行，明太祖的父母、大哥及幼弟都死了，贫穷无钱置办棺木殓葬，只得用藁草苇席裹尸下葬，明太祖与二哥抬着尸体到山脚下，行至半路，绳索断绝，二哥回家取绳索，留明太祖守着尸体。突然雷雨大作，他便到村寺中躲避。待到破晓时分前往看望尸体，但见原地隆起一个高大的土坟。这块地原属同乡刘继祖所有，刘继祖看到这种情景，很觉惊异，便将这块地送给朱家。

不久，二哥也死了，年仅十七岁的明太祖，于同年九月入皇觉寺当了和尚。刚过了一个月，皇觉寺也断了炊，他便到江淮一带，坎坎坷坷地过了三年，又回到皇觉寺。

当时汝州（治梁县，今河南临汝）、颍州（今安徽阜阳）起兵，濠州骚动不安。定远（今安徽定远）人郭子兴占据濠州。元朝将领彻里不花畏悍不敢进军，每天掳掠平民百姓，邀功请赏。明太祖到寺中卜问，先问能否去躲僻祸乱？不吉；又问能否留在原地？又不吉，便默默祝祷道："难道是想让我倡义吗？"结果大吉，于是决心举义。闰三月初一日，明

命之往，辄胜。子兴故抚宿州马公女为己女，遂妻焉，即高后也。

九月，元丞相脱脱破徐州，芝麻李遁去，赵均用、彭早住帅余党奔濠，子兴屈己下彭、赵，遂为所制。彭、赵据濠称王。

太祖虽在甥馆，每有大志。
十三年春，乃归乡里募兵，得七百人，濠人徐达、汤和等皆往归焉。
十四年秋七月，徇定远，下滁阳。时彭、赵御下无道，太祖乃以七百人属他将，而独与徐达、汤和、吴良、吴顺、花云、陈德、顾时、费聚、耿再成、耿炳文、唐胜宗、陆仲亨、华云龙、郑遇春、郭兴、郭英、胡海、张龙、陈桓、谢成、李新材、张赫、周铨、周德兴等二十四人，南略定远。定远张家堡有民兵号驴牌寨者，太祖诱执其帅，于是营兵焚旧垒悉降，得壮士三千人，又招降秦把头，得八百余人。

定远缪大亨以义兵二万屯横涧山，太祖命花云夜袭破之，亨举众降，军声大振。
定远人冯国用与弟国胜率众归附，太祖奇之，因问大计。国用对曰："金陵龙蟠虎踞，帝王之都。愿先拔金陵定鼎，然后命将四出，救生灵于水火，倡仁义于远迩，勿贪子女玉帛，天下不难定也。"太祖大悦，俾兄弟皆居帷幄，预机密焉。

太祖前往濠州去见郭子兴。郭子兴见他相貌奇伟,又经过一番谈话,对他十分满意,便收为亲兵。凡有攻伐征战,郭子兴派他前往,总是获得胜利。郭子兴原先抚养宿州(今安徽宿县)人马公的女儿作了自己的女儿,此时便将她许配给明太祖为妻,这就是高皇后马氏。

九月,元朝丞相脱脱攻破芝麻李(即李二)、赵均用、彭早住占据的徐州(今江苏徐州),芝麻李逃避而去,赵均用、彭早住率余众奔赴濠州。驻守濠州的郭子兴胆小怕事,便屈居于赵均用、彭早住之下,这样一来,就受他们的挟制。赵均用、彭早住占据濠州,称王。

明太祖虽身为郭子兴的女婿,住在婿馆,但胸怀大志。

至正十三年(1553)春,明太祖回到钟离招募兵丁,得七百人,濠州人徐达、汤和等都来投奔。

至正十四年(1354)秋七月,明太祖亲自率兵取定远,攻下滁阳(今安徽合肥东北)。其时,彭早住、赵均用带兵无方,明太祖便将招募来的七百人交给其他将领统辖,独自率领徐达、汤和、吴良、吴祯(原本作吴顺,显误,据《明史》卷131《吴祯传》改)、花云、陈德、顾时、费聚、耿再成、耿炳文、唐胜宗、陆仲亨、华云龙、郑遇春、郭兴、郭英、胡海、张龙、陈桓、谢成、李新(原本作李新材,衍"材"字,据《明史》卷132《李新传》改)、张赫、周铨、周德兴等二十四人,往南攻取定远。定远张家堡有一股民兵在号称驴牌寨的地方,明太祖诱捕了这股民兵的首领,于是营兵便烧毁寨垒,全部投降,明太祖得壮士三千人,又招降了秦把头,得八百余人。

定远人缪大亨有义兵二万,屯扎在横涧山,明太祖令花云率兵乘夜袭击,缪大亨举众投降,于是军声大振。

定远人冯国用与弟国胜,也率众前来归附。明太祖看到其人不凡,就向他问平定天下大计。冯国用答道:"金陵(今江苏南京市)形势险要,古人称作'龙蟠虎踞',是历代帝王建都的地方。当先攻取金陵,定为都城。然后遣将四出,救百姓于水火之中,倡导仁义于远近各地,不贪子女财物,这样,天下就不难平定。"明太祖大喜,令冯国用兄弟二人为幕府参谋,参与机密。

定远人李善长来谒，留幕下，掌书记，画馈饷，甚见亲信。

秋七月，太祖将兵进攻滁阳，克之，因驻师焉。朱文正、李文忠来归。文正，太祖孟兄南昌王子，先同其母避乱，与太祖相失。李文忠，太祖姊曹国长公主子。公主卒，其父携文忠走乱军中，几不能存，至是闻太祖驻兵滁阳，皆来归。太祖喜甚。文忠年十二，与沐英皆赐姓朱。英，定远人，父母俱亡，太祖见而怜之，令高后育之为子。

何世隆来降。

未逾月，彭早住、赵均用挟子兴往泗州。既而早住中流矢死，均用益自专，衔子兴，欲杀之。太祖赂其左右，子兴乃得帅所部归滁，称滁阳王。时太祖部兵数万人，悉归之，奉其号令。太祖威名日著，子兴二子阴置毒酒中欲害之，谋泄。及期，太祖即与俱往。中途，遽跃马起，仰天若有所见，因骂二子曰："吾何负尔？适空中神人谓尔欲以酒毒我。"二子骇，汗浃背，自此不敢萌害意。

虹县胡大海来归，太祖一见语合，用为前锋。

十五年，春正月，滁师乏粮，诸将谋所向，太祖曰："困守孤城，诚非计，今惟和阳可图。"子兴使张天祐等将兵前行，与元兵遇，急击，败之。追至小西门，汤和夺其桥而登，将士从之，遂据和阳。子兴属太祖总和阳兵，入，抚定城中。诸将破和阳，暴横多杀掠，城中夫妇不相保。太祖恻然，召诸将谓曰："诸军自滁来，多掠人妻女。军中无纪律，何以安众？"凡所得妇女悉还之，于是皆相携而去，人民大悦。

定远人李善长前来谒见，也留于幕府之中，让他掌管文案事务，筹划军用粮饷，深得明太祖的宠信。

秋七月，明太祖率兵进攻滁阳，占领其地，就驻兵于此。朱文正、李文忠前来投奔。朱文正，是太祖长兄南昌王的儿子，先同他的母亲躲避战乱，与太祖走失了。李文忠，是太祖姐姐曹国长公主的儿子。公主死后，由父亲携带着，奔走在乱兵之中，几乎不能存活，这时听说太祖驻兵滁阳，便都投奔而来。太祖甚为高兴。当时，文忠十二岁，与沐英一起赐姓朱。沐英，是定远人，父母都死了，太祖见而可怜他，令高后马氏抚养为子。

何世隆前来投降。

未过一个月，彭早住、赵均用挟制郭子兴进攻泗州。同时调滁阳朱元璋兵往盱眙，不久，彭早住身中流矢而死，赵均用更加专横，他恨着郭子兴，想加以杀害。明太祖贿赂赵均用的左右，郭子兴方得带领本部人马回到滁阳，称滁阳王。当时太祖带的兵数万人，都归于郭子兴，听其号令。明太祖威名日著，郭子兴的两个儿子暗中将毒药放入酒中，企图谋害太祖，可是此谋泄露了。到了宴会之期太祖与他们一同前往，行至途中他突然跃马而起，仰天瞻望，若有所见，就大骂郭子兴两个儿子："我有什么地方对不起你们！刚才空中神人说你们想用毒酒害死我！"二子一听，惊吓得汗流浃背，自此以后再不敢有谋害太祖之心。

虹县（今安徽泗县）胡大海前来投奔。太祖与他一见面就语投意合，即任命胡大海为前锋。

至正十五年（龙凤元年，1355）春正月，驻滁阳的兵马缺粮，诸将商议去向，明太祖说："困守孤城，实在不是长久办法，现在只有和阳（即河州，今安徽和县）可以图取。"郭子兴命张天祐等率兵先行。与元兵相遇，迅速加以攻击，打败元兵，追至小西门，汤和登上河桥，众将士紧紧跟上，于是占据和阳。郭子兴命太祖总领河阳兵马，抚定城中百姓。诸将士攻破和阳，凶暴横行，多有杀掠，使城中百姓夫妻不相保。明太祖见此情景，为之痛心，召集诸将，对他们说："诸军从滁阳来，抢人财物掠人妻女，毫无军纪，何以安定百姓！"遂下令将掳掠的妇女，全部送还，于是，都相互携领而归，百姓大为高兴。

三月，郭子兴卒，太祖并统其军。

虹县人邓愈来归。怀远人常遇春，刚毅多智勇，膂力绝人，年二十三，为群雄刘聚所得，遇春察其多钞掠，无远图，弃之来归。未至，假寐田间，梦神人呼之曰："起，起，主君来！"适太祖骑从至，即乞归附，请为先锋。

太祖驻和阳久，谋渡江无舟楫，而巢湖水寨军帅俞通海、廖永安等率众万余、船千艘来降。太祖大喜曰："此天意也，吾事济矣！"

六月，太祖率诸将渡江，乘风举帆，顷刻达牛渚。太祖先抵采石矶，时元兵阵于矶上，舟距岸三丈许，未能卒登。常遇春飞舸至，太祖麾之，应声挺戈跃而上，守者披靡，诸军从之，遂拔采石。乘胜径攻太平，拔之。耆儒李习、陶安等率父老出迎，安见太祖，谓李习曰："龙姿凤质，非常人也，我辈今有主矣！"太祖召安谓曰："吾欲取金陵，如何？"安对曰："金陵，帝王之都，龙蟠虎踞，限以长江之险，若据其形胜，出兵以临四方，则何向不克！此天所以资明公也。"太祖大悦，礼安甚厚，由是凡机密，辄与议焉。

方山寨民兵元帅陈埜先，与其将康茂才水陆分道寇太平城下。太祖亲督兵御之，命徐达等以奇兵出其后，设伏擒埜先，太祖释不杀。埜先诈曰："生我何为？"太祖曰："天下大乱，豪杰并起，胜则人附，败则附人。尔既以豪杰自负，岂不知生尔之故！"埜先曰："然则欲吾军降乎？此易耳。"乃为书招其军，明日皆降。

三月，郭子兴死，明太祖统领其军。

虹县人邓愈前来投奔。怀远（今安徽怀远）人常遇春，刚毅多智勇，体力过人，二十三岁时，被群雄刘聚收留。常遇春看到刘聚到处抢掠，没有远谋大略，便离开他而前来归附。出行至途中，在田间假寐，梦中听一神人呼唤："快起快起，主君来了！"常遇春惊醒，恰逢明太祖骑着马来到跟前，常遇春立即乞求归附，并请为先锋。

明太祖在和阳驻扎了很长时间，计划渡江，而没有船只。恰在此时，巢湖（在今安徽巢县西）水军主帅俞通海、廖永安等率军士万余人、船千艘，前来投降。太祖大喜道："这真是天意啊，我的事一定能成功！"

六月，明太祖率领诸将渡江，乘风扬帆，顷刻之间就抵达牛渚（在今安徽当涂西北、马鞍山西南）。明太祖先到采石矶（离牛渚矶仅一里），当时元兵已在矶上列开军阵，舟船离岸三丈有余，未能登上。此时常遇春驾大船飞快而来，太祖下令登岸，常遇春应声挺戈一跃而上，元守兵惊慌逃散。诸军跟着常遇春前进，遂即攻下采石。接着乘胜直接进攻太平（元太平路治当涂县，即今安徽当涂），一鼓而下。太平年老而有声望的儒士李习、陶安等率领父老出城迎接。陶安见到太祖后，对李习说："你看他龙姿凤质，不是平常之人。我辈今日有明主了！"太祖召陶安问道："我打算攻取金陵，怎么样？"陶安答道："金陵，是帝王之都，古人称为龙蟠虎踞，又有长江之险。若据其形势，派兵以向四方，则何向不克！这是上天赐给您的啊！"太祖大为高兴，对陶安礼遇很厚，此后，凡遇机密事宜，都与陶安商议。

方山寨（在今江苏南京东南）民兵元帅陈埜先与其将康茂才，分率水、陆两路军马进犯到太平城（元太平路治当涂县，即今安徽当涂）下。明太祖亲自督率将士抵御，另命徐达等别率一支军马绕到陈埜先的后面，设下埋伏，明太祖擒获了陈埜先。没有杀他。陈埜先假装不知问道："让我活着为什么？"明太祖说："现在天下大乱，豪杰并起，胜利了，别人会来归附；失败了，就归附于人。你既以豪杰自负，怎么会不知道放你不杀的道理呢！"陈埜先说："莫不是想让我的军马投降？这是很容易的事。"便写了书信，召令其军。第二天，他的军马全部前来投降。

八月，诸军进克溧水，将攻集庆路。

埜先之为书也，意其众未必从，阳为招词，阴实激之，不意其众遽降，自悔失计。及闻欲攻集庆，私谓部曲曰："汝等攻集庆，毋力战，俟我得脱还，当与元兵合。"太祖闻其谋，召语之曰："人各有心，从元从我，不相强也。"纵之还。

诸军进攻集庆，埜先遂与元福寿合，拒战于秦淮。诸军失利，埜先来追袭，经葛仙乡，乡民兵百户卢德茂遣壮士五十人，衣青出迎，埜先不虞其图已，青衣兵自后攒槊杀之。埜先既死，其子兆先复集兵屯方山。

十六年，春三月，太祖率诸将取集庆路，攻破陈兆先营，释兆先而用之，择其降兵骁勇五百人置麾下。五百人者多疑惧不自安，太祖觉其意，是夕，令入宿卫，环上而寝，悉屏旧人于外，独留冯国用一人侍卧榻傍。太祖解甲，安寝达旦，疑惧者始安。

进攻集庆，国用率五百人先登陷阵，败元兵于蒋山，直抵城下，诸军拔栅竞进，元行台御史大夫福寿督兵力战，死之，遂克集庆路。太祖入城，召官吏父老谕之曰："元失其政，所在纷扰，生民涂炭。吾率众至此，为民除害耳。汝等各守旧业，无怀疑惧。"于是城中军民皆喜悦，更相庆慰。改集庆路为应天府。太祖嘉福寿之忠，以礼葬之。

张士诚、康茂才来降。士诚，泰州白驹场亭民，及其弟士德、士信举兵，陷泰州，据高邮，称诚王，时据平江来降。茂才，蕲州人，初结义旅，为元捍寇江上，有功累迁宣慰使、都元帅，戍采石。及太祖

八月，诸军进克溧水（即今江苏溧水），将攻取集庆路（治上元县，即今江苏南京）。

陈埜先原来写信的时候，以为他的部众未必依从，所以，表面上是写信让他们投降，实际上是刺激他们不要依从。想不到他们那么快就来投降了，他自悔失计。当他听说明太祖准备进攻集庆，便私下对部下说："你们进攻集庆时，不要奋力作战，待我得以逃脱回去，当与元兵联合。"太祖听到陈埜先的阴谋之后，就把他召来说："人各有志，从元从我，决不相强。"便释放陈埜先，让他回去。

诸军进攻集庆，陈埜先遂与元福寿联合一起，在秦淮河（在今江苏南京境）进行抗拒。诸军失利后退，陈埜先率兵追袭。途经葛仙乡，乡民兵百户卢德茂派遣壮士五十人，身穿青色衣服，出来迎接。陈埜先没有料想到青衣军是来谋害自己的，未曾预防，结果被青衣兵从身后用长矛刺死。陈埜先死后，其子陈兆先再召集兵马屯驻方山。

至正十六年（1356）春三月，太祖率诸将取集庆路，先攻破陈兆先营，释放陈兆先，而加以任用，并从降兵中挑选五百名骁勇之士，作为自己的麾下亲军。那五百人，大都心怀疑惧，不能自安。明太祖看出他们疑惧的心思，于是，在当天傍晚，命令这五百人来担任自己夜里的警卫，就睡在自己的周围，太祖又令原来的警卫士兵全部到外面去，只留冯国用一个人在卧床旁侍候。明太祖卸去盔甲，安然地一觉睡到天亮，心怀疑虑畏惧的五百名兵士方才安下心来。

进攻集庆，冯国用率领那五百人先冲入敌阵，在蒋山（即钟山，在今江苏南京东）打败元兵，直抵城下，诸军拔去栏栅，竞相前进，元守将行台御史大夫福寿督兵力战，在激战中死去。于是攻克集庆路。明太祖率军入城，召集官吏父老，晓谕他们说："元朝政治败坏，四处起兵纷扰，生民涂炭。我率兵到此，是为民除害的。你们要各守原来职业，不要心怀疑惧。"于是城中的军民全都喜悦，相互庆慰。当下就改集庆路为应天府。明太祖嘉奖福寿对元朝的忠心，依礼将他安葬。

张士诚、康茂才前来投降。张士诚，是泰州（今江苏泰州）白驹场（在今江苏东台县北）的盐民，与其弟士德、士信一起举兵，攻陷泰州，占据高邮（今江苏高邮），自称诚王，此时从平江（即今江苏苏州）

兵渡江，茂才奔金陵，至是率众来附。

金陵既定，太祖欲发兵取镇江，虑诸将不戢士卒，为民患，命徐达为大将，率诸将浮江东下，戒之曰："吾自起兵，未尝妄杀，今尔等当体吾心，戒戢士卒，城下之日，毋焚掠杀戮。有犯令者，处以军法；纵者，罚无赦。"达等顿首受命。进兵攻镇江，克之。达等自仁和门入，号令严肃，城中晏然。

六月，命邓愈等将兵攻广德路，克之，改为广兴府。

秋七月，诸将奉太祖为吴国公。遣使聘镇江秦从龙，既至，太祖亲迎之入，事无大小皆与谋。从龙尽言无隐，每以笔书漆简，问答甚密，左右无知之者；太祖呼为先生而不名。

九月，太祖如镇江府，谒孔子庙，分遣儒士告谕乡邑，劝农桑。

十七年，夏四月，命徐达、常遇春帅师攻宁国，久不下。太祖乃亲往督师，守将杨仲英开门降，其百户张文贵杀其妻子，自刎死。寻遣诸将取江阴、徽州、池州，皆下之。

秋八月，张士诚降于元。
九月，太祖取扬州。
十八年，春二月，以康茂才为营田使，太祖谕之曰："比因兵乱，堤防颓圮，民废耕耨，故设营田使以修筑堤防。今军务实殷，用度为急，理财之道，莫先于农事，故命尔此职。大抵设官为民，非以病民，若所至纷扰，无益于民，则非付任之意！"

来降。康茂才，蕲州（今湖北蕲春县西南）人，起初他集结义兵，自保乡里，又为元朝守卫江上，以有功而累迁为宣慰使、都元帅，戍守采石。至明太祖渡江，康茂才逃奔金陵，到此时率领部众前来归附。

金陵既已平定，明太祖准备发兵攻取镇江（今江苏镇江），但顾虑诸将不能约束士卒，将成为百姓的祸害，便命徐达为大将，率诸将沿江东下，并告诫道："我自起兵以来，从未妄杀人。现在你们应当体察我的心意，要严厉约束士卒，城下之日，不要焚掠杀戮，若有犯令者，处以军法；若放纵不问，也惩罚不赦！"徐达等叩头受命。进兵攻镇江，一举攻克。徐达等将士从仁和门入城，号令严肃，城中平静如常。

六月，明太祖令邓愈等率兵进攻广德路（治广德县，即今安徽广德），攻克后，改为广兴府。

秋七月，诸将拥戴明太祖为吴国公，他遣使赴镇江聘请秦从龙。秦从龙到应天时，明太祖亲自出来迎接，此后事无大小，都与他商量。秦从龙也知无不言。二人常把话写在漆简上，一问一答，十分秘密，连左右侍从也没有人知晓。明太祖对秦从龙称先生而不叫他名字。

九月，明太祖到镇江府，晋谒孔子庙，并分遣儒士到乡间去劝告百姓好好种田，植桑养蚕。

至正十七年（龙凤三年，1357）夏四月，太祖命徐达、常遇春率领军队进攻宁国（今安徽宣城），久攻不下。太祖便亲自前往督师，守将杨仲英开门投降；而其百户张文贵先杀死妻子，然后自杀身死。不久，明太祖派遣诸将进攻江阴（今江苏江阴）、徽州（今安徽歙县）、池州（今安徽贵池），一一攻克。

秋八月，张士诚投降元朝。

九月，明太祖派兵攻占了扬州（今江苏扬州）。

至正十八年（龙凤四年，1358）春二月，明太祖任命康茂才为营田使，并告谕道："近年来由于兵乱，堤防等倾倒毁坏，老百姓也无法耕种田地，因此，设立营田使，专管修筑堤防。现在军务实繁，费用急迫，而理财之道，没有比农田耕作更为急迫了。所以命你担任此职。大凡设官是为了百姓，不是为害百姓。如果你营田使所到之处，纷纷扰扰，无益于民，那就不是我任命此职的本意。"

冬十二月，太祖取婺州，命知府王宗显开郡学，延儒士叶仪、宋濂为《五经》师。时丧乱之余，学校久废，至是始闻弦诵之声。

太祖欲遂取浙东未下诸郡，谕诸将曰："克城虽以武，而安民必以仁。吾每闻诸将下一城，得一郡，不妄杀人，辄喜不自胜。为将者能以不杀为心，非惟国家所利，在己亦蒙其福。"

十九年，春三月，方国珍以三郡来附。国珍，台州人。戊子冬起兵，后降于元。至是以温、台、庆元三郡来献，且以次子关为质。太祖曰："既诚信来归，便当推诚相与，何以质为！"乃厚赐关而遣之。

秋九月，太祖兵取处州。

冬十月，遣使征青田刘基、龙泉章溢、丽水叶琛及浦江宋濂，以胡大海荐也。时朱文忠守金华，亦荐王祎、许元、王天锡，太祖皆征召之。

十二月，天完将陈友谅称汉王。友谅，沔阳渔人子，尝为县吏，不乐。会徐寿辉兵起，慨然往从之。寿辉称帝于蕲水，国号天完，后据汉阳。至是友谅徙寿辉都江州，自称王。

二十年，春三月，刘基、宋濂、章溢、叶琛至建康，入见，太祖喜甚，曰："我为天下屈四先生。"赐坐，从容与论经史及咨以时事，甚见尊礼，命有司创礼贤馆处之。

基自幼聪明绝人，凡天文、兵法、性理诸书，过目洞识其要。至正初，以《春秋》举进士，授高安县丞，累官江浙儒学副提举。元政乱，投劾去。尝建议剿方国珍，不用，安置绍兴，游西湖，有异云起

冬十二月，明太祖派兵攻取了婺州（今浙江金华），命知府王宗显开设郡学，延请儒士叶仪、宋濂为《五经》师。当时正值丧乱之后，学校久已旷废，直到此时才听到琅琅的读书声。

明太祖准备乘胜攻取浙东未曾占据的各郡，便告谕诸将道："攻克城池虽然要依靠武力，但安民必须凭借仁义。我每当听到诸将攻克一城，占据一郡，不随便杀人，就喜不自胜，为将者能以不杀为心，不仅对国家有利，而且自己也能蒙受其福。"

至正十九年（龙凤五年，1359）春三月，方国珍以其占据的三郡前来归附。方国珍，台州（今浙江临海）人，至正八年（1348）冬起兵，后来投降了元朝。至此，以温州（温州路治永嘉县，今浙江温州）、台州、庆元（庆元路治鄞县，今浙江宁波）三郡来献，同时送来次子方关作为人质。明太祖说："既然诚心实意前来归附于我，就当以诚相待，为什么要人质呢？"便厚赐方关而让他回去了。

秋九月，明太祖派兵攻取了处州（治丽水县，即今浙江丽水）。

冬十月，明太祖根据胡大海的推荐，派遣使者征召青田（今浙江青田）刘基、龙泉（今浙江龙泉）章溢、丽水叶琛、浦江（今浙江义乌县北浦江镇）宋濂。当时朱文忠驻守金华，也推荐王祎、许元、王天锡，明太祖都派遣使者前往征召。

十二月，天完将帅陈友谅称汉王。友谅，沔阳（沔阳府治玉沙县，今湖北沔阳东南沔城镇）渔家之子。曾为县吏，郁郁不乐。适遇徐寿辉聚众起兵，便慨然前去投奔。寿辉称帝于蕲水（即今湖北浠水），国号天完，建元治平，不久，占据汉阳（今湖北武汉市旧汉阳城）。到这时，陈友谅威迫徐寿辉迁徙到江州（今江西九江市），而自称为王。

至正二十年（龙凤六年，1360）春三月，刘基、宋濂、章溢、叶琛来到建康（今江苏南京），入见明太祖，明太祖非常高兴地说："我为天下而委屈四位先生了！"他请四位先生坐下，从容地谈论经史，询问时事，很加尊礼，特命有关官员创建礼贤馆，请他们居住。

刘基自幼聪明过人，凡天文、兵法、性理等书，看后就能洞识其中要义。元至正初年，以《春秋》考中了进士，受任高安县（今江西高安）丞，累官至江浙儒学副提举。元朝政治败坏，便呈上自己弹劾自己有过

西北，诸同游者皆以为庆云，将分韵赋诗，基独纵饮不顾，大言曰："此天子气也，十年后应在金陵，我当辅之。"时杭州犹全盛，皆大骇，以为狂，无知基者，惟西蜀赵天泽奇之，以为诸葛孔明之流。至是基趋建康，陈时务十八策，太祖嘉纳之，留基帷幄，预机密谋议。

夏五月，陈友谅攻太平，城陷，守将花云被获。贼缚云急，云怒骂曰："贼奴！尔缚吾，吾生必灭尔！"遂奋跃，大呼起，缚尽绝，夺守者刀，连杀五六人。贼怒，缚云，丛射之，比死，骂贼不绝口。

方云之与贼战也，势甚急，妻郜氏生子炜方三岁，抱之泣，语家人曰："城且破，吾夫必死之。吾夫死，吾不独生，然不可使花氏无后；儿在，若等善抚育之。"已闻云就缚，郜氏即赴水死。侍儿孙氏收郜瘗之，抱儿逃，汉军掠之。军中恶小儿啼，孙氏恐被害，以簪珥属渔家鞠之。汉败，孙氏脱身至渔家，窃儿去，夜宿陶穴中；天曙，登舟渡江，遇汉溃军夺舟，捽孙氏及儿投之江。江中得断木，附之入芦渚中，渚有莲实，孙氏取啖儿，凡七日不死。忽夜半闻人语声，呼之，逢老父，号雷老，告之，遂与偕行达太祖所。孙氏抱儿拜泣，太祖亦泣，置儿于膝曰："此将种也。"命赐雷老衣，忽不见。

陈友谅弑其主徐寿辉，遂自称帝，国号汉。

错的奏折，离任而去。又因曾建议攻剿方国珍不被上司采纳，将他安置在绍兴（今浙江绍兴）。刘基便邀三两知己一同游西湖（今杭州西湖），见西北方向有异云涌起，同游之人都认为此云预示喜庆，准备分韵赋诗，以示祝贺。惟有刘基一人只顾喝酒，不予理采，大言自夸地说："这是天子之气，十年后应验在金陵，我当去辅佐。"当时杭州还是一片太平全盛景象，同游之人听了，都大为吃惊，以为是他是狂人，没有人理解他；惟有西蜀赵天泽特别重视他，以为他是诸葛孔明一类的人物。到这时，刘基来到建康，呈上时务十八策，明太祖加以嘉奖而采纳了，把刘基留在幕中，让他参与机密事务的谋议。

夏五月，陈友谅进攻太平，太平城陷落，守将花云被俘。花云被捆绑得很紧，怒骂道："贼奴，你捆绑我，我的主公必定会消灭你！"说完就大呼奋跃而起，捆绑在身上的绳索全部断绝，夺过守兵的刀，连杀五六人。敌人大怒，又捆绑花云，乱箭齐射。花云在临死之际，仍骂贼不绝口。

在花云与陈友谅军激战、情势十分急迫之时，花云妻郜氏抱着三岁的儿子花炜，哭着对家人说："城将被攻破，我的丈夫花云定会为此而死，我的丈夫死，我不能独生，但是决不能使花氏没有后嗣，儿子还在，你们好好抚养他吧。"不一会儿，花云被俘捆绑，郜氏立即投水而死。侍儿孙氏将郜氏尸体埋葬之后，便抱着花炜逃避，被陈友谅军所俘掠。军营中厌恶孩儿啼哭，孙氏担心花炜被害，就把自己的簪珥等金银首饰送给渔家老翁，请他收养花炜。一直等到陈友谅失败，孙氏才从军中脱身，来到渔家，偷偷将花炜带走，夜间避宿在陶洞中；天一亮，就登舟渡江，碰上陈友谅的溃兵抢夺舟船，抓住孙氏和小孩扔到江中。孙氏在江中得到一段木头，与花炜依附着飘浮至芦苇小洲中。小洲有莲籽，孙氏采来喂花炜，度过了七天，没有饿死。一天夜半，忽然听到有人说话声，就大声呼唤，走来一位老者，号雷老。孙氏把自己的遭遇告诉了他，便相偕到达了明太祖的住处。孙氏抱着花炜哭着拜见明太祖，太祖也哭，把花炜放在膝盖上说："这是将种呵！"令赐给雷老衣服，忽然之间，雷老不见了。

陈友谅弑其主徐寿辉，于是自己称帝，国号为汉。

二十一年秋八月，太祖帅师伐汉，拔江州，友谅挈妻子夜奔武昌。既而友谅伪相胡廷瑞见江州已破，遣使诣军请降，太祖遂至龙兴，改为洪都府。

二十三年，秋七月，陈友谅作大舰攻洪都，空国而来，以兵围城。守将朱文正遣使赴建康告急，太祖亲帅舟师二十万进次湖口。友谅闻之，即解围东出，与太祖兵遇鄱阳湖之康郎山。友谅联舟纵战，望之如山，太祖军舟小，怯于仰攻，往往退缩。郭兴曰："彼舟如此，大小不敌，非火攻不可。"太祖然之。明日，东北风起，令诸将乘风纵火，焚其水寨舟数百艘，友谅弟友仁、友贵及其平章陈普略皆焚死。明日，复联舟大战，敌兵大败。友谅敛舟自守，不敢战，相持者三日。

友谅计穷，冒死突出，将奔还武昌，太祖麾诸将邀击之，友谅中流矢，贯睛及颅而死。其将张定边乘夜以小舟载友谅尸及其子理径趋武昌，复立理为帝。

初，鄱阳湖之战，太祖亦屡濒于危。一日，被围莫解，指挥韩成请服太祖冠袍，对贼众投水中，围乃解。又一日，太祖方与友谅鏖战，刘基忽跃起大呼曰："难星过，速更舟。"太祖急更之，旧舟已为敌炮碎矣。

先是，有周颠者，举措诡谲，人莫能识，每见太祖必曰告太平，太祖厌之。至是征陈友谅，太祖问："此行何如？"颠应声曰："好。"从行至皖城，苦无风，问颠，颠曰："只管行，只管有风；无胆不行，便无风。"行不三十里，果大风，倏忽达小孤，竟如其言。

二十四年，春正月，李善长、徐达等以太祖功德日隆，屡表功

至正二十一年（龙凤七年，1361）秋八月，明太祖率师伐汉，攻下江州，陈友谅携妻子儿女于夜间逃奔武昌（治江夏县，今湖北武汉旧武昌城）。不久，陈友谅的丞相胡廷瑞见江州已被攻破，即遣使到明太祖军中请求投降，明太祖便到龙兴（今江西南昌），改为洪都府。

　　至正二十三年（龙凤九年，1363）秋七月，陈友谅制造大舰，进攻洪都，以其全部兵马包围洪都城。守将朱文正派遣使者往建康告急，明太祖亲自率水军二十万进至湖口。陈友谅得知后，即解围向东而去，与明太祖军在鄱阳湖（在今江西波阳县西）的康郎山（一名抗浪山，在今江西余干西北鄱阳湖中）遭遇。陈友谅把巨舰联结在一起作战，远远望去，其大如山。明太祖的舟小，怯于仰攻，往往向后退缩。郭兴说："陈友谅舟舰如此巨大，我们的舟小，大小不敌，非用火攻不可。"明太祖以为其言有理。第二天，东北风刮了起来，明太祖令诸将乘风放火，烧掉陈友谅水寨舟舰数百艘，友谅弟友仁、友贵及平章陈普略全被烧死。次日，再聚集舟舰大战，敌兵大败。陈友谅收拢舰只自守，不敢再战，双方相持三日。

　　陈友谅无计可施，冒死突围，将奔还武昌；明太祖令诸将率军截去，陈友谅中了流箭，穿过眼睛射到了头盖骨，因之而死。其将张定边乘夜用小舟载陈友谅尸体及其子陈理直奔武昌，又立陈理为帝。

　　起初，鄱阳湖之战，明太祖亦多次陷于危险的境地。一天，被重重包围，难以解救，指挥韩成请求穿戴上朱元璋的冠袍，面对陈友谅兵士投入水中，明太祖才得解围。又一天，明太祖正与陈友谅鏖战，刘基忽然跳起来对明太祖大声呼喊："难星经过，赶快换船。"明太祖急忙换到另一只船上，原来乘坐的那只船已被敌炮击碎了。

　　原先，有一位名叫周颠的人，举动诡异多变，人们不能理解他。他每次见到明太祖都说"告太平"，明太祖厌恶他。到这时，明太祖征讨陈友谅，便问周颠："此行如何？"周颠应声答道："好。"他随行至皖城（今安徽安庆），苦于无风，明太祖问周颠，周颠说："只管前行，只管有风，无胆量不前行，便无风。"明太祖行不到三十里，果然大风骤起，倏忽间抵达小孤山（在今江西彭泽县北长江中），竟如周颠所言。

　　至正二十四年（龙凤十年，1364）春正月，李善长、徐达等文臣武

进，不允，乃于是月朔即吴王位。

陈理既还武昌，太祖复进兵围之，久不下，乃亲往视师，遣其降将罗复仁入城谕理使降，理遂率其太尉张定边等诣军门降。凡府库储蓄，令理自取。城中饥困，命给粟赈之。于是湖广、江西悉平。

江西行省以陈友谅镂金床进，太祖观之，曰："此与孟昶七宝溺器何异！陈氏穷奢极侈，安得不亡！"即命毁之。

张士诚自立为吴王，即平江治宫室，立官属。士诚委政于弟士信。士信荒淫，每事惟与王敬夫、叶德新、蔡彦夫三人谋，三人者皆谄佞憸邪，惟事蒙蔽。太祖闻之曰："我无一事不经心，尚被人欺，张九四终岁不出门理事，岂有不败者乎！"时有十七字谣曰："丞相做事业，专用王、蔡、叶，一朝西风起，干瘪。"

二十六年，夏五月，太祖命有司访求古今书籍，因谓侍臣詹同等曰："吾每取孔子之言观之，如'节用而爱人，使民以时'，真治国之良规。孔子之言，诚万世之师也。"

太祖议讨张士诚，李善长以为未可。徐达进曰："张氏骄横，暴殄奢侈，此天亡之时也。其所任骄将如李伯昇、吕珍之徒，皆龌龊不足数；王、蔡、叶三参军迂阔书生，不知大计。臣奉主上威德，声罪致讨，三吴可计日而定。"太祖大喜曰："汝合吾意；事必济矣。"

秋八月，命徐达为大将军，常遇春为副将军，帅师二十万伐张士诚，集诸将佐谕之曰："卿等宜戒饬士卒，毋肆虏掠，毋妄杀戮，毋发丘垄，毋毁庐舍。闻士诚母葬姑苏城外，慎勿侵毁其墓。"诸将皆再拜受命出。太祖复召达、遇春曰："尔等此行，用师孰先？"遇春

将以明太祖功德日益隆盛,曾屡次上表劝他称帝,他没有应允;直到现在才于正月初一日即吴王位。

陈理既已还武昌,明太祖又派兵围攻,久攻不下,于是亲自来到前线。他派遣陈友谅降将罗复仁入城规劝陈理投降,陈理便率其太尉张定边等人到朱元璋军营来投降。明太祖下令,凡武昌府库中财物,由陈理自行取用,城中饥困的百姓,发仓粟赈济。于是,湖广、江西,全部平定。

江西行省官员把陈友谅用的镂金床进献给明太祖,他看后说:"这镂金床与后蜀孟昶的七宝溺器有什么两样!陈友谅穷奢极侈,怎么能不灭亡呢!"随即命左右把镂金床毁掉。

张士诚自立为吴王,在平江修治宫室,设立官属。张士诚把政事全都交给其弟张士信,而士信荒淫,每有事只与黄敬夫、叶德新、蔡彦夫三人商议。这三个人又都谄媚奸邪,惯于欺骗蒙蔽。明太祖得知此情之后说:"我没有一件事不当心,有时还受人欺瞒。而张九四(士诚小字)终年不出门处理政事,岂有不失败的!"当时流传着十七字歌谣说:"丞相做事业,专用黄、蔡、叶,一朝西风起,干瘪。"

至正二十六年(龙凤十二年,1366)夏五月,明太祖命有关官署访求古今书籍,因而对詹同等左右侍臣说:"我每次取孔子之书阅览,如'节用而爱人,使民以时',真是治理国家的良策。孔子的话,实可为万世之师法。"

明太祖征讨张士诚,李善长以为时机还不成熟。徐达说:"张士诚骄横异常,奢侈无度,正是上天也要他灭亡的时候了。他所任用的骄将如李伯昇、吕珍之徒,都是龌龊小人,不足为意;黄、蔡、叶三个参军是迂腐的书生,不知大计远谋。臣承奉主上威德,声讨张士诚,不要几天,三吴(指今江苏苏州,浙江绍兴、湖州)可计日而定。"明太祖大喜,说道:"你说的正合我意,此举一定能够成功。"

秋八月,明太祖命徐达为大将军,常遇春为副将军,率兵马二十万讨伐张士诚。明太祖又召集诸将佐谆谆告诫说:"你们一定要告诫和约束士卒,不要肆意掳掠,不要随便杀戮,不要挖掘坟墓,不要烧毁房屋。听说张士诚的母亲埋葬在姑苏城(今江苏苏州旧名)外,要特别

曰："逐枭者必覆其巢，去鼠者必熏其穴。此行当直捣平江，平江既破，其余诸郡可不劳而下。"太祖曰："不然。士诚起盐贩，与张天骐、潘原明辈皆相为手足。士诚穷蹙，天骐辈惧俱毙，必并力救之。今不先分其势，而遽攻姑苏，若天骐出湖州，原明出杭州，援兵四合，何以取胜？莫若先攻湖州，使其疲于奔命。羽翼既披，然后移兵姑苏，取之必矣。"

冬十月，徐达师至湖州，士诚发兵来援，大败之，而守将李伯昇及张天骐遂举城降。朱文忠师下杭州，守将潘原明籍土地钱谷出降。文忠入宿城上，秋毫无犯。一卒强入民家，磔以徇。

徐达既下湖州，会诸将进攻平江，士诚诸将多降。康茂才至尹山桥，遇士诚兵，击败之，遂进兵围其城。达、遇春等四面筑长围困之，城中震恐。

十二月，群臣咸请太祖定宫阙制度。太祖以国之所重，莫先宗庙、社稷，遂定议以明年为吴元年，命有司立庙、社，建宫室。

二十七年，春二月，太祖定文武科取士之法。

夏六月，士诚被围既久，欲突围出，将奔常遇春营，遇春觉其至，严阵待之。遇春抚王弼背曰："军中皆称尔为猛将，能为我取此乎？"弼应声驰铁骑挥双刀往击之，敌小却；遇春率众乘之，遂大败其军，溺于沙盆之潭。士诚故有勇胜军，号"十条龙"，常银铠锦衣出入阵中，是日皆溺死。士诚马惊，堕水，几不救，肩舆入城。

注意,不要侵毁其坟墓。"诸将都再拜受命而出。明太祖又召见徐达、常遇春问道:"你们此次出师,先攻打何处?"常遇春说:"要追逐猫头鹰,必须将其巢窝掀掉,要除掉老鼠,必须烟熏其洞穴。此行当直捣平江,平江既破,其余各郡县就可以不劳而下。"明太祖说:"不对。张士诚出身盐贩,与张天骐、潘原明等人关系密切,如同手足。现在张士诚处境穷迫,张天骐等惧怕与士诚一起被消灭,一定会合力相救。现今如果不先分散其兵力,而匆促进攻姑苏,那么,天骐出兵湖州(今浙江湖州市),原明出兵杭州(今浙江杭州市),援兵四合,我们怎能取胜?不如先进攻湖州,使其疲于奔命。张士诚的羽翼既折,然后移兵进攻姑苏,一定能够攻取。"

冬十月,徐达率师进至湖州,张士诚派兵前来救援,大败而逃,守将李伯昇和张天骐举城投降。与此同时,朱文忠率兵进攻杭州,守将潘原明捧着土地钱谷簿册出城投降。文忠入城之后,在城上住宿,严戒士卒,秋毫无犯。有一士卒强入民家,被朱文忠处斩,裂尸示众。

徐达打下湖州之后,会集诸路将士进攻平江,张士诚的诸将帅大多投降。康茂才率军至尹山桥,与士诚兵相遇,挥师击败之,于是进兵围城。徐达、常遇春等四面筑起长围,围困平江城。城中军民震惊恐惶。

十二月,群臣都奏请明太祖制定宫阙制度。他以为国家最重要的,首先是宗庙、社稷,便定议以明年为吴元年,命令有司立庙社,建宫室。

至正二十七年(吴元年,1367)春三月(春三月,原本误"三"为"二",据《明太祖实录》卷22,吴元年三月丁酉条改),明太祖定文武科取士之法。

夏六月,张士诚被围既久,想突围而出,准备冲向常遇春军营,常遇春有所觉察,便严阵以待。常遇春抚着部将王弼的背说:"军中都说你是猛将,你能为我俘获张士诚吗?"王弼应声策马,挥起双刀,飞驰前击,士诚兵稍稍退却;常遇春率众追上,士诚兵大败逃跑,淹死在沙盆潭中。张士诚所部有勇胜军,号称"十条龙",个个披银甲,穿锦衣,出入军阵之中,这一天战败,全都淹死。张士诚因所乘坐骑受惊,跌入水中,

逾三日，士信方在城楼上督战，忽飞炮碎其首而死。

秋九月，达、遇春率众渡桥进薄城下，士诚军大溃，诸将蚁附登城。城破，士诚收余兵二三万，亲率之，战于万寿寺东街，复败。士诚仓皇归，从者仅数骑。

初，士诚见兵败，谓其妻刘氏曰："我败且死，若曹何为？"刘氏曰："君勿忧，妾必不负君！"乃予乳媪金，抱二幼子出，积薪齐云楼下，驱其群妾、侍女登楼，令养子辰保纵火焚之；刘氏自缢死。日暮，士诚距户经，旧将李伯昇决户抱解之。徐达令人慰谕之，反复数四，士诚瞑目不言，乃以旧盾昇至舟中，送建康。士诚卧舟中不食，至龙江，坚卧不肯起。昇至中书省，李善长问之，不语；已而士诚言不逊，善长怒骂之，士诚竟自缢死。改平江曰苏州府，浙西、吴会皆平。

冬十月，太祖既扫除群雄，乃遣大将军徐达、副将军常遇春率甲士二十五万北伐以定中原，驰檄谕齐、鲁、河洛、燕蓟、秦晋之人。

太祖定律令。

十一月，颁《戊申历》。

太祖遣兵讨方国珍。初，国珍怀诈反覆，云"俟克杭州即纳土。"及大兵克杭州，犹自据如故。至是太祖命汤和等帅师讨国珍于庆元，国珍遁入海岛；太祖复命廖永忠帅师自海道会汤和等兵讨之。国珍惶惧，遂及其弟国珉、兄子明善率家来降。和送国珍于京师，浙东悉平。徐达、常遇春引兵徇山东郡县，皆下之。

是年，正月，李善长率群臣奉表劝进，上曰："恐德薄不足以当尊。"善长曰："天命已有归矣，若不正大位，何以慰天下臣民之

几乎不救，才被部将用轿子抬入城中。

三日后，张士信刚到城楼上督战，忽然飞来炮弹，击碎其头而死。

秋九月，徐达、常遇春率众军渡桥进逼平江城下，士诚兵大败，诸将犹如蚂蚁依附在城墙上一般，纷纷登城。城破之后，张士诚收集余众二三万人，亲自率领，在万寿寺东街继续战斗，再次失败。士诚仓惶逃回，跟着的仅有数骑。

起初，士诚见兵败，就对妻子刘氏说："我若战败，并且身死，你们将如何？"刘氏说："你不要担忧，我决不会辜负你。"接着就给乳母金银，令其抱二位幼子出逃。同时，把柴薪堆积在齐云楼下，赶着群妾、侍女登楼，令养子辰保点火焚烧；刘氏自己上吊而死。天近傍晚，士诚也闭门上吊，旧将李伯昇破门而入，把他抱下来解救。徐达多次派人前去劝慰，张士诚闭目不言，只好把他放在旧盾上，令两人抬着送到舟中，押送建康。张士诚卧在舟中，不吃不喝。到龙江（在今江苏南京兴中门外），躺在那里不肯起来，后被抬到中书省，李善长问他，他不说话；不一会儿，又出言不逊，李善长怒骂张士诚，张士诚竟自缢而死。明太祖改平江为苏州府，浙西和吴会（指原平江府地区）都平定了。

冬十月，明太祖消灭了陈友谅、张士诚等群雄，便命大将军徐达、副将军常遇春率甲士二十五万北伐元朝，以平定中原，并发布檄文，飞驰谕告齐鲁、河洛、燕蓟、秦晋等地的官吏军民。

明太祖定律令。

十一月，颁布《戊申历》。

明太祖派兵征讨方国珍。起初，方国珍心怀奸诈，反复无常，曾对明太祖说："待攻克杭州后，即纳土归顺。"待大兵攻克杭州，方国珍仍割据如故。到此时，明太祖命汤和等率军前往庆元征讨方国珍，方国珍逃入海岛；明太祖又令廖永忠率水军自海道会合汤和等一同征讨。方国珍恐惧，才与其弟方国珉、兄子方明善率领全家前来投降。汤和将方国珍等押送到京师应天。浙东地区全部平定。徐达、常遇春率将士进取山东郡县，都一一攻克。

这一年（洪武元年，戊申，1368）正月，李善长率群臣奉表劝明太祖称帝，他说："我唯恐自己德薄，不足以当天下之尊。"善长说："天命

望!"上固却之。明日,善长复固请,乃从之。

【编】立妃马氏为皇后。 【纪】上初渡江时,后尝谓上曰:"今豪杰并争,虽未知天命所归,以妾观之,惟以不杀人为本,人心所归,即天命所在。"上深然之,至是册立为皇后。上因谓侍臣曰:"昔光武劳冯异曰:'仓卒芜蒌亭豆粥,滹沱河麦饭,厚意久不报。朕念皇后起布衣,常仓卒自忍饥饿,怀糗饵食朕,比之豆粥、麦饭,其困尤甚。昔长孙皇后当隐太子构隙之际,内能尽孝,谨承诸妃,消释嫌疑。朕素为郭氏所疑,径情不恤,将士或以服用为献,后辄先献郭氏,慰悦其意;及欲危朕,后乃为宽解,卒免于患,尤难于长孙皇后也。朕或因服御诘怒小过,辄劝朕曰:'王忘昔日之贫贱邪?'朕为惕然。家之良妻,犹国之良相,岂忍忘之!"罢朝,因以语后。后曰:"妾闻夫妇相保易,君臣相保难。妾安敢比长孙皇后,但愿陛下以尧、舜为法耳。"

【编】立世子标为皇太子。

【编】以李善长为左丞相,章溢为御史中丞。

【编】命廷臣兼东宫官。 【纪】礼部尚书陶凯请选人专任东宫官属,上曰:"朕以廷臣有德望者兼东宫官,非无谓也。常虑廷臣与东宫官属有不相能,遂成嫌隙,江充之事,可为明鉴!朕今立法,令台省等官兼东宫官赞辅之,父子一体,君臣一心。"于是太子官属,以李善长、章溢、刘基等兼之。

已有所归，若您不称帝，怎么能慰藉天下臣民的愿望呢！"明太祖坚决推辞。次日，李善长再坚持请求，明太祖才答应即皇帝位(《明史》卷1《太祖本纪第一》载：吴元年十二月"癸丑(十一日)李善长率百官劝进，表三上，乃许。甲子，告于上帝"。《明史》卷2《太祖本纪第二》载："洪武元年春正月乙亥(初四日)，朱元璋"即皇帝位")。

【编】立马氏妃为皇后。　　【纪】皇上当初率兵渡江时，马氏曾对他说："当今豪杰并起争雄，虽不知天命归属于谁，但以我看来，唯有以不杀人为本，人心所归，就是天命所在。"他深表同意。到此时，册立马氏为皇后。皇上于是对侍臣说："过去汉光武帝慰劳冯异时说：'当初我在危难仓促之中，在芜蒌亭(在今河北献县西北)是你送来了豆粥，至滹沱河(在今河北献县东)，又是你送来了麦饭。如此盛情厚意，还久久未报。'朕念皇后起于平民，常匆忙间自忍饥饿，而怀着干饭、稻饼让朕食用。这比起豆粥、麦饭，更为难得。过去唐太宗的长孙皇后，处于隐太子挑起仇隙之际，在宫内能尽孝道，以谨慎对待诸位妃嫔，消解嫌疑。朕素来被郭氏(子兴)猜疑，以致不讲情意。将士有时呈献服用之物，皇后都先献给郭氏，以便讨得他的高兴；当郭氏要害朕时，又是皇后从中调解，使朕终免于祸，这比起长孙皇后，更难做到。朕有时因服用等不满意而诘责发怒，过了头，皇后得知之后就规劝朕说：'王忘记了过去的贫贱吗？'朕听了为之反省警惕。家有良妻，犹如国有良相，怎能忘记她！"退朝后，明太祖把给侍臣说的话说给马皇后听，皇后说："我听说夫妇相保容易，君臣相保困难。我怎敢与长孙皇后相比。但愿陛下效法尧舜。"

【编】立世子朱标为皇太子。

【编】任命李善长为左丞相，章溢为御史中丞。

【编】命廷臣兼东宫官属。　　【纪】礼部尚书陶凯奏请拣选人员专任东宫官属。皇上说："朕以德高望尊的廷臣兼任东宫官属，不是没有道理的。朕常虑廷臣与东宫官属不能很好相处，导致相互仇怨，汉武帝时江充构陷戾太子的事，就是前车之鉴！朕今立法，令中书省、御史台等廷臣兼任东宫官，辅导太子。这样就可以父子一体，君臣一心。"(此处

【编】二月，定郊社、宗庙礼。

【编】定卫所官军及将帅将兵之法。【纪】自京师及郡县皆立卫所，大率以五千六百人为一卫，一千一百二十人为一所，一百一十二人为百户所。每百户所设总旗二名，小旗十名，官领钤束，通以指挥使等官领之。有事征伐则诏总兵官佩将印领之；既旋，则上所佩将印于朝，官军各回本卫，大将军身还第。权皆出于朝廷，不敢有专擅，自是征伐，率以为常。

【编】汤和等克福州，闽地悉平。【纪】先是，帝命汤和、廖永忠等取闽，进兵延平，先遣使招谕元福州平章陈友定，不从，遂进攻之。参政文殊海牙开门出降，执友定械送京师。胡廷瑞等进兵克兴化，元汀州路守将陈国珍纳款，于是郡县相继降附，福建悉平。

【编】诏以太牢祀孔子于国学。【纪】仍遣使诣曲阜致祭。

【编】诏衣冠悉如唐制。

【编】命中书议役法。【纪】上以立国之初，经营兴作，恐役及平民，乃命中书省验田出夫。于是省臣奏议："田一顷出丁夫一人，不及顷者以别田足之，名曰均工夫。遇有兴作，农隙用之。"

记载有误,陶凯奏请,当在洪武三年。《明史》卷72《职官》载:"洪武元年,太祖有事亲征,虑太子监国,别置官僚或生嫌隙,乃以朝臣兼官职:李善长兼太子少师,徐达兼太子太傅,常遇春兼太子少保,治书侍御史文原吉、范显祖兼太子宾客,三年,礼部尚书陶凯请选人专任东宫官,罢兼领,庶于辅导有所责成,帝论以江充之事可为明鉴,立法兼领,非无谓也。"于是,太子官属,以李善长、章溢、刘基等兼领。

【编】二月,制定郊社、宗庙礼仪。

【编】制定卫所官军及将帅带兵之法。 【纪】自京师及郡县皆设立卫所。大体以五千六百人为一卫,一千一百二十人为一所,一百一十二人为百户所。每一个百户所设总旗二名,小旗十名,平时管理约束,统由卫指挥使等官总领。遇有征伐战事,则诏令总兵官佩带将军印,统率出征;战事结束,总兵官将将军印送归朝廷,调遣的官军各回本卫,大将军身还府第。大权皆出于朝廷,非将帅所能专擅。自此之后,每有战事,均依此制以为常。

【编】汤和等率军攻占福州(今福建福州市),闽地全部平定。【纪】原先,明太祖命汤和、廖永忠等攻取福建,进兵延平(元延平路治南平县,即今福建南平市),先派遣使者劝谕元福州平章陈友定投降,陈友定不从,汤和等挥兵攻击,参政文殊海牙开门投降,汤和等率军入城,擒获陈友定,把他戴上镣铐,押解京师。胡廷瑞等进兵攻克兴化(今福建莆田),元汀州路(治长汀县,即今福建长汀)守将陈国珍投降,于是周围郡县相继归附,福建全部平定。

【编】明太祖下诏令在国学以太牢祭祀孔子。 【纪】明太祖又派遣使者前往曲阜(今山东曲阜)祭祀孔子。

【编】诏令衣冠全部如唐朝规制。

【编】命中书省议定役法。 【纪】明太祖认为建国之初,修筑宫室及其他工程不少。担心增加平民百姓的劳役负担,便命中书省验田出夫,议定役法。于是中书省奏议:"田一顷,出丁夫一人;不及一顷的,由别的田地凑足其数,名为'均工夫'。遇有工程兴作,安排在农闲之时。"

【编】命选国子监生侍太子读书。

【编】三月,以廖永忠为征南将军,朱亮祖副之,由海道取两广。

【编】命翰林儒臣修《女诫》。 【纪】上谓学士朱升等曰:"治天下者,修身为本,正家为先。观历代宫闱政由内出,鲜有不为祸乱者也。卿等纂修《女诫》及贤妃之事可为法者,使后世子孙知所持守。"

【编】蕲州进竹簟,命却之。 【纪】谕中书侍臣曰:"古者方物之贡,惟服食器用,无玩好之饰。今蕲州进竹簟,未有命而来献,天下闻风,争进奇巧,则劳民伤财自此始矣。其勿受。仍令四方:非朝廷所需,毋得妄献。"

【编】夏四月,命图古孝行及身所经历艰难、起家、战伐之事,以示子孙。

【编】禁宦官预政典兵。

【编】六月,两广平。

【编】秋七月,徐达、常遇春帅诸将入通州,元主避兵北行。【纪】达与遇春会诸将于临清,遂入通州。元主大惧,集后妃、太子议避兵北行,召群臣会议端明殿。元主徘徊叹息曰:"今日岂可复作徽、钦!"遂决计北徙,命淮王帖木儿不花监国,丞相庆童留守。是夜三鼓,元主及后妃、太子开建德门由居庸北走如上都。

【编】八月,徐达、常遇春克元都。 【纪】达等进师取元都,

【编】明太祖命选国子监生陪侍太子读书。

【编】三月,明太祖任命廖永忠为征南将军,朱亮祖为副,由海道攻取两广(今广东、广西)。

【编】明太祖命翰林院儒臣修《女诫》。 【纪】皇上对学士朱升等人说:"治天下的人,修身为本,正家为先。考察历代内宫后妃,凡政由内出者,很少有不为祸乱的。卿等纂修《女诫》和可以效法的贤惠的妃子事迹,使后世子孙懂得应该坚持谨守。"

【编】蕲州进献竹簟,明太祖令将竹簟退回。(此处记载有误。当在四月。《明史》卷2《太祖本纪第二》载洪武元年"夏四月丁丑(初一日),蕲州进竹簟,却之,命四方毋妄献。") 【纪】明太祖告谕中书省侍臣说:"古代进献土产,只是服食器用等物,没有专供玩乐的东西。今蕲州进献竹簟,没有诏令而自行呈送;若各地闻风,都争着进献奇巧之物,就开了劳民伤财之端。这类东西不可接受。并向各地下令:不是朝廷需要的东西,不准妄行进献。"

【编】夏四月,明太祖命将古代的孝行事迹及他本人所经历的艰难、起家、征战讨伐之事,绘制成图画,以告诫子孙。

【编】严禁宦官参预朝政、掌管军事。

【编】六月,广东、广西平定。

【编】秋闰七月("秋闰七月",原本无"闰",据《明史》卷2《太祖本纪第二》《元史》卷47《顺帝本纪十》补),徐达、常遇春率领诸将进入通州(今北京市通县),元顺帝妥懽帖睦尔为避徐达军而北行。 【纪】徐达与常遇春在临清(在今山东临清市南)会合诸路将领,整兵进入通州。元顺帝妥懽帖睦尔大惧,即召集后妃、太子商议避兵北行;又在端明殿召集群臣商议。妥懽帖睦尔来回徘徊,叹息地说:"今日岂可重蹈宋徽宗、钦宗的覆辙!"遂决计向北转移,命淮王帖木儿不花监国,丞相庆童留守。二十八日夜三鼓,妥懽帖睦尔及后妃、太子,开建德门出去,由居庸(今北京市昌平西北居庸关)向北奔往上都(在今内蒙古多伦西北上都河北岸)。

【编】八月,徐达、常遇春率军攻克元大都(今北京市城内)。

至齐化门，将士填壕，登城而入。达登齐化门楼，执帖木儿不花、庆童等戮之，并获诸王子六人及玉印二、成宗玉玺一。封府库、图籍、宝物及故宫殿门，以兵守之。宫人、妃主，令其宦寺护视。号令士卒，毋得侵暴；人民安堵。元翰林待制黄殿仕投井死，左丞丁敬可、总管郭允中皆死之。学士危素寓僧寺，亦欲赴井，一僧止之曰："公死，亡国史也。"遂往见徐达，达寻以素归。

【编】命大将军徐达、副将军常遇春往取山西。

【编】漳州通判王祎上书。　【纪】祎上言："人君修德之要有二：忠厚以为心，宽大以为政。昔者周家忠厚，故垂八百年之基；汉室宽大，故开四百年之业。盖上天以生物为心，春夏长养，秋冬收藏，其间雷电霜雪，有时而薄击肃杀焉，然皆暂而不常；向使雷电霜雪无时不有，上天生物之心息矣。臣愿陛下之法天道也。"上嘉纳之。时尚严厉，故祎以为言。

【编】始置六部官。　【纪】先是，中书省惟设四部，掌钱谷、礼仪、刑名、营造，至是乃定置吏、户、礼、兵、刑、工六部，分理庶务。

【编】诏以汴梁为北京，金陵为南京。

【编】御史中丞刘基致仕。　【纪】先是，上北巡，命基同李善长留守京师。中书都事李彬犯法，事觉。彬素附善长，善长请基缓其狱。基不听，驰奏上，竟杀彬，善长衔之。上还，善长愬之，会基有丧告归，许之。

【编】放元宫人。

【纪】徐达等进军取元大都，到齐化门，将士填平城下壕池，登城而入。徐达登上齐化门楼，擒获帖木儿不花、庆童等，加以杀戮。并俘获诸王子六人，玉印二枚、成宗玉玺一枚。接着，将府库、图籍、宝物及故宫殿门，全部封闭，派兵把守。宫人、妃主，令宦官保护看守。同时命令军士，不得劫掠侵暴。城中百姓不受惊扰，安然如常。元朝的翰林待制黄殷仕投井自杀而死，左丞丁敬可、总管郭允中也都自杀。翰林学士危素寄居在僧寺，也准备投井，一和尚阻止说："您死，一朝国史也就没有了。"危素便前去见徐达。不久，徐达带危素到应天，明太祖久闻危素大名，仍命其为学士。

【编】明太祖命大将军徐达、副将军常遇春率军攻取山西。

【编】漳州（治龙溪县，今福建漳州市）通判王祎上书奏事。
【纪】王祎在奏疏中说道："人君修德重要的有两点：一是以忠厚为心，二是以宽大为政。往古周朝忠厚，所以为其八百年的王业奠定了基础；汉室为政宽大，所以开创了四百年的帝业。上天以万物生长为心，春、夏生长养育，秋、冬收获贮藏。其间虽有雷电霜雪，有时竟会摧折生物，然而都为时不久，而不是经常如此。若使雷电霜雪无时不有，那么，上天使万物生长之心就随之停息了。臣希望陛下效法天道。"明太祖嘉许而采纳了。当时社会盛行严厉的风气，所以王祎才这样说。

【编】初次设置六部官属。 【纪】先是，中书省只设四部，掌管钱谷、礼仪、刑名、营造。到此时才正式设置吏、户、礼、兵、刑、工六部，分理各种事务。

【编】明太祖下诏，以汴梁（即开封府，今河南开封市）为北京，金陵（即应天府，今江苏南京市）为南京。

【编】御史中丞刘基退休。 【纪】先是，明太祖北巡汴梁，命刘基同李善长留守京师。中书都事李彬犯法，事情暴露。李彬素来就依附李善长，李善长请刘基暂缓定罪。刘基不听，派使者速往汴梁奏报明太祖，得到了批准。终于处死李彬，李善长因此怀恨刘基。明太祖从汴梁回到应天，李善长就诉说刘基的过失。恰遇刘基妻死，请求告退还乡，明太祖允许了他。

【编】遣放元朝宫人出宫。

【编】旁求隐逸之士。　【纪】命学士詹同等十人分行十道求之。

【编】诏乘舆、服御诸物毋饰金。　【纪】有司奏造乘舆、服御诸物应用金者，特命以铜为之。有司言："费小，不足惜。"上曰："朕富有四海，岂吝于此，然所谓俭约者，非身先之，何以率下，且奢侈之原，未有不由小至大者也。"

【编】冬十月，碎元水晶刻漏。　【纪】司天监进元所置水晶刻漏，备极机巧，中设二木偶人，能按时自击钲鼓。上览之，谓侍臣曰："废万几之务，用心于此，所谓'作无益，害有益'也。"命碎之。

【编】诏御史大夫汤和、平章杨璟并从西征。
【编】召刘基至京师。　【纪】基至，赠其祖父爵永嘉郡公。欲授基爵，辞曰："陛下乃天授，臣何敢贪天之功！显荣先人足矣。"

【编】十一月，建大本堂。　【纪】命取古今图籍充其中，延儒臣教授太子、诸王。以起居注魏观侍太子说书。
【编】以孔希学袭封衍圣公，孔希大为曲阜知县，皆世袭。【纪】立孔、颜、孟三氏教授司，尼山、洙泗二书院，命博士孔克仁等授诸子经，功臣子弟亦令入学。
【编】十二月，大将军徐达帅诸军取太原。
【编】己酉，二年，春正月，诏免中原田租。

【编】诏免江南田租。
【编】副将军常遇春帅师取大同。
【编】二月，大将军徐达师次河中，副将军常遇春、冯宗异渡河趋陕西。

【编】广求隐逸之士。 【纪】明太祖命学士詹同等十人分十道巡视各地,广求隐逸之士。

【编】明太祖下诏:凡帝王、后妃所用的衣服、车马等物,一律不准用金装饰。 【纪】有司奏报制造帝王后妃所用衣服、车马等物的装饰应当用金的,明太祖特命用铜装饰。有司又奏:"用金很少,不足为惜。"明太祖说:"朕富有四海,岂吝惜这点金子!然而提倡俭约,不先从自身做起,怎么能为臣下的表率?何况奢侈的起端,没有不是从小到大的。"

【编】冬十月,击碎元朝的水晶刻漏。 【纪】司天监进呈元朝所设置的水晶刻漏,极其机巧,其中装置两个木头人,能够自动打铃鼓。明太祖看后,告谕左右侍臣说:"不理万机要务,而在此类物件上花费心思,正像人们说的那样,'作无益,害有益'。"下令将水晶刻漏击碎。

【编】明太祖诏令御史大夫汤和、平章杨璟一起随徐达西征。

【编】明太祖召刘基到京师南京。 【纪】刘基到京师,明太祖赠刘基祖父爵号永嘉郡公。又打算授予刘基爵号,刘基辞谢道:"陛下拥有四海,那是上天授予。臣怎敢贪天之功!先人获爵,光顾荣耀,这就足够了。"

【编】十一月,建大本堂。 【纪】明太祖命取古今图籍收藏在大本堂里,聘请儒臣教授太子、诸王。令起居注魏观陪侍太子说书。

【编】以孔希学袭封衍圣公、孔希大为曲阜知县。皆为世袭。【纪】立孔、颜、孟三氏教授司,尼山、洙泗两个书院,命博士孔克仁等教授诸子经书,功臣子弟亦令入学。

【编】十二月,大将军徐达率诸军攻取太原(今山西太原市)。

【编】洪武二年(己酉,1369)春正月,明太祖下诏,免中原地区田租。

【编】明太祖下诏,免江南地区田租。

【编】副将军常遇春率军攻取大同(今山西大同市)。

【编】二月,大将军徐达率军至河中(府治河东县,今山西永济西蒲州镇),副将军常遇春、冯宗异率军渡黄河奔赴陕西。

【编】诏修《元史》。 【纪】上谓廷臣曰："近克元都,得元十三朝《实录》。元虽亡,史所以劝惩,不可废。"乃诏左丞相李善长、前起居注宋濂、漳州府通判王袆总裁,征山林遗逸之士汪克宽等十六人同纂修。

【编】亲耕藉田。 【纪】上躬耕藉田于南郊。既又命皇后率内外命妇蚕于北郊,以为祭礼衣服。

【编】三月,敕翰林为文无事浮藻。 【纪】上谓詹同曰:"古人为文,以明道德,通世务,典、谟之言皆明白易知。至如诸葛孔明出师表亦何尝雕刻为文,而诚意溢出,至今诵之,使人忠义感激。近世文士,立辞虽艰深,而意实浅近,即使过于相如、扬雄,何裨实用!自今翰林为文,但取通道理、明世务者,无事浮藻。"

【编】大将军徐达克河中,遂会诸将进取陕西。 【纪】大军至西安,营于长安城北,元平章王武率官属迎降。达遂遣冯宗异取凤翔,元将李思齐奔临洮。

【编】夏四月,淮安、宁国、镇江、扬州、台州各献瑞麦。【纪】一茎五穗、三穗者甚众。群臣贺,上曰:"朕为生民主,惟思修德致和,使三光平,寒暑时,为国家之瑞,不以物为瑞也。"

【编】大将军徐达至凤翔,遣冯宗异进攻临洮;李思齐举城降。

【编】五月,大将军徐达师至萧关,下平凉。指挥朱明克延安,以明守之。

【编】元将张良臣以庆阳降。

【编】六月,蓟北悉平,改元都为北平府。 【纪】元也速复侵通州,上命常遇春以所部军自凤翔还御之。复命李文忠为偏将军,

【编】明太祖下诏修《元史》。　【纪】明太祖对廷臣说："近来攻克元大都，得到元朝的十三朝《实录》。元朝虽然灭亡，但历史可以有劝惩之用，不可废弃。"于是命左丞相李善长、前起居注宋濂、漳州府通判王祎任总裁；征聘山林遗逸之士汪克宽等十六人一同纂修。

【编】明太祖亲耕藉田。　【纪】明太祖亲耕藉田于南郊。既而又命皇后率宫内嫔妃及文武大臣妻子在北郊养蚕，以为祭礼衣服。

【编】三月，明太祖敕令翰林官做文章不要追求浮华的词藻。【纪】明太祖对詹同说："古人做文章，用以讲明道德，解释世务，如《典》《谟》这类经典上的话皆明白易懂。至如诸葛孔明的《出师表》，也何曾雕琢为文，而诚意洋溢，至今诵读，还使人们忠义之心受到激发。近世的文士做文章，文字虽然艰深，而意实浮浅；即使把文章做得比司马相如、扬雄还好，又何益于实用呢！从今以后，凡翰林官做文章，只要能够说明道理，讲通世务就行，不要一味追求浮华的词藻。"

【编】大将军徐达攻克河中，遂即会集诸将进取陕西。　【纪】徐达率大军到西安（即元奉元路），在长安（今西安市）城北立营。元平章王武率官属出城投降。接着，徐达派遣冯宗异进取凤翔（府治在凤翔县，今陕西凤翔），元将李思齐逃奔临洮（府治在溢乐县，今甘肃临洮）。

【编】夏四月，淮安（府治山阳县，今江苏淮安）、宁国、镇江、扬州、台州各进献瑞麦。　【纪】各地进献的瑞麦，一茎五穗、三穗的很多。群臣祝贺。明太祖说："朕为天下百姓之主，只有时刻修德致和，使日、月、星辰运行正常，寒暑适宜，以此为国家的祥瑞，不以物为瑞。"

【编】大将军徐达到凤翔，派遣冯宗异进攻临洮；李思齐举城投降。

【编】五月，大将军徐达率军至萧关（在今宁夏固原东南，接甘肃平凉界），攻下平凉（今甘肃平凉市）。指挥朱明攻克延安（今陕西延安市），留朱明镇守其地。

【编】元将张良臣以庆阳（府治在安化县，今甘肃庆阳）投降。

【编】六月，蓟北地区全部平定。改元大都为北平府。　【纪】元将也速又进犯通州。明太祖命常遇春以所部军马从凤翔还兵抵御。又命

副遇春自北平往开平，道三河，经鹿儿岭，败元将江文清于锦州，也速复以兵迎战，又败之；也速遁，遂帅兵进攻开平。元主先已北走，追奔数百里，俘其宗王庆生等斩之，凡得将士万人，车万辆，马三万匹，牛五万头。蓟北悉平，遂改元都为北平府。

【编】秋七月，副将军常遇春卒于军。【纪】遇春还次柳河川，得疾卒。上令偏将军李文忠代领其众，寻诏文忠自北平会师攻庆阳。

【编】八月，大将军徐达克庆阳。【纪】六军列营庆阳城下，张良臣数出战，俱不利，粮饷乏绝，至煮人汁和泥咽之。其平章姚晖等开门纳降，达勒兵自北门入，良臣投井中，引出斩之。陕西悉平。达帅诸军还京师。

【编】建功臣庙。【纪】庙成，叙功，以徐达为首，次常遇春、李文忠、邓愈、汤和、沐英、胡大海、冯国用、赵德胜、耿再成、华高、丁德兴、俞通海、张德胜、吴良、吴祯、曹良臣、康茂才、吴复、茅成、孙兴祖，凡二十一人。

【编】命吏部定内侍诸司官制。【纪】上曰："朕观周礼，阉寺未及百人；后世至逾数千，卒为大患。今虽未能复古，亦常为防微之计，可斟酌其宜，毋令过多。"又顾侍臣曰："求善良于中涓，百无一二。用为耳目即耳目蔽，用为腹心即腹心病。驭之之道，但当使之畏法，不可使之有功；有功则骄恣，畏法则检束。"

【编】九月，诏以濠州为中都。【纪】上问群臣建都之地。或言"关中天府之国"；或言"洛阳天地之中，汴梁亦宋旧京"；或言"北平宫室完备"。上以平定之初，民未休息，供给力役，悉资江南，建业长江天堑，足以立国。临濠前江后淮，以险可恃，以水可漕，诏

李文忠为偏将军，随常遇春自北平往攻开平（即上都，见前），取道三河（今河北蓟县西南三河镇），经鹿儿岭，在锦州（今辽宁锦州市）击败元将江文清。也速再率兵迎战，又被击败，也速遁逃。常遇春于是挥军进攻开平。元顺帝早已向北逃走，常遇春等追奔数百里，俘获其宗王庆生等人，立即处斩。此战共俘获将士万人，车万辆，马三万匹，牛五万头。蓟北地区全部平定，便改元大都为北平府。

【编】秋七月，副将军常遇春死于军中。 【纪】常遇春率军自开平返回，行至柳河川（在今河北赤城县西南），得病而死。明太祖令偏将军李文忠代领其军。不久，明太祖又命李文忠自北平会师随徐达攻庆阳。

【编】八月，大将军徐达攻克庆阳。 【纪】大军列营庆阳城下，张良臣数次出战，皆被击回，粮饷断绝，以致煮人肉，用肉汁和泥吞食。张良臣部属平章姚晖等开城门投降，徐达率军入城，张良臣跳入井中，徐达令士卒打捞出来，立即斩首。陕西全部平定。徐达率诸军返回京师。

【编】明太祖敕令在鸡鸣山（在今江苏南京市城内）建功臣庙。【纪】功臣庙建成，叙功排定坐次，徐达为首，以下依次是常遇春、李文忠、邓愈、汤和、沐英、胡大海、冯国用、赵德胜、耿再成、华高、丁德兴、俞通海、张德胜、吴良、吴祯、曹良臣、康茂才、吴复、茅成、孙兴祖，共二十一人。

【编】明太祖命吏部官员制定内侍各衙门官制。 【纪】明太祖对吏部官员说："朕观《周礼》宦官不到一百人；后世不断增加，达数千人之多，终于酿成大患。现在虽然不能复古，也应该为防微杜渐之计，可斟酌其宜，不要过多。"又对侍臣说："要想在宦官中挑选善良的人，一百个人当中也挑选不出一两个人。用他们为耳目就耳目被蒙蔽；用他们作心腹就心腹成病。驾驭他们的办法，在于使他们畏法，而不可让他们有功；一有功就骄横恣肆，畏法就会检点约束。"

【编】九月，明太祖诏令以濠州为中都。 【纪】明太祖问群臣应在何地建都。有的说"关中是天府之国"；有的说"洛阳（即今河南洛阳市）处天地适中，汴梁亦为宋朝的旧京"；有的说"北平宫室完备"。明太祖因为天下平定之初，百姓还未得到休养生息，供给力役，又都出于

以为中都。

【编】冬十月,诏天下郡县皆立学。 【纪】府设都授一,训导四,生员四十人;州设学正一,训导三,生员三十人,县设教谕一,训道二,生员二十人。学者专治一经,以礼、乐、射、御、书、数设科分教,务求实才,顽不率者黜之。

【编】庚戌,三年,春正月,帝命徐达等往征沙漠。 【纪】元王保保为西北边患,土命右丞相、信国公徐达为征北大将军,浙西行省平章李文忠为左副将军,都督冯胜为右副将军,御史大夫邓愈为左副将军,汤和为右副将军,往征沙漠。上问诸将曰:"元主迟留塞外,王保保近以孤军犯我兰州,其志欲侥幸尺寸之利,不灭不已。卿等出师,当何先?"诸将皆曰:"保保之寇边者,以元主之犹在也;若以师直取元主,则保保失势,可不战而降。"上曰:"王保保方以兵临边,今舍彼而取元主,是忘近而趋远,失缓急之宜,非计之善。吾意欲分兵二道:一令大将军自潼关出西安捣定西以取王保保,一令左副将军出居庸入沙漠以追元主,使彼此自救,不暇应援。元主远居沙漠,不意吾师之至,如孤豚之遇猛虎,擒之必矣!事有一举而两得者,此是也。"诸将皆曰:"善。"遂受命而行。

【编】二月,诏群臣亲老者许归养。 【纪】上行后苑,见鹊巢卵翼之劳,喟然而叹,因有是命。

【编】夏四月,以危素为翰林侍读学士,已,谪素居和州。【纪】素居弘文馆。一日,上御东阁,闻履声橐橐,上问为谁?对曰:

江南,而建业有长江天堑,是可以立国建都。临濠(即濠州)前江后淮,其险可以凭借,其水可通漕运,于是下诏以临濠为中都。

【编】冬十月,明太祖诏令天下郡县皆设立学校。 【纪】府学设教授一人,训导四人,生员四十人,州学设学正一人,训导三人,生员三十人,县学设教谕一人,训导二人,生员二十人。生员专治一经,设礼、乐、射、御、书、数各科,分别教授,务求真才实学,有顽而不遵从者,即予黜退。

【编】洪武三年(庚戌,1370)春正月,明太祖命徐达等出征沙漠。 【纪】元将王保保为西北边患,明太祖命右丞相、信国公徐达为征北大将军,浙西行省平章李文忠为左副将军,都督冯胜为右副将军,御史大夫邓愈为左副副(原文无"副"字,据《明史》卷126《邓愈传》《汤和传》补)将军,汤和为右副副(原文无"副"字,据《明史》卷126《汤和传》《邓愈传》补)将军,出征沙漠。明太祖问诸将:"元主妥懽帖睦尔逗留寨外,王保保近来以孤独无援之军侵犯我兰州(即今甘肃兰州市)。其目的是企图得到尺寸之利,非加以消灭不可。你们出兵,应当以何者为先着?"诸将都说:"王保保之所以侵犯边地,是因为元主犹在;若发兵直取元主,则王保保孤立失势,就可以不战而降。"明太祖说:"王保保正率兵逼近边境,你们舍王保保而去攻取元主,这是忘近而趋远,失轻重缓急之宜,不是好的计策。朕考虑的是,分兵二道:一道令大将军徐达率领,自潼关(在今陕西潼关县境,已为三门峡水库淹没)出西安,直攻定西(今甘肃定西),以取王保保;一道令左副将军李文忠率领,出居庸关,进入沙漠,以追元主。使元主与王保保彼此只顾自救,无暇相互应援。元主远居沙漠,不会想到我军到来,到那时,元主犹如孤独的小猪遇到猛虎一般,一定会被擒获。这就是一举两得的计策。"诸将都说:"好。"便受命出兵。

【编】二月,明太祖诏令群臣家有父母年老的,准许回家侍养。【纪】明太祖到后苑游览,见喜鹊在巢中养育幼鸟的劳苦,喟然而叹,于是有准许群臣回家侍养之命。

【编】夏四月,明太祖任命危素为翰林侍读学士(《明史》卷285《危素传》载:"洪武二年授翰林侍讲学士。"三年四月,命"兼弘文馆学

"老臣危素。"上曰:"是尔邪,朕将谓文天祥耳。"素惶惧顿首,上曰:"素元朝老臣,何不赴和州看守余阙庙去?"遂有是谪。素逾年卒。

【编】大将军徐达帅师出安定,与王保保战,大败之,保保奔和林。 【纪】达出安定,驻沈儿峪口,与王保保隔深沟而垒。一日,达整众出战,大败保保兵于川北乱冢间,擒元诸王、国公及平章等官一千八百六十五人,将校士卒八万四千五百余人,获马万五千二百八十余匹,骆驼驴骡杂畜称是,保保仅与其妻子数人从古城北遁去,至黄河,得流木以渡,遂出宁夏,奔和林。

【编】五月,左副将军李文忠克应昌,获元主孙买的里八剌等。帝谥元主曰顺帝。 【纪】文忠与左丞赵庸师出野狐岭,擒元平章祝真,进败元太尉蛮子等于白海之骆驼山,遂次开平,元平章上都罕等降。文忠帅师趋应昌,未至百余里,获元骑问之,知四月二十八日元主已殂。文忠至应昌,围其城,获元主孙买的里八剌并后妃、宫人、诸王,宋代玉玺金宝一十五,宣和殿玉图书一、玉册二,镇国玉带、玉斧各一,及驼马牛羊无算,惟太子爱猷识理达腊与数十骑遁去。文忠帅精骑追之,至北庆州,不及而还。捷闻,百官称贺,上命礼部榜示,凡经仕元者不与。又以庚申元主不战而奔,克知天命,谥曰顺帝。

【编】诏设科取士,定科举法。 【纪】初场各经义一道,四书义一道;二场论一道,诏诰表笺内科一道;三场策一道。中式者,后十日以骑、射、书、策、律五事试之。

士"），后又将他谪贬到和州（治历阳县，今安徽和县）。【纪】危素居弘文馆。一天，明太祖在东阁，听到帘外鞋声橐橐作响，便问是谁。答道："老臣危素。"明太祖说："是你啊，朕还以为是文天祥呢。"危素惶惧叩头。明太祖又说："危素，你是元朝老臣，怎么不到和州看守余阙庙去。"于是，危素被贬谪到和州，一年后死去。

【编】大将军徐达率师出安定，与王保保作战，王保保大败，逃奔和林（元旧都，在今蒙古乌兰巴托西南）。【纪】徐达从安定率师进发，驻扎在沈儿峪口（在今甘肃定西北、车道岘南），与王保保隔着深濠，立下营垒。一天，徐达整顿兵马出战，大败王保保于川北乱坟之中，俘元诸王、国公及平章等官一千八百六十五人，将校士卒八万四千五百余人，获马一万五千二百八十余匹，骆驼、驴、骡及杂畜不计其数。王保保仅与妻子数人从古城北逃跑，逃至黄河边，得河中流木，用以渡河，遂经宁夏（宁夏路治怀远镇，今宁夏银川市），奔赴和林。

【编】五月，左副将军李文忠攻克应昌（在今内蒙古什克腾旗西北达里诺尔附近），俘获元主的孙子买的里八剌等人。明太祖谥元主妥懽帖睦尔为顺帝。【纪】李文忠与左丞赵庸，率师从野狐岭（在今山西大同市西北）进发，擒获元平章祝真；再进兵于白海的骆驼山（在今内蒙古多伦西），打败元太尉蛮子等人，遂进至开平，元平章上都军等投降。李文忠挥师赴应昌，还差一百多里地时，擒获一名元骑兵，经讯问，得知元顺帝已于四月二十八日死去。朱文忠到应昌，围攻其城，俘获元顺帝之孙买的里八剌及后妃、宫人、诸王，宋代玉玺、金宝十五件，宣和殿玉图书一函，玉册二函，镇国玉带、玉斧各一件，另有骆驼、马、牛、羊不计其数。惟有太子爱猷识理达腊与数十骑逃走，李文忠率精悍骑兵追至北庆州（治插汉城，在今内蒙古林西东北），不及而还。捷报传至京师，百官道贺，明太祖命礼部出榜文明示：凡曾经在元朝做过官的，不要参加祝贺。又以庚申君妥懽帖睦尔不战而逃，算是能知天命，谥为顺帝。

【编】明太祖诏令设科取士，定科举法。【纪】初场，试各《经》义一道，《四书》义一道；二场，试论一道，诏诰表笺内科一道；三场，试策一道。考试合格者，后十日，再试骑、射、书、算、律五事。

【编】诏行大射礼。 【纪】令太学生及天下郡县学生员皆习射。

【编】诏定服色。 【纪】礼部奏:"夏尚黑,殷尚白,周尚赤,秦尚黑,汉尚赤,唐服饰尚黄、旗帜尚赤。国家取法周、汉、唐、宋以为治,尚赤为宜。"上从之。

【编】册封诸王。 【纪】诏曰:"诸子之封,本待报赏功臣之后,然尊卑之分所宜早定。"乃封樉为秦王,㭎为晋王,棣为燕王,橚为周王,桢为楚王,榑为齐王,梓为潭王,杞为赵王,檀为鲁王,侄孙守谦为靖江王,皆授以册宝,置相、傅、官属。

【编】严宫闱之政,著为令。 【纪】上以元末宫嫔女谒私通外臣,或番僧入宫摄持受戒,而大臣命妇亦往来禁掖,淫渎亵乱,遂深戒前代之失,著为典,俾世守之:"皇后止得治宫中嫔妇事,宫门之外不得与焉。宫费奏自尚宫,内使监覆之,始支部,违者死。私书出外者,罪如之。宫人疾,言其状,征药。群臣命妇节庆、朔望朝见中宫,无故不得入。人君无见外命妇礼。天子、亲王后、妃、宫嫔,慎选良家子女,进者勿受。"

【编】六月,李文忠遣人送元买的里八剌等及其宝册至京师。【纪】省臣杨宪等请以买的里八剌献俘于庙,宝册令百官具朝服进。上曰:"宝册,贮之库,不必进也。古者虽有献俘之礼,武王伐殷,曹用之乎?"宪对曰:"武王事,殆不可知;唐太宗尝行之。"上曰:"太宗是待王世充,若遇隋之子孙,恐不行此礼。元人入主中国,百年之内,生齿甚繁,家给人足,朕之祖先亦预享其太平,虽古有献俘之礼,不忍加之。"乃赐买的里八剌第宅于龙山,封为崇礼

【编】明太祖下诏令举行大射礼。 【纪】明太祖令国子监的太学生及天下郡县学的生员都练习射箭。

【编】明太祖诏令规定服色。 【纪】礼部奏："夏朝崇尚黑色,殷朝崇尚白色,周朝崇尚红色,秦朝崇尚黑色,汉朝崇尚赤色,唐朝服饰崇尚黄色、旗帜崇尚赤色。我朝效法周、汉、唐、宋治理天下,当以崇尚赤色为宜。"明太祖依从此奏。

【编】册封诸王。(原文记载的时间有误,当在四月初七日。《明太祖实录》卷51,洪武三年四月乙丑(初七日)条载:"册封诸皇子为王。") 【纪】明太祖下诏说:"分封诸皇子,本待封赏功臣之后,但是尊卑之分应该早定。"于是封皇子朱樉为秦王,朱棡为晋王,朱棣为燕王,朱橚为周王,朱桢为楚王,朱榑为齐王,朱梓为潭王,朱杞为赵王,朱檀为鲁王,侄孙朱守谦为靖江王,皆授给册宝,置相、傅、官属。

【编】明太祖诏令严格宫内后妃的管理制度,并著以为令。【纪】明太祖以元朝末年内宫嫔妃、女官,私自交通外廷臣僚,或令番僧入宫,摄持受戒,而大臣的妻子也经常出入内宫,淫渎亵乱。为深戒前代之失,制定严格的制度,令世代遵守:"皇后只能治理宫中嫔妃妇人之事,宫门之外的任何事务,皆不得参与。宫中所需费用,先由尚宫监奏请,由内臣核覆,才许支领,违犯者处死。有私自寄书信出外者,同样处死。宫人有病,报告其病情症状,据此取药。群臣命妇,在节庆及每月初一、十五日,才许朝见皇后,不许无故入宫。皇帝没有见百官妻子之礼。天子、亲王的后、妃、宫嫔,要在良家子女中慎重挑选,凡是私自引进的,不许接受。"

【编】六月,李文忠遣人送元顺帝孙买的里八剌等及其宝册到京师。 【纪】中书省左丞杨宪等请以买的里八剌献俘于太庙,宝册令百官穿上朝服进献。明太祖说:"宝册,贮藏在库中,不必进献。古代虽有献俘之礼,武王伐殷,曾用过吗?"杨宪答道:"武王之事,已不可知;唐太宗曾举行过献俘之礼。"明太祖说:"那是唐太宗对待王世充,如果是对待隋朝的子孙,恐怕不会举行献俘礼。元人进入中原称帝,百年之内,人口增加了不少,家给丰足,朕的祖先也享受到太平之乐。虽然古代有献俘之礼,朕不忍心加在买的里八剌身上。"于是把龙山的第宅赐

侯。

【编】颁平定沙漠诏于天下。【纪】是日百官表贺,上谕之曰:"当元之季,盗贼蜂起,天下已非元有矣。朕取天下于群雄,非取天下于元氏。向使元君克畏天命,不自暇逸,其臣各尽乃职,罔敢骄奢,天下豪杰其得乘隙而起邪!"

【编】秋九月,《大明集礼》书成,诏刊行之。

【编】冬十一月,大将军徐达、左副将军李文忠等振旅还京师。

【编】大封功臣。

给买的里八剌,并封为崇礼侯。

【编】颁布平定沙漠诏于天下。 【纪】这一天,百官上表祝贺,明太祖告谕道:"当元朝末年,盗贼蜂起,天下已不属元朝所有了。朕取天下于群雄之手,不是取天下于元朝,如果元朝的君主懂得天命可畏,不悠闲逸乐,臣僚也各尽其职,不敢骄奢,那么,天下豪杰怎能乘机而起呢?"

【编】秋九月,《大明集礼》一书编纂完成,明太祖诏令刊行。

【编】冬十一月,大将军徐达、左副将军李文忠等,整兵返还京师。

【编】明太祖大封功臣。

明鉴易知录卷二

明纪

太祖高皇帝

【编】辛亥,四年,春正月,帝命汤和等帅师伐夏。【纪】元至正十七年,随州人明玉珍起兵,从徐寿辉陷川蜀,寿辉令玉珍守之。玉珍寻自据成都,遂称帝,建国号曰夏。

二十六年,玉珍卒,子昇嗣,甫十岁,母彭氏同听政。至是昇将吴友仁寇兴元,上命汤和、周德兴、廖永忠、杨璟、叶昇等率舟师由瞿塘趋重庆,傅友德、顾时、何文辉等率步骑由秦、陇趋成都。上谕和等曰:"今天下大定,四海奠安,惟川蜀未平耳。朕以明玉珍尝遣使修好,存事大之礼,悯明昇稚弱,不忍加兵,数遣使开谕,冀其觉悟;昇乃惑于群议,反以兵犯吾兴元,不可不讨。今命卿等率水陆大军分道并进,首尾攻之。"诸将陛辞,上复密谕傅友德曰:"蜀人闻吾西伐,必悉其精锐东守瞿塘,北阻金牛,以拒我师。彼谓地险,吾兵难至;若出其意外,直捣阶、文,门户既隳,腹心自溃。兵贵神速,但患卿等不勇耳!"友德顿首受命。

【编】三月,策试进士于奉天殿。【纪】始令进士释褐行释菜礼。
【编】遣使祭历代帝王陵寝。【纪】祀帝王三十五。

【编】夏四月,命永嘉侯朱亮祖为右副将军,帅师伐蜀。【纪】上以汤和、傅友德等伐蜀三月,未得捷报,命亮祖帅师助之。

太祖高皇帝

【编】洪武四年（辛亥，1371）春正月，明太祖命汤和等率师伐夏。　【纪】元至正十七年（1357），随州（现今湖北随县）人明玉珍起兵，随徐寿辉攻陷川蜀，徐寿辉令明玉珍驻守。不久，明玉珍自据成都（今四川成都），遂即称帝，建国号为夏。

至正二十六年（1326），明玉珍死，其子明昇继承帝位，当时年仅十岁，母彭氏一同听政。到这时，明昇的将领吴友仁侵犯兴元（今陕西汉中），明太祖命汤和、周德兴、廖永忠、杨璟、叶昇等率舟师由瞿塘（即瞿塘峡，在今四川奉节东）向重庆（重庆路治巴县，在今四川重庆市内），傅友德、顾时、何文辉等率步骑由秦陇向成都。明太祖告谕汤和等将领说："现今天下大定，四海安宁，只有川蜀还未平定。朕以明玉珍曾经派遣使者，要求友好往来，有事奉大国之礼，又怜悯明昇幼弱，不忍心加之以兵，几次派遣使者前去开导他，希望他能够觉悟；可是，明昇被群臣的错误议论所迷惑，反而以武力侵犯我兴元，不可不加以征讨。今命你们率水陆大军，分道并进，首尾夹击。"诸将受命辞行。明太祖又秘密地告谕傅友德说："蜀人听到我们西伐的消息，必定要集中全部的精锐兵马东守瞿塘，北面在金牛（在今陕西宁强东北）阻击，以抗拒我军。他们以为地势险要，我兵难至。若能出其不意，直捣阶州（今甘肃武都东南）、文州（今甘肃文县）。这样，他们的门户毁坏，腹心即可不战而溃。兵贵神速，朕只担心你们不勇呵！"傅友德叩头领命。

【编】三月，在奉天殿策试进士。　【纪】首次令进士穿上官服行释菜礼。

【编】明太祖派遣使者祭祀历代帝王陵寝。　【纪】祭祀历代帝王三十五位。

【编】夏四月，明太祖命永嘉侯朱亮祖为右副将军，率兵伐蜀。【纪】明太祖以汤和、傅友德等伐蜀三个月，未得捷报。于是命朱亮祖率兵助战。

【编】六月，吏部尚书詹同、礼部尚书陶凯作《宴享九奏乐章》。

【编】廖永忠、汤和师至重庆，夏主明昇降。 【纪】永忠帅舟师自夔州乘胜抵重庆，沿江州县望风奔附。明昇与右丞刘仁等大惧，仁劝明昇奔成都，其母彭氏泣曰："事势如此，纵往成都，不过延命旦夕，何益！不如早降，以免生灵于锋镝。"明昇遂遣使诣永忠军，全城纳款。永忠以汤和军未至，辞不受。后数日，汤和至重庆，会永忠，以兵驻朝天门外，是日，明昇面缚衔璧，奉表诣军门降。和受璧，永忠解缚，遣指挥万德送明昇等并降表于京师。朱亮祖兵亦至。

【编】秋七月，傅友德兵围成都，克之。蜀地悉平。

【编】八月，明昇至京师，封为归义侯。

【编】以刘基所上书付史馆。 【纪】上手书问刘基曰："近西蜀平，疆宇恢广。元以宽失天下，朕救之以猛，然小人但喜宽，遂恣诽谤。今天鸣八载，日中黑子迭见，卿宜条悉以闻。"基上言，以为："雪霜之后，必有阳春。今国威已立，宜少济以宽。"上以其书付史馆。或有言杀运三十年未除者，基曰："若使我当国，扫除俗弊，一二年后，宽政可复也。"

【编】冬十二月，赏平蜀将士。 【纪】傅友德、廖永忠各白金二百五十两，彩缎二十表；杨璟、赵庸、朱亮祖不与赏。上亲制平西蜀文，纪傅、廖二将之功。

【编】壬子，五年，春正月，遣大将军徐达等征沙漠。 【纪】上谓诸将曰："今天下一家，尚有三事未了：一，历代传国玺在元未获；二，王保保未擒；三，元太子不闻音问。今遣尔等分道征之。"于是令徐达、冯胜、李文忠等三路出师，其兵四十万。

【编】冬十二月，敕中书命有司考课。 【纪】敕："考课必有

【编】六月，吏部尚书詹同、礼部尚书陶凯作《宴享九奏乐章》。

【编】廖永忠、汤和率军至重庆，夏主明昇投降。　【纪】廖永忠率舟师自夔州（夔州路治奉节县，今四川奉节）乘胜抵重庆，沿江州县望风来降，明昇与右丞刘仁等人大惧。刘仁劝明昇逃奔成都，明昇的母亲彭氏哭着说："事势已经如此，即使前往成都，不过是拖延性命于一朝一夕，有何益处？不如早降，以免百姓将士受战争之苦。"明昇于是派遣使者到廖永忠的军营，全城投降。廖永忠因汤和军还未到达成都，辞不受降，数日之后，汤和到重庆，和廖永忠会合，兵马驻扎在朝天门外。这一天，明昇缚手于后，惟见其面。口衔玉璧，到汤和军营奉表投降，汤和接受玉璧，廖永忠为其解绳松绑，派遣指挥万德把明昇等人及投降表文送往京师。此时，朱亮祖也率兵到达重庆。

【编】秋七月，傅友德率军围成都，攻克该城，蜀地全部平定。

【编】八月，明昇到京师，封为归义侯。

【编】将刘基所上之书交付史馆收藏。　【纪】明太祖写信问刘基："近日西蜀平定，疆域广大。元朝以宽失去天下，朕以猛治天下。但小人只喜欢宽大，所以恣意诽谤。今惊雷不断，日中黑子连续出现，你可一桩一桩地加以分析，呈上报告。"刘基上报说："霜雪之后，必有阳春，现在国威已经确立，应该稍稍施以宽政。"朱元璋命将刘基所上之书交付史馆收藏。有人说：三十年的杀运还未过去。刘基说："若是让我主持国政，扫除流俗积弊，一二年后，宽仁之政即可恢复。"

【编】冬十二月，赏赐平定川蜀的将帅兵士。　【纪】赏傅友德、廖永忠各白银二百五十两，彩缎二十表；杨璟、赵庸、朱亮祖未给赏赐。明太祖还亲作《平西蜀文》，记叙傅友德、廖永忠二将平定西蜀的功劳。

【编】洪武五年（壬子，1372）春正月，派遣大将军徐达等北征沙漠。　【纪】明太祖对诸将说："今天下一家，还有三件事未曾了结：一是历代传国玉玺仍在元主手中，没有获得；二是王保保没有擒获；三是元朝太子不知音讯。现在派遣你们分道北征。"于是令徐达、冯胜、李文忠等分三路出兵，共计兵士四十万。

【编】冬十二月，明太祖敕令中书省，命有关官署考察官吏政绩。

学校、农桑之绩，违者降罚。"已而莒州日照知县马亮考满，无课农、兴学之效，而长于督运，命黜之。山西汾州考平遥主簿成乐，能恢辨商税。上曰："恢辨，是额外取民也。主簿职在佐理县政，抚安百姓，岂以恢辨为能！州之考非是。"命吏部移文讯责。

【编】命仍祀孟子。 【纪】初，国子监请释奠，命罢孟子祀。至是上曰："孟子辟邪说，辨异端，发明先圣之道，其复之。"

【编】纵苑中禽兽。 【纪】内使奏增饲虎肉，上曰："养牛以供耕作，养马以供骑乘，养虎欲以何用而费肉以饲之乎？"命以虎送光禄，他禽兽悉纵之。

【编】癸丑，六年，春正月，置六科给事中。

【编】征孔克表为翰林修撰。

【编】以举人张唯、王涟等为编修。 【纪】唯、涟等入文华堂肄业，以太子赞善宋濂、正字桂彦良为之师。上听政之暇，辄幸堂中，定其优劣，赐白金、弓矢、鞍马，宠遇甚隆。一日，上问彦良曰："法数行而数犯，奈何？"对曰："用德则逸，用法则劳。法以靖民，则民劳而弗靖；德以靖民，则民靖于德矣。"上曰："卿，帝者师也。江南大儒，惟卿一人。"对曰："臣不敢当宋濂、刘基。"上曰："濂文人，基峻隘，不如卿也。"

【编】二月，诏暂罢科举，令有司察举贤才。 【纪】上谕中书省臣曰："朕设科举，求天下贤才以资任用。今所司多取文词，及试用

【纪】敕令说："考察官吏政绩,一定要包括学校、农桑方面的内容,违反的予以降罚。"不久,莒州(即今山东莒县)、日照(即今山东日照)知县马亮任职期满,接受考察,没有督农桑、兴学校的事迹,而是长于督运,即下令罢免。山西汾州(汾州府治西河县,即今山西汾阳)考察平遥(即今山西平遥)主簿成乐,说他能大办商税。明太祖说："大办商税,是额外征取于百姓,主簿的本职是帮助知县治理一县的政事,安抚百姓,怎能以大办商税为能事!汾州的考察是错误的。"便令吏部下达文书,予以斥责。

【编】明太祖命仍旧祭祀孟子。 【纪】起初,国子监请举行释奠礼。明太祖命罢去对孟子的祭祀。到这时,他说："孟子屏弃邪说,辨明异端,发明先圣之道,应该恢复对孟子的祭祀。"

【编】放掉禁苑中的禽兽。 【纪】宫中内使请求增加喂养苑中老虎的肉食,明太祖说："养牛可供耕田役作,养马可供骑射乘行,养虎能作什么用呢?还要花费肉去喂养它?"于是下令:将老虎送交光禄寺,其他飞禽走兽全部放掉。

【编】洪武六年(癸丑,1373)春正月,设置六科给事中。

【编】征召孔克表为翰林院修撰。

【编】任命举人张唯、王辉等为翰林院编修。(王辉:原本作王涟,据《明太祖实录》卷78,洪武六年正月甲寅条改。下同) 【纪】张唯、王辉等入文华堂肄业,以太子赞善宋濂、正字桂彦良为之师。明太祖每遇处理政事的闲暇时间,就到文华堂来,评定他们学习的优劣,优良的赐给白银、弓矢、鞍马,宠遇甚隆。一天,明太祖问桂彦良："法律屡次颁布推行,而违犯的人却接连不断,该怎么办才好呢?"桂彦良回答说:"用德治民,则安逸;用法治民,则劳苦。用法律去使民安定,民劳苦而不能安定;用道德去使民安定,则民就安定于道德之中了。"说:"你是帝王之师。江南大儒,只有你一个人。"桂彦良回答说:"臣比不上宋濂、刘基。"明太祖说:"宋濂是一个文人,刘基严峻而心胸狭隘,他们不如你。"

【编】二月,明太祖下诏暂时停止科举,令有司考察荐举贤才。
【纪】明太祖告谕中书省官员说:"朕设立科举,目的是搜求天下贤才,

之，不能措诸行事者甚众。朕以实心求贤，而天下以虚文应之，甚非所以称朕意也！其暂罢天下科举。有司察举贤才，必以德行为本，文艺次之。"

【编】夏四月，修《昭鉴》《祖训录》成。 【纪】初，上命陶凯等采摭汉、唐以来藩王可为观戒者，书成，赐名《昭鉴》《祖训录》，上亲为之叙，颁赐诸王。

【编】以左丞相胡惟庸为右丞相。

【编】夺诚意伯刘基禄。 【纪】先是，基言于帝曰："温、处之间，有地名谈洋，僻绝岩险，民多负贩私盐，萃逋逃之众，宜设巡司莅之。"基又言："郡县豪猾吏，当治。"使其子琏奏上二事，皆不先关白中书。时胡惟庸行丞相事，恨之。适有旨逮豪猾吏，惟庸诛吏诬基善相地，以谈洋负山面海，有王气，欲图为祖墓，民弗与，则画建司之策以逐其家。遂为成案，奏上，请加重辟。帝不听，惟夺基禄而已。基入朝谢，遂留京师。

【编】秋九月，诏禁对偶文辞。 【纪】命翰林院儒臣择唐、宋名儒笺表可为法者，群臣以柳宗元《代柳公绰谢表》及韩愈《贺雨表》进，令中书省颁为式。

以备任用。近几年通过科举选拔的人，多是偏重于文词，等到试用他们，有许多人不能处理实际事务。朕是真心实意去求贤才，而到处都以一纸虚文应付，大大地违背了我的心意。现在暂时停止全国各地的科举考试。各地官署考察荐举贤才，必须以道德操行为第一，其次才是文艺。"

【编】夏四月，《昭鉴录》《祖训录》修成。（此处时间记载有误。《明太祖实录》卷80，洪武六年三月癸卯条载："《昭鉴录》成……以颁赐诸王。"《明太祖实录》卷82，洪武六年五月壬寅条载："《祖训录》成……颁赐诸王。"）【纪】起初，明太祖命陶凯等采集汉、唐以来藩王可以作为劝戒的善恶事例，编辑成书。书编成后，明太祖赐书名为《昭鉴录》《祖训录》，亲自为之作序，颁赐给诸王。

【编】七月，以中书省左丞胡惟庸为右丞相。（原本作"以左丞相胡惟庸为右丞相"，列于"夏四月"条下。《明太祖实录》卷83，洪武六年七月壬子条载："以中书左丞胡惟庸为中书右丞相。"据改）

【编】八月，削夺诚意伯刘基的俸禄。【纪】早先刘基上书给明太祖说："温州（府治永嘉县，今浙江温州市）、处州（府治丽水县，今浙江丽水）之间有个地方叫谈洋，非常偏僻，严峻险要，百姓多贩卖私盐，聚集了许多逃亡的罪人，应该在该地设立巡检司管理。"刘基又说："郡县的豪猾之吏，应该严加惩治。"他派其子刘琏奏上二事，都不先呈报中书省。当时，胡惟庸执行丞相职务，为此恨刘基。恰好接到逮治豪猾之吏的诏旨，胡惟庸趁机引诱和恫吓豪猾之吏诬陷刘基善于看风水相地，因谈洋背山面海，有帝王之气，企图作为祖宗的墓地，由于当地百姓不肯让与，他才上书建议设立巡检司，想以此驱赶当地的居户。胡惟庸便将此事写成罪状，奏呈明太祖，请求处以重刑。明太祖没有听从，仅仅削夺刘基的俸禄而已。刘基入京谢罪，便留在京师南京。

【编】秋九月，明太祖下诏禁止对偶文辞。【纪】明太祖命翰林院儒臣选择唐、宋名儒所写可以效法的书笺章表，群臣纷纷以柳宗元的《代柳公绰谢表》及韩愈的《贺雨表》呈进，明太祖命中书省颁布天下，作为格式。

【编】冬十月,更定大明律。

【编】十一月,潞州进人参。 【纪】上曰:"朕闻人参得之甚艰,岂不劳民!今后不必进。"因谓省臣曰:"往年金华进香米,朕命止之,遂于苑中种之。每当耘耔割获之时,亲往观之,足以自适,而其所入亦足供用。朕饮酒不多,太原进葡萄酒,亦令勿进。国家以养民为务,岂以口腹累人哉!"

【编】甲寅,七年,春二月,诏修治阙里孔子庙。 【纪】设孔、颜、孟三氏子孙教授,以训其族人。

【编】夏五月,礼部尚书牛谅奏请致斋之日,宰牲为膳;不许。【纪】谅奏:"古礼,凡大礼斋之日,宰牲牛为膳,以助精神。"上曰:"致斋三日而供三牲,所费太侈,徒增伤物之心,何益事神之道?"谅曰:"周礼所定也。"上曰:"周礼不行于后世多矣,惟自奉者乃欲法古,何哉!"

【编】冬十月,遣崇礼侯买的里八剌北还。 【纪】临行,上谕之曰:"尔本元君子孙,国亡就俘,曩即欲遣归,以尔年幼,道里辽远,恐不能达。今既长成,朕不忍令尔久客于此,故特遣还,见尔父母,以全骨肉之爱。"

【编】十二月,陕州人献天书,斩之。

【编】乙卯,八年,夏四月,诚意伯刘基卒。 【纪】初,上欲相胡惟庸,基谓不可;既而上竟相之,基大戚曰:"其如苍生何!"因忧愤成疾。后疾愈增,惟庸乃遣医视疾,饮基药二剂,有物积腹中如卷石,疾遂笃。至是,上遣使送还家,仅一月而卒。基刚毅慷慨,每

【编】冬十月,更定《大明律》。

【编】十一月,潞州(治长治县,今山西长治)进奉人参。 【纪】明太祖说:"朕听说人参得之很难,岂不使百姓劳苦!今后不必进奉人参。"又就此事对中书省官员说:"往年金华(府治金华县,今浙江金华市)进奉香米,朕下令停止,便在禁苑中种植了香米,每当除草、培土、收割之时,亲自前往观看,足以使自己感到适意,而收获的香米,也能满足宫中的需要,朕喝酒不多,太原(府治阳曲县,今山西太原市)进奉葡萄酒,也令其不要进奉。国家务以抚养百姓为职责,怎能以饮食的嗜求而劳累百姓呢!"

【编】洪武七年(甲寅,1374)春二月,明太祖下诏修治阙里(在今山东曲阜城中)孔子庙。 【纪】设孔、颜、孟三氏子孙教授,以教诲其族人。

【编】夏五月,礼部尚书牛谅奏请致斋的那一天,宰杀牛犊作为膳食,明太祖不许。 【纪】牛谅在奏疏中说:"根据古礼,凡是在大祀致斋这一天,宰杀牛犊作为膳食,以助养精神。"明太祖说:"致斋三天,而供给三头牛犊,所费太多,白白增加伤物之心,对敬天事神之道有什么益处!"牛谅说:"这是《周礼》中规定的。"明太祖说:"《周礼》中的规定有很多到后世就没有施行了,而为了自己的奉养,却去效法古代,这是为的什么呢!"

【编】冬十月,明太祖遣送崇礼侯买的里八剌北归。 【纪】买的里八剌临行,明太祖对他说:"你本是元朝君主的子孙,国亡被俘,当时就想送你回去,因你年幼,路途又极其遥远,担心你不能安全到达。现在你既长大成人,朕不忍心让你长久客居在这里,所以特为遣还,去见你父母,以全骨肉之爱。"

【编】十二月,陕州(今河南陕县陕县镇)人进献天书,明太祖下令将其斩首。

【编】洪武八年(乙卯,1375)夏四月,诚意伯刘基去世。 【纪】起初,明太祖准备任命胡惟庸为丞相,刘基答说不可以。不久明太祖还是任命胡惟庸为丞相。刘基极为忧虑地说:"胡惟庸为相,天下百姓将如何生活呢!"因此忧愤成疾。后来病情愈益加重,胡惟庸于是派遣

遇急难，计画立就，上甚礼重，常称为"老先生"而不名；又曰："伯温，吾子房也。"

【编】甘露降。 【纪】甘露降于圜丘青松上，有若明珠，采尝之，甘于饴。群臣成歌诗诵德，上曰："天道幽微难测，若恃祥不戒，祥未必吉。朕德不逮，惟图修省，岂敢以此为己所致哉！"

【编】丙辰，九年，春三月，诏免今年税粮。

【编】秋闰九月，五星紊度，诏求直言。 【纪】钦天监奏："五星紊度，日月相刑。"下诏求言。山西平遥训导叶居昇上言曰："臣观当今之事，太过者有三：曰分封太侈也；用刑太繁也；求治太速也。臣观历代开国之君，未有不以尚德缓刑而结民心，亦未有不以专事刑罚而失民心，国祚长短，悉由于此。今议者曰：'宋、元中叶之后，纪纲不振，专事姑息，以致亡灭。'，陛下所以痛惩其弊而矫枉之者也。姑以当今刑法言之：笞、杖、徒、流、死，今之五刑也。用此五刑，既无假贷，一出乎大公至正可也；而用刑之际，多出圣衷，致使治狱之吏，务求深刻以趋承上意。深刻者多获功，平允者多获罪，欲求治狱之平允，岂易得哉！近者特旨杂犯死罪免死充军，其余以次仿徒、流律；又删定旧诸律条，减宥有差。此渐见宽宥，全活者众，而主上好生之仁已蔼然布乎宇内矣。然法司之治狱，犹循旧弊，虽有宽宥之名，而无宽宥之实。所谓实者，在主上，不在臣下也。故必有罪疑惟轻之意，而后好生之德洽于民心；必有王三宥然后刑之政，而后有囹圄空虚之效。唐太宗曰：'鬻棺之家，欲岁之疫，非欲害于人，欲利于棺售故耳。'今法司核理一狱，必求深以成其考，今

医官前往探望治疗,给刘基喝了二剂汤药,刘基就觉得肚腹中积有一物如卷曲的石头,病情更加沉重。这时,明太祖派遣使者护送刘基回家,到家仅一个月就死了。刘基性格刚毅慷慨,每遇急难之事,应变之策立即拟就。朱元璋很敬重他,常称"老先生"而不呼其姓名,还说:"伯温(刘基字),是我的子房呵。"

【编】甘露从天而降。　【纪】甘露降在圜丘的青松上,犹如明珠,采来品尝,比糖浆还甜。群臣都赋诗称颂明太祖的大德。他说:"天道幽隐微妙,深不可测,若依恃吉祥而不加警戒,吉祥未必是好事。朕的道德还有不够的地方,只想修身反省,怎敢以天降甘露之事看作是由自己有德所招致的呢!"

【编】洪武九年(丙辰,1376)春三月,明太祖下诏免去今年税粮。

【编】秋闰九月,五星运行失度,明太祖下诏广求直言。　【纪】钦天监奏称:"五星运行失度,日、月相掩。"于是,朱元璋下诏广求直言。山西平遥训导叶居异昇上书说:"臣看当前政事,做得太过分的有三,即分封太广,用刑太繁,求治太急。臣观察历代开国的君主,没有不是以崇尚道德、宽缓刑罚去团结百姓之心的,也没有不是以严刑峻法而失去百姓之心的。国运的长短,其根本原因全在这里。现在有人说:'宋朝、元中叶之后,国家的纲纪法制松弛,一味姑息苟安,以致灭亡。'陛下所以痛惩这一弊端而加以矫正。仅就当前所推行的刑法而言:笞、杖、徒、流、死,是现行的五刑。施用这五刑处罚人犯,毫无宽容,若都出于大公至正,是可以的;可是在用刑之时,很多是出于陛下个人的心意,致使审理狱案的官吏,尽量加重处罚来迎合陛下。结果,审案深刻的多获功受奖,平允的多获罪受罚,而想使公正平允的审判,怎么可能呢!近来陛下又下特旨:杂犯死罪免死充军,其余以次仿照徒、流律判处;又删定旧刑法的律条,都有不同程度减轻和宽免。由于有这类宽宥,使许多人犯活下来,而主上好生之仁,已广泛传布于全国了。然而,管理刑法的衙门,仍旧依循过去刑法的弊病,虽有宽宥之名,而无宽宥之实。所谓实者,关键在陛下,不在臣下。所以,必有对难于定罪的疑案只从轻处罚之心,而后陛下好生之德会深入民心;必有像周代那样的

作何法，使得平允！古之为士者，以登仕版为荣，以罢职不叙为辱。今之为士者，以混迹无闻为福，以受玷不录为幸，以屯田、工役为必获之罪，以鞭笞捶楚为寻常之辱。其始也，朝廷取天下之士，网罗捃摭，务无遗逸，有司催迫上道，如捕重囚。比至京师，而除官多以貌选，故所学或非其所闻，而其所用或非其所学。洎乎居官，言动一跌，于法苟免诛戮，则必罹屯田、工役之科，所谓'取之尽锱铢，用之如泥沙'，率是为常，不少顾惜。然此亦岂人主乐为之事哉！欲人之惧而不敢犯也。窃见数年以来，诛杀亦可谓不细矣，而犯者日月相踵，岂下人之不惧哉！良由激浊扬清之不明，善恶贤愚之无别，议能之法既废，以致人不自厉，而为善者怠。若是，非用刑之烦者乎！汉之世尝徙大族于山陵矣，未闻实之以罪人也。今凤阳皇陵所在，龙兴之地，而率以罪人居之，以怨嗟愁苦之声充斥园邑，非所以恭承宗庙意也。贼人四大王突窜山谷，如狐如鼠，无窟可追，深山大壑，捕之数年，既无其方，乃归咎于新附户籍之细民而迁徙之，骚动四千里之地，鸡犬不得宁息。况新附之民，日前兵难，流于他所，朝廷许之复业而来归；今乃就附籍者取其数而尽迁之，是法不信于民也！夫有户口而后田野辟，田野辟而后赋税增，臣恐自兹之后，北郡户口不复得增矣！凡此皆臣所谓大过，而足以召灾异者也。臣愿自今朝廷宜录大体，赦小过，明诏天下，备举八议之法，严深刻之吏，断狱平允者则超迁之，奇刻聚敛者则罢黜之，兆民自安，天变自消矣。

对人犯反复斟酌的'三宥',然后王在三次指出'宥之'后施刑的法制,才会有监狱空虚的效果。唐太宗说:'卖棺材的人家,希望每年都有灾疫,这不是想害人,是想有利于出售棺材罢了。'现在掌管刑法的衙门,每审理一桩狱案,必求加重惩罚,以便到考察政绩时获功受奖。现在制定何法,才能使得审判平允呢?古代之士人,以名载官吏名册为光荣,以罢免官职不记为耻辱;现在的士人,以碌碌无为为福,以有过失不予追究为幸,以罚处种田、从事工役为难免之罪,以鞭子抽打为寻常的侮辱。开始的时候,朝廷务求没有遗漏地选取天下之士,尽量网罗搜求,而地方官吏催迫他们上路,犹如追肆重大囚犯一般。待他们到达京师,而授官多数是以貌选人,所以所学非所用,而所用又非所学。他们在任职过程中,言行一有失误,即绳之以法,即使不被杀戮,也必定遭到屯田、工役的处罚。这就是人们说的'求取时重视得细微无遗,使用时轻视如同泥沙'。以此成为常规,毫不顾惜。难道这也是人主乐意而为的事吗!据我观察,数年以来,为使人惧而不致犯法,用刑诛杀也可说是不少了,可是犯法的人每天每月都有,难道是在下的人不惧怕法律吗?不是的。实在是由于激浊扬清不明,善恶贤愚无别,'议能'的法律条文形同虚设,以致人们不自加勉励,从事于善也就懈怠了。如此说来,不是用刑太烦而造成的吗!在汉代,曾把大族徙居到皇帝陵墓所在地,没有听说用罪人来充实那里的居民。现在,凤阳是皇陵所在之地,又是陛下龙兴之地,而常常把罪犯发配到那里居住,使怨恨、嗟叹、愁苦之声充塞于陵园村邑,这不符合恭敬承奉宗庙之意。贼人四大王,犹如狐鼠一般流窜于山谷间,无巢穴可追,深山大壑,搜捕数年,既没有好的办法,就归罪于新附户籍的百姓,把他们迁徙到别处,于是使周围四千里的地方骚动起来,弄得鸡犬不宁。况且这些新附户籍的百姓,以前遭元末的战乱,流亡到别的州县,朝廷准许他们复业而来归,可是现在限定附籍的户数人口,多余的全部迁徙,这是朝廷的法令不取信于百姓。有户口才能开辟田野,田野开辟了而后赋税增加。臣担心自此以后,北方郡县的户口不再能增加了。这些都是臣所说做得太过,足以招致灾异的出现。臣希望朝廷今后审理人犯时,应当按照其主要罪行,而赦免小过,并且明确诏告天下。同时,要按'八议'之法行事,严禁执

"昔者周自文、武至于成、康,而后教化大行;汉自高帝至于文、景,而后号称富庶。文王、武王、高帝之才,非不能使教化行以致富庶也,盖天下之治乱,气化之转移,人心之趋向,皆非一朝一夕之故。臣谓天下趋于治也,犹坚冰之将泮也。冰之坚,非太阳一日之光能消之也,阳气发生,土脉微动,然后能使之融释。圣人之治天下,亦犹是也。求治之道,莫先于正风俗,正风俗之道,莫先于使守令知所务,使守令知所务,莫先于使风宪知所重,使风宪知所重,莫先于朝廷知所尚;则必以簿书期会、狱讼、钱谷之不报为可恕,而流俗失世败坏为不可不问,而后正风俗之道得矣。今之守令,以户口、钱粮、簿书、狱讼为急务,至于农桑、学校,王政之本,乃视为虚文而置之不问,此守令未知所务之失也。风宪之司,所以代朝廷宣导风化,条举纲目,至于听讼谳狱,其一事耳。今专以讼狱为要务,虽有忠臣、孝子、义夫、节妇,视为虚文末节而不暇举,此风宪未知所重之失也。守令,亲民之官,风宪,亲临守令之官,未知所务如此,所以求善治而卒未能也。《王制》论乡秀士升于司徒,司徒升于太学,太学正升诸司马,司马辨论官材,论定,然后官之,任官,然后爵之,其考之详如此。今使天下郡县生员升于太学,或未数月,遽选入官者,间亦有之。开国以来,选举秀才不为不多,选任名位不为不重,自今数之,贤者能有岁人乎!凡此皆臣所谓求治太速之过也。

法官员随意加重人犯的刑罚。对公正平允判案的官员破格升迁,对随意加重人犯刑罚和利用办案来受贿敛财的官员则加以罢免。只有这样,广大百姓才会自趋安定,天变灾异也就自然消失了。

"过去周朝从文王、武王起,到了成王、康王时,而后教化大行;汉朝从高帝起,到了文帝、景帝时,而后号称富足。以文王、武王、高帝的才能,并不是不能使教化大行、天下富足,只是因为天下由乱到治,风气习俗的转移,人心的趋向,都不是一朝一夕可以做到的。臣认为天下由乱到治,犹如坚冰将要融化。冰的坚硬,不是太阳晒一天就能消融的。阳气发生,土脉微微变动,然后才能使坚冰融化。圣人治理天下,也是这个道理。求治之道,首先要正风俗;要正风俗,首先要使府县的知府、知县知道自己的职责;要使知府、知县知道自己的职责,首先要使职掌纠察吏治的官员知道自身职责的重要;要使职掌纠察吏治的官员知道自身职责的重要,首先要使朝廷明白应该强调什么。朝廷必须对公事簿书、狱讼办案、钱谷的收支等不能按时呈报,认为可以宽恕,而对士风习俗的败坏,认为不可不查闻。这样也就求得正风俗之道了。而现在的知府、知县,以有关户口、钱粮、簿书、词讼的事为急务,至于作为王政之本的农桑和学校,却看成是表面文章而置之不闻,这就是知府、知县不知道自己的职责所造成的过失。职掌纠察吏治的衙门,是代理朝廷宣导教化,督理重要政务的实施,至于参与审理案犯、平议罪犯的判刑轻重,仅是其职掌的一小部分。现在他们以参与审理案犯、平议罪犯判刑轻重作为要务,虽然有忠臣、孝子、义夫、节妇,都被看作是小事一桩,而不随时荐举表彰,这是掌管纠察吏治的官员不知道自身职责应注重什么所造成的过失。知府、知县是直接管理百姓的官员;纠察吏治的官员,又直接负责督察知府、知县。他们都不知道自己的主要职责到如此地步,所以才使陛下渴求很好地治理天下而没有能够做到。《礼记·王制》论乡秀士升于司徒,司徒升于太学,大乐正升于司马。("大乐正",原本作"太学正",显误。据《明史》卷139《叶伯巨传》改)司马辨论官材,有了定论,才授给官职,任官之后才授给爵号:考察选授官职是这样地仔细、慎重。现在,使天下郡县生员升于太学,或入学没有几个月,很快就选其作官的,也是有的。开国以来,选举的秀才不能说不多,授

日者，君之象也；月者，臣之象也；五星者，乡士庶人之象也。臣愚不知星术，姑以所闻于《经》《传》并摭前世已行之得失者论之。诗曰：'彼月而食，则维其常。'今日刑于月犹之可也，而日、月相刑，则月敢抗于日者，臣敢抗于君矣。传曰："都城过百雉，国之害也。'国家惩宋、元孤立宗室不竞之弊，秦、晋、燕、齐、梁、楚、吴、闽诸国，各尽其地而封之，都城宫室之制，广狭大小，亚于天子之都，赐之以甲兵卫士之盛。臣恐数世之后，尾大不掉，然后削之地而夺之权，则起其怨，如汉之七国，晋之诸王；否则恃险争衡，否则拥众入朝，甚则缘闲而起，防之无及也。昔贾谊劝汉文帝早分诸国之地，空之以待诸王子孙，谓力少则易使以义，国小则无邪心。愿及诸王未国之先，节其都邑之制，减其卫兵，限其疆里，亦以待封诸王之子孙。此制一定，然后诸王有圣贤之德行者，入为辅相，其余世为藩辅，可以与国同休，世世无穷矣。"书奏，帝怒，逮问，系死狱中。后无敢言者。

【编】诏改中书行省为承宣布政使司。

【编】丁巳，十年，春二月，学士承旨宋濂致仕归。

【编】夏五月，命韩国公李善长、曹国公李文忠总中书省、都督府、御史台，同议军国重事。

【编】诏监察御史巡按州县。

【编】制："内侍不许读书识字。" 【纪】有内侍以久侍内庭，从容言及政事；上即日遣还乡，命终身不齿。谕群臣曰："阉侍之人，

给的官职名位不能不说重,但现在若来算一下,其中贤能的能有几个呢!上述种种,都是臣认为求治太急而造成的过失。

"日者,是君主的象征;月者,是臣僚的象征;五星,是乡士、百姓的象征。臣愚笨不知星象之术,姑且从《诗经》《左传》中以及前世已经发生过的事例得失,来加以论析。《诗经·小雅·十月之交》说:'月被日食,则为正常。'现日食于月,不以为怪,而日、月相食,则解释为月敢抗日,比喻成臣敢抗君了。《左传》隐公元年载:'都城超过百雉(雉长三丈),将成为国家的祸患。'陛下鉴于宋、元两朝孤立、宗室不强的弊端,对秦、晋、燕、齐、梁、楚、吴、蜀诸王国(蜀,原本作"闽",据《明史》卷139《叶伯巨传》改),各尽其地而封赏,都城宫室的规制,广狭大小,仅次于天子的京都,又赐给规模不小的甲兵卫士。臣担心数世之后,会出现尾大不掉的局面,到那时再削其地,夺其权,势必要引起诸王的怨恨,犹如汉朝的七国和晋朝的诸王一样;或者依恃其王国的险要形势起而争衡,或者率众进入京都,甚至会乘机而起,若出现这种状况,那就要防也来不及了。过去贾谊劝汉文帝早点分诸王的封地,先让其地空着以便再封诸王的子孙,他以为力少则易于使其服义,国小则难生邪心。臣希望在诸王未赴藩国之前,就约缩王国都邑的规制,减少王国的卫兵,限制王国的地域,用以再封诸王的子孙。这一制度一旦确定,然后可将有圣贤德行的诸王,召入朝廷为辅相,其余的世世代代为朝廷的藩辅屏障,可以与国家同享福庆,世代无穷。"这封奏疏上呈后,明太祖看了大怒,下令将叶伯巨逮捕审问,叶伯巨死在监狱之中。自此之后,再没有人敢于直言谏诤了。

【编】明太祖下诏改中书行省为承宣布政使司。

【编】洪武十年(丁巳,1377)春二月,翰林院学士承旨宋濂退休回家。

【编】夏五月,明太祖命韩国公李善长、曹国公李文忠总领中书省、都督府、御史台,同议军国重事。

【编】明太祖诏令监察御史巡按州县。

【编】明太祖下令:宫中宦官不许读书识字。【纪】有一宦官因长期在内廷服侍,便在明太祖面前从容地谈及政事。明太祖当天将他遣

朝夕左右，其小忠小信，足以固结君心。及其久也，假威窃权，势遂至于不可抑。朕立法，寺人不得预政事，今决去之，所以惩将来也。"因敕："内侍不许读书识字。

【编】秋九月，置通政使司。【纪】掌出纳诸司文书、敷奏封驳之事，以曾秉正为之。

【编】冬，都督佥事濮真征高丽，被执，不屈，死之。【纪】真被执，高丽王爱其骁勇，欲降之，不从。王怒欲杀之，真曰："大丈夫有赤心，肯汝屈邪！"即抽刀剖心示之而死。王大惧，遣使入朝谢罪。上嘉真忠节，追封乐浪公，谥忠襄，其子瑜尚在襁褓，即封为西梁侯。

【编】十一月，皇孙允炆生。
【编】戊午，十一月，春三月，禁奏事关白中书省。

【编】以李文焕、费震并为户部侍郎。【纪】上谕吏部曰："朝廷悬爵禄以待士，资格者，为常流设，非为贤才设。今后庶官之有才能而居下位者，当不次用之。"于是以西安府知府李文焕、宝钞提举费震俱为户部侍郎。

【编】己未，十二年，春三月，东宫文学傅藻等编《春秋本末》成，上之。

【编】冬十二月，贬右丞相汪广洋于海南，道卒。【纪】御史中丞涂节言："刘基为胡惟庸毒死，广洋宜知状。"上问广洋，广洋对无是事。上颇闻其实，因责广洋欺绐，谪居海南；行次太平，上复遣使责之，广洋自缢死。

回故乡,并下令终身不再录用。明太祖告谕群臣:"宫中的宦官,朝夕服侍左右,他们的小忠小信,足以讨得君王的欢心,待时间一长,就会狐假虎威,窃取权柄,其势至于不可抑制。朕曾订立法规:宦官不许参与政事。今天果断地将其遣送回家,目的在于惩戒将来。"于是下令:宫中宦官不许读书识字。

【编】秋九月,设置通政使司。(此处记载的时间有误,《明太祖实录》卷113,洪武十年秋七月甲申条载:"置通政使司。") 【纪】通政使司的职掌是管理诸司文书的收发、陈述奏疏及封驳等事。以曾秉正为通政使。

【编】冬,都督佥事濮真奉命征讨高丽,被俘不屈,自杀身死。【纪】濮真被俘,高丽王爱其骁勇善战,想令他投降,他不听从。高丽王勃然大怒,准备杀他。濮真说:"大丈夫有赤胆忠心,岂肯投降于你!"说完,便抽刀剖心以示高丽王而死。高丽王大惧,遣使到朝廷谢罪。明太祖嘉奖濮真的忠节,追封为乐浪公,谥忠襄。濮真子濮瑜还在襁褓中,明太祖就封他为西梁侯。

【编】十一月,皇孙朱允炆出生。

【编】洪武十一年(戊午,1378)春三月,明太祖禁止中外奏事先通报中书省。

【编】明太祖任命李文焕、费震为户部侍郎。 【纪】明太祖谕吏部说:"朝廷悬爵禄以待士。凭资格升迁,是为常流设立的,而不是为贤才设立的。今后众官中有才能而官位低下的,当破格任用。"于是,西安府知府李文焕、宝钞司提举费震都被任命为户部侍郎。

【编】洪武十二年(己未,1379)春三月,东宫文学傅藻等编《春秋本末》成,进呈明太祖。

【编】明太祖下令将中书省右丞相汪广洋贬谪海南(海南岛),行至途中自缢而死。 【纪】御史中丞涂节对明太祖说:"刘基是胡惟庸毒死的,汪广洋应当知道实情。"朱元璋问汪广洋,汪广洋回答说没有这回事。明太祖听到了不少这件事的实情,便斥责汪广洋用谎言欺骗他,下令谪居海南。汪广洋行至太平(今安徽当涂),明太祖又遣使斥责汪广洋,汪广洋畏惧,便自缢而死。

【编】庚申,十三年,春正月,丞相胡惟庸谋逆,伏诛。 【纪】惟庸等谋逆,诳言所居第井中涌醴泉,邀上往观。驾出西华门,内使云奇知其谋,走冲跸道,勒马言状,气方勃,舌龄不能达意。上怒其不敬,左右挝捶乱下。奇右臂几折,尚指惟庸第,弗为痛缩。上悟,登城眺察,见惟庸第内兵甲伏屏帷间;即发兵掩捕,拷掠具伏,磔惟庸于市。御史大夫陈宁、都督李玉等皆伏诛。上召云奇,死矣,深悼之,追封右少监,赐葬钟山。

惟庸辞连李善长,群臣请罪之。上曰:"此吾初起时股肱心腹,吾不忍罪之,其勿问。"宋濂、孙慎坐党逆被刑,籍其家,械濂至京,上欲并诛之。皇后谏曰:"民间请一先生尚有始终,不忘待师之礼。宋濂亲教太子、诸王,岂宜若是恝!况濂致仕在家,当不知情。"上意解,濂得发茂州安置。行至夔州,以疾卒。

【编】诏罢中书省。 【纪】罢丞相等官,陞六部官秩,如古六卿之制。
【编】夏五月,诏免天下今年田租。
【编】燕王之国北平。以葛诚为燕府长史。

【编】辛酉,十四年,春三月,编《赋役黄册》。
【编】秋七月,举孝弟力田、贤良方正文学之士。
【编】九月,命颍川侯傅友德为征南将军,永昌侯蓝玉、西平侯沐英为副将军,帅师征云南。 【纪】友德等帅师征云南,上谕之曰:"云南自昔为西南夷,至汉置吏,臣属中国。今元之遗孽把匝剌瓦尔密等自恃险远,辄害使臣,在所必讨。尔等行师之际,当知其

【编】洪武十三年（庚申，1380）春正月，丞相胡惟庸谋反被杀。【纪】胡惟庸等谋反，谎称他所居宅第的井中涌出甜美的泉水，邀请明太祖前往观看。明太祖乘车出西华门，内使云奇得知胡惟庸的阴谋，奔着冲入被禁止通行的跸道中，勒住马匹，报告胡惟庸的阴谋。由于过分紧张，口齿不清，辞不达意，明太祖怒斥其不敬，左右随从一起上前捶打云奇，云奇的右臂几乎被打断，但他仍举手指向胡惟庸的处住，不为疼痛而缩回手臂。明太祖领悟过来，便登城观望，只见胡惟庸宅第内的兵甲埋伏在屏帷中间，立即发兵，乘胡惟庸不备而加以逮捕。经过拷掠审讯，胡惟庸等一一招供伏罪。明太祖下令将胡惟庸在街市之中裂尸处死。御史大夫陈宁、都督李玉等全都处死。明太祖召云奇，云奇已死，他深为悼念，追封云奇为右少监，赐葬钟山（在今南京市东）。

胡惟庸的供词牵连到李善长，群臣请求惩处他。朱元璋说："李善长是我初起时的股肱心腹，我不忍心惩处他，你们不用管了。"宋濂的孙子宋慎以胡惟庸同党之罪，被判处死刑，抄了家，宋濂被押解到南京，明太祖想将宋濂与其孙宋慎一起处斩。马皇后劝谏说："民间请一先生，还能有始有终，不忘对待老师的礼节。宋濂亲自教导太子、诸王，岂可这样无动于衷！何况宋濂退休在家，该当不会知道宋慎的情形。"明太祖杀宋濂之意得到缓解，宋濂才免于一死，被发配到茂州（在今茂汶羌族自治县东北）安置，行至夔州，得病而死。

【编】明太祖下诏罢除中书省。 【纪】罢去丞相等官，升六部官秩，如古代六卿的规制。

【编】夏五月，明太祖下诏免去今年的田租。

【编】燕王朱棣到北平（在今北京市内）就藩，以葛诚为燕王府长史。

【编】洪武十四年（辛酉，1381）春三月，编《赋役黄册》。

【编】秋七月，荐举孝弟力田、贤良方正文学之士。

【编】九月，明太祖命颍川侯傅友德为征南将军，永昌侯蓝玉、西平侯沐英为副将军，率师出征云南（时治中庆路，在今云南昆明市）。【纪】傅友德等率师出征云南，明太祖告谕道："云南最早为西南夷，到汉朝才开始设置官吏，归属中国。今元朝的梁王把匝剌瓦尔密自恃地势

山川形势，以规进取。"师行，上饯于龙江，旌旗蔽江而上。友德师至湖广，分遣都督郭英、胡海洋、陈桓等帅兵五万，由四川永宁趋乌撒，友德等率大兵由辰、沅趋贵州。

【编】冬十二月，傅友德等师至普安，攻下之，遂进平曲靖。【纪】元梁王把匝剌瓦尔密遣司徒平章达里麻将精兵十余万屯曲靖以拒明师。沐英谓友德曰："彼谓我师疲于深入，未有虞心；若倍道疾趋，出其不意，破之必矣。"友德是之，遂进师。未至曲靖数里，忽大雾四塞，冲雾而行，阻水，则已临白石江矣。顷之，雾霁，达里麻望见大惊，仓皇失措。友德即欲济师，英曰："我军远来，形势既露，固利速战；然亟济，恐为所扼。"乃整师临流，势若欲渡。达里麻悉精锐扼水，英别遣数十人从下流潜渡出其后，鸣金鼓，树旗帜。达里麻急撤众御之，阵动，英乃拔剑督师济江，以猛而善泅者先之，长刀蒙盾，破其前军。敌气索，退数里而阵。明师毕济，友德麾兵进薄之，英纵铁骑抢其中坚，敌遂大败，生擒达里麻，横尸十余里，军声大振，遂平曲靖。友德分遣蓝玉、沐英帅师趋云南，而自以众数万向乌撒，为郭英等声援。把匝剌瓦尔密闻达里麻败，弃城走，挈妻子入晋宁州忽纳砦，驱妻子俱赴滇池死。

【编】蓝玉、沐英等师至云南，元右丞观甫保出降，云南遂平。

险峻，路途遥远，屡次杀害我大明的使臣，势在必讨。你们在率师前进之时，应当了解云南的山川形势，有计划地进取。"大军出发，明太祖在龙江（在今南京市兴中门外）为傅友德等将士饯行，旌旗蔽江而上。傅友德率师至湖广（治武昌府，今湖北武汉市旧武昌城），分遣都督郭英、胡海（胡海，原本作胡海洋，衍"洋"，据《明史》卷129《傅友德传》删）、陈桓等率兵五万，由四川永宁（今四川叙永）奔赴乌撒（今贵州威宁）。傅友德等率大军由辰州（府治沅陵县，今湖南沅陵）、沅州（今湖南芷江）奔赴贵州。

【编】冬十二月，傅友德等率师至普安（在今贵州普安县西北），攻下该地，遂进军平定曲靖（府治南宁县，今云南曲靖）。 【纪】元梁王把匝剌瓦尔密派遣司徒、平章达里麻带领精兵十余万屯驻曲靖抗拒明军。沐英对傅友德说："他们以为我军疲惫，不会深入，没有戒备之心。若我军倍道疾趋，出其不意，一定能攻破曲靖。"傅友德以为沐英言之有理，便挥师前进。当行至距曲靖数里之地，忽然大雾四起，即冲雾而行，见前面有水拦阻，已经来到了白石江（在今云南曲靖东北）。不一会儿，大雾消散，达里麻望见明军，大为吃惊，仓皇失措。傅友德即想挥师过江，沐英说："我军远道而来，情势已经暴露，本当速战；但是，若急于渡江，恐被元兵扼制。"于是整顿兵马，沿江摆开阵势，做出将要渡江的样子。达里麻调集全部精锐把守在白石江一边，沐英另遣数十人从白石江的下游暗渡过江，进至达里麻军后，鸣金击鼓，树起旗帜，达里麻急忙撤将士抵御，布列在江边的阵势骚动。沐英乘机拔剑督师过江，以勇猛且善于游泳的兵士先行，长刀蒙盾，攻破了达里麻的前军。敌军气衰，后退数里摆开了军阵。明军全部过江，傅友德挥兵进逼敌军，沐英指挥铁骑直捣达里麻中坚，敌军大败，活捉达里麻，死尸摆了十余里，军声大振，于是平定了曲靖。傅友德乘胜分遣蓝玉、沐英率师奔赴云南，而自己率数万兵马向乌撒进发，为郭英等声援。把匝剌瓦尔密得知达里麻失败被擒，便弃城逃跑，带着妻子进入晋宁州（治阳城堡，在今云南晋宁县东）忽纳砦（在阳城堡西），驱迫妻子一起投入滇池（在今云南昆明市内）而死。

【编】蓝玉、沐英等率师至云南，元右丞观音保（观音保，原本误

【纪】玉等师至云南之板桥，观甫保出降，诸父老焚香出迎，玉等敕众入城，秋毫无犯，收梁王金印并宫府符信图籍，抚定其民。自九月朔出师迄下云南，仅百余日。

【编】壬戌，十五年，春正月，命天下朝觐官各举所知一人。

【编】三月，置锦衣卫及镇抚司。

【编】夏四月，黜廉州府巡检王德亨，流广平府吏王允道于海外。　【纪】德亨上言取西戎水银坑，黜之。允道言磁州临水镇地产铁，请如元时置铁冶都提举司辖之，岁可收铁百余万斤；上命杖之，流海外。

【编】五月，遣使求经明行修之士，以秀才曾泰为户部尚书。【纪】广东儒士上治平策数千言，上以其不及用贤，责之。泰，江夏人，有学行，故不次擢用。

【编】帝诣国子学行释菜礼。　【纪】国学成，上将释菜，令诸儒议礼。议者曰："孔子虽圣人，臣也，礼宜一尊再拜。"上曰："圣如孔子，岂可以职位论哉！昔周太祖如孔子庙，将拜，左右曰：'陪臣，不宜拜。'周太祖曰：'百世帝王之师，敢不拜乎！'遂再拜。朕深嘉其不惑于左右之言。今朕敬礼先师之礼，宜特加尊崇。"儒臣乃定其仪，从之。

【编】帝亲录系囚。　【纪】上录囚毕，命御史袁凯送东宫覆

"音"为"甫",据《明史》卷126《沐英传》改,下同)出城投降,云南平定。

【纪】蓝玉等率师至云南的板桥(镇名,在今云南昆明市东北),观音保出城投降,众父老乡亲焚香出城迎接。蓝玉等令军士入城,秋毫无犯,没收梁王金印及官府符信图籍,抚定城中百姓。自九月初一日出兵,到平定云南,仅百余日。

【编】洪武十五年(壬戌,1382)春正月,明太祖命天下朝觐官各举荐所知一人。

【编】三月,设置锦衣卫及镇抚司。(此处记载时间有误。《明太祖实录》卷144,洪武十五年夏四月乙未条载:"改仪鸾司为锦衣卫。")

【编】夏四月,贬斥廉州府(治合浦县,今广东合浦)巡检王德亨,流放广平府(治永年县,在今河北永年县东南)吏王允道于海外。

【纪】王德亨上书言取西戎水银坑,明太祖即令贬斥。王允道上书言磁州(治滏阳县,今河北磁县)临水镇(在今河北磁县西)地产铁矿,建议如元朝时设置铁冶都提举司管辖,每年可收铁百余万斤,明太祖令施以杖刑,流放海外。

【编】五月,明太祖派遣使者搜求经明行修之士,以秀才曾泰为户部尚书。 【纪】广东儒士呈进《治平策》数千言,明太祖因为他在《治平策》中没有提到任用贤才,加以斥责。曾泰,江夏(在今湖北武汉市武昌旧城)人,有学问,操行高尚,因此破格提拔为户部尚书。

【编】明太祖到国子学举行释菜礼(释菜礼,是以蘋蘩之类祭祀先圣先师的一种典礼)。 【纪】国子学建成,明太祖将举行释菜礼,令儒臣讨论拟定礼仪,有儒臣说:"孔子虽然是圣人,但他是臣子,行释菜礼,应该一奠再拜。"明太祖说:"像孔子这样的圣人,怎可以职位来论礼仪呢!过去周太祖到孔子庙,将要叩拜时,左右侍臣说:'孔子是陪臣,不宜叩拜。'周太祖说:'孔子是百世帝王之师,敢不叩拜吗?'便再拜行礼。朕十分敬佩周太祖不被左右侍臣的劝说所迷惑。今朕敬礼先师的礼仪,应该特加尊崇。"儒臣便因此制定了祭祀孔子的礼仪,明太祖批准施行。

【编】明太祖亲自审理狱中囚犯。 【纪】明太祖将狱案审理完

审，递减之。凯还复命，上问："朕与东宫孰是？"凯顿首曰："陛下法之正，东宫心之慈。"上大喜，悉从之。

【编】秋八月，皇后马氏崩。 【纪】后性恭俭，服澣濯之衣，每诫诸王妃、公主曰："尔等生长富贵，当为天地惜物。"接妃嫔有恩，被宠生子者，待之加厚。太子、诸王，虽爱之甚笃，勉令务学；有以器皿、衣服相尚者，必切责之。上常前殿决事，或震怒，还宫，必问："今日处何事？怒何人？"因言："陛下有众子，正好积德，不可纵怒杀人，致死者冤枉。活人性命，乃子孙之福，国祚亦长久。"上每从之。至是病，不肯服药；上强之，终不肯，曰："死生有命，虽扁鹊，何益！使服药而不瘳，陛下宁不以妾故而杀此诸医乎！"遂崩，年五十一。上痛悼，终身不复立后。

【编】九月，诏选高僧分侍诸王。 【纪】有僧道衍者，姓姚，名广孝，苏州人，幼出家，改名道衍，字斯道。好读书，工诗文，遇异人传术，能预知人体咎，又善术数之学。文皇在燕邸，广孝自请于燕王曰："殿下若能用臣，臣当奉白帽子与大王戴。"至是燕王自求广孝于上，许之。

【编】征耆儒鲍恂等至，并命为学士；固辞，寻放还。 【纪】征崇德鲍恂、上海全思诚、吉安余铨、高邮张长年，既至，入见，年皆七十余，赐坐，顾问者久之，并命为文华殿大学士。恂等固辞，上

毕,命御史袁凯将案卷送东宫太子覆审,东宫太子将原判处的刑罚递减一等。袁凯回来报告,明太祖问道:"朕与东宫太子,谁判得正确?"袁凯叩头说:"陛下判案表现了执法之正,东宫太子判案表现了慈爱之心。"明太祖十分高兴(原本载:"上大喜",而《明史》卷285《袁凯传》载:"帝以凯老猾持两端,恶之。"两者记载各异),全部依从了东宫太子的覆审。

【编】秋八月,皇后马氏去世。【纪】马皇后为人恭谨节俭,穿着一再洗濯的衣服,经常诫谕诸王妃、公主说:"你们生长在富贵之中,应当为天地爱惜财物。"对待宫中的妃嫔有恩有德,尤其是被皇帝宠爱而生子的妃嫔,更加优待。太子、诸王,虽加深爱,但勉励他们好好学习;有以器皿、衣服互相夸耀的,必严厉斥责。明太祖常常在前殿处理政务,有时震怒还宫,马皇后一定要问:"今日处理何事?对谁发怒?"接着劝慰道:"陛下有众多子孙,正好积德,不能因怒而随便杀人,致使死者冤枉。活人性命,才是子孙之福,国运也可以长久。"明太祖每加听从。到此时,马皇后得病,不肯服药;明太祖硬要她服药,始终不肯,她说:"死生有命,虽有扁鹊的高明医术(扁鹊,春秋时著名医生,姓秦,名樾人,与黄帝时的扁鹊相类,所以仍号扁鹊,又居住在卢国,因名卢医),又有何益!若是我服了药,病还不好,陛下难道不会为妾而杀那些医生吗!"遂死,年五十一。明太祖沉痛悼念,终身不再立皇后。

【编】九月,明太祖下诏选高僧分侍诸王。【纪】有一僧名道衍,本姓姚,名广孝,苏州人,自幼出家,改名道衍,字斯道。爱好读书,善于诗文,曾遇异人传授给他道术,能预先知道人的吉凶,又善于星占、卜筮、相命、堪舆等术数之学。燕王朱棣在北平府邸,姚广孝自己请求朱棣说:"殿下若能用我,我能送一顶白帽子给大王戴。"("白帽子",取其"白"字加在"王"字之上,即为"皇"字,意为辅佐燕王登上皇帝宝座。)到这时,燕王朱棣自己向明太祖请求将姚广孝分到燕府,明太祖答应了。

【编】征聘有学望的老儒鲍恂等到达南京,明太祖任命他们为学士。鲍恂等固辞不受,不久,即遣送回家。【纪】征聘崇德县(在今浙江桐乡西南)的鲍恂,上海县(在今上海市境内)的全思诚、吉安府(治

曰："免卿早朝，日晏而入。"恂等复以老疾辞，乃放还。

【编】置殿、阁学士，以礼部尚书刘仲质为华盖殿大学士，翰林学士宋讷为文渊阁大学士，检讨吴伯宗为武英殿大学士，典籍吴沉为东阁大学士。

【编】召方孝孺入见，复遣还。 【纪】吴沉荐孝孺学行，召入见，上喜其举动端雅，曰："此庄士，当老其才用之。"遣还乡。

【编】设都察院，以詹徽、林驷为监察御史。

【编】癸亥，十六年，春正月，吴沉承制编敬天、忠君、孝亲三事为书，上之，赐名《精诚录》。

【编】秋七月，遣御史录囚于诸省。

【编】冬十月，刑部尚书开济以罪诛。 【纪】先是，济议法巧密，上曰："竭泽而渔，害及鲲鲕；焚林而田，祸及麛鷇。巧密之法，百姓何堪，非朕所望也！"济强敏综核，善深文，莫能自脱。尝鬻狱，借死囚脱代，狱吏发之，捶狱吏死。至是下济狱而死。

【编】十二月，初令儒学岁贡生员。

【编】甲子，十七年，春正月，以孔讷袭封衍圣公。

【编】三月，颁行科举成式。 【纪】凡三年大比，乡试，试三场：八月初九日，试《四书》义三，《经》义四，《四书》义主朱子《集

庐陵县,今江西吉安)的余铨、高邮州(今江苏高邮)的张长年,来到南京,入见明太祖。他们年皆七十有余,明太祖赐坐,交谈很久,任命他们为文华殿大学士。鲍恂等固辞不受,明太祖说:"免去你们早朝,天晚了就回去休息。"鲍恂等又以年老多病推辞。明太祖就遣送他们回家。

【编】明太祖命设置殿阁学士,以礼部尚书刘仲质为华盖殿大学士,翰林学士宋讷为文渊阁大学士,检讨吴伯宗为武英殿大学士,典籍吴沉为东阁大学士。

【编】明太祖召方孝孺入朝谒见,又遣送还乡。 【纪】东阁大学士吴沉推荐方孝孺,介绍了他的学问和操行,明太祖便召其入见。明太祖看到方孝孺举动端庄高雅,说:"这是一位严肃庄重之士,应当让他的才能更成熟练达之后再予任用。"于是遣送方孝孺还乡。

【编】明太祖命设立都察院。任命詹徽、林驷为监察御史。

【编】洪武十六年(癸亥,1383)春正月,吴沉奉命编敬天、忠君、孝亲三事为书,进呈上去,明太祖赐该书名为《精诚录》。

【编】秋七月,明太祖命令派遣监察御史分赴各省审理在狱囚犯。

【编】冬十月,刑部尚书开济有罪被杀。(此处记述时间有误,《明太祖实录》卷158,洪武十六年十二月甲午条载:"刑部尚书开济等有罪伏诛。") 【纪】起先,开济议定的法律既虚巧不实,又繁苛严密,明太祖说:"竭泽而渔,使鱼子和鱼卵都受到危害之楚烧森林来耕种田地,使幼鹿、小鸟遭到祸殃。把法律搞得如此虚巧繁密,百姓怎堪忍受,这不是朕所希望的!"开济刚强机敏,善于考核事物,又擅长利用法律条文来加深罪罚,使人难以脱免。曾受囚犯贿赂,以死囚代替,被狱吏揭发,开济将狱吏捶打至死。到这时,明太祖下令将开济逮捕入狱,处以死刑。

【编】十二月,首次令儒学每年选送生员到国子监。

【编】洪武十七年(甲子,1384)春正月,明太祖命孔子五十七代孙孔讷袭封衍圣公。

【编】三月,颁行科举成式。 【纪】凡三年举行一次科举考试。乡试,考试三场:八月初九日,试《四书》义三道,《经》义四道。《四

注》,《经》义:《诗》主朱子《集传》,《易》主程、朱《传》《义》,《书》主蔡氏《传》及古注疏,《春秋》主左氏、公羊、穀梁、胡氏、张洽《传》,《礼记》主古注疏;十二日,试论一,判语五,诏、诰、章、表内科一。十五日,试经、史策五。礼部会试以二月,与乡试同,其举人则国子学生、府州县学生、暨儒士未仕官之未入流者应之;其学校训导,专主生徒,罢闲官吏、倡优之家与居父母丧者,俱不许入试。

【编】冬十月,以秀才宋矩等十七人为监察御史。

【编】十一月,以孔希文为曲阜世职知县。

【编】乙丑,十八年,春二月,初昏五星并见。

【编】太傅、魏国公徐达卒。 【纪】达自北征还,即上将印。自去冬疾作,至是卒,年五十四。上痛悼不已,亲为文祭之,追封中山王,谥武宁,赐葬中山。子四:长辉祖,袭封魏国公;次添福,勋卫;次增寿,左都督;次应绪,都督佥事。女四:长文皇后,次安王妃,次代王妃。

【编】会试天下贡士。 【纪】取黄子澄第一,练子宁次之。殿试丁显第一,子宁次之,子澄又次之。

【编】丙寅,十九年,春二月,置行人司。

【编】秋七月,诏举经明行修、练达时务之士,年七十以上者,送京师。

【编】丁卯,二十年,春正月,诏修阙里孔子庙。

【编】二月,帝耕藉田。

【编】诏焚锦衣卫刑具。 【纪】上闻锦衣卫多以非法讯鞫罪囚,命取其刑具,悉焚之,所击囚仍送刑部审理。有军人犯罪当杖,其人尝两得罪宥免,有司请并论前罪诛之。上曰:"前罪既宥,今复论之,则不信矣,使人何所措手足乎!"

书》义用朱熹的《集注》；《经》义：《诗经》用朱熹的《集传》，《易经》用程颐的《传》和朱熹的《本义》，《尚书》用蔡沈的《传》及古注疏，《春秋》用左氏、公羊、穀梁、胡氏、张洽的《传》，《礼记》用古注疏。十二日，试论一道，判语五道，诏、诰、章、表四者内选一道。十五日，试经史时务策五道。礼部会试在乡试的次年二月，考试内容与乡试相同。国子学生、府州县学生及未做官的儒士、做官而未入流品的，都可参加考试；至于学校训导，专门教导生徒，还有罢免闲居的官吏、倡优之家以及为父母服丧的人，一律不准参加考试。

【编】冬十月；以秀才宋矩等十七人为监察御史。

【编】十一月，以孔子五十六代孙孔希文为曲阜世职知县。

【编】洪武十八年（乙丑，1385）春二月，黄昏之初，五星一同出现。

【编】太傅、魏国公徐达去世。【纪】徐达自北征还京，即交还将军印。从去冬疾病发作，到这时去世，年五十四。明太祖沉痛悼念不已，亲自撰文祭奠，追封徐达为中山王，谥武宁，赐葬钟山。有四个儿子：长子徐辉祖，袭封魏国公；次子徐添福，勋卫；三子徐增寿，左都督；四子徐膺绪，都督佥事。有四个女儿，长女为燕王妃，后册封为皇后，次女为安王妃，三女为代王妃。

【编】会试天下贡士。【纪】会试取黄子澄第一，练子宁第二。殿试，取丁显为第一，练子宁第二，黄子澄第三。

【编】洪武十九年（丙寅，1386）春二月，设置行人司。

【编】秋七月，明太祖下诏，令荐举经明行修、练达时务之士，年七十以上的，送京师南京。

【编】洪武二十年（丁卯，1387）春正月，明太祖下诏，令修理阙里孔子庙。

【编】二月，明太祖耕藉田。

【编】明太祖下诏，令焚毁锦衣卫刑具。【纪】明太祖听说锦衣卫经常非法审讯囚犯，于是命取其刑具，全部焚毁，锦衣卫监狱关押的囚犯仍旧送交刑部审理。有一军士犯罪应该处以杖刑，其人曾两次犯罪都得到宽免，刑部请求与前罪并罚，处以死刑。明太祖说："前罪已经

【编】秋七月，有司请立武学，祀太公，不许。　【纪】有司请立武学，祀太公。上曰："文、武非二涂也，太公从祀帝王庙，罢其旧祀。"

【编】戊辰，二十一年，春正月，以御史凌汉为右都御史。【纪】汉鞫狱平恕，人有德汉者，遇诸途，厚遗以金。汉曰："子罪当尔，律有定法，非我私子，何以金为！"上廉得其事，故有是擢。

【编】三月，廷试进士。　【纪】赐任亨泰等进士及第、出身有差。亨泰，襄阳人，命有司建状元坊以旌之。奉旨建坊自此始。

【编】冬十月，以庶吉士解缙为监察御史，寻遣归。　【纪】缙，吉水人，七岁能诗文，十八举于乡，连登进士，上亲选为庶吉士，特被宠眷。因土封事，凡万余言，其略曰："陛下进人不择贤否，授职不量轻重！诚信有间，用刑太繁、每多自悔之时。辄有无及之叹。律以人伦为重，乃有给配夫妇之条，恐伤节义之礼。太常非俗乐可肄，官妓非人道所为，可以禁绝。释、老之壮者宜出之，使复人伦。经咒之妄者悉火之，以杜俗惑。陛下天资清高，而学问不充；善端间发，而心学无素。"上嘉其识，擢为监察御史。时都御史袁泰恣横，无敢言之者，缙历诋其奸状。上虑缙少涵养，将为众所倾，召其父谕之曰："才之生甚难，而大器者晚成，其以尔子归，益进其学。"又谕缙曰："后十年来朝，大用尔，未晚也。"

宽免，现在又予追究，是失信之举，使人们怎么办才好呢！"

【编】秋七月，礼部请求设立武学，祭祀太公。明太祖不许。【纪】礼部请求设立武学，祭祀太公。明太祖说："文、武并不是两条道，太公可从祀帝王庙，原来的武成王庙罢废不用。"

【编】洪武二十一年（戊辰，1388）春正月，明太祖以监察御史凌汉为都察院右都御史。【纪】凌汉审讯囚犯公允宽恕。有人对凌汉感恩戴德。一次，在途中遇见，就送给凌汉很多金银。凌汉说："你的罪应该那么判，法律中有明确规定，不是我对你有私，为什么要送金银！"明太祖经察访得知此事，所以有这次破格提升。

【编】廷试进士（廷试，又称殿试，是在礼部主持的会试之后，由皇帝在殿廷主持的考试）。【纪】明太祖赐任亨泰等以进士及第、进士出身的不同等第。任亨泰，襄阳（府治襄阳县，今湖北襄阳县襄阳镇）人。明太祖命有关官署修建状元坊，加以表彰。奉皇帝圣旨建坊，由此时开始。

【编】冬十月，明太祖任命庶吉士解缙为监察御史，不久又遣送还乡。【纪】解缙，吉水（今江西吉水）人，七岁就能作诗文，十八岁参加乡试成为举人，连登进士，明太祖亲自选解缙为庶吉士，受到特别宠爱。因此，解缙给明太祖呈上密疏，长达万余言。其中说道："陛下选拔人才进用官员不择贤与不贤，授给官职不分轻重，待人诚信不足，而用刑太繁。多有自悔之时，常发无法补救的叹息。法律以人伦为重，却有给配夫妇的条目，这样做恐怕会损伤节义之礼。太常寺不是肄习庸俗乐舞的地方，官妓也不符合人道，应该加以禁止。年轻力壮的和尚、道士应该让他们还俗，使人伦恢复。荒诞的经符咒语应全部烧毁，以便杜绝陋俗的蛊惑。陛下天资清高，而学问不够充实；善心或有发挥，而自我修养还很不够。"明太祖赞赏解缙的见识，便提拔他为监察御史。其时，都御史袁泰专横异常，无人敢说他，而解缙历数袁泰的奸恶情状。明太祖担心解缙缺乏涵养，将成为众矢之的而遭倾轧，于是召解缙的父亲告谕道："人才的成长是很艰难的，而大器者晚成，还是带你的儿子还乡，让他更加求得学问的上进。"又告谕解缙说："你十年后来朝，再重用你，为时未晚呵！"

【编】以卓敬为给事中。　【纪】时诸王服饰有拟太子者,敬乘问言于上曰:"陛下于诸王不早辨等威,而使服饰与太子埒。尊卑无序,何以令天下!"上曰:"卿言是也。"

【编】己巳,二十二年,春二月,改大宗正院为宗人府,以秦王为宗人令。

【编】二月,诏公侯各还其乡,赐赉有差。　【纪】上以天下无事,悯诸将老,欲保之,故有是命。上论守成之道曰:"人常虑危,乃不蹈危。车行于峻阪而仆于平地者,慎于难而忽于易也。保天下亦如御车,虽治平,何可不慎!"

【编】庚午,二十三年,夏四月,除百官期年奔丧之制。

【编】杀韩国公李善长。　【纪】先是,善长坐他累削禄,既又有以胡惟庸党言者,上亦未之究也。至是会有星变,其占为大臣当灾。时帝大杀京民之怨逆者,善长请免其亲戚数人。上大怒,遂赐死。

【编】诏求仙人张三丰不得,召其徒丘玄清拜太常卿。　【纪】三丰,不知何处人。洪武初,入武当山修炼,寒暑一衲,时称为张邋遢。有问之者,终日不答一语。或与论经书,则津津不绝口。一啖数斗辄尽,辟谷数月亦自若。隆冬,鼾卧雪中,道士丘玄清遇之,遂为弟子。至是上遣使求三丰不得,乃召丘玄清至,与语大悦,拜太常卿。

【编】命刘基孙廌袭封诚意伯。　【纪】初基爵止其身,不世袭。既而忤胡惟庸,为所害,基子琏为江西参政,又为惟庸党沈立木所胁,卒于官。及惟庸败,上悯思之,故有是命。

【编】以卓敬为给事中。 【纪】当时诸王的服饰有比拟于太子的,卓敬找个机会对明太祖说:"陛下对诸王不早点辨明等级威严,而使诸王的服饰与太子相等,尊卑无序,怎么能号令天下呢!"明太祖说:"你说得对。"

【编】洪武二十二年(己巳,1389)春二月,明太祖命改大宗正院为宗人府,以秦王朱樉为宗人令。

【编】二月,明太祖诏令公侯各归其故乡,给以多少不等的赏赐。 【纪】明太祖以天下无事,又怜悯诸将年老,想使他们保养得好,才下达这一诏令。明太祖论守成的道理时说:"人经常考虑危难,才不至于陷于危难。车能在险峻的斜坡上安全行进而往往在平地上翻倒,其原因在于难行的地方谨慎小心,易走的地方疏忽大意。保天下也和驾车一样,虽然国家治理得太太平平,怎能不谨慎小心呢!"

【编】洪武二十三年(庚午,1390)夏闰四月("夏闰四月",原本脱"闰",据《明太祖实录》卷201补),废除百官群臣服丧一年的制度。

【编】杀韩国公李善长。 【纪】在此以前,李善长牵连其他罪案被削去俸禄,后又有人说李善长是胡惟庸的同党。明太祖都没有追究。到这时,遇到星变,钦天监官占卜之后说应在大臣当灾。当时朱元璋正大肆杀戮有怨恨和有犯上言行的京城百姓,而李善长请求赦免他的几位亲戚。明太祖大怒,便赐李善长死。

【编】明太祖下诏寻求仙人张三丰而不得,便召张三丰的徒弟丘玄清来京,任命为太常寺卿。 【纪】张三丰,不知是何处人。洪武初年,入武当山(一名太和山,在今湖北光化县西),冬夏都只穿一件千补百衲的僧衣,时人称他为张邋遢。有人问话,终日不答一语。若是与他读论经书,则津津乐道,说个不停。一顿能吃数斗,而数月不吃一粒粮食,仍神态如常。隆冬时节,鼾睡在雪中,道士丘玄清碰见他,就成了他的弟子。这时,明太祖派遣使者寻张三丰而未得,就召丘玄清到京。明太祖与丘玄清谈话,大为高兴,即任命为太常寺卿。

【编】明太祖命刘基的孙子刘廌袭封诚意伯。 【纪】起初,刘基的爵位只限本身,不能世袭。后来触犯了胡惟庸,被胡惟庸所害。刘基的儿子刘琏任江西(治南昌府,即今江西南昌市)参政,又被胡惟庸的

【编】辛未，二十四年，春二月，改封豫王桂为代王，汉王模为肃王，卫王植为辽王。

【编】冬十月，定生员巾服之制。　【纪】上亲视，必求典雅，凡三易其制，始定襕衫。

【编】擢冯坚为佥都御史。　【纪】南丰典史冯坚上言九事，上奇之，超擢为都察院右佥都御史。

【编】壬申，二十五年，夏四月，皇太子薨，谥曰懿文。

【编】秋七月，窜吴从权、张恒于极边。　【纪】岢岚州学正吴从权、山阴教谕张恒，给由至京师，上问民间疾苦，皆对曰："非职事，不知也。"上曰："宋儒胡瑗，为苏、湖教授，其教诸生皆兼时务。圣贤之道，所以济世也，民情不知，则所教何事？其窜之极边，命刑部榜谕天下学校。"

【编】九月，立嫡长孙允炆为皇太孙。　【纪】太孙生而额颅稍偏，性聪颖，善读书，然仁柔少断。帝每令赋诗，多不喜。一日令之属对，大不称旨；复以命燕王，语乃佳。帝常有意易储，翰林学士刘三吾曰："若然，置秦、晋二王何地？"帝乃止。

【编】以修撰黄子澄兼少詹事，侍东宫讲读。

【编】以方孝孺为汉中府教授。　【纪】蜀献王闻孝孺贤，命世子受学，名其读书之庐曰正学。

【编】癸酉，二十六年，春正月，凉国公蓝玉谋逆，伏诛。【纪】初，胡惟庸之叛，有称玉与其谋者，上以其功大，宥不问。后

党羽沈立木胁迫，死于任上。及胡惟庸谋反败露被杀，明太祖怜恤和思念刘基，因此才命刘廌袭封诚意伯。

【编】洪武二十四年（辛未，1391）春二月，明太祖改封豫王朱桂为代王，汉王朱楧为肃王，卫王朱植为辽王。

【编】冬十月，制定生员巾服的规制。【纪】明太祖亲自审视，必求典雅。先后三次改定式样，才确定襴衫的式样。

【编】明太祖提升南丰（今江西南丰）典史冯坚为右佥都御史。【纪】南丰典史冯坚上书言九事，朱元璋认为很不平常，便将冯坚破格提拔为都察院右佥都御史。

【编】洪武二十五年（壬申，1392）夏四月，皇太子朱标去世，谥懿文。

【编】秋七月，明太祖下令将吴从权、张恒流放到最边远之地。【纪】岢岚州（今山西岢岚）学正吴从权、山阴（今山西山阴县西南）教谕张恒，拿着任满的凭证到京师接受考察。明太祖问民间疾苦，二人都回答说："这不是职内的事，不知道。"明太祖说："宋代的儒士胡瑗，任官苏州、湖州教授，他教导诸生，都兼通时务。圣贤之道，目的在于济世，连民情都不知道，那么，教导生员些什么呢！将吴从权、张恒流放到极边之地，命刑部将此事张榜告谕天下学校。"

【编】九月，明太祖立嫡长孙朱允炆为皇太孙。【纪】朱允炆生下来时，额颅就稍有偏斜，天性聪颖，很爱读书，但仁柔寡断。明太祖每次令朱允炆赋诗，多不满意。一天，明太祖令他对句，很不中明太祖的旨意。又令燕王朱棣对句，对语很好。因此，明太祖常有改立储君的意向。翰林学士刘三吾说："若立燕王朱棣为太子，那么将秦王、晋王置于何地呢？"明太祖听了，才打消了改立储君的念头。

【编】以翰林院修撰黄子澄兼少詹事，陪侍东宫皇太孙朱允炆讲经读书。

【编】以方孝孺为汉中府学教授。【纪】蜀献王朱椿听说方孝孺的贤名，聘请他作为世子的教师，将其读书的处所名为"正学"。

【编】洪武二十六年（癸酉，1393）春正月，凉国公蓝玉谋反被杀。【纪】起初，胡惟庸谋反，有人说蓝玉也参与了。明太祖以蓝玉

诸老将多没，乃擢为大将，总兵征伐，甚称上意。然玉素不学，性复狠愎，又恃功横暴。有讦其阴事者，上诘责之，玉不为意。至是命为太傅，玉攘袂大言曰："我固不当为太师也！"间奏事，上不从，玉惧，退语所亲曰："上疑我矣。"乃谋反。

时鹤庆侯张翼、普定侯陈桓、景川侯曹震、舳舻侯朱寿、东莞伯何荣、都督黄恪、吏部尚书詹徽、侍郎傅友文及诸武臣尝为玉部将者，玉乃遣亲信召之，晨夜会私宅谋议，集士卒及诸家奴，伏甲将为变。约束已定，为锦衣卫指挥蒋𤩈所告。命群臣讯状具实，磔于市，夷三族。彻侯、功臣、文武大吏以至偏裨将卒，坐党论死者可二万人，蔓衍过于胡惟庸。

【编】夏四月，太白经天。

【编】秋九月，颁大成乐器于天下以祀孔子。

【编】诏褒浦江义门郑氏。【纪】浦江郑氏，十世不异爨，长幼至千余人，田赋各有所司，凡出纳，虽丝毫，咸有文可覆，无敢私。诸妇惟事女工，不与家政。子孙孝谨，执亲丧，哀毁三年，不御酒肉。家畜两马，一出，则一为之不食。家以田多，择为粮长，数以事入觐，上识之。后被人妄讦其家与权臣通财，时严通财党与之诛，犯者不问实与不实，必死。其宗长郑濂与从弟湜两人争先就吏，上怜之曰："我知郑门无是也，人诬之耳。"擢湜福建布政司参政。上问濂治家所以长久之道，对曰："守家法，不听妇人言而已。"上深嘉之。至是，尚书严震直述其家世孝友以闻，遂下诏褒异之。

的功劳大，宽宥不予追究。后来，各位老将相继死去，就提拔蓝玉为大将，统领兵马出征讨伐，很使明太祖满意。但是，蓝玉向来不读书，性格凶狠刚愎，又恃功骄横暴虐，有人揭发蓝玉的阴私，明太祖责问蓝玉，蓝玉满不在乎。到这时，明太祖任命他为太傅，蓝玉捋袖伸臂，大声地说："我难道不该当太师吗！"有时上书言事，明太祖不依从，蓝玉心里恐惧，回去对周围亲信说："皇上怀疑我了。"于是策划谋反。

当时，鹤庆侯张翼、普定侯陈桓、景川侯曹震、舳舻侯朱寿、东莞伯何荣、都督黄恪、吏部尚书詹徽、侍郎傅友文，以及曾经作过蓝玉部将的各位武臣，蓝玉派亲信，召集他们早晚会合在他的私宅谋划，聚集士卒及家奴，藏匿兵器谋反。准备就绪时，被锦衣卫指挥蒋瓛告发。明太祖命群臣共同审讯，蓝玉等如实招认，在闹市中被裂尸处死，蓝玉的父族、母族、妻族皆被斩杀。凡是与蓝玉谋反有牵连的列侯、功臣、文武大吏以至偏裨将卒等被处死的差不多达二万人，其牵连的范围超过了胡惟庸谋反案。

【编】夏四月，太白星白昼出现于天空，直到午时之后才消失。

【编】秋九月，明太祖向全国颁行大成乐器，用以祭祀孔子。

【编】明太祖下诏褒扬浦江（今浙江义乌县西北浦江镇）义门郑氏。　【纪】浦江郑氏，十世不分家，老幼多达千余人，田赋之事，各有分工，凡收入、支出，虽为丝毫分厘，都有册可查，谁也不敢谋私。妇女们专门从事纺织刺绣，不参与家政。子孙孝顺恭谨，为亲人守丧，哀戚三年，不食酒肉，连家里养的两匹马，都相互亲爱，一匹有事外出，在家的另一匹也不吃饲料。家里的田地很多，被选为粮长，多次以田赋之事进京入见，明太祖认识了郑氏。后被人诬告郑家以财物与权臣相勾结。而当时对以财物与大臣往来结党的事惩处极其严厉，一旦有人告发，不论实与不实，必被处死。郑氏被人告发，其宗长郑濂与从弟湜二人争着去接受审讯。明太祖怜悯地说："我知道郑氏家门不会有此类事，是别人诬陷的。"于是任命郑湜为福建布政司参政。明太祖问郑濂治家所以能长久如此之道，郑濂回答说："严守家法，不听妇人之言而已。"明太祖深为赞赏。这时，工部尚书严震直记述了郑氏家族世代孝友的事迹，呈报上去，明太祖就下诏褒扬。

【编】甲戌，二十七年，秋九月，谪青州民江伯儿戍海南。【纪】青州日照民江伯儿以母病，割胁肉食之，不愈，祷于岱岳祠，誓云："母病愈，则杀子以祀。"既而母病愈，竟杀其三岁子祭之。有司以闻，上怒曰："父子天伦至重，今贼杀其子，绝灭伦理！丞捕治之，勿使伤坏风化。"遂逮伯儿，杖一百，谪戍海南。

【编】《寰宇通志》成。【纪】方隅之目有八：东距辽东都司，东北至三万卫，西极四川松潘卫，西南距云南金齿，南距广东崖州，东南至福建漳州府，北暨太平大宁卫，西北至陕西甘肃。纵一万九百里，横一万一千五百里，四裔不与焉。

【编】乙亥，二十八年，夏六月，诏禁黥、刺、跐、劓、阉割之刑。

【编】秋七月，信国公汤和卒。

【编】九月，《皇明祖训》成。【纪】上自为之序曰："朕观自古国家，建法立制，皆在始受命之君：盖其创业之初，备尝艰苦，阅人既多，历事亦熟。比之生长深宫之主，未谙世故，及僻处山林之士，自矜己长者，甚相远矣。朕与群雄并驱，虑患防微，近二十载，乃能统一海宇，人之情伪，亦颇知之，故以所见所行，开导后人，著祖训一篇，立为家法。首尾六年，凡七誊稿，至今方定，岂非难哉！盖俗儒多是古非今，奸吏常舞文弄法，凡我子孙，钦承朕命，毋作聪明，乱我已成之法。"

【编】丙子，二十九年，春三月，诏文庙从祀罢扬雄，进董仲

【编】洪武二十七年（甲戌，1394）秋九月，明太祖令将青州百姓江伯儿发配海南戍边。 【纪】青州日照（今山东日照）百姓江伯儿，因母亲有病，割腋下肉喂食，病还不好，便到泰山（在今山东泰安市北）祈祷，发誓说："如果母亲的病好了，就杀了儿子前来祭祀。"后来母亲的病痊愈了，江伯儿竟将三岁的儿子杀死，到泰山祭祀。官府将此事呈报朝廷，明太祖大怒，说道："父子之亲，天伦至重，现在居然杀害亲子，灭绝人伦！应该立即逮捕惩治，不要使其败坏风化。"于是，将江伯儿逮捕，杖打一百，谪戍海南。

【编】《寰宇通志》编成。 【纪】《寰宇通志》所记疆域四方四隅分成八目：东起辽东都司（治定辽中卫，今辽宁辽阳市），东北至三万卫（今辽宁开原），西到四川松潘卫（今四川松潘），西南至云南金齿（今云南保山），南面超过广东崖州（今广东崖县西北），东南至福建漳州府（治龙溪县，今福建漳州市），北到北平（"北平"，原本误作"太平"，据《明太祖实录》卷234改）大宁卫（在今内蒙古宁城县西南），西北至陕西甘肃（今甘肃张掖市），纵一万九百里，横一万一千五百里，东南西北的边远地区不包括在内。

【编】洪武二十八年（乙亥，1395）夏六月，明太祖下诏禁止黥（刺面涂墨）、刺、跄（断足）、劓（截鼻）、阉割（割去生殖器官）等刑。

【编】秋七月，信国公汤和去世。

【编】九月，《皇明祖训》编成。 【纪】明太祖亲自为《皇明祖训》作序，他在序中写道："朕观察国家自古以来，制定法律、制度，都在开国君王之时，这是因为创业之初，备尝艰难困苦，阅历丰富，处理事务也熟练，而那些生长于深宫不识世故的君主及夸自己长处的僻处山林之士，与开国君主相比，就相差得很远了。朕与群雄并驱，忧虑祸患，防微杜渐，将近二十年，才统一了天下，对人情的诚实与虚伪，知道得很多。所以将所见所行，用来开导后人。特编《祖训》一篇，立为家法。前后六年，共修改了七次，到现在才写定，岂不是很难的呵！俗儒多是古非今，奸吏常舞文弄法，因此，凡我子孙，都要敬承朕命，不要自作聪明，乱我已成之法。"

【编】洪武二十九年（丙子，1396）春三月，明太祖下诏令撤去从

舒。

【编】冬十月晦，皇曾孙文奎生。 【纪】太孙允炆长子也。上以十月数终，又生于晦日，命内庭勿贺。

【编】丁丑，三十年，春三月，命儒臣覆阅会试下第卷。 【纪】初，会试以翰林学士刘三吾、安府纪善白信蹈充考试官，取宋琮等五十二人，中原、西北士子，无与名者。三月殿试，赐进士，以闽县陈䢢为第一。被黜者成以不公为言。上大怒，命儒臣复阅下第卷。或传三吾与信蹈至阅卷官所，属以卷之最陋者进呈。上验之，果为不堪文字，益怒，谓为胡、蓝二党，命刑部拷讯。三吾、信蹈、赞善司宪三人为蓝党，侍读张信、司直张谏、校书严叔载等皆为胡党，惟侍读戴彝不与焉。诏三吾谪戍边，余皆弃市。于是覆阅，取六十一人，皆北人也。

【编】夏五月，《大明律诰》成。

【编】秋九月，诏天下每乡里各置木铎。 【纪】上命户部令天下人民每乡里各置木铎，选年老者，每月六次，持铎徇于道路。又令民每时置一鼓，凡遇农桑时月，晨起击鼓会田所，怠惰者里老督责之，里老不劝督者，罚。遇婚姻、死丧吉凶等事，一里之内，互相赒给。

【编】戊寅，三十一年，春三月，以齐泰为兵部尚书。

【编】夏五月，上不豫。

【编】闰月，帝崩，太孙允炆即位。 【纪】帝崩，年七十一。遗

祀于文庙的扬雄，增补董仲舒。

【编】冬十月终，皇曾孙朱文奎出生。【纪】朱文奎是皇太孙朱允炆的长子。明太祖觉得生于十月之终，又是晦日，便令内庭不要祝贺。

【编】洪武三十年（丁丑，1397）春三月，明太祖命儒臣覆阅会试下第的试卷。【纪】起初，会试由翰林学士刘三吾、安府（"安府"，《国榷》《明史纪事本末》《明通鉴》皆作"吉府"）纪善白信蹈充任考试官，录取宋琮等五十二人，而中原、西北的应试士子一个也没有。三月殿试，赐进士，以闽县（今福建福州市）陈䢀为第一，下第者都认为不公道，议论纷纷，明太祖大怒，便命儒臣覆阅下第的试卷。当时有传言说，刘三吾和白信蹈到阅卷官那里，嘱咐把最差的试卷进呈。明太祖加以查看，果然是粗劣不堪的文字，更为恼怒，就说他们是胡惟庸、蓝玉二人的党羽，命刑部拷掠审讯。结果，定刘三吾、白信蹈、赞善司宪三人为蓝玉党羽，侍读张信、司直郎张谏（"张谏"，《国榷》《明史纪事本末》，皆作"张谦"）、校书严叔载等皆为胡惟庸党羽，只有侍读戴彝不是胡、蓝党羽。明太祖下诏，将刘三吾贬谪戍边，其余人等全部斩首。于是，覆阅下第试卷，录取六十一人，全部是北方人。

【编】夏五月，《大明律诰》编成。

【编】秋九月，明太祖下诏令天下每乡里各设置木铎。【纪】明太祖命户部传令天下百姓，每乡里各设置木铎，选年老之人，每月六次，拿着木铎巡行于道路。又令百姓每村（"每村"，原本误"村"为"时"，据《明太祖实录》卷255改）设置一鼓，凡遇农种时节，清晨敲鼓，召集百姓下田耕种，懈怠懒惰的人，由里老督促斥责。若里老不加劝督，处罚里老。又令百姓，凡遇婚姻、死丧吉凶之事，一里之内，互相周济。

【编】洪武三十一年（戊寅，1398）春三月，明太祖任命齐泰为兵部尚书。（此处记述有误。《国榷》卷11，洪武三十一年闰五月甲午条载："兵部左传郎齐泰为尚书。"）

【编】夏五月，明太祖身体不适。

【编】闰月，明太祖去世，皇太孙朱允炆即皇帝位。【纪】明太祖

诏止诸王入临会葬。燕王入，将至淮安，齐泰言于帝，令人赍敕使还国；燕王不悦。

【编】葬孝陵。

【编】六月，上皇祖考大行皇帝谥曰钦明启运峻德成功统天大孝高皇帝，庙号太祖。尊母吕氏为皇太后。

【编】以蹇义为吏部右侍郎，夏原吉为户部右侍郎。命兵部尚书齐泰、太常寺卿黄予澄与参国事。

【编】秋七月，以方孝孺为翰林院侍讲，直文渊阁。以董伦为礼部侍郎兼翰林院学士，王仲为国子监博士。

【编】逮周王橚至京，废为庶人。【纪】户部侍郎卓敬密奏裁抑宗藩，疏入不报。于是燕、周、齐、湘、代、岷诸王颇相煽动，有流言闻于朝，帝患之，谋诸齐奏。泰与黄子澄首建削夺议，乃以事属泰、子澄。泰谓子澄曰："燕握重兵，且素有大志，当先削之。"子澄曰："不然。燕预备久，卒难图。宜先取周，剪燕手足，燕即可图矣。"乃命曹国公李景隆调兵卒至河南围之，执周王及其世子、妃嫔送京师，削爵为庶人，迁之云南。燕王见周王被执，且齐泰、黄子澄用事，遂简壮士为护卫，以句逃军为名，异人术士多就之。

初，道衍尝游嵩山佛寺，遇鄞人袁珙，珙相之曰："宁馨胖和尚乃尔邪！目三角，影白，形如病虎，性必嗜杀，他日刘秉忠之流也。"道衍大笑，因此自负。至是荐珙相术于燕王。王使召之，至，令使者与饮于酒肆，王服卫士服，偕卫士九人入肆沽。珙趋拜燕王前曰："殿下何自轻如此！"燕王阳不省，曰："吾辈皆护卫校士也。"珙不对。乃召入详叩之，珙稽首曰："殿下异日太平天子也。"燕王恐人疑，乃佯以罪遣之，既而密召入邸。

去世，年七十一。遗诏禁止诸王入朝哭丧。安葬明太祖前夕，燕王朱棣赴京将到淮安。齐泰把这一情况告诉建文帝，遣人带着敕书到淮安令燕王返回北平，燕王很不高兴。

【编】明太祖安葬在孝陵（在今江苏南京市东钟山南麓）。

【编】六月，建文帝上皇祖考大行皇帝谥为钦明启峻德成功统天大孝高皇帝，庙号太祖。尊母亲吕氏为皇太后。

【编】建文帝任命蹇义为吏部右侍郎、夏原吉为户部右侍郎。又命兵部尚书齐泰、太常寺卿黄子澄参与军国重事。

【编】秋七月，建文帝任命方孝孺为翰林院侍讲，入直文渊阁。任命董伦为礼部左侍郎兼翰林院学士、王仲为国子监博士。

【编】建文帝下诏逮捕周王朱橚到京师，废为平民。　【纪】户部侍郎卓敬秘密奏请裁抑宗室藩王，奏疏呈入不予答复。于是燕王、周王、齐王、湘王、代王、岷王等相互煽动，有流言传到朝廷，建文帝为此忧虑，与齐泰商议对策。齐泰与黄子澄首先建议削夺宗藩势力，于是此事交给齐泰、黄子澄筹划。齐泰对黄子澄说："燕王拥有重兵，且素有大志，应当先加削夺。"黄子澄说："不然。燕王蓄谋已久，早有准备，很难一下子把他削除。最好先从周王下手，剪除燕王的手足，燕王就好图谋对付了。"于是，命曹国公李景隆调兵，奔赴河南包围周王府，捉拿周王朱橚及其世子、妃嫔送到京师，削去王爵，成为平民，迁徙到云南居住。燕王见周王被逮捕，而且齐泰、黄子澄当权，便挑选壮士为护卫，以追捕逃军为名，许多异人术士纷纷前来投奔。

起初，道衍曾游览嵩山（在今河南登封县北）佛寺，遇见鄞县（今浙江宁波市）人袁珙，袁珙给道衍相面之后说："你这样的胖和尚！三角眼睛飘摇着白光，形状像病着的老虎，性情必然爱好杀戮。以后定是刘秉忠一类的人物。"道衍听后大笑，因此自负。到这时，道衍给燕王推荐袁珙的相术。燕王遣人把袁珙召到北平，令使者先与袁珙在酒店里喝酒，自己穿上卫士的服装，与九个卫士一起到酒店买酒喝。袁珙一见，急忙跑到燕王面前行礼，说道："殿下为何这样自轻呢！"朱棣装出不懂的样子说："我们都是护卫校士呵。"袁珙不回答。于是，燕王把袁珙召入燕王府详细询问，袁珙叩首说："殿下，您是异日的太平天子

【编】冬十月,荧惑守心。 【纪】四川岳池教谕程济通术数,上书言:"北方兵起,期在明年。"朝议以济妄言,召入,将杀之,济曰:"陛下幸囚臣,至期无兵,杀臣未晚也。"乃囚济于狱。

【编】十一月,诏加魏国公徐辉祖太子太傅,与李景隆同掌六军以图燕。 【纪】燕、齐有告变者,帝问黄子澄曰:"孰当先?"子澄曰:"燕王久称病,日事练兵,且多置异人术士左右,此其机事已露,不可不急图之。"复召齐泰问曰:"今欲图燕,燕王素善用兵,北卒又劲,奈何?"泰对曰:"今北边有寇警,以防边为名,遣将戍开平,悉调燕藩护卫兵出塞,去其羽翼,乃可图也。"从之。乃以工部侍郎张昺为北平左布政使,谢贵为都指挥使,俾察燕王动静,徐辉祖,燕王妃同产兄也,时以燕事密告之帝,大见信用,诏加太子太傅,与李景隆同掌六军,协谋图燕。

哟!"朱棣担心引起别人的怀疑,便假装以袁珙有罪,把他遣送还乡。不久,又秘密地把袁珙召入燕王府邸。

【编】冬十月,火星居于大星宿。【纪】四川岳池(今四川岳池)教谕程济精通术数(术数,一般指星占、卜巫、六壬、奇门遁甲、命相、拆字、起课、堪舆、占候等),给建文帝上书说:"北方起兵,时间在明年。"朝臣议论,以为程济胡说八道,下令召入京师,将要处死他。程济说:"陛下,请先把臣囚禁起来,若到明年没有北方起兵之事,再杀我也不晚。"于是将程济囚禁在狱中。

【编】建文帝下诏,加魏国公徐辉祖太子太傅,与李景隆同掌六军,以谋取燕王。【纪】有人告发燕王、齐王将要起兵反叛,建文帝问黄子澄:"是先取燕王,还是先取齐王?"黄子澄回答说:"燕王长期称病,每天都在练兵,而且在左右安排了许多异人术士,他起兵反叛的机事已经暴露,不能不赶紧攻取。"建文帝又召齐泰问道:"现在想先攻燕,而燕王素来善于用兵,北方兵马又强劲,你看该怎么办呢?"齐泰回答说:"现在北方边境有外寇入侵的警报,若以防御边境为名,遣将戍守开平(在今内蒙古多伦县西北上都河西岸),再全部调动燕王府的护卫兵出塞,去其羽翼,才可攻取。"建文帝听从了,于是命工部侍郎张昺为北平左布政使,谢贵为都指挥使,让他们监视朱棣的动静。徐辉祖,是燕王妃徐氏的亲兄,经常把燕王府的事秘密报告建文帝,大得信用,建文帝下诏,加徐辉祖太子太傅,与李景隆同掌六军,共同谋划攻取北平。

明鉴易知录卷三

明纪

建文皇帝

【编】己卯,建文皇帝建文元年,春正月,燕王遣长史葛诚入奏事。

【编】帝密问诚燕邸事,诚具以实告。遣诚还燕,使为内应。至则燕王察其色异,心疑之。

【编】二月,尊皇考懿文太子为兴宗孝康皇帝,皇妣常氏为孝康皇后。

【编】封弟允熥为吴王,允熞为衡王,允熙为徐王。

【编】立于文奎为皇太子。

【编】燕王来朝。 【纪】燕王入觐,行皇道入,登陛不拜。监察御史曾凤韶劾王不敬,帝曰:"至亲勿问。"户部侍郎卓敬密奏曰:"燕王智虑绝人,酷类先帝。夫北平者,强干之地,金、元所由兴也,宜徙封南昌,以绝祸本。"帝览奏,袖之,翼日语敬曰:"燕王骨肉至亲,何得及此?"敬曰:"隋文、杨广,非父子邪!"帝默然,良久曰:"卿休矣。"

【编】三月,燕王还国。 【纪】燕王归国即托疾,久之,遂称笃。

【编】夏四月,遣使执湘王柏,湘王自焚死。 【纪】人告岷王梗不法事,削其护卫,诛其导恶指挥宗麟,废为庶人。又以湘王柏伪造钞及擅杀人,降敕切责,仍遣使以兵迫执之。湘王曰:"吾闻前代大臣下吏,多自引决。身高皇帝子,南面为王,岂能辱仆隶手求生活乎!"遂阖宫自焚死。又以人告齐王榑阴事,诏至京,废为庶人,拘

建文皇帝

【编】建文皇帝建文元年（己卯，1399）春正月，燕王遣长史葛诚到京师奏事。

【纪】建文帝秘密地问葛诚燕王府的情况，葛诚以实相告。建文帝让葛诚回北平，令他作为内应。葛诚到北平，燕王察其表情有异，心中起了怀疑。

【编】二月，建文帝追尊懿文太子朱标为兴宗孝康皇帝，皇妃常氏为孝康皇后。

【编】建文帝封弟朱允熥为吴王、朱允烒为衡王、朱允熙为徐王。

【编】建文帝册立长子朱文奎为皇太子。

【编】燕王来京师朝见。　【纪】燕王来京朝见建文帝，从御道进入，登上宫殿的台阶也不下拜，监察御史曾凤韶弹劾燕王不敬，建文帝说："骨肉至亲，不必问罪。"户部侍郎卓敬秘密上奏说："燕王智虑过人，很像先帝太祖。至于北平，是强盛之地，金朝、元朝都是在那里兴盛起来的，应当把燕王迁徙到南昌（府治南昌县，即今江西南昌市），以便从根本上杜绝祸患。"建文帝看完奏疏，放在袖子里，第二天建文帝对卓敬说："燕王是骨肉至亲，怎能这样对待他呢？"卓敬说："隋文帝杨坚、隋炀帝杨广，难道不是父子吗！"建文帝沉默无言，过很长时间才说："你不要再提起此事了。"

【编】三月，燕王回北平。　【纪】燕王回到北平，马上说是有病，过了很长时间，就声称病情沉重。

【编】夏四月，建文帝遣使前去逮捕湘王朱柏，湘王自焚而死。【纪】有人告发岷王朱楩不法之事（原本误"楩"为"梗"，据《明史》卷118《朱楩传》），建文帝即令削其护卫军士，处死诱导朱楩为恶的指挥宗麟，把朱楩废为平民。又以湘王朱柏伪造钞币，随便杀人，下敕切责，仍遣使率兵前往逮捕，湘王说："我听说前代大臣交司法衙门审理，

系之。幽代王桂于大同,废为庶人。未几,靖难兵起。

【编】燕世子高炽及其弟高煦、高燧至京师,寻遣还。 【纪】太祖小祥,燕王遣三子入临,或曰:"不宜偕往。"王曰:"令朝廷勿疑也。"及至京,齐泰请并留之。黄子澄曰:"不可。疑而备之,殆也,不若遣还。"世子兄弟皆魏国公徐辉祖甥,辉祖察高煦有异志,密奏曰:"三甥中独高煦勇悍无赖,非但不忠,且叛父,他日必为大患。"帝以问辉祖弟增寿及驸马王宁,皆庇之,乃悉遣归国。

初,世子入京,燕王大忧悔,及归,喜曰:"吾父子复得相聚,天赞我也。"已而燕兵起,高煦戮力为多,帝曰:"吾悔不用辉祖之言!"

【编】六月,下诏让燕,逮燕府官属。 【纪】燕护卫百户倪谅上变告燕官校于谅、周铎等阴事,逮系至京,皆戮之。有诏责燕王,王乃佯狂称疾,走呼市中,夺酒食,语多妄乱,或卧土壤弥日不苏。张昺、谢贵入问疾,王盛夏围炉摇颤,曰:"寒甚。"宫中亦杖而行。朝廷稍信之。长史葛诚密告禹、贵曰:"燕王本无恙,公等勿懈。"会燕王使其护卫百户邓庸诣阙奏事,齐泰请执讯之,具言王将举兵状,泰即发符遣使往逮燕府官属,密令谢贵、张昺图燕,使约长史葛诚、指挥卢振为内应。以北平都指挥张信为燕王旧所信任,密敕之使执燕王。信受命,忧甚,不敢言。母疑,问之,信以告,母惊曰:"不可。吾故闻燕王当有天下。王者不死,非汝所能擒也。"信乃往燕邸请见,召入,拜于床下。王佯为风疾不能言,信曰:"殿下无尔也,有

多是自杀。我身为高皇帝的儿子,南面为王,岂能为求活命而遭受奴仆隶役的侮辱!"便与全宫妃妾等一起自焚而死。又有人告发齐王朱榑的隐私之事,下诏令其到京师,废为平民,关押起来,还将代王朱桂幽禁在大同,废为平民。不久,燕王就发动了靖难之役。

　　【编】燕王世子朱高炽及其弟朱高煦、朱高燧,到京师南京,不久,建文帝遣送他们回北平。　　【纪】明太祖周年祭祀,燕王派三个儿子到京师哭丧。(原本载称:"燕世子高炽及其弟高煦、高燧至京师。"误。《明太祖实录》载:"时世子、二郡王、三郡王皆在京师。")有人说:"不宜一起去南京。"燕王说:"这样做,是让朝廷不怀疑我。"待朱高炽等三人到了京师,齐泰请求建文帝把这三人都留在京师,黄子澄说:"不行。怀疑而对他防备,这样反而会坏事,不如遣送回北平。"朱高炽兄弟都是魏国公徐辉祖的外甥。徐辉祖觉察出朱高煦有异志,便密奏说:"三个外甥中,惟独朱高煦勇悍无赖,不忠,而且背叛其父,他日必定成为一大祸患。"建文帝又去问徐辉祖的弟弟徐增寿及驸马王宁,他二人都庇护朱高煦,于是,建文帝便将朱高炽兄弟三人全部遣送回北平。

　　起初,世子朱高炽入京,燕王大为忧虑、且又后悔,看到三个儿子回来,高兴地说:"我父子能再得相聚,是苍天助我呵!"不久,燕兵南下,朱高煦出力最多,建文帝说:"我悔不用徐辉祖之言。"

　　【编】六月,建文帝下诏斥责燕王,并令逮捕燕王府的官属。【纪】燕王府的护卫百户倪谅上书报告朝廷有非常事故,告发燕王府官校于谅、周铎等隐秘不法之事,建文帝令将他们逮捕押解到京,都加以处死。同时下诏斥责燕王,燕王便假装发狂成病,在街市中奔走大呼,抢夺酒食,语无伦次,颠倒狂乱,或睡卧在土壤上,整天不醒。张昺、谢贵到燕王府探视病情,只见燕王在酷热的夏天围着火炉,四肢直打颤,还连连喊道:"太冷了,太冷了。"在宫中也得拄着拐杖行走。朝廷得知此情,也稍稍相信他真的有病。长史葛诚秘密告诉张昺、谢贵说:"燕王根本没有病,你俩千万不可懈怠。"当燕王派遣他的护卫百户邓庸到朝廷奏事时,齐泰请求建文帝将邓庸逮捕审讯,邓庸供出了燕王将要起兵的详细情状。齐泰立即发兵符遣使前往北平逮捕燕王府官属,并秘密命令谢贵、张昺谋取燕王,便约长史葛诚、指挥卢振为内应。因

事当以告臣。"王曰:"疾非妄也。"信曰:"殿下不以情语臣,上擒王矣,当就执;如有意,勿讳臣。"王见其诚,下拜曰:"生我一家者,子也!"乃召僧道衍至谋事,适暴风雨,檐瓦坠,王心恶之,色不怿。道衍以为祥,王谩骂:"和尚妄,乌得祥!"道衍曰:"殿下不闻乎,飞龙在天,从以风雨?瓦坠,天易黄屋耳。"王喜,遂令护卫指挥张玉、朱能等帅壮士八百人入卫。贵等以在城七卫并屯田军士围王城,又以木栅断端礼等门。未几,削爵及逮官属诏至。

【编】秋七月,燕王棣杀北平左布政使张昺、都指挥使谢贵等,遂发兵反。【纪】谢贵、张昺督诸卫士,皆甲,围府第,索所逮诸官属,飞矢入府内。燕王与张玉、朱能等谋曰:"彼军士满城市,吾兵甚寡,奈何?"朱能曰:"先擒杀贵、昺,余无能为矣。"王曰:"是当以计取之。今奸臣遣使来逮官属,依所坐名收之。即令来使召贵、昺,付所逮者。贵、昺必来,来则擒之,一壮士力耳。"明日,王称疾愈,御东殿,官僚入贺。王先伏壮士左右及端礼门内,遣人召贵、昺,不来,复遣官属内官以所就逮名往,乃至。王曳杖坐,赐宴行酒,出瓜数器,曰:"适有进新瓜者,与卿等尝之。"王自进片瓜,忽怒,且詈曰:"今编户齐民,兄弟宗族尚相恤;身为天子亲属,旦夕莫必其命,县官待我如此,天下何事不可为乎!"掷瓜于地。护卫军皆怒,前擒贵、昺,捽卢振、葛诚等下殿。王投杖起曰:"我何病,迫于若奸臣耳!"遂曳贵、昺等,皆斩之。贵、昺诸从人在外者尚未知,见贵、

北平都指挥张信是燕王过去信任的人,又秘密敕令他捉拿燕王。张信接受秘密敕令之后,十分忧虑,也不敢说,其母觉得奇怪,便问他为什么?张信如实相告。其母震惊地说:"不行,我早就听说燕王该当有天下,王天下的人不会死,不是你能捉拿的。"于是,张信到燕王府求见燕王,张信被召入内,在床前跪拜,燕王仍装成中风不能说话的样子。张信说:"殿下不要这样,有事就告诉我吧。"燕王说:"真的得病,不是假的。"张信说:"殿下不将实情告诉臣,朝廷要捉拿您,您就被他们逮去;若有意,不要对臣隐瞒。"燕王见张信诚恳,即下床叩拜说:"您救了我全家呀!"于是,把和尚道衍叫来一起筹划起兵之事。恰在此时,暴风雨突起,檐瓦坠落于地,燕王心里厌恶,显得很不高兴。道衍说这是吉祥的预兆。燕王谩骂道:"和尚胡说,哪里来的吉祥!"道衍说:"殿下没有听说过吗,飞龙在天,伴随风雨?檐瓦坠落,预示着上天要变现在的府第为黄瓦屋哩!"燕王听后,喜悦,便令护卫指挥张玉、朱能等带领壮士八百人入卫王府。谢贵等率领城内七个卫的兵马及屯田军士包围燕王府城,又用木栅截断端礼等城门。不久,削夺燕王王爵及逮捕燕王府官属的诏书到达北平。

【编】秋七月,燕王朱棣杀北平左布政使张昺、都指挥使谢贵等,便发兵反叛。 【纪】谢贵、张昺督促各卫将士,全部披上铠甲,包围燕王府第,把要逮捕官属的诏书用飞矢射入府第之内。燕王与张玉、朱能等谋划说:"对方军士遍布城市,我们的军士很少,怎么办?"朱能说:"先把谢贵、张昺擒获处斩,其余的将士就不会有所作为了。"燕王说:"这样做,就必须以计取之。现在朝廷的奸臣派遣使者前来逮捕官属,就按他们所说的罪名关押起来,再令南京的来使召谢贵、张昺,交付所要逮捕的官属,谢贵、张昺必定前来,来则立刻擒拿,只须用一个壮士之力就行了。"第二天,燕王声言病已痊愈,将去东殿,官僚入殿祝贺。燕王先在端礼门内及自己的左右埋伏壮士,然后派人去召谢贵、张昺,谢贵、张昺不来,再遣官属、内官拿着所要逮捕官属的名单前去,谢贵、张昺才来到东殿。燕王拖着拐杖坐着,赐宴行酒,端上几盘瓜果,说道:"适才有人进献新瓜,与你们一起品尝。"燕王自己拿起一片瓜吃着,忽然发怒,且骂着说:"现在编户齐民,兄弟宗族尚能相互体恤

昺移时不出，各稍稍散去；围王城将士闻贵、昺已被执，亦溃散。

明日，燕王誓师，以诛齐泰、黄子澄为名，去建文年号，仍称洪武三十二年，署官属。以张玉、朱能、丘福为都指挥佥事，拜卒金忠为燕纪善。王下令谕将士曰："予，太祖高皇帝之子，今为奸臣谋害。祖训云：'朝无正臣，内有奸逆，必举兵诛讨，以清君侧之恶。'用率尔将士诛之；罪人既得，法周公以辅成王。尔等其体予心。"

【编】燕王棣上书请诛齐泰、黄子澄；诏削燕王属籍。【纪】燕王上书曰："皇考太祖高皇帝，艰难百战，定天下，成帝业，传之万世，封建诸子，巩固宗社为磐石计。奸臣齐泰、黄子澄包藏祸心，橚、榑、柏、桂、梗五弟，不数年间，并见削夺，柏尤可悯，阖室自焚。圣仁在上，胡宁忍此！盖非陛下之心，实奸臣所为也。心尚未足。又以加臣。臣守藩于燕二十余年，寅畏小心，奉法循分，诚以君臣大分，骨肉至亲，恒思加慎，为诸王先，而奸臣跋扈，加祸无辜，执臣奏事人，箠楚刺爇，备极苦毒，迫言臣谋不轨，遂分宋忠、谢贵、张昺等于北平城内外围守臣府。已而护卫人执贵、昺，始知奸臣欺诈之谋。窃念臣于孝康皇帝，同父母兄弟也，今事陛下，如事天也。譬伐大树，先翦附枝，亲藩既灭，朝廷孤立，奸臣得志，社稷危矣！臣伏睹祖训有云：'朝无正臣，内有奸恶，则亲王训兵待命，天子密诏诸王统领镇兵讨平之。'臣谨俯伏俟命。"书奏，诏削燕王属籍。

关照，我身为天子亲属，早晚还不知性命如何。县官待我这样，天下还有什么事不能做呢！"说着把瓜掷在地上。护卫军都怒不可遏。进前捉拿谢贵、张昺，把卢振、葛诚等揪下殿。燕王扔掉拐杖站起来说："我有什么病，都是被朝廷那帮奸臣逼迫的呵！"遂即将谢贵、张昺等拖出斩首。谢贵、张昺的部下随从因在王府城外，还不知晓宫中的变故，只见谢贵、张昺好长时间还未出来，便各自稍稍散去。包围王城的将士们听说谢贵、张昺已被捉拿，也都溃散了。

次日，燕王誓师，以诛杀齐泰、黄子澄为名，取消建文年号，仍称洪武三十二年，设置官属，任命张玉、朱能、丘福为都指挥佥事，提拔士卒金忠为燕王府纪善。燕王下令告谕将士说："我是太祖高皇帝之子，现在被奸臣谋害。《皇明祖训》上说：'朝无正臣，内有奸逆，必举兵讨伐，以便清除皇帝身边的奸臣贼子。'因此率领你们前去诛讨奸臣，罪人一旦擒获，将效法周公辅佐成王的事例，你们应当体会我的心意。"

【编】燕王朱棣上书请求诛杀齐泰、黄子澄；建文帝下诏削去燕王的属籍。　【纪】燕王上书说："皇考太祖高皇帝，经过艰难百战，平定天下，建成帝业，传之万世，封建诸子，巩固宗社，为磐石之计。奸臣齐泰、黄子澄包藏祸心，朱橚、朱榑、朱柏、朱桂、朱楩五个弟弟，数年之间，都被削夺王爵，朱柏尤其令人怜悯，全家自焚而死。圣仁之君在上，怎能容忍此类事的发生！这都不是出于陛下之心，实际都是奸臣做的。他们还不满足，又来加害于臣。臣在北平的藩国待了二十余年，敬畏小心，循分奉法，真正是由于君臣大分，骨肉至亲，才经常考虑，更加谨慎，为诸王作出表率。可是奸臣跋扈，把灾祸强加给无辜之人，扣押臣的进京奏事之人，施以杖刑，或刺其皮肉，用火灸烧，备极残酷刻毒，在于强迫他说臣谋为不轨，便分遣宋忠、谢贵、张昺等人在北平城内外包围臣的府第。后来护卫军士捉拿了谢贵、张昺，才知道奸臣的欺诈阴谋。想到臣与孝康皇帝，是同母兄弟，现在侍奉陛下，犹如侍奉上天。譬如，砍伐大树，先翦掉枝叶，亲藩既被一一削灭，朝廷就会孤立，奸臣得志，国家社稷就危险了。臣读《皇明祖训》，其中说：'朝无正臣，内有奸恶，则亲王整兵待命，天子秘密诏令诸王统领镇守兵士讨伐平定。'臣在北平叩拜，等待诏令的到来。"燕王的奏书一到，建文帝就下

【编】燕张玉攻蓟州，都督指挥马宣死之。【纪】燕王以郭资守北平，出师次通州，指挥房胜以城降，张玉曰："不先定蓟州，将为后患。"时都督指挥马宣严兵守蓟州，燕王命玉帅兵往攻。玉使人谕之，不下；环城攻之，宣帅众出战，败被执，骂不绝口，遂死之。指挥毛遂以蓟州降。

【编】燕兵陷怀来，都指挥使余瑱、都督宋忠等皆死之。【纪】先是，宋忠率兵三万屯开平，寻自开平率兵至居庸关，不敢进，退保怀来。时余瑱守居庸，燕王令指挥徐安、钟祥等击瑱，瑱且守且战，援兵不至，乃弃关走怀来依宋忠。燕王曰："宋忠握兵怀来，必争居庸，宜乘其未至击之。"诸将皆曰："彼众我寡，难以争锋，击之未便，宜固守以待其至。"王曰："当以智胜，难以力取。彼众新集，其心不一，宋忠轻躁寡谋，很愎自用，乘其未定，击之必破矣。"遂率马步精锐八千，卷甲倍道而进。

先是宋忠给将士云："尔等家在北平城中，皆为燕兵所杀，尸积道路。"欲以激怒将士。燕王令其家人张树旗帜为先锋，众遥识旗帜，呼其父兄子弟相问劳，无恙，辄喜，谓："宋都督欺我！"倒戈走。宋忠帅余众仓皇列阵未成，王麾师渡河，鼓噪而前。都指挥孙泰先登，颇有斩获。燕王择善射者射泰，中之，流血被甲，慷慨裹血而战，备呼陷阵死。忠军大败，奔入城，燕兵乘之而入。忠匿于厕，搜获之，并执余瑱，皆不屈死。当时诸将校为燕师所俘者百余人，皆不肯降，发愤死。

燕兵既克怀来，山后诸州皆不守，而开平、龙门、上谷、云中守将往往降附矣。

诏削夺燕王的属籍。

【编】燕将张玉进攻蓟州，都督指挥马宣战死。【纪】朱棣命郭资留守北平，出兵到了通州（今北京市通县），指挥房胜举城投降。张玉说："不先攻定蓟州，将成为后患。"当时都督指挥马宣严兵防守蓟州，燕王命张玉率兵前往进攻。张玉派人劝降，马宣不理，张玉即挥兵围攻，马宣率众出战，兵败被擒，骂不绝口，遂被杀死。指挥毛遂以蓟州城投降。

【编】燕兵攻陷怀来（在今河北怀来县东南官厅水库中），都指挥余瑱、都督宋忠等皆死。【纪】起先，宋忠奉命率兵三万屯驻开平（在今内蒙古多伦西北上都河北岸），不久，从开平率兵至居庸关，不敢向北平进发，退保怀来。当时余瑱镇守居庸，燕王令指挥徐安、钟祥等攻击余瑱，余瑱边守边战，援兵不至，便抛弃居庸关，到怀来依附宋忠。燕王说："宋忠在怀来，握有兵马，必定会来争夺居庸关，应该趁他未至去攻击他。"诸将都说："彼众我寡，难以与他争锋，现在就攻击是不利的，应该固守在此，等待他们到来。"燕王说："应该以智胜，难以力取。他们的兵众是最近才召集在一起的，其心不一。宋忠轻躁寡谋，刚愎自用，趁他们立足未稳，挥兵进击，肯定能打败他们。"于是率八千精锐兵马，卷甲急速前进。

起先，宋忠哄骗将士说："你们住在北平城中的家属，都被燕兵所杀，道路上全是尸体。"企图以此激怒将士。燕王令他们的家属竖起旗帜为先锋，众将士远远辨认出旗帜，呼喊父兄子弟，互相问候慰劳，见其安全无恙，就欢喜起来，说宋都督欺骗了我们，便倒戈奔回，宋忠指挥剩下来的兵士，匆忙排列军阵，军阵未成，燕王已经挥兵渡河，呼喊着向前挺进。都指挥孙泰先登上城楼，杀死不少燕兵。燕王挑选善于射箭的兵士射孙泰，孙泰中箭，鲜血染红了甲衣，仍慷慨地包扎箭伤继续战斗，大呼着冲入燕兵阵中奋战而死。宋忠军大败，奔回城中，燕兵乘机而入。宋忠躲藏在厕所里，被燕兵搜擒，又捉住了余瑱，都不屈而死。当时被燕兵俘虏的百余名将校，都不肯投降，发愤而死。

燕兵攻占怀来之后，山后（指山西、河北两省内外长城之间地区）的一些州县都不能固守，而开平、龙门（今河北赤城西北龙关镇）、

【编】命长兴侯耿炳文等帅师讨燕。【纪】时帝方锐意文治，日与方孝孺等讨论周官法度，以北兵为不足忧。黄子澄谓北兵素强，不早御之，恐河北遂失。乃以耿炳文佩大将军印，驸马都尉李坚为左副将军，都督宁忠为右副将军，帅师北伐。子澄又请命安陆侯吴杰、江阴侯吴高、都督都指挥盛庸、潘忠、杨松、顾成、徐凯、李文、陈晖、平安等帅师并进。擢程济为翰林编修，充军师，护诸将北行。吴杰等各帅偏师步骑，号百万，数道并进，期直捣北平，檄山东、河南、山西三省合给军饷。帝诫诸将士曰："昔萧绎与兵入京，而令其下曰'六门之内，自极兵威，不祥之极。今尔将士与燕王对垒，务体此意，毋使朕有杀叔父名。"

【编】八月，耿炳文与燕师战于真定，败绩，遣李景隆代将。【纪】炳文等率兵三十万至真定，徐凯率兵十万驻河间，潘忠驻莫州，杨松帅先锋九千人据雄县，约忠为应。张玉往觇炳文营还，报燕王曰："炳文军无纪律，其上有败气，无能为。潘忠、杨松扼吾南路，宜先擒之。"燕王悦，躬擐甲胄，帅师至涿州。壬子，晡时，渡白沟河，谓诸将曰："今日中秋，彼不备，饮酒为乐，此可破也。"夜半至雄县，缘城而上，松与麾下九千人皆战死。燕王度潘忠在莫州，未知城破，必引众来援，谕诸将曰："吾必生擒潘忠。"诸将未喻，遂命谭渊领兵千余，渡月样桥，伏水中，领军士数人伏路侧，望忠等接战，即举炮。既而忠等果至，王进兵逆击之，路旁炮举，水中伏兵起据桥；忠战败，趋桥不得，燕兵腹背夹击，遂生擒忠，余众多溺死。

上谷（今河北易县）、云中（今山西大同市）的守将多向燕王投降归附。

【编】建文帝命长兴侯耿炳文等率师讨燕。　【纪】当时建文帝正专心实行文治，天天与方孝孺等讨论《周官》所载的法度，以为燕兵不足为虑。黄子澄认为，燕兵一直很强悍，若不早点派兵抵御，恐怕河北地区就会失去。建文帝才命耿炳文佩大将军印，驸马都尉李坚为左副将军，都督宁忠为右副将军，率师北伐。黄子澄又请求建文帝命安陆侯吴杰、江阴侯吴高、都指挥盛庸、潘忠、杨松、顾成、徐凯、李文、陈晖、平安等率师并进。擢程济为翰林院编修，充任军师，护诸将向北进发。吴杰等各率领步兵骑兵为偏师，号称百万，数路并进，约定直捣北平的日期，发布檄文，通告山东、河南、山西三省共同供给军饷。建文帝告诫将士们说："过去南朝的湘东王萧绎举兵入京，征讨侯景，而令其部下说：'六门之内，兵威所至，诛戮不加限制。'这话真是不祥之极。现在你们与燕王对阵作战，务必体会此意，不要使朕有杀叔父之名。"

【编】八月，耿炳文在真定（今河北正定）与燕兵作战，战败，建文帝遣李景隆代耿炳文为大将军。　【纪】耿炳文等率兵三十万抵达真定，徐凯率兵十万驻扎河间（今河北河间），潘忠驻扎莫州（今河北任丘），杨松率先锋军士据守雄县（今河北雄县），约潘忠为应援。张玉前去侦察耿炳文军营返回，上报朱棣说："耿炳文军无纪律，其将帅带有败气，无所作为。潘忠、杨松扼守我们的南路，应先出兵擒获。"燕王听了高兴，身披甲胄，率师抵达涿州（今河北涿县东北）。八月十五日（壬子）申时，渡白沟河（即今河北涿县东南拒马岔河），对诸将说："今日是中秋，他们饮酒作乐，不会防备，可以破敌。"夜半，燕兵至雄县，沿城攀援而上，杨松与部下九千人全部战死。燕王估计潘忠在莫州不会知道雄县城破，必然率兵前来支援，便告谕诸将说："我必活捉潘忠。"诸将不懂燕王的意图，燕王便命谭渊领兵千余，渡月漾桥（一名易阳桥，在今河北雄县南）（月漾桥，原本误"漾"为"样"，据《明史》卷130《耿炳文传》及卷145《谭渊传》改），埋伏水中，分遣数名军士伏于路旁，但见潘忠等迎战，立即放炮。不久，潘忠果然来到，燕王挥兵迎击，路旁炮响，水中伏兵起而占据月漾桥，潘忠战败，又不得过桥，燕兵予以腹背夹击，遂活捉潘忠，其余军士多溺水而死。

燕王问诸将帅所向，玉曰："当径趋真定，彼众新集，我军乘胜，可一鼓破之。"王曰："善！"即趋真定。耿炳文部将张保来降，保言："炳文兵三十万，先至者十三万，分营滹沱河南北。"燕王厚抚保，遣归诈言"保兵败被执，幸守者困，得脱，窃马归"；又令言雄、莫败状，燕兵旦夕且至。诸将请曰："今由间道，不令彼知，盖掩其不备，奈何遣保告之？"王曰："不然。始不知彼虚实，故欲掩袭之。今知其半营河南北，则当令知我至，其南岸之众必移于北，并力拒战，一举可尽歼之，兼使知雄县、莫州之败，以夺其气，兵法所谓'先声后实'也。若径薄城下，北岸虽胜，南岸之众乘我战疲，鼓行渡河，是我以劳师当彼逸力也。"

壬戌，燕王率三骑先至真定东门，突入其运粮车中，擒二人讯状，南岸营果北移。王率轻骑数十，绕出城西南，破其二营。炳文出城迎战，张玉、谭渊、马云、朱能等率众奋击，燕王以奇兵出其背，循城夹击，横贯南阵，炳文大败，奔还。朱能与敢死士三十余骑追奔至滹沱河东。炳文众尚数万，复列阵向能。能奋勇大呼，冲入炳文阵，阵众披靡，自相蹂躏，死者无算，弃甲降者三千余人。骑士薛禄引槊中李坚，坠马，获之。宁忠、顾成及都指挥刘燧皆被执。燕王谓坚至亲，送北平，道卒；谓成先朝旧人，解其系，与语曰："皇考之灵，以汝授我。"因语以故，言已，泣下，成亦泣，遂遣人护送北平，令辅世子居守。

炳文奔入真定，合门固守。燕兵攻城三日，不能下，燕王还北平。帝闻，怒曰："老将也而摧锋，奈何！"黄子澄曰："胜败常事，毋足虑。聚天下之兵，得五十万，四面攻北平，众寡不敌，必成擒矣。"

燕王问诸位将帅下一步该攻打何处。张玉说："当直奔真定，他们的士众刚刚召集，我军可乘胜一举攻破真定。"燕王说："好！"燕军即奔赴真定。耿炳文部将张保前来投降，张保说："耿炳文的兵马号称三十万，先到的十三万，分别扎营在滹沱河南北两岸。"燕王极力安抚张保，遣送回营，让张保对耿炳文诳称："我兵败被擒，等看守者困睡，我才得脱身，偷了匹马逃回来。"又令他说雄县、莫州失败的惨状，燕兵不久就会到来。诸将请教燕王："现在由小道出兵，目的是不让他们知道，以攻其不备，为什么遣送张保回去告诉他们呢？"燕王说："不对，原来不知道他们的虚实，所以才要突袭。现在知道他们在滹沱河南北扎营的各有一半的兵力，则应该让他们知道我军将至，南岸的兵马必定会移到北岸来，合力作战，我军就一举可以将他们全部消灭。同时，使他们知道了雄县、莫州的战败，以挫伤他们的士气，这就是兵法所谓'先声后实'。若直接进逼城下，尽管在北岸打了胜仗，而南岸的兵马就会趁我军疲劳之机，鼓行渡河，那就成了我以疲劳之师去对付敌安逸之师了。"

二十五日（壬戌），燕王率三骑先到真定东门，突然进入其运粮车队中，擒获二人加以审讯，得知滹沱河南岸的兵马果然移向北岸。燕王率数十轻骑，绕出城西南，攻破二营。耿炳文出城迎战，张玉、谭渊、马云、朱能等将率兵奋勇进击，燕王以奇兵出其背后，绕城夹击，横贯南阵，耿炳文大败逃回。朱能与敢死之士三十余骑追奔至滹沱河东。耿炳文还有数万之众，再摆开军阵，面向朱能，朱能奋勇大呼，冲入耿炳文军阵。耿炳文军阵中的兵士，纷纷逃跑，自相践踏，死者不计其数，丢弃盔甲而降的三千余人。骑士薛禄用槊刺中李坚，坠于马下，擒获了李坚。宁忠、顾成及都指挥刘燧都被俘虏。燕王说李坚是至亲，送往北平，在途中死去；又说顾成是先朝的旧臣，亲自解其缚，对他说："皇父在天之灵，把你交给我。"并告知其中缘故，说完即哭泣不已，顾成也跟着哭泣，便遣人护送顾成到北平，令其辅佐世子朱高炽留守。

耿炳文奔入真定，闭城门固守。燕兵攻城三天，也未攻下，燕王只好返回北平。建文帝得知真定兵败，发怒说："老将而战败，该怎么办呢！"黄子澄说："胜败是兵家常事，不必忧虑。若聚集天下兵马，得

曰："孰堪将者？"子澄曰："李景隆可。向用景隆，今破矣。"遂遣景隆代炳文，临行，赐景隆通天犀带，亲饯之江浒。复赐斧钺，俾专征伐，不用命者僇之。召炳文回。

【编】九月，镇守辽东江阴侯吴高与耿瓛、杨文帅师围永平。

【编】李景隆师屯河间。燕王棣帅师援永平，吴高退保山海关；诏削高爵，徙广西。　【纪】景隆乘传至德州，收集耿炳文败亡将卒，并调各路军马五十万，进营于河间。燕王闻之，呼景隆小字曰："李九江，膏粱竖子耳，寡谋而骄，色厉而馁，未尝习兵见阵，辄予以五十万众，是自坑之也。然吾在此，彼不敢至，今往援永平，彼知我出，必来攻城，回师击之，坚城在前，大军在后，必成擒矣。"诸将曰："北平兵少，奈何？"王曰："城中之众，以战则不足，以守则有余。兵出在外，奇变随用，吾出非专为永平，直欲诱九江来就擒耳。吴高怯不能战，闻我来，必走，是我一举解永平围，且破九江也。"遂行，而诫世子居守，曰："景隆来，坚守毋战也。"

壬申，燕军援永平，诸将请守芦沟桥，王曰："方欲使九江困于坚城之下，奈何拒之？"燕师猝至永平，吴高不能军，退保山海关，燕兵奔之，斩首数千级。王曰："高虽怯，行事差密；杨文勇而无谋，去高，文不足虑也。"乃遣人贻二人书，盛誉高而诋文。帝闻之，削高爵，徙广西，独命文守辽东。

【编】冬十月，燕兵袭大宁，执宁王权还北平。　【纪】初，太祖诸子，燕王善战，宁王善谋。洪武中，燕王受命巡边，至大宁，与宁王相得甚欢。燕王既起兵，而朝廷疑宁王与燕合，削其三护卫。燕王

五十万，四面围攻北平，我众敌寡，一定能活捉朱棣。"建文帝问："谁能胜任大将？"黄子澄说："李景隆可以。若前次用李景隆，北平现在就攻破了。"建文帝便遣李景隆代耿炳文为大将军，临行，赐给李景隆通天犀带，亲自到江边饯行。又赐给斧钺，使其全权处理征伐，不听命令的立即处斩。同时召耿炳文回京。

【编】九月，镇守辽东镇（治广宁卫，即今辽宁北镇）的江阴侯吴高与耿瓛、杨文率领兵马包围永平（今河北卢龙）。

【编】李景隆的兵马屯驻河间。燕王率兵援永平，吴高退保山海关；建文帝下诏削夺吴高侯爵，徙居广西。　【纪】李景隆乘坐驿车到达德州（今山东陵县），收集耿炳文的败逃将卒，并调各路军马五十万，进至河间屯驻。燕王得知，即叫着李景隆的小字说："李九江，只是个富贵人家的小子而已，寡谋而骄，表面严厉而心中怯懦，没有练过兵打过仗，一开始就给他五十万兵马，是自己坑害自己呵！可是只要我在这里，他就不敢前来。现在去支援永平，他知道我出外，必定前来攻城。那时我再回兵攻击，前有坚城，后有大军，一定可以活捉他。"诸将说："北平兵少，怎么办？"燕王说："城中的兵马，以战则不足，以守则有余。兵出在外，变化在于随机运用，我出兵不是专为永平，真正的目的是想引诱九江前来好活捉他。吴高胆怯，不敢出战，若得知我带兵到来，必定逃走，这样，我一举既可解永平之围，又可打败九江呵。"便率兵出发，而诫世子留守说："李景隆前来攻城，你一定要坚守，不要出战。"

初五日（壬申），燕军援救永平，诸将请求防守芦沟桥，燕王说："正想让九江困于北平坚城之下，怎么又要防守芦沟桥呢？"燕军突然抵达永平，吴高猝不及防，退保山海关，燕军追击，斩杀数千人。燕王说："吴高虽然胆怯，但办事还比较严密；杨文勇而无谋。若能除去吴高，剩下杨文就不足为虑了。"于是，派遣使者给吴、杨二人各送去一封书信，盛誉吴高，而诋毁杨文。建文帝得知此事，怀疑吴高，下诏削夺吴高侯爵，徙居广西，独命杨文防守辽东。

【编】冬十月，燕兵袭击大宁（在今内蒙古宁城县西南），捉拿宁王朱权回北平。　【纪】起初，明太祖诸子之中，燕王善战，宁王善谋。洪武中，燕王奉命巡边，抵达大宁，与宁王相见，十分欢乐。燕王发兵

闻之，喜曰："此天赞我也，取大宁必矣。"乃为书贻宁王，而阴帅师兼程趋大宁，袭破其西门。燕王驻师城外，遂单骑入城会宁王，执手大恸，言："北平旦夕且破，非吾弟表奏，吾死矣。"宁王为草表谢，请赦。居数日，情好甚洽。燕王锐兵出伏城外，诸亲密吏士稍稍得入城，遂令阴结三卫渠长及间左思归士，皆喜，定约。燕王辞去，宁王出饯郊外，伏兵起，执宁王，诸骑士卒一呼皆集，遂拥宁王入关。燕兵益盛，于是宁府妃妾、世子皆携其宝货随宁王还北平。

【编】李景隆进师攻北平。十一月，燕王棣兵至，击之，景隆败，走还德州。 【纪】景隆闻燕兵攻大宁，帅师进渡芦沟桥，喜曰："不守此桥，吾知其无能为矣！"遂薄城下，筑垒九门。景隆攻丽正门，几破；城中妇女并乘城，掷瓦砾，景隆令不严，骤退。北平守益坚，燕世子选勇士夜縋城砍营；南军扰乱，退营十里，惟都督瞿能奋勇，与其二子帅精骑千余杀入张掖门，锐不可当，后不继，乃勒兵以待。景隆忌能成功，使人止之，候大军至俱进。于是城中连夜汲水灌城，天寒冰结，明日，不得登。

十一月，景隆移营向河西，先锋都督陈晖渡河而东。燕王率兵至孤山，列阵于北河西，河水难渡，是日雪，默祷曰："天若助予，则河冰合。"是夜冰果合，遂率师击败陈晖兵；晖众跳冰遁，冰乃解，溺死无算。燕王见景隆兵动，以奇兵左右夹击，连破七垒，逼景隆营。燕中军将张玉等列阵而进，至城下。城中亦出兵，内外交攻，景隆不能支，宵遁。翌日，诸军始闻景隆走，乃弃兵粮，晨夜南奔。景隆还德州。

之后，朝廷怀疑宁王与燕王合谋，削减宁王的三护卫。燕王得知，高兴地说："这是天助我呵！定可取得大宁了。"于是写信给宁王，而暗中率师兼程奔赴大宁，袭破大宁西门。燕王令兵马驻扎在城外，自己单骑入城会见宁王，拉着宁王的手大哭，说道："北平早晚就要被攻破，非吾弟上奏说情，我就得死！"宁王立即草写奏疏，上报朝廷，请求赦免燕王。住了几天，兄弟二人情意融洽。燕王的精锐兵马埋伏在城外，众亲信吏士稍稍得以入城，就令他们暗中结交三卫首领及思念故乡的戍边士卒，彼此约定起事。后者都十分高兴。燕王告辞，宁王到郊外为之饯行，伏兵尽起，活捉宁王，诸骑士卒一呼皆集，便拥着宁王入关，宁王府的妃妾、世子都携带珠宝财物随宁王来到北平。燕兵于是更加强盛。

【编】李景隆进兵攻北平。燕王朱棣率兵进击，李景隆兵败退回德州。【纪】李景隆得知燕兵进攻大宁，率领兵马渡芦沟桥，高兴地说："燕王不派兵把守此桥，我知他不能有作为呵！"随即挥军进逼城下，在城九门外筑垒。李景隆进攻丽正门，几乎攻破；城中妇女也都登城，向下投掷瓦片石子，李景隆军令不严，士兵骤然后退。北平城守更加坚固，燕王世子朱高炽挑选勇士乘夜系绳到城下，砍杀李景隆的军营；南军惊扰混乱，后退十里列营，只有都督瞿能奋勇敢战，与他的两个儿子率千余精骑杀入张掖门，锐不可当。由于后军没有跟上来，才命令所部停留等待。李景隆妒忌瞿能成功，派人命瞿能停止前进，等候大军到来，一起进攻。于是城中军民，连夜汲水灌城，天气寒冷，很快就结成了冰。第二天，李景隆不能登城。

十一月，李景隆把军营移到向河西，先锋都督陈晖渡河而东。燕王率兵抵达孤山（在今北京房山南）列阵于北河（即永定河）西面，河水难渡，当天下起了大雪，燕王默默祈祷说："天若助我，则河水结冰。"这天深夜，河水果然结冰，即率师渡河，击败陈晖兵；陈晖兵在冰上跳跃逃跑，河冰突然融解，淹死的不计其数。燕王看到李景隆兵马移动，便发奇兵左右夹击，连破七个营垒，直逼李景隆军营。燕王的中军将张玉等列阵前进，抵达城下。城中亦出兵，内外交攻，李景隆不能支持，乘夜逃跑。次日，诸军才知李景隆逃跑，便丢弃兵器粮饷，日以继夜地向南逃奔。李景隆逃回德州。

景隆既败,黄子澄等匿不以闻。帝曰:"外间近传军不利,果何如?"子澄曰:"闻交战数胜,但天寒,士卒不堪,今暂回德州,待来春更进。"子澄遂遣人密语景隆,隐其败,勿奏。

【编】燕王棣复上书自理,以诛齐泰、黄子澄传檄天下。

【编】十二月,加李景隆太子太师。 【纪】景隆之败,黄子澄既不以闻,且云屯德州合各处军马,期以明年春大举,故有是命。燕王谕诸将曰:"李九江集众德州,将谋来春大举,我欲诱之,以敝其众。今帅师征大同,大同告急,景隆势必来援。南卒脆弱,苦寒之地,疲于奔命,冻馁逃散者必多,善战者因其势而利导之。"诸将曰:"善。"遂帅师出紫荆关,攻广昌,守将杨宗以城降。

【编】罢兵部尚书齐泰、太常寺卿黄子澄。 【纪】以燕王疏列二人罪也。二人名虽罢退,实筹画治兵如故。

【编】蓟州镇抚曾浚起兵攻北平,不克,死之。
【编】以练子宁为吏部左侍郎,茹瑺为兵部尚书。
【编】庚辰,二年,春正月,燕王棣帅师下蔚州,遂进攻大同。【纪】燕王进兵围蔚州,指挥王忠、李远以城降,遂进攻大同。李景隆帅师救大同,出紫荆关。燕王由居庸关入,还北平。景隆军冻馁死者甚众,堕指者十二三,委弃铠仗于道,不可胜纪。

【编】夏四月,李景隆与武定侯郭英、安陆侯吴杰合军北伐,战于白沟河,败绩。 【纪】景隆自德州进兵,过河间,前锋将至白沟河,英等过保定,期于白沟河合势同进。燕王帅诸将进驻固安,谓丘福等曰:"李九江等皆匹夫,无能为,惟恃其众耳。然众岂可恃也!

李景隆既败，黄子澄等人将这一消息压下不上呈报。建文帝问道："外面近来传说我军不利，究竟如何？"黄子澄说："听说作战取得了几次胜利，但由于天寒地冻，士卒忍受不了，现暂回德州，等到明年春天再向北进击。"黄子澄便派人秘密告知李景隆，要他隐匿战败的消息，不要报告朝廷。

　　【编】燕王朱棣再次上书为自己起兵申辩，并要求诛杀齐泰、黄子澄以布告天下。

　　【编】十二月，建文帝加李景隆太子太师。【纪】李景隆兵败，黄子澄既不报告皇帝，反而说李景隆兵屯驻德州，会合各路军马，约定明年春天大举进击北平，因此才有加李景隆太子太师的诏命。燕王告谕诸将说："李九江聚集各路军马于德州，准备来春大举进兵。我想引诱他出战，使其兵马疲惫。现在率师进攻大同，大同告急，李景隆势必前往支援。南兵脆弱，深入苦寒之地，疲于奔命，冻饿逃散者必定很多。善于作战的可以因势而利导之。"诸将说："好。"即率师出紫荆关（在今河北易县西北紫荆岭上），进攻广昌（今河北涞源），守将杨宗举城投降。

　　【编】建文帝罢免兵部尚书齐泰、太常寺卿黄子澄。【纪】建文帝以燕王奏疏中罗列齐泰、黄子澄的罪状，便将二人罢免。二人名义上虽被罢免，实际上仍和以前一样筹划用兵之策。

　　【编】蓟州镇抚曾浚起兵进攻北平，未曾攻克而死。

　　【编】建文帝任命练子宁为吏部左侍郎，茹瑺为兵部尚书。

　　【编】建文二年（庚辰，1400）春正月，燕王朱棣率兵攻下蔚州（今河北蔚县），遂即进攻大同。【纪】燕王朱棣进兵围攻蔚州，指挥王忠、李远以城投降，遂即进攻大同。李景隆率师救援大同，出紫荆关。燕王由居庸关入，返回北平。李景隆军因冻饿而死者很多，冻掉指头的有十分之二三，道路上丢弃的铠甲兵仗不计其数。

　　【编】夏四月，李景隆与武定侯郭英、安陆侯吴杰合兵北伐，在白沟河交战失败。【纪】李景隆从德州进兵，过河间，前锋将到白沟河；郭英等过保定（今河北保定市），约定在白沟河合兵并进。燕王率领诸将进驻固安（今河北固安），对丘福等说："李九江等都是一介匹夫，没

人众易乱,击前则后不知,击左则右不应,将帅不专,政令不一,甲兵粮饷,适足为吾资耳。尔等但秣马厉兵以待。"张玉请先往驻白沟以逸待劳,燕王从之。燕兵渡五马河,驻营苏家桥。燕王见兵刃有火光,如球击,金铁铮铮作声,弓弦皆鸣,喜曰:"此胜兆也。

帝虑景隆轻敌,乃遣魏国公徐辉祖帅京军三万为殿,星驰会之。

己未,景隆及郭英、吴杰等合军六十万,号百万,次于白沟,河,列阵以待。景隆前锋都督平安伏精兵万骑邀击。燕王曰:"平安竖子,从吾出塞,识吾用兵,以故敢为先锋。今日吾先破之。"安骁勇善战,锋初交,安备矛率众而前,都督瞿能父子亦奋跃,所向披靡,杀伤燕兵甚众,燕兵遂却。燕有内官狗儿者,亦敢勇,率千户华聚力战河北岸,百户谷允入阵,得级七,燕王亲率兵夹击,杀数千人,都指挥何清被执。至夜深,始各收军还。燕王从三骑殿后,迷失道,下马伏地视河流,辨东西,始知营,自上流仓猝渡河而北。

燕王既收军还营,夜秣马待战,使张玉将中军,朱能将左军,陈亨将右军为先锋,丘福将骑兵继之,马步十余万。黎明,燕军毕渡,瞿能率其子捣房宽阵,平安翼之;宽阵披靡,擒斩数百人。张玉等见宽败,有惧色,燕王曰:"胜负常事耳。彼兵虽众,不过日中,保为诸君破之。"即麾精锐数千突入左掖,高煦率张玉等军齐进。燕王先以七骑驰击之,南军飞矢如注,射王马,凡三被创,三易之,马却,阻于堤,几为瞿能所及燕王急走登堤,佯麾鞭若招后继者。景隆疑有伏,不敢上堤,而燕王复率众驰入阵,斩其骑数人。平安斩陈亨于阵,高煦见事急,帅精骑数千前与王合。日薄午,瞿能复引众跃

有能力，只是依靠兵多而已。可是兵多岂能依靠！兵多易乱，攻击其前面而后面不知，攻击其左边而右边不知策应，将帅指挥不集中，政令不统一，甲盔兵器和粮饷，正好供我们用而已。你们只要喂饱战马、磨快兵器等待着就行了。"张玉请求先往白沟扎营，以逸待劳。燕王依从了。燕兵渡五马河（《明太宗实录》卷6作"土马河"。疑为拒马河，一名巨马河，在今河北涿县东南，与白沟河相合，下流即大清河），在苏家桥（在今河北文安县北，临大清河）扎营。燕兵见兵刃有火光，如毯碰击，金铁铮铮发出响声，弓弦也都鸣响，高兴地说："这是得胜的预兆。"

建文帝担心李景隆轻敌，便遣魏国公徐辉祖率京军三万为后援，昼夜奔驰前往，与李景隆会合。

二十四日（己未），李景隆及郭英、吴杰等合军六十万，号称百万，行至白沟河，摆开军阵准备战斗。李景隆前锋都督平安埋伏万骑精兵拦击。燕王说："平安这小子，曾跟随我出塞，知道我怎么用兵，所以敢作先锋。今日我要先打败他。"平安骁勇善战，双方交战之初，平安挥矛率众兵奋进，都督瞿能父子也乘势勇猛喊杀，所向披靡，杀伤燕兵极多，燕兵退却。燕兵中有个宦官名叫狗儿，也很勇敢，率千户华聚在白沟河北岸奋战，百户谷允深入军阵中，杀死七人。燕王趁机亲自率兵夹击，杀死数千人，都指挥何清被擒。战至深夜，双方才各收军返回。燕王从三骑在后，迷失道路，下马伏在地上审视河流，辨别东西，才知军营所在方位，自白沟河上游仓卒渡河，向北而行。

燕王已收军回营，当夜即喂饱战马，准备再战，命张玉统率中军，朱能统率左军，陈亨统率右军、并为先锋，丘福统率骑兵在后，计有步兵、骑兵十余万。黎明，燕军全部渡河。瞿能率其子进攻房宽营阵，平安从旁助战；房宽兵阵溃散，被俘杀数百人。张玉见房宽兵败，面有惧色，燕王说："胜败是常事。他们的兵士虽多，不过中午，一定为诸君击破。"随即指挥数千名精锐士兵突然攻入南军左翼，朱高煦率张玉等军一同进击。燕王先率七骑飞驰进击，南军众箭齐发，飞矢如雨，射中燕王坐骑，三次被射中，三次换马，马退却不前，被河堤阻拦，几乎被瞿能追及。燕王急速登堤，装出挥鞭招呼后继兵马的样子。李景隆疑有埋伏，不敢上堤，而燕王再次率领兵马驰入阵中，斩杀骑兵数人。平安

而前，大呼灭燕，斩其骑百余人。越巂侯俞通渊、陆凉卫指挥滕聚复引众赴之。会旋风起，折大将旗。南军相视而动。燕王乃以劲骑绕出其后，突入驰击，与高煦骑兵合，杀瞿能父子于阵，平安与朱能战，亦败。于是列阵大崩，奔走之声如雷。通渊与聚等皆死，燕兵追至其营，乘风纵火，燔其营垒。郭英等溃而西，李景隆溃而南，委弃器械辎重山积，斩首及溺死者十余万。景隆单骑走德州。壬戌，燕王进攻德州。

【编】五月，李景隆奔济南，燕兵入德州，济阳儒学教谕王省死之。 【纪】燕兵入德州，籍吏民，收府库，获粮百余万，自是兵食益饶。哨骑至济阳，执教谕王省，既而释之。省还，升明伦堂，集诸生曰："此堂名'明伦'。今日君臣之义何在？"遂大哭，诸生亦哭，以头触柱而死。

【编】燕王棣帅兵围济南，参政铁铉等击却之，遂复德州。【纪】先是，山东参政铁铉方督饷赴李景隆军，会景隆师溃东奔，铉与参军高巍酾酒同盟，收集溃亡守济南，相与慷慨涕泣，以死自誓。及景隆奔就铉，燕王令诸将乘胜倍道而进。庚辰，至济南，景隆众尚十余万，仓猝出战，布阵未定，燕王帅精骑驰击之，景隆复大败，单骑走。于是燕兵列阵围之，铉督众悉力捍御。事闻，乃升铉为山东布政司使，召李景隆还，以左都督盛庸为大将军，右都督陈晖副之。

燕王围济南久不下，乃堰城外诸溪涧水灌城，城中人大惧，铉曰："无恐，计且破之。"乃议令军中诈降，迎燕王入，约壮士悬铁板伏城上闉，王且入，则下铁板，拔桥。计定，乃撤守具，出居民，伏地请曰："奸臣不忠，使大王冒霜露，为社稷忧。然东海之民，不习兵革，见大军压境，不识大王安天下、子元元之意，或谓聚而歼之。

斩陈亨于阵，朱高煦见战事危急，率数千精骑进前与燕王会合。近中午时，瞿能又率众跃进，大喊灭燕，斩其骑兵百余人。越巂侯俞通渊、陆凉卫指挥滕聚又率众兵奔赴前来。恰在此时，旋风骤起，吹折大将旗，南军看见大将旗折，相视而动摇。燕王便以强劲骑兵绕到敌后，突入攻击，与朱高煦的骑兵会合，杀瞿能父子于阵。平安与朱能接战，也败了。于是南军军阵大溃，奔走逃命之声如雷。俞通渊与滕聚等全都战死，燕军追到他们的军营，乘风放火，焚毁营垒。郭英等溃败，向西逃跑，李景隆溃败，向南逃跑；丢弃的兵器粮饷，堆积如山，斩首及淹死的达十余万。李景隆单骑回到德州。二十七日（壬戌），燕王进攻德州。

【编】五月，李景隆逃奔济南（今山东济南市），燕兵进入德州，济阳（今山东济阳）儒学教谕自杀身死。【纪】燕兵进入德州，登记吏民，查收府库，获得粮食百余万石，从此兵饷更加充足。巡逻兵到达济阳，逮捕教谕王省，既而又将他释放。王省回到县学，升坐明伦堂，召集诸生说道："此堂名'明伦'，今日君臣之义哪里去了？"说完痛哭不已，诸生也跟着痛哭，王省以头触柱而死。

【编】燕王朱棣率兵围攻济南，参政铁铉等率兵击退燕兵，便收复了德州。【纪】起先，山东参政铁铉正督运军饷赶赴李景隆军营，恰遇李景隆战败向东奔逃，铁铉与参军高巍酌酒共盟，收集溃败逃散的军士固守济南，相互慷慨痛哭，以死自誓。及李景隆逃奔济南来报铁铉，燕王即令诸将乘胜兼程挺进。十六日（庚辰），燕军抵达济南，李景隆有兵士十余万，仓卒出战，军阵还未布定，燕王率精骑进击，李景隆又大败，单骑逃走。于是燕兵摆开军阵围攻济南，铁铉督率众将士全力抵御。朝廷得知此情，升铁铉为山东布政司使，召李景隆回京，以左都督盛庸为大将军，右都督陈晖为副将军。

燕王围攻济南，长久不能攻克，便筑堰堵截城外诸溪的水灌城，城中人大惧。铁铉说："不要害怕，有计策会破敌的。"于是，谋划令军中假装投降，迎燕王入城，约壮士悬铁板伏于城上重门，待燕王将入城门时，就放下铁板，拔去河桥。计议已定，便撤掉守城器具，放居民出城，伏在地上请求道："奸臣不忠，使大王冒霜披露，为国家安危担忧。然东海的百姓，不习兵马战事，见大军压境，不懂得大王安定天下

请大王退师十里，单骑入城，臣等具壶浆而迎。"燕王大喜，亟下令退军。王乘骏骑徐行，张盖，率劲骑数人渡桥，直至城下。城门开，守陴者皆登城伏堞间，燕王比入门，门中人呼千岁，铁板亟下，伤燕王马首。王惊，易马而驰。济南人挽桥，桥则坚，燕王竟从桥逸去，复合兵围济南。铉令守陴者骂，燕王大怒，乃以炮击城，垂破；铉书高皇帝神牌悬城上，燕兵不敢击。铉每出不意，募壮士突击燕兵，破之。燕王愤甚，计无所出，僧道衍进曰："师老矣，请暂还北平，以图后举。"于是撤围还北平，铉及盛庸等兵乘势追之，遂复德州。兵势大振。上即军中擢铉为兵部尚书，赞理大将军军事，封盛庸为历城侯。

【编】九月，诏大将军盛庸总平燕师北伐。　【纪】于是副将军吴杰进兵定州，都督徐凯等屯沧州。

【编】冬十月，燕王棣帅兵袭沧州，城陷，徐凯等被执，械至北平。

【编】十二月，大将军盛庸、参军铁铉等及燕王棣战于东昌，大败之，杀燕将张玉，燕军奔还。　【纪】燕王率兵至汶上，掠济宁，盛庸、铁铉蹑其后，营于东昌。乙卯，燕兵向东昌，庸与铉等背城而阵，具烈火器、毒弩以待。燕军至，即鼓课前薄，尽为火器所伤。会平安兵至，与庸军合，于是庸麾兵大战。燕王以精骑冲左掖，入中坚，庸军围燕王数重；朱能率蕃骑冲入，奋力死战，翼燕王出。张玉不知王已出，突入阵救之，没于阵。庸军乘胜擒斩万余人，燕兵大败，遂北奔。庸趣兵追之，复击杀者无算。

是役也，燕王数危甚，诸将奉帝诏，莫敢加刃。至是奔北，燕王独以一骑殿后，追者数百人不敢迫。适高煦领指挥华聚等至，击退

爱抚百姓的本意，有人说是要对城中人都聚而杀之。请大王下令退兵十里，您一人入城，臣等将拿着壶浆欢迎。"燕王大喜，立即下令退军。他乘骏马慢慢行进，张举伞盖，率强劲骑兵数人渡桥，直抵城下。城门打开，守城者都登城埋伏在墙壁间。燕王将要进入城门，门中人呼喊千岁，铁板急下，压伤燕王坐骑的马头，燕王吃惊，换马飞奔。济南人挽拔河桥，而桥坚固不动，燕王竟从桥上逃走，再次合兵围攻济南。铁铉令守城者大骂燕王，燕王大怒，便令用炮轰城。将要攻破之际，铁铉书写一"高皇帝神牌"悬挂在城上，燕兵不敢轰击。铁铉每次出敌不意，召募壮士突袭燕兵，破敌而归。朱棣更加愤怒，但计无所出。和尚道衍进言："出兵时间太长，士众疲惫，请暂时返回北平，以图再次出兵。"于是，撤围回北平，铁铉与盛庸趁机追击，遂即收复德州，军势随之大震。建文帝下令在军中迁升铁铉为兵部尚书，赞理大将军军事，封盛庸为历城侯。

【编】九月，建文帝下诏，令大将军盛庸总辖平燕兵马北伐。
【纪】一于是副将军吴杰进兵定州（今河北定县），都督徐凯等屯兵沧州（今河北沧州市）。

【编】冬十月，燕王朱棣率兵袭击沧州，沧州陷落，徐凯等被擒，押送北平。

【编】十二月，大将军盛庸、参军铁铉等与燕王朱棣战于东昌（今山东聊城市），大败燕军，杀燕将张玉，燕军逃回北平。 【纪】燕王率兵抵达汶上（今山东汶上）攻掠济宁（今山东济宁），盛庸、铁铉紧跟其后，在东昌扎营。二十五日（乙卯），燕兵向东昌进发，盛庸与铁铉背城摆开军阵，准备好烈火器、毒弩，等待燕军的到来。燕军一到，鼓噪进击，尽被火器所伤，正好平安率兵前来，与盛庸军联合一处，于是盛庸挥兵大战。燕王以精锐骑兵冲左翼，深入中坚，盛庸把燕王包围数重；朱能率蓄骑冲入，奋力死战，保护燕王突围而出。张玉不知燕王已经冲出重围，突入阵中救援，战死军阵之中。盛庸军乘胜擒获斩杀万余人，燕兵大败，便向北逃奔，盛庸催促兵士追击，又击杀燕兵不计其数。

东昌之战，燕王多次陷于危境，由于诸将奉建文帝的诏令（即"毋使朕有杀叔父名"之诏），不敢杀燕王。这时燕军北逃，燕王独以一骑在

庸兵而去。燕王闻张玉败没，乃痛哭曰："胜负常事，不足虑；艰难之际，失此良辅，殊可悲恨！"师还，与诸将语，每及东昌事，曰："自失张玉，吾至今寝食不安。"遂涕下不已。

【编】辛巳，三年，春正月，诏复齐泰、黄子澄官，仍领军国事。【纪】东昌捷至，诏褒赏将士，召泰、子澄还朝，仍领军事。享太庙，告东昌之捷。

【编】二月，燕王棣帅师南下。【纪】初，燕王师出，僧道衍曰："师行必克，但费两日耳。"及自东昌还，道衍曰："两日，昌也，自此全胜矣。"至是燕王因激劝将吏，召募勇敢，以图进取。乙未，帅师南出。己酉，师至保定。

盛庸合诸军二十万驻德州，吴杰、平安出真定。燕王与诸将议所向，丘福等言："定州城池未固，攻之可拔。"王曰："野战易，攻城难。今盛庸聚德州，吴杰、平安驻真定，相为掎角，攻城未拔，顿师城下，必合势来援。坚城在前，强敌在后，胜负未可决也。今真定相距德州二百余里，我军界其中，敌必出迎战；取其一军，余自胆破。"诸将曰："军介两敌，使彼合势夹攻，吾腹背受敌，奈何？"王曰："百里之外，势不相及。两军相薄，胜败在呼吸间，虽百步不能相救，况二百里哉！"明日，遂移军东出。

【编】三月，盛庸及燕兵战于夹河，败绩，庸走还德州。【纪】燕王师次滹沱河，盛庸军夹河为营，燕兵由陈家渡过河逆之。辛巳，庸军及燕兵遇于夹河，燕王以步骑万余薄庸阵，攻其左掖，庸军拥盾自蔽，矢刃不能入。燕军预作长攒，约六七尺，横贯铁钉于端，钉末有逆钩，令勇士直前掷之，直贯其盾，亟不得出，动则牵连。乘隙急攻之，庸军弃盾走，燕兵蹂阵而入，南军奔溃。壬午，复

后，数百名南军不敢逼近。恰在此时，朱高煦率领指挥华聚等来到，击退盛庸追兵而去。燕王得知张玉战死，便痛哭说："胜负是常事，不足为虑；而在此艰难之时，损失张玉这一良辅，殊可悲恨！"大军返回北平，与诸将谈话，每谈及东昌之役，就说："自失张玉，我至今寝食不安。"说完涕下不已。

【编】建文三年（辛巳，1401）春正月，建文帝下诏恢复齐泰、黄子澄的官职，仍领军国事。 【纪】东昌捷报送到南京，建文帝下诏，褒赏将士，召齐泰、黄子澄还朝，仍掌管军事。祭献太庙，报告东昌之捷。

【编】二月，燕王朱棣率师南下。 【纪】起初，燕王兵出，和尚道衍说："师行必克，但费两日罢了。"及自东昌返回北平，道衍说："两日即'昌'。自此师出，可大获全胜。"到这时，燕王用道衍的话激劝将士官吏，召募勇敢之士，以图进取。初六日（乙未），率师南下。二十日（己酉）大军抵达保定。

盛庸会合各路兵马二十万驻扎德州，吴杰、平安赴真定。燕王与诸将商议进攻何处，丘福说："定州城池防守未固，若派兵进攻，即可攻下。"朱棣说："野战易，攻城难，现在盛庸聚兵德州，吴杰、平安驻守真定，互为应援，攻城不克，顿兵城下，他们必合兵来援。前有坚城，后有强敌，胜负就没有把握了。今真定与德州相距二百余里，我军若处于中间，敌人必然出来迎战，消灭一支敌军，其余各军就会破胆。"诸将说："我军介于两敌之间，若两敌合势夹击，我军腹背受敌，怎么办？"燕王说："百里之外，势不相及。两军相逼，呼吸之间即可决出胜负，虽近在百步都不能相救，何况相距二百余里！"第二天，燕王便移军东出。

【编】三月，盛庸与燕兵在夹河（在今河北武邑县南）开战，战败，逃回德州。 【纪】燕军进至滹沱河，盛庸军在夹河扎营，燕兵由陈家渡过河，沿河而上。二十二日（辛巳），盛庸军与燕兵在夹河相遇。燕王以步骑万余直逼盛庸军阵，攻其左翼，盛庸军举盾遮挡，飞矢、刀刃不能入。燕军预先制作了长矛，长约六七尺，在顶端横贯铁钉，钉末有逆钩，令勇士进前投掷，直贯其盾，急不得出，动则牵连。于是乘隙急攻，盛庸军弃盾逃跑，燕兵踏阵而入，南军溃逃。二十三日（壬午），两军再战，

战,相持不决。忽东北风大起,尘埃涨天,沙砾击面,两军迷目,咫尺不见人。北军乘风大呼,纵左右翼横击之,庸军大败,弃兵走。燕兵追至滹沱河,践溺死者不可胜计。庸走德州。燕王战罢还营,尘土满面,诸将不能识,闻语声始趋进见。

【编】诏宥逐齐泰、黄子澄于外,籍其家以谢燕。

【编】闰月,吴杰等及燕兵战于藁城,败绩。 【纪】杰、平安自真定引军出滹沱河,距燕军七十里。燕王闻之,趣兵渡河,循河行二十里,与杰军遇于藁城,会日暮。明日,杰等列方阵于西南以待,燕王亲率骁骑循滹沱河绕出阵后,会大风起,发屋拔树,燕军乘之,杰等师大溃。燕王麾兵四向蹙之,斩首六万余级,追奔至真定城下,杰、安走入城。燕兵自白沟至藁城,三捷皆有风助之。

【编】夏四月,燕王棣上书请召还吴杰等师,帝遣使赍书报之。 【纪】燕王兵次于大名,闻齐泰、黄子澄皆宥逐,乃上书,称臣燕王棣,大略言:"比闻齐泰、黄子澄皆已宥逐,臣一家喜有更生之庆,而将士皆曰'恐非诚心,姑以饵我。不然,吴杰、平安、盛庸之众当悉召还,而今犹集境上,是奸臣虽出,而其计实行。'臣思其言,恐亦人事或然也,故不敢遽释兵。惟陛下断而行之,毋为奸邪所敝。"书上,帝以示方孝孺及侍中黄观,孝孺对曰:"诸军大集,燕兵久羁大名,暑雨为疹,不战自疲。急令辽东诸将入山海关攻永平,真定诸将渡芦沟桥捣北平;彼顾巢穴归援,我以大军蹑其后,必成擒矣。今宜且与报书,往返逾月,彼心懈而众离,我谋定而势合,机不可失也。"帝曰:"善。"命孝孺草诏赦燕王父子及诸将士罪,使归本国,勿预兵政,仍复王爵,永为藩辅。遣大理少卿薛岩赍往燕师。

相持不下。忽然，东北风大起，尘埃遮蔽了天空，沙石击打脸庞，两军眯目，咫尺之内看不见人。北军乘风大声喊杀，分左右翼横向攻击，盛庸军大败，丢弃兵器逃跑。燕军追到滹沱河，践踏溺水而死的不计其数。盛庸逃回德州。燕王战罢还营，尘土满面，诸将不能辨认，听到说话声，才知是燕王，急忙上前拜见。

【编】建文帝下诏将齐泰、黄子澄驱逐出南京之外，抄没其家，以谢燕王。

【编】闰月，吴杰等与燕军在藁城（今河北藁城）交战，失败。【纪】吴杰、平安自真定率兵出滹沱河，与燕军相距七十里。燕王得知，催兵渡河，沿河行二十里，在藁城与吴杰兵马相遇，时值傍晚。第二天，吴杰等于西南列出方阵等待，燕王亲率骁骑沿滹沱河绕到吴杰方阵后面，恰遇大风骤起，掀屋拔树，燕军乘机进击，吴杰兵马大溃。燕王挥兵四向追歼，杀死六万余人，直追到真定城下，吴杰、平安逃入城中。燕军自白沟至藁城，三次胜利，都有大风相助。

【编】夏四月，燕王朱棣上书朝廷，请求召回吴杰等率领的兵马，建文帝遣使带着诏书前往燕军军营。【纪】燕王率兵抵达大名（今河北大名），得知齐泰、黄子澄被驱逐出南京，便上书朝廷，称"臣燕王棣"，大略说："近来听说齐泰、黄子澄都已驱逐，臣一家喜有再生之庆。而将士都说驱逐齐泰、黄子澄恐非诚心，似乎是设一个钓饵来引诱我。不然的话，就应当把吴杰、平安、盛庸所统率的各路兵马全都召还。而现在这些兵马仍然驻扎在境上。可见虽然驱逐了奸臣，而他们的计谋已经实行。臣考虑诸将的说法，恐怕也是人事或然如此，所以不敢马上撤兵。请陛下决断而行，不要为奸邪所蔽。"建文帝得到燕王的书奏，让方孝孺及侍中黄观阅看，方孝孺进言："诸军大集，燕兵久留大名，遇天暑下雨为害，会不战而自疲。应急令辽东诸将领率兵入山海关进攻永平，真定诸将率兵渡芦沟桥直捣北平；燕王顾及巢穴，必然返回救援，我们以大军紧随其后，定能得胜，擒获燕王。现在应该回信给燕王，往返一月有余，燕军懈怠而涣散，我们谋定而各路军马调集，机不可失。"建文帝说："好。"即命方孝孺草拟诏书，赦免燕王父子及诸将士之罪，使其返回北平，不要参与兵政，仍恢复王爵，永为藩王，辅佐

岩赍诏至，燕王读之怒，问岩临行上何言。岩曰："上言殿下旦释甲，谒孝陵，暮即旋师。"燕王曰："嘻，是不可绐三尺儿！"岩惶恐不能对。诸将请杀岩，燕王曰："岩，天子命使，毋妄言。"岩战栗，流汗被体。留数日，遣中使送出境，语之曰："归为老臣谢天子。天子素爱厚臣，一旦为权奸谗构，以至于此。臣不得已，为救死计耳。幸蒙诏罢兵，臣一家不胜感戴；但奸臣尚在，大军未还，臣将士存心狐疑，未肯遽散。望皇上诛权奸，散天下兵。臣父子单骑归阙下，惟陛下命之。"岩归至京，方孝孺私就问燕事，岩具以告，且曰："燕王语直而意诚。"又言："其将士同心，南师虽众，骄惰寡谋，未见可胜。"孝孺默然。岩入见帝，亦备述前意。帝语孝孺曰："诚如岩言，曲在朝廷，齐、黄误我矣。"孝孺恶之曰："此为燕游说也。"

【编】五月，燕王棣遣都指挥李远烧南军积聚。【纪】燕师驻大名，吴杰、平安发兵断北平饷道。燕王遣指挥武胜复奏书于朝，大略言："朝廷许罢兵，而盛庸等攻北，绝粮饷，与诏旨背驰。"帝得书，有罢兵意，以示方孝孺，曰："此孝康皇帝同产弟，朕叔父也。吾他日不见宗庙神灵乎！"孝孺曰："陛下果欲罢兵邪？即兵一罢，散不可复聚，彼长驱犯阙，何以御之？今军声大振，计捷书当不远，愿陛下毋惑甘言。"上然之，缚胜下锦衣狱。燕王闻之，怒曰："候命三月，今武胜见执，是其志不可回矣。彼军驻德州，资粮所给，皆道徐、沛，以轻骑数千邀焚之，德州必困。若来求战，吾严师待之，以逸待劳，可必胜。"诸将皆曰："善。"乃遣李远等帅轻骑六千诣徐、沛，令易士卒甲胄，与南师同，插柳枝于背为识。远等至济宁谷城，尽焚军兴以来积聚。丘福、薛禄合兵攻济州，破其城，遂掠沙河、沛县。南军不之觉，粮船数万艘，粮数百万，悉为所焚，军

朝廷。派遣大理寺少卿薛岩带着诏书前往燕军军营。

薛岩带诏书到了军营，燕王读后大怒，问薛岩临行时建文帝说了些什么。薛岩说："皇上说殿下晨撤兵，谒孝陵，暮即召回吴杰等兵马。"燕王说："呸！这种话连三尺孩儿也欺骗不了！"薛岩惶恐得答不上话来。诸将请杀薛岩，燕王说："薛岩是奉天子之命的使臣，不要胡说。"薛岩吓得战栗不止，出了一身冷汗。朱棣将他留了几天，遣宦官陪送出境，对他说："回去后代老臣谢天子。天子向来厚爱臣，一旦被权奸进谗言诬陷，才到这个地步。臣是不得已，为死里逃生而起兵的。若蒙朝廷下诏罢兵，臣一家不胜感恩戴德。但现在奸臣尚在，大军未被召还，臣的将士心存疑虑，不肯立即散去。希望皇上诛杀权奸，解散天下之兵，臣父子单骑到朝廷，唯陛下之命是从。"薛岩回到南京，方孝孺私下询问燕王情况，薛岩以实相告，又说："燕王语直而意诚。"又说："其将士同心协力，南军虽多，但骄惰寡谋，未见得能取胜。"方孝孺沉默不语。薛岩进见建文帝也详细陈述前意。建文帝对方孝孺说："如果真如薛岩说的，那么，曲在朝廷，齐泰、黄子澄可是误我了。"方孝孺厌恶薛岩，说道："薛岩是为燕王游说。"

【编】五月，燕王朱棣遣都指挥李远烧毁南军屯积的粮饷。（此处记述时间有误。《明太宗实录》卷8，建文三年六月辛酉条载："李远等如上旨至济宁谷亭……焚其粮舟数百艘。"）【纪】燕军驻扎大名，吴杰、平安派兵截断北平运输粮饷的通道。燕王派遣指挥武胜再次上书朝廷，大略说："朝廷允许罢兵，而盛庸等向北进攻，截断粮饷运输通道，这与诏旨背道而驰。"建文帝得书，有罢兵之意，给方孝孺看了来书，并说："燕王是孝康皇帝的同母弟弟，朕的叔父。难道我以后不见宗庙神灵了吗？"方孝孺说："陛下真的想罢兵吗？若兵马一旦罢散，难以再行调集，燕军长驱直入，直犯朝廷，用什么来抵御？现在军声大振，预计取胜的捷报很快就会送到，希望陛下不要被燕王的甜言蜜语迷惑。"建文帝表示同意，即把武胜捆绑，投入锦衣卫监狱，燕王得知，愤怒地说："等候朝廷诏命三个月，现在武胜被捕入狱，可见皇上意志是不可改变的了。南军驻扎在德州，粮饷的供应，都取道徐州（今江苏徐州市）、沛县（今江苏沛县），若派遣数千名轻骑兵拦截烧毁，德州必然

资器械俱为煨烬，河水尽热，漕运军士散走。京师大震，德州粮饷遂艰。

【编】秋七月，遣张安遗燕世子高炽书。【纪】方孝孺门人林嘉猷尝居北平邸中，知高煦、高燧弗恭于燕世子。中官黄俨素奸险，方曲事高燧。高燧与世子协守北平，高煦从燕王军，时时倾世子。而是时河北师老无功，德州饷道绝，孝孺乃言于上曰："兵家贵间，燕父子兄弟可间而离也。世子诚见疑，王必北归，王归而我饷道通，事乃可济。"上善之，立命孝孺草书，遣锦衣卫千户张安如燕遗世子，令归朝廷，许以王燕。世子得书，不启封，遣人并安等送军前。中官黄俨者，比书至北平，则已先使人驰报燕王曰："世子且反。"王疑之，问高煦。高煦曰："世子固善太孙。"语未竟，世子所遣使以书及张安至，燕王启视，遽曰："嗟乎，几杀吾子！"乃囚安等。

【编】冬十月，燕王棣还北平。

【编】十一月，遣驸马都尉梅殷镇守淮安。【纪】殷尚太祖女宁国公主，有才智，太祖特眷注之。临崩，帝与殷侍侧受顾命，太祖谓帝曰："燕王不可忽。"顾语殷曰："汝老成忠信，可托幼主。"出誓书及遗诏授之曰："敢有违天者，为朕伐之！"言讫崩。至是燕兵渐逼，诸将多畏懦观望，乃召募淮南兵民，合军士，号四十万，命殷

困乏。若来求战，我整师以等，以逸待劳，一定可以取胜。"诸将皆说："好。"于是，燕王派遣李远等率六千名轻骑兵前往徐州、沛县，令士卒改穿与南军相同的衣服、甲胄，背上插柳枝作为标志。李远等到达济宁谷亭（今山东金乡县东南谷亭镇，在济宁、沛县间）（谷亭，原本误"亭"为"城"，据《明太宗实录》卷8改）全部焚毁了南兵作战以来所屯积的粮饷，丘福、薛禄合兵进攻济州，攻破其城，乘胜攻掠沙河（在今山东邹县南）、济县，南军毫无察觉，粮船数百艘，粮食数百万，全部被烧毁，军资器械同时化为灰烬，河水也被烧热了，负责运粮的军士溃散逃跑。京师南京大震，德州粮饷随之困乏。

【编】秋七月，建文帝派遣张安送书信给燕世子朱高炽。【纪】方孝孺门人林嘉猷曾居住在北平燕王府邸中，知道朱高煦、朱高燧对世子朱高炽不太恭敬，宦官黄俨向来奸险，正委曲奉侍朱高燧。朱高燧与世子朱高炽共同守卫北平，朱高煦随燕王在军中，时时在燕王跟前中伤世子，而此时出师河北，久而无功，德州粮道断绝，方孝孺便对建文帝说："兵家贵用反间之计，燕王父子兄弟可以用计离间。如果世子朱高炽真被燕王怀疑，燕王必定北归，燕王北还，我们的粮道就可畅通，北伐之事就可成功。"建文帝认为此计很好，立即命方孝孺草拟书信，派遣锦衣卫千户张安到北平把书信交给世子，令其归顺朝廷，并许诺世子作燕王。世子得到书信，没有拆开，就遣人将书信连同张安一起送到燕王军营。当书信送到北平时，宦官黄俨，就已先遣人飞报燕王说："世子将反。"燕王怀疑此事，询问朱高煦。朱高煦说："世子本来就与太孙亲善。"朱高煦话未说完，世子派遣的使者带了书信及张安来到，燕王拆开来看，急忙说："唉呀，几乎误杀了吾子！"于是将张安囚禁。

【编】冬十月，燕王朱棣返回北平。

【编】十一月，建文帝遣附马都尉梅殷镇守淮安（府治山阳县，今江苏淮安）。【纪】梅殷娶明太祖女宁国公主，有才华智谋，明太祖特别眷爱关注他。明太祖临死前，建文帝与梅殷侍奉在床边受命，明太祖对建文帝说："燕王不可忽视。"回头对梅殷说："你老成忠信，可把幼主托付给你。"便拿出《誓书》及《遗诏》给他说："敢有违天之人，为朕讨伐之！"说完就去世了。到这时燕兵逐渐逼近，诸将多畏懦观望，

统之，驻淮上以厄燕师。既而燕王遗殷书，以进香金陵为辞，殷答曰："进香，皇考有禁，遵者为孝，不遵者不孝。"割使者耳、鼻，口授数语，词甚峻。燕王怒，决计趋金陵。

【编】十二月，燕师发北平。

【编】壬午，四年，春正月，命魏国公徐辉祖帅京军往援山东。

【编】燕兵陷东阿，吏目郑华死之。

【编】燕兵入沛县，知县颜伯玮、主簿唐子清、典史黄谦皆死之。

【编】二月，燕王棣帅师南下。

【编】平安及燕兵遇于泗河，战不利，退屯宿州。 【纪】燕将金铭护北军渡河，期与燕王会于宿州。平安率马步兵四万蹑燕军，燕王亲率骑二万，持三日粮，至泗河，设伏兵，南军追至，伏发，南军还走。燕王率兵至，平安以三千骑走北岸，燕王以数十骑当之。平安裨将火耳灰者，故燕蕃骑指挥，素骁勇，被召入京师，遂隶平安麾下，持矟直犯燕王，相距十步许，燕王令胡骑指挥童信射其马蹶，遂获火耳灰者，其部曲哈三帖木儿亦勇，见火耳灰者被获，持矟突阵，亦射擒之。平安易服，以数骑走，燕王率兵追之，南军大败，骁将林帖木儿等被执。平安退屯宿州。是日，释火耳灰者，令入宿卫，诸将以为言，不听。

【编】燕兵陷萧县，知县陈恕死之。

【编】夏四月，总兵何福、都督平安等师屯灵壁，燕兵攻破之，福遁走。安被执，遣诣北平。 【纪】平安营于小河，燕兵据河北，燕王令陈文扼要处为桥，先渡步卒辅重骑兵随之，遂分兵守桥。明

于是召募淮南兵民，连同军士一起，号称四十万，命梅殷统领，驻淮上以阻遏燕军。不久，燕王给梅殷送来一封书信，以到金陵（今南京市）进香为名，想从淮安通过。梅殷回答说："进香，太祖有禁令，遵守者为孝，不遵守者为不孝。"便割去使者的耳朵、鼻子，口授数语，措词极为严厉，令其回奏燕王。燕王发怒，决计奔赴金陵。

【编】十二月，燕师由北平出发。

【编】建文四年（壬午，1402）春正月，建文帝命魏国公徐辉祖率京军前往山东支援。

【编】燕军攻陷东阿（在今山东东阿县南黄河南岸），吏目郑华死难。

【编】燕兵进入沛县，知县颜伯玮、典史黄谦皆死。

【编】二月，燕王朱棣率师南下。

【编】平安在淝河（在今安徽宿县南）遇燕军，交战失利，退屯宿州（今安徽宿县）。　【纪】燕将金铭保护燕军渡河，约定与燕王在宿州会合。平安率步骑兵四万紧随燕军。燕王亲率骑兵二万，带三日粮草，抵达淝河，设下埋伏，南兵追来，伏兵齐发，南兵退还。燕王率兵赶到，平安率三千骑兵奔向北岸，燕王率数十骑堵截。平安副将火耳灰（原本作火耳灰者，衍"者"，《明太宗实录》卷9上作"火耳灰"据删，下同。此事在建文四年三月），原是燕军蕃骑指挥，向来骁勇善战，被召入南京，便隶于平安部下，他手持长矛奔向朱棣，相距约十步。燕王令蒙古骑兵指挥童信箭射火耳灰坐马，坐马倒下，擒获火耳灰。火耳灰的部下哈三帖木儿也很勇敢，见火耳灰被擒，便手持长矛突入阵内来救，亦被射下马擒获。平安改穿兵士服装，带领数骑逃走。燕王率兵追击，南军大败，骁将林帖木儿等被擒。平安退驻宿州。当天，燕王释放火耳灰，令其入内宿卫，诸将进言以为不宜，朱棣不听。

【编】燕军攻陷萧县（在今安徽萧县西北），知县陈恕死难。

【编】夏四月，总兵何福、都督平安等率兵屯驻灵璧（今安徽灵璧），燕兵攻破灵璧，何福逃走，平安被擒，遣送北平。　【纪】平安在小河扎营，燕军占据河北。燕王令陈文在要害之处筑桥扼守，先令步

日,总兵何福列阵十余里,张左右翼,缘河而东,燕王帅骑兵战,福麾步兵而前,争所守桥。福帅后军来援,奋击破之,遂斩陈文于阵。平安转战,遇燕王于北坂。王急,几为安槊所及,马蹶,不得前。燕蕃骑指挥王骐跃马入阵援,燕王得脱。南军夺桥而北,勇气百倍。徐辉祖军至,大战齐眉山,自午至酉,胜负相当。

是时南军再捷,燕骁将多败没,燕王不解甲者数日,南军相庆。

时廷臣有曰:"燕且北矣,京师不可无良将。"帝因召辉祖还,何福军声遂孤。燕遣轻骑截南军饷道,又令游骑扰其樵采;福乃下令移营灵壁就粮。时南军运粮五万,平安帅马步六万护之。燕王遣壮士万人遮援兵,而令高煦伏兵林间,躬帅师迎战。福出壁与安合击,高煦帅众自林间突出,燕王还兵掩击其后,福等大败,尽丧其粮饷。福等入营坚守。是夜,福下令,期明旦闻炮声三,即突围出师就粮于淮河。庚辰,燕军攻灵壁营,燕王帅诸将先登,军士蚁附而上。燕兵三震炮,福军误为己炮,急趋门,门塞不得出,营中纷扰,燕兵急攻之,遂破其营。福遁走,安等被执,参赞军务、礼部侍郎陈性善、大理寺丞彭与明皆死之。平安被俘,见燕王,王曰:"淝河之战,公马不蹶,何以遇我?"安大言曰:"刺殿下如拉朽耳!"王太息曰:"高皇帝好养壮士。"释之,遣还北平。自是南军益衰矣。

【编】五月,燕兵至泗州,守将周景初举城叛降燕。 【纪】燕王谒祖陵,泣曰:"横罹权奸,几不免矣,幸赖祖宗,得今日拜陵下。"陵下父老来见,悉赐牛酒,慰劳遣之。

【编】燕兵渡淮,守淮河兵部主事樊士信死之。 【纪】燕师至

辛、辎重渡河，再渡骑兵，分兵守桥。第二天，总兵何福摆开军阵，长达十余里，拉开左右翼，沿河向东挺进。燕王率骑兵迎战，何福挥步兵向前，争夺河桥。何福率后军来援，奋勇进击，攻占河桥，斩陈文于阵。平安转战，在北坂与燕王相遇。急迫之中，几乎被平安的长矛刺中，坐马跌倒，不能前进。燕军番骑指挥王麒跃马突入军阵救援，燕王才得脱险。南军夺取河桥向北挺进，勇气百倍。徐辉祖率领兵马赶到，与燕兵在齐眉山（在今安徽灵璧县西南）大战，从午时战至酉时，彼此胜负相当。

此时南军再次取得胜利，燕军骁将多战死，燕王衣不解甲达数月之久，南军相互庆贺。

其时，有廷臣说："燕军将北退，京师不可没有良将守卫。"建文帝便召徐辉祖回南京，何福军势随之孤立。燕王派遣轻骑截断南军运粮饷的道路，又令游骑阻扰南军打柴；何福便下令把军营移到灵璧以满足粮饷的需要。当时南军运粮五万，平安率马步军士六万护送。燕王派遣壮士万人拦截援兵，而令朱高煦率兵埋伏在林间，自己亲率兵马迎战。何福出兵与平安合击燕军，朱高煦率伏兵从林间突然而出，燕王回兵在后袭击，何福等大败，粮饷全部丧失。何福等逃回军垒坚守。当天晚上，何福下令，约定明天拂晓，听到三声炮响，立即率兵突围，就粮于淮河。二十八日（庚辰），燕军进攻灵璧营垒，燕王率诸将先登，军士犹如蚂蚁附壁一样相继而上，燕军放炮三响，何福军误认为是约定突围的信号，急忙奔赴营门，营门阻塞不得出，营中纷乱，燕兵急攻，遂即攻破营垒。何福逃走，平安等被擒，参赞军务、礼部侍郎陈性善、大理寺丞彭与明皆死（彭与明，《明太宗实录》卷9上作"彭典明"）。平安被俘，见燕王，燕王说："沘河之战，你若不是坐马跌倒，会怎么对待我？"平安夸大地说："刺杀殿下，如摧枯拉朽一样容易！"燕王叹息说："高皇帝好养壮士。"令左右释放平安，遣送北平。自此南军更为衰弱了。

【编】五月，燕兵抵达泗州（在今安徽泗县东南），守将周景初举城投降。　【纪】燕王拜谒祖陵，哭泣着说："横遭权奸，几乎不免于害。幸赖祖宗护祐，今天才得拜于祖陵之下。"祖陵周围的父老来见燕王都赐以牛酒慰劳，然后让他们回去。

【编】燕兵渡淮河，守淮河的兵部主事樊士信战死。　【纪】燕兵

淮，盛庸帅马步兵数万、战舰数千列营南岸。燕王令舣舟编筏，扬旗鼓噪，若将渡者，潜遣丘福、朱能、狗儿等西行二十里，以小舟潜渡出庸后，渐近营，举炮，南军惊走。庸股栗，不能上马，遂单舸脱去。燕兵尽得其战舰，渡淮驻南岸。樊士信死之。

【编】燕兵陷盱眙、天长，进至扬州，守将崇刚、监察御史王彬死之。

【编】燕兵至高邮，遂陷仪真。

【编】诏天下勤王。 【纪】仪真既破，北舟往来江上，旗鼓蔽天，燕王驻师江北。朝廷六卿大臣多为自全计，求出守城，都城空虚。帝下诏罪己，遣使四出，征勤王兵。方孝孺曰："事急矣，宜以计缓之。遣人许割地，稽延数日，东南募兵当至。长江天堑，北兵不闲舟楫，相与决战于江上，胜败未可知。"帝从之，乃以吕太后命，遣庆城郡主如燕师议和，以割地分南北为请。郡主，燕王从姊也。燕王见郡主，哭，郡主亦哭。燕王问："周、齐二王安在？"郡主言："周王召还，未复爵；齐王仍拘囚。"燕王益悲不自胜。郡主徐申割地议，燕王曰："凡所以来，为奸臣耳。皇考所分吾地，且不能保，何望割也！但得奸臣之后，谒孝陵，朝天子，求复典章之旧，免诸王之罪，即还北平，祗奉藩辅，岂有他望！此议盖奸臣欲缓我师，俟远方兵至耳。"郡主默然辞归，燕王送之出，曰："为我谢天子。吾与上至亲，相爱无他意，幸不终为奸臣所惑。更为我语诸弟妹：吾几不免，赖宗庙神灵得至此，相见有日矣。"郡主还，具言之。帝出语方孝孺，且问曰："今奈何？"孝孺曰："长江可当百万兵。江北船已遣人烧尽，北师岂能飞渡！"

抵达淮河边，盛庸率马步兵数万、战船数千，列营于淮河南岸。燕王令将船只靠岸，用竹木编伐，扬旗擂鼓呐喊，做出将要渡河的样子，暗中派遣丘福、朱能、狗儿等西行二十里，用小船暗渡，绕到盛庸军营的后面，待渐渐靠近军营，立即放炮，南军惊溃逃跑。盛庸吓得两腿发抖，不能上马，便乘一小船逃脱。燕军全部获取南军战船，渡过淮河，屯驻南岸。守将樊士信战死。

【编】燕兵攻陷盱眙（今江苏盱眙）、天长（今安徽天长），进兵抵达扬州（今江苏扬州），守将崇刚、监察御史王彬不屈被杀。

【编】燕兵抵达高邮（今江苏高邮），攻陷仪真（今江苏仪征）。

【编】建文帝下诏令天下兵马勤王，救援朝廷。　【纪】仪真既被攻陷，北兵的船舟往来于长江之上，旗鼓蔽天，燕王驻兵江北。朝廷六卿大臣多为自全之计，请求出外守城，都城空虚。建文帝下达归罪自己的诏书，派遣使臣四出，征召救援朝廷的兵马。方孝孺说："当今形势危急，应该设计使其缓和。现在可遣人告知燕王，许诺割地给他，延缓几天，在东南召募的兵马就能到来。长江天堑，北兵不惯舟楫，若与北兵在长江上决战，胜败未可知。"建文帝依从了，便以吕太后之命，遣庆成郡主到燕军中议和，以割地分南北为请。郡主，是燕王的堂姐。燕王见到郡主，痛哭了起来，郡主也哭。燕王问："周王、齐王现在何处？"郡主说："周王已召还南京，未曾恢复王爵；齐王仍被囚禁。"燕王更加悲不自胜。郡主慢慢陈述割地议和之事，燕王说："您这次前来，原本是为奸臣游说的。皇考所分给我的封地都不能保全，还希望什么割地呢！只要待我擒获奸臣之后，拜谒孝陵，朝见天子，请求恢复皇考所订典章制度，赦免诸王之罪，立刻返回北平，敬奉藩辅，岂有其他奢望！割地议和全是奸臣为延缓我军，等待远地兵马到来罢了。"郡主默然辞归，燕王送她出来，说："替我谢谢天子，我与天子是至亲，相爱别无他意，希望天子终于不被奸臣所蛊惑。更为我转告各位弟妹：我几乎不免于死，依赖宗庙神灵保佑，才得至此，不久就会相见。"郡主回到南京，如实奏告建文帝。建文帝出宫转告方孝孺，问道："现在该怎么办呢？"方孝孺说："长江天险，可抵百万兵马。江北船只已派人全部烧毁，燕兵岂能飞渡！"

【编】宁波知府王琎、永清典史周缙募兵勤王。

【编】六月，燕兵渡江，盛庸整众御之，师溃，庸单骑遁。【纪】燕兵至浦子口，盛庸诸将逆战，败之。会高煦引北骑至，燕王大喜，抚煦背曰："勉之，世子多疾！"于是煦殊死战，燕王帅精骑直冲庸阵，庸军小却。帝遣都督佥事陈瑄帅舟师往援庸，瑄乃降燕。

乙卯，瑄具舟至江上来迎燕王，王乃誓师渡江。庸所驻海艘列兵沿江上下二百里，皆大惊愕。师渐近岸，庸等整众以御。燕王麾诸将鼓噪先登，以精骑数百冲庸军，庸师溃，追奔数十里。庸单骑走，余将士皆降燕。

【编】燕兵进屯金川门，谷王橞与李景隆开门降。【纪】燕诸将请径薄京城，燕王曰："镇江咽喉之地，若城守不下，往来非便。先下镇江，则彼势益危矣。"乃令来降海舟悬黄帜往来江中，镇江城中望见，惊曰："海舟皆已降，吾将何为！"其守将童俊遂率众降。

帝闻江上海舟暨镇江皆降，甚忧郁，召方孝孺问计。孝孺即班中执李景隆，请诛之，曰："坏陛下事者，此贼也。"不听。孝孺请令诸王分守城门，乃命谷王橞、安王楹分守都城门，遣李景隆及兵部尚书茹瑺、都督王佐往龙潭，仍以割地请和为辞，观虚实以待援兵。景隆、瑺至龙潭见燕王，伏地叩头而已，稍稍及割地事。燕王曰："吾今救死不暇，何用地为！且今割地何名？皇考裂土分封，吾故有地矣，此又奸臣计也。凡所以来，欲得奸臣耳。公等归奏上，但奸臣至，吾即解甲，谢罪阙下，谒孝陵，归奉北藩，永祗臣节。"景隆、瑺还报命。帝令景隆再如燕师，言罪人已窜逐，候执至来献，且令诸王与偕。既至，燕王见诸王相劳苦，诸王具述帝意。燕王曰："诸弟试

【编】宁波（治鄞县，今浙江宁波市）知府王琎、永清（今江苏永清）典史周缙募兵勤王，救援朝廷。

【编】六月，燕军渡长江，盛庸整顿兵马抵御，盛庸兵溃，单身一人乘马逃遁。【纪】燕军抵达浦子口（今江苏南京市浦口），盛庸诸将迎战，打败燕军。恰遇朱高煦率骑兵赶到，燕王大喜，抚摸朱高煦的脊背说："尽力吧，世子多病！"于是，朱高煦奋勇死战，燕王率精骑直冲盛庸军阵，盛庸军稍稍后退。建文帝遣都督佥事陈瑄率水兵前往支援盛庸，陈瑄即投降燕军。

初三日（乙卯），陈瑄备好船舟到江上来迎接燕王，燕王即誓师渡江。盛庸所驻海船列兵于沿江上下二百余里，见燕军渡江，都大为惊愕。燕军渐近江岸，盛庸等督兵抵御。燕王指挥诸将抢先登岸，以数百精骑直冲盛庸军，盛庸军溃败，燕军追赶数十里。盛庸单骑逃遁，其余将士全部投降。

【编】燕兵挺进，屯驻金川门，谷王朱橞与李景隆开门投降。【纪】燕军诸将请求直逼京城，燕王说："镇江（即今江苏镇江市）是咽喉要地，若不能攻下，往来不便。先攻取镇江，则南京形势就更加危险了。"于是令投降的海船悬挂黄色旗帜在江上来回游动，镇江城中将士望见，吃惊地说："海船都已投降，我们还有什么作为！"镇江守将童俊便率众投降。

建文帝得知江上海船与镇江都已投降，极为忧郁，把方孝孺叫来询问计策。方孝孺即在朝班中捉住李景隆，请求将他斩首，说："败坏陛下事的，就是此贼！"建文帝不予听从。方孝孺请令诸王分守城门，便命谷王朱橞、安王朱楹分守京都城门，遣李景隆与兵部尚书茹瑺、都督王佐前往龙潭（在今江苏句容县西北，近江），仍以割地请和为说辞，观察虚实，以等待援兵。李景隆、茹瑺到达龙潭见燕王，伏地叩头，稍稍谈及割地请和之事。燕王说："我现在想活命都来不及，还要土地做什么！而且以什么名义割地？皇考裂土分封，我本来就有土地，这又是奸臣策划的诡计。我所以到来，是要擒获奸臣，你们回去奏报皇上，只要把奸臣送来，我立即解甲释兵，到朝廷谢罪，拜谒孝陵，返回北平藩国，永远敬守臣节。"李景隆、茹瑺回到南京复命，建文帝令李景隆再去

谓斯言诚伪。"诸王曰："大兄洞见矣。"燕王曰："吾来，但欲得奸臣耳，不知其他。"遂宴诸王，遣归。

帝会群臣恸哭，或劝帝且幸浙，或曰不若幸湖、湘。方孝孺请坚守京城以待援，万一不利，车驾幸蜀，收集士马以为后举。齐泰奔广德州，黄子澄奔苏州，帝太息曰："事出汝辈，而今皆弃我去乎！"长吁不已。

癸亥，燕王整兵而进，屯金川门，时谷王橞与李景隆守金川门，燕兵至，遂开门降。魏国公徐辉祖率师迎战，败绩。

【编】大内火，帝逊国去。　【纪】时朝廷文武俱迎降燕，帝闻金川门失守，欲自杀。翰林院编修程济曰："不如出亡。"少监王钺跪进曰："昔高帝升遐时，有遗箧曰：'临大难当发。'谨收藏奉先殿之左。"群臣齐言急出之。俄而舁一红箧至，四围俱固以铁，二锁亦灌铁。帝见而大恸，急命举火焚大内，皇后马氏赴火至。程济碎箧，得度牒三张，一名应文，一名应能，一名应贤，袈裟、帽鞋、剃刀俱备，白金十锭，朱书箧内："应文从鬼门出，余从水关御沟而行，薄暮会于神乐观之西房。"帝曰："数也。"程济即为帝祝发，吴王教授杨应能愿祝发随亡，监察御史叶希贤毅然曰："臣名贤，应贤无疑。"亦祝发。各易衣披牒，在殿凡五六十人俱矢随亡。帝曰："多人不能无生得失，宜各从便。"九人从帝至鬼门，而一舟舣岸，为神乐观道士王昇，见帝，叩头称万岁，曰："臣固知陛下之来也。畴昔，高皇帝见梦，令臣至此耳。"乃乘舟至太平门，昇导至观，已薄暮矣。俄而杨应能、叶希贤等十三人同至，共二十二人。帝曰："今后但以师弟称，不必拘主臣礼也。"约定左右不离者三人，给运衣食者六人，余俱遥为应援。黎明，取道溧阳去。

燕王军营,说罪人已经驱逐,待捉拿后献给燕王,并令诸王与李景隆一同前往。到后,燕王见到诸王,相互问候,诸王备述皇上意见。燕王说:"诸弟试想皇上的话是真是假。"诸王说:"大哥已经洞察了呵。"燕王说:"我来,只想擒获奸臣,不知其他。"随即宴请诸王,遣送回京。

建文帝见群臣,大哭不止。有人劝皇帝暂且前往浙江,有人说不如前往湖南、湖北。方孝孺请求坚守南京城,以待援兵,万一不行,可前往四川,收集兵马,以图恢复。齐泰奔赴广德州(今安徽广德),黄子澄奔赴苏州(今江苏苏州市)。建文帝叹息地说:"目前之事出于汝辈,而今都弃我而去吗!"长叹不已。

十一日(癸亥),朱棣整兵而进,屯驻金川门。当时谷王朱橞与李景隆守卫金川门,燕军抵达,便开门投降。魏国公徐辉祖率师迎战,战败。

【编】皇宫起火,建文帝逊国出走。 【纪】当时朝廷文武都迎降燕王,建文帝得知金川门失守,便想自杀。翰林院编修程济说:"不如出走。"少监王钺跪着说:"过去高皇帝去世时,留有铁箧,说:'临大难应该打开。'谨慎地收藏在奉先殿左侧。"群臣都说赶紧拿出来,不一会儿,捧一红箧到来。红箧四周都用铁加固,二把锁也灌了铁。建文帝见到红箧大哭,急命举火焚烧皇宫,皇后马氏赴火而死。程济砸碎红箧,得三张度牒:(度牒,由官府发给出家僧尼凭证)一名应文,一名应能,一名应贤,袈裟、帽鞋、剃刀,一应俱全,还有白银十锭,箧内用红字写着:"应文从鬼门出,其余从水关御沟而行,傍晚在神乐观西房会合。"建文帝说:"这是天数呵!"程济即为建文帝剃发,吴王教授杨应能志愿剃发随建文帝出走,监察御史叶希贤毅然说道:"臣名贤,应贤正应在我身上无疑。"也剃去头发。几个人都换上僧衣,带了度牒,在殿共五六十人都矢志要随建文帝出走。建文帝说:"人多不能不出现差失,应当各自从便。"九人随建文帝来到鬼门,见一只船靠岸,原来是神乐观道士王昇,他谒见建文帝,叩头称万岁,说:"臣本来就知道陛下要来的。昨晚高皇帝托梦,令臣到此!"于是乘船到太平门,王昇就引导到神乐观,已经是傍晚了。不一会儿,杨应能、叶希贤等十三人一同来到,共二十二人。建文帝说:"今后只以师父弟子相称,不必拘守君臣礼节。"

【编】燕王立为皇帝。 【纪】诸王及文武臣诣燕王劝进,燕王固辞。诸王、群臣顿首固请,燕王乃命驾谒孝陵毕,入城。燕王曰:"诸王、群臣以为奉宗庙宜莫如予。宗庙事重,予不足称;今辞弗获,勉徇众志,诸王、群臣各宜协心辅予不逮。"遂诣奉天殿即皇帝位。

复周王橚、齐王榑封爵。

清宫三日,诸宫人、女官、内官多诛死,惟得罪于建文者乃得留。上诘问宫人、内侍以建文帝所在,皆指认后尸应焉。乃出尸于煨烬中哭之,曰:"小子无知,乃至此乎!"召翰林侍读王景,问:"葬礼当何如?"景对曰:"当葬以天子之礼。"从之。

革去兴宗孝康皇帝庙号,仍旧谥号懿文皇太子。降封吴王允熥为广泽王,卫王允熞为怀恩王,徐王允熙为敷惠王。寻复降允熥、允熞为庶人,允熙改封瓯宁王,后皆不得其死。

【编】杀故文学博士方孝孺。 【纪】上之发北平也,僧道衍送之郊,跪而密启曰:"南有方孝孺者,素有学行,武成之日,必不降附,请勿杀之,杀之则天下读书种子绝矣。"上首肯之。及建文帝逊去,即召用孝孺,不屈,击之狱。上欲草即位诏,皆举孝孺,乃召出狱。孝孺斩衰入见,悲恸彻殿陛。上谕之曰:"我法周公辅成王耳。"孝孺曰:"成王安在?"上曰:"伊自焚死。"孝孺曰:"何不立成王之子?"上曰:"国赖长君。"孝孺曰:"何不立成王之弟?"上降榻劳曰:"此朕家事耳,先生毋过劳苦。"左右授笔札,上曰:"诏天下,非先生不可。"孝孺大批数字,掷笔于地,且哭且骂,曰:"死既死耳,诏不可草。"上大声曰:"汝独不顾九族乎!"孝孺曰:"便十族,奈我何!"声愈厉,上大怒,令以刀抉其口两旁至两耳,复锢之狱。大收其朋友、门生,尽杀之,然后出孝孺磔之聚宝门外。孝孺慷慨就戮,时年四十六,坐死者八百七十三人。

约定三人不离建文帝左右，六人运给衣食，其余的人遥为应援。黎明，取道溧阳（今江苏溧阳）出走。

【编】燕王立为皇帝。　【纪】诸王及文武大臣谒见燕王，劝他即皇帝位，燕王坚决推辞。诸王、群臣叩头坚请，燕王才命乘车拜谒孝陵，拜谒完毕入城，燕王说："诸王、群臣以为奉宗庙只有我最合适，而宗庙事重，我还不相称，现在坚辞不获，不得已才勉强依从大家的意愿，诸王、群臣都应协心辅佐，以弥补我的不足。"即到奉天殿即皇帝位。

恢复周王朱橚、齐王榑的封爵。

清宫三天，诸宫人、女官、内官多被杀戮，唯有曾得罪于建文帝的才得留下来。皇上追问宫人、内侍，建文帝在哪里，都指着皇后马氏的尸体回答。于是在灰烬中把尸体取出，痛哭不已，说："小子无知，竟会到了这种地步！"召翰林侍读王景，问道："应当用什么礼仪埋葬？"王景回答说："应当用天子之礼埋葬。"皇帝听从了。

革去兴宗孝康皇帝庙号，仍旧谥号懿文皇太子。降封吴王朱允熥为广泽王，卫王朱允熞为怀恩王，徐王朱允熙为敷惠王。不久，又降朱允熥、朱允熞为平民，朱允熙改封瓯宁王，后来都不得其死。

【编】杀原文学博士方孝孺。　【纪】皇上从北平出发时，和尚道衍送到郊外，跪而密启说："南方有个叫方孝孺的，素有学行，用兵成功之日，他必不投降，请不要杀他，若杀了他，天下读书种子就从此断绝了。"皇上点头答应。待建文帝逊国出走，即召用方孝孺，方孝孺不屈，把他囚禁狱中。皇上想草拟即位诏书，都推荐方孝孺，便召其出狱。方孝孺穿着孝衣入见，痛哭之声响彻殿廷。皇上告谕说："我是效法周公辅佐成王罢了。"方孝孺说："成王在那里？"皇上说："他自己烧死了。"方孝孺说："为什么不立成王之子？"皇上说："国赖长君。"方孝孺说："为什么不立成王之弟？"皇上走下坐榻，对他说："这是朕的家事，先生不必过于劳苦。"左右侍从拿来纸笔，皇上说："草拟即位诏书以告天下，非先生不可。"方孝孺大写数字，掷笔于地，边哭边骂道："死就死，诏书不可草拟。"皇上大声说："难道你不顾及你的九族吗？"方孝孺说："就是十族，你能把我怎么样？"声音更加严厉，皇上大怒，令左右用刀将其嘴向两旁割到耳朵，又投入监狱囚禁。大捕其朋友、门

【编】杀故兵部尚书铁铉。【纪】铉被执至京，陛见，背立廷中，正言不屈，令一顾，不可得，割其耳鼻，竟不肯顾。爇其肉，纳铉口中，令啖之，问曰："甘否？"铉厉声曰："忠臣孝子肉有何不甘！"遂寸磔之，至死犹喃喃骂不绝。上乃令舁大镬至，纳油数斛熬之，投铉尸，顷刻成煤炭；导其尸使朝上，转展向外，终不可得。上大怒，令内侍用铁棒十余夹持之，使北面，笑曰："尔今亦朝我邪！"语未毕，油沸，蹙溅起丈余，诸内侍手糜烂，弃棒走，尸仍反背如故。上大惊，命葬之。铉年三十七。

【编】秋七月朔，大祀天地于南郊，以即位诏天下，大赦。【纪】仍以洪武三十五年为纪，改明年为永乐元年。

【编】执黄子澄、齐泰至京，皆杀之，夷其族。

【编】以夏原吉为户部尚书。

【编】八月，杀故左佥都御史景清。【纪】初，燕师入，清知帝出亡也，犹思兴复，诡自归附，上厚遇之，仍其官。清自是恒伏利剑于衣衽中，委蛇侍朝，人疑焉。八月望日早朝，清绯衣入。先是，灵台奏："文曲犯帝座急，色赤。"及是见清独衣绯，疑之。朝毕，出御门，清奋跃而前，将犯驾，上急命左右收之，得所佩剑。清知志不得遂，乃起植立谩骂，抉其齿，且抉且骂，含血直噀御袍；乃命剥其皮，草楦之，械击长安门，碎磔其骨肉。是夕，精英迭见。后驾过长安门，索忽断，所械皮趋前数步，为犯驾状。上大惊，乃命烧之。已而上书寝，梦清仗剑追绕御座，觉曰："清犹为厉邪！"命赤其族，籍其乡，转相扳染，谓之"瓜蔓钞"，村里为墟。

生,全部杀戮,然后将方孝孺押到聚宝门外裂尸处死。方孝孺慷慨就戮,时年四十六,受其牵连而死的八百七十三人。

【编】杀死原兵部尚书铁铉(《明史·成祖本纪》载,杀铁铉在建文四年八月)。【纪】铁铉被押解到南京见皇上,他背立殿廷之中,义正辞严,宁死不屈。令他回头,他不肯。割去他的耳朵、鼻子,仍不肯回头。烧其肉,塞到他的口中令他吃,问道:"味道甘美吗?"铁铉厉声说:"忠臣孝子的肉,有何不甘!"便一寸一寸地把铁铉裂尸。铁铉至死,仍喃喃斥骂不绝。皇上令左右抬来大锅,放入数十斗油煎熬,把铁铉的尸体掷进去,顷刻变成黑炭;再翻转其尸,使其面朝皇上,但仍翻转向外,终于不能达到目的。皇上大怒,令内侍用十余根铁棒夹着使其面朝北,皇上笑着说:"你现在也朝拜我了!"话未说完,锅里油沸腾起来,溅起一丈多高,内侍们的手都糜烂了,丢弃铁棒而走,尸体仍反背如前。皇上大惊,下令埋葬铁铉。铁铉时年三十七。

【编】秋七月初一日,皇上到南郊祭祀天地,以即皇帝位诏告天下,大赦囚犯。【纪】仍以洪武三十五年为纪,改明年为永乐元年。

【编】逮捕齐泰、黄子澄到南京,皆加诛杀,并杀戮全族。

【编】任命夏原吉为户部尚书。

【编】八月,杀原左佥都御史景清。【纪】起初,燕兵进入南京,景清知道建文帝出走,仍思恢复建文帝的帝位,便诡称归附,皇上厚待他,仍令其任左佥都御史。景清从此时起常在衣襟中藏带利剑,安祥地入朝出朝,侍立朝中,态度安然,但也有人怀疑他。八月十五日早朝,景清穿着大红色的衣服进入殿廷。在此之前,掌管星象的灵台官奏报:"文曲犯帝座,十分急迫,色红。"至此,皇上见景清一人穿着大红色衣服,心中生疑。早朝结束,皇上出御门,景清奋跃上前,将行刺皇上,皇上急命左右捉拿,搜得所藏的利剑。景清知道行刺之志不能遂愿,便起立谩骂,皇上令左右挖掉他的牙齿,一边挖,景清一边骂不绝口,并含血直喷御袍。于是,皇上令剥其皮,塞满草,还用刑具将他锁绑在长安门,切碎他的骨肉。这天晚上,精灵不断出现。后来车驾过长安门,绳索忽然断绝,械系在长安门的景清人皮向前走了几步,像要犯驾的样子。皇上大惊,便下令将其烧毁。后来,皇上白天睡觉,梦见景清持剑

【编】杀故右副都御史练子宁。 【纪】子宁被缚至阙,语不逊。上大怒,命断其舌,曰:"吾欲效周公辅成王耳。"子宁手探舌血,大书地上"成王安在"四字,上益怒,命磔之,宗族弃市者一百五十一人。

【编】九月,大封靖难功臣。

【编】以蹇义为吏部尚书。命解缙、黄淮、胡广、杨荣、杨士奇、金幼孜、胡俨直文渊阁。

【编】徙封谷王橞于长沙。

【编】以黄福为工部尚书。

【编】冬十月,宁王权来朝,徙封南昌。

【编】十一月,立妃徐氏为皇后。

【编】建文帝往滇。 【纪】初帝附舟至京口,过六合,陆行至襄阳,至是往滇。

绕着御座追他。皇上惊醒后说:"景清尚为厉鬼吗!"即命杀其全族,抄没其乡里,转相牵连攀染,称作"瓜蔓钞",景清故乡的村里变成一片废墟。

【编】杀原右副都御史练子宁。 【纪】练子宁被捆绑押到朝廷,出言不逊,皇上大怒,命割掉他的舌头,说:"我是想效法周公辅佐成王而已。"练子宁用手沾舌血,在地上大书"成王安在"四字,皇上更加发怒,命裂尸处死,宗族被杀死一百五十一人。

【编】九月,大封靖难功臣。

【编】任命蹇义为吏部尚书,命解缙、黄淮、胡广、杨荣、杨士奇、金幼孜、胡俨入直文渊阁(《明史·成祖本纪》载,解缙等人直文渊阁在建文四年八月)。

【编】徙封谷王朱橞于长沙(今湖南长沙市)。

【编】任命黄福为工部尚书。

【编】冬十月,宁王朱权来京朝见,皇上将他徙封南昌。

【编】十一月,皇上册立妃徐氏为皇后。

【编】建文帝往云南。 【纪】起初,建文帝乘船到京口(今江苏镇江市),过六合(今江苏六合),走陆路抵达襄阳(今湖北襄阳县襄阳镇)。到这时逃往云南。